운동 종목별

스포츠 상해
예방과 재활

SPORTS INJURY PREVENTION & REHABILITATION

Eric Shamus · Jennifer Shamus 공저
김건도 · 김정훈 · 정동춘 공역

 Medilife

차 례

역자 서문

　오늘날 현대인들은 어느 때보다도 스포츠에 대한 관심이 높아지고 있으며 특히 건강관리에 대한 관심이 한층 더 증가되고 있다. 실제 스포츠참여 인구가 급격히 증가함에 따라 부상의 위험성도 증가하고 있으며, 스포츠활동시 돌발적으로 발생되는 손상을 피하기는 쉽지 않다. 이러한 스포츠 손상들 중에서 예방이 가능함에도 불구하고 적절한 사전준비와 처치 그리고 시기를 놓쳐 손상과 더불어 치유기간이 오래 걸리게 되고 일상생활에도 지장을 주는 경우가 많다. 두말 할 것 없이 프로선수에게 있어 스포츠 손상은 선수의 생명을 좌우하는 치명적인 결과를 초래할 수도 있다. 실제 선수들과 현장에서 생활하다 보면 스포츠손상에 대한 잘못된 이해와 과사용(overuse) 등에 의한 손상으로 고통을 호소하는 경우를 많이 볼 수 있다. 이러한 견지에서 볼 때 스포츠손상에 대한 예방과 재활, 재발방지 및 체계적인 재활훈련에 대한 조치의 필요성이 절대적이라 하겠다.

　본 서 에서는 스포츠종목별 기본기술의 특성과 생체역학 그리고 손상예방에 필요한 요소들을 논하고 있다. 또한 손상예방이 손상 발생율과 심각한 부상을 줄이는 제1단계라는 가정 하에서 흔히 발생하는 상해의 위험요인과 외부의 요인을 설명하고 있으며, 각 운동종목별로 선수들이 가장 흔히 입는 부상을 설명하고 있다. 부상부위를 보호하고 염증을 줄이는 방법, ROM과 근력, 민첩성 등 회복방법과 더불어 스포츠특유의 반복연습과 경기에 안전하게 복귀하는데 필요한 기준도 제시하고 있다.

　본서에서는 선수가 완치되었다는 확신을 가지고 경기장에 복귀하기 위해서는 특수하고 단계적인 스포츠재활 트레이닝 프로그램의 필요성을 역설하고 있으며, 경기도중 발생한 부상을 각 운동종목별로 단계적으로 재활할 수 있는 좋은 지침을 소개하고 있다. Mcgraw-Hill 에서 출간된 "스포츠재활방법론" 교재가 신체 관절부위별 스포츠재활 방법을 제시하고 있어 상호보완을 할 수 있는 좋은 서적이라 탐독을 권하고 싶다. 특히 본서는 각 스포츠종목별로 그 특성과 손상예방법, 재활방법을 제시하고 있어 스포츠재활트레이너(A.T)는 물론 코치, 체육교사, 경기지도자, 운동처방사, 스포츠의학자, 그리고 물리치료사 등 관련분야 독자들에게 도움이 되리라 생각한다.

　아무쪼록 이 책이 스포츠의학분야 발전에 조금이나마 보탬이 되길 기원해보며, 스포츠 손상 예방은 물론 부상 시 정상생활로의 빠른 회복을 제시하는데 밑거름이 되길 기대한다. 이 분야의 관련서적들이 많이 소개되어 있지 않은 관계로 용어 선택에 많은 어려움을 느낀 바 있다. 내용 중 표현이 무리하거나 오류가 있는 부분은 재판 시 바르게 잡을 것을 약속드리며, 여러 선생님들의 기탄없는 충고와 조언을 바라마지 않는다. 끝으로 한국Mcgraw-hill사 김성준 과장님과 어려운 출판여건 속에서도 책의 출판을 선뜻 맡아주신 도서출판 금광 안추자 사장님을 비롯하여 직원 여러분의 노고에 진심으로 감사드린다.

2007년 역자 일동

서 문

건강과 관련된 업종에 종사하는 사람들 대부분은 어느 정도 경력이 쌓이면 손상당한 선수들의 상해 정도를 진단해달라는 요청을 받는다. 이 때, 그 선수의 스포츠 종목 특성을 이해하면 손상을 정확하게 진단하고 처방을 내리는 데 큰 도움이 된다. 이런 의도로 나온 책이 바로 이 책이다. 이 책의 목적은 건강과 관련된 업종에 종사하는 사람들에게 스포츠의 생체역학 그리고, 생체역학이 흔히 발생하는 손상 예방 및 재활과 어떤 관계가 있는지를 알리는 것이다.

각 장마다 한 종목의 스포츠 전문가들이 그 종목에 관한 글을 썼다. 각 장의 저자들은 먼저 그 종목에서 이행되는 기본 기술의 생체역학을 기술한다. 그리고 손상 방지에 필요한 요소들을 논한다. 이 때 준비운동, 스트레칭, 근력, 근지구력 프로그램 등을 추천한다. 또한 시즌 중과 시즌이 끝난 후로 시기를 구분하는 개념도 재검토한다. 손상 예방이 발생률과 심각한 손상을 줄이는 제1단계라는 가정 하에서 흔히 발생하는 손상의 위험 요인과 기타 요인을 설명한다.

아무리 잘 설계한 운동 프로그램에서도, 손상은 일어난다. 각 장에서 선수들이 가장 흔하게 입는 손상을 설명하고 있다. 손상 부위를 보호하고 염증을 줄이는 방법, 관절가동범위를 회복하는 법, 그리고 근력과 조정력을 증강시키는 법 등을 포함하여 재활의 요령을 소개한다. 그 뿐만 아니라 스포츠 특유의 반복 연습과 스포츠에 안전하게 복귀하는 데 필요한 특정 기준도 제시한다.

운동선수와 함께 일하는 스포츠재활 전문가는 그 선수가 아마추어든 프로든 아니면 그 중간에 있는 선수든, 이 책을 통해 통찰력을 얻을 수 있을 것이다. 그리고 가장 능률적이고 효과적인 프로그램과 재활 프로그램 준비에 필요한 도구도 준비할 수 있을 것이다. 아울러 자격 있는 감독과 트레이너, 정형의, 스포츠재활 전문트레이너들은 최고의 수준에 이를 수 있다.

- 제니퍼 샤머스

감사의 글

우리는 이 책에 도움을 준 모든 분들에게 사의를 표하고 싶다. 그들의 전문적 지식과 헌신이 없었다면 이 책은 나올 수 없었을 것이다.

특히, 스티브 졸로와 맥그로힐 사의 직원들에게 감사한다. 그들은 끊임없이 도움을 주고 용기를 북돋아 주었다.

또한 우리에게 영감을 주면서 우리를 자극하고 격려하여 이 지식을 다른 사람들과 나눌 수 있게 해 준 많은 운동선수들에게도 감사한다.

CHAPTER 1

생체역학: 다학문간의 도구

Stephen C. Swanson, John P. Frappier

서두 및 역사적 고찰

인간의 동작은 오랫동안 과학자와 임상가, 철학자, 예술가들의 관심의 대상이 되어왔다. 역사적으로 가장 위대한 지성 중에는 인간의 동작을 기술하고 이해하는 데 관심을 표명한 사람들이 있었다. 그리스의 유명한 철학자 아리스토텔레스(기원전 384~32)와 로마의 의사 갈렌(서기 131~201), 재기가 뛰어난 레오나르도 다빈치(1452~1519), 이탈리아의 과학자 지오바니 보렐리(1608~1679) 등은 인간의 동작과 기능해부학을 상세하고 통찰력 있게 기술했다.[3] 이들의 기술은 순전히 질적인 것이긴 했지만, 세부 사항을 빈틈없이 관찰하는 태도는 많은 면에서 현대의 생체역학과 비슷하다. 생물학적 견지에서든 인간의 동작을 그림과 조각으로 더 잘 표현하고 싶은 욕구에서든, 그들의 기술이 인체를 전제로서 더 잘 이해하고 싶다는 욕구에서 비롯되었다는 점은 비슷하다. 인간의 동작을 분석하는 일은 어느 경우든 당면한 문제를 한층 잘 이해하는 데 필요한 도구로 이용되었다.

현대 생체역학은 양적인 분석을 가능하게 만든 측량 도구의 개발과 함께 시작되었다. 영화 카메라의 출현으로 과학자들과 사진작가들은 육안으로 볼 수 있는 범위 이상으로 인간의 동작을 자세하게 조사할 수 있었다. 또한 녹음 기술이 혁신적으로 발달해 소리를 계속 재생할 수 있었고, 시간 측정기가 더욱 정교해지면서 생체역학 또는 운동 과학으로 분류할 수 있는 최초의 연구가 촉진되었다. 많은 사람들이 현대 운동 과학의 '아버지'라고 생각하는 생리학자로 노벨상을 수상한 힐(A.V. Hill)은 생리학적 방법과 역학적 방법을 통합해 근육의 수축과 에너지 소비, 장거리 달리기의 효율성을 매우 유용하게 통찰했고 최초로 전력 질주의 속도 곡선을 기술했다.[13,18] 힐의 제자 중 한 명인 월라스 펜(Wallace Fenn)은 비슷한 기계를 이용해 중력에 대항해 신체가 한 일을 계산하는 데 선구적인 역할을 했을 뿐만 아니라 단일 분절이 한 일을 추정했다.[10,11] 생물학자인 허버트 엘프트맨(Herbert Elftman)은 역학 원리를 이용해 펜이 기록한 동작 순서에서 근육의 기여도를 추정함으로써 진정한 의미의 '생체역학적' 연구를 최초로 수행했다. 이와 같은 연구들은 생체역학이 생리학자와 공학자, 생물학자, 예술가들이 여러 분야에서 이용할 수 있는 가장 좋은 도구라는 것을 다시 한 번 입증했다.

1960년대와 1970년대 초에 발달한 고속 필름이 광범위하게 사용됨으로 스포츠와 관련된 생체역학 연구 조사의 출판이 촉진되었다. 새로운 마이크로 전자공학 장치를 사용해 기계사용 기술이 진보함에 따라 힘, 가속도, 근육 활동, 생리적 기준척도를 한층 정확하게 측정할 수 있었다. 따라서 임상가들과 연구자들은 처음으로 서로 다른 행동을 하는 운동선수의 동작과 힘, 대사적 특성을 자세하게 기술했다. 이처럼 스포츠 의학과 과학 분야가 발달하면서 학계와 관련 전문 학회들이 하나의 조직체로 정리되기 시작했다. 물리치료와 선수 지도, 의학, 생리학, 운동 과학을 공부하는 대학생들의 교과 과정에 생체역학과 신체운동역학이 포함되기 시작했다. 이로써 인간 동작 연구는 여러 분야의 전문가들이 조정하는 통합 분야가 되었다.

최근 25~30년 동안, 인간의 동작과 관련하여 스포츠 의학과 과학의 논문이 놀랄 정도로 급증했다. 현대의 생체역학적 연구는 스포츠 의학 전문가들이 손상 기전과 재활 프로그램의 처방, 경기력 향상, 개선된 운동 장비를 이해하는 데 특히 도움이 되었다. 하지만 많은 생체역학적 조사 연구는 임상가의 기대 이상으로 자세하게 이루어졌다. 따라서 임상가들은 매년 양산되는 막대한 양의 연구 논문들을 분류하고, 손상을 당한 환자나 운동선수에게 기울이는 치료 수준을 높이는 데 어떤 것이 적절한지를 결정해야 하는 힘든 과제를 안고 있다. 이 책은 광범위한 스포츠와 관련된 생체역학의 개요와 효과적인 재활을 위해 제시된 기법을 소개하고 있다.

운동역학인가, 생체역학인가?

동작 과학자들과 임상학자들은 '운동역학(kinesiology)'와 '생체역학(biomechanics)'의 용어를 둘러싸고 종종 의견이 다르다. '운동역학'이라는 단어는 '움직이다'를 뜻하는 그리스어의 kinein과 '강연'을 뜻하는 logos가 결합된 말이다. 동작을 설명하는 운동역학자들은 해부학(인체 구조 과학)과 생리학(인체 기능 과학)을 결합시켜 인체 동작 과학인 운동역학이라는 학문을 탄생시켰다.

운동역학은 인간의 동작을 해부학이나 생리학, 심리학, 역학적으로 평가하는 방식을 기술하기 위한 포괄적인 용어로 오랫동안 사용되었다. 이와 같이 운동역학은 몇몇 학문 분야에서 여러 많은 영역을 기술하기 위해 사용해 왔다. 운동역학 강좌가 어떤 대학에서는 주로 기능 해부학으로 이루어져 있을 수 있고, 다른 대학에서는 순전히 생체역학으로만 이루어져 있을 수도 있다. 일반적으로, 대학에서 운동역학 과목은 체육 교육, 운동 과학, 경기 훈련, 물리치료 프로그램에 포함되었다. 이런 과목들이 중점을 두는 부분은 대개 근골격계와 해부학적 관점에서의 동작의 능률성 그리고 간단한 동작과 복잡한 동작을 하는 동안 관절과 근육의 작용이다. 운동역학 과목을 충실히 이수한 학생이라면 활동의 분리된 단계를 확인하고, 각 단계에서 일어나는 분절 동작을 기술하고, 각 관절 동작에 주로 작용하는 근육을 확인할 수 있을 것이다. 한 예로써 높이뛰기 동작을 신체운동역학적으로 분석하면 이렇다. 이 동작은 대둔근(gluteus maximus)과 슬건(hamstrings)을 통해 힘을 펴고, 대퇴사두근(quadriceps femoris)을 통해 무릎을 펴고, 비복근-가자미근(gastrocnemius-soleus)에 의해 발목을 펼 것이다. 이런 분석은 동작을 관찰하고 그 동작에 근육이 어떤 작용을 하는지 확인해야 하기 때문에 질적 분석으로 간주된다.

최근 30~40년 동안, 생체역학은 전 세계적으로 대학생과 대학원생의 교과과정 내의 학문 분야로 발달했다. 생체역학에는 응용 물리학이나 역학과 생물학이 결합된 내용이 들어간다. 힘이 대상에 미치는 영향과 그로 인한 운동을 연구하는 역학은 공학자들이 구조물이나 기계를 설계하고 제작하는 데 이용된다. 역학이 구조물의 강도를 분석하는 도구가 되고 기계의 동작을 예측하고 측정하는 수단이 되기 때문이다. 그러한 역학을 살아있는 유기체의 동작과 구조에 응용해도 무리가 없기 때문에 '생체역학'이라는 용어가 생겨났다.

생체역학적 분석은 살아있는 유기체의 운동을 평가하고 또한 관찰된 운동의 원인이 되는 힘을 검토할 수도 있다. 생체역학적 분석은 양적인 것이 될 수도 있고 질적인 것이 될 수도 있지만 운동역학적 분석은 완전히 질적인 분석이다. 그러므로 높이뛰기의 생체역학적 분석에는 동작에 대한 질적인 분석(운동역학적 분석과 비슷하다)과 함께 다음과 같은 양적인 분석도 포함될 것이다. 즉, 사람의 발과 바닥 사이의 힘의 측정, 힘과 무릎, 발목의 관절각도 측정, 각 관절에서 움직이는 관절의 힘 계산, 특정 근육에서 근육의 활동량 등이 들어갈 것이다.

이 책의 각 장은 어떤 동작의 특징과 근육의 활동을 양적으로 그리고 질적으로 기술하면서 특정 활동에 대한 생체역학적 분석을 담고 있다. 모든 스포츠의 생체역학을 완전히 이해할 수 있으려면 앞으로 보다 많은 연구가 선행되어야 할 것이다. 대체로 오늘날 임상가들은 등속성/등속 역량계, 근전도계, 각도계, 비디오 시스템 등 재활 환경 내에서 매일 생체역학적 분석을 할 수 있는 측정 도구들을 갖고 있다. 손상의 생체역학적 기전, 개별 스포츠의 관점, 치료 개입에 대해 완전히 이해하는 것이 오늘날 스포츠 의학 환경에서 기대되는 관리 기준을 제시하기 위해서 필요하다.

핵심 연구 분야

기능 해부학

인체의 구조 과학인 해부학은 인간의 동작에 대한 전문적 지식의 발전 원천이 된 핵심 요소이다. 임상가들은 해부학이 각 관절의 국부적인 해부학을 잘 이해하는 데 아주 유용하다는 사실을 깨달았다. 뼈, 인대, 건, 근육, 신경 분포, 혈액 공급 등등과 '각 요소가 함께 작용해 기능적인 계통을 형성하는 방법'에 대

한 구체적인 지식은 그 관절의 기본 생체역학을 이해하는 데 필수 요소이다. 하지만 해부학적으로 특정 관절을 자세히 알기 위해서는 그 관절의 생체역학을 효과적으로 아는 것만으로 충분하지 않다.

관절의 정상 기능과 능력을 이해하기 위해서는 지레 팔과 각 근육의 길이가 관절각도(예를 들면, 관절 형태에 의한 각도)에 따라 어떻게 변하는가와 이것이 토크 발생에 미치는 영향과 같은 부가적인 지식도 중요하다. 단일 관절 근육과 두 관절 근육의 기능상 차이점을 올바르게 인식하는 것 역시 기능 해부학의 중요한 측면이다. 상응하는 두 관절 근육의 효과 때문에 인접 관절이 영향을 받을 수도 있고 다른 관절에 기능적으로 관계될 수도 있다.[21] 근육과 뼈, 결합조직의 신체 및 형태적 특성을 조사하는 사체 연구가 기능 해부학의 이해에 특히 유용한 것으로 입증되었다.[21]

예를 들어, 길이는 무릎의 각도 변화보다는 힙의 각도 변화에 더 큰 영향을 받는다.[13] 힙의 굴곡작용이 커지면 힙에서 슬건의 지레 팔이 크게 변화하기 때문이다. 그러므로 50°이상의 힙 각도에서는 힙의 신전과 무릎의 굴곡작용의 원인이 되는 두 관절 근육인 슬건이 힙 신전 토크의 가장 큰 원인이다.[13] 훌륭한 생체역학자라면 힙을 과도하게 굽히는 동작을 하는 동안 높은 힘과 지나친 응력 때문에 슬건이 더 쉽게 손상당할 수 있다는 사실을 깨달을 것이다. 이 책의 각 장을 쓴 저자들은 각 스포츠 종목에 관계된 특정 관절의 기능 해부학을 아주 자세하게 기술하고 있다.

운동학

운동학(kinematics)이라는 용어는 운동의 특징에만 관련된 분석을 기술할 때 사용된다. 운동학적 분석은 관찰된 운동을 유발한 힘과는 상관없이 시공간적인 시각에서 운동을 고찰한다.

그러므로 운동학적 분석에서 관심 요소는 대상의 위치와 속도, 가속도이다. 본질적으로 운동학적 분석에는 선(線)운동과 각(角)운동의 두 측면이 있다. '선운동(linear kinematics)'은 직선이나 곡선을 따른 대상이나 분절의 운동을 다룬다. 선운동의 좋은 예로 높이뛰기를 하고 있는 운동선수의 무게중심의 경로나 투수의 손에서 놓여진 야구공의 궤도가 있다. 일반적으로 그런 운동을 '병진(translation)' 또는 '병진운동(translational motion)'이라고 한다. '각운동(angular kinematics)'은 어떤 대상이나 분절의 다른 영역이 똑같은 거리를 통과하지 않는 지점에서의 대상이나 조각의 운동을 의미한다. 무릎이 신전되는 동안 경골(tibia)의 운동이 각운동의 좋은 예이다. 90°굽혀진 무릎이 완전히 펴질 때(0°), 내측 복사뼈(medial malleolus, 경골 원위부, 발에서 가깝다)는 경골 조면(tibial tuberosity, 경골 근위부, 무릎에서 가깝다)보다 훨씬 많은 거리를 이동한다. 복사뼈가 무릎이나 회전 지점에서 더 멀리 떨어져 있기 때문이다.

인간의 운동과 인간에 의해 추진되는 투사체 운동의 거의 모든 양상은 선운동과 각운동이 결합된 결과이다. 사실 인간의 선운동 대부분은 주로 각운동의 다양한 양상의 결과이다. 예를 들어, 단거리 경주를 하는 동안 힙과 무릎, 발목의 각운동 때문에 인체의 무게 중심은 선운동을 하게 된다. 동작을 운동학적으로 조사해보면, 복잡한 기술을 확인할 수 있는 부분 동작으로 분석하고, 특정한 양상을 '정상적인' 동작이나 노련한 사람의 동작과 비교해 분절 차원에서도 그 기술을 실행할 때 일어날 수 있는 문제들을 확인할 수 있다. 아무리 고도로 훈련받은 사람이라도 인간의 육안으로는 그렇게 정밀하게 분석할 수 없을 것이다. 각 스포츠 종목의 상세한 운동학적 분석은 그 스포츠의 재활 특성을 통찰하는 데 아주 유용하다.

야구의 복잡한 투구 기술은 운동학적 분석이 투구의 생체역학을 더욱 잘 이해하는 데 얼마나 필요한지를 보여주는 아주 좋은 예이다. 고등학교 투수와 메이저리그 투수를 질적으로 비교해보면 전체적인 운동에서 차이점이 몇 가지만 나타날 수도 있다. 프로 스카우트처럼 전문 관찰자라 해도 유망 신인의 가능성을 평가할 때는 속도 측정 장치와 비디오카메라를 이용한다. 하지만 고등학교 투수와 메이저리그 투수를 운동학적으로 상세히 분석하면 틀림없이 몇몇 차이점이 드러날 것이다. 어깨와 팔꿈치, 손목의 각도가 서로 크게 다를 수 있다. 야구공을 놓는 순간에 고등학교 투수의 손목 각속도는 메이저리그 투수와 달리 최고 속도에 달하지 못할 지도 모른다. 이것은 최적의 시기에 하지와 몸통, 손목에 가까운 분절의 운동량을 손목으로 전달할 수 없다는 뜻이다. 이러한 미묘한 차이점은 고도의 운동학적 분석을 이용하지 않고는 제대로 알 수 없을 것이다.

운동학적 분석의 중요한 이점 가운데 하나는 사지 전체는 물론이고 전신을 자세하게 분석할 수 있다는 점이다. 일반적으로 단일 관절의 운동학적 분석은 임상가나 보건 전문가에게만 국한되어 있다. 다관절의 운동학을 포함하는 연구가 단일 관절에 초점을 맞추는 연구보다 훨씬 유용하다.[20] 거의 모든 동작에서, 관절 하나의 운동은 인접한 분절이나 관절과 밀접하게 관련되어 있고 또, 영향을 받는다. 일례로, 분절과 관절 사이의 운동의 적절한 타이밍이 그 동작과 관련된 다양한 변수들보다 손상 기전을 이해하는 데 더 유용하다는 사실을 입증한 연구자들도 있었다.[15] 대부분의 손상 및 재활상의 문제점이 생기는 것은 분절, 관절 혹은 신체 전체의 운동에 있어서 미미한 변화에 의한 것임을 알 수 있다. 그러므로 임상가들은 항상 인접 분절과 관절과의 상호 관계뿐만 아니라 전체 동작의 목표까지도 고려해야 한다.

마지막으로, 운동학은 대개 생체역학적 분석에서 가장 본질적인 측면이라는 점을 강조해야 한다. 관련 생체역학을 완전히 이해하기 위해서는 힘과 근육 활동, 그리고 그 동작과 관련된 구조의 기능 해부학의 기본 내용도 고려해야하긴 하지만, 이 모든 것들은 운동학이 함께 병행될 때만 쓸모가 있다. 다음에 이어지는 동력학적 분석과 근전도 검사를 계속 보면서, 이런 방법들을 이해하는데 있어서 그 기본적인 운동학의 중요성을 인식해야 한다.

동력학
힘과 토크

동력학(kinetics)은 물체나 인체에 작용하는 힘을 분석하는 학문 분야이다. 주로 뉴턴의 법칙(힘=질량×가속도)을 이용하는 동력학적 분석은 관찰된 동작을 일으키기 위해 필요한 힘을 계산한다. 힘은 보여질 수 없고, 오직 그 힘의 '결과' 만 관찰될 수 있다는 점을 반드시 기억해야 한다. 생체역학자들은 동력학적 분석을 이용해 어떤 동작이 어떻게 만들어졌는지, 움직이고 있는 특정한 순간에 하중과 압력이 어떻게 인체나 외부 물체에 가해졌는지, 어떻게 일정한 위치가 유지될 수 있는지 등에 대해 아주 유용한 정보를 얻을 수 있다.

운동학에서처럼, 동력학적 분석에도 선 요소와 각 요소가 있다. 검토해 보면, 힘은 크기와 방향을 갖고 있는 벡터로, 표면상 어느 순간에 물체나 분절에 가해질 수 있다. 힘이 물체의 무게 중심까지 직접 가해진다면, 가해진 힘의 크기에 따라 그 물체는 병진운동이나 선운동을 할 수도 있고 하지 않을 수도 있다. 만약에 그 힘이 물체의 무게 중심을 지나지 않는다면, 그 물체는 회전 운동을 일으키거나 토크가 발생된다. 공학자들과 생체역학자들이 '힘의 모멘트(moment of force)' 혹은 '모멘트(moment)' 라고도 부르는 '토크(torque)' 는 힘은 아니지만 간단히 말해서 회전 운동을 일으키는 힘을 말한다. 수학적으로 토크는 다음과 같이 표시된다.

$$T = F \times r$$

여기에서 T는 토크이고, F는 가해진 힘이며, r은 힘의 적용점에서 대상의 회전 중심까지의 수직거리이다. '지레팔(lever arm)' 혹은 '모멘트 팔(moment arm)' 은 이 공식의 r을 가리킨다. 토크와 모멘트 팔의 개념은 생체역학에서 특히 중요하다. 거의 모든 근육이 원인이 되어 어떤 관절을 중심으로 토크를 발생시키기 때문이다. 게다가, 어떤 근육에 상응하는 모멘트 팔은 대개 관절 위치가 변화하면서 바뀐다. 그러므로 상응하는 운동역학이 동력학적 분석에서 그토록 중요한 이유를 알 수 있다.

일과 파워

일과 파워(power)의 개념 역시 동력학적 분석을 더욱 잘 이해하기 위해 중요하다. '일(work)' 은 본래 힘의 산물이며 떨어져 있는 대상이나 분절이 움직이는 것은 힘이 적용된 결과이다.

$$일 = F \times \Delta d$$

따라서, 어떤 대상에 100 뉴턴(N)의 힘(F)이 가해지면 그 대상은 1m(m)의 거리(d) 만큼 움직이고, 대상이 행한 일은 100Nm이 될 것이다. 이를 공식으로 표현하면 아래와 같다.

$$100N \times 1m = 100Nm \text{ 또는 } 100J$$

일의 표준 단위는 주울(J)이며 1Nm=1J이다. 일은 대상이나 분절이 움직인 방향에 따라 양(+)일 수도 있고 음(−)일 수도 있다는 사실도 기억해야 한다. 보다 명확하게 말하면, 대상이 출발점에서 위로 올라가거나 앞으로 전진하면 양의 일이 행해진 것이다. 반대로, 대상이 출발점에서 내려가거나 뒤로 밀리면 음의 일이 행해진 것이다. 회전이 유도되는 일(일반적으로 근골격 기전과 관련됨)에서도 똑같다. 100Nm의 토크로 1라디안(rad)의 각 변위를 일으킬 경우, 일어난 각의 일은 100Nm 또는 양의 일 100J이 될 것이다. 라디안은 크기가 없으며 단위도 없다는 점을 잊어서는 안 된다(1라디안은 53°와 같다).

간단히 말해서 '파워(power)'는 일의 변화율 또는 단위 시간당 행해진 일이다. 기계적인 일의 표준 단위는 와트(watts)이고, 1W = 1J/s이다. 그러므로 100J의 일이 0.5초 동안에 행해졌다면, 그 시간 동안 그로 인해 발생한 파워는 200W이고 다음과 같이 표현된다.

$$P = \Delta w/\Delta t$$

그러므로 100J/0.5s = 200J/s 또는 200W

이 때, W는 주울로 나타낸 일의 양이고 t는 초로 나타낸 시간의 변화이다. 파워를 표현하는 또 다른 정의법은 힘×속도, 즉

$$P = F \times v$$

이다.

이 공식은 간단하게 힘의 공식을 재정리하여 도출된 것으로, 아래와 같이 표시된다.

$$P = \Delta(F \times d)/\Delta t \rightarrow P = F \times \Delta d/\Delta t$$

파워는 본래 힘과 속도가 조합된 것이다. 많은 스포츠에서, 힘과 속도를 결합해 사용할 수 있는 능력과 성공은 높은 상호관계를 맺고 있다. 타이밍이 좋고 빠른 파워의 발휘는 골프, 야구, 축구와 같은 스포츠에서 흔히 볼 수 있는데, 물체 혹은 사람을 효과적으로 칠 줄 아는 능력이 성공의 전제조건이 된다.

동력학적 분석의 응용 사례

일과 파워의 개념을 인간의 운동에 응용시키면 특정한 운동 순서 동안에 근육이 어떻게 이용될 것인지를 알 수 있다.[2] 보다 명확히 말하면, 순수한 힙 굴근 토크와 힙 신전 속도(음의 힙 굴근 파워)가 동시에 관찰된다면, 힙 굴근이 음으로 또는 편심으로 작용할 가능성이 높다. 반대로, 힙 굴곡 속도와 결합된 순수한 힙 굴근 토크는 구심의 또는 양의 힙 굴근 일에 상당할 것이다. 어떤 관절이 균형 상태이거나 속도가 제로라는 것은 근육이 사용되지 않거나 또는 등척성 수축을 항 상태임을 의미한다. 달리기의 스윙 단계(발가락 끝 떼기에서 발차기로)를 파워 분석할 때 나타나는 힙 근육 조직의 일반적인 이용 패턴은 다음과 같다. 먼저 음의 힙 굴근 파워에 의해 나타나는 원심성 힙 굴곡이 있고 이어서 구심성 힙 굴곡(양의 힙 굴근 파워), 원심성 힙 신전(음의 힙 신근 파워), 구심성 힙 신전(양의 힙 신근 파워)이 차례로 일어난다.[31]

동력학을 잘 응용한 또 다른 사례는 인체의 특정 구조에 대한 부하 역치를 측정할 때이다. 최근 인체의 특정 조직이 견딜 수 있는 부하, 자극, 변형에 대하여 알기 위해 사체 연구와 한정 요소 모델링(finite element modeling)이 결합되었다.[27] 그러한 연구 조사들은 기본적으로 인대와 같은 조직에 이행되는 물질 테스트를 포함한다. 일단 인대의 구체적인 특성이 기술되었다면, 그 다음에는 그 결과를 이용하여 그 조직의 컴퓨터 모델을 만들어낸다. 그 모델을 이용하여 일정하게 모의 실험되는 동작 상태 하에서 인대에 대한 장력이 어떤 것이 있는가를 평가한다. 그 결과는 모델을 최대한 활용하고 가능한 한 현실화시키기 위하여 힘들게 테스트된다. 이 접근 방식의 장점은 일단 모델이 정확하다고 판단되면, 컴퓨터를 이용하여 무수한 동작 조건이나 알려진 특성의 보철 장치 효과를 모의 실험할 수 있다. 그런 분석은 그 관절에 확실한 재활 기술, 수술 절차, 가능한 보철

물의 개발에 대한 정보를 준다.

　이런 연구 결과에서 발견되는 한 가지 재미 있는 사실은 정상적으로 운동장에서 하는 야구 공 던지기 시에 인대와 기타 결합조직에 가해 지는 힘과 토크가 실험실에서 발견된 조직의 파 손 하중과 비슷하거나 오히려 그보다 크다는 점 이다.[12] '정상적인' 던지기 기전과의 작은 차 이가 이러한 결합조직에 큰 손상을 일으킬 정 도의 큰 부하가 걸릴 수도 있다. 이런 사실은 예방을 위해 임상가가 그런 활동의 생체역학을 완전히 이해하는 것이 얼마나 중요한지를 예증 하는 것이다. 예를 들어, 어떤 평가를 하는 중 이거나 재활 과정에 있는 동안 운동역학적으로 나 동력학적으로 비정상적이라고 인식한다면 많 은 경우에 큰 손상을 예방할 수 있을 것이다.

동력학적 분석의 한계

　다양한 운동을 하는 동안 일과 파워를 측정 하기 위하여 생체역학자가 사용하는 기술의 하 나는 연결-분절 모델(linked-segment model)을 이용한 역(逆) 역학이다. 알고 있는 운동과 반 대로 움직이는 운동을 말한다. 즉, 인체에 작용 하는 힘과 보이는 운동의 특성과 반대되는 운 동을 말한다. 운동을 일으키는 우력을 알기 위 해 뉴턴의 물리학을 이용하기도 한다. 이 연결- 분절 모델을 이용 하여 역 역학적 분석을 하려 면, 인체에 대한 기전 원칙과 관련된 문제들을 단순화하기 위하여 일정한 가정이 만들어진다. 이런 가정에는 한계가 있으므로, 건강 전문가 들은 일과 파워의 분석 결과를 해석할 때 이 점들을 반드시 고려해야 한다.[37]

　첫 번째 가정은 모든 분절이 단단하다는 것 이다. 즉, 마치 강철처럼 딱딱하다고 간주된다. 경험상 분절이 어느 정도 유연하고 완전히 단 단하지 않다는 것을 알고 있다. 한 예로 충격 력은 실제 운동하는 동안 일어날 수 있는 힘보 다 약간 더 클 수도 있다. 다음으로 결점이 있

어 보이는 가정은 관절이 마찰이 없는 핀 관절 로 만들어져 있다는 것이다. 우리는 이 역시 다 소 과장된 것이라는 사실을 알고 있다. 활액의 양이 많아 심각한 손상은 입지 않겠지만, 건강 한 무릎은 분명 핀 관절이 아니다. 마지막으로, 가장 큰 결함이 있는 가정은 이 모델이 각 개 별 근육이 동작에 기여할 수 있는 토크나 두 관절 근육의 존재를 고려하지 않았다는 점이다. 이 모델은 관찰된 운동을 일으키기 위하여 하 나의 관절에 대해서만 일어났어야 하는 순수한 토크만 측정할 수 있을 뿐이다. 그러므로 무릎 을 뻗을 경우 순수한 무릎 신근의 토크는 60Nm 일 수도 있다. 이것으로는 관찰된 무릎 신전에 대항하기 위하여 슬괵근이 어느 정도의 토크를 발휘했는지 알 수 없다. 연결-분절 모델의 가 정에 대한 한계를 강조하는 주된 이유는 동적 인 동작을 하는 동안 근육 사용의 기술과 에너 지 계산의 결과를 더욱 잘 이해하게 하기 위해 서이다. 그런 분석에서 나온 결과는 그 한계를 완전히 이해할 경우에 특히 유용해질 수 있다.

　사체 연구와 컴퓨터 모의실험과 관련된 동 력학적 분석에도 한계가 있다. 시체 표본의 연 령, 성, 사망 당시의 건강 상태 등등이 항상 잘 관리되어 있지는 않기 때문에 시험하는 조직이 많이 달라질 수 있다는 점을 기억해야 한다. 또 한 때로는 실험실의 조건도 실제 생체 내 조건 과 조금도 비슷하지 않다. 예를 들면, 다른 무 릎 인대가 손상되지 않고 또 인위적인 근력 없 이도(두 조건 모두 아주 비현실적이다) 내측측 부인대(medial collateral ligament)의 파손 하중 이 생기도록 하는 것이 어렵다.

　앞에서 지적했다시피, 동력학적 분석은 정확 하고 현실성 있게 이행하기가 힘들다. 이는 주 로 인체가 복잡하고 그 조직과 구조가 비선형 (nonlinear) 방식으로 행동하려는 경향이 있기 때 문이다. 하지만, 여러 가지 동력학적 분석에서 얻은 추가 지식은 그냥 무시하기에는 너무나 귀

중한 것들이다. 관찰된 운동을 일으킬 수 있는 힘을 상세히 연구하면 인체의 생체역학에 대하여 훨씬 분명하게 알 수 있게 될 것이다.

근전도 검사

근전도 검사(electromyography ; EMG)는 근육의 전기 활동을 기록한 것이다. 최근 20년 동안 생체역학적인 도구로서 EMG의 인기가 점점 높아져 왔다. 동력학적 분석과 함께, 관련 근육의 활동에 대하여 알려주는 EMG를 통해 우리는 일정한 동작 순서의 생체역학에 대하여 더욱 잘 알 수 있다. 또한 원래 EMG는 적어도 운동역학적 분석이 병행되어야만 유용하고 거기다 동력학적 분석이 더해지면 더욱 좋다. 아주 간단히 말해서, EMG는 근육 활동의 시간 조절과 상대적인 진폭에 대하여 의미 있는 자료를 제공할 수 있다.

본래 EMG를 기록하는 시스템에는 두 가지 기본 유형이 있다. 표면형과 침형이 그것이다. EMG 결과를 의미 있게 해석하려면 각 기록 시스템에서 얻어진 정보의 유형에 대한 전체적인 이해가 중요하다. 표면형 EMG 전극은 피부 표면에 고정되어 전극봉의 측정 범위 내에서 활동 전위의 합계인 신호를 기록한다. 일반적으로 신호는 대개 근육에서 나오고 인접 근육에서도 그 보다 약한 신호가 나올 수 있다. 침형 EMG 전극은 실제로 근육에 직접 삽입되어 삽입 지점에서 짧은 거리에서만 활동 전위를 기록할 수 있다. 표면형 EMG의 분명한 장점 한 가지는 측정할 때 피부를 뚫고 들어가지 않는다는 점이다. 또한 신호는 관계된 근육에서 발생하는 활동 전위 대부분의 합계이며, 따라서 중추신경계가 근육에 보내는 신호를 더욱 잘 나타낸다. 표면형 EMG의 결점은 신호가 인접 근육에서 나오는 신호로부터 방해를 받고 혼선되기 쉽다는 것이다. 표면형 전극에 비하여 침형 전극의 가장 큰 이점은 아주 미세하게라도 혼

선될 가능성 없이 근육에서 나오는 EMG를 기록할 수 있다는 것이다. 하지만 측정이 침해적이고, 시간 집약적이며, 근육의 전체적인 활동 패턴을 나타내지 못한다는 점에서 침형 전극에는 몇 가지 결점이 있다. 게다가, 침형 전극의 삽입 깊이를 조절하기가 매우 어렵다. 따라서 똑같은 사람을 대상으로 해도 삽입 위치에 따라 신호가 많이 다를 수 있다.

EMG에 대하여 기억해야 할 중요한 점은 근육 활동과 근육의 외부 힘 발달과는 직접적인 상호 관련이 없다는 것이다.[23] EMG의 진폭이 커졌다고 해서 반드시 그 근육에 의한 힘 발달이 커졌다는 뜻은 아니다. 실제로, EMG 활동은 일반적으로 근력이 최고 수준에 있을 때인 원심성 수축을 하는 동안 줄어든다. EMG의 진폭 증가는 중추신경계가 상응하는 수축을 하기 위하여 그 근육 내에서 운동 단위의 수를 늘리고 있다는 것을 나타낸다.[23] 또한 숙련된 동작을 하는 동안 엘리트 선수가 보이는 진폭이 솟구치는(bursts) 불연속적으로 나타난다는 보고도 있다. 그 이유는 동시 수축이 줄어들면서 엘리트 선수의 EMG 패턴이 더 간결하고 명확하기 때문이다. 가장 중요한 점은, EMG를 이용하여 주어진 동작을 하는 동안 근육 수축의 협응을 정확하게 묘사할 수 있다는 것이다.

과학자들과 임상학자들은 모두 운동 중 EMG 자료를 해석할 때 굉장히 주의해야 한다. 연구 환경과 임상 환경 모두에서 EMG 자료를 해석하면서 몇 가지 공통되는 실수를 목격했다. 다음의 내용은 EMG 자료를 의미 있게 해석하는 데 필요한 기본 지침이다.

1. 진폭 비교는 동작 조건과 조건 사이의 한 근육에서만 해야 한다. 근육간의 진폭 차이를 비교하려고 해서는 안 된다. 그 신호들은 서로 다른 두 기록 표면에서 나오는 것이기 때문이다.
2. 피험자 간에 똑같은 근육에 대한 EMG 진

폭 비교를 하기 위하여 EMG를 어떤 기준 또는 최대 수의 수축으로 '표준화'하려고 할 때는 아주 세심한 주의를 기울여야 한다. 그런 비교는 바람직하지 않다.

3. 전극이 떨어지거나 움직였을 경우에는 어떤 종류의 진폭이나 시간 조절 비교도 시도해서는 안 된다. 특히 서로 다른 날의 실험 사이에 전극이 떼어졌을 경우에도 안 된다.

4. 발차기와 같은 종목과 관계되는 큰 진폭의 출현시기의 비교는 근육과 근육 사이에 그리고 피험자와 피험자 사이에 해도 된다.

EMG 해석과 분석에 대한 보다 자세한 설명은 케이멘과 콜드웰(Kamen and Caldwell)[23]의 논문이나 바스마지안(Basmajian)[1]의 원문을 참조하길 바란다.

근골격 모델링 기법

최근 10년 동안 인체 근골격 계통에 대한 컴퓨터 모델이 아주 많이 나왔다. 하지만 연구자 대부분은 모델링 기법이 초기 단계에 있다고 보고 있다. 이런 모델들은 모든 핵심 연구 분야를 인체 근골격 계통의 정확한 모델로 통합하려고 한다.[5,6,22,35] 모델의 대부분은 실제적인 뼈의 표면, 관절 운동역학, 근육의 움직임과 힘 발생 매개변수에 대한 특성을 담고 있다. 일단 모델이 규정되면, 각 근육의 길이, 모멘트 팔, 힘, 관절 모멘트를 컴퓨터로 계산하여 각 근육의 기능과 동작 순서에 대한 상대적인 기여도가 분석될 수 있다. 그로 인해 일어나는 운동과, 결합조직과 각 분절의 관절 표면에 대한 근육 활동의 효과도 계산될 수 있다. 이런 모델들은 선별된 동작 순서에서 얻은 기존의 운동역학과 동력학, EMG 자료를 이용하여 모델을 성립시키고 따라서 각 근육군의 상대적인 기여도를 측정할 수 있다는 점에서 특히 유용하다. 게다가 모델을 그래프로 나타내기 때문에 특정 운동과 관련된 운동역학과 동력학, 근육 활동을 시각

화하는 데 아주 유용하다. 이런 모델들은 재래식 생체역학적 분석 기법보다 훨씬 진보하여 정교하고 임상학자들에게 대단히 이롭다.

보건 전문가들에게는 이렇게 컴퓨터를 기반으로 한 근골격 모델의 이점이 그림의 떡이다. 건(腱) 이식과 같은 외과 수술적 절차를 통해 모의 소프트웨어의 흥미 있는 능력 중의 하나가 입증되었다.[5] 선별된 운동 순서를 하는 동안 서로 다른 근육군에 의해 경험되는 하중을 더욱 잘 이해하게 되면 스포츠 재활 프로그램의 발달이 촉진될 것이다. 또한 이제는 기존 재활 장비와 프로그램의 효능을 보다 자세히 측정할 수 있게 되었다. 아울러 이런 발달에 의해 수행을 높이는 기법도 진보하게 될 것이다. 가장 중요한 점은, 연구자와 건강 전문가, 운동선수와 감독, 연구가 위주가 아닌 임상가들에게 복잡한 자료를 간단한 방식으로 제시할 수 있는 능력이 대단히 귀중하다는 것이다. 이런 모델의 시각화 능력을 보여주는 사례가 그림 1.1에 제시되어 있다.

생체역학의 다른 분야에서처럼, 현재의 근골

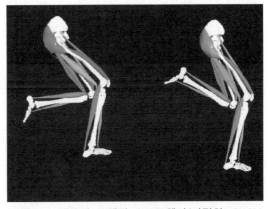

그림 1.1 근골격 모델링 소프트웨어/시각화. SIMM (Software for Interactive Musculoskeletal Modeling)을 이용하여 생성된 이미지(미국 캘리포니아주 산타로사 소재 Motion Analysis, Inc의 제품).

격 모델링 기법에는 몇 가지 한계점이 있다. 가장 큰 문제는 근육 역학 분야에 있다. 근육 역학(과 근육 모델링)은 그 자체가 하나의 과학으로 자리 잡았다. 근육 역학과 근육 모델링을 전문으로 하는 과학자들은 생체역학과 운동 조절, 생리학, 컴퓨터 과학의 전문가들이다. 그들의 주요 목표 가운데 하나는 인체 근육의 컴퓨터 모델을 보다 정확하게 발달시키는 것이다. 비록 현재의 근육 컴퓨터 모델이 등척성 및 등장성 수축 모의시험은 비교적 잘 수행하지만, 원심성 수축의 역학을 정확하게 모의시험 할 수 있는 모델이 거의 없어서 아쉬운 실정이다.

임상 생체역학: 통합적 접근 방식

아리스토텔레스와 다빈치, 보렐리가 인체를 더욱 잘 이해하기 위하여 사용했던 도구로서의 생체역학처럼, 현재의 건강 전문가들도 환자와 운동선수들을 가능한 한 최선을 다하여 보살피기 위하여 자신의 지식과 생체역학 분야 동료들의 전문 지식을 이용하고 있다. 대부분의 스포츠 의학 전문가들은 문제의 해결책을 밝혀내고 가능한 한 최선을 다하여 처치하기 위하여 정형 외과의사와 물리치료사, 교정전문가, 신체운동 역학자, 선수재활트레이너, 운동 생리학자, 생체역학자들에게서 전문 지식을 얻는다. 위에 나온 역사상 가장 위대한 과학자들처럼 이런 각 전문가들도 각자 인체를 더욱 잘 이해하기 위한 도구로 생체역학을 이용한다. 아주 유능한 전문가들은 관심 있는 동작이나 기능과 관련된 생체역학의 모든 양상을 완전히 통합하고 이해하여 그 지식을 손상 치료와 재활, 예방에 효과적으로 적용할 수 있다.

인체 동작에 대한 가장 통찰력 있는 분석은 생체역학 연구의 모든 핵심 분야를 통합하는 것들이다. 관련된 운동역학과 동력학, 그리고 어떤 동작이나 기술과 관계가 있는 상응하는 근육 기능을 완전하게 검토한다면 틀림없이 동작의 생체역학을 보다 완벽하게 이해할 수 있게 될 것이다. 하지만, 그렇게 완전하게 통합시킨 생체역학 연구는 상대적으로 거의 없었다.[20~22, 26,31] 근골격 모델링과 컴퓨터 모의실험, 운동 제어 논문은 일반적으로 핵심 분야를 잘 통합하고 있지만, 그러한 움직임은 아주 기본적인 수준이고 다소 기능적이지 못한 편이다. 대부분의 생체역학 및 그와 관련된 논문들은 특정한 기전이나 기본적인 연구에 초점을 맞추고 있다. 이러한 통합적인 연구가 그 직업에는 많은 도움이 되지만, 건강 전문가들은 그저 관련이 있는가를 결정하기 위하여 막대한 양의 연구 자료들을 모두 분류해야 한다.

이 책의 저자들은 흥미 있는 각 스포츠 종목의 생체역학의 핵심 분야를 아주 훌륭하게 통합시켰으며 재활 방법과 치료를 향상시키기 위한 훌륭한 지침을 제공하고 있다.

생체역학분야의 최신이론과 향후 과제

최근 30~40년 동안 생체역학 분야는 많은 변화를 겪어왔다. 힐(Hill)과 펜(Fenn), 엘프트만(Elftman)의 시대 이후 측정 장비는 계속 정교해지고 정확해졌다. 운동역학적 분석은 밀리미터의 10분의 일까지 정확해졌고, 사람이 힘 측정기의 측정대 위에 가만히 서 있는 동안 심장 박동까지 기록해 냈다. 이 정도로 정확해지기까지 약 10여년이 걸렸다. 이는 현대 생체역학의 짧은 역사에 비하여 비교적 긴 시간이라고 할 수 있다.

지난 10여 년 동안 컴퓨터 산업의 놀라운 성장과 처리능력의 기하급수적인 향상으로 특히 생체역학 논문이 급격하게 증가했다. 오늘날 4천만 이상의 미국인들 책상 위에 놓인 컴퓨터의 처리 능력은 1970년대와 1980년대 초의 가장 뛰어난 슈퍼 컴퓨터보다도 몇 배나 크다. 오늘날의 생체역학자들이 수 초 만에 할 수 있는 계산이 1970년대의 천공카드 컴퓨터로는 몇 주나 걸렸을 것이고 허버트 엘프트맨이 했던 것처럼 손으로 한다면 아마 반평생이 걸릴 것이다. 그러한 계산 능력으로 우리는 훨씬 오랜 기간 동안 무수히 많은 기능 운동과 그와 관련된 근육의 협응동작 패턴을 검토할 수 있다. 근골격 모델링은 근육의 실제 기능을 더욱 잘 통찰하게 함으로써 이 과정을 한층 촉진시키고 있다. 이와 같이 우리들은 생체역학 분야로서는 흥미로운 시대에 살고 있다. 이어지는 내용에서는 생체역학 분야에 상당한 영향을 줄 최근에 이루어진 발달 상황을 개략적으로 살펴보고자 한다.

실시간 운동 분석

운동 분석 분야에서 가장 중요한 발전 가운데 하나는 실시간 분석 능력이다. '실시간 운동 분석(realtime motion analysis)'은 본래 예전에는 힘들었던 디지털화 과정, 즉 분절이나 대상의 기록된 운동을 좌표계에 관하여 위치 좌표로 변환시키는 컴퓨터 보조 처리 과정이 그저 몇 분의 1초 만에 이행될 수 있다는 것을 뜻한다. 1990년대 초까지만 해도, 생체역학자들은 비디오나 필름 기록의 프레임을 각각 검토하고 각 분절의 위치 좌표를 수작업으로 계산해야 했다. 때로는 한 걸음의 동작을 처음부터 끝까지 운동역학적으로 분석하는 데 몇 주가 걸리기도 했다. 컴퓨터와 광학 기술의 발달로 결국은 디지털화 처리가 자동화될 수 있었지만, 실제적인 운동역학적 분석은 데이터 수집 후에야 비로소 이행될 수 있었다. 그 이후의 처리는 여전히 아주 힘들고 시간이 걸렸다.

발달된 컴퓨터 소프트웨어와 연산 방식, 맞춤 하드웨어, 고속 프로세서가 결합함으로써 이러한 운동 분석 시스템은 연구자나 임상학자들에게 데이터가 수집되는 대로 실제적인 운동역학적 데이터와 분석을 제공할 수 있게 되었다.

일부 시스템은 동작을 한 피험자의 앞에서 그의 컴퓨터 모델을 화면상으로 보여주기까지 한다. 향상된 바이오피드백과 가상현실 훈련의 가능성이 높아졌다. 아마도 다빈치와 보렐리, 엘프트맨이 본다면 완전히 감명 받을 것이다.

얼마 안 되는 하이엔드(high-end) 시스템은 힘 측정기와 EMG 기록뿐만 아니라 근골격 모델을 데이터 수집과 분석 과정에 완전히 통합시킬 수 있다. 현재 이론상으로는 데이터 수집 세션의 결론에 의해 완료되는 동작의 생체역학적 통합 분석 ―운동역학, 동력학, EMG, 개별 근육의 힘 추산치― 결과를 얻을 수 있다. 게다가 데이터 저장 능력과 처리 속도의 향상으로 장기간에 걸친(수 분 필요하다면 여러 시간까지도) 통합된 생체역학 데이터를 수집할 수도 있다. 일례로, 400미터 달리기(마라톤까지도)를 모의 실험하는 동안 발생하는 모든 발걸음을 통합 분석할 수 있을 것이다. 그러므로 보다 기능적인 동작을 검토할 수 있으므로 복잡한 인체 운동을 더욱 잘 통찰할 수 있다.

그러한 기법들은 생체역학에 깊은 의미를 갖는다. 생체역학은 결국 임상학자들과 연구자들이 기다려온 도구, 즉 인체 운동의 복잡한 성질을 통찰하는 유효한 수단이 될 수 있다. 점점 더 많은 보행분석 실험실과 스포츠 의학 시설들이 이와 같은 탁월한 기법들을 채택하고 있기 때문에, 유용한 통합 생체역학 분석이 크게 증가할 것이 틀림없다.

경기현장 연구

최근 기술의 향상으로 도움을 받은 생체역학의 또 다른 분야는 데이터 획득 기술 분야이다. 이제는 경기현장 연구 조건에서 비교적 자세한 통합 생체역학 분석을 하는 것이 가능하다. 당연히 실험실에서만 연구 조사를 하는 데에는 몇 가지 한계가 있다. 일례로, 실험실에서는 활강 스키, 스케이트, 크로스컨트리, 달리기 등등에 대한 생체역학을 통찰하기가 특히 어렵다. 이런 동작의 성질은 실험실에서 정확하게는 물론이고 전혀 모방할 수 없다. 과거에는, 현지 조사가 아주 어려웠고, 항상 조사의 타당성과 정확성이 의심받을 수 있었다.

하지만 몇몇 요인들 때문에 기술이 향상되었다. 그런 요인들은 정확성을 그대로 유지하면서 장비의 소형화와 관련된 검출 기술이나 데이터 획득 수단에서의 향상을 의미한다. 힘과 압력, 가속도, 운동 감지기 이 모두가 휴대용으로 제작되었다. 먼 거리에 걸쳐서 자료를 전달하는 방법인 원격 측정법 덕분에 자료를 감지기에서 데이터 저장장치로 그대로 전달할 수 있다. 그러므로 환자나 운동선수는 메인 획득 시스템에 직접 '연결' 되지 않아도 되고 실제로 현지에서 컴퓨터에 시스템을 설치하지 않아도 된다. 원격 측정법은 피험자의 이동의 자유를 크게 높이므로 보다 현실적인 동작 특성을 고려한다.

원격 측정법과 완전히 다르지만 관련된 또 다른 개선 사항은 데이터 로깅 기술의 소형화이다. 앞에서 언급한 대로, 피실험자는 컴퓨터에 직접 연결되어야 하거나 원격 측정법이 가능하지 않을 경우에는 컴퓨터에 시스템을 설치해야 할 것이다. 하지만, 무게가 수 온스에 불과한 소형 데이터 로거(원래 취득 시스템)가 발달되었다. 전문 저장 장비의 이용으로, 피실험자가 이동의 자유를 별로 해치지 않으면서 모든 자료를 '미니 컴퓨터' 에 수집할 수 있게 되었다. 이 기술은 원격 측정법보다도 이점이 있다. 원격 측정되는 시스템은 때로 간섭을 받기 쉽고 전달될 수 있는 데이터의 양도 부족할 수 있다.

최근에 그런 데이터 로깅 기술을 통합시킨 몇 안 되는 현지 조사 사례들이 바로 그린월드(Greenwald et al.)[14]의 사례들이다. 그린월드와 그의 동료들은 활강 스키를 타고 내려오는 동안 3차원(3D) 관절 운동역학과 EMG를 수집할 수 있는 휴대용 시스템을 개발했다.[14] 최초로, 활강 스키를 1회전 이상(실제로 활강 당 40~50회전) 하는 동안의 3D 운동역학적 자료가 수집되었다. 1회전 자료만 갖고서는 결론을 내리기가 힘들기 때문에, 자료량이 완전하면 사실상 스키의 공동작용을 더욱 잘 알 수 있다. 스트레징과 헤니그(Strezing and Hennig)는 데이터 로깅 기법을 이용하여 트랙에서 10㎞ 달리기를 하는 동안 서로 다른 간격을 두고 뒷발의 운동역학과 신발 안의 압력, 산소 소비량, 충격 감소에 대한 자료를 수집할 수 있었다. 피실험자가 피로해졌을 때 발 역학, 발바닥 압력, 충격 감소의 변화에 대한 그들의 통합 분석은 특히 흥미로웠다.

그 외에 생체역학 분야에서 대두되고 있는 기법들은 글로벌 포지셔닝 시스템(GPSs)을 기반으로 한다. GPS는 이제 일반 대중도 상당한 시간 동안 이용할 수 있게 되었으며 항공의 지원이 있을 때 특히 유용하다. 지구 궤도를 도는 4개 이상의 위성에서 받은 자료를 이용하는 GPS 장치는 지구상에서 사용자의 현재 위치를 알려 준다. 그러나 대중이 이용할 수 있는 장치는 기본적인 생체역학적 연구에도 적합하지 않을 정도로 정확하지 못했다(군대가 신호를 뒤섞어 놓기 때문에 50피트까지). 하지만 2000년 4월, 미국 국방성이 GPS의 신호를 뒤섞는 것을 중단하면서 5~10피트의 특정 장치의 정확성이 향상되었다. 이와 같은 것들이 놀라울 정도의 향상이긴 하지만, 여전히 아주 기본적인 변위와 속도 계산 이상의 조사를 할 정도로 정확하지는 못하다.[28] 그러나, 몇몇 단체들에 의해 GPS 장치와, 자이로스코프와 가속도계 같은 기타 검출 기술을 통합하려는 연구가 진행 중이다. 이렇게 되면 장치의 정확성이 1㎝까지 향상될 것이다. 아직까지는 이용할 수 없지만, 소형 GPS 장치가 그 정도로 정확하다면 이론적으로 언제 어디에서고 관절 운동역학을 측정할 수 있을 것이다. 경기현장에서 연구조사를 할 수 있다는 것은 분명히 뜻 깊은 일이다. 다시 말하지만, 우리는 생체역학 분야가 흥미롭게 발전하고 성숙해 가는 시대에 살고 있다.

동역학 시스템의 활용

생체역학 자료를 분석하는 비교적 새로운 접근 방식은 동역학계 연구에서 빌려온 기술을 이용하는 것이다. 이런 분석 기술은 복잡한 시스템의 상호작용을 보다 잘 이해하고 측량하고 예상하기 위하여 고등 수학(대개 미적분학과 미분 방정식, 카오스 이론)을 사용한다. 이런 시스템들은 복잡한 기계일 수도 있고, 생물의 서식지나 인체 동작의 기본적인 공동작용일 수도 있다.[24] 인체의 운동과 관련하여, 역학계 접근 방식을 채용한 분석은 분절 사이나 관절 운동 사이의 동작 상호작용을 반영하는 측정 기구를 사용하고 힘을 측정할 것이다.[24,33,34]

'상대국면(relative phase)' 이라고 불리는 측정 접근 방식은 인체 동작의 협응작용을 이해하는 데 특히 유용했다. 상대국면을 계산할 때는 관심 있는 분절이나 사지의 각변위와 속도 모두를 고려한다.[16,17,24,33,34] 상대국면 측정은 불연속(특정 사건이 있을 때 이용됨)일 수도 있고 연속(전체 동작 순서에 이용됨)일 수도 있다. 상대국면의 측정은 동작 순서의 처음부터 끝까지 다른 분절이나 관절의 운동 사이의 상호작용을 반영한다는 이점이 있다. 그러한 측정 기술은 전통적이고 보다 기술적인 운동역학이나 동력학 분석보다 분명하게 이점을 갖고 있다. 전통적인 생체역학적 분석에는 최고 관절 각도, 최고 관절 각속도, 최고 관절 각도의 시간, 운동 범위 등과 같은 별개의 변수들이 포함될 것이다. 흔히, 연구자들이나 임상학자들이 이런 별개 변수들의 의미를 생리학적으로 해석하기란 아주 어렵다. 또한 이런 측정들은 때때로 공동

작용의 미묘한 변화에 민감하지 않다. 측정할 때 사실상 또 다른 분절이나 관절의 동작 특성을 고려하지 않기 때문이다. 상대국면에 기반을 둔 측정 기구들은 대개 다분절이나 다관절의 동작 역학을 결합하기 때문에 이런 미묘한 변화에 훨씬 민감하다.[16] 게다가, 장기간(달리기하는 몇 분 동안) 상대국면 측정의 변수를 조사하는 것은 데이터 양에서 나온 협응동작의 역학을 평가하는 훌륭한 방법이다.

최근 15년 동안, 동역학계 분석을 결합시킨 연구가 유행하게 되었다.[24] 그러나, 이런 연구의 대부분은 손 뻗기나 손가락 동작, 걷기와 같은 색다른 과업의 기본적인 협응 동작의 역학에 초점을 맞추었다.[33,34,36] 최근에는, 스포츠 의학에 보다 관련된 문제들을 연구하기 위하여 동역학계를 이용한 몇몇 연구 결과가 발표되었다. 헤밀(Hamill et al.)은 슬개골과 대퇴골에 만성 통증이 있는 10명과 증상이 없는 10명을 비교하는 아주 흥미로운 연구 결과를 발표했다.[16] 전통적인 생체역학적 접근 방식을 이용한 연구는 슬개골과 대퇴골의 통증이나 기타 병리학적 문제와 서로 관련된 생체역학적 변수를 밝혀내는 데 거의 성공하지 못했다.[15,29,32] 하지만 동역학계 접근 방식을 이용한 연구자들은 슬개골과 대퇴골의 통증을 갖고 있는 피실험자 10명 모두를 쉽게 확인할 수 있었다.[16] 또한 헤이더쉐이트(Heiderscheidt et al.)는 전통적인 분석으로는 설명하기가 어려웠던 또 다른 문제인 러닝머신에서의 Q-각도의 영향을 이 접근 방식을 이용하여 설명할 수 있었다.[17] 이런 인상적인 결과들은 운동역학 분석에 비하여 동역학계 접근 방식의 효과 있는 민감성과 효능을 나타내는 것들이다. 동역학계 접근 방식은 생체역학의 핵심 분야(운동역학, 동력학, EMG 등등)를 모두 통합하고 이해하는데 특히 훌륭한 방법이다. 이 접근 방식이 더욱 널리 퍼지게 되면, 생체역학의 의문점들에 대하여 알기 어려운 대답들이 설

명될 수 있을 것이다.

요 약

기원전부터, 여러 다양한 분야의 과학자들과 예술가들은 인체 동작을 더욱 잘 이해하기 위한 효과적인 도구로 생체역학을 사용해왔다. 더욱 정교해진 측정 도구들이 발달하면서 이 과정은 특히 촉진되었다. 오늘날의 연구자들과 임상학자들은 어떤 동작과 관련된 운동역학과 동력학, 근육의 협응동작 패턴의 미묘한 변화를 실제로 측량할 수 있다. 인체 동작을 더욱 완전하게 이해하려면 필수적으로 이런 생체역학의 핵심 분야들의 통합과 각 분야의 한계에 대하여 알아야 한다. 이 책의 저자들은 이런 생체역학의 핵심 분야를 통합하여 각 스포츠 종목에 응용하는 훌륭한 일을 해냈다. 여러분이 이 책을 읽을 때는 모든 분야의 통합에 대한 신조를 유념하는 것이 중요하다. 마지막으로, 최근의 기술 발전은 스포츠에서 인체 운동의 생체역학을 통합하고 이해하는 능력에 깊이 관련되어야 한다. 임상학자들과 연구자들이 앞으로 몇 년 동안 이런 발전으로 인한 이익을 볼 것은 틀림없다. 지금은 스포츠 의학과 스포츠 생체역학을 활발하게 연구하고 적용할 수 있는 시대이다.

참고문헌

1. Basmajian JV, Deluca CJ: Muscles Alive, Their Functions Revealed by Electromyography. Baltimore, Williams and Wilkins, 1985.
2. Caldwell GE, Forrester LW: Estimates of mechanical work and energy transfers: Demonstration of a rigid body power model of the recovery leg in gait. Med Sci Sports Exerc 24 (12):1396–1492, 1992.
3. Cavanagh PR: The mechanics of distance running: A historical perspective. In Cavanagh P R (ed.): Biomechanics of Distance Running. Champaign, IL: Human Kinetics, 1990, pp. 65–100.
4. Davidson PA, Pink M, Perry J, et al: Functional anatomy of the flexor pronator muscle group in relation to the medial collateral ligament of the elbow. Am J Sports Med 23(2): 245–250, 1995.
5. Delp SL, Loan JP, Hoy MG, et al: An interactive graphics-based model of the lower extremity to study orthopaedic surgical procedures. IEEE Trans Biomed Eng 37(8):757–767, 1990.
6. Delp SL, Loan JP: A graphics-based software system to develop and analyze models of musculoskeletal structures. Comput Biol Med 25 (1):21–34, 1995.
7. Elftman H: The function of muscles in locomotion. Am J Phys 125:357–366, 1939.
8. Elftman H: The work done by muscles in running. Am J Phys 129:673–684, 1940.
9. Elftman H: The action of the muscles in the body. Biol Symp 3:191–209, 1941.
10. Fenn WO: Frictional and kinetic factors in the work of sprint running. Am J Phys 92: 583–611, 1929.
11. Fenn WO: Work against gravity and work due to velocity changes in running. Am J Phys 93:433–462, 1930.
12. Fleisig GS, Dillman CJ, Escamilla RF, et al: Kinetics of baseball pitching with implications about injury mechanics. Am J Sports Med 23:233–239, 1995.
13. Furasawa K, Hill AV, Parkinson JL: The dynamics of sprint running. Proc R Soc Lond 102(B):29–42, 1927.
14. Greenwald RM, Swanson SC, McDonald TR: A comparison of the effect of ski sidecut on three-dimensional knee joint kinematics during a ski run. Sportverletz Sportschaden 11 (4):129–133, 1997.

15. Hamill J, Bates BT, Holt KG: Timing of lo wer extremity joint actions during treadmill r unning. Med Sci Sports Exerc 24(7):807–813, 1992.

16. Hamill J, van Emmerik RE, Heiderscheit B C, Li L: A dynamical systems approach to lo wer extremity running injuries. Clin Biomech 14(5):297–308, 1999.

17. Heiderscheit BC, Hamill J, Van Emmerik R E: Q-angle influences on the variability of lo wer extremity coordination during running. M ed Sci Sports Exerc 31(9):1313–1319, 1999.

18. Hill AV: The air resistance to a runner. Pro c R Soc Lond 102(B):380–385, 1928.

19. Hoy MG, Zajac FE, Gordon ME: A muscul oskeletal model of the human lower extremit y: The effect of muscle, tendon, and moment arm on the moment-angle relationship of mu sculotendon actuators at the hip, knee, and a nkle. J Biomech 23(2):157–169, 1990.

20. Jacobs R, Van Ingen Schenau GJ: Intermusc ular coordination in a sprint push-off. J Bio mech 25(9):953–965, 1992.

21. Jacobs R, Bobbert MF, Van Ingen Schenau GJ: Function of mono- and biarticular muscl es in running. Med Sci Sports Exerc 25(10): 1163–1173, 1993.

22. Jacobs R, Bobbert MF, Van Ingen Schenau GJ: Mechanical output from individual muscl es during explosive leg extensions: The role of bi-articular muscles. J Biomech 29(4): 513 –523, 1996.

23. Kamen G, Caldwell GE: Physiology and int erpretation of the electromyogram. J Clin Ne urophysiol 13(5):366–384, 1996.

24. Kelso JA: Dynamic Patterns: The Self-organ ization of Brain and Behavior. Cambridge, M A: MIT Press, 1995.

25. Liu MM, Herzog W, Savelberg HH: Dynam ic muscle force predictions from EMG: An a rtificial neural network approach. J Electrom

yogr Kinesiol 9(6):391–400, 1999.

26. Piazza SJ, Delp SL: The influence of muscl es on knee flexion during the swing phase o f gait. J Biomech 29(6):723–733, 1996.

27. Quapp KM, Weiss JA: Material characteriza tion of human medial collateral ligament. J B iomech Eng 120(6):757–763, 1998.

28. Schutz Y, Herren R: Assessment of speed o f human locomotion using a differential satel lite global positioning system. Med Sci Sport s Exerc 32(3):642–646, 2000.

29. Stergiou P, Nigg BM, Wiley PJ, et al: Tibia l rotation, Q-angle and its association to PFP S in runners. In Proceedings of the Ninth Bi ennial Conference of the Canadian Society fo r Biomechanics. Vancouver, BC: Simon Fras er University, 1996.

30. Sterzing EM, Hennig EM: Tibial shock, pla ntar pressures, and rearfoot kinematics during a 10 k run. In Footwear Biomechanics Symp osium. XVIIth ISB Congress, Canmore, Albe rta, Canada. August 1999, p. 88.

31. Swanson SC, Caldwell GE: An integrated bi omechanical analysis of high speed level and incline treadmill running. Med Sci Sports Ex erc 32(6):1146–1153, 2000.

32. Tiberio D: Effect of excessive subtalar joint pronation on patellofemoral mechanics: A the oretical model. JOSPT 9:60–165, 1987.

33. Turvey MT: Coordination. Am Psychol 45:9 38–953, 1990.

34. Van Emmerik RE, Wagenaar RC: Effects of walking velocity on relative phase dynamics in the trunk in human walking. J Biomech 2 9:1175–1184, 1996.

35. Van Soest AJ, Bobbert MF: Effects of musc le strengthening on vertical jump height: A s imulation study. Med Sci Sports Exerc 26(8): 1012–1020, 1994.

36. Wagenaar RC, van Emmerik RE: Dynamics of pathological gait. Hum Move Sci 13:441–

471, 1994.

37. Winter DA: Biomechanics and Motor Contr
ol of Human Movement. New York: Wiley,
1990.

CHAPTER 2

야 구

Karen J. Mohr, Clive E. Brewster

야구는 다양한 연령층의 선수들이 여러 수준에서 즐기는 스포츠이다. 이 종목에 참가하는 사람들은 지역 사회 프로그램에서 경기하는 아주 어린아이들부터 메이저리그의 프로 선수들에 이르기까지 다양하다. 투구 행동을 하려면 선수는 짧은 시간 동안, 반복적으로, 극단적인 운동 범위에서 팔을 최대한 가속 했다가 감속해야 한다. 동시에, 투수는 던지는 공의 제구력을 정확하게 유지해야 한다.

야구 경기에는 아홉 개의 수비 위치가 있다. 내야는 투수와 포수, 1루수, 2루수, 3루수, 유격수가 있고, 외야는 우익수와 좌익수, 센터가 있다. 야구장의 전체 면적은 변할 수 있지만, 베이스 사이와 투수 마운드에서 홈플레이트까지의 거리는 규격화되어 있다. 각 베이스 사이의 거리는 27m이다. 마운드에서 홈플레이트의 앞 경계까지의 거리는 18.7m이다.

야구의 손상 발생률에 대한 보고서는 거의 없다. 하지만 던지기를 할 때 상지의 과격한 동작이 필요하기 때문에 몸의 다른 어떤 부위보다도 상지가 가장 위험하다는 논문은 있다. 장시간 질병 연구에서, 맥팔랜드(McFarland)와 와시크(Wasik)는 디비전 Ⅰ의 대학 야구팀들의 3년 동안 손상발생률이 19%였다고 보고했다.[1] 이 중에서 58%가 상지 손상이었고, 15%는 몸통과 등, 그리고 나머지 27%는 하지 손상이었다. 야구를 하지 못한 총 시간 가운데 75%가 상지 손상 때문이었다. 손상을 가장 잘 방지하기 위해서는 그렇게 야구 선수들과의 연구 작업을 통해 야구의 기전을 완전히 이해하는 것이 필수적이다. 손상을 방지하지 못할 경우, 손상 위험이 있는 조직에 대한 지식을 갖추어야 손상을 조기에 진단하여 최선의 치료와 재활 프로그램을 이행할 수 있다.

야구의 생체역학

던지기/투구

던지기는 협응근력과 능률, 컨디션 조절이 잘 조화되어야 하는 아주 힘든 활동이다. 투수의 경우, 제구력이 가장 중요하며 투구 폼이 조금만 바뀌어도 투수의 성공 능력에 악영향을 미칠 수 있다. 이런 미묘한 변화를 감독과 트레이너, 치료사, 의사들이 잘 알면 공을 던지는 사람의 손상을 조기에 진단할 수 있다.

해부학적 고려사항

공을 던지는 사람에게 어깨는 가장 손상당하기 쉬운 관절이기 때문에, 어깨의 기본적인 생체역학을 이해하는 것은 던지기 동작의 가장 복잡한 생체역학을 이해하는 것과 같다. 어깨의 생체역학을 가장 잘 표현하자면 극도의 운동성과 약한 안정성간의 균형이라고 할 수 있다. 어깨의 정적, 동적인 안정 구조는 던지기 동작의 조절이 시작될 수 있는 기초가 된다.

어깨의 정적 안정은 상완골두(humeral head)

와 견갑골 관절와(scapular glenoid)의 결합에 의해 이루어진다. 관절와(glenoid)는 얕고 오목한 구조로 상완골두의 약 20%와 접해 있다. 관절와순(glenoid labrum)은 오목한 부분을 더욱 깊게 하고 상완골두와의 접촉 부위를 두 배로 늘리면서 관절와연(glenoid rim)을 둘러싸고 있는 섬유연골(fibrocartilagious)이다. 관절와순의 크기와 모양, 관절와와의 부착 정도는 아주 다양하다. 관절와순은 관절와에 느슨하게 부착되어 있는 반월판과 몹시 비슷한 반면, 관절와순의 아래 부분은 관절의 연골 조직이 둥글게 확장된 부분과 더 비슷하다. 관절와순은 앞쪽과 뒤쪽의 경계로 갈수록 두꺼워지는데, 이탈하는 것을 방지해 주는 역할을 한다. 상부 관절와순과 이두근 건(biceps tendon)은 서로 붙어 있다. 관절와순에서 나온 교원질 섬유와 관절와위의 결절에서 나온 이두근의 바로 말단에 있는 이두근 건이 서로 연결되어 있다.

관절낭(joint capsule)이 두껍게 된 부분인 관절와상완골(glenohumeral) 인대가 정적 안정에 가장 큰 기여를 한다. 어깨가 중립 회전에 있을 때, 상부와 중앙의 관절와상완골 인대는 상완골을 전방으로 이탈하는 것을 막아준다. 던지기 동작에서처럼, 외전(abduction)과 외회전으로 다른 관절와상완골 인대로부터의 도움을 최소한으로 받기 때문에 하부 관절와상완골 인대가 전방 이탈에 대한 주된 억제력이 된다.[4] 게다가, 관절 내부의 압이 어깨의 정적 안정에 도움이 된다는 제안이 나왔다. 관절 내부의 압으로 인해 안정에 얼마나 도움이 되는지는 알려져 있지 않기 때문에, 그 상대적인 중요성은 과장된 것일 수도 있다.

관절와상완골 관절의 동적 안정은 견갑골과 회선건개(rotator cuff muscle)에 의해 얻어진다. 관절과 최적의 위치에서 접촉하고 견봉의 하부 공간을 유지하는 상완골두에 관하여 관절와의 위치를 정하는 일은 견갑골 근육(승모근, 전거근, 견갑거근, 능형근, 소흉근)이 한다. 1944년에, 인만(Inman)은 근육-짝힘이 견갑골 근육에 적용된다는 개념과 관절와상완골이 올라갈 때의 작용을 기술했다.[5] 관절 운동에 대한 전통적인 이 연구는 어떤 단계에서든 관절와상완골이 올라가는 것은 어깨의 관절 네 개 모두에 달려 있으며, 유연하고 조화로운 동작을 유지하려면 적절하게 조절되는 근육 조직이 필요하다는 것을 입증했다.

사체 연구를 통해 회선건개가 관절와상완골 관절을 안정시키는 네 가지 방법이 설명되었다. 첫 번째 방식은 회선건개의 작용이 상완골두와 관절오목(glenoid fossa)을 함께 압착한다. 매트센(Matsen)이 기술한 오목면-압착 기전이 압착 단위에 비해 병진 억제 효율의 40%를 차지하는 것으로 보고되었다.[2] 두 번째, 상완골두의 운동이 정적 억제력을 강화시킨다. 중립 회전에서, 하부 관절와상완골 인대는 관절의 밑에 놓인다. 상완골두가 외회전될 때, 하부 관절와상완골 인대는 관절의 앞면을 가로질러 팽팽하게 당겨지고 전방으로 이탈되는 것을 막는 주된 억제력이 된다.[4] 세 번째, 운동의 호를 제한함으로써, 수축된 회선건개가 상완골이 이탈되지 않도록 해준다. 마지막으로, 회선건개는 이탈에 대한 수동적인 억제하는 역할을 한다.[6]

어깨 관절의 생체역학에 대한 기본지식을 갖추면 오버헤드드로에 대한 복잡한 기전을 보다 잘 이해할 수 있다. 던지기 동작은 와인드업(windup), 초기 코킹(early cocking), 후기 코킹(late cocking), 가속(acceleration), 감속(deceleration), 팔로우 스루(follow through)의 연속 6단계로 분석될 수 있다.[7](그림 2.1)

와인드업

와인드업은 지면에서 몸을 통과하여 공으로 이전될 에너지 이동의 시작에 대비하여 몸의 균형을 잡는 역할을 한다. 이 단계는 투수가 동

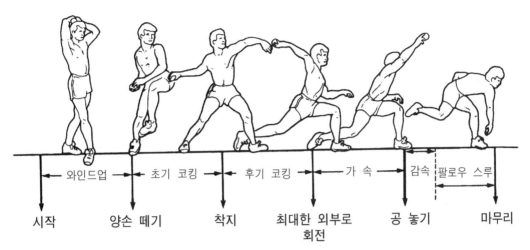

그림 2.1 야구의 투구 단계(DiGiovine et al의 허락 하에 복사)

작을 시작할 때부터 공이 글러브에서 나올 때까지이다. 투수는 한 걸음 내딛은 다리를 뒤로 물러서면서 던지기 동작을 시작한다. 그리고 나서 반대쪽 다리를 투수판의 앞에 비스듬하게 놓는다. 그 다음에 체중을 한 걸음 내딛는 다리에서 뒤로 당기는 다리로 옮기고, 몸을 90°회전시킨 후 무릎을 굽히면서 한 걸음 내딛는 다리를 올려서 몸의 옆면이 타자를 향하게 한다. 이 단계는 대개 균형을 잡는 단계이므로, 상지에서의 근육 작용에 대해서는 입증된 내용이 거의 없다. 그러므로 손상의 위험도 가장 적다.[7]

초기 코킹

초기 코킹을 양손이 떨어지고 공이 글러브에서 떠날 때 시작한다. 나중에 공으로 이전될 에너지가 하지와 몸통에서 방출되기 시작한다. 뒤로 당기는 다리가 굽혀지고, 한 걸음 내딛는 다리는 투수판 쪽으로 이동한다. 스트라이드 발이 투수판에 닿을 때, 뒷발의 앞에 거의 일직선으로 닿아야 한다. 이 발이 양쪽으로 너무 멀리 놓여지면, 투수는 최적의 기전에 못 미치므로 마침내 보정해야 할 것이고, 에너지가 최적으로 하지와 몸통에서 상지와 야구공으로 이전

되지 못할 것이다. 이 단계에서, 던지는 어깨가 외회전하여 외전의 104°에 달한다. 견갑골의 회전은 더 많이 긴장되는 그 다음의 투구 단계 동안 관절와상완골의 접촉을 최대화하는 안정된 단계를 준비하는 견갑골 근육의 공동작용된 활동에 의해 이루어진다. 승모근(trapezius)과 전거근(serratus anterior)은 상완골두가 움직일 수 있는 안정된 기반을 만들면서 관절와의 위치를 정하는 짝힘(force couple)를 형성한다. 상완골을 들어올리는 것은 삼각근(deltoid)과 극상근(supraspinatus) 사이에 있는 또 하나의 짝힘에 의해 준비된다. 이런 근육들이 함께 움직여서 상완골을 들어올릴 때 상완골두와 관절와 사이의 결합 관계를 잘 유지한다. 단독으로 작용하는 삼각근은 상부 관절와 경계와 상완골두의 상부 변위를 따라 상당한 전단력을 일으킬 것이다. 극상근의 동시 작용은 이런 현상을 방지한다. 이 기능 때문에 극상근은 상완골의 회전근으로 작용하는 회선건개의 다른 근육과 구별이 된다.

후기 코킹

후기 코킹은 힙 회전으로 시작해서 몸통 회

전으로 이어진다. 후기 코킹 동안에, 상완골은 어깨의 앞 구조를 압박하면서 외전과 최대 외회전의 위치에 놓인다. 이 자극은 투구 동작의 효과와 정확도를 떨어뜨리는 병의 상태로 이어질 수 있다. 이 단계에서 상완골은 견갑골 높이에 있어야 한다.

극하근(infraspinatus)과 소원근(teres minor)이 근육 활동을 증가시켜 어깨의 외회전을 준비하는 때가 바로 이 단계이다. 이 때 투수 어깨의 외회전 각도는 최고 170°에 달할 수도 있다.[8] 이런 근육들의 작용은 상완골두를 뒤로 약 3~4㎜ 당기면서 앞쪽 어깨 구조에 가해지는 압박을 감소시키는 역할도 한다.[9] 전방 관절낭과 관절와순에 대한 압박을 줄이기 위하여 이런 근육들의 세기와 지구력은 최대화되어야 한다.

후기 코킹은 팔꿈치에서 상당한 힘이 생겨나는 단계이기도 하다. 이런 힘들은 투구의 후기 단계까지 계속된다. 후기 코킹 단계에서, 팔꿈치의 굴곡이 63°에서 74°로 증가한다. 이 시기에 근육의 활동이 저조해져 팔꿈치 굴근에서 완화된다. 아마도 팔꿈치가 에너지를 이동시키는 데 최적의 위치에 거의 가까워졌거나 이미 최적 상태가 되었기 때문일 것이다.[10] 이 때 단요측수근신근(extensor carpi radialis brevis)과 장요측수근신근(extensor carpi radialis longus)은 비교적 높은 활동 수준에 있다. 이 단계에서 던지기와 마지막 에너지 전이에 대비하여 손목을 코킹하는 것이다.

팔을 잡아당기는 과정 내내, 팔꿈치에서 내번 토크가 생성되어 외번을 방지한다. 플레이시그와 배런틴(Fleisig and Barrentine)은 팔이 최대 외회전에 도달하기 직전에 약 64Nm의 토크가 발생된다고 보고했다.[11] 이 내번 토크는 팔꿈치 안쪽에 장력을 그리고 외측에 압박력을 생성시킨다. 모레이와 안(Morrey ad An)은 척골측부인대(ulnar collateral ligament)가 팔꿈치에서 외번 압박에 대한 저항력의 54%를 공급한

다고 보고한 바 있다.[12] 플레이시그와 배런틴은 이러한 발견을 토대로 64Nm의 내번 토크가 생성되었다고 추정하고 그 결과 척골측부인대는 35Nm의 토크를 지탱한다는 결론을 내렸다. 그리고 나서 이들은 이것을 전에 보고했던 척골측부인대의 파손 하중 32Nm과 비교하고 매번 투구할 때마다 척골측부인대에 보통의 파손 하중 이상의 하중이 지워진다고 단정했다.[13] 이것이 사실이라면, 척골측부인대가 지탱해야 하는 힘이 줄어들어야 투구를 할 때마다 척골측부인대가 파열하지는 않는다. 이렇게 압박의 감소는 팔꿈치에 대한 근육의 동적 수축에 의해 일어나는 것 같다. 시체를 연구한 결과 척측수근굴근(flexor carpi ulnaris)과 천지굴근(flexor digitorum superficialis)은 자동적으로 척골측부인대의 앞에 놓이고 그에 따라 동적 안정을 줄 수 있는 최적의 위치에 있게 된다는 것이 입증되었다.[14] 이러한 사실은 이 두 근육이 팔꿈치에 대하여 내번 모멘트를 생성할 수 있다는 것을 보여준 생체역학적 연구에 의해 뒷받침된다.

가속

투구의 다음 단계인 가속 단계는 상완골의 전진 동작으로 시작해서 공을 놓을 때까지 계속된다. 공을 놓을 때, 투수의 몸통은 앞쪽으로 구부러지고 앞쪽 다리는 무릎에서 펴지게 된다. 이 단계에서는 상완골이 빠르게 내회전하여 어깨와 팔꿈치에 대하여 상당한 토크가 생성된다. 내회전의 최고 각속도는 초당 6100°에 달하는 것으로 나타났으며 거의 공을 놓는 순간에 일어난다.[8] 가속 단계에서, 팔꿈치는 내번력과 신전력의 빠른 결합을 경험한다. 신전은 초당 2200°의 속도로 일어나서 대략 20°의 굴곡 작용으로 진행된다.[8] 팔꿈치에 대한 내번 압박은 빨리 내회전하는 어깨에 뒤떨어지는 팔꿈치보다 2차적이다. 이런 내번 하중은 팔꿈치의 안쪽 구조로 이전되고, 그 중에서 척골측부인대

가 그 하중의 대부분을 지탱한다.

가속 단계에서, 하지와 몸통 근육조직에 잠재된 에너지는 어깨와 팔꿈치를 거쳐 공으로 전이된다. 대부분의 어깨 근육조직에서 활동이 증가된다. 하지만, 투구 속도 생성에 기여할 수 있다고 여겨지는 유일한 어깨 근육은 대흉근(pectoralis major)과 광배근(latissimus dorsi)이다.[16] 이 두 근육의 근력은 증가된 투구 속도와 서로 관련이 있는 것으로 증명되었다. 그 외의 어깨 근육들은 힘을 내기 보다 관절와에서 상완골두를 안정시키는 일을 한다. 견갑골 근육들 역시 가속도 단계에서 근육의 활동을 늘리는 것으로 나타났다.[7] 이 같은 사실은 상완골이 안쪽으로 빠르게 회전할 때 견갑골이 안정되어야 유리함을 의미한다.

가속 단계 내내, 중요한 세 가지 짝힘이 적용한다. 후방삼각근(posterior deltoid)과 극상근은 첫 번째 짝힘을 형성하여 상완골두가 내측으로 빠르게 회전할 때 후방상완골두에게 뒤쪽 저항을 공급한다. 두 번째 짝힘은 대흉근과 소원근이 함께 작용한다. 대흉근은 수축하면서 내전하고 내측으로 상완골을 회전시킨다. 소원근은 동시에 내측 회전을 조절하고 상완골두가 앞쪽으로 병진하지 못하게 한다. 흔히 소원근과 극하근은 똑같은 기능을 할 때 함께 수축한다. 하지만, 가속 단계에서 이 두 근육은 서로 관계없이 작용한다. 견갑하근(subscapularis)과 광배근의 상부 섬유가 마지막 짝힘을 형성한다. 광배근이 강력하고 빠르게 신전하는 데 유효한 반면, 견갑하근은 관절와와 정확하게 접촉해 있는 상완골두의 위치를 유지하는 일을 한다.

팔꿈치에 관해서, 원회내근(pronator teres)과 요측수근굴근, 천지굴근, 척측수근굴근은 이 단계에서 투구 동안에 생성되는 큰 외번 자극에 대하여 팔꿈치를 안정시키기 위해 작용한다.[7] 이 근육들은 모두 투수의 손상 방지 프로그램이나 재활 프로그램에서 목표로 정해져야 한다. 후기 코킹에서처럼, 가속 단계에서는 근육 활동의 정확한 공동작용이 필요하며, 기전이 조금만 바뀌어도 선수가 효과적이고 능률적으로 투구를 할 수 없게 만들어 결국 어깨나 팔꿈치에 손상을 입게 된다.

감속과 팔로우 스루

투구의 나머지 두 단계는 감속과 팔로우 스루이다. 이 단계들은 공으로 전이되지 않고 남은 에너지를 발산하고, 뿐만 아니라 투수가 수비를 위한 자세를 잡게 하는 역할을 한다. 공을 던지는 팔은 한 걸음 내딛는 다리의 옆쪽에서 끝나야 한다. 뒤에 있는 다리는 내딛는 다리를 따라 나오고 투수가 타구를 수비할 수 있는 자세를 잡기 위하여 앞쪽으로 이동한다. 이때, 소원근은 모든 관절와상완골 중에서 가장 활발한 근육 활동을 보인다. 팔꿈치 굴근은 관절 내 압력을 줄이기 위해 수축력이 높아진다.

타격

야구를 하는 동안 타격 스윙이 손상의 원인이 된다고 여겨지는 일은 거의 없기 때문에 지금까지 연구자들은 타격의 기전에 거의 관심을 기울이지 않았다. 던지기에서처럼, 타격도 연속 단계로 분석될 수 있다. 타격의 네 단계는 와인드업, 스윙전, 스윙, 완전 팔로우 스루[17](그림 2.2)

와인드업은 앞으로 나온 발의 발꿈치가 지면을 떠날 때 시작해서 앞으로 나온 발의 발가락이 다시 지면에 닿을 때 끝난다. 이 단계에서, 타자의 무게중심은 반대 다리 쪽으로 이동한다.[18] 이 단계에서 반대 다리의 슬건을 제외한 근육 활동이 비교적 저조하다. 반대 다리의 슬건은 스윙에 대비하여 무게가 반대 다리로 이동될 때 힘의 신전을 유지시킨다.

스윙 전 단계는 앞으로 나온 발의 앞부분이 지면에 닿을 때 시작하여 배트의 전진 스윙이

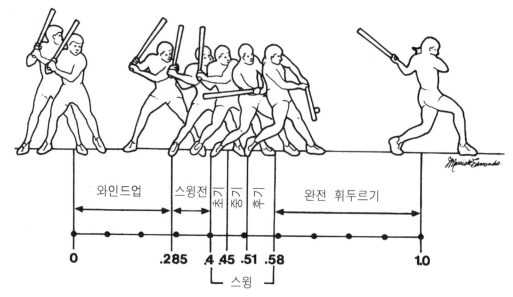

와인드업　스윙전　허　접　하　완전 휘두르기

0　　　　.285　.4 .45 .51 .58　　　　1.0

스윙

그림 2.2 타격 스윙의 단계(Shaffer et al.[17]의 허락 하에 복사)

시작될 때 끝난다. 이 단계에서 양다리의 슬건과 대둔근의 하부 섬유가 활동하여 힘을 안정시키고 스윙력을 일으킨다. 척주기립근(erector spinae)과 복근은 몸통을 안정시키고 파워를 하지에서 배트로 이전하기 위하여 활발한 활동을 보인다.

스윙단계는 배트의 전진 이동으로 시작하여 공과의 접촉으로 끝난다. 앞으로 나온 다리는 무릎에서 펴지고, 힘은 앞으로 밀리면서 시계 반대 방향으로 힘이 몸통을 빙 돌아 가속도가 생긴다. 이 단계에서 힘의 회전 속도는 대략 초당 700°이다. 어깨와 양팔이 힘을 따라가면서 공과 배트가 접촉하기 직전의 순간 각속도는 각각 초당 940°와 1160°이다.[18] 이 단계에서 주로 활동하는 근육은 몸통 근육으로 배트가 공에 접촉할 때 하지에서 배트로의 파워 전달에서 중요하다.[17]

팔로우 스루는 공과 배트의 접촉으로 시작하여 앞으로 나온 어깨가 최대한 외전하여 외회전할 때 끝난다. 몸통 근육의 활동은 스윙 단계부터 감소하지만 여전히 높은 수축력을 보이면서 회전을 유지시키고 몸통을 안정시킨다. 이 단계에서는 사두근(quadriceps)의 활동도 구부린 다리를 조절하기 위하여 높은 상태를 유지한다.

요약하면, 타격을 능숙하게 하려면 하지에서 몸통과 상지를 거쳐 최종적으로 공과 만나는 배트로 에너지의 전달이 조화로워야 한다. 이 과정에서 힙과 몸통에서 큰 회전력이 생성된다. 손상 방지와 재활 프로그램뿐만 아니라 타격 훈련 프로그램에서도 하지와 몸통의 근육이 강조되어야 한다.

슬라이딩

슬라이딩은 주자가 베이스에 가장 빨리 도달할 수 있게 하는 방법이기 때문에, 공격 단계에서 중요한 역할을 한다. 슬라이딩은 베이스에 머리 먼저 닿는 기술이나 발 먼저 닿는 기술을 모두 이용할 수 있다. 어떤 기술을 사용하든, 전력질주, 슬라이딩 위치 동작, 공중동작, 착지의 네 단계로 구성된다.

전력달리기

슬라이드의 첫 단계는 전력질주이다. 전력질주는 주자가 수평 방향으로 가능한 한 빨리 속도를 높여 최대한 속도에 도달할 수 있게 한다. 전력질주는 신체가 직각에서 약 25°정도 앞으로 쏠리는 것이 특징이다.

슬라이딩 위치 도달

슬라이딩 위치 도달은 전력질주의 다음 단계이다. 머리가 먼저 베이스에 닿는 기술에서는 중력의 중심이 계속 발의 앞쪽에 있으면서 몸이 점점 앞으로 쏠린다. 무릎이 굽혀지면서 중력의 중심이 내려가게 한다. 이 단계를 끝맺을 때, 머리가 먼저 베이스에 닿는 슬라이딩 위치가 도달되면, 신체 각도는 수평에서 약 30°가 된다.[42]

발이 먼저 닿는 슬라이딩을 할 때는 베이스로부터 약 4.5m 거리에서 신체의 힘이 점점 빠져서 똑바로 선 자세로 변한다. 그리고 나서 신체가 슬라이드 자세로 바뀌면 상지를 뒤로 뻗는다. 상체는 뒤로 비스듬하게, 하체는 앞으로 비스듬하게 움직이면서 신체가 시계 방향으로 회전한다.

공중동작

공중동작은 발이 먼저 베이스에 닿는 기술에서는 뚜렷하게 나타나지만, 머리가 먼저 닿는 기술에서는 항상 분명하게 드러나지는 않는다. 머리가 먼저 닿는 기술의 공중동작에서, 양팔은 앞으로 펴지고, 나머지 신체는 몸통과 하지는 펴지면서 엎드린 자세가 된다. 발이 먼저 베이스에 닿는 기술의 공중동작에서 한쪽 다리는 앞으로 뻗고 다른 다리는 뻗은 다리 밑에서 구부려진다.

발이 먼저 닿는 슬라이드 주자는 머리가 먼저 닿는 주자보다 지면에 닿을 때 더 큰 충격력을 경험한다.

착지

슬라이드의 마지막 단계이다. 힘을 완전히 빼야 하며, 충격 흡수에 도움이 되기 위하여 가능한 한 신체 표면이 많이 지면에 닿아야 한다. 머리가 먼저 닿는 슬라이드에서는, 허벅지와 가슴이 지면과 많이 닿는다. 하지만 코르재트(Corzatt et al.)가 한정된 수의 슬라이드 주자들을 대상으로 한 생체역학적 분석에서는, 손이 가장 먼저 닿고 그 다음에는 무릎이 닿는 접촉 패턴이 나타났다.[42] 발이 먼저 닿는 슬라이딩 기술에서는, 둔부와 허리, 허벅지 뒷부분이 충격을 받는다. 그들이 연구한 발이 먼저 닿는 슬라이드 주자들은 앞으로 뻗은 발, 밑에 밀어 넣은 발, 밀어 넣은 다리의 무릎 순으로 접촉이 이루어졌다. 그들은 앞으로 뻗은 발의 발바닥이 갑자기 지나치게 구부려지면서 뒤꿈치에서 지면을 감는 것을 관찰했다.[42] 이 기술은 전진 진행을 늦추고 손상의 위험을 높일 수도 있다.

슬라이딩은 야구에서 적극적인 공격의 중요한 측면이다. 머리가 먼저 닿는 기술이나 발이 먼저 닿는 기술 모두 공중동작 후에 지면과의 충격과 관련하여 손상을 일으킬 가능성이 있다. 슬라이딩을 하는 동안 몸에 힘을 빼고 신체 표면을 최대한 지면과 닿게 하는 것이 손상의 위험을 최소화할 수 있는 방법이다.

손상 방지

야구 선수의 손상을 방지하기 위한 프로그램을 작성할 때는, 공을 던지는 어깨와 팔꿈치의 보호에 초점을 맞추어야 한다. 왜냐하면 이곳의 관절이 가장 빈번하게 손상을 입기 때문이다. 전체적인 손상 방지 프로그램에는 적절한 워밍업, 정상 동작을 유지시키기 위한 스트레칭 운동, 그리고 야구에서 특별히 사용되는 근육의 강화 운동이 포함되어야 한다.

준비운동

준비운동이 보호 효과가 있다는 사실을 나타내는 증거는 많다. 순순히 준비되었거나 그에 준하게 미리 조절된 근육은 힘이 쇠퇴할 때까지 보다 오랫동안 변화를 견디고 보다 큰 힘을 지탱할 수 있음이 증명되었다.[19] 또 다른 연구는 트레드밀에서 10분 동안 규칙적으로 달린 피험자가 준비운동을 하지 않은 피험자보다 근육 경직이 줄어들었음을 보여주었다.[20] 근전도(EMG) 연구에서 고정된 자전거에서 준비운동을 한 후 비골근의 근육 활동 감소가 나타났다. 이는 준비운동을 하기 전과 비교했을 때 비골근의 이완이 증가했음을 의미한다.

손상의 위험을 최소화하기 위한 운동선수의 운동 프로그램에 준비운동이 통합되어야 한다고 추천되는 근거가 바로 이런 조사 결과에 있는 것이다. 준비운동은 연령에 따른 최대 예상 심장박동의 60~80% 수준에서 최소한 10~15분의 심장혈관 운동으로 이루어져야 한다. 준비운동은 경기는 물론이고 스트레칭이나 근력 운동 전에 선행되어야 한다.

스트레칭

공을 던지는 선수가 어깨를 스트레칭 하는 것은 몸의 균형을 잡는 행동이다. 우리는 이런 선수들에게는 무엇이 정상인지를 고려해야 한다. 투수와 수비 선수 모두, 공을 던지지 않는 팔과 비교했을 때 던지는 팔이 외회전은 증가하고 내회전은 감소한다는 것이 증명되었다.[22] 이런 선수들은 외회전으로 기능성이 증가하는 것 못지않게 이미 어깨의 앞쪽 구조에 엄청난 압박을 받기 때문에, 어깨 조직을 더 스트레칭 하는 일은 피해야 한다.

반대로 어깨의 뒤쪽 구조는 대개 꽉 죄이는데, 이는 내회전의 감소에 의해 명백해진다. 후방관절낭이 계속 억제될 수 있다면, 후방관절낭이 견갑골두를 관절와를 향해 앞으로 자리 잡

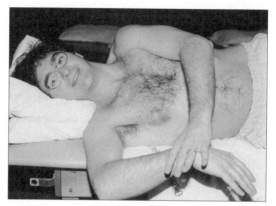

그림 2.3 후방관절낭의 스트레칭

게 한다. 이 상태는 앞쪽 구조를 압박하고 불안정과 침범의 원인이 될 수 있을 뿐만 아니라 어깨의 많은 근육들의 시간-긴장 관계를 일으킬 수도 있다. 이렇게 되면 최적 상태에 이르지 못하고 조기에 피로하게 될 수도 있다. 그 후에는 어깨 손상을 초래할 수도 있다.

후방관절낭은 트레이너나 치료사가 가동화시킬 수도 있고 아니면 운동선수가 직접 가동화시킬 수도 있다. 가장 일반적으로 가동화시키는 방법은 팔을 맞은편 가슴으로 당겨 수평으로 내전시키는 것이다. 관련된 회선건개나 상완이두근에 자극이 느껴질 경우에는 이 자세가 불편할 수도 있다. 대신할 수 있는 스트레칭 자세는 90°로 외전된 어깨와 환측으로 몸통을 약간 돌려서 반듯이 드러눕는 것이다(그림 2.3). 그 다음에 상완골두가 뒤쪽 조직을 쭉 펴게 하면서 팔을 수동 내회전시킨다. 치료사나 트레이너는 선수를 전측이 아래로 가도록 하여 눕혀 어깨를 수평 외전 시키고 견갑골을 내전시키면 효과적으로 후방관절낭을 스트레칭 할 수 있다. 견갑골을 고정시키고 상완골을 수평 내전시켜도 어깨 후방 조직을 잘 시킬 수 있다.

선수의 팔꿈치 스트레칭은 신중하게 접근해야 한다. 많은 선수와 투수 대부분이 어느 정도의 팔꿈치 굴곡 구축을 갖고 있지만 그렇다

고 반드시 심각한 손상으로 이어지는 것은 아니다. 팔꿈치는 서서히 뻗어 신전해도 되지만, 후방 구획에서 충돌이 일어나지 않도록 구축점을 정확하게 스트레칭 해야 한다.

손목 굴근과 신근 스트레칭은 상지 스트레칭의 마무리 부분이다. 손목은 팔꿈치를 펴서 손목을 수동 굴곡 시키면서 스트레칭 한다. 반대로도 같은 요령으로 손목을 수동 신전 시키면서 스트레칭 한다.

근력 운동

하지와 몸통의 근력 운동이 선수의 손상 방지 프로그램의 기초가 되어야 한다. 왜냐하면 하지와 몸통은 투구력 뿐만 아니라 타격 스윙이 비롯되는 곳이기 때문이다. 운동에는 몸통 굴곡작용과 신전, 회전이 포함되어야 한다. 하지 운동은 힙 굴근과 신근, 사두근, 슬건, 비복근을 목표로 해야 한다. 게다가 프로그램은 어깨를 동적으로 안정시키는 근육(견갑골과 회선건개)뿐만 아니라 자세 근육과 파워 근육을 최적 상태로 강화시키도록 계획해야 한다. 팔꿈치의 굴근과 신근뿐만 아니라 해부학적으로 팔꿈치의 내측에 전해지는 압박을 감소시키는 근육을 강화시켜야 한다. 마지막으로 지구력을 무시해서는 한 된다. 어깨와 팔꿈치 근육은 투구 시 수축력을 반복적으로 발휘할 수 있어야 한다. 실제경기에서 하는 것처럼 10회 3sets로 근력운동을 한다고 해서 도움이 되는 것은 아니다. 선수의 조절 프로그램에 특정한 지구력 운동을 통합시켜야 한다. 특정 근육을 목표로 한 가장 능률적인 운동은 본 장의 재활 부분에서 대략적으로 소개한다.

손상의 기전

야구 선수가 가장 흔하게 손상을 당하는 부위는 공을 던지는 어깨와 팔꿈치이다. 이런 손상의 요인은 내적인 것일 수도 있고 외적인 것일 수도 있다. 야구 선수에게 손상을 일으키는 내적 요인에는 ROM의 감소, 관절 운동의 손상, 근력 감소가 있다. 이런 모든 요인들이 보상적인 투구 동작이 생기도록 해서 손상을 일으키게 한다. 손상의 원인이 될 수 있는 외적 요인에는 트레이닝의 오류와 부적당한 투구 기전이 있다.

내적 요인

야구 선수에게서 흔한 손상 과정은 어깨관절을 동적으로 안정시키는 근육의 피로로 시작된다. 이 근육이 피로하게 되면, 보통 이상의 압박이 전방관절낭과 관절와순으로 이전된다. 병리학적으로 미묘한 증상이 있을 때, 선수는 투구의 후기 코킹과 가속 단계에서 상완골을 견갑골면에서 관상면(coronal plane)으로 이동시키는 것과 같은 보상 기전을 일으킬 수도 있다(그림 2.4). 이 현상을 '보상적 각도증가(hyperangulation)' 라고 한다. 이 상황을 계속해서 알아채지 못하면, 앞쪽 구조가 늘어날 것이고, 따라서 어깨관절내에서 상완골두가 회자되기 보다 활주되기 쉽게 된다. 상완골두가 더 앞으로 활주하면, 후관절와 위의 후회선건개의 침범, 즉 '내부 출돌(internal impingement)'이 일어날 수 있다.

근육의 비동시적인 수축 패턴 역시 피로해졌거나 손상된 조직을 보상하기 위하여 생기며 투구 폼에 미묘한 생체역학적 변화를 초래할 수 있다. 손상으로 이어지는 과정에서 초기에 인식될 수 있는 한 가지 변화는 견갑골의 지연이다. 이런 증상은 대개 약해지거나 피로해진 전거근 때문에 일어난다. 종종 투구 동작에서 나타나서 발견될 수 있는 변화는 견갑골 거상의 감소를 보상하여 팔꿈치를 내리게 된다. 이런 변화를 발견하지 못해서 치료하지 않는다면, 선수는 어깨의 앞 구조에 더욱 압박을 가하면서

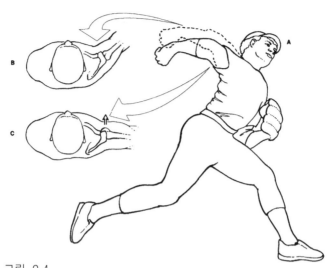

그림 2.4
A. 상완골을 견갑골면에서 관상면으로 이동시키면서 공 던지기
B. 견갑골면에 있는 상완골을 머리 위에서 내려다 본 모습(정확한 모습)
C. 관상면에 있는 상완골을 머리 위에서 내려다 본 모습(부정확한 모습)
(Pink와 Perry의 허락 하에 복사[23])

후기 코킹 동안 상완골을 견갑골면에서 관상면으로 이동시킴으로써(보상적 각도증가) 더욱 보상하기 시작할 지도 모른다. 따라서 더욱 심각한 손상을 피하기 위해서는 기전의 미묘한 변화들을 포착하여 선수가 초기에 적절한 재활 프로그램에 착수하게 하는 것이 중요하다.

외적 요인

공 던지기에는 근육들이 연속적으로 협응 해야 한다. 따라서 기전이 최적 상태에 있지 못하면 손상을 입을 가능성이 높다. 투구 단계에서 기술이 부족하면 병리 상태로 발전할 수 있다. 선수의 나쁜 투구동작이 본래의 약점이나 병리 상태를 보상하려고 하는 것인지 아니면 나쁜 투구동작 때문에 약점이나 피로, 손상이 생기는 것인지 구별하기가 어려운 경우가 많다. 의료 전문가는 나쁜 투구동작을 확인하고 그 원인이 근원적인 병리 상태 때문인지를 평가하기 위하여 코칭스태프와 긴밀하게 협력해야 한다.

흔히 일어나는 손상과 재활

어깨
회선건개과 이두근 건염

공을 던지는 선수에게서 가장 흔하게 발견되는 손상 가운데 하나가 회선건관과 이두근 장두근건의 염증이다. 어깨관절과의 압박이 유지된 상태에서 상완골 거상과 외전의 협응조절에는 능률을 최대화하고 손상을 피하기 위한 특정 순서의 근육 수축 패턴이 필요하다. 생체역학상 미묘한 변화가 있으면 회선건개 근육의 하나 이상을 과용하거나 오용하게 될 수 있다. 부적절하게 조절된 근육을 과도하게 사용하면 기전의 변화로 이어질 수 있다. 피로가 생기면, 회선건개의 다른 근육들이 보상하려고 하기 때문에, 변화는 이상한 투구동작을 하게 된다. 회선건개의 압축력이 감소되면 어깨관절과 관절을 가로지르는 전단력이 발생된다. 이는 회선건개와 이두 장두근건에 악영향을 미칠 수 있다.

회선건개와 이두근 장두건에 염증이 생긴 선수는 대개 염증 부위에 국한된 통증을 호소한다. 처음에는 증상을 무시하고 경기를 계속할 수도 있겠지만 나중에는 통증과 경직을 알아챌 것이다. 그 선수를 진찰할 때는 염증이 있는 근육에 극단적으로 모든 동작을 시험해보아야 한다. 통증이나 피로에 버금가는 약함이 인지되면서도 근력은 일반적으로 손상되지 않는다. 치료의 초점은 정상적인 회선건개 기전을 방해하거나 바꾸는 요인뿐만 아니라 충돌의 원인이 되는 관련 조건에도 맞추어져야 한다.

건염 치료의 목적은 물리치료와 항염증약을 사용하여 염증을 줄이는 것이다. 염증에 해가 되는 활동을 어느 정도 중지해야 한다. 적절한 휴식기간은 계속적인 재진 결과에 따라 개인별로 조절되어야 한다. 이 기간 동안, 선수는 계속해서 몸통과 하지 근육의 힘과 조절뿐만 아니라 심장혈관의 건강 상태도 유지하는 것이 필수적이다.

건염의 대부분은 잘 짜여진 비수술 프로그램이 좋다. 이런 염증 상태 때문에 수술을 한다는 것은 보기 드문 일이다. 전통적인 치료법을 쓴 지 최소 6개월 후에도 상태가 좋아지지 않거나 해부학적으로 근원적인 원인이 있다면, 그 때는 관절 내시경을 사용할 수도 있다. 일반 선수들이 전견봉 성형으로 견봉하의 감압에 반드시 호전 반응을 보이지는 않는다는 연구 결과가 있으므로 최소한의 접근 방식을 취해야 한다.[24]

회선건개 열상

회선건개가 부분적으로 또는 완전히 찢어지는 상태는 흔히 염증이 장기간 지속된 후 회선건개에 악영향을 주는 다음 단계이다. 이런 손상은 또한 회선건개 착점에 과도한 장력이나 긴장을 주는 단 한 번의 외상에서 일어날 수 있다.

회선건개의 심한 열상은 40대 미만의 환자에게서는 거의 발견되지 않는다. 역으로 말하자면, 부분적인 열상은 오버헤드 선수들에게서 흔히 발견되는 손상이다. 내적이든 외적이든 침범의 누적 효과는 대부분 밑면을 따라 회선건개 섬유의 부족으로 이어질 것이다. 이러한 부분적 열상의 중요성은 완전히 알려지지는 않았지만, 오버헤드 선수들에게 전통적인 치료법이 듣지 않는다면, 대개 열상 부위를 내시경으로 제거한 후 적극적인 수술 후 근력 강화 프로그램으로 치료해야 한다. 재활 프로그램은 회선건개와 견갑골 안정 근육의 모든 구성 요소의 동시 작용 회복을 강조해야 한다. 어깨의 불안정성 같은 근원적이거나 부수적인 병리를 밝혀내는 것이 아주 중요하다. 앞쪽의 불안정성이 발견되면, 회선건개가 더 이상 손상되지 않도록 교정해야 한다.

일반적으로 심한 열상을 입으면 최적의 오버헤드 동작을 할 수 없고 거의 모든 경우에 수술에 의한 치료가 필요하다. 흔히 재활에 의한 전통적인 치료법이 시도되고, 초기에는 성공할 수도 있지만, 오랫동안 격심하게 투구하면 남은 회선건개가 마멸된다. 수술 방법에는 관절 내시경 교정, 최소 절개 교정, 표준 절개 교정이 있다. 회선건개 교정 수술 후의 치료 시간은 사용된 기술과 관계가 없는 것으로 생각되며 보통 6개월 정도이다.

충돌

공을 던지는 선수의 경우, 회선건개의 내부 충돌과 외부 충돌은 반드시 구별되어야 한다. 외부 충돌은 회선건개와 견봉 사이의 공간이 줄어드는 과정에서 일어나는 활액낭 쪽의 회선건개 염증으로 이루어진다. 이런 요인들은 정적일 수도 있고 동적일 수도 있다. 활액낭염과 건염, 견봉 돌기 발생은 모두 회선건개의 공간이 정적으로 줄어드는 조건들이다. 회선건개의 정확한 조절 능력 상실과 상완골의 관절와 압박은 회선건개가 피로할 때 일어날 수 있다. 그 결과는 어깨관절와를 들어올리는 동안 상완골두가 위로 이동하는 것으로, 회선건개와 견봉 사이의 공간이 동적으로 줄어드는 것이다. 이것은 회선건개의 손상 부위가 다르다는 점에서 내부 충돌과 대조적이다. 이 상황에서는 회선건개의 피로가 전방관절낭과 관절와순의 반복적인 미세 외상의 누적 효과로 이어지면서 이런 구조를 펴지게 하고 상완골두를 앞으로 활주시킨다. 이러한 앞쪽으로의 활주는 뒤쪽 회선건판의 밑면을 관절와와 관절와순의 후상방 표면에 붙여서 이르게 하면서 닳아서 찢어지게 한다.

충돌의 치료는 근원적인 원인의 확인에 달려 있다. 외부 충돌은 견봉하 충돌의 원인을 확인하고 치료함으로써 치유되어야 한다. 공을 던지는 선수에게는 흔히 미묘한 불안정성이 주된 병리 상태이며, 내부 충돌은 부차적인 문제이다. 이 경우, 선수가 통증 없이 던질 수 있게 회복되어야 한다면 적극적인 재활 프로그램을 통해서 불안정성을 처리해야 한다.

어깨관절의 불안정성

불안정성은 흔히 오버헤드 선수의 어깨에서 발견되는데, 이런 선수들은 어쩔 수 없이 어깨에 고도의 요구와 반복적인 압박을 받게 되고 극단적인 범위의 동작을 해야 한다. 어깨관절의 불안정성 정도는 미묘한 상태에서부터 전체적인 상태까지 범위가 넓다. 충돌이나 건염을 진단받은 선수의 근원적인 병리 상태가 실제로 미처 인식하지 못한 불안정성인 경우가 흔하다.

일반적으로 어깨관절와가 불안정한 선수는 처음에 전통적으로 재활 치료를 받아야 한다. 불안정한 조직이 병리적으로 변화하기 전인 초기에 인식하면, 수술을 받지 않고 적절한 재활 프로그램으로 선수의 95%가 이전 상태로 회복될

수 있다. 불안정성이 있는 선수의 소수는 적절하게 실시되는 재활 프로그램에 반응하지 않고 외과적 수술을 필요로 할 수도 있다. 어깨의 전방관절와의 불안정성을 교정하기 위한 방법들이 많이 개발되었다. 하지만 선수의 어깨에 대한 독특한 요구 때문에, 이전 상태로 돌아갈 성공 가능성이 만족스럽지 못했다. 어깨관절와의 불안정성이 있는 야구 선수에게 가장 이상적인 수술방법은 던지기에 필요한 기능 동작 범위를 크게 손상시키지 않으면서 느슨해진 구조를 팽팽하게 조이는 것이다. 이상적인 기준에 맞는 방법은 전방관절낭과 순재건술(ACLR)이다. 이 방법은 이완한 어깨관절과 하부 인대와 관절낭을 조여 줌으로써 새로운 관절낭과 순의 복합체를 형성하는 것이다. 이 방법의 장점은 주된 병리 상태를 다루면서 다른 근육의 분리나 단축, 이동이 필요하지 않다는 것이다. 이 방법으로 수술하는 동안 떼어내는 근육이 없기 때문에, 수술 직후에 동작 범위를 시작할 수 있고 재활 과정 초기에 완전한 동작에 이를 수 있다.

최근 어깨의 불안정성을 치료하는 수술의 발달로 관절내시경에 의한 열수축술이 가능하게 되었다. 이 방법은 관절낭과 인대에 열에너지를 가하기 위하여 탐침을 이용한다. 조직에 최소 65℃의 열을 가하면 조직의 수축을 일으키면서 콜라겐 섬유의 초미세구조가 변한다.[25~28] 관절낭수축술은 절개안정성술보다 몇 가지 이점이 있다. 이 방법은 관절내시경으로 실시되기 때문에, 침해가 덜하다. 처음에 관절내시경에 의한 관절낭수축술을 한 후에는 고정 시기가 있지만, 그 후에는 재활 시간과 던지기의 회복 시간이 절개관절낭조임술보다 짧다. 전문가들 사이에서는 조직이 다시 펴지는 것을 방지하기 위한 고정 시기에 대하여 의견이 분분하다. 관절낭수축술의 이점에도 불구하고, 지금까지 환자나 특히 공을 던지는 선수의 수술 성과

를 상세히 기록한 장기적 임상 연구는 없었다. 시간 경과에 따라 이런 조직이 다시 펴져서 또 다른 수술이 필요해질 가능성이 있다.

관절와순의 손상

관절와순 손상은 흔히 상완골관절와의 불안정성과 관련하여 발견되지만 불안정성이 명백하지 않아도 발생할 수 있다. 관절와순을 손상당한 선수는 대개 어깨 전방의 통증을 호소하며, 흔히 동작을 할 때 '딸깍거리는 소리' 와 관련이 있다. 후부에서 시작하여 전방으로 확장하는 관절와순의 상부 측면을 포함하는 손상(SLAP 손상)은 흔히 공을 던지는 선수에게서 나타난다. 던지기 동작을 하는 동안 상부 가장자리에 대한 회선건판의 내적 침범이 원인이라고 여겨진다. 던지기에 문제를 일으킬 관절와순 손상이라는 진단을 받으면, 수술 치료를 받아야 할 가능성이 가장 높다. 손상되지 않은 이두근 건과 관절와에 대한 관절와순의 연결을 포함하는 관절와순 손상은 찢어진 관절와순을 관절활영내시경으로 제거하여 치료한다. 관절와에 대한 관절와순의 부착과 이두근 건의 파열을 포함하는 손상은 이두근 건과 관절와순 복합체를 관절와의 상부 면에 다시 부착시켜야 한다.

어깨 손상의 재활

오버헤드 선수의 손상당한 어깨 재활에는 어깨와 팔꿈치 모든 관절의 정상적인 운동뿐만 아니라 던지기를 할 때의 상지에 대한 스포츠 특유의 요구에 대하여 완전한 이해가 필요하다. 이런 지식의 기초가 있을 때, 이전 상태로 회복하겠다는 목표를 갖고 개별 재활 프로그램을 계획할 수 있다. 심각한 상태로 나타나기 전에 초기에 진단된다면, 손상 대부분은 전통적인 방법으로 치료될 수 있다. 선수 관리에 맞는 재활 목표는 관련된 구조에 맞추어 정상적인 유연성을 회복시키고 어깨와 팔꿈치에 대하여 근력과 근지구력을 최적화시키는 것이다.

어깨의 불안정성이나 침범을 겪는 선수의 재활을 성공시키기 위해서는 정상적인 유연성의 회복이 필수적이다. 선수에게 '정상적인' 유연성이라고 여겨지는 것은 그 선수의 스포츠 종목마다 특유하다. 유능한 투수들 대부분이 보이는 던지는 어깨의 동작 범위는 다른 사람들이 엄청나다고 여길 정도이다. 하지만 투수가 야구로 성공하기 위해서는 이 동작이 반드시 필요하다. 외회전을 할 때 이런 극단적인 동작 범위는 전방관절낭의 당김으로 이어지기 때문에 앞 구조에 압박을 더욱 가하는 스트레칭 운동은 하지 않는 것이 좋다. 반대로, 후방관절낭의 긴장은 앞 구조의 불안정성의 원인이 될 수 있고 부차적인 침범의 증상을 악화시킬 수 있다. 뒤 구조의 조임과 앞 구조의 느슨한 억제가 나타날 때, 증상을 야기하는 어깨 동작을 하는 동안 상완골두가 앞으로 상당히 비틀어 열릴 지도 모른다. 스트레칭이나 가동화를 통해 후방관절낭의 정상적인 유연성이 회복되면 상완골두가 정상적으로 후방 미끄러짐을 하고, 관절과 관절의 최대 일치가 유지되며, 견대 근육의 최적 시간-긴장 관계가 가능할 것이다. 후방관절낭의 가동화는 선수가 할 수도 있고 치료사나 트레이너가 해줄 수도 있다. 후방관절낭의 자기 가동화는 선수가 관련된 팔을 가슴 쪽으로 수평하게 외전시키며 당기면 된다(그림 2.5). 때때로 이 스트레치를 하는 동안 아픈 부위를 피할 수 있도록 들어올림의 정확한 각도를 수정해야 한다. 후방관절낭 가동화는 반듯하게 드러눕거나 옆으로 누운 자세에서 치료사가 해줄 수도 있다. 반듯하게 누운 자세에서, 상완골두가 안정되어 있는 동안 팔을 90°로 외전시키고 수동 내회전시킨다. 옆으로 누운 자세에서 후방관절낭을 가동화시키기 위해서는, 선수가 견측을 아래로 하여 누워있는 동안 치료사는 견갑골을 수동 외전시키고 선수는 환측 팔을 수

그림 2.5

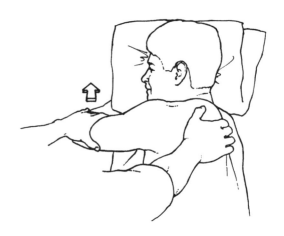

그림 2.6 옆으로 누운 자세에서 후방관절낭을 가동화시킴(Brewster et al.의 허락 하에 복사[29])

동으로 수평외전 시킨다(그림 2.6).

어깨 불안정성을 겪는 선수의 근력은 체계적으로 다루어야 한다. 동적 안정 근육(어깨 근육과 회선건개근)에 가장 초점을 맞추어야 한다. 일단 이런 근육들이 충분한 근력과 적절한 동기성을 갖추게 되면, 삼각근과 광배근, 대흉근 강화시키기를 진행시킬 수 있다. 근육 강화 순서와 마찬가지로 운동 종류의 진행 역시 체계적이어야 한다. 프로그램은 근육 활동의 동시성에 중점을 둔 등장성 운동으로 시작해야 한다. 그 후에는 등속성 운동과, 마지막으로 종목 특유의 반복 연습으로 진행될 수 있다. 진행 시간은 각 선수마다 개별적이며 연속으로 재평가한 결과를 바탕으로 해야 한다.

견갑골 근육은 관절와의 위치를 잘 조절하여 상완골두가 움직일 수 있는 든든한 받침대를 제공하는 역할을 한다. 부가적으로, 견갑골의 위치가 적합하면 회선건개 근육이 최적 시간-긴장 관계가 가능해져 능률적으로 기능하도록 해준다. 어깨 근육은 견갑골에 붙어있고 견갑골의 모든 측면을 조절하기 때문에, 이런 근육이 하나 이상 약해지거나 피로해지면 어깨에

비동시성을 초래하여 결과적으로 불안정성이나 충돌의 원인이 될 수 있다. 강화 프로그램에 포함되어야 하는 어깨 근육은 상중하 승모근(trapezius), 능형근(rhomboid), 견갑거근(levator scapulae), 소흉근(pectolaris minor), 전거근(serratus anterior)이다. 전거근은 어깨 불안정성을 겪는 투수에게서 활동 감소를 보이는 것으로 나타났으므로 특별한 주의가 필요하다.[10]

EMG 연구는 동작동안 특정 근육을 가장 효과적으로 목표로 하는 운동을 확인하는 데 유용했다.[30,31] 엎드린 자세로 하는 수평 노젓기와 수평 외전은 승모근과 견갑거근, 능형근의 모든 부분에 효과적인 운동이다. 어깨의 굴곡과 스캡션(견갑골 면 외전)은 어깨 근육 모두를 활성화시킨다. 어깨의 으쓱거림, 엎드려 팔굽혀펴기, 팔굽혀펴기 후 어깨 내밀기(그림 2.7)는 견갑거근, 소흉근, 전거근에 효과적인 운동이다. 엎드려 팔굽혀펴기 후 어깨내밀기 운동은 환자에게 엎드려 팔굽혀펴기를 시킨 후 팔꿈치를 최대한 뻗을 때 동작을 추가로 어깨 내밀기를 연결시킴으로써 이행된다. 이와 비슷하게 환자의 프로그램이 가슴 누르거나 벤치프레스 운동을

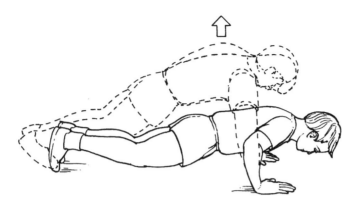

그림 2.7 엎드려 팔굽혀펴기 후 어깨 내밀기(Pink et al.의 허락 하에 복사.[32])

포함하는 단계로 진행되었을 때 이런 운동의 끝에 어깨를 내미는 운동이 추가될 수 있다. 재활 과정의 초기에는 벽에 대고 팔굽혀펴기로 이런 운동을 할 수 있다. 환자의 프로그램이 진행되면, 무릎과 팔뚝, 무릎과 손, 최종적으로는 다리를 뻗고 체중을 발가락에 두는 전형적인 팔굽혀펴기 운동을 할 수 있다. 이런 운동을 하는 동안에는 상완골이 신체면의 뒤로 가지 않도록 반드시 주의를 기울여야 한다. 만약에 이런 일이 발생한다면, 상완골두가 관절의 앞으로 비틀어 열리면서 불안정성의 원인이 된다.

회선건개는 어깨관절과 관절의 다른 동적 안정 근육군으로 이루어져 있다. 회선건개는 어깨로 할 수 있는 다양한 동작을 하는 내내 관절와에서 상완골두의 일치를 유지시킨다. 이런 근육들의 건은 어깨의 동작 축추에 가까이 삽입되어 있기 때문에, 관절와 내에서 상완골두의 위치를 명령하고 그에 따라 최적의 관절 안정성을 이룰 수 있다. 극상근은 어깨관절와 관절의 진짜 회전근이 되는 것이 아니라, 삼각근과 짝힘을 형성하여 삼각근에 의한 거상동작을 하는 동안 상완골두를 관절와로 당기고 상완골두를 누른다. 극상근은 가장 먼저 피로하게 되는 어깨 근육 가운데 하나로 여겨지며, 따라서 이 근육의 지구력 훈련을 해주어야 한다.

극상근은 스캡션, 즉 견갑골 면 외전에 의해 효과적으로 강화시킬 수 있다. 상완골 쪽으로 회전시키는 자세로 이 운동을 하면 극상근의 근육 활동이 극대화되는 것으로 증명되었지만, 내회전 동안 팔을 80~90°까지 들어올리지 않도록 주의해야 한다. 이유는 이 운동이 견봉하의 충돌이 일어나는 시작지점이기 때문이다.[31] 극상근의 강화를 위한 다른 자세는 엎드린 자세이다. 환자는 환측 팔을 베드옆에 놓고 운동을 시작한다. 그 동안 팔은 외회전을 계속하면서 수평외전 시킨다. 이 운동은 관절의 안정성을 떨어뜨리면서 상완골두가 앞으로 이동시킬 수 있으므로 상완골이 신체면의 뒤로 가지 않도록 주의해야 한다. 극상근의 지구력은 가벼운 무게로 많이 반복시킴으로써 처리해야 한다.

어깨관절와 관절의 외회전은 극하근과 소원근에 의해 이루어진다. 극하근은 팔이 90°미만으로 외전할 때 활발하게 외회전 시키는 중요한 역할을 하는 반면, 소원근은 90°이상의 어깨 외전에서 역할을 한다는 증거들이 있었다.[7,34,35] 이러한 기능 차이를 지속적으로 관찰하기 어려운데, 이는 야구공을 던질 때처럼 어깨의 근육 조직이 최대한으로 요구받을 때에만 이런 차이가 나타난다는 사실 때문일 수도 있다. 상완골을 활발히 외회전시키는 일 외에, 극하근과 소원근은 회선건개의 다른 근육과 공동으로 작용하여 관절와 내에서 상완골두의 관절 표면을 최대한 당겨 붙게 한다.

견갑하근(subscapularis)은 어깨를 내회전시킬 뿐만 아니라 상완골두의 전방 활주를 막는 전벽 근육의 역할도 하는데, 이는 관절의 앞면을 가로질러 있기 때문이다. 하지만, 관절의 외전 각도가 달라지면 어깨관절와 관절 구조의 해부학적 위치가 바뀐다는 점에 유의하는 것이 중요하다. 팔을 던지기 동작을 할 때와 비슷한 90° 외전 위치와 90° 외회전 위치로 올리면 극상근은 뒤로, 견갑하근은 위로 이동한다. 따라서 던지기의 코킹 자세에서, 견갑하근은 해부학적으로 앞쪽 안정 근육으로서의 역할을 할 수 없는 위치에 있다.

재활 초기 단계에서, 어깨의 내회전과 외회전 근육의 강화 운동은 옆으로 누운 자세에서 시작해야 한다. 내회전의 경우, 환자는 관련된 팔을 약간 몸통 앞에 놓은 채 환측 쪽으로 눕는다. 그 후에 그 팔을 중력 반대 방향으로 회전시킨다. 외회전을 시키려면, 환자를 비환측 쪽으로 눕히고 작은 베개나 돌돌 만 수건을 환측 팔과 몸통 사이에 놓아 가볍게 외전시키는 자세를 유지하게 한다. 가벼운 외전 자세를 취하면 어깨 관절의 안정성을 최적화시키는 동안 회선건개로 혈액을 충분히 공급할 수 있다.[37] 내회전과 외회전은 무게를 더하여 진행시킬 수 있으며 그 다음에는 엎드려서 팔을 70°로 외전시키는 외회전, 결국에는 등속성 내회전과 외회전과 같이 더욱 힘든 자세로 진행시킬 수 있다. 소원근은 던지기의 후기 단계에서 활발한 활동을 하는 것으로 입증되었기 때문에, 재활 프로그램에서는 특별히 이 근육을 목표로 해야 한다. 이 운동은 외전보다는 상완골을 견갑골이나 관상면으로 들어올리면서 이행되는 운동에 의해 이루어질 수 있다.

회전 근육의 등속성 근력 강화에 가장 적합한 자세에 대해서는 논쟁의 여지가 있다. 완전 외전으로 이행되는 운동은 회선건개 건으로의 혈액 공급을 방해할 수도 있다.[37] 이런 현상은 등속성 기계에서 내회전과 외회전을 할 때, 상완골을 외전 각도 30°와 전진 굴곡작용 30°로 놓으면 피할 수 있다. 일부 물리치료사와 재활트레이너는 내회전과 외회전 근육의 등속성 강화 훈련을 90° 외전의 위치로 진행시킬 것을 추천한다. 이 위치는 공을 던지는 선수의 기능적 위치를 흉내내는 것처럼 보일 수도 있고 자유로운 혈액 공급을 가능하게 할 수도 있지만, 어깨 관절의 안정성에는 별로 좋지 않기 때문에 몹시 주의하여 접근해야 한다.

근육의 동적 안정 근육의 근력과 지구력이 충분한 정도에 도달하자마자, 재활 프로그램을 앞, 뒤, 중간의 삼각근을 포함하는 단계로 진행시킬 수 있다. 이 근육들은 주로 상완골을 제자리에 위치시키는 기능을 한다. 삼각근의 강화 운동을 조급하게 시작하면, 적절한 맞물림 관계가 유지되지 않기 때문에 삼각근은 상대적으로 역학상 불리하게 기능할 수 밖에 없을 것이다. 이렇게 병리적으로 문제가 있는 동작은 환자의 증상을 악화시킬 수 있다. 삼각근의 효과적인 강화 운동은 스캡션과 전방 굴곡, 엎드려서 하는 수평 외전, 노젓기, 밀러터리 프레스 등이다. 관상면 외전은 흔히 하는 삼각근 운동이지만, 회선건개근이 충분히 강화될 때까지는 피해야 한다. 상완골두가 충분히 눌러지지 않을 경우 침범이 발생할 수 있기 때문이다.

논리적으로는 재활 프로그램에서 마지막으로 강화시켜야 하는 근육군은 파워성 근육, 즉 대흉근(pectoralis major)과 광배근(latissimus dorsi)이다. 이 두 근육은 던지기를 하는 동안 높은 활동을 나타냈으며, 근력이 투구 속도와 실제적으로 상호관련이 있는 유일한 상지 근육들인 것으로 증명되었다.[16] 다시 말하지만, 동적 안정 근육의 근력과 지구력이 충분해지기 전에 이 두

근육을 조급하게 강화시키지 않도록 주의해야 한다.

수평 외전과 벤치 프레스, 광배근 풀다운 운동은 파워 증강에 좋은 운동이다. 이 운동을 하는 동안 관절와에서 상완골두를 앞으로 비틀어 올릴 가능성이 있는 자세는 반드시 피해야 한다. 수평 외전과 벤치 프레스를 할 때는, 팔이 신체면 뒤로 가지 않아야 한다. 넓은 풀다운 운동을 할 경우, 팔을 신체의 전면에 있게 해야 한다.

재활 프로그램의 마지막 단계로 갈수록, 기능적 활동과 종목 특유의 반복 훈련을 결합시켜야 한다. 고도의 활동은 환자가 유연성과 근력, 근지구력을 충분히 갖추었을 때에만 시작하도록 주의해야 한다. 재활 프로그램을 시작하기 전에 선수에 의해 보상 기전이 발달되었을지도 모르므로 이 때 시간을 들여 적절한 기전을 다시 강조해야 한다.

다양한 근육들이 있는 어깨의 더욱 도전적인 운동에는 스위스 공이나 균형 판 위에서 균형 잡으면서 엎드려 팔굽혀펴기, 엎드려 팔굽혀펴기 자세로 계단 오르내리기, 플라이오매트릭 던지기 운동이 있다. 던지기 프로그램은 근력과 지구력이 충분하고 통증 없이 던지기를 할 수 있다고 여겨질 때 시작한다.

팔꿈치
과사용 손상

대개 근건 접합부에 생기는 과사용 손상은 던지기 선수의 팔꿈치에서 가장 흔한 이상 상태 가운데 하나이다. 건염은 회내굴근(flexor pronator mass)이나 회외신근(extensor supinator mass), 뒤쪽의 상완삼두근에 영향을 미칠 수 있다. 던지기를 끝마치는 데 필요한 극심한 외반력과 마지막 단계에서의 팔꿈치 신전 때문에, 던지기 선수에게는 내측 상과염과 삼두근 건염이 내측의 상과염보다 훨씬 많이 나타난다. 내

측의 근건 조직은 반복적인 던지기의 누적 효과로 인한 미세파열이나 한번의 지나치게 강렬한 근육 수축으로 인한 대형파열에 의해 손상을 당할 수 있다. 이러한 손상 상태가 진단되지 못하거나 적절한 치료를 받지 못한다면, 손상 근건 단위에 대하여 증가된 압박이 안쪽에 위치한 척골측부인대(ulnar collateral ligament)로 전해지고, 결국에는 인대의 약화나 파열을 일으킬 수 있다. 척골측부인대가 손상을 입거나 약해지면, 그로 인한 미세한 불안정성이 팔꿈치 관절의 모든 부분에 악영향을 주는 결과를 가져온다. 척골측부인대가 견딜 수 없을 정도의 안쪽에 증가된 압박은 척골 신경을 지나치게 당길 수 있다. 또한 압박력이 요측상완골소두(radiocapitellar) 관절로 옮겨진다. 관절 표면에 대한 하중과잉은 연골 조직의 손상과 뼈 조직 이탈(loose body)등으로 이어질 수 있다. 뒤쪽에서, 이런 하중과잉은 후내측의 주두(olecranon) 때문에 생긴다. 계속해서 던지면, 뼈 돌기가 생겨서 관절 내부에 뼈 조각을 만들게 된다.

팔꿈치를 과사용하여 손상당한 선수의 치료는 구조적이고 비수술적인 프로그램으로 시작해야 한다. 이런 프로그램에는 염증 감소, 더욱 악화시키는 활동 중지, 손상당한 근건 구조의 재활 등이 포함되어야 한다. 재활 프로그램은 동작 범위 운동으로 시작해서 근력운동, 지구력 운동, 협응력 운동으로 진행되어야 한다. 또한 의사와 치료사, 트레이너, 감독과 선수가 함께 팀을 이루어 던지기의 생체역학을 다루고 필요하다면 변화시켜야 한다. 6~12개월이 지난 후에도 전통적인 치료법이 성공하지 못하거나 다른 진단이 배제되었다면, 수술 치료법을 고려할 수도 있다.

과사용 증상이 팔꿈치의 후측 부분까지 넓어질 수 있다. '외번신전과부하(valgus extension overload)'라고 알려진 이 상태는 초기에 삼

두근의 주두 유착을 일으킬 수 있다. 과다사용이나 부적절한 던지기 기전, 잘 조절되지 않는 근육은 염증을 수반하는 삼두근 좌상으로 이어진다. 치료의 성공은 조기 진단과, 적절한 물리치료와 재활 운동의 시작에 달려 있다. 던지기 선수에게 삼두근의 완전 파열은 흔한 일이 아니지만, 만약에 완전히 파열된다면 팔꿈치 신근 작용을 회복시키기 위한 수술 재건이 필요하다.

후내측의 뼈돌기 발달은 만성 외번신전과부하로 인해 흔히 발생한다. 이런 뼈돌기는 팔꿈치의 뒤쪽에 침범을 일으키고, 이것은 통증과 신전 동작의 범위 축소로 나타난다. 이런 상태로 던지기를 계속하면 뼈돌기가 파쇄되어 팔꿈치 관절 내에서 뼈 조각이 생길 수 있다. 뼈 조각은 역학적으로 동작의 장애가 될 수 있고, 이것이 관절 표면 사이에 박히게 되면 관절 자극, 팽창, 심각한 관절 표면의 손상으로 이어질 수 있다.

외번신전과부하 증상이 있는 던지기 선수의 치료에는 흔히 팔꿈치 관절내시경을 이용한다. 이 방법은 섬유조직과 후내측 뼈돌기를 제거하거나 팔꿈치 어느 곳에 빠졌을지도 모르는 뼈 조각을 회수하는 데 이용될 수 있다. 팔꿈치 관절내시경은 기술적으로 까다로운 방법이므로 경험 많은 노련한 외과의사만 실시해야 한다.

팔꿈치불안정성

던지기 선수가 입을 수 있는 가장 파괴적인 손상 가운데 하나가 팔꿈치 인대의 손상이다. 척골측부인대의 손상이 외측인대의 손상보다 훨씬 많다. 선수의 던지는 능력을 이전 상태로 회복시키려면 대개 외과적 치료가 필요하다.

척골측부인대 손상은 점차 팔꿈치 안쪽에서 시작되는 통증으로 나타날 수 있는데, 통증은 특히 노력이 보다 많이 필요한 투구 단계(후기 코킹, 가속, 감속)에서 눈에 띈다. 거꾸로, 척골

측부인대 손상은 한 차례의 특정한 투구를 하는 동안 발병하여 들리거나 인식될 수 있을 정도의 뚝 소리와 관련된 안쪽의 심한 통증과 관련될 수 있다. 갑자기 발병하는 척골측부인대 손상은 점진적인 손상보다 수월하게 진단할 수 있다. 안쪽의 유연함이 회내근 굴근 건염으로 나타날 수도 있기 때문이다. 척골측부인대가 부적당하고 전통적인 치료법에 반응하지 않으면, 대개 장장근(palmaris longus)을 이식하는 외과적 재건술을 실시한다. 인구의 약 13%는 장장근을 갖고 있지 않기 때문에, 이식할 수 있는 다른 조직 부위는 족척건(plantaris tendon)이나 장지신근(long toe extensor), 아킬레스건, 혹은 다른 사람의 것을 이식하는 방법 등이 있다. 이런 재건술에서, 이식되는 조직은 주변 조직으로부터 안으로 자라서 세포 분열 증식에 좌우되는 혈관 조직이다. 재활기간을 단축시켜 가능한 빨리 던지기 능력을 회복하려해도 이식된 조직은 빨리 회복되지 않기 때문에 가능한 조심해야 한다. 투수의 경우 수술 후 9~12개월부터 길게는 15개월까지 이런 이식 조직은 던지기의 압박에 저항할 수 없다고 믿고 있다.

팔꿈치 손상의 재활

팔꿈치는 고유의 뼈 안정성 때문에 어깨보다 손상을 덜 입는 부위이다. 하지만, 팔꿈치는 던지기를 하는 동안 근골격 구조와 인대 구조 때문에 손상을 일으키는 큰 압력을 받는다. 이런 반복적인 압력의 누적 효과는 팔꿈치에 치명적일 수 있으며 선수를 무능하게 할 수 있다.

팔꿈치 관절은 던지기의 연속동작에서 마지막 고리 가운데 하나이기 때문에, 던지기를 하는 동안 적절한 기전을 다루는 것뿐만 아니라 하지와 몸통, 어깨 근육의 근력을 최적화시키는 것은 팔꿈치를 손상당한 선수의 재활 프로그램을 성공적으로 만든다. 재활 프로그램을 하

는 동안 다루어야 하는 팔꿈치 특유의 4대 영역이 있다. 이 4대 영역은 팔꿈치 굴근, 관절의 내측면, 관절의 외측면, 후방 구획이다.

공을 손에서 놓은 직후 팔꿈치 관절이 직면하는 힘의 대부분은 팔꿈치 굴근, 즉 상완근(brachilalis), 상완요골근(brachioradialis), 이두근이 흡수한다. 투수가 투구를 한 후 굴근 내의 딱딱함과 쓰림을 보이는 것은 흔한 일이다. 몇 년 동안 공을 던진 투수의 다수가 투구를 방해하지 않는 정도인 20°이상의 굴근 수축을 나타낸다. 이것이 얼마나 중대한 문제인지를 알고 또는 근육이 구축된 투수가 더욱 심각한 병리 상태로 발전할 것인지를 판단하기란 어려운 일이다. 투수들에게는 일상적으로 굴근을 부드럽게 스트레칭하고 혹시 투구가 끝난 후에 조짐이 있다면 그 부위에 얼음을 대는 방법이 권장된다. 구축이 나타난다면, 굴근을 구축점 까지만 스트레칭 해야 한다. 지나치게 힘을 주면 관절에 뼈 조각을 만들 수 있다.

투구를 하는 동안 팔꿈치에서 생성된 큰 외번력이 팔꿈치 안쪽 측면의 구조에 손상을 일으키는 원인이다. 이 때 일어날 수 있는 손상은 내측의 상과염뿐만 아니라 더욱 파괴적인 척골측부인대 손상이 있는데, 이것들은 만성이 될 수도 있고 급성 파열이 될 수도 있다. 재활 프로그램으로는 척골측부인대가 충분히 회복될 수 없는 일이 흔하지만 수술을 고려하기 전에 시도는 해 보아야 한다. 재활 프로그램에는 부드러운 스트레칭과, 팔꿈치의 굴근과 신근,손목의 굴근과 신근, 전완 회내근과 회외근의 강화가 포함되어야 한다. 원회내근(pronator teres), 요측수근굴근(flexor carpi radialis), 척측수근굴근(flexor carpi ulnaris), 천지굴근(flexor digitorum superficialis)을 강화할 때는 특별한 주의를 기울여야 한다. 이들은 투구를 하는 동안 고도의 활동을 보이는 것으로 입증된 근육이며 기동적 안정을 주기에 해부학적으로 가장 좋은 위치에 있기 때문이다.

어깨 손상 재활 프로그램에서처럼, 팔꿈치 재활 프로그램도 기능적 활동, 종목 특유의 반복 훈련, 그리고 궁극적으로 마지막 단계에서는 점진적인 투구 프로그램을 통합시켜야 한다. 이 때, 재활 프로그램을 시작하기 전에 선수 스스로에 의해 보상 기전이 발달되었을지도 모르므로 알맞은 기전을 강조해야 한다. 선수의 재활이라는 이 결정적인 단계에서 치료사와 트레이너, 감독, 선수가 함께 협력해야 한다.

수비 위치별 손상

야구 선수에게 가장 흔한 손상은 공을 던지는 어깨와 팔꿈치에서 일어나기는 하지만, 다른 근골계 손상이 일어나며 수비 위치에 따른 특정 요구 사항 때문에 어떤 선수에게는 그것이 더 흔할 수도 있다. 지금까지 수비 위치에 따른 손상을 기술하는 논문은 없었지만, 일부 경향은 그에 대하여 임상적으로 기록해 놓았다.

외야수

외야수에게는 흔히 정지 위치에서의 달리기 출발 능력이 중요하다. 정지한 상태에서 갑자기 전력질주를 할 때는 하지의 근건 연결부위에 엄청난 압박이 가해진다. 외야수가 특히 비복근-가자미근과 슬괵근의 근건 손상에 시달리는 것은 드문 일이 아니다. 외야수들은 이런 손상을 방지하기 위하여 준비운동과 스트레칭의 중요성에 대하여 강조되어야 한다. 또한, 플라이 볼을 잡기 위하여 외야 벽으로 달려가다가 외상을 입을 수도 있다.

내야수

내야 수비수는 위치에 따라 독특한 신체적 요구 사항이 있다. 유격수이자 2루수는 허리 손상을 당할 위험이 있다. 이들의 수비 위치에는 갑자기 허리를 굽히는 동작과 꼬이는 동작이 동시에 나타나기 때문이다. 이것은 허리의 근건 구조뿐만 아니라 추간판 디스크에도 부담을 준다. 유격수는 이런 손상의 위험성에 대하여 예방교육을 받아야 하며 시즌 전의 손상 방지 프로그램에 몸통-안정성 운동을 추가로 포함시켜야 한다.

포수

포수는 무릎 연골 손상을 당할 위험이 있다. 깊숙이 웅크리고 앉는 자세가 길기 때문에 특히 반월상연골의 뒤쪽 끝이 손상 될 가능성이 높다. 또한 포수는 무릎으로 앉은 자세에서 공을 던지는 일이 잦기 때문에 팔꿈치 손상의 위험도 더 크다. 이 자세로 던질 때는 다리와 몸통을 이용하여 최적의 상지 자세를 할 수 없고 팔꿈치를 가로질러 가해지는 부담이 커질 수도 있다.

복귀

손상 후 던지기 회복

다음에는 재활 프로그램의 유연성과 근력, 지구력 부분을 보강하고 경기에 복귀하는 데 이용되는 던지기 프로그램의 예가 제시되어 있다. 이 때 적절한 동작의 실시와 지구력을 강조해야 한다. 처음에는 투구 회수와 던지기에 걸리는 시간을 최소화하고 견딜 수 있을 때에만 프로그램을 진행시켜야 한다. 프로그램 중에 어느 순간에라도 통증이 발생하면, 이전의 통증이 없는 단계로 돌아가야 한다. 근력 훈련은 던지기로 복귀하는 변환기 동안 계속해야 하고 던지기 연습을 한 후에 행해야 한다.

투수를 위한 재활 프로그램

던지기 프로그램[29]

1단계

격일마다 (와인드업 하지 않고) 공을 벽에 가볍게 던진다. 25~30회로 시작해서 최고 70회까지 늘리면서 던지는 거리를 점차 늘린다.

던지는 회수	거리(m)
20	6(준비운동)
25~40	9~12
10	6(정리운동)

2단계

격일마다 (가볍게 와인드업 하여 받기를 하면서) 공을 가볍게 던진다.

던지는 회수	거리(m)
10	6(준비운동)
10	9~12
30~40	15
10	6~9

3단계

던지는 거리를 계속 늘리면서 가볍게 와인드업하여 가볍게 공 던지기를 계속한다.

던지는 회수	거리(m)
10	6(준비운동)
10	9~12
30~40	15~18
10	9(정리운동)

4단계

던지는 거리를 최대 8m까지 늘린다. 가볍게 공 던지기를 계속하면서 가끔 원래 속도의 2분의 1 정도로 던진다.

던지는 회수	거리(m)
10	9(준비운동)
10	12~13,15
30~40	18~21

10	9(정리운동)

5단계

이 단계에서는 거리를 최대 45m까지 점차 늘린다.

5~1 단계

던지는 회수	거리(m)
10	12(준비운동)
10	15~18
15~20	21~24
10	15~18
10	12(정리운동)

5~2 단계

던지는 회수	거리(m)
10	12(준비운동)
10	15~18
20~30	24~27
20	15~18
10	12(정리운동)

5~3 단계

던지는 회수	거리(m)
10	12(준비운동)
10	18
15~20	30~33
20	18
10	12(정리운동)

5~4 단계

던지는 회수	거리(m)
10	12(준비운동)
10	18
15~20	36~45
20	18
10	12(정리운동)

6단계

마운드에서 내려와서 원래 속도의 2분의 1에서 4분의 3 정도로 던지기로 진행시킨다. 마운드에서 내려와서 던지기를 할 때 적절한 신체 동작이 되도록 특별히 주의를 기울인다.

- 공의 윗면에 머무른다.
- 팔꿈치를 유지한다.
- 전완을 세워서 던진다.
- 던진 후에도 팔과 몸통도 따라가면서 숙여준다.
- 다리를 이용하여 밀면서 던진다.

6~1 단계

던지는 회수	거리(m)
10	18(준비운동)
10	36~45(높고 느리게 던지기)
30	13(마운드에서 내려와서 던지기)
10	18(마운드에서 내려와서 던지기)
10	12(정리운동)

6~2 단계

던지는 회수	거리(m)
10	15(준비운동)
10	36~45(높고 느리게 던지기)
20	13(마운드에서 내려와서 던지기)
20	18(마운드에서 내려와서 던지기)
10	12(정리운동)

6~3 단계

던지는 회수	거리(m)
10	15(준비운동)

던지는 회수	거리(m)
10	18(마운드에서 내려와서 던지기)
10	36~45(높고 느리게 던지기)
10	13(마운드에서 내려와서 던지기)
30	18(마운드에서 내려와서 던지기)
10	12(정리운동)

6~4 단계

던지는 회수	거리(m)
10	15(준비운동)
10	36~45(높고 느리게 던지기)
10	13(마운드에서 내려와서 던지기)
40~50	18(마운드에서 내려와서 던지기)
10	12(정리운동)

이제 투수가 6~4 단계를 통증이나 불편함 없이 잘 끝내고 거의 4분의 3 정도의 속도로 던지고 있다면, 7단계인 '업/다운 불펜'으로 진행시켜도 좋다. 이 단계는 실제 경기 상황을 모의 실험하는 단계이다. 투수는 이닝과 이닝 사이의 휴식 시간을 재연하기 위하여 일련의 투구를 마치고 휴식한다.

7단계

업/다운 불펜(2분의 1에서 4분의 3 속도)

제1일:

던지는 회수	거리(m)
10회 준비운동	36~45(높고 느리게 던지기)
10회 준비운동	18(마운드에서 내려와서 위로 던지기)
40회 투구	18(마운드에서 내려와서 던지기)
10분 휴식	
20회투구	18(마운드에서 내려와서 던지기)

제2일: 휴식

제3일:

던지는 회수	거리(m)
10회 준비운동	36~45(높고 느리게 던지기)
10회 준비운동	18(마운드에서 내려와서 던지기)
30회 투구	18(마운드에서 내려와서 던지기)
10분 휴식	
10회 준비운동	18(마운드에서 내려와서 던지기)
20회 투구	18(마운드에서 내려와서 던지기)
10분 휴식	
10회 준비운동	18(마운드에서 내려와서 던지기)
20회 투구	18(마운드에서 내려와서 던지기)

제4일: 휴식

제5일:

던지는 회수	거리(m)
10회 준비운동	36~45(높고 느리게 던지기)
10회 준비운동	18(마운드에서 내려와서 던지기)
30회 투구	18(마운드에서 내

려와서 던지기)

8분 휴식
20회 투구   18(마운드에서 내
려와서 던지기)

8분 휴식
20회 투구   18(마운드에서 내
려와서 던지기)

8분 휴식
20회 투구   18(마운드에서 내
려와서 던지기)

이제 투수는 던지기부터 타격 연습, 불펜에서 투구하기까지 정상적인 과정을 시작할 준비가 되어 있다. 이 프로그램은 조절할 수 있으며 필요하다면 당연히 조절해야 한다. 각 단계는 제시된 시간보다 더 걸릴 수도 있고 덜 걸릴 수도 있으므로, 트레이너, 물리치료사, 의사가 반드시 감독해야 한다.

포수와 내야수, 외야수를 위한 프로그램

던지기 프로그램[29]

주의: 각 단계를 3회 반복한다. 모든 투구는 둥글게 선을 그려야 한다. 내야수와 포수가 던지는 최대 거리는 36m이다. 외야수가 던지는 최대 거리는 60m이다.

1단계

와인드업하지 않고 공을 가볍게 던진다. 어깨 넓이로 발을 벌리고 던지기를 하는 상대 선수와 마주 선다. 공의 윗면을 회전시키고 머무르게 하는데 집중한다.

던지는 회수	거리(m)
5	6(준비운동)
10	9
5	6(정리운동)

2단계

던지기를 하는 상대로부터 비스듬하게 선다. 발은 어깨 넓이로 벌린다. 던질 때 축발을 고정한 상태에서 움직인다.

던지는 회수	거리(m)
5	9(준비운동)
5	12
10	15
5	9(정리운동)

3단계

2단계 자세를 반복한다. 목표를 향해 앞에 놓인 다리를 한 걸음 내딛고, 뒤에 있는 다리를 끝까지 돌린다.

던지는 회수	거리(m)
5	15(준비운동)
5	18
10	21
5	15(정리운동)

4단계

투수 자세를 취한다. 앞에 놓인 다리를 올려서 크게 내딛는다. 뒤에 있는 다리를 끝까지 돌린다.

던지는 회수	거리(m)
5	18(준비운동)
5	21
10	24
5	18(정리운동)

5단계

외야수: 글러브를 낀 쪽의 발로 앞으로 간다. 1보 내딛고, 한 발로 껑충 뛴 후 공을 던진다.

내야수: 글러브를 낀 쪽의 발로 앞으로 간다. 발을 끌면서 한 걸음 내딛고 공을 던진다. 5회

를 직선으로 던진다.

던지는 회수	거리(m)
5	21(준비운동)
5	27
10	30
5	24(정리운동)

6단계

5단계의 던지기 기술을 반복한다. 수비 자세를 취한다. 내야수와 포수는 36m이상 던지지 않는다. 외야수는 45m(경기장의 중앙부터 외야까지) 이상 던지지 않는다.

던지는 회수	내야수와 포수의 던지는 거리(m)	외야수의 던지는 거리(m)
5	24(준비운동)	24(준비운동)
5	24~27	24~27
5	27~30	33~37
5	33~36	39~45
5	24(정리운동)	24(정리운동)

7단계

내야수와 포수, 외야수 모두 자신의 수비 자세를 취한다.

던지는 회수	내야수와 포수의 던지는 거리(m)	외야수의 던지는 거리(m)
5	24(준비운동)	24~27(준비운동)
5	24~27	33~36
5	27~30	45~52
5	33~36	48~60
5	24(준비운동)	24(준비운동)

8단계

7단계를 반복한다. 연습용 배트(수비 연습을 할 때 쓰는 타격 배트)를 이용하여 내야수와 외야수에게 치고 동시에 자신의 정상적인 수비 자세를 취한다.

윈드밀 소프트볼 투구

오버핸드 투구와 비교했을 때, 의학 논문에서 언더핸드 투구는 거의 관심을 받지 못했다. 이는 야구 투수들과 비교했을 때 언더핸드 투수들은 손상을 당할 가능성이 별로 없기 때문인 듯하다. 하지만 NCAA 소프트볼 토너먼트에 참가하는 8개 대학의 소프트볼 팀을 대상으로 한 조사에서, 참가 투수의 80%가 손상을 당한 것으로 보고되었다.[38] 시간이 소요되는 손상의 82%가 상지의 손상이었다.

오버핸드 투구 동작과 마찬가지로, 윈드밀 소프트볼 투구도 단계별로 나눌 수 있다. 그 단계는 와인드업, 스트라이드, 딜리버리, 팔로우 스루이다.

와인드업

와인드업 단계는 첫 번째 공 동작으로 시작해서 앞발의 발끝 떼기로 끝난다. 이 단계는 몸의 시상면, 팔꿈치 굴곡, 앞으로 몸통 굽힘 이후의 팔 펴기의 정도에 관하여 투수마다 상당히 다를 수 있다. 이 단계에서 토크와 힘, 각속도, 어깨와 팔꿈치에 대한 근육 활동은 크게 다소 낮다.

스트라이드

스트라이드 단계는 내딛는 발이 지면에서 떨어져 다시 닿을 때까지 이어진다. 운동역학과 동력학적 변수들도 낮은 수준으로 유지된다. 이 단계의 전반기에는, 극상근과 극하근의 근육 활동이 높고 팔을 머리 위로 들어올린다. 극상근은 삼각근이 팔을 들어올릴 때 상완골두를 관절와에 집중시키는 활동을 한다. 극하근은 상완골의 들어는 것을 돕고 있을 수도 있다. 극하근과 견갑하근이 견갑골면에서 상완골을 들어올리는 도움이 될 수 있고, 상완골이 안쪽 회전에 위치함에 따라 극하근이 이 역할을 더욱 잘 수행한다는 사실이 사체 연구 조사 결과 입증되었다.

딜리버리

딜리버리 단계는 앞발 접촉으로 시작하여 손에서 공을 놓을 때까지 계속된다. 이 단계는 몸통 회전과 상완골 굴곡, 내측 회전, 그리고 팔꿈치 굴곡의 결합을 통해 공의 속도를 높이는 역할을 한다. 토크와 힘, 각속도가 이 단계에서 가장 높다. 각각 초당 5260°와 4650°에 달하는 어깨의 굴곡과 내측 회전 속도가 공 속도에 도움을 준다.[39] 어깨의 내회전 속도는 공의 속도에 충분히 가까워지지 못하지만, 여전히 아주 중요하다. 이런 조사 결과들은 이 단계 동안 대흉근과 견갑하근에서 나타나는 높은 근육 활동과 서로 관련이 있다.

팔로우 스루

소프트볼 투구의 마지막 단계인 팔로우 스루는 손에서 공을 놓으면서 시작하여 던지는 팔의 전진 동작이 멈추어야 끝난다. 이 단계를 기술하는 기전에는 여러 가지가 있다. 배런틴(Barrentine et al.)은 공을 놓고 상완골이 몸통의 앞으로 지나간 후에 팔꿈치가 구부려지는 것을 관찰했다.[39] 마페(Maffet et al.)는 공을 놓은 직후에 팔이 힘과 허벅다리 옆에 닿으면서 던지는 팔의 속도가 줄어든다고 보고했다. 이 단계의 특징은 팔꿈치 굴곡 토크와 팔꿈치 압박력이 최대라는 것이다. 전완의 큰 각도의 회내역시 이 단계에서 관찰되었고 이것은 소프트볼 투수의 척골의 피로골절을 일으키는 원인이 될 수 있다.[41] 모든 어깨 근육의 근육 활동은 이전 단계에 비하여 약해지지만, 소원근은 가장 높은 활동을 유지한다. 오버핸드 투수의 경우처럼, 소원근은 이 단계에서 안쪽으로 회전하는

상완골의 속도를 줄이는 역할을 할 수 있다.

소프트볼 투수에 대한 요구는 잘 알려져 있지 않기 때문에, 투수들은 하루에 한 경기 이상 투구하거나 시즌 동안 충분한 휴식 없이 연속 등판해야 하는 일이 흔히 있다. 동작이 완벽한 투수라 해도 이런 상황에서는 어깨와 팔꿈치에 과사용으로 인한 손상을 당할 위험이 있다. 빠른 투구를 하는 소프트볼 투수의 손상 방지는 동작의 생체역학적 요구 사항을 이해하고, 어깨와 팔꿈치 근육 조직을 강화시키고, 투구 사이에 충분한 휴식을 보장해주어야 가능하다.

요 약

어깨와 팔꿈치는 높은 힘과 토크, 극단적인 동작 범위, 던지기 동작을 하는 동안 요구되는 여러 차례의 반복 때문에 야구 선수가 가장 손상당하기 쉬운 관절이다. 최적의 이행과 손상 사이에는 미묘한 경계가 있다. 야구 선수의 손상 방지와 조기 진단, 재활은 어깨와 팔꿈치의 원활하고 움직임뿐만 아니라 던지기 동작의 생체역학에 대한 완전한 지식에 달려 있다. 야구 선수의 손상을 치료하는 가장 좋은 접근 방식은 하지와 몸통, 어깨, 팔꿈치 안정 근육에 초점을 맞춘 적절한 강화와 조절, 그리고 최적의 동작 습득을 통해 손상을 방지하는 것이다.

참고문헌

1. McFarland EG, Wasik M: Epidemiology of collegiate baseball injuries. Clin J Sport Med 8(1):10–13, 1998.
2. Matsen FA, Harryman DT, Sidles JA: Mechanics of glenohumeral instability. Clin Sports Med 10(4):783–788, 1991.
3. Cooper DE, Arnoczky SP, O'Brien SJ, et al.: Anatomy, histology, and vascularity of the glenoid rim: An anatomical study. J Bone Join

t Surg 74A(1):46–52, 1992.

4. Blasier RB, Guldberg MS, Rothman ED: Anterior shoulder stability: Contributions of rotator cuff forces and the capsular ligaments in a cadaver model. J Shoulder Elbow Surg 1:140–150, 1992.

5. Inman VT, Saunders DM, Abbott CL: Observations of the functions of the shoulder joint. J Bone Joint Surg 26A:19–30, 1944.

6. Morrey BF, An K: Biomechanics of the shoulder, in Rockwood CA, Matsen FA (eds): The Shoulder. Philadelphia: Saunders, 1990, pp 231–232.

7. DiGiovine NM, Jobe FW, Pink M, et al: An electromyographic analysis of the upper extremity in pitching. J Shoulder Elbow Surg 1(1): 15–25, 1992.

8. Feltner M, Dapena J: Dynamics of the shoulder and elbow joint of the throwing arm during a baseball pitch. Int J Sport Biomech 2:235–259, 1986.

9. Howell SM, Imobersteg AM, Seger DH, et al: Clarification of the role of the supraspinatus muscle in shoulder function. J Bone Joint Surg 68A(3):398–404, 1986.

10. Glousman R, Jobe FW, Tibone JE, et al: Dynamic electromyographic analysis of the throwing shoulder with glenohumeral instability. J Bone Joint Surg 70A(2):220–226, 1988.

11. Fleisig GS, Barrentine SW: Biomechanical aspects of the elbow in sports. Sports Med Arthroscopy Rev 3:149–159, 1995.

12. Morrey BF, An KN: Articular and ligamentous contributions to the stability of the elbow. Am J Sports Med 11(5):315–319, 1983.

13. Fleisig GS, Dillman CJ, Escamilla RF, et al: Kinetics of baseball pitching with implications about injury mechanics. Am J Sports Med 23:233–239, 1995.

14. Davidson PA, Pink M, Perry J, et al: Functional anatomy of the flexor pronator muscle group in relation to the medial collateral ligament of the elbow. Am J Sports Med 23(2): 245–250, 1995.

15. An KN, Hui FC, Morrey, BF, et al: Muscles across the elbow joint: A biomechanical analysis. J Biomech 14(10):659–669, 1981.

16. Bartlett LR, Storey MD, Simons BD: Measurement of upper extremity torque production and its relationship to throwing speed in the competitive athlete. Am J Sports Med 17: 89–91, 1989.

17. Shaffer B, Jobe FW, Pink M, et al: Baseball batting: An electromyographic study. Clin Orthop 292:285–293, 1993.

18. Welch CM, Banks SA, Cook FF, et al: Hitting a baseball: A biomechanical description. J Orthop Sports Phys Ther 22(5):193–201, 1995.

19. Safran MR, Garrett WE, Seaber AV, et al: The role of warmup in muscular injury prevention. Am J Sports Med 16:123–129, 1998.

20. McNair PJ, Stanley SN: Effect of passive stretching and jogging on the series elastic muscle stiffness and range of motion of the ankle joint. Br J Sports Med 30:313–318, 1996.

21. Mohr KJ, Pink MM, Elsner C, et al: Electromyographic investigation of stretching: The effect of warm-up. Clin J Sport Med 8:215–220, 1998.

22. Bigliani LU, Codd TP, Connor PM, et al: Shoulder motion and laxity in the professional baseball player. Am J Sports Med 25(5):609–613, 1997.

23. Pink MM, Perry J: Biomechanics, in Jobe FW (ed): Operative Techniques in Upper Extremity Sports Medicine. St. Louis: Mosby–Year Book, 1996, p 116.

24. Tibone JE, Jobe FW, Kerlan RK, et al: Shoulder impingement syndrome in athletes treated by an anterior acromioplasty. Clin Orthop 198:134–140, 1985.

25. Hayashi K, Thabit G, Bogdanske JJ, et al: The effect of nonablative laser energy on the ultrastructure of joint capsular collagen. Arthroscopy 12(4):474–481, 1996.

26. Hayashi K, Thabit G, Massa KL, et al: The effect of thermal heating on the length and histologic properties of the glenohumeral joint capsule. Am J Sports Med 25(1):107–112, 1997.

27. Lopez MJ, Hayashi K, Fanton GS, et al: The effect of radiofrequency energy on the ultrastructure of joint capsular collagen. Arthroscopy 14(5):495–501, 1998.

28. Naseef GS, Foster TE, Trauner K, et al: The thermal properties of bovine joint capsule: The basic science of laser- and radiofrequency-induced capsular shrinkage. Am J Sports Med 25(5):670–674, 1997.

29. Brewster CE, Moynes Schwab DR, Seto J: Conservative and postoperative management of shoulder problems, in Jobe FW (ed): Operative Techniques in Upper Extremity Sports Medicine. St. Louis: Mosby–Year Book, 1996, pp 257–259.

30. Moseley JB, Jobe FW, Pink MM, et al: EMG analysis of the scapular muscles during a shoulder rehabilitation program. Am J Sports Med 20(2):128–134, 1992.

31. Townsend H, Jobe FW, Pink MM, et al: Electromyographic analysis of the glenohumeral muscles during a baseball rehabilitation program. Am J Sports Med 19(3):264–272, 1991.

32. Pink MM, Screnar PM, Tollefson KD, et al: Injury prevention and rehabilitation in the upper extremity, in Jobe FW (ed): Operative Techniques in Upper Extremity Sports Medicine. St. Louis: Mosby–Year Book, 1996, p 10.

33. Herberts P, Kadefors R: A study of painful shoulder in welders. Acta Orthop Scand 47:381–387, 1976.

34. Pink MM, Perry J, Brown A, et al: The normal shoulder during freestyle swimming: An electromyographic and cinematographic analysis of twelve muscles. Am J Sports Med 19(6): 569–575, 1991.

35. Maffet MW, Jobe FW, Pink MM, et al: Shoulder muscle firing patterns during the windmill softball pitch. Am J Sports Med 25(3): 369–374, 1997.

36. Turkel SJ, Panio MW, Marshall JL, et al: Stabilizing mechanisms preventing anterior dislocation of the glenohumeral joint. J Bone Joint Surg 63A(8):1208–1217, 1981.

37. Rathbun JB, Macnab I: The microvascular pattern of the rotator cuff. J Bone Joint Surg 52A(3):540–553, 1970.

38. Loosli AR, Requa RK, Garrick JG, et al: Injuries to pitchers in women's collegiate fast-pitch softball. Am J Sports Med 20(1):35–37, 1992.

39. Barrentine SW, Fleisig GS, Whiteside JA, et al: Biomechanics of windmill softball pitching with implications about injury mechanisms at the shoulder and elbow. J Orthop Sports Phys Ther 28(6):405–415, 1998.

40. Otis JC, Jiang CC, Wickiewicz TL, et al: Changes in the moment arms of the rotator cuff and deltoid muscles with abduction and rotation. J Bone Joint Surg 76A:667–676, 1993.

41. Tanabe S, Nakahira J, Bando E, et al: Fatigue fracture of the ulna occurring in pitchers of fast-pitch softball. Am J Sports Med 19(3): 317–321, 1991.

42. Corzatt RD, Groppel JL, Pfautsch E, et al: The biomechanics of head-first versus feet-first sliding. Am J Sports Med 12(3):229–232, 1984.

43. McCord JD: Mechanical analysis of sliding. The Ath J 51:66–75, 1971.

CHAPTER 3

테니스

Jane Jarosz-Hlis

테니스 경기는 오랫동안 크게 변화해왔다. 테니스는 스포츠 과학과 장비 기술의 발달에 영향을 받았다.[12] 파워와 스피드, 근력, 신체적 훈련이 오늘날 테니스 경기의 중심이 되었다. 본 장에서는 현재의 장비 선택, 테니스의 신체 요구, 손상 방지, 손상 가능성이 있는 부위, 테니스 특유의 조절에 초점을 맞추어 강조할 것이다.

장비 설계

오늘날 장비 설계의 발전이 테니스 경기를 변화시키는 데 중요한 역할을 했다. 라켓의 재료, 헤드 크기, 라켓 길이, 줄의 종류 모든 것들이 이 적극적이고 공격적인 경기에 영향을 미쳤다. 또한 신발도 발달하여 특수 '테니스화'가 경기용으로 추천된다. 앞으로 이런 각각의 부문에 대하여 기술하고 뿐만 아니라 그런 것들이 현재의 경기 스타일에 미친 영향에 대하여 살펴보고자 한다.

라켓의 재료

라켓은 나무와 세라믹에서 흑연과 탄소 합성물로 발전했다. 흑연으로만 만들어진 라켓은 몸체가 가볍고 튼튼하다. 이 가벼운 물질은 라켓의 속도와 가속도의 증진을 촉진한다. 또한 흑연은 라켓의 단단함을 높이고, 그에 따라 공과 접촉할 때 생기는 충격력과 진동을 줄인다.

합성 몸체는 일반적으로 흑연과 세라믹 물질의 합성물로 이루어진다. 합성 몸체는 흑연 몸체보다 파워를 더 높이고 세라믹 성분의 조절 요소로 균형을 잡는다. 탄소와 티타늄은 가장 최근에 등장한 라켓 재료이다. 이 재료들은 보다 가볍고 강하면서 라켓 헤드의 가속도를 촉진시키고 라켓을 더욱 단단하게 한다. 그 결과 공 뒤의 힘이 커졌다.

라켓 설계

라켓의 헤드 크기는 표준 크기에서 중형이나 특대 크기로 발달했다. 이렇게 헤드가 커지면서 라켓의 전체 폭도 커졌다. 그 결과, '스위트 스폿(공이 맞으면 가장 잘 날아가는 부분)'이 더 커지고 그에 따라 중심을 벗어나서 공을 칠 때(오프센터 타구) 손목과 전완에 전달되는 진동이 줄어든다.[13] 취미 삼아 테니스를 새로 시작한 사람들에게는 오프센터 타구가 훨씬 많기 때문에 이들은 특대형 라켓 헤드에서 이익을 얻을 것이다.

라켓의 총 길이 역시 최근 몇 년간 바뀌었다. 새로 등장한 긴(extender) 라켓이 라켓의 총 길이를 늘렸다. 따라서 손에서 라켓 끝까지의 지레팔이 커졌다. 이 때문에 똑같은 속도로 가속된 표준 길이 라켓에 비하여 공의 속도가 커질 수 있었다. 하지만, 완전한 스트로크를 하는 동안, 특히 충돌했을 때 길어진 라켓을 고정시키려면 전완과 견대 근육 조직의 상당한 근력이 필요하다. 전완과 견대 근육 조직이 잘 발달하지 않은 선수는 '연장' 라켓 때문에 상지의 손상 가능성이 커졌다는 사실을 반드시 고려해야 한다.

그립 크기

그립 크기를 선택할 때, 라켓을 쥐는 것이 편안하다고 느끼는 것이 중요하다. 그립이 너무 작으면 라켓을 적절하게 잡을 수 없기 때문에 흔히 손목으로 스트로크를 하게 된다. 그립이 너무 크면 선수가 손에서 라켓을 놓고 갑자기 내리는 것을 두려워하기 때문에 전완 근육이 계속 수축하게 된다.

인체측정 기술은 그립의 정확한 크기를 결정하기 위하여 발달했다. 라켓을 쥐는 손의 손바닥 선 끝에서 네 번째 손가락의 끝까지 자를 대고 그 길이를 재면 정확한 그립 크기를 정할 수 있다.[25] 일반적으로, 측정 길이가 그립의 크기 사이에 있으면, 작은 크기의 그립을 추천한다. 그래야 그립 테이프를 그립 주변에 쉽게 감을 수 있기 때문이다. 그립 테이프는 그립을 편안한 크기로 늘려준다.

그립의 위치

선수가 라켓을 잡기 위하여 쓰는 그립의 종류는 스트로크 타구에 따라 다양하다. 그립 자체는 8각으로 되어있다. 라켓을 잡는 손의 해부학적 중점은 라켓을 쥐는 손의 손굽(heel)의 끝 부분과 두 번째 손가락 관절의 기부를 포함하고 있다. 다음에는 스트로크 별로 가장 많이 쓰이는 그립을 분석하고, 그립의 사선과 관련하여 손의 자세를 논한다.

이스턴 포핸드 그립은 포핸드 그립 중에서 가장 전통적인 것으로 비교적 공의 회전을 크게 만들어내지 못한다. 백스윙을 하는 동안 라켓의 면이 지면과 직각을 이룬다. 라켓을 쥔 손의 손굽이 2번이나 3번 베벨에 위치하고, 두 번째 손가락 관절의 기부는 3번 베벨에 놓인다.

세미웨스턴 포핸드 그립은 톱스핀을 일으킨다. 백스윙을 하는 동안 라켓의 면이 지면과 약 45°를 이룬다. 라켓을 쥔 손의 손굽이 3번이나 4번 베벨에 놓이고, 두 번째 손가락 관절의 기부도 3번이나 4번 베벨에 놓인다.

라켓을 웨스턴 포핸드 그립으로 쥐면 과도한 톱스핀이 나타난다. 백스윙을 하는 동안 라켓의 면이 지면과 아주 가까워지면 일반적으로 평행을 이룬다. 웨스턴 포핸드 그립을 쥐는 동안, 라켓을 쥔 손의 손굽은 5번이나 6번 베벨에 놓이고, 두 번째 손가락 관절의 기부는 4번이나 5번 베벨에 위치한다.

한 손 백핸드에 가장 많이 쓰이는 그립은 이스턴 백핸드 그립이다. 이 그립은 선수가 플랫이나 톱스핀까지 공의 회전을 고칠 수 있게 한다. 라켓을 쥔 손의 손굽이 1번이나 8번 베벨에 걸치고, 두 번째 손가락 관절의 기부는 1번 베벨에 놓인다.

양 손 백핸드는 그립을 양손을 쥐어야 하기 때문에 몇 가지 그립의 결합을 필요로 할 수 있다. 양 손 백핸드를 하는 동안 라켓을 쥐지 않은 손은 라켓을 쥔 손의 위에 있고 서로 맞닿아 있다는 사실에 유념해야 한다. 이렇게 해야 공과 접촉할 때 힘을 최적화시키면서 양 손이 하나로 움직일 수 있다. 손가락을 맞물리는 것은 바람직하지 않다. 일반적인 손 자세에는 ⑴ 지배적인 이스턴 백핸드 그립과 지배적이지 않은 이스턴 포핸드 그립, ⑵ 지배적인 이스턴 포핸드 그립과 지배적이지 않은 이스턴 포핸드 그립이 있다.

서브를 하는 동안 권장되는 손 자세는 대륙식 그립이다. 이 그립은 손목의 동작과 흔들리지 않게 잡기, 공 회전의 변화를 최적화시킨다. 라켓 손의 손굽은 1번과 2번 베벨에 놓이고, 두 번째 손가락 관절의 기부는 2번 베벨에 놓인다.

라켓의 줄

라켓의 줄은 일반적으로 나일론, 합성물, 명주실 등 세 가지 종류가 있다. 나일론은 비싸지 않고 튼튼하다. 합성줄은 나일론과 명주실의 혼합물로 접촉할 때 공에 대한 감각과 영구성을 결합시켰다. 명주실 줄 역시 줄에 대한 공의 감각을 증진시킨다. 어떤 선수의 경기 능력이 발전하여 촉감과 감각, 회전이 강조되면, 동작 이행을 강화시키는 데 명주실 줄이 보다 이로울 수 있다.

대개 '게이지(gauge)'라고 알려진 라켓 줄의 굵기 역시 공의 감각에 영향을 미칠 수 있다. 표준 게이지는 16이다. 표준 게이지는 영구성과 공의 감각 사이의 균형을 촉진시킨다. 15게이지의 줄은 더 굵고 보다 튼튼하다. 17과 18게이지 줄은 보다 가늘고 조절이 쉬우며 촉감과 공에 대한 감각을 향상시킨다. 초보 선수들은 처음에 낮은 게이지 줄이 추천된다.

테니스화

오늘날에는 테니스 코트 경기용으로 테니스화가 특별히 설계되어 있다. 테니스화의 각 부위는 다음과 같다.

1. 지지 안창(support insoles). 발을 최적 상태로 지지하고 보호한다.
2. 뒷굽 가죽(heel counters). 이동과 미끄러짐으로부터 발꿈치를 보호하면서 안정성과 지지를 추가한다.
3. 두꺼운 고무창(thick rubber outsoles). 영구성을 높이며 일반적으로 발끝 부분 위로 높아진다.
5. 강화된 발 중간 지지대(reinforced midfoot support). 특히 동적으로 방향을 바꾸는 동안 안쪽 가면에 최적의 안정성을 준다.
6. 넓은 앞부분(wide toe box). 선수가 발끝을 충분히 뻗을 수 있게 한다.

테니스 코트는 대개 하드 코토와 흙으로 된 클레이 코트 두 종류이다. 따라서 테니스화 창의 바닥 모양은 코트의 표면에 따라 다양하게 설계된다. 클레이 코트에 가장 좋은 바닥 모양은 작고 얕은 것이다. 반면에 하드 코트에는 홈이 깊게 파이고 넓은 모양이 경기하기에 더욱 좋다.

생체역학적 원칙

뉴턴의 물리학 법칙

테니스 스트로크의 생체역학을 논하기에 앞서, 스트로크의 기초를 정해야 한다. 이 토대의 중심은 아이작 뉴턴 경의 물리학 법칙, 직선운동과 곡선운동 원칙, 물체 회전의 개념, 그리고 운동사슬의 법칙이 있다.

뉴턴의 물리학 제1법칙은 모든 작용에는 그와 똑같지만 반대되는 반작용이 있다는 것이다.(작용 반작용의 법칙) 뉴턴의 제2법칙은 외부에서 힘이 가해지지 않는 한 정지해 있는 물체는 계속 정지해 있기를 원하고 움직이는 물체는 계속 움직이려고 한다는 것이다.(관성의 법칙) 뉴턴의 물리학 제3법칙은 힘은 질량과 가속도의 곱이라는 것이다.(가속도의 법칙) 선수가 자신의 라켓 속도를 높이면, 그 때문에 전체적인 가속도가 높아지면서 공에 생기는 힘 역시 증가한다. 이러한 라켓 헤드 속도의 증가는 대변혁의 과정이었으며 오늘날 테니스를 강력하고 파워 경기로 만드는 원인이 되었다.

물체 회전을 능률적이고 효과적으로 이용하면 신체에 의해 생겨나서 공으로 전해지는 힘의 총괄적인 증가에 도움이 된다. 물체 회전은 백스윙, 접촉, 그라운드 스트로크의 팔로우 스루를 하는 동안 신체가 하나의 단위로 움직일 때 일어난다. 테니스 경기가 역동적이기 때문에, 물체 회전은 선수에게 자신의 중력 중심을 최적으로 조절하여 스트로크를 하는 내내 균형을 유지하게 해준다. 또한 물체 회전의 이용은 선과 각 모멘트의 최적 이용을 촉진시킨다. 선 운동은 선수가 자신의 체중을 앞발로 이동시킬 때 발생한다. 그 좋은 예가 스퀘어 스탠스로 그라운드 스트로크를 칠 때이다.

각 운동량은 백스윙 단계에서 신체가 운동 에너지를 저장하면서 뒤로 감겼다가 공 접촉과 팔로우 스루를 거치면서 저장해 놓은 운동 에너지를 이용하여 앞으로 풀릴 때 발생한다. 회전력이 생겨 공으로 전이된다. 각 운동량의 예는 오픈 스탠스 포핸드이다. 모든 테니스 스트로크 기초의 기본 개념은 운동사슬의 원칙이다. '운동사슬의 원칙(kinetic-link principle)'은 효과적이고 능률적인 동작 패턴을 일으키는 특정 순서로 이행되는 힘의 합계로 정의할 수 있다. 테니스에서, 운동 사슬은 지면에서 시작해서 하지와 힙, 몸통을 거쳐 어깨, 팔꿈치, 손목, 손을 포함한 상지로 이동한다.

지금까지 기초를 검토했으므로, 포핸드와 양손 백핸드, 한손 백핸드, 서브를 포함하여 테니스의 기본 스트로크에 대한 생체역학을 명확하게 다룰 수 있을 것이다. 그라운드 스트로크의 동작은 백스윙, 접촉, 팔로우 스루의 세 단계로 나뉜다. 서브는 와인드업, 코킹, 가속, 팔로우 스루의 네 단계로 이루어진다. 모든 그라운드 스트로크와 서브를 하는 동안 하지와 몸통의 주된 목표는 선과 각 모멘트를 경유하여 운동 에너지를 라켓으로 전이시키는 것이다. 이 과정이 율동적이고 순서적으로 이행된다면 최적의 라켓 파워와 조절이 일어난다. 다음은 스트로크의 각 단계 동안의 관절 운동을 자세하게 설명한다.

포핸드 생체역학

포핸드는 오늘날 테니스 경기의 기본 스트로크이다. 이 스트로크의 생체역학은 몇 가지 변형으로 나타난다. 그 까닭은 주로 사용될 수

그림 3.1 양손 포핸드

있는 그립의 종류가 여러 가지이고, 일부 선수들은 양손 포핸드를 쓰기 때문이다(그림 3.1). 그 결과 스윙의 경로와 공의 회전이 크게 달라질 것이다. 포핸드의 생체역학은 표 3.1에 기술되어 있다.

백스윙

백스윙 단계의 목적은 운동 에너지를 지면에서 몸통으로 전이시켜 접촉 단계에 대비하여 저장하는 것이다. 포핸드의 백스윙 단계 동안, 큰 곡선을 그리는 선수가 있는가 하면, 작은 곡선을 그리는 선수도 있고, 직선 테이크백(takeback) 운동을 그리는 선수도 있다. 백스윙의 종류에 관계없이 모든 운동은 반드시 라켓 팔의 외부 회전 성분을 지녀야 한다. 일반적으로, 라켓을 쥔 팔의 전완과 손목 자세는 선수가 사용하는 그립의 종류에 따라 달라질 것이

표 3.1 포핸드 스트로크 분석

신체부위	백스윙	접촉	팔로우 스루
앞발	약간 족저굴곡	45° 각도로 공에 다가감	배측굴곡
뒷발	발과 네트가 평행/ 배측굴곡	족저굴곡/배측굴곡	저측굴곡
앞 무릎	굴곡	굴곡	굴곡에서 신전
뒤 무릎	굴곡	굴곡에서 신전	신전
앞쪽 힙	외회전(ER)	내회전	내회전
뒤쪽 힙	ER에서 내회전(IR)	외회전, 신전	외회전, 신전
몸통	후방회전	전방회전	전방 회전
라켓(어깨)	수평외전/ER	수평내전, 내회전, 전진	수평내전, 내회전, 전진
라켓(팔꿈치)	굴곡	굴곡에서 신전	굴곡
라켓(전완과 손목)	서쪽–회내, 동쪽–중립	수직 라켓 면	굴곡
라켓(접촉부위)		앞발의 앞쪽	

다. 전완과 손목 주변의 근육군은 선수가 라켓을 최대한의 밑으로 쥘 때 비교적 안정된 상태를 유지한다(그림 3.2).

접촉 단계

백스윙 단계가 끝나면, 접촉 단계가 시작된다. 공을 향한 신체와 라켓의 가속이 이 단계에서 생긴다. 앞발로의 체중 이전과 공의 충격은 이 단계의 초점이 되는 양대 작용이다.

주로 쓰는 어깨의 내회전 근육, 주로 견갑하근과 대흉근이 수축 할 때 라켓을 쥔 어깨는 안쪽으로 회전하여 수평으로 내전하기 시작한다.[30] 전거근이 짧아질 때 견갑골은 내뻗는다.[30] 이두근이 전완 회전을 안정시킬 때 주로 쓰는 팔의 팔꿈치는 뻗어진다. 라켓을 쥔 팔의 전완과 손목의 운동은 선수가 사용하는 그립의 종류에 따라 달라질 것이다. 어떤 회전이 바람직하든, 모든 선수는 공과 접촉할 때 라켓의 면

을 거의 수직으로 해야 한다.[12] 공과 접촉할 때, 포핸드 스트로크 동안 어떤 종류의 그립을 사용하든 관계없이 라켓의 위치를 정하고 안정시키기 위하여 전완과 손목, 손의 근육 모두가 동시 수축한다. 흔들리지 않는 그립은 신체에서 라켓으로 최적의 힘을 이전시키면서 신체 운동 사슬의 마지막 연결부위 역할을 한다.

팔로우 스루

공과 접촉하자마자, 팔로우 스루 단계가 시작한다. 연구 결과들에 따르면 완전 휘두르기 단계 동안 흉근, 견갑하근, 전거근을 포함한 앞 흉근들의 EMG 활동은 계속된다.[30] 게다가, 공과 접촉한 후, 회선건개와 어깨 근육을 포함한 뒤 어깨 근육들은 특히 극하근이 팔의 속도를 늦추기 위하여 편심으로 접촉할 것이다.[30] 라켓을 잡은 팔의 팔꿈치는 활발하게 움직이는 반면, 전완과 손목 근육의 활동은 현저하게 감소

표 3.2 양손 백핸드 스트로크 분석

신체부위	백스윙	접촉	팔로우 스루
앞발	약간 저축굴곡	30~45°각도로 공에 다가감	발등쪽 굽힘
뒷발	네트에 평행; 약간 배측굴곡	밀어냄	저축굴곡
앞 무릎	굴곡	굴곡	굴곡에서 신전
뒤 무릎	굴곡	굴곡에서 신전	신전
앞쪽 힙	외회전	내회전	내회전
뒤쪽 힙	외회전에서 내회전	외회전, 신전	외회전, 신전
몸통	후방회전	전방회전	전방회전
라켓(어깨)	수평내전, 내회전	수평외전, 외회전, 후퇴	수평외전, 외회전
반대(어깨)	외회전	수평내전, 내회전, 전진	수평내전, 내회전
라켓(팔꿈치)	굴곡	굴곡에서 신전	굴곡
반대(팔꿈치)	굴곡	굴곡에서 신전	굴곡
라켓(전완, 손목)	다양	라켓면은 반드시 수직으로	신전
반대(전완, 손목)	다양하게 변함	라켓면은 반드시 수직으로	굴곡
라켓(접촉위치)		앞발의 앞쪽	

할 것이다. 단, 요측손목신근은 계속해서 손목의 안정을 돕기 때문에 여전히 활발히 움직인다.[23]

양손 백핸드의 생체역학

양손 백핸드의 생체역학은 주로 쓰는 한 손의 백핸드와 다른 한 손의 포핸드가 결합한 것이다. 주로 쓰지 않는 손이 스트로크 내내 주로 쓰는 상지와 일치하여 움직이기 때문에 강력하게 힘을 보태는 역할을 한다. 양손의 백핸드의 생체역학이 표 3.2에 설명되어 있다.

백스윙

백스윙 단계 동안, 전완과 손목의 자세는 각 손에 쓰이는 선호 그립에 따라 다양하다. 양손 백핸드를 하는 동안 라켓을 잡을 때, 양손이 서로 맞물리지 않은 상태로 접촉해야 한다는 점이 중요하다. 이런 식으로 잡아야 일련의 결과가 일어나는 동안 상지가 하나로 연결되어 움직일 수 있고 주로 쓰지 않는 손은 쇼트를 한후 재빨리 라켓을 놓을 수 있다.

접촉 단계

백스윙 단계가 끝나면, 접촉 단계가 시작된

표 3.3 백핸드 스트로크의 분석

신체부위	백스윙	접촉	팔로우 스루
앞발	약간 저측굴곡	30~45° 각도로 공에 다가감	배측굴곡
뒷발	약간 배측굴곡 네트에평행	저측골곡	저측굴곡
앞 무릎	굴곡	굴곡	굴곡에서 신전
뒤 무릎	굴곡	굴곡에서 신전	신전
앞쪽 힙	외회전	내회전	내회전
뒤쪽 힙	외회전에서 내회전	외회전, 신전	외회전, 신전
몸통	후방회전	전방회전	전방회전
라켓(어깨)	수평내전, 내회전, 전진	외회전, 수평외전, 후퇴	수평회전, 외회전, 후퇴
반대(어깨)	신전	신전, 외전	신전, 외전
라켓(팔꿈치)	굴곡	굴곡에서 신전	약간 굴곡
반대(팔꿈치)	굴곡	굴곡에서 신전	신전
라켓(전완, 손목)	중립	중립	신전
라켓(접촉 위치)		앞발의 앞으로 30~35cm	

다. 이 때는 양손이 라켓에 있고 전신이 하나의 단위로 움직여 파워를 발생시키기 때문에 아주 강력한 단계이다.

팔로우 스루

팔로우 스루 단계는 공과 접촉한 후 바로 시작된다. 라켓의 속도가 점차 감소할 때 상지는 여전히 낮아진 운동 사슬과 하나로 움직인다. 완전 휘두르기가 완료될 때까지 양손은 계속 라켓을 잡는다.

한손 백핸드의 생체역학

분석해 볼 두 번째 백핸드는 한손 백핸드이다. 한손 백핸드는 운동 사슬에서 5개의 개별적인 연결을 필요로 하기 때문에 치기가 아주 어려운 쇼트이다. 이렇게 분리된 연결에는 하지와 힙, 몸통, 상지 근위부와 상지 원위부가 있다.[12] 한손 백핸드 운동 사슬의 하반신의 생체역학은 모든 단계 동안 포핸드와 양손 백핸드의 하반신에서 일어나는 운동과 비슷하다. 한손 백핸드의 생체역학이 표 3.3에 기술되어 있다.

백스윙

백스윙 단계에서 라켓 어깨는 수평으로 내전하고 안쪽으로 회전하며, 견갑골은 내뻗는다. 준비 단계 동안 그 쪽 손이 이스턴 백핸드 그립을 유지할 때 전완과 손목은 비교적 안정 상태를 유지한다. 이 단계 동안 반대쪽 손은 라켓을 놓지 않고 라켓 팔을 돕는다(그림 3.4A).

그림 3.4 A. 한손 백핸드 백스윙(1) B. 한손 백핸드 접촉(2)

접촉 단계

접촉 단계가 시작되면, 선 운동량을 발생시키면서 앞발과 체중이 공 쪽으로 전진 이동한다. 이어서, 몸통이 풀려서 공쪽으로 돌아갈 때 복사근이 수축한다. 주로 쓰는 상지의 견갑골은 후퇴한다.[12,30] 전완과 손목이 충격에 대비해 손의 위치를 정할 때 손목 신근의 활동이 크게 증가한다.[9,17,23]

후기 접촉 단계 동안 정상 선수의 손목 굴근이 EMG 활동의 증가를 보인다.[9,17,23] 이렇게 증가한 활동은 대부분 공과의 접촉으로 인한 전완과 손목, 손을 안정시키기 위한 수축으로 보인다. 접촉은 앞발 너머 약 30cm 위치에서 일어난다. 접촉 초기 단계에서, 주로 쓰지 않는 쪽의 손은 라켓을 놓고, 그쪽 어깨는 주로 쓰는 어깨의 전진 운동을 조절하면서 신전하면서 외전하기 시작한다(그림 3.4B).

팔로우 스루

이 단계의 초기까지도, 손목 굴근과 신근은 접촉 단계에 비하여 수축이 감소하기는 하지만 계속하여 손목을 안정시킨다.[9,17] 후기로 접어들면 손목 굴근과 신근 활동은 크게 감소한다. 주로 쓰지 않는 쪽의 어깨와 팔꿈치는 신체 균형을 유지하면서 신전 운동을 마친다.

테니스 서브의 생체역학

테니스 서브는 근육의 율동적인 협응작용과 타이밍을 필요로 하는 복잡한 동작들이 순서대로 일어나는 것이다. 콘티넨탈 그립은 대개 톱스핀에 이용되는 반면, 이스턴 포핸드 그립은 플랫 서브에 이용된다. 서브의 단계는 와인드업, 코킹, 가속, 팔로우 스루의 네 단계로 분류된다. 테니스 서브의 생체역학은 표 3.4에 기술되어 있다.

표 3.4 서브 스트로크의 분석

신체부위	와인드업	코킹	가속	팔로우 스루
앞발	약45°	배측굴곡	저측굴곡	배측굴곡
뒷발	네트에 작은 각도로 평행	배측굴곡	저측굴곡	저측굴곡
앞 무릎	굴곡에서 신전	굴곡	굴곡에서 신전	굴곡
뒤 무릎	약간 굴곡	굴곡	굴곡에서 신전	굴곡
앞쪽 힙	외회전	외회전	내회전	내회전
뒤쪽 힙	내회전	내회전	외회전	외회전
몸통	후방회전	후방회전, 신전	전방회전, 굴곡	회전, 굴곡
라켓(어깨)	굴곡에서 신전	외전, 외회전	수평내전, 내회전	수평내전, 내회전
반대(어깨)	굴곡에서 신전	굴곡	신전	신전
라켓(팔꿈치)	굴곡에서 신전	굴곡	신전	굴곡
반대(팔꿈치)	신전	신전	신전 또는 굴곡	굴곡
라켓(전완, 손목)	중립에서 신전	신전	굴곡, 신전	굴곡, 신전
반대(전완)				
라켓(접촉위치)	회위	회외	공이 가장 높이 올라갔을 때 앞발의 앞쪽으로	

와인드업

와인드업 단계는 서브가 시작될 때 시작해서 주로 쓰지 않는 쪽 손이 공을 하늘 높이 던져 올렸을 때 끝난다. 이 때 체중은 뒷발로 이동한다. 그 후 선 운동량이 앞으로 이전되고, 등과 힙, 몸통이 돌아가서 감기 동작이 일어날 때 각 운동이 시작된다.

뒤로 이동하는 체중의 도움을 받아 주로 쓰는 팔과 팔꿈치가 펴진다. 그 반대 어깨와 팔꿈치 역시 펴지지만 신체의 옆구리나 중립 자세일 때만 그러하다. 일단 이런 중립 자세가 되면, 라켓을 든 쪽 어깨가 외전하기 시작하여 반대쪽 어깨가 공을 높이 던져 올리기 위하여 굽혀질 때 양어깨가 올라간다. 와인드업 단계에서 어깨와 팔꿈치, 전완, 손목의 근육 활동은 최소 수준이다. 왜냐하면 이미 생성된 선 운동량과 각 운동량이 이런 활동이 일어나게 하는 것을 지원하기 때문이다(그림 3.5A).

코킹

코킹 단계는 선수가 공을 높이 던져 올렸을 때 시작하여 주로 쓰는 어깨의 외회전이 최대일 때 끝난다. 극상근이 활발히 수축하여 외회전이 짧아진다.[24,30] 라켓 팔에서 견갑골이 안정되려면 전거근의 활동이 아주 활발해야 한다.[30] 손목 신근이 짧아진다.[23] 또한, 몸통은 공과 접촉하기 위하여 힙과 주로 쓰는 어깨를 위로 올리기 위한 준비로 옆으로 구부려졌다가 펴진다.[7] 이 때, 최대한의 에너지가 축적되었으므로, 가속이 시작될 준비가 되어 있는 것이다(그림 3.5B를 보시오).

가속

가속 단계는 라켓 어깨가 내회전하기 시작할 때 시작하여 공과 접촉할 때 끝난다. 이 때, 견갑하근과 대흉근, 광배근은 구심성으로 수축하고 있다.[30] 또한 전거근은 이 폭발적인 동작을 하는 동안 견갑골을 안정시키기 때문에 크게 활동한다. 강력한 내회전이 견갑골의 앞쪽 스치기를 일으킬 수 있기 때문에 견갑골의 효과적인 안정이 이 단계의 결정적인 요소이다.[20,30]

라켓 팔의 팔꿈치는 삼두근이 짧아질 때 펴진다.[6,30] 이두근은 가속의 후반에서 원심성으로 수축하면서 주로 쓰는 쪽의 팔꿈치가 지나치게 펴지지 못하게 한다.[30] 주로 쓰는 팔의 회내근

과 수근 굴근은 공의 충격에 대비하여 짧아진다.[6] 아래쪽 다리와 힙, 몸통이 서브에서 생성되는 총 힘의 54%와 총 동력 에너지의 51%를 만들어낸다(그림 3.5C를 보시오).[18]

팔로우 스루

마지막 단계인 팔로우 스루는 공과 접촉한 직후 시작하여 서브가 완료될 때 끝난다. 이 단계의 특징은 상지의 원심성으로 수축하면서 감속이 일어난다는 것이다. 주로 쓰는 어깨에 있는 광배근, 견갑하근, 흉근 활동이 팔로우 스루의 초기에는 아주 활발했다가 후기에는 줄어든다.[30] 라켓을 든 어깨의 회전운동량을 감소시키기 위해 회선건개근이 원심으로 수축할 때 내회전을 종료한다. 상지가 신체의 중심선을 가로지르는 운동을 마치면 라켓 팔의 팔꿈치가 굽

그림 3.5 테니스 서브 A. 와인드업, B. 코킹, C. 가속

혀지고 전완이 내전한다. 이두근의 높은 EMG 활동은 가속 단계 동안 팔꿈치의 신전과 회내 동작을 줄이기 때문에 팔로우 스루의 후반에 일어난다.

손상 방지

준비운동

어떤 스포츠에서든 알맞은 준비운동은 손상을 방지하는 핵심 요소이다. 준비운동 프로그램의 구성 요소를 선택할 때는, 그 스포츠를 하는 동안 달성해야 하는 신체 운동 범위와 일어나는 근육 수축의 종류를 포함하여 그 종목의 역학을 반드시 고려해야 한다. 테니스에서, 신체는 아주 짧고 간결한 동작부터 아주 광범하고 극단적인 운동까지 여러 가지 다양한 범위의 운동을 한다. 그러므로 선수는 코트에서 첫 공을 치기 전에 전신을 준비운동 시키는 것이 중요하다. 포괄적인 단계별 준비운동이 아래에 기술되어 있다.

첫 번째, 준비운동을 하는 동안 진정한 테니스 역학과 보다 유사하게 가장하기 위하여 주로 쓰는 손으로 라켓을 잡는다. 가볍게 천천히 달리기로 시작한다. 천천히 달리기를 계속하는 한편, 팔로 작은 원을 그리기 시작하다가 원의 크기를 점차 크게 한다. 그 다음에 천천히 달리기를 계속하면서, 양팔을 어깨 높이로 들어 올렸다가 양옆으로 옮긴다. 천천히 달리기를 하면서 양팔을 옆구리로 가져가고 무릎의 높이를 높이기 시작한다. 이때쯤 되면 전신의 체온이 현저하게 상승해야 하고 약간의 땀도 날지 모른다. 그렇지 않다면 가볍게 땀이 날 때까지 준비운동을 활발하게 반복한다.

준비운동을 활발하게 계속하여 테니스 특유의 상태에 가까워지면, 이제는 테니스의 측면을 다룰 수 있다. 코트의 베이스라인의 중심에서 네트 쪽으로 천천히 달려갔다가 다시 뒤로 돌아온 후, 각 사이드라인으로 이동했다가 30초 동안 쉰다. 주로 쓰는 손으로 라켓을 들고 있도록 하고 이 과정을 2회 반복하되 두 번째에는 속도를 높인다.

그 후, 베이스라인의 중심에서 서비스라인이 한쪽의 사이드라인과 만나는 지점으로 비스듬하게 뛰어갔다가 출발점으로 다시 뛰어온다. 양쪽으로 달려가서 교차 달리기('카리오카')를 해야 한다.(제13장에 나와 있는 그림을 보시오.) 이렇게 달리는 반복 준비 운동을 마친 후, 캥거루 뛰기를 5~10회 한다. 캥거루 뛰기는 무릎을 가슴으로 구부리고 선 자세에서 두 다리로 뛰는 것이다.

스트레칭

준비운동이 끝난 선수는 테니스 특유의 스트레칭 운동을 할 준비가 되어 있는 것이다. 스트레칭은 정적으로 할 수도 있고 동적으로 할 수도 있는데, 그 차이는 동작의 유무이다. 그 한 가지 예가 사타구니 스트레칭이다. 스트레칭을 정적으로 하려면, 운동 한도의 약 50~75%까지 옆으로 내민다. 그 후 편안한 스트레칭 자세가 될 때까지 옆으로 좀 더 기대고 그 자세를 30~60초 동안 유지한다. 스트레칭을 동적으로 하려면, 한쪽 다리를 운동 한도까지 옆으로 내민 다음 직립 자세로 돌아온다. 양쪽으로 5회씩 반복한다. 탄도나 뛰어 오르는 동작을 하지 않도록 한다. 스트레칭 때문에 통증이 와서는 안 되며 오로지 당기는 감각만 있어야 한다.

여기 몇 가지 권장할만한 정적 스트레칭 동작을 소개한다:

1. 비복근-가자미근. 서있는 자세에서, 한 발을 다른 발의 뒤로 약간 옮기면서 시작한다. 앞발 쪽으로 상체를 구부린다. 뒤꿈치를 지면 위에 내려놓고 무릎 뒤를 중립 자세로 똑바로 세운다. 종아리 부위에서 스트레칭을 느끼고 그 자세를 30~60초 동안 유지한다. 양

쪽 다리에 각각 3회씩 반복한다. 똑같은 자세로, 뒤꿈치는 지면 위에 놓은 채 무릎 뒤를 구부려서 아킬레스건 부위에서 스트레칭을 느껴본다. 각 다리에 3회씩 반복한다.(제9장에 그림으로 나와 있다.)

2. 대퇴사두근. 선 자세에서, 오른쪽 무릎을 뒤로 구부려서 오른손으로 아래 다리를 잡는다. 똑바로 선 자세를 유지하도록 하고, 다리를 외전 시키지 않는다. 스트레칭을 강조하려면, 골반을 뒤로 기울인다. 이렇게 하면 기점이 착점에서 멀어지면서 대퇴직근의 스트레칭이 커질 것이다. 대퇴 앞에서 스트레칭이 느껴질 것이다.(제9장에 그림으로 나와 있다.)

3. 슬괵근. 대부분의 시합 동안 웅크린 자세를 지속한 결과 흔히 슬괵근이 짧아진 자세로 있기 때문에 슬괵근 스트레칭은 테니스 선수에게 아주 중요한 스트레치 운동이다. 게다가, 선수가 멀리까지 미치는 쇼트를 하려고 몸을 뻗으면 슬괵근은 재빨리 길어져야 한다. 슬괵근을 쭉 펴기 위해서는, 양다리를 쭉 펴고 반듯이 눕는다. 오른쪽 무릎을 가슴 쪽으로 가져가서 힙 각도가 약 90° 되게 한다. 양손을 구부린 오른쪽 무릎 뒤에서 잡는다. 그 후 오른쪽 무릎을 천천히 펴서 편안한 스트레칭 자세가 되게 한다. 왼쪽 다리는 중립 자세에서 척추에 대하여 평평하게 지면에 놓는다. 이 운동은 등 아래 부분이 긴장하는 것을 방지한다. (제9장에 그림으로 나와 있다.)

4. 힙과 몸통 회전근. 바닥을 바깥으로 뻗고서 바닥에 앉는다. 오른쪽 무릎을 구부려서 발이 바닥에 평평하게 하고, 오른발을 뻗은 왼쪽 다리 위에 교차시키고, 몸통을 오른쪽으로 돌리고 왼쪽 팔꿈치를 오른쪽 무릎 바깥쪽으로 구부린다. 동시에 왼쪽 팔꿈치로 오른쪽 다리를 왼쪽으로 밀고 몸통을 오른쪽으로 돌린다. 편안한 스트레칭 자세로 움직여서 그 자세를 유지하고 3회 반복한 후 반대쪽으로도 똑같이 한다. 이 스트레칭은 앉아서도 할 수 있다.(제6장에 그림으로 나와 있다.)

5. 후방관절낭과 회선건개. 선 자세에서, 주로 쓰는 팔을 어깨 높이에서 전진시키면서 시작하여 주로 쓰는 팔을 신체에 교차하게 움직인다. 반대쪽 손으로 주로 쓰는 팔의 팔꿈치를 잡아 좀더 몸 쪽으로 밀어 편안한 스트레치 자세를 취한다. 이 때 신체는 똑바로 앞을 향하게 유지한다. 뒤 회선건개의 스트레칭을 하는 동안 흔히 주로 쓰는 어깨가 올라가는 경향이 있으므로, 어깨를 아래로 유지하는데 집중해야 한다. (제2장에 그림으로 나와 있다.)

6. 하부관절낭. 양팔을 머리 위로 올려서 시작하여 오른쪽 팔꿈치를 구부리고, 왼손으로 오른쪽 팔꿈치를 잡아 머리 위에서 오른팔을 왼쪽으로 부드럽게 당긴다. 어깨 안쪽에서 스트레칭을 느껴야 한다(그림 3.6).

7. 손목 굴근. 앉거나 선 자세에서, 오른팔을 어깨 높이로 앞으로 뻗어 시작한다. 이 때 팔꿈치를 완전히 쭉 펴고 오른쪽 손바닥이 위로 향하게 한다. 오른쪽 손목을 아래로 구부리고 왼손을 오른손의 위에 놓고, 오른쪽 전완 근육에서 스트레칭이 편안하게 느껴질 때까지 오른쪽 손목을 더 아래로 부드럽게 끌어내린다.(제6장에 그림으로 나와 있다.)

8. 손목 신근. 앉거나 선 자세에서, 오른팔을 어깨 높이로 앞으로 뻗어 시작한다. 이 때 팔꿈치를 완전하게 펴고, 손목을 아래로 굽힌 채 손바닥이 아래로 향하게 한다. 왼손을 오른손 위에 놓고, 오른쪽 전완 근육에서 스트레칭이 편안하게 느껴질 때까지 오른쪽 손

그림 3.7 근력 운동. 차면서 걷기

그림 3.6 하견피막 스트레치하기

목을 부드럽게 끌어내린다. 스트레칭이 느껴지지 않으면 주먹을 쥐고 반복한다. (제6장에 그림으로 나와 있다.)

권장되는 동적 스트레칭에는 주로 쓰는 손에 라켓을 들고 하는 양옆 런지, 앞으로 런지, 비스듬히 런지, 비스듬히 차는 자세로 몸통 돌리기, 활동적인 손목 운동-상하좌우, 손바닥 상하-이 있다. 라켓으로 공을 바닥에 퉁기는 것은 공과의 접촉에 대비한 아주 역동적인 준비운동이다.

근력운동

테니스는 아주 반복적이고 동적인 스포츠이므로, 테니스 특유의 근력운동 프로그램을 계획할 때는 근지구력과 근수축의 종류에 우선순위를 매겨야 한다. 테니스와 가장 가깝도록 하게 위해서는 반복(12~15회)과 저중량이 바람직하다. 게다가, 테니스의 근력 운동을 실시할 경우, 근수축의 종류, 즉 등척과 구심성심, 원심성 수축을 고려해야 한다.

사두근 강화는 하지운동에 아주 중요하다. 신체가 정지하고, 움직이기 시작하고, 방향을 바꾸고 공에 다가가는 동안 이 근육은 원심으로 반복하여 수축하기 때문이다. 추천되는 강화 운동에는 차면서 걷기(그림 3.7), 비스듬히 런지, 양옆 런지, 웅크리고 앉기가 있다. 이 운동을 하는 동안 좋은 자세와 균형을 유지해야 한다.

몸통 강화, 특히 복사근 강화는 운동 에너지를 하체에서 상체로 전이시키는 데 필수적이다. 비스듬하게 윗몸 일으키기, 메디신 볼(무거운 가죽 공으로 하는 근육 단력 운동)로 하는 몸통 회전 운동, 메디신 볼을 이용한 그라운드 스트로크 흉내 등은 몸통의 복사근 강화에 효과적인 운동이다. 이것들은 주로 구심성 수축운동의 유형이다. 복부는 테니스를 하는 동안 몸통의 안정과 좋은 자세를 유지하는 데 도움을 준다. 복부 강화 운동에는 한쪽 다리 올리기, 양 다리 올리기, 반듯이 누워서 자전거 타기 등이 있다. 하지를 동적으로 움직이는 동안 잊지 않고 복횡근과 다열근(multifidus)의 등척성 수축을 유지함으로써 척추를 계속 중립에 두는 것이 아주 중요하다.

어깨의 안정과 강화 운동에는 반드시 테니스 특유의 조절 프로그램이 모두 포함되어야 한다. 견갑골의 동적 안정 근육과 회선건개근은 모든 그라운드 스트로크와 서브의 백스윙 단계에서 최소한도로 활동하고, 접촉과 가속 단계에서는 구심성으로 수축하며, 팔로우 스루 단계에서는 원심성으로 수축한다.[26,30] 효과적인 견갑골 안정 운동에는 수그리고 노젓기, 엎드려서 하는 수평 외전, 엎드려 팔굽혀펴기 하면서 한 번 펴기(엎드려 팔굽혀펴기의 끝에 펴기가 한 번 더 추가되는 것)(제2장에 그림으로 나와 있다),

팔굽혀펴기 하면서 돌리기(일반적인 팔굽혀펴기를 한 후 한 쪽 팔을 들어 옆구리에 놓으면서 다른 팔로 신체를 돌리는 것)이 있다. 신체는 운동을 한 후 바닥에 수직 자세를 취한다. 비스듬한 고무관 운동과 그라운드 스트로크와 서브 동작 흉내는 근육의 구심성과 원심성 수축을 연습하는데 효과적이다. 근력운동은 어깨 외전의 0~90°에서 이행될 수 있다. 이런 운동은 조절을 위하여 천천히 또는 어깨 근육의 수축이 구심성/원심성 수축의 이행을 최적화하기 위하여 플라이오매트릭적으로 이행될 수 있다.

전완과 손목의 근력운동 역시 테니스 근력운동 프로그램의 전개에서 결정적인 구성요소이다. 전완과 손목의 근육군은 흔히 원심성, 구심성, 등척성으로 수축한다. 다시 말하지만, 고무관 운동은 손목과 전완의 느리고 조절된 동작이나 빠르고 신속한 동작을 연습하는 데 효과적인 도구이다. 고무관으로 할 수 있는 권장운동에 손목의 굴곡과 신전, 내전, 외전 그리고 요골과 척골 롤러(roller)가 있다. 줄에 중량을 매달아 막대기에 묶어 손으로 감아올리는 도구로 근지구력을 향상시키는데 효과적이다. 구멍이 났거나 '못쓰는' 테니스 공 잡기는 라켓 면의 위치를 조절하기 때문에 공과 접촉할 때 손목 근육의 동시 수축을 연습하는 데 효과적이다.

테니스 손상의 원인

테니스 손상은 내적 요인과 외적 요인 모두에 의해 일어날 수 있다. 다음 내용에서 각 요인들을 집중적으로 살피기로 한다.

내적 요인

테니스를 하는 동안 신체는 사방으로 끊임없이 움직이기 때문에, 중요한 근육군의 유연성이 부족하면 흔히 손상으로 이어진다. 특유의 준비운동과 스트레칭 운동은 본 장의 준비운동과 스트레칭 부분에서 다룬다.

유연성 외에, 선수가 방향을 바꾸려고 할 경우 중력 중심을 유지하는 데 자기자극감수와 균형이 필수적이다. 동적 균형을 유지하려면 반드시 발놀림을 다루어야 한다. 발놀림 반복 연습의 예를 본 장의 준비운동 부분에서 논하고, 아주 많은 선과 원뿔 반복 연습이 이용될 수 있다.

근력과 근지구력은 테니스 손상의 원인을 규명할 때 반드시 고려해야 한다. 원심성 파열은 흔히 대근육군과 소근육군 모두에서 일어나며, 일반적인 과사용 손상인 건염을 일으킨다.

외적 요인

서투른 스트로크 기전은 테니스 손상의 주된 원인이다. 리듬과 타이밍 조절, 지면에서 위로 힘의 사슬과 관련된 일련의 동작은 유연하고 연결된 체절계의 중요한 요인이다. 흔히 '근육 경련'은 그 사슬의 어느 곳에선가 일어나면서 다른 연결 고리에 보상과 압박을 일으킨다. 그 한 예가 '사슬 단학 증후군'이다. 이것은 선수가 포핸드 스트로크 동안 하지와 몸통의 보다 낮고 더욱 강력한 사슬을 이용하지 못하면서 팔 전체(all arm)로 공을 칠 때 일어난다. 사실상 모든 각 운동량을 잃은 상태다. 그 결과, 상지는 공의 속력을 충분히 내기 위하여 보통 때보다 더 많은 힘을 공급해야 하기 때문에 상지에 지나친 압박이 가해진다. 운동 사슬에서 두 번째 유형의 고장은 타이밍 조절의 문제가 될 수 있다. 이것은 흔히 서브 동작을 하는 동안 일시적인 정지가 일어날 때 나타난다. 코킹에서 가속 단계로 바뀔 때, 연속 동작을 방해하고 온 전신에서 힘의 합계를 중단시키는 일시적인 잠깐 정지나 지체가 발생한다.

스트로크 기전에 영향을 주는 또 다른 요인은 그립의 위치이다. 선수는 손상 방지를 위하여 스트로크 때마다 특별한 그립을 이용하는 것이 중요하다. 각 스트로크에 맞는 적절한 그립의 위치는 본 장의 <그립의 위치>에 간략하게 설명되어 있다.

테니스 손상의 원인을 다룰 때는 반드시 장비 설계를 고려해야 한다. 그 지침은 선수의 힘과 협응근력, 기능 수준에 따라 달라진다. 충고 내용은 본 장의 장비 설계와 재활 부분에 설명되어 있다.

일반적인 손상과 재활
손목 손상

손목은 운동 사슬에서 말단 고리이기 때문에, 스트로크를 하는 동안 그 보다 앞선 고리들의 반대 운동을 상쇄하기 위하여 흔히 손목 관절에서 보상 동작이 이루어진다. 이런 보상과 반복적으로 발생하는 충격력이 결합하여 손목 손상을 일으킬 수 있다.[27] 선수들은 수근관 증후군(carpal tunnel syndrome)을 겪을 수도 있는데, 이것은 정중신경이 압박될 때 일어난다. 선수가 엄지와 검지, 중지가 쑤신다고 호소할 수도 있다. 이 이상 상태를 진단하는 데 팔렌(Phalen) 검사가 유용하다. 단모지신근(extensor pollicus brevis)과 장모지외전근(abductor pollicus longus)에 염증이 생기는 드쿠방(DeQuervain) 건초염 역시 흔하게 나타난다. 이러한 건들은 일반적으로 민감하기 때문에, 핑퀠슈타인(Finkelstein) 검사를 하면 통증이 더 커질 것이다. 척측수근굴근(flexor carpi ulnaris)과 척측수근신근(extensor carpi ulnaris)의 건염은 보통 비정상적으로 반복적인 손목 운동 때문에 생긴다.

손목의 연골 파열 역시 테니스 선수에게서 흔히 나타난다. 삼각섬유연골복합체(triangular fibro cartilage complex ; TFCC)는 손목의 척골면을 안정시킨다. 테니스에서 파열은 되풀이하여 손목을 비트는 동작 때문에 일어날 수 있다.[32] 이 경우에, 앞서 제시했던 예와 비슷한 손목 강화 훈련이 TFCC 손상 방지에 필수적이다. 일단 파열이 되면, 물리치료와 근력운동을 시도한다. 선수가 회복되지 않을 경우 수술이 지시될 수도 있다.

손목에 나타나는 증상들은 손목에 테이프를 감으면 최소화될 수 있다. 이 방법은 선수가 과도한 손목 운동을 하지 못하게 한다. 테니스에 맞는 손목 강화 프로그램을 정할 경우, 잡기운동을 포함하여 고반복 저중량 근력운동 프로그램이 권장된다. 게다가 원심성 손목 운동과 구심성 손목 운동 모두 테니스를 하는 동안 손목과 전완의 특정 근육 수축을 모의 실험하는 데 절대 필요하다. 예를 들어, 손목 감기 운동을 할 때, 탁자와 같은 고정 물체 위에 전완을 안정시키고 손바닥을 위로하여 탁자의 가장자리에서 떨어뜨려 놓는다. 손에 가벼운 물체를 쥐고서 손을 위로 천천히 들어 올려 구심성 수축을 일으킨 후 다시 시작 위치로 천천히 내려서 원심성 수축을 일으킨다. 똑같은 개념을 앞서 기술한 모든 활동적인 손목 운동에도 적용할 수 있다. 수근관증후군 치료에 정중신경 활주가 도움이 될 수 있다. 운동 후와 경기 후에는 염증 방지를 위하여 얼음을 대야 한다.

생체역학적 관점에서, 공과 접촉할 때 안정된 손목의 위치가 아주 중요하다. 궁극적으로, 손목 손상의 가능성 있는 원인을 없애기 위하여 반드시 장비를 점검하고 스트로크를 분석해야 한다. 다루어야 할 기본 영역에 그립의 종류, 그립의 크기, 스윙 경로, 접촉점이 있다.

포핸드 스트로크를 하는 동안 웨스턴 그립에서 이스턴 그립으로 그립을 조정하면 손목의 안정을 증대시킬 수 있다. 이스턴 백핸드 그립 역시 한손 백핸드 스트로크를 하는 동안 손목의 안정된 위치를 촉진시킨다. 닐슐(Nirschl)의 아스로포메트릭 기술에 추천된 대로, 선수의 라켓 팔을 재서 그립의 크기를 알아보는 것이 알맞은 그립 크기를 정하는 데 유용하다.[25]

하체의 효과적이고 능률적인 동작과 타이밍 조절은 가장 멀리 있는 고리인 손목에 가해지는 과부하를 줄이는 데 아주 중요하다.[32] 라켓의 스윙 경로를 보다 수평적인 동작 면으로 바꾸는 것과 같은 스트로크의 수정이 과도한 손목 동작을 줄일 수도 있다. 모든 그라운드 스트로크의 접촉점은 앞발의 앞이나 근처이어야 타격 시 라켓 위치를 수직으로 할 수 있다.

팔꿈치 손상

의학적으로 외측 상과염(lateral epicondylitis)으로 기술되는 '테니스 엘보우(tennis elbow)'는 취미로 테니스를 치는 대부분 30세 이상 선수들의 평균 40~50%에서 발생한다.[21,15] 외측 상과염은 팔꿈치의 바깥쪽에 위치한 연부조직, 대개 장요측수근신근과 거기에 있는 건에 생기는 염증이다. 이 부위는 촉진할 수 있을 정도로 부드럽기 때문에, 테니스 팔꿈치 특별 시험으로 통증을 유발시킬 수 있다. 흔히 '골퍼스 엘로우'라고 불리는 내측 상과염(medial epicondylitis)은 팔꿈치 안쪽에 있는 연부조직에 문제가 있는 것이다. 이것은 포핸드의 기능 장애로 보일 수는 있지만 테니스에서는 흔하지 않은 손상이다. 따라서 여기에서는 외측 상과염을 중점적으로 논하기로 한다.

테니스 팔꿈치 통증의 가장 일반적인 원인은 한손 백핸드이다. 생체 역학적 관점에서, 한손 백핸드를 할 때는 5개의 별개의 신체 부위가 순서적으로 조화를 이루어 움직인다.[12] 이 5개 부위의 리듬과 타이밍 조절, 효과적인 사용이 효과적인 스트로크에 결정적이다. 이 요소들의 협응작용이 이루어지지 않으면, 그 결과는 운동 사슬의 파손으로 나타난다. 흔히 손목은 공통 신근 건에 압박을 주면서 보상한다. 결국 과다사용 손상은 팔꿈치 바깥쪽 부분에 되풀이되는 압박 때문에 발생한다.

선수들은 서브 동작을 하는 동안에도 외측 상과염을 겪을 수 있다. 서브를 하는 동안 테니스 팔꿈치 통증을 느끼는 선수 대부분은 수근 신근의 유연성이 부족하고 가속 단계에서 과장된 손목 스냅으로 과도하게 내전하는 것으로 밝혀졌다.[25] 이러한 동작을 반복적으로 행하면 지나친 압박으로 이어지고 결국 신근 근육조직의 손상으로 나타난다.

생리학적으로, 포핸드와 백핸드, 서브 동작을 하는 동안 프로 선수와 대학 선수의 전완 근육의 EMG 활동을 최대도수근육검사(maximum manual musclt test ; mMMT)의 비율로 연구했다. 장요측수근신근이 접촉 단계에서 라켓을 가속시키는 동안 높은 EMG 활동 수준(mMMT 60%)을 보이고 백핸드 스트로크 동안 완전 휘두르기의 초기에는 중간 수준(mMMT 47%)을 보이는 것으로 드러났다. 포핸드와 서브 동작의 가속 단계 동안에는 장요측수근신근의 mMMT가 49%에서 58%로 현저하게 증가하는 것으로 밝혀졌다.[24] 따라서 외측 상과염은 단순히 한손 백핸드를 하는 동안의 충격력 때문이 아니라 테니스 경기를 하는 동안 수근 신근 근육군을 끊임없이 사용한 결과일 수도 있다.

장비 설계는 외측 상과염의 원인이 되는 요인을 평가할 때 고려해야할 사항이다. 라켓의 중심에서 벗어나서 공을 치면 라켓의 비틀림이 발생한다. 이러한 비틀림은 아주 빠르게 일어나서 거의 알아챌 수 없을 정도이다. 중심에서 벗어나서 치기를 하는 동안 그립을 하는 손에서 라켓 손잡이가 지나치게 회전하지 못하도록 선수가 손잡이를 꽉 잡을 것을 충고한다.[11] 하지만, 중심에서 벗어나서 치기가 자주 일어나면, 전완 근육이 보다 빨리 피로해지고 과사용 손상을 일으킬 수도 있다. 이러한 이유 때문에 '스윗 스폿' 이 넓은 특대 라켓이 유리하다.[29] 큰 사이즈의 라켓은 중심에서 벗어난 치기를 하는 동안 안정감이 커지고, 비틀림은 줄어들며, 팔의 진동도 줄어든다.[13] 게다가, 라켓 틀이 더 단단할수록 틀 진동의 크기가 줄고 진동력이 보다 빨리 꺾여 진동력이 감소한다.[29] 마지막으로, 완충물을 댄 그립 테이프를 붙이면 라켓의 흡수가 최고 100%까지 증가하는 것으로 밝혀졌다.[33] 요약하면, 보다 단단한 재료로 만들어지고 완충물을 댄 그립 테이프를 사용한 특대 라켓은 외측 상과염 방지를 도울 수 있다.

테니스줄의 장력과 그것의 테니스 팔꿈치 예방 효과를 분석할 때, 제조회사 대부분은 각 개인의 라켓에 맞는 장력 범위를 추천한다. 일반적으로, 줄의 장력이 작으면 공이 라켓에 머무르는 시간이 길어지면서 트램폴린 효과가 일어나는데, 이렇게 되면 공과 충돌할 때 생기는 충격의 일부를 흡수할 수 있다.[12]

테니스 팔꿈치의 공통되는 재활 방법에는 본 장의 스트레칭 부분에서 자세히 기술된 전완 신근을 강조하는 유연성 프로그램이 있다. 활동수준의 수정은 반드시 필요한 것이다. 여기에는 테니스뿐만 아니라 반복 그리핑이나 장기간 전완 신근을 사용해야 하는 미세 운동 활동 같은 어떤 스포츠도 포함된다.

흔히 얼음찜질과 항염제로 이루어진 전통적인 치료법이 처방된다. 연부 조직 가동화와 초음파, 이온삼투요법, 손목과 전완에 부목 대기와 같은 물리요법이 추천될 수 있다. 요골신경 활주 역시 도움이 된다. 선수의 통증이 줄면, 전완과 손목, 손 근육의 등척성 운동, 원심성과 구심성 운동으로 구성된 최대 하의 근력 프로그램으로 진행하라고 권한다. 이 모든 종류의 근육 수축은 테니스를 하는 동안 원위부 상지에서 일어나기 때문에, 포괄적인 스포츠 강화 프로그램이 정해질 수 있다. 팔꿈치 강화 프로그램의 구성 요소에는 특히 한손 백핸드를 하는 동안 공 접촉을 흉내 내어 가볍게 잡았다가 놓기, 손가락 주변에 고무줄을 감아 자체에 있는 근육강화, 손목 굴곡, 손 옆에서 굴곡, 중립위치에서 굴곡, 회내/회외 운동 등이 있다. 이런 운동은 구심성과 원심성 수축운동의 효과를 극대화하기 위해 천천히 조절된 방식으로 하는 것이 중요하다. 게다가, 어깨부위 특히 회선건개와 어깨 안정 근육의 운동 범위와 힘을 평가하는 것이 유익하다. 이런 근육이 원위부 상지와 가장 가까운 운동사슬이기 때문이다. 흔히, 회선건개가 유연하지 못하거나 약하다거나, 테니스를 하는 동안 견갑골이 어깨를 충분히 안정시키지 못할 경우, 팔꿈치와 손목, 손이 반드시 보상작용을 하여 결국 과사용 손상이 된다.[20]

효과적인 어깨 강화 운동에는 엎드려서 하는 수평 외전, 반듯이 누워서 어깨 전진, 엎드려 팔굽혀펴기 하면서 한 번 더 펴기, 엎드려 노젓기가 있다. 회선건개 강화에는 옆으로 누어서 외회전하기, 90°로 외전된 자세로 엎드려서 외회전하기, 바깥쪽으로 돌렸다가 안쪽으로 돌리는 어깨 위치로 서서 스캡션 하기 등이 있다.

테니스 팔꿈치 통증을 일으키는 스트로크 기전을 분석하는 것이 결정적이다. 증상이 나타난 기간이 6개월 미만일 때 전통적인 치료법과 스트로크 교정을 병행하여 90%라는 훌륭한 결과를 얻었다. 6개월 이상 지속된 증상은 82%의 결과를 얻었고, 일부 선수의 겨우, 스트로크 변경만으로도 팔꿈치 증상을 없앨 수 있었다.[16] 공인 테니스 교습 전문가에게 의뢰하면 스트로크 기전을 분석하고 변경하는 데 도움을 받을 수 있다.

양손 백핸드는 스윙 기전이 크게 바뀌기 때문에 한손 백핸드에 비하여 라켓팔의 전완 신근에 압박을 덜 준다.[21] 한손 백핸드 스트로크에서 테니스 엘보우가 발생하여 추천받은 방법으로 스트로크를 익히는데 계속 어려움이 있는 선수는 양손 백핸드로 바꾸면 유리할 수도 있다. 흔히 전통적인 그립 위치, 최적의 접촉점, 운동 사슬보다 아래쪽에 있는 사슬에 대한 효과적인 타이밍 조절이 외측 팔꿈치 통증을 일으키는 스트로크에 대한 생체역학적 해결책이다.

어깨 손상

테니스에서 흔한 어깨 손상은 충돌이다. 충돌은 상지를 머리 위로 활발히 들어올릴 때, 견봉하 공간이 좁아지는 현상으로 정의할 수 있다. 회선건개 건이 이 공간에 있고 어깨의 생체역학이 비정상적일 때 흔히 '충돌' 당한다. 이두근 건 역시 충돌된다. (제2장과 제6장을 보시오). 어깨의 이렇게 병리적인 동작 패턴의 원인에는 유연성 부족, 근육 불균형, 어깨의 안정성 감소, 서투른 스트로크 기전 등이 있을 수

있다. 이런 선수는 흔히 극상근과 이두근 건에 대해서는 예민하고 호킨스-케네디나 니어스 충돌 검사에서 양성 반응을 보일 것이다.

테니스 선수의 어깨 손상 방지 프로그램을 다룰 때는 주로 쓰는 어깨의 동작 회전 범위가 주된 고려 대상이다. 세계적인 선수들의 총 어깨 회전 평균 각도는 포핸드가 97°, 백핸드가 189°, 서브가 165°이다.[18] 테니스 선수의 라켓 어깨에서 해부학적인 적응이 발생한다는 것을 확인해주는 연구 결과들이 나왔다. 반대 어깨와 비교했을 때 동작의 적극적이고 소극적인 내 회전 범위가 크게 줄어든다는 것이 밝혀졌고, 총 어깨 회전의 감소가 잘 기록되어 있다.[3,5,19,31] 이러한 것들이 활동 중인 주 어깨의 내 회전을 감소시키고 주 어깨골 관절의 총 회전은 과사용 어깨 손상의 잠재 위험 요인이다.

효과가 뛰어난 방지 운동에 라켓 어깨의 전 방관절낭과 후방부위의 근육 스트레칭이 있다. 스트레칭 법에 대한 자세한 설명은 본 장의 스트레칭 부분에 대략적으로 설명되어 있다. 어깨 회전 근육의 기능적 동작 범위를 시험하려면, 선수에게 등 뒤에서 라켓이나 수건을 잡게 하고 라켓을 아래위로 이동시킴으로써 회전 근육을 뻗어 보게 할 수 있다. (이 스트레칭 기법의 그림이 제5장에 나와 있다.)

서브 동작을 하는 동안, 동작을 강력하게 하고 동적 안정성을 주는 중요한 역할을 하는 견대의 주요 근육군에는 회선건개, 어깨 안정 근육, 상완이두근이 있다.[26] 견대 근육의 충분한 근력과 협응작용이 과사용 손상을 없애는 데 필수적이다. 플라이오매트릭 운동은 속도와 방향 변화를 강조함으로써 협응력 훈련을 통합시킨다. 테니스에 맞는 구체적인 상지 플라이오매트릭 운동에는 메디신 볼을 앞으로, 대각선으로, 머리 위로 패스하기가 있다. 서브를 하는 동안 어깨 동작을 모의 실험하는 테이크백과 대각선 팔로우 스루를 하여 주로 쓰는 팔은 어깨

를 80~90°외전시켜서 플라이오볼(2파운드)을 미니 트램폴린에 대고 던진다. 똑같은 운동을 0~45°외전으로 하면 포핸드와 백핸드 동작을 모의 연습하는 것이다.

테니스 선수는 양팔의 외회전 근육이 똑같을 때, 라켓팔의 어깨 내회전 근육의 근력이 반대쪽 팔보다 훨씬 크다는 것이 밝혀졌다. 주니어 엘리트 남자 선수의 주 팔에서 외회전 근력 대 내회전 근력의 비율은 51~70%이다. 주니어 엘리트 여자 선수의 비율은 67~70%이다. 2:3의 비율을 얻으려고 애쓰는 것이 중요하다. 그렇지 않으면 주 팔의 불균형 때문에 선수가 과부하 어깨 손상을 입을 수도 있다.

어깨의 내외회전 등속성 수축에 의한 구심성 및 원심성 근력 훈련 프로그램을 경험한 엘리트 테니스 선수들은 실제적으로 객관적이고 기능적인 개선을 보였다. 이들은 대조군과 비교했을 때 서브 속도가 기능적으로 증진했다.[22] 스트로크를 하는 동안 주 어깨의 내외회전 근육은 그 기능에 따라 구심성 혹 원심성으로 수축한다. 일반적으로 가속기로 작용할 경우, 내외회전 근육이 줄어든다. 감속기로 작용할 경우에는 길어진다. 앞에서 말한 대로, 일반적으로 테니스 선수에게서 나타나는 내회전 근육과 외회전 근육의 불균형 때문에, 외회전 근육의 구심성과 원심성 근력 훈련이 어깨 손상 방지에 필수적이다. 테니스 특유의 운동 프로그램을 개발할 경우, 스트로크의 코킹과 팔로우 스루 단계 동안 어깨를 효과적으로 안정시키고 감속시키기 위한 내외회전 근육의 원심성 훈련이 권장된다. 어깨 내외회전원심성 훈련을 위한 운동에는 그라운드 스트로크와 서브 동작을 흉내내기 위하여 고무 밴드를 갖고 플라이오매트릭적으로 하는 PNF 패턴 D1과 D2 굴곡과 신전 동작이 있다. 이 운동을 할 경우, 강도와 빈도 같은 변수는 테니스의 신체적 요구를 특별히 모의 연습하기 위하여 약한 저항력과 고도의 반복에 초점을 두어야 한다.

전거근과 능형근, 승모근, 견갑거근 등의 어깨 근육은 동시 수축하며 상완골이 회전하는 안정된 기반이 된다. 또한 조절된 방식으로 견갑골이 서브의 코킹 단계 동안 최고도의 수축력에서 팔로우 스루 동안 최고도의 견갑골의 전진으로 이행될 수 있게 한다.[20]

따라서, 전거근, 능형근, 승모근, 견갑거근의 구심성 및 원심성 근력 운동은 어깨의 안정성을 높일 것이다. 근육이 구심 그리고 원심적으로 수축할 때 천천히 하는 엎드려 팔굽혀펴기 하면서 한 번 더 펴기, 엎드려 노 젓기, 어깨 움츠리기는 테니스 선수에게 아주 훌륭한 어깨 안정 훈련이다.

상완이두근은 주로 서브의 코킹 단계에서 어깨 관절의 동적 안정기로, 그리고 팔로우 스루 단계에서 팔의 감속기로 작용한다.[30] 그러므로 이두근 근조직의 구심성 및 원심성 근력 훈련이 추천된다. 원심성 수축 단계에서는 가벼운 무게에 대한 강조와 함께 어깨 굴곡이 있는 이두근 굴곡운동이 유익하다.

생체역학적 관점에서, 운동 사슬의 초기 파손은 후기 사슬, 특히 어깨에서 과부하 압박으로 이어질 수 있다. 따라서 고통스러운 어깨 증상을 재연하는 스트로크를 완전히 분석해야 한다. 90° 이상의 어깨 외전이나 굴곡/내회전 위치에 도달하려는 경향의 결과로서, 어깨 충돌로 이어질지도 모르는 공통 스트로크에는 톱스핀 포핸드와 서브가 있다.

세미웨스턴과 웨스턴 포핸드는 저-고 스윙 경로를 증가시키기 때문에, 굴곡/내회전의 팔로우 스루 위치와 수평 내전이 보다 쉽게 결합되기 쉽다. 주 어깨가 강압적이고 반복적으로 이 자세로 진전한다면, 충돌 증상이 일어날 수도 있다. 내회전과 수평 내전 운동을 하는 동안 주 어깨의 굴곡을 90°까지 최대화시키면서, 주로 쓰지 않는 어깨 높이나 그 아래에서 주 손으로 톱스핀 포핸드를 마무리하는 것이 바람직하다. 또한 선수는 어깨 복합체에 가해지는 과부하 압박을 줄이기 위하여 운동 사슬에서 보다 낮고, 크고 강한 분절에서 에너지와 힘을 생성하는 데 초점을 두어야 한다. 이러한 생체역학적 적응이 어깨 침범의 위험을 없애는 데 도움이 될 수 있다.

엘리트 선수에게, 서브를 하는 동안 실제적인 어깨 외전 위치는 앞에서 생각한 것처럼 어깨 높이 위가 아니라 약 83°이다.[6] 이것은 종종 서브 동작을 조사할 때를 속이고 있다. 팔은 신체의 한 쪽 위에 올라가는 반면 몸통은 반대쪽 옆구리 아래로 구부려지기 때문이다. 전문 테니스 강사의 관점에서, 선수에게 공과 접촉할 때 라켓의 높이를 최적화하기 위하여 주 어깨를 '더 높이' 뻗으라고 가르치는 것은 최적의 공 접촉 위치에 대한 해답이 아닐 수도 있다. 선수들은 문자 그대로 라켓 어깨를 90°이상으로 올려서 스스로 침범 상황에 처할 수도 있다. 그 보다는 가속 단계에 앞서 운동 사슬의 시간 조절과 순서를 세밀히 분석하는 것이 최적 접촉 궁지를 해결할 수 있다.

허리 손상

허리 부위의 긴장과 척추간관절 충돌증후군 역시 테니스 선수에게 흔한 손상이다. 전미테니스협회의 청소년 선수권에서 6년 동안 손상률이 21.1%에 이른다고 보고되었다. 허리 손상이 가장 흔하여 전체 손상의 16.1%를 차지했다. 몇몇 허리 손상은 특히 척추가 옆으로 구부려지고 과도하게 신전하는 서브의 코킹 단계 동안에는 근육과 관절의 높은 작용력 때문인 것으로 밝혀졌다.[7]

허리 손상의 재활 프로그램을 개발할 때에는 반드시 유연성과 근력을 다루어야 한다. 힙을 운동 사슬에서 가장 가까운 사슬이고 몸통 동작에 영향을 주기 때문에, 힙의 내외 회전 근육, 굴근, 신근의 유연성이 매우 중요하다. 본장에 간략하게 소개된 힙의 회전 근육과 등 스트레칭이 아주 유익하다.

복횡근(transversus abdominis)과 복사근(oblique abdominals)을 포함한 복근 강화는 몸통의 충분한 힘과 조절을 생성하는 데 필요한 힘과 척추 안정성을 제공한다. 복근은 테니스 경기를 하는 동안 내내 반복적인 기초로 이용되기 때문에, 테니스 선수에게는 고도로 반복적이고 저항이 약한 강화 프로그램이 강조된다. 크런치, 크런치 하면서 돌리기, 반듯이 누워서 양다리 올리기, 머리 위로 그리고 비스듬하게 메디신 볼 던지기 등은 중립 척추 자세를 유지하는 한편 상, 하, 사선의 복근을 강조한다. 그외 복근 운동은 본 장의 강화 부분에 간략하게 소개되어 있다. 엎드려서 양팔과 양다리 들어 올리기와 같은 신전 운동은 허리 부위의 척추의 안정에 도움이 될 것이다.

무릎 손상

테니스 경기를 하는 동안 동작이 폭발적이고, 반복적이며 다방향적이기 때문에 테니스 선수에게 과사용 무릎 손상은 흔하게 나타난다. 흔한 손상으로는 슬개대퇴증후군(patellofemoral tracking syndrome)과 슬개골 건염이 있다.[8]

슬개대퇴증후군과 연골연화증(chond-romalacia)은 큰 Q각도, 내전된 발, 기울어진 슬개골, 경직된 측부 지지대 등의 생체역학적 문제 때문에 일어날 수도 있다. 이런 문제들을 치료할 때 강조해야 할 것은 본 장의 스트레칭 부분에서 기술한 것처럼 특히 사두근, 슬건, 비복근-가지미근의 유연성이다. 그 외에 대퇴근막장근(tensor fasciae latae) 강화와 외측 지지대(lateral rectinaculum)의 근막 이완 역시 권장된다. 장기간의 테니스 경기와 깊은 스쿼팅 제한 등의 활동 변경이 바람직하다.

일반적인 물리요법에는 얼음찜질, 초음파, 전

기 모의실험, 이온삼투요법 등이 있다. 슬개골의 위치를 판단하고 외측 기울음이나 테이프로 활주하기 등과 같은 이상을 치료하는 것이 유익하다. 생체역학적 기능장애를 처리할 때도 맞춤보조기구에 의한 기능 회복 훈련법을 고려할 수 있다. 일반적으로 사두근의 근력과 근지구력이 충분하지 못하다. 흔히 외측광근(vastus lateralis) 대 내측광근(vastus medialis)의 근육 불균형이 관찰된다. 따라서, 내측광근의 근력 강화가 권장된다.

사두근의 등척성 강화는 사두근 조절로 시작한다. 내측광근을 자극하기 위하여 등척성 내전으로 ¼ 스쿼트 상태에서 닫힌 운동사슬 운동을 추천한다. 다각도 런지와 플라이오매트릭으로의 진행은 테니스를 하는 동안 사두근 조직에 의해 반복적으로 이행되는 원심성 수축을 강조하는 데 이용된다. 이런 활동을 하는 동안, 무릎의 위치와 슬개골의 조절을 관찰하는 것이 중요하다.

신발은 충분히 체중을 지탱하고 충격을 흡수하는지 반드시 평가해야 한다. 게다가, 선수들이 클레이 코트에서는 미끄러지기 쉽기 때문에 코트 바닥을 하드에서 클레이로 바꾸면 하지에 미치는 마찰력을 줄이는 데 유익하다.[28]

슬개골 건염 역시 비정상적인 슬개대퇴증후군, 하지의 유연성 부족, 원심성 사두근의 근력과 근지구력 부족의 결과일 수 있다. 그 외에 외측광근 대 내측광근의 근육 불균형이 나타날 수도 있다. 슬개골의 하극 근처나 경골 결절에서 민감함이 발견될 수 있다. 슬개골 건염은 포괄적인 하지 생체역학적 평가, 강화, 스트레칭이 권장된다는 점에서 슬개대퇴증후군과 비슷하게 치료한다. 활동 변경 역시 추천된다.

흔히 얼음찜질과 항염제로 이루어진 전통적인 치료법을 처방한다. 슬개건을 통해 힘을 분산시키기 위한 물리요법과 부목을 대어 줄 수도 있다. 일단 징후와 증상이 해결되었다면, 점진적인 원심성 훈련 프로그램을 시작해야 한다. 강화 운동에는 닫힌 사슬 스쿼트, 런지, 옆으로 계단 내려가기가 있다. 원심성 근력이 커지면, 플라이오매트릭으로의 경과도 좋아져야 한다. 신발과 코트 바닥도 다루어야 한다. 편안하고 신체의 생리적 균형 유지에 도움이 되고 충격을 잘 흡수하는 신발을 신고 보다 부드러운 클레이 코트에서 경기하는 것이 좋다.

선수는 코트로 복귀하기에 앞서, 플라이오매트릭 운동과 기능 테스트를 받아야 한다. 상자 뛰어오르기, 한쪽 다리로 뛰기 시험, 왕복 달리기 시험 등은 선수의 하지가 경기에 돌아갈 준비가 되어 있는지를 판단하는 데 도움이 될 수 있다.

발목 손상

외측 발목 염좌는 테니스 선수에게 흔한 발목 손상이다.[15] 흔히 신속한 방향 변경과 정지와 시작 동작이 이런 외상성 손상을 일으킨다. 외측 인대 한 곳이나 전체에서 압통이 나타날 수 있다. 염좌가 심한 삼각근 혹은 거골 기울음(talar tilt) 검사에서 인대도 압통이 있을 수 있다. 이런 선수들은 발목 당기기(anterior draw) 검사에 양성 반응을 보일 수도 있다. 외측 발목 염좌를 초기에 치료하는 전통적인 방법에 휴식과 얼음찜질, 압박, 거상(RICE)이 있다. 염좌의 심각한 정도에 따라, 흔히 활동 변경을 권한다. 발목 바깥쪽을 지탱 해주기 위해 돌려감거나 8자 감기를 해서 발뒤꿈치를 감싸준다. 부목 대기나 테이프 감기가 유익하다. 흔히 월풀, 냉온 교대욕, 전기 자극을 이용하면 부종을 줄일 수 있다. 비복근-가자미근을 위한 유연성 운동은 정상적인 동작 범위와 정상적인 걸음걸이 패턴을 회복하는 데 중요하다. 정적과 동적인 균형과 고유수용기 운동으로의 진행이 테니스 경기에 안전하게 복귀하는 데 결정적이다. 정적 운동에 안전한 바닥 위에서 눈을 뜨고 감은 채로 한쪽 다리로 균형 잡기가 있다. 밑에 고정판을 댄 흔들의자나 흔들리는 판자 같은 불안정한 바닥과 평균대를 이용하면 발목의 동적 안정 근육을 자극할 수 있다.

외측 발목 근육 조직에 중점을 둔 하지 전체를 강화시키는 방법을 추천한다. 저항성 외번운동은 비골근군을 강화한다. 재활의 초기 단계에 옆으로 누워서 고무 밴드나 모래주머니 같은 것으로 발목 외번 운동을 할 수 있다. 결국, 특별히 경기 상황을 모방하여 단거리에서 방향 전환에 중점을 둔 옆으로 그리고 비스듬하게 달리는 패턴은 선수에게 코트 활동을 준비시킨다. 무릎 재활의 경우처럼, 코트에 복귀하기 전에 선수는 플라이오매트릭 운동과 기능 시험을 받아야 한다. 상자 뛰어오르기, 민첩함을 점검하는 T 시험, 한쪽 다리로 뛰기 시험, 왕복 달리기 시험 등은 선수의 하지가 경기에 복귀할 준비가 되어 있는지를 판단하는 데 도움이 될 수 있다.

복귀 프로그램

손상을 당한 후 코트로 복귀할 경우, 처음에는 볼 머신이나 전문 교습과 같은 조절된 환경으로 복귀하는 것이 바람직하다. 그렇게 해야 공의 배치, 높이, 속도를 보다 잘 예측할 수 있기 때문에 선수가 자신의 기전에 집중할 수 있다.

처음에는 하지 운동 사슬, 이어서 리듬과 속도 조절을 최적화하기 위하여 발놀림을 강조해야 한다. 초기 손상이 특정 스트로크 때문이었다면, 50%의 힘으로 증상이 없는 스트로크를 시작한다. 예를 들어 한손 백핸드 때문에 통증이 일어났다면, 다음과 같이 시작하여 진행시킨다.

제1일 :
1단계(50%의 힘으로) : 포핸드 20회, 서브 20회, 발리 20회
2단계 : 공을 치지 않고 한손 백핸드 흉내내기 10회
3단계(50%의 힘으로) : 공을 갖고 한손 백핸드 10회 하기. 결과를 평가한다. 1단계부터 3단계까지 통증 없이 2회 이상 반복한다.

제2일 :
쉰다.

제3일 :
1단계를 30회로, 3단계를 20회로 늘린다. 결과를 평가하고 통증 없이 2차례 반복한다.

제4일 :
쉰다.

제5일 :
3일째를 반복하되, 힘을 75%로 늘린다.

제6일 :
쉰다.

제7일 :
1단계를 40회로, 3단계를 30회로 늘린다. 이때 15~20회까지는 75%의 힘으로, 나머지 15~20회는 100%의 힘으로 한다.

제8일 :
쉰다.

제9일 :
상대 선수와 랠리를 하고 서브와 장기 쇼트를 총 20분 동안 한다.

제10일 :
쉰다.

제11일 :

10~15분 동안 랠리를 한다. 4게임을 한다.

제12일 :

쉰다.

제13일 :

15분 동안 랠리를 한다. 6게임을 한다.

제14일 :

쉰다.

제15일 :

15분 동안 랠리를 한다. 1세트를 한다.

프로그램을 진행하는 15일 동안 통증이 있어서는 안 된다. 손상 통증이 커지지 않는지 주목해야 한다. 통증이 생기면, 통증이 없던 전날로 돌아가서 다시 시작한다. 손상 증상이 없어질 때만 다음 단계로 진행한다. 근육통은 흔한 일이며, 이것이 이전의 손상 통증으로 이어지지 않는 한, 이 때문에 선수가 테니스 프로그램으로 돌아가는 것을 진행하지 못해서는 안 된다.

테니스 지침으로 복귀

코트 활동을 시작하기 위한 일반 기준

1. 통증 없는 스트로크(포핸드, 백핸드, 서브)의 고무 밴드 모의 연습
2. 너프 볼을 이용한 통증 없는 스트로크
3. 덮개 씌운 라켓으로 통증 없는 스트로크

코트 활동을 시작하기 위한 특별 기준

상지

1. 위에 열거한 일반 기준을 충족시킬 수 있다.

2. 네트 위로 공을 10~20회 던지는 서브 동작을 흉내 낼 수 있다.
3. 4~6파운드의 메디신 볼을 이용하여 포핸드, 백핸드, 서브 동작을 통증 없이 흉내 낼 수 있다.

하지

1. 런지를 앞으로, 뒤로, 비스듬히 통증 없이 할 수 있다.
2. 적당한 속도로 방향을 바꾸면서 앞으로, 뒤로, 양옆으로 그리고 카리오카 달리기를 할 수 있다.

준비운동과 스트레칭을 항상 한다. 코트 위에서 할 수 있는 훌륭한 준비운동에는 코트 주변 천천히 달리기, 앞, 뒤, 양옆으로 천천히 달리기, 코트의 경계선에 손닿기, 팔로 원 그리기, 라켓을 갖고 공을 아래위로 빠르게 퉁기기 등이 있다.

시작할 때는 볼 머신이나 선수에게 공을 쉽게 줄 수 있는 프로 선수처럼 조절된 환경을 이용하는 것이 바람직하다. 그 후에 원할 경우 벽이나 배면판 이용으로 진행시킨다.

제1일 :

총시간 20~25분, 포핸드 5~7분, 백핸드 5~7분, 휴식 5분, 두 번째 서브와 가벼운 스핀 5~7분

제2일 :

제1일과 똑같이 한다.

제3일 :

쉰다.

제4일 :

총시간 24~30분, 포핸드 8~10분, 백핸드 8~10분, 휴식 5분, 서브 5분, 오버핸드 5분

제5일 :
쉰다.

제6일 :
제4일과 똑같이 한다.

제7일 :
쉰다.

제8일 :
총시간 30분, 다른 선수와 공치기를 한다. 20분 동안만 연습한다. 10분 동안 서브를 한다.

제9일 :
쉰다.

제10일 :
총시간 40분, 제8일과 똑같이 하되, 공치기를 30분 동안 한다. 10분 동안 서브를 한다.

제11일 :
쉰다.

제12일 :
6게임을 한다.

제13일 :
쉰다.

제14일 :
1세트를 한다.

제15일 :
쉰다.

제16일 :
쉰다.

제17일 :
1과 ½ 세트를 한다.

제18일 :
쉰다.

제19일 :
쉰다.

제20일 :
경기를 1회 한다.

제21일 :
쉰다.

제22일 :
경기를 1회 한다.

제23일 :
경기를 1회 한다.

참고문헌

1. Chandler TJ, Kibler WB, Stracener EC, et al: Shoulder strength, power and endurance in college tennis players. Am J Sports Med 20(4): 455–458,1992.
2. Ellenbecker TS: A total arm strength isokinetic profile of highly skilled tennis players. Isokinet Exerc Sci 1:19–21, 1991.
3. Ellenbecker TS: Glenohumeral joint internal and external rotation range of motion in elite junior tennis players. JOSPT 24(6):336–341, 1996.
4. Ellenbecker TS: Rehabilitation of shoulder and elbow injuries in tennis players. Clin Sport

s Med 14:87–110, 1995.

5. Ellenbecker TS: Shoulder internal rotation and external rotation strength and range of motion of highly skilled junior tennis players. Isokinet Exer Sci 2:1–8, 1992.

6. Elliot BC, Marsh T, Blanksby B: A three-dimensional cinematographic analysis of the tennis serve. Int J Sport Biomech 2:260–217, 1986.

7. Elliott BC: Biomechanics of the serve in tennis: A biomedical perspective. Sports Med 6(5): 285–294, 1988.

8. Gecha SR, Torg E: Knee injuries in tennis. Clin Sports Med 7(2):435–452, 1988.

9. Giangarra C, Conroy B, Jobe F, et al: Electromyographic and cinematographic analysis of elbow function in tennis players using single and double-handed backhand strokes. Am J Sports Med 21(3):394–398, 1993.

10. Glousman R: Electromyographic analysis and its role in the athletic shoulder. Clin Orthop 288:27–34, 1993.

11. Grabiner MD, Groppel JL, Campbell KR: Resultant tennis ball velocity as a function of off-center impact and grip firmness. Med Sci Sports Exerc 15:542–544, 1983.

12. Groppel JL: High Tech Tennis, 2d ed. Champaign, IL: Leisure Press, 1992.

13. Hennig EM, Rosenbaum D, Milani TL: Transfer of tennis racket vibrations onto the human forearm. Med Sci Sports Exer 24(10): 1134–1140, 1992.

14. Howse C: Wrist injuries in sport. Sports Med 17:163–175, 1994.

15. Hutchinson MR, Laparade RF, Burnett QM, et al: Injury surveillance at the USTA boys tennis championships: A six-year study. Med Sci Sports Exerc 27(6):826–830, 1995.

16. Ilfeld FW: Can stroke modification relieve tennis elbow? Clin Orthop 276:182–186, 1992.

17. Kelley J, Lombardo S, Pink M, et al: Electromyographic and cinematrographic analysis of elbow function in tennis players with lateral epicondylitis. Am J Sports Med 22(3): 359–363, 1994.

18. Kibler WB: Biomechanical analysis of the shoulder during tennis activities. Clin Sports Med 14(1):79–85, 1995.

19. Kibler WB, Chandler TJ, Livingston B, Roetert P: Shoulder range of motion in elite tennis players. Am J Sports Med 24(3):279–286, 1996.

20. Kibler WB: The role of the scapula in athletic shoulder function. Am J Sports Med 26(2): 325–337, 1998.

21. Leach R, Miller J: Lateral and medial epicondylitis of the elbow. Clin Sports Med 6(2): 259–272, 1987.

22. Mont M, Cohen D, Campbell K, et al: Isokinetic concentric versus eccentric training of shoulder rotators with functional evaluation of performance enhancement in elite tennis players. Am J Sports Med 22(4):513–517, 1994.

23. Morris M, Jobe F, Perry J, et al: Electromyographic analysis of elbow function in tennis players. Am J Sports Med 17(2):241–247, 1989.

24. Moynes D, Perry J, Antonelli D, et al: Electromyography and motion analysis of the upper extremity in sports. Phys Ther 66(12): 1905–1911, 1986.

25. Nirschl R: Tennis elbow. Orthop Clin North Am 4(3):787–800, 1973.

26. Plancher K, Litchield R, Hawkins R: Rehabilitation of the shoulder in tennis players. Clin Sports Med 14(1):111–137, 1995.

27. Rettig AC: Wrist problems in tennis players. Med Sci Sports Exerc 26(10):1207–1212, 1994.

28. Renstrom AF: Knee pain in tennis players. C

lin Sports Med 14(1):163–175, 1995.
29. Roetert P, Brody H, Dillman C, et al: The b iomechanics of tennis elbow. Clin Sports Me d 14(1):47–57, 1995.
30. Ryu R, McCormick J, Jobe F, et al: An ele ctromyographic analysis of shoulder function in tennis players. Am J Sports Med 16(5):48 1–485, 1988.
31. Warner JJ, Micheli LJ, Arslanian LE, et al:

Patterns of flexibility, laxity and strength in normal shoulders and shoulders with instabili ty and impingement. Am J Sports Med 18: 3 66–378, 1990.
32. Werner S, Plancher K: Hand and wrist injur ies. Clin Sports Med 17(3):407–421, 1998.
33. Wilson JF, Davis JS: Tennis racket shock m itigation experiments. J Biomech Eng 117(4): 479–484, 1995.

CHAPTER 4

배 구

David M. Drexler, William W. Briner, Jonathan C. Reeser

미국과 전 세계에서 배구의 인기가 계속해서 커지고 있다. 국제적인 배구 관리 기관인 세계배구연맹(FIVB)에 따르면, 배구는 세계에서 가장 인기 있는 스포츠가 되었다고 한다. 모든 연령의 사람들이 기능 수준에 상관없이 배구를 즐길 수 있다. 200개국 이상에서 배구를 즐기며, 이들 국가의 거의 절반이 국제적인 수준에서 경쟁하고 있다. FIVB의 회원국은 218개국으로, 회원국 수가 어떤 국제 연맹보다도 많다. 미국의 배구 관리 기관인 USA 배구 협회에 따르면, 1998년 현재 미국에는 3,410만 명의 선수가 있다고 한다. 협회에 등록된 선수가 122,968명이고, 이 가운데 65%가 18세 미만이다. 학교 대항 시합에 대하여는, 12,896개의 고교에서 370,957명의 여자 선수가 시합에 참가하였고 대학팀으로 갔다. 1998년에 시합에 참가한 여학생 배구 선수는 농구와 육상 경기를 제외한 어떤 스포츠보다도 많았다. 남자 선수는 1,441개 고교에서 32,375명이 대학팀으로 갔다. 1998년 미국에서 배구는 남학생 사이에서 11번째로 인기 있는 스포츠로 평가되었다.

역사

배구는 1895년에 매사추세츠주 스프링필드의 YMCA에서 루터 굴릭(Luther Gulick) 박사의 권고에 따라 윌리엄 G. 모건(William G. Morgan)에 의해 창안되었다. 굴릭 박사는 소수가 아닌

많은 사람이 참가할 수 있는 경기이어야 한다고 믿었다. 두 사람의 목표는 젊은이들의 신체에 농구보다 긴장을 덜 주는 경기를 만들어내는 것이었다. 하지만, 모건은 이 스포츠가 즐길 수 있으면서도 경쟁적이며, 사람들이 계속 적응할 수 있을 정도로 자극적이기를 원했다. 그는 원래 이 경기에 '민토네트(mintonette)'라는 이름을 붙였다. 1896년 7월 7일, 스프링필드 대학의 알프레드 T. 할스테드(Alfred T. Halstead)는 시범 경기를 보면서 사람들이 네트 위로 배구공을 앞뒤로 '쳐넘기고(volleying)' 있는 것처럼 보인다고 말했다. 그가 모건에게 이렇게 제안하자 모건도 동의하고 명칭을 '배구(volleyball)'로 바꾸었다. 세월이 흘러, 이 스포츠는 미국과 유럽에서 융성하게 되었다. 어쩌면 이 스포츠가 성공하게 된 것은 장비 구입에 상당한 재원이 필요한 다른 스포츠와 달리 네트와 배구공만 있으면 된다는 사실에서 유래할 것이다. 배구가 미국에서 창안되기는 했지만, 아시아와 유럽, 남미에서 인기를 끌게 되어 이들 대륙은 이제 세계 유수의 국제 팀들을 경기에 참가시키고 있다.

배구는 1964년 도쿄 올림픽에서 최초로 남녀 올림픽 종목으로 인정을 받았다. 그 당시에는 실내의 하드 코트 바닥에서 경기를 했다. 1996년 애틀랜타 올림픽에서, 비치(모래)발리볼이 정식 메달 종목에 추가되었다. 대개는 정식 종목으로 채택되기 전에 시범종목으로 제시되

는 시험기간이 있는 것이 보통이다. 하지만, 압도적인 인기 때문에 비치발리볼은 처음부터 경쟁 부문의 정식 메달 종목으로 겨루어졌다. 비치발리볼은 1920년대에 남캘리포니아주의 산타모니카 해변에서 시작되었다. 지금은 순회 프로 비치 복식 투어가 있어 엘리트 선수들은 정당한 수입을 얻는다. 야외에서 하는 모래발리볼은 각 편에 2인의 선수가 경기를 하며, 실내 경기는 각 편에 6인의 선수가 경기를 한다. FIVB가 모래발리볼의 공식 명칭을 비치발리볼(BVB)로 붙였다. 현재 '공원발리볼(park volleyball)'이 새로운 야외 오락용(잔디) 발리볼로 논해지고 있는데, 1998년 FIVB 세계 총회에서 승인을 받았다. 공원발리볼은 4명의 선수가 두 팀으로 경기하며, 랠리 포인트 체제에 따르고 자기 심판제이다.

경기 수준과 종류

많은 선수가 오락 차원에서 배구에 참여하고, 나머지 선수는 지역적으로 인정되는 리그에서 자주 경기를 한다. 배구에 진정으로 관심을 두고 있는 선수들은 USA 배구 협회에 가입하고 싶어 할 지도 모른다. 이 기관은 실내와 실외의 세 종류 바닥(하드코트, 잔디, 모래)에서 경기하는 토너먼트를 인정하고 있다. 또한 어린 선수들을 위한 아마추어 주니어 토너먼트와 지역 배구팀도 많이 있다. 학교 대항 시합은 흔히 고교 수준에서 시작한다. 현재 고교에는 남학생 팀보다 여학생 팀이 더 많지만, 배구의 인기가 미국 전국적으로 커짐에 따라 보다 많은 남성 팀이 경기에 참가하기 시작하고 있다. 고교에서 뛰어난 참가자들에게는 대학 대항 배구도 하나의 선택이 된다. 대학 대항 수준에서, 920개 학교에서 여자 선수를, 68개 학교에서 남자 선수를 배출한다. NCAA 디비전 I 수준에서는, 여자 선수들은 12개의 장학금을 받을 수 있

다. 디비전 I 수준에 참가하는 남자의 경우, 팀당 4.5개의 장학금을 받을 수 있다. 1998년에는 여자 선수에게 3,528개의 장학금이, 남자 선수에게는 99개의 장학금이 수여되었다.

미국에는 남자와 여자 국가 대표팀이 있다. 또한 유럽과 일본, 미국에는 일류 선수들을 위한 실내 프로 리그도 있다. 최근에는 전국 각 도시에서 토너먼트가 열리면서 프로 비치(모래)발리볼이 인기를 얻었다. USA 배구 협회는 미국에서 하는 모든 종류의 배구를 관리하는 기관이다. 미국 프로비치리그의 관리 기관은 프로발리볼협회(AVP)이다. 프로 비치 투어에 걸린 상금이 상당하기 때문에 전 세계의 일류 선수들이 이 투어에 참가한다.

과거에는 남녀 모두 4-4 프로 배구 토너먼트가 있었다. 모래발리볼은 대개 실내에서 하는 6인 배구 코트와 똑같은 크기의 코트에서 2명이 팀을 이루어 경기한다. 코트의 크기는 너비 29피트 5인치(9m)에 길이 59피트(18m)이다. 네트는 폭이 39인치(1m), 길이기 32피트(9.5m)이며 코트를 절반으로 나눈다. 네트의 높이는 남자의 경우 7피트 11 5/8인치(2.43m), 여자의 경우 7피트 4 1/8인치(2.24m)이다. 공식적인 배구에는 18개의 패널판이 있는데, 하나의 길이가 25½~27인치(65~67cm), 무게는 9~10온스(60~280g), 압력은 4.3~4.6lb/in² (0.30~0.325kg/cm²)이다.[34]

득점/사이드아웃

최근 배구의 득점 방법이 약간 바뀌었다. 경기에 속도감을 주고 텔레비전을 위하여 일정한 시간에 맞추기 위하여 예전과 다른 형식이 시도되었다. 전통적으로는, 경기에 이기려면 한 팀이 15점을 득점해야 하고, 한 팀이 2점차로 이기지 않으면 경기가 끝나지 않는다. 금년 USA 배구 전국대회에서는 랠리 포인트 득점제가 채

택되었다. FIVB 세계 총회는 랠리 포인트 득점제를 채택하였는데, 이것은 2000년 1월 1일부터 실시되었다. 사이드아웃 득점제는 미국에서 포기될 가능성이 아주 높다. 사이드아웃 득점제에서는 한 팀이 서브를 성공했을 때만 득점이 인정된다. 서브를 하는 팀이 득점에 실패하면, 상대팀이 '사이드아웃'을 받아 서브를 할 수 있는 기회를 갖게 된다. 6인 배구에서는 선수들이 각 사이드아웃 후에 시계방향으로 코트에서 자리를 이동한다. 랠리 득점제 라고 불리는 또 다른 형식에서는 팀이 배구공을 서브했는지에 상관없이 서브를 할 때마다 점수가 인정된다. 이 형식에서는 득점하는 팀이 다음 득점을 서브하게 된다. 미국을 제외한 모든 나라에서, FIVB 규칙을 따른다. 배구 경기는 5게임 중 3게임을 이기는 랠리 득점제를 채택한다. 1게임부터 4게임까지는 25점을 따야하고, 마지막 5게임은 15점까지이다.

부가 규칙

서브 후에, 각 팀은 최대 3회까지 배구공과 접촉할 수 있다. 세 번째 히트에서, 배구공은 반드시 네트 반대편으로 넘어가야 한다. 일반적으로, 연속 치기는 충돌(bump)이나 꽂기(dig), 세트(set), 그리고 히트나 스파이크로 구성된다. 또한 첫 번째나 두 번째 히트로 배구공이 넘어가도 규칙 위반이 아니다. 센터라인 규칙(centerline rule)은 배구를 할 때 입는 손상에 최대로 영향을 주는 규칙이다. 센터라인은 실내 배구에서 코트를 둘로 나누는 네트 바로 아래의 선이다. 선수들의 발이 그 선을 완전히 넘어가면 규칙을 위반한 것이다. 가장 흔한 손상은 블로커가 네트 밑에 와있는 상대팀 스파이커의 발 위로 떨어질 때 일어난다.[1] 그로 인한 손상 대부분은 공격자의 발이 블로커의 발 위로 구를 때 생기는 역위발목염좌이다.

FIVB가 2000년 1월부터 채택한 새로운 규칙 몇 가지를 소개한다.

1. 렛서브의 유효(시험기간). 서브를 할 때, 배구공이 네트를 스치고 상대편으로 넘어가도 경기는 계속된다.
2. 네트 터치. 배구공을 치고 있거나 경기를 방해하는 경우를 제외하고 네트 터치는 폴트가 아니다(즉, '우연히 일어나는 네트'는 합법이다).
3. 타임아웃. 정상적인 경기에서, 모든 타임아웃은 30초이다. 각 팀은 세트 당 2회의 타임아웃을 갖는다. 공식적인 FIVB와 세계 대회에서, 타임아웃은 모두 60초이다. 단 5번째 세트는 30초이다. 1세트에서 4세트까지, 각 팀은 1번의 타임아웃만 부를 권리를 갖으며, 이기고 있는 팀이 8번째 포인트나 16번째 포인트에 이르면 두 번의 테크니컬 타임아웃이 있다. 5세트에서는 각 팀이 30초 타임아웃을 두 번 갖지만, 테크니컬 타임아웃은 없다.
4. 세트 사이의 휴식시간. 세트 사이의 휴식 시간은 모두 3분이다. 두 번째 세트와 세 번째 세트 사이의 휴식시간은 주최 측의 요청으로 경기 단체에 의해 10분까지 연장될 수 있다.

6인 배구에서의 선수 위치

코트 위에서 선수 6인에게 위치 책임을 할당하는 방법에는 몇 가지 선택법이 있다. 많은 팀들이 세터 1명을 뽑고, 나머지 5명의 선수들을 모두 히터로 쓸 수 있다. 이 방법을 5-1 형식이라고 한다. 간략하게 살펴보면 대부분의 팀이 미들 블로커 2명, 세터 1명, 상대 히터 1명, 아웃사이드 히터 2명을 둔다.

이상적으로는 세터가 두 번째 배구공을 모두 치고, 상대 블로커의 위치에 따라 배구공을 미들 히터나 아웃사이드 히터에게 넘긴다. 미들 블로커는 세트 때마다 코트의 가운데에서 네트로 뛰어오른다.

아웃사이드 히터는 네트의 오른쪽 끝이나 왼쪽 끝에서 세트를 공격한다. 상대 히터는 상대팀의 세터 위치에서 경기한다. 대부분의 일류 팀들은 모든 서브를 부딪치거나 돌려보내기 위하여 패스를 가장 능숙하게 하는 2~3명의 선수를 뽑는다. 서브를 시작할 때 세터가 첫 줄에 있으면, 2명의 히터가 앞줄의 잠재 공격수로서 네트로 뛰어오른다. 세터가 뒷줄에 있으면, 그가 앞줄에 있는 3명의 히터를 배치시킬수 있다.

최근에 국제 경기에서 다른 변화 하나는 리베로의 도입이다. 리베로는 뒷줄에 지정된 선수로 수비가 장기다. 리베로의 도입으로 '전형적인' 대표팀 선수들만큼 크지 않은 선수들도 일류 수준에 합류할 수 있다. 리베로는 다른 모든 국가에서 운용되고 있으며 미국에서도 점차 채택되고 있다.

기본 기술

일반적으로, 배구 코트에 서는 모든 선수들은 경기를 하는 동안 배구 특유의 다양한 기술을 쓴다. 이러한 기술들은 여러 가지 손상의 위험을 안고 있다. 경기는 항상 서브로 시작하는데, 서브 과정은 선수가 대개 배구공을 공중으로 토스한 다음 손으로 높이 때린다. 최근까지도, 선수 대부분은 양발을 바닥에 딛고서 서브를 했다. 하지만, 보다 실력 있는 팀들은 점프 서브를 이용하면 득점에 유리하다는 것을 깨닫게 되었고, 따라서 점프 서브의 인기가 더욱 커졌다.

취미로 하는 선수들은 언더핸드 서브를 할 가능성이 높다. 서브 후에, 상대팀은 배구공을 세터에서 패스 해주게 된다. 이 기술은 거의 항

상 쪽 뻗은 팔꿈치와 손을 허리 아래에 두고서 한다. 하지만 최근에는 패스 규칙이 관대해져서 오버핸드 패스가 용인될 수 있게 되었다. 오버핸드 패스는 세터가 하는 기술과 같다. 배구공이 세터에게 넘어가면, 세터는 대개 배구공을 동시에 양손 손가락으로 방향을 네트 쪽으로 바꾸고, 네트에서 팀 동료가 배구공을 스파이크 할 수 있도록 해준다. 배구에서 발생하는 손상에 대한 조사에서, 서브와 패스, 세트 기술은 많은 손상과 관련이 없었다.

배구의 생체역학

스파이크

배구공을 스파이크 하는 것처럼 공격동작은 오버핸드 던지기 동작과 상당히 비슷하다. 스파이크를 할 때, 선수는 공중으로 높이 뛰어 올라 가장 높이 뛰어 오른 지점에서 배구공과 접촉한다. 접촉 순간 직전에 몸을 당기는 시기가 있는데, 이 때 팔꿈치는 굽혀진 채 어깨가 외전되고 외회전된다. 그 후에 배구공과 접촉할 때, 팔꿈치 신전과 동시에 어깨가 강력하게 하향 신전하고 내회전한다. 이것은 결국 상지를 급히 움직이게 한다. 일류 수준에서는 스파이크 된 배구공의 속도가 시속 128~144km이다.

스파이크의 운동역학을 간단히 보면 다음과 같다. 연구자들은 최소 두 종류의 스파이크(백스윙과 들어올림)를 지적했지만, 우리는 두 종류의 서로 비슷한 전체 운동 패턴만 다루고자 한다. 여기에 관심이 있어서 더 자세한 내용을 알고 싶은 사람은 Oka 등의 논문을 참조하길 바란다.[33]

1단계: 접근

여자 배구에서는 슬라이드 공격(선수가 배구공에 네트와 평행하게 접근하여 달려가서 한발로 도약하는 것)의 인기가 점차 커지고 있지만,

전통적인 2-스텝이나 4-스텝 접근이 훨씬 보편적이다. 이 기술에서, 선수는 배구공에 접근할 때 네트와 대충 수직을 이룬다. 4-스텝 접근은 2-스텝 접근보다 큰 운동량을 일으켜서 선수가 더 높이 뛰어오를 수 있게 한다. 2-스텝이든 4-스텝이든, 마지막 스텝은 선수가 도약의 준비로 네트에 다가간다는 특징 때문에 더 길다. 이 '스텝 마침' 기술을 쓰면 점프하기 전에 하지 근육 조직이 최적으로 사전 적재될 수 있다. 점프의 접근 단계를 마칠 때, 선수의 힙과 무릎이 굽혀지고, 발목은 발등쪽 굽힘이 일어난다. 이런 웅크림의 깊이는 둔근(glutei)과 사두근, 비복근-가자미근의 원심성 수축 작용에 의해 조절된다. 그밖에 상지가 어깨에서 펴진다.

스파이커가 점프를 준비할 때, 팔이 아래로 그 다음에는 어깨에서의 굴곡 자세로 아래로 앞으로 흔들린다. 이렇게 어깨에서의 과장된 상지의 회전 패턴(팔 스윙)은 수직 지면 반작용력을 증대시키는 역할을 하고, 그 외에 힙과 무릎 굴근의 힘 발달을 최적화시켜서 그 결과 선수의 수직 점프 높이를 높일 수 있다. 팔 스윙은 수직 점프 높이를 10%까지 높일 수 있다.

2단계: 도약

점프하기의 도약 단계는 주로 둔근과 사두근, 비복근-가자미근의 구심성 활성화를 이용하는 힙과 무릎, 발목의 폭발적이고 순차적인 폴립으로 시작된다.

3단계: 코킹

공중에 있는 동안, 스파이커는 배구공을 공격할 준비를 한다. 이것을 '망치들기'라고 한다. 몸통은 스파이크하는 쪽으로 돌아가고, 허리 척추는 펴지고 동시에 무릎은 굽혀진다. 스파이크하는 팔(일반적으로 선수의 주 팔)은 당겨지는 자세(어깨에서 외전되어 외부로 회전되고, 팔꿈치에서 굽혀짐)가 되고, 반대 상지는 계속 올라가 있는 상태(어깨에서 외전되어 굽혀지고, 팔꿈치에서 펴짐)이다.

4단계: 가속

스파이크를 일으킬 팔 스윙은 실제로 선수가 처음에 배구공을 치지 않는 팔을 내전하여 아래로 뻗을 때 시작된다. 결과적으로, 허리 척추의 굴곡과 몸통의 반(反)회전과 무릎의 신전이 결합하여 운동량을 생성하고 이것은 상지의 배구공을 치는 쪽 견갑골을 통과하여 동력 사슬 위로 흘러간다.

5단계: 접촉

스파이크하는 팔은 그 후에 순차적으로 내전되고, 내회전하며 신전하여(어깨와 팔꿈치 모두에서) 강제적으로 손을 배구공과 접촉하게 한다. 이러한 상지의 완전 신전 자세는 스파이커가 배구공에 더 큰 속력을 전할 수 있게 하면서 모멘트 팔과 팔 스윙의 속도를 극대화시킨다. 마지막으로 손목의 굴근과 결합된 전완의 빠른 내전은 배구공에 추가로 힘을 전한다. 배구공과 접촉하는 순간에 스파이커의 손이 움직이는 속도는 초속 20m로 추정되었다.

6단계: 팔로우 스루

공과 접촉한 후, 팔은 완전 휘둘러지면서 감속한다. 이것은 회선건개 근육의 기능이다. 본질적으로 회선건개은 스파이크 후에 상완골이 탈구되지 못하게 하기 위하여 편심으로 작용한다.

7단계: 착지

연구 조사 결과에 따르면, 착지한 후 스파이커는 처음에 공을 친 팔의 반대쪽 발로 바닥과 닿는다. 착지의 운동량은 힙 신근과 무릎 신근, 발목 발바닥굴근의 원심성 작용을 통해 빠르게

그림 4.1 오버헤드 플로터 서브(Kluka and Dunn의 허락 하에 사진사용.[34])

흩어진다. 이론적으로, 한쪽 다리 착지가 양쪽 다리 착지보다 하지 손상의 위험이 더 크다.

스파이크의 성공은 상당 부분 선수의 점프 능력에 달려 있다. 선수가 공과 접촉할 수 있는 위치가 높을수록 스파이커는 상대팀의 블로킹에 걸리는 것을 쉽게 피할 수 있다. 스텝 마침 기술을 사용한 점프는 선수가 도약하기 전에 하지의 근육조직에 미리 부담을 준다는 점에서 반(反)동작 점프로 설명하는 것이 가장 적합하다. 블로킹, 세팅, 서브 기술 역시 대부분 점프 능력을 필요로 하고, 특히 일류 수준의 선수는 더욱 그러하다.

서브하기

전통 서브

배구공 서브는 전통적으로 공에 스핀을 거의(톱스핀) 또는 전혀(플로터) 주지 않도록 머리 위로 스파이크하는 공으로 해왔다. 이러한 기술의 운동역학은 스파이크의 오버헤드 팔 스윙과 비슷하다. 차이점은 선수가 공과 접촉할 때 손목을 '스냅' 하지 않고 그 후에 팔을 갑자기 감속한다(팔로우 스루가 없다)는 것이다. 공과 접촉할 때, 오른손잡이 선수의 경우 신체의 중력 중심이 오른쪽 뒷발에서 왼쪽 앞발로 이동할 것이다. 공을 치는 팔의 어깨는 앞으로 회전하고, 팔꿈치와 손목은 펴질 것이다. 배구공은 손목 안쪽과 손바닥과 부딪힐 것이다. 이는 팔로우 스루가 없는 던지기 동작과 비슷하다(그림 4.1).

서브를 제대로 하면, 공은 갑자기 '떠올라'(야구에서 너클볼과 매우 흡사함) 리시브하는 팀이 공의 움직임을 판단하고 그에 따라 효과적으로 패스하기 힘들게 한다. 공을 한쪽으로 치면 공에 스핀이 생길 수 있다(그림 4.2). 스핀은 최소의 압력이 가해지는 쪽으로 진행될 것이다. (톱스핀 서브에 대해서는 그림 4.3을 보시오.) 이러한 전통적인 서브의 평균 속도는 시속 33마일이다.[34]

점프 서브

최근 10년 동안 점프 서브의 인기가 점차 증가했다. 이 서브의 운동역학은 스파이크와 비

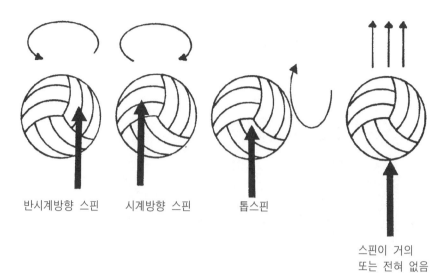

반시계방향 스핀   시계방향 스핀   톱스핀

스핀이 거의
또는 전혀 없음

그림 4.2 공의 스핀(Kluka and Dunn의 허락 하에 사진사용.[34])

그림 4.3 오버헤드 톱스핀(Kluka and Dunn의 허락 하에 사진사용.[34])

숫하다(그림 4.4). 점프 서브는 궤도가 낮고 속도가 최고 시속 52마일(초속 23m)이다. 또한 점프 서브는 서버에게 더욱 준비된 수비 자세를 갖추게 한다. 전진 점프와 팔 스윙에서 추가로 오는 힘은 속도를 더욱 높인다.[34]

디깅(digging)

수비 선수는 대개 낮게 웅크린 자세를 취한다. 이 자세는 준비 자세로 간주된다. 양발을 어깨보다 약간 넓게 벌리고, 체중을 발의 안쪽과 둥근 부분으로 분산시키며, 무릎을 약간 구부

그림 4.4 점프 서브(Kluka and Dunn의 허락 하에 사진사용.[34]

리고, 팔과 손은 허리에서 무릎 사이 높이로 중립 자세를 한다.[34] 흔히, 공이 스파이크되면, 수비 선수는 공을 잡기 위하여 돌진해야 한다. 이를 '디깅(dig)' 라고 한다. 디깅을 잘하면 준비 자세로 돌아오기 위한 구르기(roll)가 이어진다.

패스하기

가장 일반적인 패스는 전완 패스이다(그림 4. 5). 공과 접촉하기 전에, 선수는 엇갈리고 안정된 받침 기반으로 준비 자세를 갖추어야 한다. 이 때 팔꿈치는 펴지고, 어깨는 약간 굽혀지며, 손목은 척측으로 빗나간다. 전완이 패스에 필요한 플랫폼을 만든다. 전완과 어깨의 각도에 따라 공이 되돌아오는 방향이 바뀔 것이다. 이렇게 되면 패스하는 선수가 공을 다른 선수에게 돌릴 수 있다. 공은 전완의 말단 부분과 동시에 접촉한다. 선수가 공과 접촉할 때, 체중은 앞발로 전진 이동하여 패스의 속도를 높인다. 공을 칠 때 무릎도 약간 펴진다.

세트하기

세트의 역할은 공을 스파이크의 위치에 놓는 것이다. 오버헤드 세트는 공을 앞이나 뒤로 향하게 할 수 있다. 얼마나 정확하게 놓여지는지는 힘의 흡수와 방향 고침, 공의 추진력에 달려 있다. 공과 접촉하기 전에, 준비 태세를 갖추는 것이 중요하다. 상체를 똑바로 세우고 어깨를 90°로 굽히고서 팔꿈치를 굽혀서 손이 눈에서 약 15cm 앞에 오게 한다. 손가락을 쫙 펴고 선수는 양손 사이의 공간으로 공을 본다. 엄지와 검지, 중지의 도톰한 부분을 공의 옆면을 향해 접촉시킨다. 공의 힘이 흡수될 때 손목은 과신전 되어 갑자기 이탈된다. 흡수 시간은 0.03~0.10초 사이이다. 흡수와 방향 고침에 이어, 하지 뻗기, 어깨 구부리기, 팔꿈치 펴기, 전완 내전하기, 손목 구부리기를 통해 공의 추진력이 생긴다(그림 4.6). 접촉할 때, 힘과 허리 척추가 펴져서 공에 후진 궤도를 만든다는 점을 제외하면, 후진 오버헤드 세트도 똑같다(그림 4.7).[34]

프론트점프 세트나 백점프 세트는 재빠른 중앙 공격과 공동으로 이용될 수 있다(그림 4.8). 세터가 공을 네트 위에서 직접 칠 경우 상대 세터의 공격이나 블로킹이 있을 수도 있다(그림 4.9).

블로킹은 시간을 아주 잘 맞추어야 하는 기술이다. 블로커는 전통적인 스파이크 접근에서 사용되는 과장된 역동작 점프 대신에, 흔히 스쿼트 점프를 이용한다. 블로커(특히 중앙 블로커)는 상대팀의 공격적인 전략에 대하여 순간적으로 결정을 내려야 하기 때문에, 일반적으로 완전한 역동작 점프를 할 시간이 없다. 스쿼트 점프를 하면 선수가 지면에서 재빨리 벗어날 수는 있지만, 점프 높이가 높지 않다. 블로킹은 선수의 몸통 근육 조직과 척추에 상당한 부담을 준다. 규칙상 블로킹은 앞줄의 선수 3명만 할 수 있다.

손상 방지

준비운동과 기술 반복 연습

연습이나 시합을 하기 전에 적어도 15분은 준비운동을 해야 한다. 또한 비슷한 활동을 연습이나 시합 후에 마무리 운동으로 최소 10분은 해야 한다. 일반적인 준비운동에는 체온을 높이고, 근육으로의 혈액 공급을 늘리고, 심장 박동과 근육 신전성을 증가시키는 활동이 포함되어야 한다. 그 좋은 예가 코트 주변을 시계 방향으로, 반시계 방향으로, 그리고 대각선으로 빠르게 걷기/천천히 달리기, 줄넘기, 활발한 스트레칭 후에 인형처럼 뛰기이다. 일반적인 준비운동 후에는 기술을 반복 연습하기 시작한다.[34]

대부분의 배구 선수들은 공을 세트하거나 패스하여 앞뒤로 치면서 준비운동을 한다. 대개 짝을 이루어 하기 하는데, 선수들은 이를 '페퍼(pepper)'라고 한다. 이어서, 선수들은 흔히 세터가 공을 히터에게 주면서 스파이크를 연습한다. 그 후에 경기 시작에 앞서 바로 서브 연습을 한다. 이러한 배구 특유의 기술을 반복하면 분명 이익이 되기는 하지만, 이런 준비운동 방법은 보다 포괄적인 경기 전 프로그램처럼 유연성을 극대화시키지 못한다.

FIVB의 2000년 규칙에 따르면, 시합 전에, 팀들이 미리 임의대로 코트를 이용했다면, 각 팀은 네트에서 3분의 준비운동 시간을 갖게 된다. 코트를 이용하지 못했다면, 5분을 쓸 수 있다. 양팀의 주장이 네트에서 준비운동을 함께 하는 데 동의한다면, 6~10분 동안 할 수 있다. 경기나 연습 후에, 선수들은 준비운동과 비슷하지만 강도를 줄이면서 역기능을 하는 마무리

그림 4.5 전완 패스(Kluka and Dunn의 허락 하에 사진사용.[34]

운동을 해야 한다. 그 외에 배구 특유의 반복 연습에 혼자 하는 패스 반복 연습이 있다. 선수들은 공을 네트 위 1피트 높이와 5피트 원 안에서 패스하는 연습을 할 수 있다. 또 다른 패스 반복 연습에서는, 선수 3명이 측면 동작과 공 접촉을 결합하여 연습한다.[34]

세트하기 반복 연습은 농구 코트에서 배구 공을 이용하여 할 수 있다. 농구 코트에서 선수는 공을 파울 라인에서 던져서 그것을 바스켓으로 패스하려고 시도한다. 선수가 공을 놓치면 바스켓으로 리바운드 되게 해야 한다.

손 기술 연습은 전 후진 동작과 공 접촉을 결합시켜야 한다. 3명의 선수가 엔드라인에서 시작하는데, 각각 오른쪽 코너와 중앙, 왼쪽 코너에 한 명씩 선다. 보조인이 배구공을 한 선수의 앞으로 토스한다. 그 선수는 그 장소로 이동하여 공을 미리 정해놓은 지역으로 패스한다. 패스한 후에, 그 선수는 후퇴하여 엔드라인에 서있는 선수를 터치한다. 터치된 후에 선수들은 시계방향으로 돌아간다.[34]

스트레칭과 근력운동

유감스럽게도, 경기 전 스트레칭의 이익은 측량하기가 힘들다. 하지만, 미리 스트레치한 근육이 그렇지 않은 근육보다 쇠퇴하기 전에 크게 길어진다. 따뜻한 근육은 아마 차가운 근육보다 유연할 것이다. 워밍업 활동은 근육으로의 혈액 공급을 증가시켜서 근육은 더욱 따뜻해지고 스트레칭 활동으로부터 많은 이익을 얻을 것이다.

스트레치 해야 할 중요한 근육군에는 몸통 회전 근육과 사두근, 슬건 뿐만 아니라 비복근이 있다. 상지 스트레치에는 어깨의 전진 굴곡과 외전이 포함되어야 한다. 감독들은 어떤 스트레치가 가장 적절한 지에 대하여 논쟁을 벌일 수도 있지만, 스트레치는 10~30초 동안 유지하고 3~5회 반복될 때 가장 효과적이다.

수직 점프는 스파이크와 블로킹에서 없어서는 안 될 구성 요소이다. 시즌이 아닐 때와 시즌 중의 점핑 프로그램에는 핵심 강화와 플라이오매트릭이 포함되어야 한다. 왕복 압박은 플라이오매트릭뿐만 아니라 동심이나 원심성 훈련에도 이용될 수 있다. 충격이 적은 깡충 뛰기와 뛰어오르기는 수직 점프로 특별히 도움이 될 수 있는 플라이오매트릭의 좋은 예이다.(제 13장의 점핑 프로그램을 보시오.)

그림 4.6 오버헤드 프론트 세트(Kluka and Dunn의 허락 하에 사진사용.[34]

지구력과 시기별 훈련

지구력과 조절을 간과해서는 안 된다. 피로가 비정상적인 근육 활동 패턴을 일으키고 그 때문에 그런 근육들에 의해 작용되는 관절(과 근육 그 자체)의 손상 위험이 커진다는 것을 암시하는 연구 결과들이 있다. 대학 여자 배구를 대상으로 한 NCAA 손상 감독 시스템의 자료에 따르면, 이런 결과는 시합 중의 손상률은 시합이 첫 세트에서 세 번째 세트로 진행되면서 높아진다는 관찰 결과에 의해서도 확증되었다. 따라서 동작 이행을 최적화하고 손상의 위험을 줄이기 위하여, 배구 선수는 영양과 휴식에 적절히 주의하면서, 과훈련의 위험을 최소화하기 위해 시기를 구분한 조직화된 배구 특유의 훈련 프로그램에 참가해야 한다. 조절 프로그램에는 정적 및 동적 균형, 유연성, 체력, 민첩성, 유산소 및 무산소 운동, 근력, 근지구력, 파워를 키우는 활동이 포함되어야 한다.[34]

이어지는 내용은 고교 배구 선수의 시기 구분을 다루는 1년의 대주기를 3개의 중주기로 세분한 예이다.[35] 12월 1일부터 8월 1일까지는 시즌 오프다. 시즌 전의 훈련은 8월 1일부터 9월 15일까지다. 9월 15일부터 11월 1일까지, 시즌이 시작되고 매주 2~3 경기를 치른다. 선수권 대회 경기는 12월 1일까지 연장될 수 있다.[35]

첫 중주기 21주는 시즌 오프로 시작한다. 이 시기는 수준이 낮은 크로스 훈련 활동으로 구

그림 4.7 오버헤드 백 세트(Kluka and Dunn의 허락 하에 사진사용.34)

성된 1개월의 이행기로 시작한다. 다음 17주는 준비기를 구성한다. 준비기의 처음 6주는 '조기 이상발달/지구력 단계(early hypertrophy/endurance phase)'이다. 이 단계에는 유연성과 체력, 지구력 훈련이 포함된다. 유연성 운동은 매일 준비운동과 마무리운동을 통해 한다. 체력 훈련은 10회 반복 극한 테스트를 토대로 하여 8~12회를 반복하는 3~5 세트로 구성된다. 이 훈련을 일주일에 3일 하고 스쿼트, 레그프레스, 카프레이즈, 데드리프트, 벤치 프레스, 밀리터리 프레스와 같은 훈련을 포함시킨다. 지구력 훈련은 20~30분씩 일주일에 2일 한다. 지구력 훈련 수준이 높으면 체력 훈련에 역효과가 생길 수 있으므로 이 훈련은 주로 유지 프로그램이다.[35]

1주일 동안 적극적인 휴식을 가진 후에, 4주의 '근력운동 단계(strength phase)'를 시작한다. 이 단계에서는 유연성 운동, 근력운동, 기술 훈련을 한다. 유연성 운동은 항상 준비운동과 정리운동을 통해 한다. 근력운동의 강도가 일주일에 3일 동안 5RM을 토대로 하여 4~6회 반복하는 3~5 세트로 높아진다. 운동에는 푸시 프레스(push press), 클린 풀(clean pull), 프론트 스쿼트(front squat), 업도미널 컬(abdominal curls), 풀오버(pullover), 업라이트 로우(upright rows), 래터럴 레이즈(lateral shoulder raises) 등이 있다. 이 단계에서도 이전 단계에서와 똑같은 근육에 초점을 맞추지만, 운동을 다양하게 하는 것이 중요하다. 기술 훈련에는 저-중 수준의 점핑 운동과 서브 기술, 간격이 짧은 단거리 경주가 포함될 수 있다. 연습 경기는 일주일에 2일을 20~30분 지속한다.[35]

그림 4.8 점프 세트(Kluka and Dunn의 허락 하에 사진사용.34)

그림 4.9 세터 공격(Kluka and Dunn의 허락 하에 사진사용.34)

1주일 동안 활기 있는 휴식을 가진 후에, '파워 단계(power phase)'를 시작하여 3주 동안 지속한다. 이 단계에서는 유연성 운동, 근력운동, 기술 훈련을 한다. 유연성 운동은 준비운동과 정리운동을 통해 한다. 근력운동의 강도가 일주일에 3일 동안 2회 반복 극한을 토대로 하여 2~4회 반복하는 3~5 세트로 높아진다. 손

상 방지를 위하여 준비운동을 추가하는 것이 중요하다. 운동에는 스쿼트, 스내치 풀(snatch pulls), 푸시 저크(push jerks), 밀리터리 프레스(military press), 벤치 프레스, 덤벨 레이즈, 레그 프레스(leg press), 프론 더블 레그 리프트(prone double leg lifts), 싯 업(sit-ups) 등이 포함되어야 한다. 강도는 3일 동안 매일 고-저-

중 순으로 바뀐다. 기술 훈련에는 고도의 플라이오매트릭 스포츠 특유의 기술이 포함될 수 있다. 이런 기술에는 핵심 강화를 위한 상자와 깊은 곳 뛰어오르기와 뛰어오르기, 엎드려 팔굽혀펴기 하면서 박수치기, 메디신 볼 운동이 있다.[35]

1주일 동안 활기 있는 휴식을 가진 후에, 최대 근력검사와 사정을 1주일 동안 실시한다. 여기까지가 첫 번째 중주기이다.

다음에는 2주간의 저수준 크로스 트레이닝을 이행기로 실시한다. 그 후에 두 번째 중주기가 시작한다. 강도가 높아지고, 보다 스포츠 관련의 기술과 민첩성 기술을 실시하며, 무산소 운동과 유산소 운동을 늘린다. 두 번째 주기는 첫 번째 주기와 똑같이 근비대 단계, 체력, 파워 단계를 통합한다. 각 단계별로 유연성, 근력, 지구력, 플라이오매트릭 훈련이 포함된다. 근력 훈련은 일주일에 3일을 심하게, 중간으로, 가볍게 번갈아 한다.

'근비대 단계(hypertrphy phase)' 는 2주 지속한다. 근력 훈련은 일주일에 3일을 1회 최대 반복 검사에서 8~12회 반복하는 3~5 세트를 한다. 지구력 훈련은 무산소 운동과 민첩성 운동을 포함시켜서 일주일에 2일을 한다. 강도가 낮은 플라이오매트릭은 일주일에 2일을 200~300의 발 터치로 15~20분 동안 한다.[35]

'근력 단계(strength phase)' 는 2주 지속한다. 근력 훈련은 일주일에 3일을 1회 극한 시험에서 5~7회 반복하는 3~5 세트를 한다. 지구력 훈련은 무산소 운동과 스포츠 종목관련 민첩성 훈련을 포함시켜서 일주일에 2일을 한다. 중간 강도의 플라이오매트릭은 일주일에 2일을 150~250의 발 터치로 15~20분 동안 한다.[35]

1주일의 활기 있는 휴식을 취한 후, '파워 단계(power phase)' 를 시작하여 4주 지속한다. 근력 훈련은 일주일에 3일을 1회 극한 시험에서 2~4회 반복하는 3~5 세트를 한다. 지구력 훈련은 무산소 운동과 스포츠 자유 민첩성 훈련을 포함시켜서 일주일에 2일을 한다. 고강도의 플라이오매트릭은 일주일에 2일을 100~150의 발 터치로 15~20분 동안 한다. 여기까지가 두 번째 중주기이다.[35]

2주 동안 강도가 낮은 크로스 훈련의 이행기를 가진 후 세 번째 중주기가 시작한다. 이번 시기는 시즌 전의 시작과 서로 관련이 있다. 이 시기는 근력 유지에 초점을 두고(저강도에서 고강도까지 6주 동안 일주일에 2일을 한다), 지구력 훈련과 플라이오매트릭 운동을 각각 일주일에 1일로 줄이고, 매일 배구 연습, 유산소 훈련, 스포츠 특유의 훈련을 추가한다.[35]

이제 선수는 시즌 중 훈련을 포함하는 마지막 중주기를 시작할 준비가 되어 있다. 훈련량은 많지 않다. 웨이트 훈련과 플라이오매트릭 훈련을 번갈아 가며 시합 회수에 따라 일주일에 한 두 번 한다. 연습에는 무산소 훈련이 포함되어야 하고, 선수는 시간표의 90%를 기술과 전략 개발에 쏟아야 한다. 보결 선수들은 경기 후에 경기의 강도와 활동을 모의 실험하는 특별 과업을 해야 한다.

고유수용성 운동

연구 결과에 따르면 발목 고유수용성 근신경 운동 프로그램에 대한 관심이 발목 염좌 손상 발생률을 줄일 수 있다고 한다. 딱딱한 발목 보조기의 사용에 대한 연구 결과는 그것들 역시 특히 선수가 이전에 발목 염좌 손상의 병력을 갖고 있을 경우에 접촉 관련 발목 염좌의 위험을 줄이는 데 효과가 있을 것이라는 사실을 암시한다. 이런 보조기가 어떤 기전 때문에 효과가 있을 것이라고 여겨지는지는 분명하게 알려져 있지 않지만 그저 발목 관절의 고유수용성에 감응하는 지각을 높이는 것일 수도 있다. 더욱이, 발목 보조기를 오래 사용한다고 해서 무릎 손상 발생률이 높아진다는 것은 믿기 어려워 보이며, 대부분의 연구 결과는 반(半)강제 보조기는 선수의 동작 이행을 크게 손상시키지 않는다는 것을 암시한다.

노르웨이의 한 연구 결과는 한 시즌을 거치는 동안 발목 염좌가 절반으로 감소했다는 것을 입증했다. 그 연구의 구성 요소는 두 가지였다. 첫 번째, 연습을 하는 동안 센터라인을 변경했다. (선수의 발이 센터라인에 전혀 닿지 않을 수 있다). 두 번째, 고유수용성 균형 훈련을 했다. 고유수용성 운동은 뇌가 근육, 건, 기타 조직들로부터 받아들이는 자극을 토대로 신체 부위가 어디에 있는지를 알 수 있는 능력이다. 닫힌 사슬 균형 운동은 고유수용성 능력을 향상시키고 내번을 저지하는 근육을 강화시킬 수 있다고 여겨진다.[15] 상세한 이 연구에서, 모든 팀에게 균형 훈련을 10주 동안 계속 가르쳤다. 선수들은 매일 밤 발목 디스크로 균형을 잡았다. (고유수용성 운동에 대하여 그림 4.10을 보시오.)

지지물

선수들이 이용할 수 있는 발목 지지물이 많이 있다. 공기 견인기 발목 지지물에 대한 예기 연구는 이 장치가 발목 염좌의 2차 예방에 효과가 있다는 것을 입증했다.[10] 예전에 염좌로 고생했던 축구 선수들 가운데, 공기 견인기를 착용하고 한 시즌을 보내는 동안 발목 염좌가 5분의 1로 줄었다고 보고되었다. 하지만, 예전에 발목을 삔 적이 없는 선수가 이 장치를 착용했을 때는 염좌 발생 회수에 큰 차이가 없었다는 점을 주지하는 것이 중요하다.[10] 발목에 테이프를 감는 것이 내번 동작 제지에 이롭다고 나타났다.[11,12] 게다가, 반강체 발목 지지물은 경기를 하는 동안 내번 동작의 범위를 축소하는 것으로 입증되었다. 발목 지지물이 발목에 테이프를 감는 것보다 더 나을 수도 있는 것으로 보인다. 테이프는 수직 점프를 몇 차례 반복하여 한 후에는 내번 제지 능력을 상실하는 반면 발목 지지물은 그렇지 않기 때문이다.[12,14] 이런 장치들이 예방 효과가 명백할 정도로 충분하게 내번을 제지할 수 있을 것이라고는 보이지 않는다. 이와 같이 그것들이 어느 정도 고유수용성을 높이므로 효과가 있다고 볼 수 있을지도 모른다.

손상의 병인

배구는 민토네트라는 오락 경기에서 폭발적이고 강력한 기술 스포츠로 발전했다. 배구를 할 때 발생하는 손상의 역학자료를 보면 오버헤드 자세(스파이크와 서브)에서 점핑을 수반하고 상지와 배구공의 힘찬 접촉을 필요로 하는 기술들 때문에 선수는 손상을 당할 위험이 가장 크다는 것을 알 수 있다. 일례로 스파이크를 할 때 선수는 폭발적으로 점프를 한 후 머리 위로 팔을 강력하게 휘둘러 공을 '공격'해야 한다.

스파이크가 이행하고 목격하기에 유일하게 오싹한 기술은 아니다. 인상적인 스파이크는 배구 팀의 성공에 필수적이다. 하지만 스파이크는 익히기 어려운 기술이다. 따라서 배구 선수의 스파이크 능력을 개발하는 데 상당한 중점을 둔다. 일주일에 16~20 시간을 연습하고 시합하는 일류 배구 선수는 스파이크를 1년에 4만 번 한다. 스파이크는 어깨와 무릎, 발목, 아래 등의 근건 조직에 급성과 만성으로 대단한 부담을 준다. 이런 조직들은 변화하는 위치에서 그리고 발생하는 다양한 힘에 되풀이하여 이용할 수 있을 정도로 강건해야 한다. 흔히 손상은 공에 스핀을 주려고 할 때 일어난다. 따라서 배구 선수의 이런 신체 부위들은 손상을 당할 위험이 상당히 크다.[4~6,8,9]

상대팀의 선수들은 어깨를 최대한 앞으로 굽힌 채로 점프하여 머리 위로 손을 뻗어 스파이

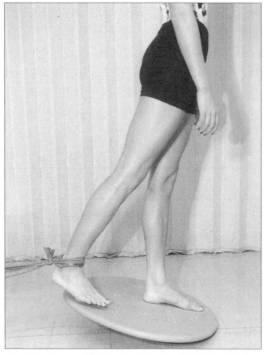 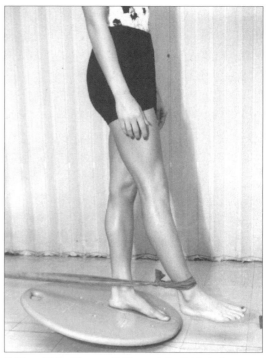

그림 4.10 A. 왼발로 균형 잡고 오른발로 차기. B. 왼발로 균형 잡고 오른발로 저측 굴곡하기

크를 막으려고 할 것이다. 블로커들은 공을 코트의 경계 내에서 공을 뒤로 몰아 히터의 옆으로 보내려고 할 것이다. 2명 혹은 3명의 선수가 스파이크를 막으려고 동시에 점프를 할 수도 있다. 배구 선수의 손상을 조사한 결과 블로킹이 가장 비율이 높은 손상과 관련되어 있었다. 블로킹은 발목 염좌 손상에서 가장 흔한 기전이다.[3~6.8]

공이 블록을 넘어서 스파이크 되면, 블로킹을 한 팀은 수비를 해야 한다. 수비 기술은 패스와 비슷하게 스파이크된 공을 쳐내려는 시도를 뜻한다. 수비의 목표는 공이 바닥에 닿지 못하게 하는 것이다. 선수는 재빨리 움직여야 하는 경우가 흔하다. 때때로 공을 공중으로 떠올리기 위하여 돌진해야 때도 있다. 배구 선수의 손상이 수비와 관련된 경우는 적었다.[4.5.7.9]

1996년에 노르웨이의 바르(Bahr)[2]와 그의 동료들은 센터라인 규칙의 변경을 연구했다. 센터라인에 닿는 것은 위반이라는 규칙이 도입되었다. 이런 변경으로 발목의 염좌 발생 건수가 줄었다. 하지만 새 규칙을 토너먼트 경기에서 시험하자, 센터라인 위반으로 경기가 중단되는 회수가 많아지자 선수들은 이 규칙을 받아들일 수 없다고 느끼게 되었다. 손상 위험을 최소화하는 이 규칙을 연습 동안에 실시하려면 합당한 선택이 있어야할 지도 모른다.

외적 요인
바닥

배구는 경기하는 바닥이 다양하다는 점에서 다소 독특한 스포츠 중의 하나이다. 부드러운 바닥에서 경기를 할 때 손상이 감소한다는 증거가 있다. 한 연구에서, 콘크리트나 리놀륨 같은 딱딱한 바닥에서 경기한 선수들보다 남 바

닥에서 경기한 선수들 사이에서 슬개골 건염이 적게 나타났다. 다른 스포츠 선수들은 바닥이 딱딱하면 신체에 더 안 좋을 수 있다는 사실을 인식하고 있다. 많은 장거리 달리기 선수들이 아스팔트 위에서 하는 훈련과 관련된 충격을 피하기 위하여 흙길이나 자갈길에서 훈련을 한다. 대학팀의 일류 배구 선수들을 조사한 결과 모래로 된 바닥에서는 나무 바닥보다 손상이 5분의 1로 줄었다고 보고되었다.[4] 잔디 위에서의 손상 발생률에 대해서는 현재 자료가 많이 없다.

경기 수준

경기에는 많은 변수가 있을 수 있기 때문에 팀간의 손상 발생률을 비교하기는 어렵다. 하지만, 수준 높은 경기와 손상 발생 빈도의 증가 사이에는 어떤 관계가 있는 것으로 보인다. 1995년 미국 올림픽 페스티발에서, 훈련과 시합 중에 25시간 당 1건의 비율로 손상이 발생했다.[4] 참가 선수들은 평균 연령이 20세였고 대학팀의 일류 선수들이었다. 1987년 전미 아마추어 배구 토너먼트에서, 시합 중 손상 발생 비율은 50시간 당 1건이었다. 이 선수들은 연령층도 다양하고 기술 수준도 다양했다. 그렇게 작은 규모의 선수 집단에게서 결론을 내리기는 어렵지만, 기술 수준이 높아지면 선수들이 손상을 당할 위험도 커지는 것으로 보인다. 이류 선수들은 훈련 시간이 더 많고, 따라서 신체에 축적된 압박 때문에 더 손상당하기 쉬울 수도 있다. 또 다른 이론은 경기의 강도가 높아질수록 손상의 위험도 커진다는 것이다.

흔히 일어나는 손상과 재활

배구에서 발생하는 손상의 역학은 손상에 대한 많은 조사 방법에 공통되는 문제 때문에 고전하고 있다. 즉, 손상에 대한 정의가 여러 가지 연구들 사이에서 다양했던 것이다. 한 해 중

에 발생하는 손상이 소급하여 조사되었다. 스코틀랜드 전국 리그에 출전한 선수들 가운데, 손상 발생 비율은 53%로 알려졌다. 손상의 정의는 '2일 이상 경기에 출전하지 못하게 하는 비정상 상태'였다. 이런 손상의 대부분은 심각한 정도가 크지 않았고, 2주 이상 결장하게 하는 손상은 26%에 불과했다.[9] 미국 대학팀의 일류 배구 선수 93명 가운데 손상 비율은 한 해 동안 81.7%였다. 이 연구에서, 손상의 정의는 '최소 1일 경기에 출전하지 못하게 하는 이상 상태'였다. 이런 손상의 대다수는 4일 미만 결장하게 했다.[4]

재활의 목표는 기능 회복이다. 스포츠 특유의 관계에서, 이것은 손상의 기전을 확인하고 정확한 진단을 내려 재손상의 위험을 극소화하면서 손상당한 선수가 경기와 훈련에 복귀할 수 있도록 치료 계획을 짜는 것을 의미한다. 물론 치료 계획은 손상의 종류에 따라 다를 수도 있다. 즉, 만성용 손상을 치료하는 방식과 급성 타박상이나 염좌를 치료하는 방식은 다르다. 따라서 무엇보다도 정확하고 완벽한 진단을 내리는 것이 중요하다. 이것은 선수가 어떤 손상을 당할 위험이 있게 할 수도 있는 요인을 확인하고, 가능하다면 발생한 손상의 종류에 특성을 부여한다는 뜻이다. 키블러[2]와 그의 동료들은 급성 손상, 만성 손상, 만성 손상의 급성 악화를 포함하는 제시 방식을 토대로 손상의 종류를 확인했다.

손상을 당한 선수는 통증(행동 중이나 휴식 중에)이나, 붓기, 경직, 홍반, 그저 예전 같지 않은 실력 등 갖가지 증상을 보일 수 있다. 키블러[32]와 그의 동료들은 이것을 '임상 증상 콤플렉스'라고 설명한다. 일반적으로 증상은 손상 기전 때문에 발생한 조직의 변경이나 피해를 반영한다. 이것을 '조직 손상 콤플렉스'라고 한다. 이런 손상의 결과 또는 손상으로 인한 비정상적인 동작 패턴의 결과로서, 이것을

'조직 과부하 콤플렉스' 라고 한다. 기타 조직과 구조가 받는 압박이 커진다. 이런 구조적 결함은 '기능 생체역학적 결함 콤플렉스' 라고 일컬어지는 기능과 생체역학(즉, 기술)의 결함으로 이어진다. 또한 이 때문에 선수는 동작 이행의 쇠퇴를 보정하려고 시도하는 한편 증상을 최소화하기 위한 노력으로 새로운 동작 패턴을 대신 쓰게 된다. 이런 비임상적 적응 콤플렉스는 다른 조직의 과부하, 손상, 증상, 생체역학적 결함, 더 나아가서는 (부)적응으로 이어질 수 있다. 이런 식으로, '악순환'이 자리 잡는다. 근력, 유연성, 고유수용성, 지구력, 적절한 기술을 강조하는 포괄적인 재활 프로그램에 의해 중재되지 않는 한, 이 악순환은 장기화되고 흔히 손상에서 불완전하게 회복되게 할 수 있고, 그에 따라 선수는 장기적 기능 이상을 초래하는 만성 손상이나 재발의 위험에 빠진다.

여러 가지 종류의 손상에 대한 정확한 치료 방법이 다양하기는 하지만, 손상 치료 과정은 크게 급성 단계, 회복 단계, 마지막으로 기능 단계의 세 단계로 나뉠 수 있다. 악순환에서 다른 부분은 선수가 치료를 진행해 갈 때 다루어진다. 급성 단계에서는 선수의 증상을 치료하고 손상당한 조직을 고칠 기회를 갖는다. 흔히 하는 치료 방법에는 항염제와 진통제 치료, 열 양식(즉, 얼음찜질과 상황에 따라 열 찜질), 손상당한 부위의 보호와 휴식이 있다. 재활 보호 단계 동안, 손상 조직은 계속 치료한다. 생체역학적 변경과 그 후에 일어나는 조직의 과부하를 확인하고, 유연성과 운동 사슬을 통한 고유수용기에 감응하는 신경근육 훈련을 포함하여 점진적인 강화와 조절 프로그램을 통해 치료해야 한다. 회복 단계를 마무리할 때가 되면, 선수는 드디어 복귀하게 되면서 스포츠 관련 기능 운동으로 진행시킬 준비가 되어 있다. 이 기능 단계에서는 선수의 손상 재발 위험을 극소화하기 위하여 강조점이 재활에서 '재활 전(前)'으로 바뀐다. 우리는 배구와 관련하여 가장 흔한 손상을 다루면서 본 장을 끝내고자 한다.

회선건개 건증
손상의 생체역학

어깨 손상은 배구 선수 손상의 8~20%를 차지한다. 가장 많이 영향을 받는 근육은 이두근과 회선건판이다.[4,7,9] 어깨관절은 인체에서 가장 운동범위가 큰 관절이다. 안타깝게도, 이 가동성은 관절의 안정성을 결핍되게 한다. 인대 구조와 섬유연골성 관절와순이 별도의 정적 안정성을 제공하는 반면, 회선건개근은 어깨 관절을 동적으로 안정시킨다. 이런 구조들은 관절와 내에서 상완골두의 동작 조절과 함께 움직인다.

인대 구조들은 극단적인 어깨 동작에 안정성을 주는 반면, 어깨 근조직은 어깨의 동작 범위 내내 상완골과 견갑골의 동작 조화를 위하여 주동근과 길항근의 정확한 짝힘과 동시활성 체계를 통해 움직인다. 어깨 근육조직은 상지의 토크를 아주 크게 생성하지 않는다. 배구공을 스파이크하거나 서브하는 데 필요한 에너지의 약 85%가 다리와 등에서 생성된다. 하지만, 사슬의 근위 분절이 손상을 당하면, 흔히 그보다 멀리 있는 분절이 결손을 "보충"하려고 한다. 따라서 그 부분들은 손상당할 위험이 더 커진다.

쓸 수 있는 어깨 범위 전체에서 관절 동작의 순간 중심의 혼란을 극소화함으로써, 회선건개는 운동 사슬의 근위 말단에서 상지로 에너지를 최대한 전이시킨다. 이 과제를 완수하기 위해서는 운동 사슬 전체에서 미세한 협응작용이 필요하기 때문에, 최적의 어깨 기능은 견대뿐만 아니라 힘과 몸통에서도 근력과 유연성의 균형 유지에 달려 있다.

되풀이되는 과부하와 심한 외상을 통해 어깨 안정 계통이 손상된다면(조직 손상 콤플렉스), 선수는 증상을 최소화하고 동작 이행은 지속하기 위한 노력으로 동작 패턴을 변경하여 대체하기 시작할 것이다(비임상적 적응 콤플렉스). 결과적으로 이것은 운동 사슬 내에 있는 다른 구조의 손상 위험을 높인다(조직 과부하 콤플렉스). 통증, 동작 범위의 제한, 근육 약화/불균형 이 모두가 어깨 관절 기능을 손상시킬 수 있다. 변경된 견대 기전의 빈도 높은 징후 하나는 견갑골 기능장애이다. 최근에 스파이크 하는 팔의 어깨에 통증이 있거나 없는 일류 배구 선수들을 대상으로 한 연구 결과, 통증을 호소하는 선수들에게서 거의 보편적으로 견갑골 기능장애가 기록되었다. 조사에서 그들의 견갑골이 외전되었고('견갑골 활주'), 어깨 후방에 있는 근육 조직은 꽉 조여서 영향을 받는 어깨의 내회전을 제한했다. 근육 불균형은 관절와에서 상완골두의 전방 병진을 높이면서 어깨 조절의 손상을 일으킬 수 있다. 사실상 '기능상 불안정한' 어깨를 만드는 것이다. 이 때문에 선수는 극상근의 충돌과 관절와순의 마모 위험에 처하게 된다.

재활

회선건개 손상은 일반적으로 과사용 손상이다. 회선건개을 구성하는 4개의 근육 가운데, 가장 많이 손상당하는 근육은 극상근이다. 이런 관찰 내용에 대해서는 주로 해부학적으로 설명한다. 즉, 극상근 건은 상완골두에 삽입하는 오훼견봉돌기(coracoacromial) 인대와 견봉 하부 공간에서 움직이기 때문에 반복적인 오버헤드 동작의 압박을 주기적으로 받으면 손상당하고 염증을 일으킬 수 있다. 조직 손상이 일어남으로써 기전은 제1기 현상이 될 수 있고 그 점에서 회선건개는 시간이 흐르고 나이를 먹고 과사용 할수록 정말 악화된다. 하지만, 선수에게

조직 손상은 일반적으로 견갑골 기능장애와 그로 인한 어깨 관절의 동적 불안정 때문에 일어나는 부차적인 현상이다. 선수가 증상을 호소할 즈음에는, 극상근 건에 조직학적인 염증의 증거가 거의 나타나지 않기 때문에 건염이 아니라 '건병증(tendinosis 또는 tendinopathy)'이라고 진단하는 것이 더 알맞을 것이다. 징후를 보이는 선수는 일반적으로 스파이크나 서브할 때와 같은 머리 위 동작에 대하여 앞쪽의 어깨 통증을 호소할 것이다. 신체 검진을 할 때 선수는 극상근 건의 착점에서 상완골두를 촉진할 때 민감한 반응을 보일 수도 있다. 소극적인 전진 굴곡이나 수평 내전이 어깨의 내회전과 결합되면 충돌 징조인 통증을 유발할 것이다. 후피막의 긴장은 침범된 어깨의 적극적인 내회전이나 소극적인 내회전 모두를 제한하게 된다. 저항을 받은 회선개가 활성화될 때 통증 억제가 있을 수도 있지만, 회선건개의 파열이나 신경학적인 충돌이 없는 한 진정한 결점은 나타나지 않는다. 비정상적인 위치나 동작의 증거를 찾기 위하여 견갑골을 면밀히 조사할 때, 회선건개의 파열이나 신경손상 없이는 뚜렷한 약화는 없다.

급성 회선건개근의 건병증의 관리는 조직 치유를 촉진시키고, 시합에 출전하지 않고 쉬는 시간과 휴식의 해로운 효과를 극소화시키면서 약물 치료와, 얼음, 초음파, 전기자극, 이온삼투요법과 같은 열 양식의 현명한 사용을 통해 선수의 통증 완화에 초점을 두어야 한다. 일단 선수가 제한된 동작 범위에서 통증이 극미해지면, 그는 재활의 회복 단계로 진행할 수 있다. 이 단계는 동작의 범위, 강화, 어깨 조절을 강조한다(제6장에 그림으로 설명되어 있다). 스포츠 종목과 관련이 높은 활동은 재활의 기능 단계에서 다시 도입한다. 세 번째이자 마지막인 이 단계 역시 회선건개를 손상당하게 했을 수도 있는 손상을 근원적인 생체역학적 결함과 무증상

표 4.1 회선건개 건증의 재활

I. 급성 단계

목표 : 증상 완화, 활동적인 동작 범위 개선, 어깨 조절 프로그램 시작, 체력 유지

개입 : 수동적인 양식, 활동적인 동작 범위/스트레칭 운동, 등척성 운동, 닫힌 운동 사슬 운동, 적절한 휴식

II. 회복 단계

목표 : 근력 증진, 동작 범위 개선, 어깨 조절 개선, 유연성 불균형 처리

개입 : 활동적인 동작 범위/스트레칭 운동, 먼저 어깨 안정 근육 강화 후 회선건개을 분리시키는 구심성과 원심성, 등척성에서 필요한 운동으로 나아간다. 스포츠 특유의 동작 패턴으로 진행

III. 기능 단계

목표 : 파워 증진, 지구력 향상, 스포츠에서 필요한의 기능 회복(스파이크와 서브하기)

개입 : 전체 운동 사슬을 강화시키는 운동, 구체적인 동작 패턴을 강조하는 상지 플라이오메트릭, 기술 분석

적응을 확인하려고 한다. 일단 선수가 통증 없는 동작 범위를 통해 스포츠 특유의 기술을 이행할 수 있으면, 경기에 복귀해도 좋다. 표 4.1은 회선건개 건병증을 위한 포괄적인 재활 프로그램을 요약한 것이다.

견갑골상부의 신경병증
손상의 생체역학

견갑골상부의 신경병증은 배구 선수를 비롯하여 오버헤드 스포츠에 관여하는 선수들에게서 발견되는 이상 상태이다. 최고 수준의 독일 배구 선수들을 대상으로 한 연구에서 66명의 선수들 가운데 32%가 이 상태인 것으로 나타났다.[23] 1985년 유럽 선수권 대회에서, 조사한 선수 96명 중 13%가 SSN을 겪고 있었다. 배구 선수들은 견갑골상부의 신경이 전적으로 운동 신경인 말단 가지가 극하근으로 지나가는 극관절와(spinoglenoid) 절흔에서 압박을 받는 것으로 보인다. 1985년부터 1996년까지, 페레티(Ferretti)[24]와 그의 동료들은 배구 선수들에게서 분리된 극하근의 위축 증세를 38건 관찰했다. 처음 조사를 할 당시에는, 38명의 선수 중 35명이 통증이 없어서 어깨의 외회전 근육의 강화 운동으로 치료되었다. 이 35명 중 16명과 평균 5.5년이 지난 후에 연락을 취했다. 그 당시 13명은 여전히 배구에 관계된 일을 하고 있었고, 3명은 증상 없이 은퇴했다. 처음에 통증이 있어서 수술을 받았던 3명의 환자들은 모두 손상을 당하기 전 수준에서 경기를 할 수 있었다.[24]

견갑골상부의 신경병증은 "플로터" 서브의 결과로 발생하는 것으로 여겨진다.[22] 이 서브를 할 때, 선수는 공을 친 직후 머리 위에서 팔로우 스루를 멈추어야 한다. 이런 서브는 팔의 속도를 낮추기 위하여 극하근의 강력한 원심성 수축을 일으킨다. 그로 인한 수축은 근신경 접합

그림 4.11 폼롤러을 앞뒤로 움직이면서 동적 조절을 위한 엎드려 팔굽혀펴기.

부에서 극관절와 절흔으로의 견인과 신경의 압박을 일으키는 것으로 여겨진다.[21] 배구선수, 특히 일류 수준에 가까운 선수들은 경기에 참가하기 전 신체 검진에서 극하근의 근력을 검사받아야 한다. 배구 선수가 아닌 운동선수들에게서는 이 부위의 압박이 거의 보이지 않는다. 보다 흔한 부위는 극상근과 극하근의 결합을 일으키는 견갑골상의 절흔에 있다.

재활

견갑골상부의 신경병증은 종종 통증이 없이 때문에, 대부분의 선수들은 약물 치료를 필요로 하지 않는다. 하지만, 신경지배가 불확실하다면, 외회전 근육을 강화시키는 것이 중요하다. 그림 4.11부터 4.15까지는 어깨 안정과 회선건개 강화 운동을 나타낸 것이다. 환자가 통증을 겪고 있다면, 환자의 최고 67%가 신경을 압박하는 결절종(ganglion cyst)를 갖고 있을 수 있으므로 수술로 압박을 없애기 전에 MRI 촬영을 크게 고려해 보아야 한다.[21]

견갑골상 신경을 압박하면서 공간을 차지하는 장애를 가진 27명의 환자들 가운데 21명은 결절종 때문인 것으로 나타났다.[25] 기록된 낭포가 없는 환자들의 경우 수술 치료 대 비수술

치료에 대하여 약간의 논쟁이 벌어지고 있다.[21]

손의 손상
손상의 생체역학

손의 손상은 흔히 스파이크 된 공을 막으려고 시도할 때 생긴다. 네덜란드의 배구 선수 226명이 4년 동안 손에 235건의 손상을 입었다.[26] 염좌와 좌상이 가장 흔했고(39%), 이어서 골절(25%)과 타박상(16%)이 많았다. 나머지 20%는 탈구, 말래핑거(mallet finger), 개방성 상처가 차지했다. 손의 손상의 37%는 선수가 수비를 하는 동안 일어났으며, 블로킹하는 동안 36%, 넘어지면서 18%의 손상이 생겼고, 공을 스파이크하는 동안 생긴 손상은 8%에 불과했다. 엄지와 새끼손가락은 가장 상처받기 쉬운 지골이다.

엄지의 중수수지 관절(metacarpophalangeal joint)은 인대 손상을 가장 빈번하게 받는 곳이었다.[26] 엄지의 요골측부인대(radial collateral ligament)(중수수지 관절)는 특히 블로킹을 하는 동안 손상당하기 쉽다. 하지만, 이런 손상은 척골측부인대나 사냥터지기 엄지의 손상과 달리 심각한 장애를 일으키지 않는다. 어떤 선수가 반지를 끼고 있다가 반지가 네트에 걸려서 반지를 낀 손가락을 거의 절단하게 되었다. 이런 경우는 경기를 하는 동안 선수는 절대 보석류를 착용해서는 안 된다는 점을 강조한다.

배구 선수들이 손에 당할 수 있는 기타 손상에 두상골(piciform bone)의 골절과 같은 것이 있다. 두상골 골절이 바닥과 접촉 때문인지 아니면 공과의 접촉 때문인지는 분명하지 않다.[27] 또 다른 손상은 전완장 공이 증후군(antebrachial-palmar hammer syndrome)이다. 이 상태가 생기는 원인은 척골동맥(radial artery)과 요골동맥(ulnar artery)의 둔한 외상 때문이며 이들 동맥의 혈관 경련을 일으킬 수도 있다. 한 무리의 배구 선수들 가운데 이 증후군

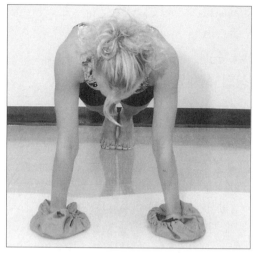 

그림 4.12 엎드려 팔굽혀펴기, 어깨 수평 외전, 내전, 순환 동작을 위한 동적 안정

을 가진 환자가 3명 있었다.

이 증후군의 증상은 통증, 말단 청색증, 맥박이 뛰지 않음 등이 있다. '팬케이크' 작전이 이 두 가지 손상의 원인이 될 수도 있다. 이 작전에서는 수비 선수가 손바닥이 바닥을 향하게 하고 손가락을 쭉 펴서 자신의 손을 공 밑으로 살짝 넣어야 한다. 제대로 하면 공이 바닥에 닿지 않으므로 경기가 계속 이어진다. 하지만, 이 작전은 손을 빠르게 움직이는 스파이크된 공과 바닥 사이에 억지로 밀어 넣는 것이기 때문에 손에 손상을 입기 쉽다.

재활

대부분의 손가락 염좌와 폐쇄 골절은 부목을 대거나 테이프를 감아서 치료될 수 있다. 테이프를 감을 경우, 손상당한 손가락을 옆에 있는 건강한 손가락과 함께 감는데, 이렇게 하면 기능적으로 부목을 댄 효과가 있다. 엄지는 테이프를 감는 데 알맞지 않지만, 지지 테이프를 감으면 테이프가 중수수지 관절 염좌의 통증을 줄일 수 있다. 대개 엄지 나선상 붕대 감기가 경기에 복귀할 수 있도록 충분히 지지해준다. (제6장 다이빙의 그림 6.19를 보시오.) 급성 단

그림 4.13 흔들림에 대응한 어깨 안정화 운동

계에서 얼음찜질은 언제나 유용하다.

급성 무릎 손상
손상의 생체역학

다행히도 급성 무릎 손상은 거의 일어나지 않지만, 한 번 발생하면 경기에 복귀할 때까지 막대한 시간 낭비를 초래할 수 있다. 가장 흔한 손상 기전은 공격 지대에서 점프를 한 후 다른 선수의 발 위로 착지하는 것이다. 무릎에서 가장 많이 손상당하는 인대는 전십자인대 (anterior cruciate ligament, ACL)인데, 여기에는 종종 반월판 손상이 수반된다. 전십자인대와 관련된 무릎 손상자 52명중에서 여자가 남자보다 더 많았다.[29] 여자를 남자와 비교했을 때 배구를 하는 동안 전십자인대 손상과 관련된 위험에 대해서는 더 많은 자료가 필요하지만, 배구에서 여자가 이 손상을 당할 위험이 더 크다는 것을 암시하는 경험 사례는 많이 있다. 남자와 여자의 손상 위험이 이렇게 분명하게 불일치하는 원인에 대해서 사람들은 많은 추측을 해 왔다. 그 원인이 여러 가지인 것은 분명하다. 제시된 원인들에는 인대 이완이 더 많음, 전반(recurvatum) 증가, 무릎의 외반각이 더 큼, ACL이 지나가는 대퇴의 관절구 사이의 절흔이 더 좁음, 남녀 사이에 슬건과 사두근의 다양한 염증 등이 있다. ACL의 재활에 대해서는 제10장과 제14장에서 다룬다.

슬개골 건염, "도약 선수 무릎"
손상의 생체역학

슬개골 건염, 이른바 "점퍼스 니(jumper's knee)"는 배구 선수에게서 가장 흔한 과사용 손상이다.[4,7,16] 무릎 관절은 인체에서 가장 긴 지레 팔인 대퇴와 다리를 연결한다. 따라서 무릎 관절은 고도의 힘을 견뎌야 하며 손상을 당하기 쉽다. 슬개골은 무릎의 생체역학에서 아주 중요한 역할을 한다. 사두근이 작용하는 모멘트 팔을 늘임으로써, 슬개골은 신근 힘 생성량을 약 50% 늘리면서 무릎 신근 토크를 증대시키고 사두근육군의 역학적 이점을 높인다. 사두근의 활성화에서 생성된 힘의 일부는 슬개골을 거쳐 무릎 관절의 회전 중심부로 향한다. 슬

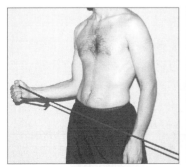 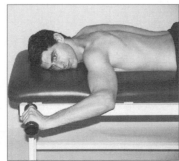 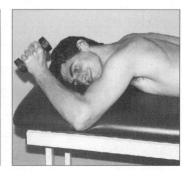

그림 4.14 터빙과 덤벨을 이용하여 외부 어깨 회전을 강화시키는 운동

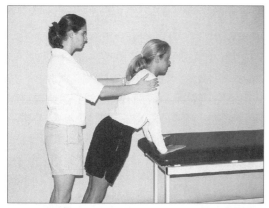
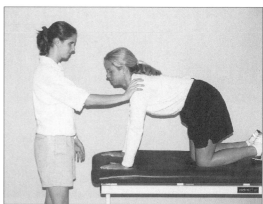

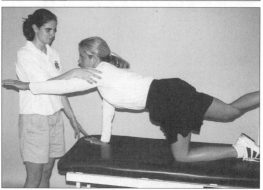

그림 4.15 폐쇄 사슬을 강화시키는 운동

개골과 대퇴골의 관절 작용력은 대퇴골에 대한 슬개골의 압박을 측정하는 기준이며 무릎의 굴곡 각도와 가해지는 하중에 달려 있다. 일반적으로 무릎 굴곡 각도가 커지면, 증가하는 힘을 분산시키기 위하여 슬개골과 대퇴골의 접촉 부위가 커진다. 무릎을 깊이 구부리면 체중의 8배에 가까워질 수 있다. 슬개골과 대퇴골의 관절 최대 작용력은 구부린 무릎의 각도가 60~90°일 때 발생한다. 놀랍지 않게도, 연구 조사 결과 무릎 관절 동력학과 도약 선수 무릎(즉, 슬개골 건염) 사이에 서로 관계가 있다는 사실이 밝혀졌다. 한 조사 결과는 스파이크와 블록 점프를 하는 동안 최대의 지면 작용력을 견디는 배구 선수가 슬개골 건염의 증상이 있을 가능성이 더 높다는 사실을 입증했다. 비슷

하게, 스파이크 점프를 한 후 착지하는 동안 무릎을 가장 많이 구부리는 선수도 도약 선수 무릎을 겪을 가능성이 더 높았다.[18] 그밖에 예상 요인에 운동량을 포착하려는 노력에서 사두근이 빠르게 원심성으로 활성화되는 때인 착지하는 동안 높은 무릎 신근의 모멘트가 있었고, 이것이 도약하는 동안 내측 경골의 비틀림을 증대시켰다.

병인학적 조사 결과, 슬개골 건염은 무릎 신근의 반복적인 하중 부가 기전과 관련 있음이 나타났다. 도약 선수 무릎은 점프 훈련의 빈도에 따라 증가하며, 딱딱하고 무자비한 바닥에서 훈련하거나 경기하는 선수들 사이에서 더 많다. 흥미롭게도, 한 연구 결과 도약 선수 무릎 증상이 있는 배구 선수들이 원심력 생성을 강

조하는 표준 점프 테스트에서 무증상 선수들보다 실제로 더 뛰어나다는 사실이 드러났다.[17] 이것은 점프를 잘 하는 선수들이 슬개골건(patellar tendon-bone) 접합부에 대한 하중을 늘리면서 무릎 신근을 더 잘 활성화시킬 수 있다는 것을 암시한다. 이것은 슬개건의 미세한 국부 파열을 일으킬 수 있다. 만약 이를 적절하게 치료하지 않는다면, 완전한 파열로 진행될 수 있다.

재활

도약 선수 무릎 증상이 있는 선수들은 종종 슬개건의 수점이나 근위경골의 착점 부분에서 무릎 앞면의 통증을 호소한다. 초기에는 증상이 훈련이나 경기 후에만 나타날 지도 모른다. 하지만, 상태가 악화되면 훈련이나 경기에 참가하기 전이나 하고 있는 중에도 나타나며 결국 참가를 못할 정도로 심각해진다. 일반적으로 증상은 점프를 할 때 야기되며 장기의 무릎 굴절(극장에서 앉아있을 때처럼)에 의해 악화될 수도 있다.

손상 기전은 일반적으로 배구와 같이 점프를 많이 하는 스포츠의 선수들에게 가해지는 반복적이고 만성적인 과부하이다. 신체 검진을 해도 이상 상태에 따라 발견된 사실이 거의 없거나 포착하기 어려울 수도 있다. 촉진할 때 건 착점에서 집중적으로 민감한 곳이 있을 수 있고, 슬개골과 대퇴골의 압박 때문에 아픈 것으로 입증될 수도 있다. 힙 굴근, 대퇴근막장근(tensor fasciae latae)과 장경인대(iliotibial band), 슬건, 비복근-가자미근이 조여질 때, 힙 외회전 근육의 결함이 나타날 수도 있다.

운동 사슬 전체를 정밀 검사하면 경직된 요족(cavus)을 포함하여 손상 이전의 증거나 손상의 근원 요인이 나타날 수도 있다. 지나치게 내전하거나 Q각도가 클 수도 있기 때문에 내측 사두근의 기능 부전이 선수가 비정상적인 슬개골 궤적의 근원일 수 있다. 따라서 재활의 초점은 하지 전체의 근력과 유연성의 불균형 교정에 맞추어야 한다. 초기에는 등척 운동으로 시작하여 원심성 근력 훈련을 강조하는 점진적인 기능향상이 가능하도록 진행하면서 슬개골의 하중을 최소화하는 무릎 굴곡 각도에서 강화 운동을 해야 한다. 부목을 받치거나 테이프를 감아 비정상적인 슬개골 궤적을 교정하려고 시도하는 것도 치료에 도움이 될 수 있다. 표 4.2에 도약 선수 무릎 증상에 대한 재활 원리가 요약되어 있다.

발목 염좌

손상의 생체역학

외측 발목 염좌는 배구와 관련된 가장 흔한 손상이다. 전체 손상의 15~65%를 차지한다.[1,4,7,9] 진정한 의미에서 발목 관절은 거퇴골(경비골~거골) 관절로 구성되지만, 실제적으로는 '발목'에 거골하 관절도 포함된다. 배구에서 전형적인 손상의 기전은 대부분 블로커가 동료 선수의 발이나 센터라인을 넘어온 상대팀 스파이커의 발에 착지하는 네트 플레이에 관계한다.[1] 블로커가 착지할 때, 착지와 관련된 지면 작용력을 수용하여 분산시키기 위해서 발목을 저측 굴곡된 상태로 한다.

이렇게 되면 뒤쪽의 거골 천장이 앞쪽보다 좁아지기 때문에, 이것은 해부학적으로 발목에 불리한 자세이다. 발이 발바닥 쪽으로 굽혀지면, 본래 진정한 발목 관절의 이완이 커진다. 고르지 못한 바닥에 착지할 때, 동적(근육의) 발목 안정 근육이 보상할 수 없다면, 발목을 소극적으로 안정시키는 인대에 갑자기 과부하가 가해진다.

발이 내번되고 거골하 관절이 지나치게 외전할 때, 인대에 가해지는 하중은 예상 가능한 패턴으로 일어나는데, 그것은 인대가 하나 이상 기능하지 않는 상태로 이어질 수 있다. 먼

표 4.2 점퍼스 니(jumper's knee)의 재활

Ⅰ. 급성 단계

목표 : 증상 완화, 통증 없는 동작 범위로 회복, 체력 유지

개입 : 수동적인 양식(PRICE), 활동적인 동작 범위/스트레칭 운동, 사두근의 등척성 운동, 닫힌 운동 사슬 운동(닫힌 운동 사슬의 무릎 굴곡을 50°로 제한), 적절한 휴식

Ⅱ. 회복 단계

목표 : 하지와 몸통의 유연성 향상(특히 슬건), 차단하여 근력과 유연성의 핵심 불균형과 하지 다름, 무릎에서의 고유수용성 향상

개입 : 활동적인 동작 범위/스트레칭 운동, 사두근의 원심성 운동, 기능적인 동작 범위를 통한 닫힌 운동 사슬 운동

Ⅲ. 기능 단계

목표 : 스포츠 종목 관련기능 동작의 회복(반대 방향으로의 운동과 쪼그리고 점프하기)

개입 : 치료 및 예방상 필요할 경우 부목 대기, 플라이오매트릭, 기술 분석 등을 포함하여 스포츠 종목 관련 기능 동작의 진행

저 전거비인대(anterior talofibular ligament : ATFL)가 기능하지 않고, 이어서 종비인대, 후거비인대가 차례로 기능하지 않는다. 가벼운 염좌(1등급)의 경우에는, ATFL이 그저 늘어나기만 할 수도 있다. 보다 심각한 손상에서는(2등급) 인대가 하나 이상 부분적으로 파열될 수도 있는 반면, 3등급 손상은 외측 인대가 하나 이상 완전히 파열된 것을 가리킨다.

내번 발목 손상을 당한 선수는 대개 손상의 심각성에 비례하여 기능 장애가 즉각적인 손상에 대해서는 명확한 손상 기전을 상기한다. 선수는 분명히 '퍽' 하고 터지는 것을 느꼈을 지도, 어쩌면 소리를 들었을 지도 모른다. 조기 검진을 할 때, 붓기의 정도는 일반적으로 손상의 심각성과 상호 관계가 있다. 손상 때문에 인대가 완전히 파열되었다면, 전방견인검사(anterior drawer test)에서 현저하게 방어하지 못할 때는 양성으로 반응할 것이다. 본래 이완된 인대인지의 가능성을 배제하기 위하여 양쪽을 반드시 비교해야 한다. 이전에 손상당한 병력에서 전에 존재하는 불안정을 알 수도 있다. 선수는 그와 관련된 인대에 대하여 민감하게 반응할 것이다. 촉진 검진을 할 때는 관련된 근위 종아리뼈(메종뉴브요도절개) 골절이나 5번째 허리뼈의 외측면으로의 착점에서 떨어져 나온 비골건의 적출 손상 가능성을 배제하기 위하여 다리와 발을 모두 해야 한다.

재활

1등급과 2등급 손상은 3등급 손상보다 많으며, 비수술적인 방법으로 치료될 수 있다. 처음에는 적극적인 웨이트 베어링과 동작 범위로 시작하여 실전에 복귀하기 전에 강화와 고유수용성 재훈련 운동으로 진행시킨다. 모든 발목 염좌에 대해서 가장 중요한 초기 치료는 PRICE(보호, 휴식, 얼음찜질, 압박, 거상)이다. PRICE를 얼마나 오래 해야 하는 지는 손상의 심각성에 달려 있다. 일반적으로 부종이 가라앉을 때

표 4.3 급성 발목 염좌의 재활

Ⅰ. **급성 단계**

목표 : 증상 완화, 활동적인 동작 범위 개선

개입 : 수동적인 양식(PRICE), 지지물(테이프나 보형물), 활동적인 동작 범위/스트레칭 운동, 등척 운동, 개방 동력 사슬 운동, 견딜 수 있는 웨이트 베어링

Ⅱ. **회복 단계**

목표 : 근력과 근지구력 증진, 발목의 자기자극감수 향상

개입 : 활동적인 동작 범위/스트레칭 운동, 등척 운동, 폐쇄 동력 사슬 운동, 자기자극에 감응하는 운동

Ⅲ. **기능 단계**

목표 : 스포츠 특유의 기능 회복(폭발적인 점프, 착지, 커팅)

개입 : 자기자극에 감응하는 운동, 스포츠 특유의 기능 진행, 민첩성 훈련과 플라이오메트릭 포함

까지 며칠만 치료하면 된다. 흔히, 요법에 비스테로이드성 항염제(NSAIDS)가 2~3주 동안 추가된다. 통증과 붓기가 커지지 않고 발목이 체중부하 운동과 같은 활동을 견딜 수 있을 때까지는 그런 활동으로부터 발목을 보호해야 한다.

인대 조직은 울프의 법칙(Wolff's law)에 따라 치료한다. 원래 이 법칙은 조직은 그에 가해지는 압력에 대하여 치료한다는 것이다. 그러므로 손상당한 발목이 견딜 수 있게 되는대로 동작 범위와 기능 저항 활동을 시작한다는 것은 의미가 통한다. 모든 재활 단계에서, 부종과 반상 출혈이 재발하는지 여부에 의해 진행을 평가할 수 있다. 이런 증상이 악화되면, 재활은 '지나치게 빨리 추진' 하는 셈이다.

초기 염증을 치료한 후, 다음 재활 단계는 동작 범위를 회복하는 것이다. 선수에게 엄지발가락으로 알파벳을 쓰게 하면 발목의 완전한 동작 범위를 시험할 수 있다. 그 후에 심하지 않은 체중부하 운동에 들어갈 수 있다. 다음에는 고유수용성 운동을 해야 한다. 선수가 단번에

한 쪽 다리로 균형 잡기를 함으로써 간단하게 시작할 수도 있다. 일단 발목이 튼튼해지면, 양팔 교차시키기로 난이도를 높이는데, 나중에는 한 발로 균형을 잡는 동안 눈을 감을 수도 있다. 가슴에서 팔을 양팔을 교차시키고 눈을 감음으로써, 선수는 그 밖의 균형 잡기 방법을 고려하지 않고 그에 따라 고유수용기에 더욱 의지하게 된다.

또 다른 고유수용성 발목 프로그램은 선수에게 현관에서 손상당한 발목으로 균형을 잡고 서게 한 후 양팔을 90°외전시켜서 현관을 좌우에서 '밀어내게' 하는 것이다. '균형을 잡을' 때 선수는 내번과 외번 근육의 고유수용기를 자극하면서 동시에 근육을 강화시키는 것이다.

훈련실과 물리치료실에서는 흔히 뱁스보드(biomechanical ankle platform system: BAPS), 경사판, 발목 디스크를 이용한다. 표 4.3에는 급성 외측 발목 염좌의 재활 원칙이 요약되어 있다.

기타 손상

허리 손상

허리 손상은 배구 관련 전체 손상의 최고 14%를 차지한다. 요통은 점프와 신전과 회전에 의해 척주의 후방구도에 대한 반복적인 부하에 의해 직접 영향을 받지만 착지 시 척주에 전해지는 힘에 의해서도 영향을 받는다. 결과적으로 요통이나 디스크 탈출과 같은 심각한 손상으로 이어질 수 있다. 모든 배구 선수들은 손상을 당하기 전에라도 훈련에 허리 굴곡, 신전, 회전 운동을 포함시키면 아마 도움이 될 것이다. 하지만, 일단 허리와 복부에 손상이 발생하면 그런 운동은 재활에 필수적인 것이 된다. 선수들은 모래처럼 보다 부드러운 바닥에서 훈련하거나 경기하는 것을 고려할 수도 있다.

심장 손상

배구를 하는 동안 심근 경색이 일어난 경우가 한 건 보고된 바 있다. 41세의 한 남자가 스파이크된 배구공을 가슴에 맞았다. 그는 급성 심근 경색을 일으키는 외상성 관상 동맥 혈전증을 경험한 것으로 여겨졌다.[30] 하지만, 이 환자는 이미 관상 동맥 질환에 대하여 알고 있었고, 아마 공을 가슴에 맞았을 때 플라크가 파열되면서 경색을 일으켰을 수도 있었다.

경기 복귀

배구 선수들은 코트에 복귀하기 전에 정상적인 그대로 근력, 평형성, 고유수용성뿐만 아니라 유산소 지구력을 충분히 갖추어야 한다. 선수는 완전히 출전하기 전에 세션당 발을 최대 200~300회 접촉하면서, 상지와 하지 모두의 플라이오매트릭 운동을 해야 한다. 하지 플라이오매트릭에는 양다리와 한 다리 호핑, 뛰어내렸다 튀어오르기, 박스점프를 포함시킨다.

상지 플라이오매트릭에는 무게가 나가는 공 토스하기와 엎드려 팔굽혀펴기 하면서 박수치기를 포함시킨다. 선수가 경기에 대한 준비를 갖추었는지를 확인하기 위하여 왕복달리기, T-러닝, 카리오카 같은 민첩성 훈련을 해야 한다.

배구 선수들은 스파이크와 수비 기술도 연습해야 한다. 일단 이런 기술을 잘 조절하여 정확하게 할 수 있다면, 경기에 복귀해도 좋다. 이상적으로는, 이 때 통증이 없어야 한다.

참고문헌

1. Bahr R, Karlsen R, Lian O, et al: Incidence and mechanisms of acute ankle inversion injuries in volleyball. Am J Sports Med 22(5): 595-600, 1994.
2. Bahr R, Lian O, Bahr IA: A twofold reduction in the incidence of acute ankle sprains in volleyball after the introduction of an injury prevention program: A prospective cohort study. Scand J Med Sci Sports 7(3):172-177, 1997.
3. Briner WW, Kacmar L: Common injuries in volleyball: Mechanisms of injury, prevention and rehabilitation. Sports Med 24(l):65-71, 1997.
4. Pera CE, Briner WW: Volleyball injuries during the 1995 U.S. Olympic festival. Med Sci Sports Exerc 28(5S):738, 1996.
5. Goodwin-Gerberich SG, Luhmann S, Finke C, et al: Analysis of severe injuries associated with volleyball activities. Phys Sports Med 15(8):75-79, 1987.
6. Schafle MD: Common injuries in volleyball. Sports Med 16(2):126-129, 1993.
7. Schafle MD, Requa RK, Patton WL, et al: Injuries in the 1987 National Amateur Volleyball Tournament. Am J Sports Med 18(6): 624-631, 1992.
8. Watkins J. Injuries in volleyball, in Renstrom

PAFH (ed): Clinical Practice of Sports Injury Prevention and Care. Oxford: Blackwell Scientific Publications, 1994, pp 360–374.

9. Watkins J, Green BN: Volleyball injuries: A survey of injuries of Scottish National League male players. Br J Sports Med 26(2):135–137, 1992.

10. Surve I, Schwellnus MP, Noakes T, et al: A five-fold reduction in the incidence of recurrent ankle sprains in soccer players using the sport stirrup orthosis. Am J Sports Med 2(5):601–606, 1994.

11. Hughes LY, Stetts DM: A comparison of ankle taping and a semirigid support. Phys Sports Med 11(4):99–103, 1983.

12. Laughman RK, Carr TA, Chao EY, et al: Three-dimensional kinematics of the taped ankle before and after exercise. Am J Sports Med 8(6):425–431, 1980.

13. Garrick JG, Requa RK: Role of external support in the prevention of ankle sprains. Med Sci Sports Exerc 5(3):200–203, 1973.

14. Greene TA, Hillman SK: Comparison of support provided by a semirigid orthosis and adhesive ankle taping before, during, and after exercise. Am J Sports Med 18(5):498–506, 1990.

15. Tropp H, Askling C, Gillquist J: Prevention of ankle sprains. Am J Sports Med 13(4):259–262, 1985.

16. Ferretti A, Ippolito E, Mariani P, et al: Jumper's knee. Am J Sports Med 11(2):58–62, 1983.

17. Lian O, Engebresten L, Øvreb RV, et al: Characteristics of the leg extensors in male volleyball players with jumper's knee. Am J Sports Med 24(3):380–385, 1996.

18. Richards DP, Ajemian SV, Wiley JP, et al. Knee joint dynamics predict patellar tendinitis in elite volleyball players. Am J Sports Med 24(5):676–683, 1996.

19. Brenneke SL, Morgan CJ: Evaluation of ultrasonography as a diagnostic technique in the assessment of rotator cuff tendon tears. Am J Sports Med 20(3):287–289, 1992.

20. Olive RJ Jr, Marsh HO: Ultrasonography of the rotator cuff tears. Clin Orthop 28(2): 110–113, 1992.

21. Briner WW, Benjamin HJ: Volleyball injuries managing acute and overuse disorders. Phys Sports Med 27(3):48–58, 1999.

22. Ferretti A, Cerullo G, Russo G: Suprascapular neuropathy in volleyball players. J Bone Joint Surg 69A(2):260–263, 1987.

23. Holzgraefe M, Kukowski B, Eggert S: Prevalence of latent and manifest suprascapular neuropathy in high-performance volleyball players. Br J Sports Med 28(3):177–179, 1994.

24. Ferretti A, De Carli A, Fontana M: Injury of the suprascapular nerve at the spinoglenoid notch the natural history of infraspinatus atrophy in volleyball players. Am J Sports Med 26(6):759–763, 1998.

25. Fritz RC, Helms CA, Steinbach LS, et al: Suprascapular nerve entrapment: evaluation with MR imaging. Radiology 182:437–444, 1992.

26. Bhario NH, Nijsten MWN, van Dalen KC, et al: Hand injuries in volleyball. Int J Sports Med 13:351–354, 1992.

27. Israeli A, Engel J, Ganel A: Possible fatigue fracture of the pisiform bone in volleyball players. Int J Sports Med 3:56–57, 1982.

28. Kostianen S, Orava S: Blunt injury of the radial and ulnar arteries in volleyball players: A report of three cases of the antebrachial-palmar hammer syndrome. Br J Sports Med 17(3):172–176, 1983.

29. Ferretti A, Papapndrea P, Conteduca F, et al: Knee ligament injuries in volleyball players. Am J Sports Med 20(2):203–207, 1992.

30. Grossfield PD, Friedman DB, Levine BD: T

raumatic myocardial infarction during compet itive volleyball: A case report. Med Sci Spor ts Exerc 25(8):901–903, 1993.

31. Ferretti A, Puddu G, Mariani PP, et al: Jum per's knee: An epidemiological study of voll eyball players. Phys Sports Med 12(10): 97–103, 1984.

32. Kibler WB, Herring SA, Press JM: Function al Rehabilitation of Sports and Musculoskelet al Injuries. Gaithersburg, MD: Aspen Publish ers, 1998.

33. Oka H, Okamoto T, Kumamoto M: Electro myographic and cinematographic study of the volleyball spike, in Komi P (ed): Biomechan ics of Volleyball. Baltimore: University Park Press, 1976, pp 326–331.

34. Kluka D, Dunn P: Volleyball, Winning Ed ge Series, 4th ed. New York: McGraw-Hill, 2000.

35. Baechle TR, Earle R: Essentials of strength training and conditioning. Champaign, IL: H um Kinet 2nd edition, 2000.

추천 참고문헌

Cian O, Holen KJ, Engebresten L, et al: Relatio nship between symptoms of jumper's knee a nd the ultrasound characteristics of the patell ar tendon among high level volleyball player s. Scand J Med Sci Sports 6(5): 291–296, 19 96.

Ferretti A: Volleyball Injuries, 1st ed. Lausanne, Switzerland: International Volleyball Federati on, 1994.

Ferretti A, Papandrea P, Conteduca F, et al: Kn ee ligament injuries in volleyball players. A m J Sports Med 20(2):203–207, 1992.

Kugler A, Krüger-Franke M, Reininger S, et al: Muscular imbalance and shoulder pain in vol leyball attackers. Br J Sports Med 30:256–25 9, 1996.

Lucs J: Pass, Set, Crush: Volleyball Illustrated. Wenatchee, WA: Euclid Northwest Publicatio ns, 1993.

Richards DP, Ajemian SV, Wiley JP, et al: Kne e joint dynamics predict patellar tendinitis in elite volleyball players. Am J Sports Med 24 (5):676–683, 1996.

Thacker SB, Stroup, DF, Branchem CM, et al: T he prevention of ankle sprains in sports. Am J Sports Med 27(6):753–760, 1999.

Whiting WC, Zernicke RF: Biomechanics of Mu sculoskeletal Injury. Champaign, IL: Human K inetics, 1998.

CHAPTER 5

수 영

Charles Shapiro

수영은 세상에서 가장 대중적인 스포츠중의 하나가 되었다. 수영대회의 종류는 우호를 다지기 위한 간단한 경기에서부터 올림픽을 포함하는 세계대회까지 다양한 범위에 걸쳐 있다. 수영은 종종 지역공원과 레크리에이션 프로그램과 유태인들의 시민문화회관인 YMCA 그리고 미국 전역의 수영 클럽에서 시합을 하게 되는 7살 나이의 수영선수의 경우처럼 매우 어린 나이에 시작하게 된다. 이런 수영 프로그램들은 미국의 수영시합의 기반을 형성하며 미국의 대학이나 U.S. 올림픽 팀에 참가하는 것으로 수영의 경력을 쌓게 되는 많은 운동선수들을 배출한다. 수영이라는 스포츠에서의 대부분의 초보운동선수들은 자연적인 재능과 타고난 운동능력 때문에 두각을 나타낸다. 고등학교와 대학교의 정예의 수영선수가 되기 위해 팀의 수영시합의 등급(순위)을 통해 실력을 쌓아가는 운동선수들은 타고난 재능만으로는 그들의 경쟁력을 유지하게 하기에는 충분하지 않다는 것과 머지않아 트레이닝과 코칭이 성공의 중요한 요소라는 것을 알게 될 것이다. 수영시합에서 손상은 늘 일어나는 일이며 손상으로 인해 성공의 성취정도나 수영선수의 경력정도를 제한받게 된다.

1990년대 이래로 수영은 고등학교와 대학교의 스포츠에서 뿐만 아니라 레크리에이션 차원에서 대중적으로 인기가 많아졌다. 트라이애슬론과 같은 다중적 스포츠 행사에서 레크리에이션 차원에서 경쟁하는 운동선수의 수는 10대 이전부터 마스터 단계의 운동선수에 이르기까지 다양한 범위에 걸쳐 1990년 이래로 상당히 증가하였다. 일주일에 10번에서 12번의 2시간 동안의 트레이닝에 참여하는 최고급의 운동선수의 경우처럼 경기수영은 차가운 물속에서 이른 아침과 늦은 오후 동안 하는 것으로 잘 알려져 있다. 게다가 이 운동선수들의 대부분은 또한 웨이트 트레이닝, 달리기 또는 사이클링 프로그램에 참여하며 이것은 일주일에 세 번씩 추가하여 30분에서 1시간 동안 이루어지는 트레이닝을 포함하게 된다.[2-4] 지면과 수중에서의 강도 높은 수영훈련의 결합은 결국 신체에 가해지는 육체적인 스트레스로 인한 손상 가능성과 운동선수의 체격 유지에 부정적인 영향을 미칠 것이다.

수영선수들 사이에서 나타는 손상의 대부분은 충돌, 타박상, 그리고 열상 등의 손상이다. 수영선수들은 또한 얼굴과 머리에 손상을 입기 쉽고 특히 플립 턴을 시도할 때 풀장의 벽과 우연히 부딪히는 것과 관련된 발꿈치의 골절 등의 손상을 당하기 쉽다.[2] 이런 손상들은 일반적인 응급처치로 대부분 처리하게 되며 일반적으로 수영선수의 트레이닝이나 시합에는 별 지장을 주지 않는다.

시합에 참여하는 운동선수의 능력을 제한하는 문제들은 과로나 반복적인 외상에서 기인한 근 골격 문제들이다. 가장 일반적으로 영향을 받는 신체부위는 어깨, 팔꿈치, 무릎, 발목, 목 그리고 등이다. 이 장은 시합수영선수들에게서 나타나는 일반적인 손상과 질병에 대해 살펴볼 것이다. 수영 스트로크의 생체역학을 검토해 봄으로써 이 장은 특별한 상황에서의 일반적인 근골격계 손상이나 가장 빈번하게 발생하는 수영 스트로크를 다룰 것이다.

수영의 생체역학

유체역학

유체역학은 유체의 운동, 유체 속에 떠 있는 단단한 신체에 작용하는 힘과 그것과 관련된 동작 등을 다루는 과학이다. 운동 시 인간 동작에 대한 과학이 생체역학이다. 수영에 의해 야기된 손상을 토론하기 위해서 우리는 수영선수에게 가해지는 유체역학적이고 생체역학적인 측면을 고려해 보아야 한다. 수중환경에 독특한 역학적인 요소는 인력(drag; form, wave, frictional)이다. 물속에서 수영선수의 동작에 의해 생기는 인력은 수영하는 동안의 동작수행에서 중요한 역할을 하게 된다. 몸을 유선형으로 유지하여 팔 동작을 하는 것이 수영의 역학에 영향을 미치는 수영선수들이 사용하는 테크닉이다.

자세인력

자세인력은 몸이 물속에서 이동할 때 몸의 자세에 따라 신체에 가해지는 저항력이다. 몸이 더 수평으로 될수록 자세인력은 더 적어질 것이다. 수평으로부터 각이 만들어지는 물속에서의 모든 신체 자세가 수영선수의 표면적을 증가시키고 자세 인력을 증가시키게 될 것이다. 신체자세의 모든 측면 돌출 또한 자세인력을 증가시킨다. 그것은 수영선수의 전두면을 증가시키게 되는데 이것은 물속을 통과하여 수영선수가 앞으로 이동하는 것을 둔화시키는 결과를 초래한다. 마찬가지로 이것은 추진력을 발휘하는 근육에 가해지는 부담을 증가시킨다. 유선형의 수평 자세가 물속을 통과하여 스피드를 높이는 데 가장 바람직하다.

물밑에서의 수영은 표면에서의 수영보다 저항력이 덜 하게 되는데 이것은 자세 인력이 물의 표면에서 최대가 되기 때문이다. 이것은 시합에 참여하는 수영선수들이 출발과 터닝 시에 물속에서 더 오래 머물기 때문이다. 평영, 배영 그리고 접영으로 출발과 터닝을 할 때 물밑에서 수영하는 시간의 양을 제한하기 위한 규칙이 제정되었다. 물밑에 있는 동안 숨을 참음으로써 에너지 소비가 증가하게 되는 것은 특히 수영시합의 하위순위에서, 물 속 수영으로 단축시킨 기록을 깎아 먹게 된다.

파동인력

파동인력은 풀장에서의 수영선수에 의해 만들어진 바람이나 물결의 와류 때문에 생긴 물의 증가된 저항이다. 호수나 대양에서 수영할 때 파동인력은 바람, 보트 그리고 물의 흐름으로 인해 일어날 수 있다. 풀장에서 수영할 때 파동인력은 물을 통과하는 수영선수의 동작에 의해 만들어진 풀장의 바닥과 양 측면으로부터 물이 되튀어 오르는 결과이다.

파동인력은 풀장에서 물결이 퍼지는 레인의 선을 사용함으로써 감소시킬 수 있다. 레인 라인은 레인을 분리하기 위해서뿐만 아니라 레인 사이의 물의 파동을 줄이기 위해서 만들어진 것이다. 레인 라인의 디자인과 그 적용방법이 풀장마다 다양하며 "스피드"를 내는데 중요한 역할을 할 수 있다.

파동인력은 또한 깊은 풀장에서는 감소하게 되는데 물은 바닥에서 되튀어서 표면으로 되돌아갈 기회가 더 적어지게 된다. 공식적인 레이스 코스는 적어도 1.2m 깊이이며 더 깊어지는 경우가 많다. 시합에서의 풀장은 시합에서의 시간을 증가시키기 위해 이런 특징을 가지고 만들어지며 미국에서의 최고의 풀장들은 1.8m에서 2.7m 깊이이다.

마찰인력

신체에 난 털과 물 사이에서 만들어지는 마찰을 마찰인력이라고 부른다. 수영복에 사용하는 물질은 물속에서 몸의 마찰인력을 감소시키는 성질 때문에 선택하게 된다. 수영모자와 몸에 난 수염을 깎는 것은 마찰인력을 감소시키기 위해 사용하는 전략이기도 하다.

유선형과 팔 젓기 동작

수영에서 작용하게 되는 두 가지의 추가적인 유체역학적인 원리가 유선형과 팔 젓기 동작이다. 유선형은 물속에서 수평을 유지하기 위한 운동선수의 능력이다. 유선형은 물속에서 몸을 효과적으로 앞으로 추진시키는데 중요하다. 이 수평의 유선형 자세는 출발 시와 회전을 하는 동안 가장 두드러지게 나타난다. 수영 스트로크를 하는 동안 이런 유선형 자세로부터 사지와 몸통 동작이 일탈을 일으키게 된다.

팔 젓기 동작은 진로방향에서 사각으로 물속에서 일어나는 손동작을 기술하기 위해 사용되는 용어이다. 이것이 물속에서 몸의 전방추진을 만들어 내게 된다. 몸을 당기는 단계에서 손이 만들어내는 힘은 물속에서의 손의 각도와 속도 또는 속력에 달려 있다. 손의 표면적은 또한 힘을 발생시키는 한 가지 요소가 되며 손의 표면적을 증가시키기 위해 훈련에서는 때때로 물갈퀴 장갑이 사용된다.

유체역학의 응용

수영에서의 스피드는 수영선수가 힘을 얼마나 발생시키는가 하는 것에 달려 있다. 수영선수가 발생시키는 힘이 전부 물속에서 몸을 앞으로 전진시키는데 사용되지는 않는다. 물의 내재적인 성질 때문에 수영선수가 발생시키는 힘의 대부분이 움직이는 물속에서 분산된다. 이것은 모래에서보다 잔디밭과 같은 단단한 표면 위를 달리게 되는 달리기 경기에서 출발을 더 강력하게 할 수 있는 것과 유사하다. 수영에서 정지해 있는 물을 밀어내는 것은 수영선수가 움직이는 물을 밀어내는 것보다 전방으로의 추진력을 더 많이 생성할 수 있게 한다.

스트로크의 생체역학

수영시합에서 다양한 스트로크를 먼저 보지 않고 수영의 손상을 토론하고 각각의 스트로크에 대해 독특한 생체역학을 기술하는 것은 불가능하다. 수영의 생체역학은 이장에서의 중요한 핵심내용-수영시합에서 발견되는 일반적인 손상에 대한 논의 그리고 그것의 예방과 재활-과 관련하여 필요한 범위에서 검토할 것이다.

첫 번째로 각 스트로크의 생체역학을 논하기 전에 다양한 스트로크 사이에서 나타나는 유사성을 제시함으로써 수영 스트로크의 역학에 대한 일반적인 기술내용을 살펴보는 것이 도움이 될 것이다.

수영 스트로크의 각 단계들

네 가지의 수영시합에서의 스트로크를 비교하였을 때 팔 동작과 관련하여 차이점보다는 유사성을 더 많이 찾아볼 수 있다. 자유형과 배영을 관찰해 봤을 때 우리는 교대하여 팔을 입수하는 패턴과 함께 비대칭적인 상호 패턴으로 팔을 사용하게 된다는 것을 알 수 있다. 접영과 평영에서는 양측적인 대칭적 동작으로 사용하게 된다.[2,4] 힘주어 젓기 단계는 물속에서 수영선수의 전방 추진을 만들어내는 팔 스트로크의 물밑 부분이다. 수영 스트로크의 되돌리기 단계는 스트로크가 물에서 벗어나 있는 부분이다.

수영에서의 다양한 스트로크사이에 다리를 사용하는 것은 상당히 변화하게 된다. 자유형과 배영에서 수영선수는 물속을 통과하여 앞으로 나가기 위해 플러터 킥이라고도 부르는 비트 킥을 교대로 사용하게 된다. 접영에서는 돌핀 킥이라고도 불리는 양측적인 대칭적 진동(물결치는, 파동치는, 기복)동작을 사용한다. 평영 킥이나 윕 킥은 다리를 양측적으로 대칭적으로 사용함으로써 두 다리를 몸통 쪽으로 구부리고 그리고 나서 강력하게 내밀고 뻗어서 내전시키게 된다.

자유형과 배영에서, 목과 몸통 둘 다 팔의 비대칭적인 동작을 조정하기 위해 물속에서 몸의 자세를 다시 잡을 뿐만 아니라 수영하는 동안 호흡을 위해 필요한 역학을 제공하는데 있어 중요한 회전을 행하게 된다. 접영과 평영에서는 수영선수가 사지를 양측으로 대칭적으로 사용하면서 물을 통과하여 지나갈 때 몸의 종축 상의 몸통 회전은 전혀 발생하지 않는다. 결과적으로 머리가 물과 수직이 되게 되면 호흡이 이루어진다.

수영스트로크의 단계는 일반적으로 힘주어 젓기 단계와 되돌리기 단계로 나누어진다. 힘주어 젓기 단계는 손의 입수, 잡기, 당기기 그리고 끝내기로 나누어진다. 힘주어 젓기 단계와 되돌리기 단계에서 손의 입수를 포함시키는 것은 힘주어 젓기 단계가 끝나자마자 되돌리기 단계를 시작하게 되는 동시적인 전환 때문이다.

힘주어 젓기 단계

넣기(hand entry) : 손의 넣기는 잡기에 앞서 물속으로 손이 들어가게 되는 스트로크의 시작이다. 평영에서 되돌리기 단계 동안에는 물속에 손이 남아 있게 된다.

잡기(catch) : 잡기 단계는 손의 입수 후에 이어진다. 이것은 일반적으로 손의 젓기 동작으로 구성된다. 이것은 스트로크의 추진적 단계의 시작이다.

당기기(power phase) : 당기기 단계는 잡기 단계의 마지막에 시작하며 스트로크의 중요한 추진력이다. 이것은 안휘감기와 밖 휘감기를 포함할 수 있다.

끝내기(finish) : 끝내기는 힘주어 젓기 단계의 마지막이며 최종적으로 역점을 두는 부분이며 일반적으로 손의 추진적인 젓기 동작으로 구성된다.

되돌리기

되돌리기 단계는 자세를 원위치로 되돌리는 시기이다. 이것은 스트로크의 추진단계는 아니다.

접영

접영의 팔 동작은 일반적으로 돌핀 킥이라고 불리는 다리의 동시적인 양측적 대칭적 파동 동작과 결합하여 일어나는 동시적인 팔의 양측의 대칭적 오버헤드 동작이라고 기술할 수 있다. 접영에서 발을 교대로 차는 행위는 허용되지 않는다. 평영에서처럼 수영선수들은 터닝하기 전에 두 손으로 벽을 터치해야 한다(그림 5.1에서 5.4).

접영은 어깨에서의 동작에 있어 자유형과 중요한 생체역학적인 유사성을 갖게 된다. 접영은 힘을 파동을 위한 짧은 축으로 삼아 양측의 대칭적 동작으로서 수행하게 된다. 긴 축을 가로지르는 바디 롤은 바디 롤이 불필요한 자유형과 배영에서는 일어나지 않는다. 몸통 회전이 부족하면 팔이 물속에서 강력한 스트로크를 만들기에 필요한 깊이를 확보하기 위해 견갑골을 내밀어 외전을 할 필요가 증가된다. 견갑골의 외전 자세가 커지고 중간 견갑골의 고정근육에 대한 요구사항이 증가하는 것 이상으로 힘주어 젓기와 되돌리기 동작과 관련된 근육은 실

그림 5.1 접영 스트로크 입수(Jager의 허락을 받아 게재함)

그림 5.3 접영 스트로크 당기기 단계(Jager의 허락을 받아 게재함)

그림 5.2 접영 스트로크 잡기 단계(Jager의 허락을 받아 게재함)

그림 5.4 접영의 되돌리기 동작

제로 자유형에서와 똑같다.

손이 물속으로 들어간 후에 전완을 내전하고, 어깨를 외전하고 견갑골은 내밀어 외전하고 두 손은 스트로크의 힘주어 젓기 단계를 행하면서 팔꿈치를 약간 굴곡함에 따라 잡기 단계가 일어나게 된다.

자유형에서처럼 광배근, 견갑하근, 대원근과 대흉근은 강력하게 내전하여 힘주어 젓기 단계동안 열쇠구멍으로 가정하면 재 밑 꼭대기 지점에 있게 될 때 어깨를 내회전하게 된다. 당기기 단계와 스트로크의 끝내기동작은 열쇠구멍의 제일 아랫부분에 해당되며 강력한 어깨와 팔꿈치신전으로 구성된다. 전방삼각근과 중앙삼각근, 극상근, 극하근 그리고 소원근은 머리위의 어깨를 되돌리기 단계동안 내회전시키게 된다. 스트로크의 각각의 순환시기동안 굴곡을 위해 오구완근과 상완이두근을 사용하고 신전을 위해서는 상완삼두근을 사용하여 팔꿈치를 굴곡하고 신전하게 된다. 손목굴근, 손목신근, 그리고 손의 내재근 또한 접영에서 행하는 젓기 동작에서 사용된다. 팔을 양쪽으로 대칭적으로 사용하는 것이 비교적 몸통을 안정시키게 된다. 숙련된 접영은 물 표면을 따라 오른쪽으로 치우치게 된다. 힙과 어깨는 위아래로 흔들지만 스트로크를 행하는 내내 어깨는 비교적 안정적인 평면을 유지하게 된다. 물속에서 몸을 들어

올릴 때 역점을 잘 못 두게 되면 수영선수들은 효율성을 감소시키게 되고 에너지를 소비하게 된다. 팔은 되돌리기 단계에서 물을 치게 되고 그리고 나서 어깨는 손의 입수 단계에 이어 바로 물속으로 어깨를 다시 떨어뜨리게 된다. 몸통근육은 물속에서 몸통을 밀어 내는 동안 고정시키기 위한 중요한 역할을 하게 된다.

손이 물속으로 들어감에 따라 수영선수는 풀장의 바닥을 향해 흉골을 누르게 된다. 이것이 힙을 상승시킨다. 힘주어 젓기 단계 동안 힙은 떨어지기 시작하고, 발은 수면을 향해 상승하며 흉골은 위로 올라가게 된다. 팔이 스트로크의 당기기 단계에 도달하게 되면 선수는 물 밖으로 손을 쳐내어 풀장의 바닥 쪽으로 흉골을 누르게 된다. 물속에서 낮게 머무는 것은 자세 인력을 감소시킬 뿐만 아니라 접영에서 힘주어 젓기 단계를 더 효율적으로 만든다. 물속에서 몸을 낮게 유지하기 위해 수직적 상승은 최소화시켜야 한다. 머리를 앞으로 추진하는 것은 파동을 최소화하고 상향 상승을 전방 상승으로 전환시킬 것이다. 스트로크의 역점은 머리, 어깨, 그리고 팔을 상향으로가 아니라 전방으로 추진하기 위한 것이어야 한다.

다리의 위치는 접영에서 효율적인 발차기를 만들어 내는 수단이 된다. 돌핀 킥은 내려차기 (하박, 감퇴) 동작과 올려차기 동작으로 구성된 양측의 대칭적 동작으로 행하게 된다. 다리는 매번 팔 하나의 스트로크를 위해 두 박자 리듬으로 조화롭게 차게 된다.

내려차기 동작은 강력한 몸통과 힙 굴곡으로 시작한다. 이 단계동안의 주요한 추진력을 발휘하는 부분은 복부이다. 핵심근육이 함께 따라오는 사지와 함께 힘을 발달시키게 된다. 이것은 무릎굴곡을 수반하게 되고 내려차기 동작의 완성 시 무릎이 완전한 신전에 도달할 때까지 무릎이 강력하게 신전하게 된다. 수영선수는 후리기 동작을 상상해야 한다. 올려차기 동작을 하는 동안 추진을 위해 발의 최대한의 면적을 제공하기 위해 발목을 족저굴곡 한 채로 양 무릎은 신전된 상태를 유지하게 된다. 몸통과 힙 신전에 기여하는 근육들은 대둔근, 중둔근, 소둔근, 척추기립근과 슬괵근이다. 발목은 후경골, 장비골근과 단비골근의 도움을 받아 비복근과 가자미근에 의한 족저굴곡을 유지하게 된다. 내려차기를 행하는 동안 물로부터 생기는 저항력이 발목을 족저굴곡하는 것을 돕게 된다. 발차기의 올려차기는 주로 힙신근과 보조 근육의 강력한 수축에 의해 주로 만들어진다. 올려차기 동작에서 힙 신전을 하는 동안 슬괵근을 능동적으로 수축함으로써 힙을 신전시키는 힘을 도울 뿐만 아니라 무릎의 전면에 과도한 신전 스트레스를 피하기 위해 굴곡을 향해 무릎을 고정시키는 작용을 하게 된다.

돌핀 킥의 팔 한 개의 스트로크와 두 개의 내려차기 스트로크의 비율은 접영에서 가장 효과적이다. 돌핀킥의 첫 번째 내려차기 동작은 당김 패턴의 입수단계와 잡기 단계 동안에 일어나게 된다. 두 번째 내려차기(주요한 힘)는 당기기 패턴의 끝내기 단계에서 일어나게 된다. 이것의 타이밍이 접영을 효과적으로 하는데 필수이다. 게다가, 몸통의 수직 각도사이의 관계는 완전히 팔을 뻗은 자세를 만들기 위한 능력에 영향을 미칠 것이다.

배영

배영은 물에 등을 대고 누운 상태에서 팔의 오버헤드 동작과 플러터 킥을 교대로 하여 오버헤드 동작에 의해 수행한다. 배영 동작의 규칙은 수영선수가 턴을 하는 동안을 제외하고 반듯이 누운 자세로 수영해야 할 것을 지시한다. 반듯이 누운 자세에서는 휴식이 없으며 배영 선수들은 반듯이 누운 자세에서 옆에서 옆으로 몸을 굴리면서 측면으로 수영을 하게 된다(그림 5.5와 5.6)

그림 5.5 배영 되돌리기

그림 5.6 배영 당기기 단계(Jager의 허락을 받아 게재함)

배영을 위한 팔의 동작과 근육 모집(사용) 패턴은 자유형과 접영 둘 다에서 상당한 유사성을 보여준다. 스트로크는 입수, 잡기, 당기기, 끝내기의 힘주어 젓기 단계와 그리고 되돌리기 단계로 분류할 수 있다. 배영의 힘주어 젓기 단계는 잡기, 당기기, 끝내기로 나눌 수 있다. 되돌리기 단계(물 위) 또한 팔 들어올리기, 중간 되돌리기(중간회복) 그리고 손 넣기로 나눌 수 있다.

어깨에서의 동작은 팔꿈치 신전과 전완의 내전과 함께 배영의 되돌리기 단계 동안 이루어지는 팔의 굴곡과 내회전으로 구성된다. 스트로크의 잡기 단계 동안, 견관절은 외전하고 외회전하며 팔꿈치는 굴곡하게 된다. 스트로크의 당기기 단계 동안, 견관절은 내전하고 내회전

하게 되며 팔꿈치가 아니라 손으로 리드하게 된다. 또한 당기기의 마지막 단계 동안, 팔꿈치는 강력하게 신전하게 된다. 손의 끝내기는 젓기 동작을 보여 준다.

견관절과 그것을 둘러싼 근육조직에 부적절한 수동적인 스트레스를 주지 않고 추진근을 역학적으로 유리한 자세를 취하기 위해 바디 롤이 배영에서 가장 중요하다. 바디 롤은 또한 추진근육에 가해지는 긴장을 줄이면서 인력과 저항을 감소시킨다. 수영선수들은 어깨, 몸통 그리고 힙으로 스트로크를 리드하도록 배우게 되는데 이것이 적절한 되돌리기 단계를 위한 바디 롤을 용이하게 하고 당기기시에 팔을 물 속 깊이 팔을 뻗는 것을 촉진하게 된다. 어깨, 몸통 그리고 힙의 바디 롤은 머리를 항상 위로 들어 인라인에 머물게 할 필요가 있다. 만약 롤이 어깨에서만 일어난다면 마찰인력은 몸통과 힙을 따라 증가하게 될 것이다. 힙 회전은 힙 주어 젓기 단계의 반대쪽으로 일어나게 된다.

배영 네 박자 킥이나 여섯 박자 킥을 사용한 플러터 킥과 결합하게 된다. 킥은 주로 강력한 힙 굴곡과 결합한 신전 그리고 무릎의 신전과 발목의 족저굴곡과 함께 수행된다. 주로 관련된 근육은 대둔근, 사두근, 슬곡근, 후경골근, 장비골근, 단비골근, 비복근 그리고 가자미근이다. 거퇴관절의 배치는 족저굴곡을 하는 동안 불안정성을 제공하게 되므로 발차기를 하는 동안 관절의 인대가 지나치게 스트레칭 되는 것을 피하기 위해 발목의 역동적인 안정성을 제공하기 위해 발목 배굴곡근과 족저굴곡근의 동시수축을 필요로 한다.

평영

평영은 많은 사람들이 마스터하기에 가장 어려운 스트로크중의 하나로 간주하는 것이다. 평영의 순서는 당기기, 숨쉬기, 발차기 그리고 나아가기이다. 평영은 같은 수평면상으로 팔의 동

그림 5.7 평영의 되돌리기 단계(Jager의 허락을 받아 게재함)

그림 5.8 평영의 팔 당기기(Jager의 허락을 받아 게재함)

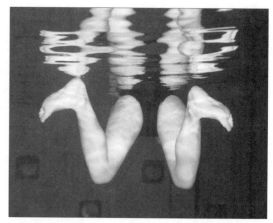

그림 5.9 평영 킥(Jager의 허락을 받아 게재함)

평영의 당기기 단계는 잡기(업스윕과 아웃스윕)와 인스윕으로 더 나눌 수 있다. 잡기 단계는 팔을 완전히 신전하여 시작하여 두 손은 몸의 전면에서 앞으로 뻗는다. 손바닥은 전완의 내전과 어깨의 내회전을 통해 외회전시키게 된다. 두 손은 동작 선에 관하여 약 40도로 차게 된다.[4] 손목은 척측수근굴근, 요측수근굴근 그리고 심지굴근의 수축을 통해 약간 굴곡하게 된다. 팔은 후부의 삼각근, 극하근 그리고 소원근의 작용의 결과로 외부로 그리고 약간 위로 휘젓게 된다. 이 아웃스윕은 두 손이 어깨보다 더 넓게 30cm에서 40cm가 될 때까지 계속된다. 상완삼두근은 팔꿈치를 상대적으로 신전시키기 위해 작용한다.[4]

손바닥을 아래로 그리고 내회전시킬 때 인스윕 단계가 시작한다. 인스윕 동작은 손바닥을 아래로 그리고 내회전하면서 시작한다. 인스윕 동작은 손의 동작선에서 약 40~50도에서 두 손을 뻗으면서 어깨를 향해 측면에서 안쪽으로 향하는 젓기 동작이다. 전완의 회외는 상완이두근과 회외근에 의해 수행되며 극하근과 소원근에 의한 어깨의 회외회전의 도움을 받게 된다. 어깨의 내전과 함께 시작하는 당기기 단계의 피는 동작의 구성요소는 상완이두근과 오

시동작이 필요한 양측의 대칭적인 패턴의 팔 동작으로 수행한다. 두 손을 함께 물의 표면근처의 가슴에서부터 물을 통과하여 앞으로 뻗고 그리고 나서 수영선수를 앞으로 추진하면서 물속을 통해 강력하게 몸을 뒤로 당긴다. 양측의 팔 동작은 웹 킥이나 평영 킥을 수행함에 있어 다리의 양측적 동작과 교대로 이루어지게 된다. 평영선수는 터닝을 수행하기 전에 동시에 두 손으로 벽을 터치해야 한다(그림 5.7에서 5.9).

구완근에 의해 팔꿈치를 굴곡하는 동안 어깨에서의 동작과 대흉근, 대원근, 광배근 그리고 전방 삼각근의 수축에 의해 수행하게 된다. 두 손과 팔꿈치가 가슴과 복부의 바로 아래에서 함께 모아 이 단계가 완성될 때까지 팔을 계속 내전시킨다. 되돌리기 단계는 양팔을 전방으로 뻗는 것으로 구성되는데 이것은 물밑에서 수행하게 되며 다른 스트로크와 비교하였을 때 용어상의 차이를 보여 준다. 당김 패턴의 되돌리기 단계에서 손을 유선형으로 만드는 것이 중요하다. 두 손이 안휘감기 단계의 마지막에 오게 되면 손가락 끝으로 리드하면서 함께 앞으로 이동하기 시작한다. 이 단계는 두 팔을 수영선수 앞에서 완전히 뻗어 다음 밖휘감기 단계를 시작할 준비가 될 때까지 계속된다.

전완의 외전은 안휘감기 내전동작의 마지막에서 두 손을 마주 보게 하여 돌리기 위한 되돌리기 단계의 초기까지 계속된다. 상완삼두근에 의한 회복 단계내내 팔꿈치를 신전하는 동안 팔을 전방으로 되돌리는 것은 부분적으로 전방삼각근과 어깨에서의 굴곡을 위한 상완이두근의 긴 두부에 의해 이루어진다.

평영 킥은 되돌리기 단계와 발차기 단계(안휘감기와 밖휘감기)로 나눌 수 있다. 일반적으로 수영선수는 무릎을 구부리고 발을 떨어뜨리고 그리고 나서 두 무릎을 떨어뜨리게 하는 것을 배운다. 그 다음에 수영선수는 밖으로 발을 차고 돌려서 마지막으로 두 다리를 뻗은 채로 함께 모아 합친다.

발차기의 밖휘감기 단계는 무릎을 90도로 굴곡하고 발을 둔부를 향해 끌어 당긴채로 시작하게 된다. 발의 안쪽이 몸으로부터 벗어나 밖을 향하게 하기 위해 두 발을 외부로 돌린다(외반). 이것은 장비골근과 단비골근의 작용으로 행해진다. 힙의 내회전은 발의 외반과 함께 발생하며 장요근, 대퇴근막장근 그리고 중둔근과 소둔근의 전면섬유에 의해 이루어진다. 발

이 물속을 통과하여 지나갈 때 발의 표면면적을 최대함으로써 발차기로부터의 추진력을 최대화하기 위해 이 시점에서 두 발이 외회전은 매우 중요하다. 두 발을 밖으로, 아래로 그리고 뒤로 민다. 밖휘감기 단계동안 두 무릎은 힙보다 약간 더 넓게 벌려야 한다. 밖휘감기의 핵심부분은 무릎보다 더 넓게 발을 벌리는 것이다. 개구리 킥에서 두 무릎은 두 발보다 더 넓게 벌리게 되는데 이것은 배측측부에 긴장을 덜 주지만 덜 강력한 킥을 발생시키게 된다. 개구리 킥은 수영시합에서는 사용하지 않는다.

발차기의 안휘감기는 발차기 패턴의 가장 넓은 지점에서 시작한다. 발차기의 밖휘감기의 가장 넓은 지점에서 하부의 다리가 안휘감기 단계를 시작할 때 무릎은 상당한 외반 스트레스를 받게 된다. 이것은 무릎의 배측측부를 뻗는 손상에서의 일반적인 역학이다. 발의 진로는 뒤로, 아래로 그리고 안쪽을 향하도록 이어지게 된다. 이 단계는 두 발을 모으고 두 무릎을 곧게 뻗게 될 때 강력한 추진력과 함께 마치게 된다. 안휘감기 동작 내내 슬곡근에 의한 힘 신전과 사두근에 의한 무릎 신전이 계속된다. 다리는 대내전근, 장내전근, 단내전근, 치골근과 박근의 수축을 통해 힘에서 두 다리가 내전된다. 이 단계는 발을 함께 모을 때 또한 대둔근, 봉공근과 중둔근과 소둔근의 후면섬유에 의한 약간의 힘 외회전을 포함한다. 유선형의 자세로 발차기를 마무리하기 위해 두 무릎은 비복근, 가자미근, 후경골근, 장비골근과 단비골근에 의해 족저굴곡된다. 슬곡근 또한 몸을 앞으로 진행해가면서 두 다리를 정렬하기 위해 약간 다리를 상승시키는 역할을 한다.

발차기의 단계 후에 선수는 동작이 느려지기 시작할 때까지 미끄러지듯이 움직이게 된다. 그리고 나서 선수는 두 발을 힙 쪽을 향해 당길 때(약간의 힙 굴곡이 일어나게 된다) 90도로 무릎을 굴곡함으로써 되돌리기 단계를 시작

하게 된다. 이것은 슬괵근, 비복근, 봉공근 그리고 박근을 포함하여 무릎굴근 수축의 결합에 의해 이루어진다. 전경골근과 장지신근은 밖휘감기를 위한 준비로 무릎을 배굴곡하게 되며 이것은 각각 슬괵근과 사두근군에 의해 이루어지는 힘과 무릎신전의 결합이다.

평영의 테크닉은 수년 동안 스트로크의 효율성을 향상시키기 위한 신체의 진동의 중요성을 강조하기 위해 발달되어 왔다. 평영을 하는 동안 물의 표면에 몸을 유지하기 때문에 자세인력은 스피드에 중요한 역할을 하게 된다. 표면저항력은 표면 위나 아래보다 수위(워터 라인)에서 더 커지게 된다. 정예의 평영선수에 의해 사용되는 테크닉은 호흡을 위한 각 스트로크 사이클 동안 물의 표면 위로 상체를 들어올리는 것이며 이후에 발차기 단계동안 표면 바로 아래로 어깨를 던져 넣는 동작이 따라오게 된다. 이 동작은 접영에서처럼 수영선수가 발차기 단계의 마지막에 그리고 스트로크의 글라이드 단계를 향해 가면서 풀장의 바닥을 향해 흉골을 누름으로써 만들어진다. 이 후에 두 다리가 발을 찰 준비를 하고 선수가 호흡을 할 때 힘을 떨어뜨리는 동작이 따라오게 된다. 이것은 최대한의 표면 자세인력의 실제시간을 줄이기 위한 것이라고 할 수 있다. 게다가 이것은 또한 전방추진을 향상시키면서 접영의 파동을 모방하게 된다.

자유형

자유형 동작은 선수가 바람직하다고 여기는 모든 수영 스트로크를 사용하기 위해 선택한 것이기 때문에 그렇게 이름붙인 것이다. 가장 일반적으로 사용하는 스트로크는 오스트레일리안 크롤로 이것은 또한 단순히 프론트 크롤 스트로크(front crawl stroke)라고도 불린다. 이 스트로크는 가장 빠른 시간이 걸리며 다리를 교대로 하여 측면으로 차는 동작(플러터 킥)에 수반

그림 5.10 자유형 되돌리기

그림 5.11 자유형 당기기 단계(풀 페이지)(Jager 의 허락을 받아 게재함)

되는 팔의 오버 헤드 동작을 교대로 행함으로써 이루어진다. 플러터 킥은 6비트의 스트로크에서부터 2비트의 스트로크 사이클 리듬에 걸

그림 5.12 자유형 높은 팔꿈치 자세(Jager의 허락을 받아 게재함)

쳐 있다. 2비트 킥은 전형적으로 장거리 경주에서 사용되는데 그것은 이 테크닉이 더 장거리 레이스를 완성하기 위해 필요한 에너지를 보유할 수 있기 때문이다. 6비트 킥은 전형적으로 더 단거리의 경주에서의 마지막에 사용한다. 자유형 생체역학을 위해서는 그림 5.10에서 5.12를 보라.

손가락 끝과 손으로 팔을 물속으로 최초로 입수시킬 때 시작한다. 팔은 머리와 어깨사이의 중간쯤의 머리 앞에서 뻗는다. 손가락 끝이 먼저 물속으로 들어가고 그 후로 바로 엄지손가락을 약간 아래로 향하게 하는 손 자세가 이어지게 된다. 이것은 전완의 회내와 어깨의 내회전에 의해 이루어진다. 힘주어 젓기 동작은 실제로 손이 물속으로 들어갈 때까지는 시작하지 않는다. 처음에 손가락 끝이 물속으로 들어가게 하는 것이 물의 인력을 최소화하게 손, 손목, 그리고 팔꿈치가 따라가는 물속에서의 공간을 만들게 된다. 손목과 팔꿈치가 물속으로 들어감에 따라 팔이 몸 앞에서 완전히 신전될 때까지 앞으로 뻗기를 계속한다.

잡기단계는 손의 넣기 후에 이어진다. 손목은 굴곡하고 손바닥은 외회전한다. 그리고 나서 이 하향동작의 가장 아랫부분과 가장 넓은 부분에 도달할 때까지 손은 아래와 바깥쪽 그리고 어깨의 바깥쪽을 향해 밀게 된다. 당김 패턴의 가장 아래 지점은 팔의 길이에 따라 물의 표면 아래 50cm에서 70cm 정도가 되며 그것에 반하여 어깨 신근, 내회전근과 내전근이 작동하게 되는 중요한 지렛대를 만들게 된다.

이제 자유형 동안에 견관절의 작용에 대해 토론할 것이다. 스트로크 주기에서 어깨에서의 동작은 외전 및 내전 그리고 이 동작을 하는 동안 기능적인 굴곡과 신전을 만들어내는 내전 및 외전 그리고 내회전 및 외회전의 구성요소로 분류할 수 있다.

스트로크의 되돌리기 단계 동안, 견관절은 외전하고 외회전된다. 잡기와 힘주어 당기기 단계 동안 견관절은 내전하고 내회전된다.[6] 광배근, 대원근, 견갑하근과 대흉근은 강력하게 내전하여 힘주어 당기기 단계 동안 견관절을 내회전시키게 된다. 삼각근, 극상근, 극하근과 대원근은 되돌리기 단계 동안 어깨를 외회전한 자세를 취하게 된다. 우수 수영선수들은 되돌리기 동작 끝에 물속으로 들어갈 때까지 몸 앞에서 팔을 신전하게 놓아둠으로써 몸을 늘리도록 배운다. 이것이 더 유선형이 되도록 해준다.

이 어깨 동작은 상완관절에 상당한 요구를 하게 된다.[6,7] 스트로크의 효율성은 보통의 유연성보다 더 많은 유연성이 필요하다. 이런 극도의 유동성은 안정성을 잃게 하므로 상당한 도전이 된다. 대부분의 관절에서의 안정성은 보통 관절표면의 형태, 정상적인 인대 길이 그리고 주위근육의 능동적인 수축에 의한 동적인 안정화과정을 통해 이루어진다. 상완관절의 동적인 안정화는 부분적으로 관절와에 상완골의 두부를 중심에 놓는 회전건개에 의해 이루어진다. 회전건개와 삼각근은 견갑골을 압박하고 삼각근에 의해 생기는 위에방향으로의 전단력을 대응하는 아랫방향으로의 힘을 만들어 낸다.[8] 어깨관절의 인대가 과사용 되어 늘어나면 어깨관절은 주변근육의 동적 인정에 대한 의존도가 높아지고 조기 피로를 가져온다. 근육을 다시 훈련시키는 것은 기능적인 동작을 통해 관절을 안정시키기에 충분한 패턴으로 근육을 시동하기 위해 필수적인 일이라고 할 수 있다. 게다가 정상적인 견갑골흉부의 리듬을 만들기 위해 흉부에서의 견갑골의 안정화가 필수적이다. 흉부에서의 견갑골의 안정화는 견갑거근, 능형근 그리고 승모근에 의해 이루어진다.[9,10]

팔꿈치에서 굴곡과 신전은 스트로크 사이클의 각 단계 동안 어깨 동작과 협력하여 이루어진다. 잡기 단계동안의 팔꿈치굴곡은 오구완근과 상완이두근의 수축에 의해 이루어진다. 이 동작은 손과 팔의 강력한 외향 동작을 수반하는데 이것이 힘주어 젓기의 초기부분을 만들어낸다.

그 때 상완삼두근은 강력하게 팔꿈치를 신전하게 되는데 이것이 힘주어 젓기의 밖휘감기 부분이 된다. 스트로크 사이클을 통한 몸통의 회전은 손이 물을 통과하여 당길 때 S-모양의 패턴과 같은 것을 만들어낸다. 풀 스루의 S 모양의 패턴은 손이 계속하여 정지해 있는 물과 만나게 되기 때문에 효율성을 증가시키게 된다. 손은 풀장의 바닥과 관련하여 S-모양의 패턴으로 이동하지만 수영선수는 팔을 곧게 뒤로 밀듯이 느껴야 한다. 그것은 신체가 회전하는 것

이지 이런 패턴을 만들어내는 선수의 의도는 아니다. 팔꿈치가 먼저 굴곡하고 나서 다음 스트로크를 시작하기 위해 앞으로 뻗을 때 팔꿈치를 신전하게 되기 때문에 되돌리기 단계 동안 팔꿈치굴근과 신근이 활동적이 된다.

손목굴근, 손목 신근 그리고 손의 내재근들이 엔트리와 힘주어 젓기 동안 손목과 손의 위치를 결정하게 된다. 손의 피치(올려 치기)를 적당히 유지하는 것이 수영선수의 전방으로의 추진력을 만들어내는데 매우 중요하다.

끝내기 단계는 손을 수영선수의 몸 바로 아래에서부터 바깥과 뒤쪽으로 당기는 동작을 취하면서 손을 밖으로 꺼내는 것으로 시작하여 물표면을 향해 위쪽과 뒤쪽으로 당기는 동작을 계속하게 된다. 끝내기 단계는 물에서 손이 드러나면서 끝나게 되는데, 이 때 되돌리기 단계가 시작되게 된다.

되돌리기 단계는 다음 할 동작을 시작하기 위해 앞으로 뻗으면서 물에서 벗어나 지내게 되는 시간이다. 되돌리기 단계 동안 팔꿈치를 높이 들고 굴곡하여 스트로크 사이클 동안 휴식을 갖기 위해 팔을 가능한 한 이완시킨 상태를 유지하도록 한다. 되돌리기는 팔꿈치 상승, 되돌리기 중간부, 그리고 손의 입수의 요소로 더 많이 세분화할 수 있다.

자유형(크롤)의 팔동작 동안 몸통의 회전이 매우 중요하다.[11] 각 스트로크 사이클 동안, 상체는 각각의 방향으로 60도와 80도 사이에서 회전하게 된다. 적절한 몸통 감기가 힘주어 젓기 측면의 팔과 어깨가 물속으로 더 깊이 들어갈 수 있게 하며 이것은 당기는 힘을 더 많이 만들어내며 동시에 되돌리기 측면의 어깨와 팔이 물 밖으로 더 많이 벗어날 수 있게 만들면서 되돌리기 단계 동안 저항력을 줄이게 된다. 바디 롤은 팔을 물 아래로 더 많이 들어가는 것을 용이하게 할 뿐만 아니라 스트로크를 마치기 위한 기동력을 제공하고 잡기 전에 팔을 앞

A. 적절한 몸통 회전

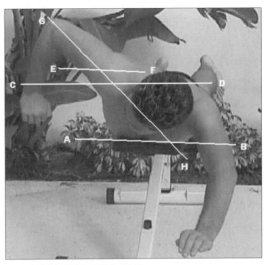

B. 적절한 몸통 회전 부족

그림 5.13 상완관절의 수평 외전과 경부 회전에 대한 몸통 회전의 영향. 충분한 몸통 회전과 함께 (A) 물에서부터 똑같은 양의 엘보우 리프트를 수행하는 동안 견갑골의 관절낭의 후부면에 반하여 사완골의 수평적 외전이 감소하게 된다. 또한 몸통 회전의 라인에 상대적으로 경부회전이 감소하게 된다. AB는 몸통회전 라인을 표시한다. CD는 수선을 표시한다. EF는 견갑골 라인을 표시한다. GH는 상완골라인을 표시한다.

으로 뻗게 하는 동작이다. 감독은 일반적으로 상완삼두근을 신전시키는 끝내기를 강조하지만 이런 식으로 상완삼두근을 사용한다면 피로를 느끼게 된다. 바디 롤에 의해 힘이 제공되는 동안 상완삼두근을 안정장치로 사용한다면 국부적인 근육 피로는 덜 일어날 것이다. 바디 롤은 또한 상완골의 두부를 견갑골과 관련하여 더 중립적인 위치로 유지할 수 있게 하며 이것은 흉근과 광배근사이의 균형을 더 잘 잡을 수 있게 해 주고 따라서 선수가 더 많은 힘을 발휘할 수 있는 능력을 주게 된다. 몸통의 회전은 몸통굴근, 신근 그리고 회전근의 협력적인 수축에 달려 있다(그림 5.13). 등의 부척수근, 몸통의 복횡근 그리고 내복사근과 외복사근을 포함한 전면 복근들 모두 효율적인 자유형 수영에 기여하게 된다.

호흡에 필요한 목회전의 양은 각각의 스트로크 사이클 동안에 이루어지는 몸통의 회전 정도와 직접적으로 관련되어 있다. 몸통회전을 감소시키기 위해서는 목회전을 증가시킬 필요가 있다. 오른쪽과 왼쪽으로 숨을 쉬는 것은 동작의 범위의 균형과 경추와 지원근육조직의 힘을 향상시키게 된다. 모든 스트로크 사이클에서 호흡을 하거나 사이클이 생략될 수도 있다. 수영선수의 호용량에 따라 수영하는 동안 호흡의 연속적 기능장애로 인한 피로의 부담을 줄이기 위해 수영하는 동안 들이마시는 공기를 적절히 확보하는 것이 중요하다. 머리 자세를 고려해 볼 때, 수영선수는 물이 머리의 정수부분을 칠 때 눈은 풀장의 바닥을 향해 초점을 맞추어야 한다. 머리는 몸과 함께 감게 된다.

다리가 힘을 안정시키는 것과 함께 힘 있는 바디 롤에 의해 다리차기를 수행하게 된다. 핵심근육은 두 박자 킥(다리차기)으로 힘을 만들어낸다. 여섯 박자 킥에서는 힘, 무릎 그리고 발목의 근육의 강력한 수축이 있게 된다. 연속적으로 다리를 차는 것은 물속에서 몸통을 안정시키는 역할을 하기 때문에 팔 동작을 효율적으로 하는데 중요하다. 만약 모든 스트로크에서 다리 차기를 협력적으로 함으로써 몸통이 고정되지 않는다면 몸통은 각각의 팔 동작과 함께 물속에서 떠오르거나 가라앉게 될 것이다. 이것이 유선형화와 각 동작의 효율성을 줄일 것이다. 플러터 킥은 교대적인 패턴으로 수행되기 때문에 안정화는 사실상 교대적인 패턴으로 수행하게 된다. 플러터 킥을 잘 실행하는 것은 자유형과 배영 둘 다에서 종축으로 신체를 감을 수 있게 하기 위한 안정적인 지지 기반을 제공하게 된다.

자유형 동안에 여섯 박자 킥과 두 박자 플러터 킥이 두 가지 일반적인 발차기 패턴을 사용하게 된다. 여섯 박자 발차기 패턴은 각 스트로크 사이클 마다 각각의 다리를 세 박자 내려차기와 세 박자 올려차기로 행하면서 만들어진다. 두 박자 킥 패턴은 각 사이클 마다 다리를 각각 한 박자 내려차기와 한 박자 올려차기로 수행하면서 만들어진다.[13] 킥의 올려차기 단계는 두 다리의 되돌리기 단계로 간주된다. 대둔근, 대퇴이두근, 반건양근, 반막양근과 박근으로 능동적인 힙 신전을 수행한다. 무릎은 완전히 신전하게 되며 이것은 올려차기에서 물의 저항에 의해 유지하게 된다. 발목은 가자미근,비복근, 전경골근, 장비골근 그리고 단비골근에 의해 약간 족저굴곡된다. 발목을 족저굴곡하여 유지하는 것은 다리의 되돌리기 단계 동안 지속적인 전방 추진력을 만들어낸다.

발차기(킥)의 내려차기는 발차기의 가장 강력한 단계이며 추진을 담당한다. 강력한 힙 굴곡으로 내려차기를 시작하며 이것은 순서에 따라 강력한 무릎 신전을 수반하게 되는데 이 때 발목은 족저굴곡자세를 유지한다. 이 내려차기 동

작은 장요근과 힙의 복직근, 무릎의 사두근에 의해 만들어지며 비복근, 가자미근, 후경골근, 장비골근과 단비골근이 발목의 족저굴곡을 만들어낸다. 수영선수가 발차기의 올려차기와 내려차기 시에 발목의 족저굴곡을 유지하는 것이 양방향으로의 전방추진력을 만들어내기 때문에 중요해진다. 내려차기 시에는 물의 저항력이 족저굴곡을 지원하나 올려차기 시에는 족저굴곡에 저항하게 된다. 족저굴곡의 자세를 적절히 유지하는 것은 발차기를 하는 동안 발의 표면을 최대화하기 위해 필수적이다.

손상의 예방과 치료

수영은 사지와 척추관절 동작의 극단적인 범위에서 반복적인 요구를 하게 된다.[3,14,15] 동작범위의 끝부분에 가해지는 이런 스트레스는 특히 인대와 관절낭과 같은 근 골격체계의 연조직구조에 극도로 많은 신체적인 요구를 하게 된다. 신체 조직은 관절 가동성, 동적 안정성 그리고 손상을 피하면서 동시에 고도의 수행에 필수적인 기술을 발휘할 수 있도록 최고의 생리학적 수준에서 기능하게 된다. 근육의 기능적인 균형, 인대 그리고 사지와 척추를 지탱하고 이동시키는 연부조직이 있다면 이것은 효율적이고 효과적으로 수행할 수 있다. 한 방향으로 팔을 가속화하는 것은 손상을 피하기 위해 관절의 반대쪽에 있는 근육과 인대로 통제하는 힘을 발생시킨다.[9] 수영에서 사지동작의 생체역학은 육지에서보다 더 복잡한데 이것은 물의 유체역학으로 인해 사지의 표면에 가해지는 저항력 때문이며 이것이 실제로 관절의 지레 시스템을 변화시킨다. 수영에서의 대부분의 손상은 그 본래의 기능을 수행하기 위해 한두 가지의 해부학적 연부조직구조의 불균형이나 실패에 의해 야기되며 이것이 협력근에 비정상적인 스트레스를 주게 된다.

손상의 예방 프로그램은 철저한 재활프로그램과 동일한 모든 요소들을 포함하게 된다. 예방은 신체구조의 해부학적, 생체역학적 그리고 생리학적 특성들을 목표로 하게 되는데 그것은 그런 특성들이 구체적으로 수영에 적용되기 때문이다. 이것은 스트레칭, 근력강화, 심폐지구력 향상, 기술 발달 그리고 손상예방교육 등의 구체적인 프로그램을 포함할 것이다.[16,19] 수영훈련의 신체적인 요구사항에 부응하기 위해 이런 훈련들은 시즌 전 그리고 시즌이 끝난 후의 체력 훈련 프로그램과 통합될 필요가 있다.

체력훈련의 모든 단계들은 수영트레이닝의 시작에 앞서 6주에서 8주 동안 일주일에 적어도 세 번씩 수행할 필요가 있다. 많은 운동선수들은 지속기간을 더 짧게 하여 일주일에 6일 동안을 위한 프로그램으로 세분화하기를 좋아한다. 이것은 3일씩 교대로 다른 근육군을 훈련함으로써 쉽게 행할 수 있다. 만약 일주일에 6일 프로그램을 선택한다면 운동선수는 반드시 각 훈련 사이에 24시간의 휴식을 취하면서 일주일에 세 번씩 각각의 주요 근육군을 사용하도록 해야 한다. 준비운동, 스트레칭 그리고 정리운동은 매일 수행해야 한다. 격렬한 트레이닝 후에 늘 하는 일상적인 얼음찜질은 많은 도움이 될 수 있다.

준비운동

일반적인 준비운동은 모든 훈련에 앞서 하기에 좋은 활동이 된다. 심장을 펌프질하고 혈액을 원활히 흐르게 하는 것이 근육과 관절이 수영의 스트레스를 견딜 수 있도록 준비시킨다. 덧붙여, 준비운동의 시간은 선수에게 다가오는 훈련을 위해 정신적으로 마음의 준비를 갖출 기회를 주게 된다. 몇 가지 경우에 지면에 고정된 장비는 일반적인 준비운동을 위해 사용하기에 유용할 수 있지만 가벼운 수영을 통해 준비운동을 할 때의 효과를 대체하지는 못한다. 완벽한 팔동작으로 느린 속도로 수영함으로써 준비운동을 하는 것은 속도와 컨디션을 위해 수영할 때 후에 사용할 모든 근육을 준비시키게 될 것이다. 자유형, 배영과 평영을 준비운동과 통합함으로써 좋고 균형 잡힌 준비운동을 할 수 있다. 이런 영법에 포함된 팔 스트로크와 다리 차기는 상당한 가동범위의 동작과 근육수축을 통해 척추와 사지가 격렬한 트레이닝에 적절히 준비할 수 있게 한다. 준비운동동안 접영을 피해야 한다. 접영은 근육에 대해 준비운동 수준의 강도를 넘어서는 강력한 팔 동작을 수행하게 된다.

준비운동은 33% 정도까지 권장하는 코치들도 있으며 적어도 전체 수영 훈련의 20%를 차지하게 된다. 훈련이 다리운동에 중점을 두게 되면 선수는 두 팔이 상대적으로 운동이 부족해지기 때문에 두 팔을 사용한 가벼운 수영을 통해 팔을 따뜻하게(웜 업) 하기 위한 몇 분이 필요하다는 것을 기억해야 한다. 팔에 대한 준비운동과 유사한 가벼운 수영의 정리운동은 전체 훈련의 약 10%를 차지하게 된다. 정리운동은 격렬한 훈련을 하는 동안 축적되는 신진대사의 노폐물을 처리하는 것을 돕게 되며 또한 훈련의 준비운동동안 훈련을 받는 근육에 공급되는 신선한 혈액 속에 포함된 영양분으로 근육을 채우는 역할도 하게 된다.[21,22]

스트레칭

스트레칭 프로그램은 수영선수의 나이에 관계없이 트레이닝이나 시합을 위한 수영의 모든 과정에 앞서 시작해야 한다. 수영에서의 전통적인 일상적 스트레칭은 목, 어깨, 몸통, 허리 그리고 다리(햄스트링)의 근육조직의 스트레칭을 강조하게 된다. 수영에서 사용되는 대부분의 사지 관절들은 중간범위로 근육을 늘려 사용하게 되며 그렇기 때문에 수영의 스트레스로 인한 손상이나 기능장애를 덜 겪게 된다. 스트레칭은 근육의 길이와 유연성(탄성)을 늘리는 것을 목표로 하게 된다. 근육의 길이가 늘어나는 것은 관절이 제약을 받지 않고 동작의 더 넓은 범위를 통과할 수 있게 하고 탄성의 증가는 근육이 테어링(찢어짐)을 당하지 않고 더 길어질 수 있게 함으로써 근육에 충격을 흡수하는 성질을 갖게 해 준다.

스트레칭은 물속에서도 또는 물 밖에서도 행할 수 있다. 스트레칭은 모든 수영 트레이닝, 수영시합 또는 근육과 관절에 고도의 요구를 하는 모든 다른 훈련 프로그램에 앞서 준비운동의 일부로 수행해야 한다. 많은 트레이너들은 스트레칭에 앞서 가벼운 훈련을 행하는 것이 근육의 온도를 높이고 유연성을 향상시킬 수 있다. 그러나 많은 사람들은 이것이 생리학적인 측면이라기보다는 심리적인 과정이라고 믿고 있다.[19]

느리고, 지속적인 스트레치는 탄성적인 스트레칭보다는 손상을 덜 일으킬 것 같다. 근육에 가해지는 빠른 스트레치는 그 근육의 근방추를 자극하여 스트레치 되는 근육의 수축을 용이하게 한다. 상호억제의 원리(반대근육의 반사억제)를 통해 스트레치 되는 근육에 대립하는 작용을 하는 근육을 수축하는 것이 스트레치 되는 근육을 순간적으로 이완시킨다. 근육의 이완은 동일한 근육의 스트레칭을 더 쉽게 된다. 스트레칭 하는 동안 호흡과 조화를 이루는 것이 그 근육이 이완하는 것을 도울 수 있다. 스트레치 하는 방향으로의 누르는 힘에 맞춰 숨을 내쉬도록 하되 "코를 통해 들이마시고, 입을 통해 내쉬는" 식으로 깊은 호흡을 하는 것이 스트레치를 용이하게 하기 위해 권해지는 방법이다. 스트레치는 30초 동안 유지되어야 하며 10초 동안의 휴식이 따라오게 된다. 각 스트레치는 세 번에서 다섯 번 반복하여 행해야 한다.[19] 다음에서는 수영에 앞서 행하게 되는 일반적인 스트레치에 대해 기술할 것이다.

모든 스탠딩 스트레치는 발을 힙 넓이만큼 벌리고, 두 무릎은 중립 위치나 편하게 힘을 약간 앞으로 굽힌 상태에서 똑바로 서서 시작한다. 허리는 약간 앞으로 내밀면서 가슴을 뒤로 젖히되 목은 가볍게 당긴 상태로 수직으로 세운다. 이것을 스탠딩 스트레치 자세라고 부른다.

스탠딩 스트레치 자세에서 옆으로 몸통을 굽혀서 하는 스트레치도 가능하다. 선수는 두 손을 하늘을 향해 뻗고 하며 교대로 한 손을 다른 손보다 더 높이 스트레치 한다. 이 자세는 물속에 있는 신체의 유선형 자세를 흉내 내게 되며 흉곽과 측면 몸통 근육조직까지 스트레치하게 된다. 이 스트레치는 오른쪽과 왼쪽으로의 측면 몸통굴곡(측면 구부리기)을 추가함으로써 변화시킬 수 있다. 만약 교대로 하는 스트레치를 선택할 경우, 운동선수는 스트레치에 회전적 요소를 도입하지 않도록 하기 위해 머리와 몸통이 전방을 향한 자세를 유지하도록 주의를 기울여야 한다.

스탠딩 자세에서 발끝을 손으로 닿는 것은 허리 신근과 햄스트링을 스트레치 할 것이다. 이 스트레치는 출발 대에 있을 때 필요한 유연성을 만들어준다는 점에서 중요하다고 할 수 있다. 호흡을 위해 머리를 물 밖에서 유지할 때 등의 신근을 지나치게 사용되기 때문에 수영선수에게 있어 등의 신근이 단축되는 것을 종종 발견할 수 있다. 이것은 선수들에게서 요추부가 전안되는 경향을 보이게 된다. 이 스탠딩 스트레치는 트레이닝의 초기에 가장 효과적이다. 근육경직이 심해지면 발가락을 닿는 스트레치는 스트레칭시 허리신근만을 분리하기 어렵기 때문에 덜 효과적이다. 이것은 햄스트링에 신속한 스트레치를 발생시키며 이것은 근육의 길이를 늘이기 위한 목표에 역효과를 가져온다.

두 손을 양 힙에 놓고 나서 오른쪽과 왼쪽으로 교대로 몸통을 회전시킴으로써 서 있는 동

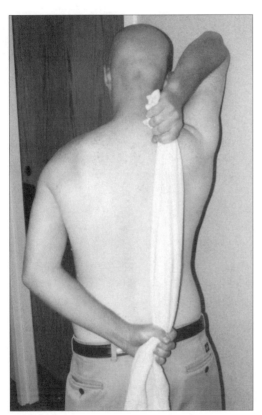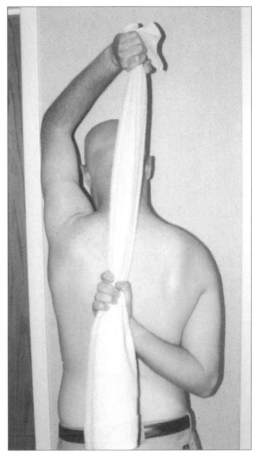

그림 5.14
A. 어깨 내부회선근을 위한 타올 스트레치, B. 어깨 외부회선근을 위한 타올 스트레치

안 몸통회전을 수행할 수 있다. 이것은 몸통의 회전에서 사용되는 복횡근을 스트레치하게 된다. 몸통회전근만을 스트레치 하려면 힙과 무릎에서의 비정상적인 회전력을 줄이기 위해 골반뼈를 앞쪽을 가리키도록 유지하는데 주의를 기울여야 한다. 앉아있을 때 이 스트레치를 수행하는 것이 부가적 회전을 줄이게 된다.

어깨 회선근 스트레치는 한손은 목뒤로 내리고 다른 한손은 등 아래쪽에서 올려 등 부위에서 서로 맞닿는 노력을 하면 된다. 목뒤로 뻗은 팔은 회전근개의 내회전근을 스트레치하게 되고 반면에 등 뒤로 뻗은 아래 놓인 팔은 어

깨의 외회전근을 스트레치하게 된다. 이 스트레치를 도와주기 위해 타월을 사용할 수 있다(그림 5.14).

전면의 가슴 스트레치는 벽과 고정된 물체를 잡고 팔꿈치를 구부리거나 펴서 어깨를 수평으로 외전시킴으로써 수행한다. 어깨외전 각도를 다양하게 한다. 선수는 상완골이 전방 활주되는 것을 막으면서 몸통을 바깥쪽으로 회전시키게 된다. 수영하는 선수에게 있어 이 스트레치는 양쪽 모두 수행해야 한다. 이것은 출입구에서 행할 수 있는데 이곳에서 선수는 문틀이나 계단위로 몸을 멈추게 하거나 줄입구를 통

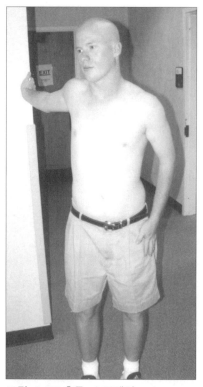

그림 5.15 흉근 스트레치

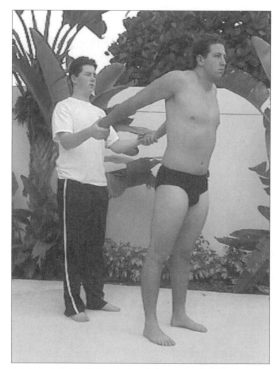

그림 5.16 전면의 어깨-흉부 스트레치를 위한 파트너 스트레치

과하여 몸을 기울인다(그림 5.15) 어깨 뒤쪽에 대한 스트레치는 어깨 높이에서 가슴을 가로질러 팔을 뻗고 그리고 나서 팔꿈치 뒤로 뻗어 팔을 가슴 쪽으로 당김으로써 행한다. 이 자세는 또한 후면의 삼각근을 스트레치하게 된다.

삼두근 스트레치는 머리 위와 뒤로 팔을 뻗어 반대 손으로 팔꿈치를 잡고 나서 반대쪽을 향해 팔꿈치를 밀도록 압력을 가함으로써 수행한다.

파트너 스트레칭은 수영할 때 종종 사용하는데 파트너는 스트레칭의 정도를 증가시키기 위해 추가적인 힘을 가하게 되는 것을 포함한다. 파트너는 "더 힘든 것이 반드시 더 좋은 것은 아니다"라는 개념을 잘 인식하고 있어야 한다. 흉부의 스트레치-전면 어깨 낭 스트레치 (그림 5.16) 그리고 허리와 햄스트링의 교대적

스트레치는 파트너가 스트레치에 추가적인 효율성을 제공하기 위해 선수 뒤에 선 채로 가장 잘 수행하게 된다. 보통 정도의 강도로 더 오랜 지속기간동안 스트레치를 하는 것이 고강도의 단기간의 스트레치보다 더 효과적이라고 할 수 있다. 파트너와 함께 하는 스트레치를 수일 동안에 걸쳐 함께 한 후에 운동선수는 스트레치에 근육이 잘 늘어난다는 것을 느끼게 될 것이다. 근육이완의 이런 느낌은 수동적인 스트레치와 대항하는 근장력과는 대조적이다. 실제적으로 근육을 늘리는데 가장 큰 혜택을 받게 되는 것이 이 시점이다.[25]

근력강화

근력, 파워 그리고 근지구력을 위한 훈련은 수영선수를 위한 균형잡힌 훈련 프로그램에서

포함되어야 하는 요소이다. 지상과 수중훈련의 결합이 병행되어야 한다. 근력을 위한 웨이트 트레이닝은 트레이닝의 과부하 원리를 작용해야 한다. 각 선수는 사지와 몸통의 주요근육을 포함하기 위한 구체적인 계획을 가지고 있어야 한다. 이런 훈련들은 전통적인 해당관절의 프리 웨이트 훈련을 포함하게 되며 암컬, 델토이즈 레이즈(deltoid raise)나 니－익스텐션(knee extension)과 같은 구체적인 관절동작을 분리시키는 훈련 머신을 포함해야 한다. 게다가, 스쿼트, 데드 리프트 그리고 클린 앤 프레스와 같은 다관절 운동은 근력과 파워를 기르는데 적당하다.

수영선수의 근력을 키우는데 사용하는 훈련 방법에 상관없이 근육의 단면적이 수영에서의 성공여부와 상관관계를 가지고 있다는 것을 증명하는 연구 보고는 없다. 수영선수들은 근육량을 키우는 것을 강조하는 훈련을 피해야 한다. 무거운 무게와 낮은 반복 훈련을 통해 근육을 과부하 하는 것은 수영선수의 근력을 키우기 위한 최선의 방법이 아니다. 적절한 스트레치 없이 무거운 저항력으로 훈련하는 것은 파워와 점프력을 향상시키기 때문에 수영 운동의 자유로운 움직임을 억제하게 된다.

많은 반복을 통해 적절한 저항력을 이용한 과부하는 수영에서 필요한 근력과 근지구력을 향상시킨다. 원심성 수축을 강조하는 훈련은 타종목과 마찬가지로 중요하지 않다. 출발대를 떠날 때나 터닝하는 동안 벽과 접촉할 때 또는 스트로크시 물 위의 리커버리 단계에서 생기는 원심성 수축이 수중에서는 사라지게 된다. 플라이오매트릭, 탄성 저항적 훈련 그리고 등속성 저항 훈련 또한 수영선수의 근력과 지구력을 개발하는데 사용할 수 있다. 이런 타입의 훈련은 수영선수에게 지상훈련 요소인 고강도의 크로스트레이닝을 준비하도록 해준다. 스윔벤치(swim bench)나 바사트레이너(Vasa trainer)와 같은 장치들도 또한 근력, 파워 그리고 지구력을 증가시키기 위한 저항력을 제공하면서 수영 동작을 연습하기 위해 사용할 수 있다. 수영 벤치는 선수가 물 밖으로 나와 있는 동안 엎드린 자세나 반듯이 누운 자세를 취하면서 생체역학적으로 제대로 수영 스트로크를 행하고 훈련할 수 있게 해 준다.

트레이닝의 특수성의 개념은 선수 체력을 향상시키는데 있어 매우 중요하다. 물의 독특한 저항력 때문에 근력, 파워 그리고 지구력을 키우는데 상당한 양의 시간이 풀장에서 소비 된다. 선수가 시합하게 될 경기에 고유한 스트로크를 훈련하는 것이 선수를 위한 모든 근력 훈련 프로그램에 필수적이다. 핸드 패들과 물갈퀴 장갑과 같은 수중운동 도구를 사용하면 물 속에서의 추진력을 증가시켜 풀장에서의 체력 훈련에 필요한 물의 저항력을 활용할 수 있게 만든다(그림 5.17).

심폐지구력 강화

심폐지구력 강화는 수영과 지상훈련과 결합시켜 발달시켜야 한다. 심혈관계 최적화의 근본적인 방법으로서 수영은 수영선수가 아닌 선수들과 일반 대중들에게 있어 좋은 수단이 되지만 시합을 하는 선수들에게는 맞지 않다. 경영과 구조화된 훈련에서 고도의 요구사항은 선수가 수영 트레이닝에 앞서 꽤 고도의 심장혈관계통과 근지구력을 갖추어야 한다는 것을 말해 준다. 어린 선수들에게 있어 팔의 무산소성 파워는 수영의 수행능력과 상관관계를 가진다는 것이 입증되었다. 조사를 통해 또한 스트로크 역학에서의 상당한 변화가 피로와 관련되어 있다는 것이 드러났다.[26,27] 스트로크 역학에서의 이런 변화들은 관절이 손상을 입기 쉽게 만든다. 선수들은 그들이 손상을 입지 않고 수영 훈련의 요구사항들을 수행하기에 필요한 지구력을 가지고 있다는 것을 확실히 하기 위해 수영

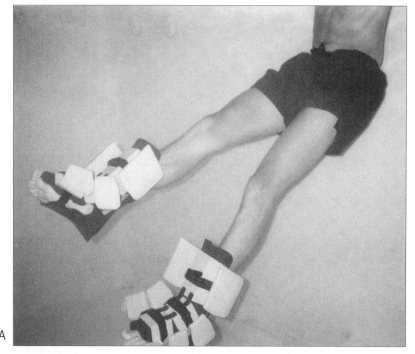

그림 5.17 수중 운동의 예

시즌에 앞서 심혈관계통의 조절 프로그램에 참여해야 한다. 일단 선수가 지상훈련을 통해 적절한 정도의 심혈관계 체력을 이루어내면 수영 트레이닝에서 상당히 높은 정도까지 훈련을 안전하고 효과적으로 수행 할 수 있다. 많은 심폐지구력 훈련 프로그램들은 달리기, 사이클링 그리고 노젓기 등의 프로그램을 포함하여 쉽게 활용할 수 있다. 이런 프로그램들은 그 활동들의 본래 의도대로 실외에서 행하거나 자전거 에르고미터, 트레드밀 또는 로잉머신과 같은 장비와 함께 실내에서 행할 수 있다. 이런 크로스 트레이닝 개념은 특히 트레이닝을 하는 수영선수들에게 이로운데 그것은 제시한 활동들의 몇 가지 특히 달리기는 물속에서의 스트레스 없는 환경에 익숙한 선수들에게 참아낼 수 없는 추가적인 스트레스를 주기 때문이다. 달리기와 같은 닫힌 운동 사슬 훈련을 하는 동안 다리를 통해 가해지는 압축력이 다리의 긴뼈의 발달을 도와주게 된다. 달리기를 하는 동안 필요한 다리 관절의 양쪽에 있는 근육의 동시 수축이 증가하게 되는 것이 근육이 발목, 무릎 그리고 힙관절 주위의 안정장치처럼 근육발달을 돕는다.

코칭

코칭은 시합의 모든 단계에서 매우 중요하다. 스트로크 동작의 많은 결점들은 수행에 해를 끼칠 뿐만 아니라 근육과 관절에 비정상적인 스트레스를 가하게 된다. 대부분의 경우에, 수영 코치는 적절한 스트로크 역학을 성공적으로 적용하는 것에 대해 수영선수에게 주는 피드백의 유일한 원천이 된다. 이런 피드백이 없다면 선수는 단지 스피드만을 성공의 척도로 삼게 될 것이며 스피드를 증가시키기 위해 적절한 것처럼 보이는 것은 뭐든지 하게 될 것이다. 수영에서의 손상은 반복적인 외상으로부터 비롯되게 되기 때문에 부적절한 테크닉을 행하는 것은 제한적인 성공만을 가져올 것이며 수영에서의 경력을 단축시키게 될 것이 분명하다.

코칭의 목표는 성공적으로 증명된 안전하고 효율적인 스트로크 방법을 가르치는 것이다. 트레이닝을 하는 동안 수영선수가 각각의 스트로크를 수행하는 것을 자주 관찰함으로써 지도할 수 있다. 각 수영선수들에게 결점이 있는 스트로크 방법을 지적할 필요가 있으며 선수는 가장 효율적인 스토로우크 기법을 마스터할 때까지 특정 스트로크로 훈련하거나 시합하지 않도록 한다. 코치들은 선수가 스트로우크 기법을 완성하지 못한 상태에서 시합에 참가하는 것을 막아야 한다. 이것은 특히 팀 릴레이나 메들리 레이스시 수영선수가 한명 부족할 때 중요하지 않은 시합에 참가시키기 쉽다. 코치들은 손상을 입는 한 번의 수영이 선수의 경력을 망칠만한 반갑지 않은 사건이 될 수 있다는 것을 기억해야 한다.

안전교육

수영에서의 많은 손상들은 높은 체력을 요구하기 때문에 늘 일어난다. 그러나 수영과 관련하여 가장 일반적으로 나타나는 손상들은 또한 가장 잘 예방할 수 있는 것이기도 하다. 수영과 관련된 사고에 대한 상식적인 접근방법으로 선수들을 교육시키는 것이 많은 손상들을 막을 수 있다. "달리지 마시오"와 "다이빙하지 마시오"와 같은 선수들에게 경고하는 표지들이 게시되어야 하고 당부되어야 하며 심각한 열상에서부터 척추손상에 이르기까지의 손상을 예방할 수 있다. "당황하지 마시오"라는 표지는 당황하면 익사나 익사직전까지 가는 경우를 포함하는 제일 심각한 상황에 처하게 되는 풀장에서의 사고가 종종 생길 수 있다는 것을 선수들에게 주의시키기 위한 것이다.

수영자체가 선수들에게 잠재적인 위험을 제공한다. 물속에서 문제가 생기면 익사 할 수도 있을 것이다. 이것은 특히 야외의 물속에서 여러 경기에 참가하는 선수들에게 해당된다. 알코올을 포함한 마약과 수영은 생각할 수 없다. 이런 물질들은 훈련의 강도가 신진대사의 상당한 변화를 일으키기 때문에 수영하는 동안 극적으로 선수에게 영향을 미칠 수 있다. 선수가 취하게 되는 모든 약물치료에 대해 코치에게 알려 주어야 한다. 의료전문가들은 처방하는 의약품의 모든 주의사항과 부작용에 대해 선수들에게 알려주어야 하며, 이것은 트레이닝의 단계나 시합에 따라 복용량과 투약방법에 대한 변화를 포함하게 된다.

트레이닝

수영에서의 성공은 시합경기에서의 수행능력에 의해 좌우된다. 그러나 시합에서의 성공은 이런 경기에 이르기까지 수행한 훈련에 영향을 받는다. 선수의 체력훈련은 일반적으로 몇 달에 걸쳐 성취한 근력과 지구력을 포함하는 훈련과 관련된다. 트레이닝 프로그램을 작성하기 위한 많은 방법들이 있으며 이것은 각 감독들이 최선의 결과를 낳을 것이라고 믿는 것에 따라 다양하다. 그러나 좋은 훈련 프로그램을 정립하는데 사용되는 몇 가지 일반적인 지침들이 있다.

수영 시즌은 훈련과 경기의 두 단계로 볼 수 있다. 건강관리팀의 구성원들은 시즌과 연중 신체적, 생리적 요구사항과 관련된 용어들을 알아야 한다. 그래야만 경력이나 병력을 보고 평가하고 사정하여 올바른 재활프로그램이나 훈련프로그램을 작성할 수 있다.

과부하기, 시합기, 이행기에 따라 트레이닝 강도와 달라지기 때문에 시즌이 구분된다. 과부하기는 선수가 물에 대한 감각을 익히고 스트로크에 대한 기본적인 테크닉을 개발하는 것이 필수적인 과제가 되는 각 시즌의 초기이다. 스피드와 폼은 서로 대립되는 경향이 있기 때문에 과부하기 동안에 스피드는 강조하지 않는다. 좋은 폼을 유지하면서 근력과 지구력을 발달시키게 되면 스피드는 바로 따라온다는 것이 일반적인 원리이다. 너무 격심하고 너무 빠르게 트레이닝 하는 것은 선수를 불필요한 손상의 위험에 처하게 할 수 있다.

시합 기는 선수가 자신의 전문 스트로크에 초점을 맞추게 되는 시간이다. 트레이닝 세션은 훈련의 강도와 스트로크 훈련이 구체적으로 각 수영선수의 개별적인 전문 스트로크 내에서 최대한으로 수행능력을 향상시키는 것을 목표로 하여 구성된다. 이 시기는 각 스트로크 내에서 수영의 강도가 최고에 이름에 따라 수영선수들에게 가장 요구가 많아지는 시기이다. 훈련의 강도가 증가하게 되기 때문에 스트로크 고유의 손상이 더 일반적으로 나타나게 된다. 트레이닝의 시합 기의 막바지를 향해 가면서 만성적인 피로와 관련 근골격조직의 손상이 가장 일반적으로 나타나게 된다.

트레이닝의 시합기의 막바지를 향해 가면서 만성적인 피로와 관련 근골격조직의 손상이 가장 일반적으로 나타나게 된다.

이행기는 선수가 축적된 외상과 만성적인 피로를 피하기 위해 거리를 줄이게 되는 시즌의 시기이다. 거리는 각 세션동안 수영하게 되는 총거리이다. 너무 많은 훈련으로 인한 해로운 생리학적 영향 때문에 육지에서의 훈련 또한 이 시기에는 줄어들게 된다.

수영시즌은 또한 시합 전, 이중-경기 시합(두 경기 종목이 동시에 열림) 그리고 챔피언쉽 경기 단계들로 나누어지게 된다. 시합 전 단계는 앞서 기술한 과부하기와 상관된다. 이중-경기 시합 단계는 선수가 스트로크를 완벽하게 하고 자신의 기술을 테스트하는 시기이다. 이것은 전에 기술한 시합전기에 해당된다. 시즌의 마지막에 가까워짐에 따라 팀은 챔피언쉽 - 경기 단계로 진입하게 되고 이 때 각 선수들의 경기력이 이중경기 동안의 성적에 의해 결정된다. 시즌의 챔피언쉽 - 경기 단계가 가까워짐에 따라, 코치, 수영선수 그리고 건강관리 전문가들은 선수의 신체적인 상태에 대해 정기적으로 만남을 가지고 정보를 나눌 필요가 있다. 선수가 최고의 기록을 보이는 수준에 이르게 되는 지점이 있게 되는데 이 시기의 트레이닝의 목표는 최적의 수행능력을 유지하는 것이다. 이 시점에서 이행기를 통해 선수가 챔피언십 경기를 위한 준비를 시작할 필요가 있다. 트레이닝의 이행기의 실제 시기는 개개인의 수영선수들 각자의 시즌의 이전 경기에 따라 각 선수마다 다양하다고 할 수 있다. 손상, 질병, 수영한 총 거리 그리고 이중 경기 동안에 참여한 총 시합들이 챔피언십 시합까지 이끌어가는 이행기를 결정하기 위해 고려해야 할 것들이다. 많은 감독들은 시즌의 이행기를 효과적으로 관리하기 위한 능력이 선수가 시즌의 마지막에 개최되는 챔피언십 경기에서 잘 수행하는데 있어 가장 중요한 요소가 된다고 느낀다.

어깨손상의 예방

수영에서 트레이닝 강도의 결과로서 생길 수 있는 손상을 예방하는 프로그램은 경기력을 향상시키고 선수 생명을 연장하는데 필수적인 요소이다. 적절한 스트로크 역학을 지속적으로 강화하고 유연성을 적절히 유지하는 것이 중요하다. 각 시즌의 초기에 거리와 스피드를 증가시켜야 하며 각 연습 세션이나 연습시합 전과 후에 준비운동과 정리운동이 강조되어야 한다. 수영선수는 특정 신체부위를 사용하기 직전에 준비운동을 해야 할 필요가 있다는 것을 이해해야 한다. 킥 운동은 다리의 지구력을 키우기 위한 훈련에서 사용하게 된다.[30] 이런 킥 운동동안 선수는 팔과 어깨를 사용하지 않으며 보통의 스피드로 규칙적인 스트로크로 수영하기 전에 어깨를 스트레치하고 따뜻하게 할 필요가 있다.[33]

스트레칭은 적절하게 효과적으로 수행해야 한다. 어깨는 상완골, 견갑골 그리고 흉곽과 밀접한 관계 때문에 스트레치 하는 것이 어렵다. 한 예로 후면의 어깨관절낭과 어깨의 측면 견갑골 근육조직을 스트레치하기 위해 흉부와 붙어있는 견갑골을 안정시켜야 한다. 안정화를 제공하는데 실패하게 되면 견갑골동작의 신전을 일으키게 되고 어깨관절낭이나 대원근과 소원근 대신에 능형근을 스트레치 시키는 결과를 낳게 된다. 선수와 코치들은 적절한 유연성을 확보하기 위한 스트레칭 테크닉을 잘 알고 있어야 한다. 코치들은 수영선수들의 트레이닝을 통합하기 위한 적절한 스트레칭 테크닉을 배우는데 있어 자격 있는 치료사나 선수트레이너들의 조언을 얻어야 한다. 어깨의 전면 유연성 부족은 어깨통증의 증가와 관련이 있으며 충돌증후군의 원인이 될 수 있다.[33,34] 어깨의 후면의 유연성 부족은 회선근개의 힘을 발생시키는 능력을 감소시키고 견염을 일으킬 수 있는 비정상적인 리듬으로 견갑상완골을 이동시키는 결과를 낳을 수 있다.

웨이트 트레이닝은 재활 목표와 같아야 한다. 근력강화는 사지와 몸통관절주위의 근력을 균형적으로 향상시켜야 한다.[33] 수영이라는 스포츠는 특성상 근육조직의 불균형을 만들게 되는데 이것은 물밑에서 행해지는 수영 스트로크 단계는 스트로크의 수면 위 단계에서 행하는 것보다 더 큰 저항력에 대하여 근육이 수축하도록 하기 때문이다. 이것은 특히 회선근개의 근육에 적용된다.[35,36] 핸드 패들은 손의 전면을 증가시켜 어깨와 팔의 근육에 대한 저항력을 증가시키게 된다. 트레이닝에 핸드 패들을 도입하는 것은 신중하게 행해야 하며, 핸드 패들을 사용함으로써 근력과 파워를 기를 수 있다. 핸드 패들로 인한 저항력이 커지기 때문에 핸드 패들과 같은 수영 보조기구를 사용할 때 선수들의 폼을 항상 모니터해주어야 한다. 이런 예방 전략은 선수들이 어깨를 혹사시킬 기회를 상당히 줄일 수 있지만 지속적으로 사용해야만 효과를 볼 수 있다. 트레이닝의 강도는 좋은 손상 예방전략보다 더 중요하다.

심장혈관계통의 근력과 근지구력은 둘 다 손

상없이 수영하는데 필요한 중요한 생리학적 특성이다. 수영 트레이닝을 하기 전에 최소한의 지구력을 길러 두어야 한다. 수영 스트로크 기술의 질은 선수가 피로해짐에 따라 떨어지게 된다. 수영선수가 좋은 스트로크 기술을 유지하기에 필수적인 근육과 일반적인 지구력을 이미 갖추지 않고 수영 거리만을 증가시켜 지구력을 키우려고 한다면 모든 스트로크는 사용하는 근육에 대한 비정상적인 미세손상과 좌상을 일으키게 된다. 주3회, 10회, 3~5세트의 웨이트트레이닝을 6~8주정도 지속하면 사지와 몸통의 근지구력을 발달시킬 수 있다.[19]

운동선수들은 반드시 필요한 균형을 만들어내기 위해 관절의 양쪽(굴근과 신근, 외전근과 내전근 내부회선근과 외부회선근)에 동등한 양의 훈련을 행하는 것을 포함하는 훈련프로그램의 강도의 균형을 맞추어야 한다. 웨이트 트레이닝을 플라이오매트릭스 트레이닝, 탄성 저항적 훈련, 메디신 볼 운동과 에어로빅 운동을 결합함으로써 풀장에서 수영트레이닝을 시작하는 선수들의 최소한 균형 잡힌 지구력 훈련 프로그램을 제공하게 된다.

풀장에서의 수영 지구력 훈련은 수주기간에 걸쳐 진행되어야 하며 좋은 스트로크 기술을 유지할 수 있는 선수의 능력을 바탕으로 하여 진행해야 한다. 코치들은 지구력과 관련된 스트로크 기술이 바뀌는 것을 관찰해야 하며 부적절한 스트로크 기술의 원인이 되는 근육군을 목표로 하는 지상운동을 선수들에게 부여해야 한다.

손상의 원인

몇 가지 요소들이 풀장의 환경에서부터 선수의 해부학적이고 생리학적인 요소에 이르기까지 수영의 수행능력에 영향을 미치게 된다. 과사용으로 인한 손상의 원인이 되는 내재적인 위험 요소들은 관절의 역기능적인 배열, 근육의 불균형, 유연성 부족, 근력 약화 그리고 인대의 불안정성을 포함하게 된다. 외재적 요소들은 부적절하게 계획하거나 실행한 훈련 프로그램, 손상 받기 쉬운 수영 스트로크 기술, 너무 많은 수영시합을 하는 것 잘못된 수영동작의 선택 등을 포함한다. 이런 요소들은 그것들이 수행과 수영시합에서의 손상과 관련된다는 맥락에서 논의해 보아야 한다.

외재적 요소들

훈련상의 실수는 수영선수에게서 나타나는 손상의 원인중의 하나가 될 수 있다. 이것은 표면적을 증가시키기 위한 핸드 패들과 킥보드와 같은 수영 훈련 보조기구를 사용하는 것을 포함하며 물의 저항력은 어깨통증을 악화시킬 수 있다. 과도한 웨이트 트레이닝, 스트레치 훈련 그리고 부적절한 스트레치 기법은 손상을 입은 어깨를 자극할 수 있다.

젖은 풀장의 바닥은 수영선수들의 손상을 가져오게 되는 추가적인 외재적 요소들을 제공하게 된다. 사실상 수영에서 가장 일반적인 손상에 대한 조사들은 풀장 바닥과 그 주위에서 미끄러지는 것과 넘어지는 것과 같은 손상들이 대부분을 차지함 보여 준다. 이런 손상들은 일반적으로 풀장의 바닥과의 접촉으로 인한 열상과 타박상이지만 또한 근육 좌상, 인대 염좌, 골절 그리고 머리손상과 같은 신체의 능력을 무력하게 하는 손상으로 연결될 수 있다.

수영풀

경기를 위한 수영풀은 특정한 표준적인 특징으로 도안된다. 세계적 기록을 만들어 낼 가능성을 가지고 있는 수영시합 경기는 50m의 장거리 코스나 25m의 단거리 코스의 풀에서 이루어진다. 미국에서는 25야드(22.85m) 풀이 많다. 연습과 시합을 위해 사용되는 풀의 크기는 경기 회수에 영향을 미치게 되며 이것은 손상률에 영향을 미치는 한 가지 요소가 될 수 있는데 그것은 풀이 더 짧을수록 동일한 거리를 수영하기 위한 터닝횟수가 늘어나고 터닝 하는 동안 사용되는 관절과 근육에 신체적인 부담이 더 늘어나기 때문이다. 많은 연습 풀들은 길이가 다양하며 폭도 때로는 레인 전체를 다 사용하기도 한다. 경기풀은 최소한 여덟 개의 레인을 갖게 되는데 각각의 레인은 2.1m에서 2.7m 넓이가 된다. 경기풀은 출발대가 갖추어지게 되는데 출발대의 전면은 수면위로 76cm 높이에 있게 된다.

공식적인 시합을 위한 물의 온도는 25℃에서 27℃ 정도여야 하는데 이것은 또한 트레이닝 풀을 위해서도 적당한 온도범위이다. 차갑고 낮은 수온의 풀은 근육에 대한 혈액 유입을 줄여 좌상을 높이기 때문에 그 만큼 더 준비운동을 길게 해야 한다. 선수들은 준비운동의 효과를 유지하기 위해 차가운 풀에서 계속 활동해야 한다. 따뜻한 풀은 선수의 중심온도를 증가시켜 피로와 불충분한 근육수행을 일으킬 수 있다. 이것은 또한 스트로크 동작을 변경시켜 손상을 일으킬 수 있다.

풀의 환경, 특히 박테리아를 조절하기 위해 많은 화학약품들이 사용된다. 일반적으로 이들 화학약품들은 클로린이나 브로파인인데 살조제나 화학 안정제와 섞어서 사용된다. 실내와 실외 풀들은 환경관리에 몇 가지 지켜야 할 사항이 있다. 야외풀들은 햇빛에 의한 분해가 가속화됨으로 인해 더 많은 클로린과 다른 화학제품들을 필요로 하게 된다. 화학제품들이 완벽하게 섞이도록 코치들과 협력한다. 풀내에 고도로 농축되는 화학제품들은 수영선수에게 위험할 수 있다. 옥내수영장에서의 적절한 환기는 습도와 클로린 냄새를 없애는데 필수적이다. 최근에 기술 진보가 물의 환경을 유지하기 위해 사용되는 장치들을 발달시켰다. 이런 고안장치들은 화학제품들을 물속에 투입하는 전기장치에서부터 희토산화물 자석과 같은 전체적으로 수동적인 장치에 이르기까지 다양하다. 이런 장치들은 풀에서 사용되는 화학제품의 양을 줄이기 위한 것이며 화학제품들이 피부, 머리카락 그리고 호흡계에 미치는 해로운 영향들을 줄일 수 있게 된다. 실내 풀의 환경을 유지하기 위해 환기를 적절히 해주는 것은 매우 중요하다.

경기종목

경기종목은 수영선수의 트레이닝과 경기중의 선수에게 주는 부담도를 결정한다. 경기종목은 사용되는 스트로크의 형태뿐만 아니라 시합을 하는 동안 수영선수에게서 기대할 수 있는 거리와 속도와 관련된 사항들을 결정하게 된다.

수영 경기종목 자유형(크롤), 접영, 평영과 배영을 포함하여 네 가지로 구성된다. 취미로 하느는 수영과 트라이애슬론과 같은 경기는 네 가지 영법의 수정된 형태를 포함하게 된다. 선수가 시합하게 되는 종목에 해당하는 고유한 영법에 관계없이 모든 수영선수들의 상당한 양의 훈련들이 자유형 영법을 사용하게 된다. 이것은 선수들이 생체역학적으로 수영하게 되는 가장 안전한 영법이며 그렇게 함으로써 선수들은 체력향상을 위해 꼭 필요한 거리를 성취할 수 있게 된다. 선수들이 수영하는 동안 사지와 신체에 반하여 작용하는 물의 저항력을 사용하여 훈련하는 것이 중요하다. 물의 저항력은 수영이라는 스포츠에만 해당하는 것이며 사용되는 훈련 장치에 관계없이 지상훈련에서는 없는 요소이다. 그렇다고 해서 지상훈련이 필요하지 않다는 것은 아니다.

수영경기는 스트로크와 거리를 결합하여 종목을 구성하고 있다. 수영시합은 14개의 개별적 종목과 3개의 릴레이 종목을 포함하며 각각의 종목에서 여성부와 남성부로 분리되게 된다.

이 종목들은 접영, 배영, 평영, 자유형, 개인혼영과 혼계영으로 분류된다. 이런 종목들은 수영경기에서 종목의 총수를 구성하는 다양한 거리들로 조직된다. 올림픽경기에서는 단지 여성과 남성을 위한 13개의 개별적 종목과 3개의 릴레이 종목이 있다. 남성부에는 800미터 자유형은 없고, 여성부에는 1500미터 자유형이 없다. 자유형 종목은 50, 100, 200, 400, 800 그리고 1500미터 경기를 포함하게 된다. 배영, 평영 그리고 접영 경기의 거리는 100미터와 200미터이다.

혼영과 혼계영이 있는데, 개인혼영은 네 개의 영법을 결합하는 경기인데 한 명의 수영선수가 네 개의 각각의 영법을 행하면서 경기의 1/4을 수영하게 된다. 접영, 배영, 평영 그리고 자유형의 순서로 한다. 개인혼영은 200미터와 400미터가 있다.

혼계영은 다른 네 명의 수영선수들이 네 가지 영법을 행하게 되는 종목이다. 어떤 선수도 계주 경기의 한 구간 이상을 수영할 수 없다. 혼계영은 배영, 평영, 접영 그리고 자유형의 순서로 수영하게 된다. 각 구간은 100미터로 이루어지며 네 개의 구간에서 행하게 되는데 이것을 일반적으로 400m 계주 경기라고 부른다.

자유형 계주 경기에는 400미터와 800미터 두 가지가 있다. 자유형 계주 경기에서 네 명의 선수들 각자는 400미터나 800미터거리의 1/4을 수영하게 된다. 계주경기에서처럼 어떤 개인도 릴레이의 한 구간 이상을 수영할 수 없다.

내재적 요소
근지구력

근지구력은 수영에서의 근육수행능력의 중요한 요소이다. Troup 등[39](1991)에 의한 연구는 선수가 물속에서 스피드를 유지하려고 노력함에 따라 피로가 시작되면서 근육활동이 증가한다는 것을 입증하였다. 운동단위의 참여수가 증가함에 따라 피로해져서 감소되고 힘의 생성도 근육의 효율성은 감소하게 된다.[4] 근피로에 대한 저항은 고강도의 무산소성 훈련을 통한 지구력 훈련을 통해서만 증가할 수 있다. 지상훈련과 수영 트레이닝 둘 다 근육의 유산소성 훈련과 무산소성 훈련을 포함하도록 수정될 수 있다. 그리고 아침훈련과 오후훈련사이의 시간이 피로를 피하는데 매우 중요하다. 신체에서의 글리코겐 레벨을 보충하기 위해 연습시간사이에 8시간의 휴식을 취하는 것이 필수적이다.

근육 약화, 근육 불균형 또는 불충분한 유연성 또한 수영선수들에게 손상을 당하기 쉽게 만든다.[33,38]

영양공급

영양공급은 근육피로를 줄이는데 중요한 역할을 한다. 수영트레이닝을 연장하는 것은 글리코겐 레벨과 훈련능력을 유지하기 위한 탄수화물 요구량을 증가시키게 된다.[4] 신체는 연료의 즉각적인 원천으로서 탄수화물의 섭취에 의존하게 된다.

일단 훈련의 강도가 섭취한 탄수화물을 다 쓰게 되면 신체는 몸속에 축적한 글리코겐에게 의존하게 된다. Costill등[40] 글리코겐 수준은 짧은 고강도의 구간 수영 트레이닝 후에 상당히 낮은 수준으로 떨어지게 된다는 것을 보고하였다. 일단 저장된 글리코겐이 고갈되면 신체는 에너지원으로 저장된 지방의 분해에 의존하게 된다. 남성과 여성 수영선수들의 체지방율은 일반인의 체지방보다 더 낮아지는 경향이 생기기 때문에 에너지원으로서 저장된 지방을 사용하는 것은 비효율적이며 더 높은 에너지 요구량이 피로를 가중시키게 된다.[41] 격렬한 트레이닝을 하는 동안 탄수화물을 보충해 주는 것이 좋으며 조사한 바로는 수영하는 30분마다 탄수화물 함량이 높은 흡수가 빠른 죽 타입의 식품이나 음료를 섭취할 것을 권하고 있다.

훈련의 강도에 따라 선수의 칼로리 소비를 유지하기에 충분한 균형 잡힌 식사를 권하는 것이 좋다. 급속한 체중 감량은 근력과 파워를 줄이게 되며 경기 중의 수영선수들은 피하는 것이 좋다.

잘못된 영법

수영선수들의 잘못된 영법과 습관은 손상의 원인이 될 수 있다. 예를 들어, 팔로 물의 저항을 이용하여 몸을 회전 시키고 앞으로 나아가도록 하는 대신 저항을 이용하여 팔을 더 빨리 내 뻗으려고 하는 것은 잘못된 영법이다. 회전근개는 저항력에 반하여 사지를 뒤로 가속화하는 대신에 어깨 관절의 안정장치로서 기능한다.

수영선수들은 특히 어깨의 앞과 아래 방향에 있어 비수영선수와 비교했을 때 어깨의 이완이 증가할 수 있다.[29] 더 큰 어깨 이완성을 가지고 있는 수영선수들은 관절와에 상완골두를 안정시키기 위해 회전근개의 사용을 증가시키게 된다. 이것은 회전근개를 지나치게 혹사시킬 수 있으며 건염의 위험부담을 증가시킨다. 자유형 영법은 내회전근을 자연스럽게 강화하게 된다.

대부분의 수영선수들은 외회전근보다 훨씬 더 강한 내회전근을 갖게 된다. 남성과 여성 수영선수에 대한 1992년 연구는 특정어깨근육들의 회전비율에서의 변화를 보여 주었다.[32] 그 연구는 내전/외전. 비율에서의 증가와 어깨의 내회전과 외회전 비율에서의 감소를 보여 주었다. 어깨의 모든 회전 모멘트 값은 일반인보다 수영선수들이 훨씬 더 크기 때문에 회전 모멘트 값에서의 이런 변화는 어깨의 내전근과 내회전근을 반복적으로 강화시켰기 때문에 발생 되었다고 볼 수 있다. 이 근육들은 수영에서 힘주어 젓기 단계나 영법의 추진 단계 동안에 가장 활동적이 된다.

초보 수영선수들은 바디 롤이 부족함으로 인해 자유형과 배영의 힘주어 젓기(full through)에서 팔을 물 밖으로 꺼내는데 과도하게 어깨 외전을 할 필요가 있게 된다. 이 동작을 반복하게 되면 상완관절의 후면충돌증후군이나 전면의 불안정성을 가져오게 된다. 자유형과 접영의 되돌리기 단계 동안에 팔꿈치를 낮게 이동하는 것은 회전근개 근육에 부적절한 스트레스를 주게 되어 건염을 일으킬 수 있다.

자유형을 하는 동안 어깨가 과도하게 외회전을 하는 것을 피하기 위해 되돌리기 단계와 잡기 단계 동안 손보다 더 높게 팔꿈치를 잘 유지해야 한다. 이 단계 동안 팔꿈치를 떨어뜨리는 것은 손이 물을 통과하여 이동시키기 위해 필요한 회전을 만들어내는데 역학적으로 불리하게 됨으로써 회선전개 근육을 약화시키는 결과를 가져올 수 있다.[3] 되돌리기에서 팔꿈치를 높이 유지하기 위해서는 몸통을 돌려주거나 어깨는 외전시켜 크게 외회전 시켜줄 필요가 있다. 양 방향으로 60도에서 80도로 몸통을 돌려주는 것은 지나친 어깨 회전을 막아주며 충돌증후군을 예방한다.

자유형의 넣기 단계와 잡기 단계에서 팔이 물속을 직선으로 통과하여 지나가도록 하기 위해 손과 팔을 몸통선에 가까이 전방으로 뻗어야 한다. 일반적으로 나타나는 실수는 몸통선의 측면이나 가운데 쪽으로 팔이 벗어나는 것인데 이것은 힘주어 당기기 동작의 효율성을 줄이게 된다. 이렇게 팔이 측면이나 가운데로 벗어나게 되면 힘주어 당기는 동작을 하는 동안 어깨에서 비틀리는 힘을 일으키게 된다.

평영에서 사용되는 휘돌려차기 동작은 무릎에 상당한 외반 스트레스를 주는 동시에 대퇴사두근의 강력한 수축을 요구하게 된다. 이런 힘의 결합이 Q-각도가 심한 모든 수영선수들에게 슬개대퇴통증 증후군을 일으킨다.

어떤 수영선수들은 큰 Q-각도 때문에 평영 선수가 될 만한 좋은 후부자가 되지 못할 수도 있다. 내측광근의 사용을 강조하기 위한 훈련은 슬개골의 이탈을 막고 슬개대퇴통증 증후군이 생기지 않도록 하기 위해 일 년 내내 행하게 된다. 평영 차기 동작을 행하는 동안 힘 굴곡을 줄이게 되면 휘돌려차기를 사용할 때 무릎에 추가적인 외반 스트레스를 가하기 위한 역학적인 불이익 상태로 다리를 위치시키게 된다. 수영선수들이 수행하기에 가장 어려운 영법이기 때문에 평영 선수들의 휘돌려차기를 지도하는 것이 특히 중요하다고 할 수 있다.

부적절한 지도를 받거나 피로를 느낄 때 이런 실수들이 일반적으로 나타난다. 경기 중 잘못된 한방향으로만의 호흡, 발차기, 잘못된 부양자세 등이 과사용 스트레스로 인해 손상을 유발한다. 코치들은 피로와 관련된 영법상의 문제들을 관찰해야 하며 훈련은 수영선수들이 영법이 이상하면 그 시점에서 끝내주어야 한다. 코치들과 운동선수들은 연습이 완벽할 때에만 연습이 제대로 이루어질 수 있다는 것을 염두에 두어야 한다. 수영 영법을 불충분하게 연습하면 고치기 힘든 잘못된 영법을 익힐 뿐이다.

일반적인 손상과 치료법

과훈련 증후군

수영선수들은 시즌 동안 오랜 기간 동안 격렬한 '하루 2회'의 훈련에 참가하기 때문에 과훈련의 부담을 안게 된다. 우수한 수영선수들은 훈련을 하는 매주 최대 11000회까지 오버헤드 자세로 어깨를 사용하게 된다.[5,6,16] 어떤 수영선수들은 사실상 일 년 내내 훈련과 시합을 거치면서 한 팀 이상의 그룹과 수영을 하게 된다.

과훈련은 수영선수들에게 흔히 있는 일이다. 선수들의 10%와 21%정도가 경기가 있는 수영 시즌 동안 과훈련의 증상을 경험한다.[2,15,41,43] 과훈련은 너무 흔한 일이어서 손상이나 통증을 경험하는 모든 수영선수들은 과훈련의 징후에 대한 질의를 받아야 한다.[5]

건강에 대한 일반적인 질의들은 빈발하는 몇몇 질병들, 수면패턴의 변화, 식습관 그리고 초기의 과훈련의 지표가 될 수 있는 전체적인 기분 상태 등을 확인해 주어야 한다. 여성선수들은 종종 '여성 3대 건강 특징(female athlete triad)선수'의 영향을 받기 쉽다. 이것은 식이장애, 무월경, 골다공증으로 구성된다. 여성선수들은 스트레스 골절, 월경 이상 그리고 식사습관에 대한 병력 등에 대한 질문을 받게 된다. 개개의 운동선수들에 대한 관심사항들은 내과의에게 넘겨지게 되는데 그것은 초기의 예방으로 인한 나쁜 영향을 줄이는데 중요한 역할을 하기 때문이다.

과훈련 증후군은 수영 훈련이 휴식과 회복보다 능가하게 될 때 생긴다.[41] 이것은 여러 단계의 훈련 프로그램에서의 결점으로 나타난다. 영법에서 만약 선수가 충분하지 않은 되돌리기 동작을 하게 되면 사용되는 근육은 과다하게 사용하게 되어 신체적인 부담을 주게 되고 과훈련의 영향을 받기 쉽게 만든다. 만약 수영선수가 경기사이에 충분히 쉬지 않고 연습이나 경기 동안 너무 많은 종목에 참가하게 되면 과훈련이 발생할 수도 있다. 아침과 오후 연습시간 사이에 시간이 불충분한 것 또한 과훈련을 일으킬 수 있다. 과훈련은 충분한 휴식 없이 10일 미만에 걸쳐 훈련이 증가하게 되면 수행능력의 저하를 가져오면서 과훈련이 일어날 수 있다.[2,43]

수영선수에게 있어 과훈련의 징후와 증후군들은 수면장애, 식욕 증가와 저하, 일반적인 피로, 집중 저하, 과민성 그리고 동기 부족과 같은 행동상의 변화를 포함하게 된다. 그것은 또한 구토, 설사, 소화불량, 빈번한 감기나 유행성감기와 같은 징후들 그리고 안정 시 심박수의 증가와 같은 생리학적인 문제들을 포함할 수 있다. 체중은 운동선수의 섭취량이 증가하고 감소함에 따라 변하게 된다. 근육긴장, 만성적인 근육 통증 그리고 인대 염좌와 같은 근골격상의 문제들이 과훈련의 올바른 기술을 수행하지 못하게 하는 결과로 생체역학적인 역기능으로 인해 발생하게 된다.[4,44]

과훈련 증후군의 치료

만약 운동선수가 과훈련의 증상을 드러낸다면 유사한 증상증후를 나타내는 다른 질병들을 배제하기 위해 건강관리 전문가에게 보여 주어야 한다. 과훈련 증후군에 대한 진단은 제거과정을 통해 이루어진다. 일단 현재 나타나는 증상증후와 관련된 다른 진단사항들을 배제하게 되면 그 증상들은 과훈련 때문인 것으로 결론 지을 수 있다. 과훈련의 치료는 휴식, 수분공급 그리고 균형 잡힌 영양공급으로 구성된다. 휴식 시간은 2~3일에서 몇 주까지 걸쳐 행할 수 있다. 만약 증상들을 초기에 발견하게 되면 상대적인 휴식 시간을 확보할 수 있도록 훈련내용을 수정하는 것은 운동선수에게서 과훈련의 증상들이 발전하는 것을 막기에 충분하다. 증상이 가라앉게 되면 훈련으로 되돌아가게 된다. 과훈련 증후군은 코치와 운동선수가 충분한 휴식이 훈련의 일부로 인식하게 되면 막을 수 있다. 이것은 종목이나 영법 사이의 충분한 휴식과 각 훈련시간 사이의 충분한 휴식을 포함하고 있다.

손상의 재활뿐만 아니라 손상과 질병의 예방을 위해서는 수영선수의 훈련 프로그램을 변경할 필요가 있다. 운동선수와 코치 둘 다가 이런 변화의 필요성을 인식하고 의견을 나누는 것이 좋다. 생체역학적 기술, 스피드, 거리 그리고 연습 시간이나 빈도의 영역에서 훈련 내용을 변경함으로써 선수들이 수영을 계속하는 동안 회복이나 치유를 이루기에 충분한 "상대적 휴식"기간을 제공하게 된다. 연구 결과는 선수가 휴식을 위해 물밖에 나오게 되는 행위에 대해 부정적인 영향들을 보고하고 있다. 그렇지만, 손상 받은 조직은 휴식을 취해야 한다. 만약 이것이 훈련 프로그램의 각 측면의 수정을 통해 이루어질 수 있다면, 수영선수를 물속에 있도록 하는 것이 선택의 한 접근방법이 될 수 있을 것이다. 손상에 상대적인 휴식을 제공하기 위해 물속에서 이루어지는 훈련 내용을 수정하는 것이 선수가 지상에서만 훈련할 것을 제시하는 것보다는 더 좋을 것이다. 수영선수, 코치, 트레이너, 치료사 그리고 내과의들이 서로 효과적으로 의사소통을 하는 것이 재활을 성공적으로 이끌어 줄 것이다.

과사용 손상

수영선수에게서 나타나는 가장 일반적인 손상은 과사용과 축적된 외상으로 인한 것이다. 축적적이고, 반복적인 미세외상이 과사용으로 인한 손상이 조직손상을 가져온다. 수영에서 손상을 성공적으로 치료하기 위한 중요한 단계는 손상을 입은 근육, 관절 또는 다른 조직에 상관없이 손상 치료에 대해 체계적으로 접근하는 것이다. 무엇보다도 선수가 가능한 한 빨리 적당한 건강관리전문가에게 찾아가는 것이 중요하다. 이것은 코치가 시즌이 시작되기 훨씬 전에 스포츠의학 건강 관리팀을 구성해야 한다는 것을 의미한다. 누가 건강관리 팀에 속할 것인지를 결정하는 것이 무엇보다 중요하다. 스포츠 의학 팀의 책임자는 전문의가 되는 것이 이상적이다. 그러나 요즘과 같은 관리체제에서, 몇몇 선수들은 내과의사가 없기 때문에 의사의 치료를 받지 못하고 있다. 물리 치료사나 인정받은 선수 트레이너는 어떤 환경에서든 선수들에게 더 접근이 쉬울 수 있으며 내과의의 치료가 언제 필요한지를 판단할 수 있는 능력을 가지고 있다.

팀의 모든 건강관리 전문가는 수영선수를 관

리하는 것에 경험이 있어야 한다. 초기의 치료가 급성손상에서 만성증후군으로 발전하는 것을 막을 수 있는 좋은 방법이 된다. 코치가 스스로 통증상태를 진단하려고 해서는 안 된다. 빨리 치료 할수록 돈이 덜 들며 선수 생명에도 영향을 미치지 않게 된다. 많은 건강관리 전문가들은 사회에 대해 헌신하는 한 방법으로 스포츠 팀에 자원봉사를 하기도 한다.

일단 적절한 전문가가 선수를 담당하게 되면 손상의 위치에 상관없이 과사용으로 인한 손상을 치료하는 체계적인 접근방법이 있다. 이것은 손상을 정확하게 진단하고, 급성 증상을 통제하며 관련조직의 치유를 촉진하고, 관련 조직의 기능을 향상시키며 손상 입은 조직의 재손상을 방지하게 한다.

과사용 손상의 치료

과사용으로 인한 손상은 미세외상으로부터 비롯된다. 이 외상은 세포의 변화와 나머지 세포상의 변화의 형태로 국부적인 염증과 국부적인 조직손상을 일으키게 된다. 이 조직 손상은 관절염, 활액낭염, 견갑관절주위염, 건염, 근염, 충돌증후군, 신경증 그리고 인대좌상과 같은 과사용으로 인한 손상으로 나타난다.

선수가 적절한 회복의 기회가 없이 근육, 인대, 관절에 부담을 주게 되면 이런 손상들이 빈번하게 된다. 이것은 훈련의 강도나 오랜 시간에 걸쳐 일어나는 부하 때문일 수 있다. 미세외상은 통증에 대해 임상적으로 나타나는 것 없이 일어날 수 있다. 그러나 시간이 지나면서 미세외상은 증상적인 상황이 되는 시점까지 축적되게 된다.

감별 진단 : 과사용 손상의 치료의 첫 번째 단계는 진단이다. 노련한 임상가는 종종 선수의 전체병력을 보기만 하는 것으로 예비적인 진단을 할 수 있다. 신체검사는 연조직을 포함한

대부분의 과로로 인한 손상을 확인해줄 것이다. 대부분의 경우에, 수영선수는 명백한 신체적인 외상을 나타내지 않으므로 X-ray 검사는 진단과정에 도움이 되지 않는다. 방사선은 파열, 관절간 이상, 이소성 석회화와 같은 골질 병변과 종양과 같은 다른 이상증상을 없애기 위한 몇몇 경우에 필요하다. 심각한 경우에, 관절순 이상이나 주요 연조직 손상과 결합된 회전건개 건염과 같은 구체적인 병변을 정확하게 진단하기 위해 MRI를 사용할 수 있다. 수영선수에게서 나타나는 대부분의 과사용으로 인한 손상은 신체검사의 결과와 특별한 정형외과적이고 신경학적 테스트의 결과로만 진단할 수 있다.

치료과정에서 특별한 진단이 필수이다. "수영선수의 어깨"를 진단하는 것은 이 진단이 조직의 병변을 규정하는 것은 아니기 때문에 내부 상태를 직접적으로 알려주지는 못한다. 자유형 수영선수에게서 나타나는 "극상근 건염"의 진단이나 평영에서의 "내측측부인대 염좌 1등급 에 대한 진단을 문제점을 적절하게 확인해주고 위험에 처한 조직과 필요한 조치를 알게 해 준다.

진단과정의 일부로서 전문의는 선수들의 근육과 관절을 따로 사용하지 않는다는 것을 알아야 한다. 근육과 관절은 동역학적 이고 운동학적인 체인으로 연결된다. 어떤 동작의 기능장애나 통증이 나타나는 상태는 동작의 모든 상호작용적인 요소를 포함하기 위해 철저하게 검사해야 한다. 예를 들어, 어깨에서의 모든 동작의 재한이나 통증을 일으키는 동작은 견관절, 견쇄관절, 견흉관절, 흉쇄관절을 검사해야 한다. 이 관절들과 그것의 상응하는 인대와 근육 가운데 하나에 대한 정상적인 기능을 모르다면 어깨 운동의 제한이 추정될 수 없을 것이다. 어떤 시점에서 풀에서의 영법을 평가하는 것을 수영으로 복귀하고 치료에서 손상 예방 에 도움이 될 만한 진단적인 접근방법이 된다.

급성 증상의 조절 : 미세외상에 따르는 1차적인 급성 증상은 염증이다. 염증은 손상 입은 조직의 적절한 치유를 위해 필요하다. 그러나 심한 장기간의 염증은 좋지 않으며 정상적인 것도 아니다. 염증을 조절하는 것은 과사용으로 인한 손상의 치료에서 가장 중요하다. 부종을 관리하는데 있어 가장 일반적인 방법은 전통적인 방식에 따른 안정(rest), 냉찜질(ice), 압박(compression) 그리고 거상(elevation)을 해주는 것이다. 전통적인 RICE 방식은 손상의 급성 단계나 모든 치료 단계에서 손상을 입은 조직을 능동적으로 운동 할 때 잘 작용하게 된다. 특히 만성재발성의 부종인 경우, 부종정도가 어느 지점에 이르게 되면 전통적인 RICE 공식이 적당하지 않게 된다.

부종이 지연되면 조직의 기능을 효율적으로 하는데 역효과를 일으키는 불필요한 물질을 조직에 축적하게 된다. 전기자극과 초음파와 같은 치료기법들이 과사용으로 인한 조직 병변의 치료에 유용하게 된다. 이런 치료기법들은 스테로이드와 국부적 마취제와 함께 사용할 수도 있고 단독으로 사용할 수도 있다. 약물치료를 구강으로 또는 근육 속에 주입하는 것이 이런 손상을 의료적으로 관리하는 한 부분이 된다. 통증을 줄이는 것이 치료의 가장 중요한 목표가 되어서는 안 된다. 통증의 감소는 병변의 성공적인 관리의 결과로 오게 된다. 통증을 치료하는 것은 선수가 너무 빨리 트레이닝으로 돌아오게 할 수 있으며 부분적으로 치유한 조직에 더 많은 손상을 일으키게 된다. 손상을 입은 조직을 적절하게 사용할 수 있도록 하기 위한 지침이 되는 것이 통증이며, 통증의 처방으로 인해 감추어져서는 안 된다.

과사용 손상을 관리하기 위한 거의 모든 치료법들은 손상을 입은 조직에 스트레스를 주는 활동을 줄이는 것으로 시작하게 된다. RICE에서의 "안정"은 손상을 입은 조직을 쉬게 한

다는 것을 의미한다. 때때로 사지 전체나 신체의 일부를 휴식하는 것을 의미할 수도 있고, 조직에 가해지는 스트레스를 줄이는 방식으로 안정을 취하는 것을 의미할 수도 있다. 선수는 단순히 더 느리게 수영을 함으로써 특정 근육을 쉽게 할 수 있다. 팔 동작의 비율을 낮추는 것이 팔 자세를 향상시킨다는 것을 연구 보고를 통해 알 수 있다. 팔 동작이 향상되면 근육은 과로하지 않게 되며 상대적인 휴식이 이루어질 수 있다. 상대적인 휴식이 손상을 입은 부위를 보호하게 되고 체력감소의 부정적인 영향을 피하게 해 준다.

비록 코티코스테로이드가 운동손상을 관리하는데 있어 일반적으로 처방하는 효능 있는 반염증제라고 하더라도, 많은 의사들은 그것을 사용하는데 더 신중하다. 구강으로 그리고 주사 형태의 코티코스테로이드는 콜라겐과 기초물질의 생산을 줄이고 궁극적으로 치유를 지연시킨다. 체중이 실리는 건의 근처에 코티코스테로이드를 주사한 경우는 2~3주정도 수영을 하지 못하도록 해야 한다. 절대 운동은 금물이다. 많은 의사들은 일 년에 세 번만 코티코스테로이드를 주사하라는 지침을 따른다. 그러나 이것은 단지 지침 일뿐이며 더 많이 사용하거나 더 적게 사용하라거나 그것에 반박하는 확실한 연구조사는 없다.

치유의 촉진 : 통증의 증상과 부종이 가라앉자마자 선수는 트레이닝이나 시합으로 복귀하게 되는 경우가 많다. 이것은 종종 재 손상을 일으킨다. 건강관리 전문가, 코치 그리고 선수들은 안정과 염증을 조절하는 것만이 조직을 치유하지 않는다는 사실을 인식해야 한다. 그것은 단지 조직을 치유하기 위한 조건을 갖추게 하는 것이다. 치유과정의 일부로 적절한 운동자극을 주면 조직은 가장 잘 치유된다. 치유는 혈관 요소와 콜라겐을 생성시키고 손상조직을

성숙시키는 섬유아세포의 증식을 포함한다. 특별히 치료사가 준 지침에 의한 훈련이 이런 혈관재생을 가장 잘 촉진시킬 것이다. 유산소운동은 혈액의 산소함유량을 증가시킴으로써 혈관 재생 과정을 촉진하고 섭취된 영양소도 잘 공급해 주게 된다. 일반적인 체력훈련은 손상을 입은 조직에 신경학적인 자극을 제공하고, 고유수용성 피드포워드 및 피드백을 제공하고 주위의 손상을 입지 않은 조직의 약화를 최소화하며 원하지 않는 체중이 늘어나지 않게 한다. 게다가, 진행 중인 훈련이 콜라겐 섬유를 정렬시키는 것을 돕게 된다. 많은 신체조직은 그것에 가해지는 스트레스에 따라 발달하게 된다. 점진적으로 스포츠 고유의 훈련에서 조직에 부하를 주는 것이 결국 그것이 필요한 과제를 위해 조직을 강화하게 한다. 코치와 선수는 프로그램과 적절히 협조하기 위해 이런 원리에 대한 교육을 받을 필요가 있다.

전통적인 관리법이 수영선수에게 있어 과사용으로 인한 손상을 치료하는데 있어 가장 효과적일때가 많다. 만약 재활 프로그램이 성공적이지 않고 외과수술을 고려하고 있다면 선수는 모든 전통적인 접근방법을 시도해 보기 위해 차선책을 찾아보아야 한다. 외과수술은 손상조직을 제거하거나 치료하고 최대한의 기능을 회복하기 위해 수행한다. 재활프로그램이 성공적이지 않거나(3달이나 6달후에) 수영의 수행능력이 상당히 감소하거나 손상이 선수의 삶의 질에 영향을 미치게 된다면 외과수술이 마지막 수단이 된다.

재손상 예방 : 일단 손상을 입은 조직이 치유되고 정상적으로 기능을 수행하게 되면 목표는 재손상을 피하는 것이다. 트레이닝과 시합으로 수영선수가 되돌아오기 위한 유일한 방법은 선수에게 손상의 원인이 된 부족부분을 채우는 것을 목표로 하는 수영 고유의 체력훈련

을 통해서이다. 이전에 손상을 입은 조직에 영향을 줄 가능성을 가지고 있는 수영의 모든 면을 살펴볼 필요가 있다. 이것은 유연성, 근력, 파워, 근지구력 그리고 심혈관계의 지구력을 최대화하기 위한 훈련을 포함하게 된다. 자세 교육과 근육의 재교육은 수영의 모든 동작에서 협력적으로 기능해야 하는 능동적이고 수동적인 조직 구조의 균형을 촉진시키는 수단이 된다.

건강한 생활습관의 확보 : 적절한 휴식과 좋은 영양공급이 손상의 예방과 재건의 마지막 단계를 장식하게 된다. 게다가 선수는 손상을 입은 부위에 가해지는 스트레스를 조절하기 위해 필요한 모든 조절을 수정하게 된다. 이것은 영법의 효율성과 테크닉에 대한 작용, 스피드, 거리, 운동시간 훈련사이의 시간 면에서 훈련 프로그램을 수정하는 것, 그리고 손상을 입은 부위에 가해지는 스트레스를 없애는 수영 종목 등에 대한 작용으로부터 비롯되는 것이다. 비정상적이고 부적절한 생체역학이 빠르게 재손상을 일으키기 때문에 수영선수의 스트로크 역학을 향상시키는 것이 매우 중요하다.

일반적인 상지손상

격렬한 매일의 연습 거리는 실제로 휴식 없이 4달에서 5달 정도의 시즌에 걸쳐 평균 9km에서 14km가 된다. 일 년에 한 수영선수가 2백만 번의 팔 동작을 행하게 된다. 이런 반복적인 동작이 정상적인 마모나 파열의 측면에서 외상으로 간주되고 근육, 건, 인대와 관절을 포함한 근골격 구조에 반복적인 미세외상을 일으킨다. 특히 어깨는 각각의 수영 스트로크를 행하는 동안 동작의 최대범위를 통과하게 되고 이것이 미세외상을 일으키며 어깨 관절의 생체역학의 역학적인 붕괴와 어깨의 통증을 가져 온다.

연구 보고에 의하면 어깨에 가해지는 신체

적인 과사용는 통증을 느끼는 빈도와 수영이라는 스포츠에 참가한 횟수사이에 긍정적인 상관관계가 있다고 한다. 비록 어깨통증으로 인해 의료적인 치료를 처음 받게 되는 선수의 평균연령이 18세라고 하더라도 더 어린 연령군의 선수들이 더 높은 어깨통증의 발병률을 보여 준다. 아마도 "아이들은 빨리 치유된다"라는 일반적인 믿음이 있기 때문일 것이므로 수영에서 며칠 쉬는 것이 통증의 감소를 가져오고 시합으로 되돌아갈 능력을 주게 된다. 그러나 통증의 자극원인을 바꾸지 않는 것은 재손상을 당하기 쉽게 한다. 의료적 치료를 받기를 꺼려하는 것이 선수를 검사하고 어깨의 특정한 생체역학을 측정할 수 있는 건강관리 전문가에게 가지 않게 하는 결과를 낳는다. 이런 평가에 근거하여, 치료사는 어깨에 더 많은 축적적인 외상을 방지하기 위해 영법의 효율성을 향상시키는 재활 프로그램과 트레이닝 프로그램을 처방할 수 있다. 적절한 의료적이고 물리적인 치유관리가 부족하게 되면 근골격 문제를 재발시키게 되고 재활하거나 방지할 수 있었던 손상으로 인해 더 이상 경기를 할 수 없는 손상을 낳을 수도 있다. 우수한 대학 수영선수에게서 나타나는 많은 손상들은 몇 년 전에 처음 일어났던 작은 손상이 축적된 결과이다.

어깨통증은 경기에 참가하는 선수들 사이에서 가장 빈번하게 일어나는 근골격상의 문제이다.[5,6,15,40,46] 수많은 기록들이 수영선수에게서 나타나는 어깨손상의 가장 일반적인 원인으로서의 기본적 충돌증후군뿐만 아니라 상완관절의 기본적 불안정성을 보고하고 있는데 이것이 견봉하낭의 염증과 관절하순의 파열의 원인이 된다.[15,29,43,46]

수영선수의 어깨

어깨는 각각의 영법을 행할 때 동작의 극단 범위를 통과하게 된다. "수영선수의 어깨"는 극상근이나 이두근건에서의 염증을 낳는 과사용으로 인한 손상이며, 일반적으로 다방향성 상완관절의불안정성과 상완골과 견갑골의 견봉돌기의 두부사이의 건의 충돌에 의해 일어난다. 정상적인 견갑-상완 리듬은 흉부에서의 견갑골의 동작과 관절와에서의 상완골의 동작사이의 독특한 균형을 유지해 준다. 종종 접영의 당기기 단계의 마지막에 어깨는 안전한 내전을 취하게 되는데 이것이 그 부위에 있는 혈관의 압축과 그 부위에서 바깥쪽으로 혈액을 공급하는 "짜내기"를 일으킨다. 이것은 시간이 지나면서 극상근건의 퇴행 변화를 일으키게 된다. 국부적인 부종이 어깨관절의 생체역학을 변화시킬 수 있다. 외상에 부차적인 상완관절의 국부적인 염증이 임상적으로 외전, 외회전 그리고 내회전에서의 동작을 제한적인 패턴(관절낭의 제한적 패턴)으로 나타내게 된다. 상완관절에 염증이 나타날 때 수영을 계속하는 것은 견갑골, 목 그리고 몸통의 정상적인 동작을 상당히 바라게 된다. 극상근건의 염증이 반복되는 것은 견봉하골의 공간을 더 많이 줄이게 되는 염증을 반복적으로 일으키게 되고, 이것이 2차적인 충돌을 가져와 급성활액낭염을 일으키는 견봉하낭의 염증을 낳을 가능성이 있다. 상완골두보다 더 위에 있는 활액낭이나 건의 염증은 임상적으로 어깨 외전 시에 통증 각을 만든다.

적절한 영법은 손상 없이 훈련할 수 있는 선수의 능력을 상당히 향상시켜 준다. 기술적인 헛점이 어깨 스트레스를 증가시키게 되고 더 자주 심각한 피로를 느끼게 된다. 경기에 참가하는 대부분의 수영선수들은 더 어린 나이에 영법에 대한 상당한 훈련을 받게 되지만 12세후에 상당히 떨어지게 된다. 자유형에서 기술적인 헛점은 어깨관절에 상당한 스트레스를 주게 되고 이것이 과사용 손상을 낳을 수 있다. 되돌리기 동안 팔꿈치를 떨어뜨리는 것이 회전견개근에 손상을 입힐 수 있다. 몸의 종축으로 몸통을 회전하는 것이 줄게 되면 호흡을 위한 과도한 경부회전을 촉진하게 되고 이것이 궁극적으로 경추통증증후군, 그에 이은 등세모근과 사각근의 경련 그리고 견갑골이나 쇄골의 역학을 변경시키는 결과를 낳게 된다. 동시에 몸통 회전을 감소시키는 것이 과도하게 상완관절을 외전 시킬 필요를 만들어 내어 후부침해나 상완관절낭 전면을 과도하게 스트레치하는 결과를 낳게 된다.

수영선수의 어깨 진단 : 수영선수에게서 나타나는 손상을 정확하게 판단하는 것이 성공적인 치료 결과에 필수적이다. 비록 손상의 원인이 이장의 앞에서 논의한 것처럼 수영에서의 일반적이지 않은 요구사항에 해당하는 것이라 할지라도 경기에 참가하는 수영선수들에게서 나타나는 손상은 이 스포츠에서만 나타나는 것은 아니다. 모든 근골격적인 문제를 진단하는 것은 철저한 촉진 검사와 청취 기술을 잘 결합해야 한다. 수영선수에게서 나타나는 대부분의 손상들은 연조직 외상을 포함하며 X-ray, CT나 MRI 등을 통해 확실하게 진단할 수 없을 수도 있다. 일련의 촉진 검사과정과 특별한 검사들은 진단도구로서 증상의 발생시키는데도 이용한다. 많은 손상의 원인은 수영에서의 반복적인 스트레스와 관련되어 있기 때문에 선수가 검사시기에 증상이 없을 수도 있다. 만약 손상의 병력에서 "60번의 랩을 수영한 후에야 아프기 시작해서 쉬면 더 좋게 느껴진다"와 같이 호소했다면 검사자는 60번째 랩 이후에 바로 풀 옆에서 선수를 검사할 준비를 해야 한다. 선수의 수영을 직접적으로 관찰하는 것은 아마도 그 문제의 원인이 될 수 있는 영법에서 일어날 수 있는 가능한 문제들을 조사하기 위한 생체역학적인 분석을 수행하기 위한 유일한 확실한 방법이다.

수영선수의 어깨통증을 검사할 때, 병력을 잘 조사하여 영법의 통증 단계를 규정하는 것이 구체적인 어깨문제의 진단과 치료를 도와 줄 것이다. 통증은 종종 물에 저항하여 팔을 당길 때 일어나며 이것은 자유형의 잡기 단계와 중간 당기기 부분에 앞서 일어나게 된다. 이런 동작들은 상완관절을 강력하게 내전하고 내회전할 때 광배근, 대원근, 대흉근 그리고 어깨의 내회전근을 포함하게 된다. 후부의 침해와 전면의 불안정성 또한 되돌리기의 팔꿈치 상승 단계 동안에 통증을 증가시키게 되고 되돌리기 단계 동안에 어깨를 머리위로 외회전시키는 자세를 취할 때 삼각근, 극상근, 극하근 그리고 소원근의 사용과 관련하여 통증을 나타내게 된다. 만약 병력이 영법의 특정 단계에서의 통증에 대해 말해 준다면 이런 동일한 동작에 대해 임상적인 검사를 함으로써 확실한 진단을 할 수 있을 것이다. 조금 세게 수동 ROM 검사는 관절의 느슨함이나 좌상을 알게 해주며 등척성 수축을 이용한 저항검사는 건염을 확인하게 해준다. 다방향적인 불안정성은 전면, 후면 그리고 하위 방향으로 과도하게 활주되는 현상을 보인다. 이것은 특수검사인 열구검사(sulcus sign)에서 양성반응을 보인다.[48] 검사자는 가동범위를 테스트하는 동안 통증 패턴을 관찰해야 한다. 통증각 증후군과 관절낭 패턴이 다양한 진단을 하는데 도움이 된다. 45~125°사이의 능동외전 시에 통증각은 상완골과 견봉궁의 두부사이의 충돌을 보인다. 충돌을 받은 구조는 더 큰 결절조면, 특히 극상근건으로 부착되는 견봉하낭과 회전건개 건을 포함한다. 임상가는 또한 관절염, 활액낭염, 충돌 증후군, 회전근개근의 약화, 전면, 후면, 하위 또는 다방향 불안정성, 극상근건과 이두근건의 점 압통을 평가해야 한다.[48]

수영선수의 어깨에 대한 치료 : 여기서 가장 많이 나타나는 모든 진단사항은 수영하는 동안의 과사용과 직접적으로 관련되어 있다. 이것은 부적절한 영법, 지나친 트레이닝 또는 많은 수영 시즌에 걸쳐 나타나는 단순한 축적적인 외상에 의한 것일 수 있다. 그것과 관계없이 어깨손상의 치료는 휴식에서부터 시작한다. 휴식은 단지 손상을 입은 조직을 쉬게 하기 위한 것이라는 것을 이해하는 것이 중요하다. 앞서 논의했듯이, 물로부터 나오는 시간을 최소화함으로써 최대한의 순응을 예상할 것이다. 영법을 수정하는 것, 수영 거리, 강도나 스피드 또는 쉽게 하는 영법으로 수영하는 것이 손상을 입은 구조의 나머지 부분을 활용하기 위해 사용할 수 있다. 킥보드가 어깨에 다양한 도전사항을 제시하기 때문에 킥보드를 사용한 훈련을 처방하는데 신중해야 한다.[38]

물리치료사와 선수 트레이너는 재손상을 막기 위한 영법을 수정하기 위한 모든 필요사항에 대해 코치와 원활한 의사소통을 해야 한다. NSAID(비스테이로이드성 항염제)와 얼음이 기본적인 치료의 일부이다. 얼음은 급성손상이나 병의 재발에 이어 그 부위로부터 체액이 유입되지 않도록 하는데 가장 효과적이지만 아급성과 만성적인 부종에는 거의 효과가 없다. 일단 부종 손상을 입은 부위에까지 이르게 되면 부종를 줄이는데 NSAID가 가장 효과적이다. 몇 가지 심각한 경우에 지속적인 부종을 치료하는데 스테로이드를 사용할 수 있다. 훈련 직후 어깨를 얼음찜질하는 것이 좋은 일상적인 훈련이 된다.[38]

훈련은 견갑주변 근육의 강화뿐만 아니라 어깨의 내회전근과 외회전근의 강화를 포함해야 한다. 팔의 외전과 내전 상태에서 모두 회전근의 강화를 수행해야 한다. 근육은 수영의 스피드를 위해 큰 힘을 발생시킬 필요가 있을 뿐만 아니라 비정상적인 어깨 동작을 피하기 위해 필요한 동적안정을 성취해야 하기 때문에 어깨 주위의 근력 균형을 이루는 것이 가장 중요하다. 스테로이드 주사는 모든 선수들에게 주의하여

사용해야 한다. 수영선수들에게 있어 훈련 강도는 주사 후 3주에서 4주 동안에 줄여야 한다.[30] 몇몇 경우에, 손상을 치료할 수 있도록 하기 위해 수영을 전혀 하지 않고 완전히 휴식할 필요가 있다.

외과수술은 어린 수영선수들에게는 거의 필요하지 않다.[36] 그러나 외과수술은 치료를 반복적으로 시도하는 것이 효과가 없다고 판단될 때 만성적인 어깨 문제가 있는 선수들을 위해 필요한 것이라고 할 수 있다. 어깨관절낭을 팽팽하게 하기 위한 외과수술은 만성적인 불안정성을 가지고 있는 선수들을 위한 것으로 볼 수 있다. 갈고리 모양으로 휜(타입 3) 견봉을 치료하기 위한 수영선수를 위한 마지막 수단으로는 견봉하의 감압들이 불가피하다.[34,48]

흉곽출구증후군 (Thoracic Outlet Syndrome ; TOS)

흉곽출구증후군은 쇄골하동맥, 쇄골하정맥 그리고 흉곽출구내의 상완신경총의 압박으로부터 비롯된 징후와 증상군을 지칭하는 용어이다. 증상들은 압박을 받는 구조와 직접적으로 관련되어 있다.

수영은 많은 반복적인 오버헤드 동작을 포함하기 때문에, 수영인구에서 TOS의 발병률이 더 높다는 것을 예상할 수 있다. TOS와 전형적인 "수영선수의 어깨"를 구분하는 것은 종종 어려우며 간과되기 쉽다. 그러나 수영선수에게서 어깨통증의 다양한 진단사항들은 TOS를 포함하게 된다. 그럼에도 불구하고 TOS를 정확하게 평가하는 믿을만한 객관적인 테스트는 없기 때문에 진단하기가 어렵다. 결과적으로 TOS의 진단은 증상의 경과, 증상 패턴 그리고 몇가지 객관적인 임상적 테스트에 의해 확실해진 물리적인 결과물에 의해 이루어진다.

TOS는 목부위에 있는 신경혈관 구조의 눌림을 포함하며 어떤 경우에는 늑골 중 하나가

다른 조직을 더 크게 누르는 경우를 포함한다. 실제로 이 "늑골"은 경추의 횡돌기가 해부학상의 첫 번째 늑골쪽으로 과도하게 성장하는 것을 포함하는 이례적인 경우이다. 이것은 신경혈관 구조가 통과하는 공간을 좁게 하고 기저 쇄골에 의해 압박을 받는다. 목부위의 늑골을 외과적으로 제거하는 것은 때때로 신경혈관구조의 압박을 제거하기 위해 필요하다. 쇄골하 신경과 혈관 또한 정상적인 첫 번째 늑골이나 사각근에 의해 압박을 받을 수 있다. TOS에서 눌림 증상은 어떤 구조가 가장 압박을 받는지에 따라 달라진다. 이것은 동맥, 정맥 또는 상완신경총이 될 수도 있다. 압박을 받는 위치는 전방사각근에 의한 것 일수도 있고, 쇄골과 첫 번째 늑골사이의 전형적인 흉곽출구 또는 오구돌기 부위일수도 있다.

통증, 마비 그리고 욱신거림 등의 신경학상의 증상들이 가장 빈번하며 선수에게 가장 중요한 영향을 주게 된다. TOS가 있는 선수는 수영하는 동안 증상과 징후를 나타낼 수 있다. 자유형과 배영 모두 어깨의 외전과 외회전의 극단적인 동작범위에서 타이밍을 잘 맞춘 강력한 동작을 필요로 한다. 자세의 마지막 범위에서 힘주어 젓기가 시작될 때, 전체적인 근육의 상위 1/4은 수축에 의한 근육의 단축을 통해 상당한 힘을 만들어내야 한다. 넣기 단계에서 어깨, 목 그리고 쇄골에 대한 통증과 긴장을 호소하는 것이 선수가 TOS를 검사해 보아야 할 확실한 근거가 된다. 신경혈관 구조는 오구돌기아래를 지나가며 선수가 넣기 단계에 도달하게 되면 신경혈관구조는 견갑골과 쇄골에 접근하게 된다. 소흉근의 크기와 유착이 TOS를 일으키는데 중요한 역할을 할 수 있다.

아래얼굴과 귀에서의 통증이 나타날 수 있으며 두통을 수반할 수 있다. 어깨, 엄지손가락 그리고 둘째와 셋째손가락으로 통증이 방사되는 증상이 함께 나타나기도 한다. 어깨통증, "수영선수의 귀" 그리고 단순한 두통과 TOS를 구분하는 것이 필요하다. 삼각근, 상완이두근, 상완삼두근 또는 전완근의 약화와 피로가 TOS가 아닌 다른곳에서의 압박으로 인해 생길 수 있다. 손의 내재근의 힘이 약화되면 물건을 잡기 어려워지고, C8과 T1 신경근, 정중신경 그리고 척골신경이 손상되었음을 나타낸다. 손의 내재근의 이런 초기의 피로증상을 선수가 처음으로 불평하게 된다. 수영선수에게서 나타나는 일반적인 증상은 손가락을 모으기가 어렵고 네 가지 영법의 각각의 힘주어 젓기 단계에서 젓기 동작을 행하는 동안 손의 동작을 통제할 수 없게 된다.

TOS에서 어깨 통증을 불평하는 가운데 상완관절의 불안정성이 없다는 점에서 전형적인 "수영선수의 어깨"의 통증과 다르다고 할 수 있다. 그러나 몇몇 수영선수들은 비록 그것이 TOS의 증상이나 징후의 원인이 되지 않는다고 하더라도 불안정성을 나타낼 수 있다. TOS의 통증은 전형적으로 쇄골의 전면과 후면에서 나타나며 종종 무단느낌, 욱신거림 그리고 넷째손가락과 다섯 번째 손가락에서의 통증을 포함한 소근 증상들이 있게 된다. 쇄골하동맥의 압박이 찬 느낌과 아픈 느낌을 가져오거나 쇄골하동맥의 압박이 팔이 꽉 찬 느낌을 갖게 할 수 있다.

TOS의 진단 : 선수의 경력을 세심하게 살펴봄으로써 주요한 어깨통증이나 경부신경근의 압박의 증상과는 다른 복합적인 증상을 이끌어 낼 수 있다. 신체검사는 진단사항을 확실하게 할 수 있는 몇 가지의 특별 테스트를 포함하게 된다.

에디슨법(Edison's test)은 머리를 환측 어깨쪽 돌리도록 했을 때 요골동맥의 맥박을 평가하는 방법이다. 그 방법은 어깨는 외회전, 신전 상태에서 목을 신전시키되 호흡을 깊게 들여 마시고 목을 환측으로 돌린다. 이 때 요골동맥이 약해지면 TOS로 진단된다. 에디슨의 방법을 반대로 하는 것은 똑같은 테스트지만 환자의 머리를 영향을 받는 쪽에서 반대로 돌린 채로 요골의 맥박을 줄이는 결과를 낳게 된다.

루스 테스트도 TOS를 테스트하게 된다. 환자는 어깨를 외회전하고 90도로 외전한 채로 서서 팔꿈치를 90도로 굴곡하게 된다. 그리고 나서 환자는 3분 동안 천천히 손을 벌렸다가 오므린다. 만약 환자가 3분 동안 팔을 출발자세로 유지할 수 없거나 국소허혈성 통증을 겪거나 팔에서 묵직하거나 힘이 없는 듯한 느낌 또는 손에서 마비나 욱신거림을 느끼게 되면 검사되는 어깨부위가 TOS임을 나타낸다. 이 테스트를 종종 양성 회전 및 외회전 자세검사(positive abduction and external rotational positiontesf)라고 부른다.[48]

경추의 과신전에서의 통증뿐만 아니라 신경근의 압박을 위한 스펄링 검사(Sparling's test : 추간공 압검사)는 TOS와 경추신경근의 침해와 구분할 수 있게 한다. 스펄링의 테스트에서 환자는 목을 뒤로 젖히면서 동시에 옆으로 굽히고 같은 쪽으로 회전 시킨 상태에서 검사자가 머리에 압박을 가하게 된다. 방사통이 있으면 신경근 압박으로 진단한다.

X-ray를 사용하는 것은 경부늑골의 존재를 진단하기 위해 필수적이다. 방사선상의 비교 연구는 쇄골하동맥의 협착을 객관적으로 보여줄 수 있으며 TOS의 진단사항을 확실하게 해 준다. CT나 MRI 같은 고급 장비는 TOS를 진단하는데 거의 소용이 없다. 근전도계(EMG)와 신경유도테스트가 TOS의 진단과정에서 종종 사용된다. 그러나 만약 EMG가 신경이나 신경원이 손상되었음을 보여 준다면 신경근압박에 대한 진단도 고려해 보아야 한다.

"더블-크러시 이론(double crush theory)"이라고 불리는 개념이 1973년에 Upton과 Mc Comas[48]에 의해 도입되었다. 이 개념은 근위신경의 압박이 원위부의 미세한 압박에도 통증을 유발시키는 현상을 말한다. 이렇게 일반적으로 인식되는 이론에 따르면 수근관증후군이나 주부관증후군이 TOS가 있는 환자에게서 더 많이 일어나는 것 같다. 그것은 팔의 원위적 마비, 욱신거림은 약화와 일치하는 증상과 징후가 있는 선수는 근위 신경의 압박문제에 대한 평가를 받아야 한다.

TOS의 치료 : TOS는 비수술 또 수술요법으로 관리할 수 있다. 모든 수술요법은 대한 잠재적인 합병증이 있을 수 있고 좋은 결과를 가져오리라는 보장도 없기 때문에 비수술요법이 일반적으로 더 선호된다. 수술요법은 비수술요법이 성공적인 결과를 가져오지 못한 선수들에게 사용하게 된다.

비수술적 치료는 염증을 줄임으로써 시작하게 된다. 상완신경총의 압박은 신경의 염증과 부종을 일으킨다. 항염증 치료가 증후를 완화시킨다. 신경의 염증과 부종을 제거하는 것은 통증을 줄일 뿐만 아니라 쇄골이나 사각근 아래의 신경을 압박하는 것을 실제적으로 줄이게 된다.

근육의 불균형과 좋지 않은 자세가 신경혈관구조의 압박의 원인이 될 수 있다. 수영선수의 전형적인 구부정한 자세가 첫 번째 늑골에 대해 쇄골에 의해 가해지는 하향 압박의 원인이 되어 TOS를 일으키게 된다. 훈련은 자세의 이상을 교정하기 위한 것이다. 선수의 가슴과 어깨의 큰 근육이 TOS를 완화하기 위한 자세 훈련의 대상이다.

근육과 근막의 뻣뻣함이 TOS의 원인이 될 수 있으므로 근막을 풀어 주고 어깨와 가슴에 있는 근육을 스트레치하는 프로그램을 즉시 시작해야 한다. 사각근, 대흉근, 소흉근, 승모근, 견갑거근, 그리고 흉쇄유돌근을 스트레치하는 것이 TOS 증상의 감소를 낳을 수 있다. 첫 번째 늑골의 가동성을 측정하는 것이 중요한데 종종 굳어 있으며 관절 가동법을 시행해 주어야 한다. 경추의 손상이나 기능장애 또한 TOS의 한 가지 원인이 된다. 교통사고 후유증에 의해 목을 다치거나 척추후관절증후군도 사각근의 경련을 유발하여 흉곽출구를 통과하는 신경 혈관을 압박하게 된다. 경추 이상이 없음을 확인해야 하고 이상이 있으면 TOS치료와 병행해야 한다.

팔꿈치 손상

자유형의 당기기 단계 동안에 팔꿈치 자세를 높게 유지하도록 신경써야 한다. 이 자세는 팔꿈치 내측의 염좌를 증가시켜 내측측부 인대에 부담을 주고 팔꿈치가 손상을 일으키는 원인이 될 수 있다.[50] 선수는 팔꿈치에서의 통증을 약화를 보상하기 위해 힘주어 젓기 단계 동안 팔꿈치를 떨어뜨릴 수 있다. 이것은 영법의 효율성을 감소시키고 어깨와 일반적인 손목신근과 건에 가해지는 스트레스를 증가시키게 된다. 이것이 외측상과에서의 단요측수근신근과 총지신근의건막을 과사용에 의한 염증을 유발 시킬 수 있다. 외측상과염은 수영선수들에게서 나타나는 일반적인 손상이다.[30,38]

외측상과염의 진단 : 외측상과염의 진단은 특수검사에 의해 이루어진다. 외측상과염에 대한 확진은 손목신근의 저항적인 수축 시에 외측상과 부위에 통증이 증가하는 것이다. 손목을 신전할 때 손목 가운데 쪽과 척골쪽을 구분해서 시켜보면 어느 쪽으로 염증이 생겨 있는지를 알게 된다. 테니스 엘보를 진단하기 위해 사용하는 정형외과적인 특수검사는 수영선수에게서 나타나는 외측상과염을 진단하기에 적절하다.[48]

외측상과염의 치료 : 외측상과염을 치료하는

것은 특정 건의 염증을 다룸으로써 시작하게 된다. 필요한 경우 얼음, NSAIDs, 그리고 다른 항염증 치료를 병행할 수 있다. 영법을 평가하고 수정해야 한다. 선수는 팔꿈치에서 통증을 일으키는 모든 영법을 피해야 한다. 만약 병력에서 사용하면 통증이 증가하고 휴식하면 통증이 감소하는 반복적인 패턴이 나타나면, 선수는 아마도 만성적인 재발성 건염을 가지고 있을 것이다. 이 패턴은 건의 다중적이고 반복적인 미세손상에 의해 야기된 건의 손상을 나타내는 징후이다. 이런 타입의 손상은 깊은 마찰 마사지로 치료할 수 있다. 깊은 마찰 마사지는 손상 부위에서의 염증을 줄여서 휴식-활동-재손상의 순환을 깨기 위해 건의 섬유를 재정렬 시킨다.[51] 선수의 어깨 힘을 측정하는 것이 중요하며 선수는 점진적인 저항훈련으로 진행해가는 손목의 등척성 프로그램을 시작하는 것이 좋다.

일단 염증이 없어지고 건이 완전하게 재건되면 선수는 영법의 향상과 함께 점진적으로 물속에서의 스피드와 거리를 늘려가면서 수영경기로 복귀하게 된다. 풀에서의 속도, 시간 등을 측정하는 것이 중요하다.

삼두근 좌상

삼두근 좌상의 진단 : 팔꿈치의 다른 과사용으로 인한 손상은 삼두근 좌상과 활액막염을 포함하며 이것은 배영을 하는 동안 완전하게 신전하려는 팔꿈치 동작에 의해 생긴다. 삼두근 좌상은 임상검사를 행하는 동안 삼두근의 저항적인 수축시에 통증으로 나타나게 된다. 활액막염은 통증이 있어도 관절이 자유롭게 움직일 수 있으며 팔꿈치가 약간 열이 나고 완전한 신전에 약간의 제한을 나타낸다.

삼두근 좌상의 치료 : 앞서 기술한 과사용으로 인한 손상에서처럼 염증 과정을 관리하는 것이 가장 중요하다. 팔꿈치 손상의 장기적 관리에 있어 영법을 분석하고 변경하는 것이 특히 중요하다.[50] 팔꿈치 보조기는 수영 영법을 행하는 동안 사용하게 되는 팔꿈치 신전의 폭을 제한하기 위해 사용한다. 이 보조기는 손상의 급성 염증 단계에서 필요하지만 장기적으로 보조기가 사용할 경우에는 부작용이 크므로 사용기간을 제한해야 한다. 보조기는 수영시합에서 착용하지는 않는다.

일반적인 하지 손상

'평영선수의 무릎'

수영선수에게서 나타나는 가장 일반적인 무릎 손상은 무릎의 내측측부 인대의 염좌이며 일반적으로 '평영선수의 무릎'(breast stroker's knee)이라고 부른다. 이것은 평영에서 사용되는 강력한 휩(whip) 킥과 관련된다. 평영선수의 무릎은 MCL에 가해지는 반복적인 스트레스로부터 비롯되는 만성적인 MCL이다. '평영선수의 무릎'의 증상은 MCL을 따라 나타나는 점통증이나 외반 스트레스 검사에서 비정상적으로 관절이 벌어지면 양성이다.

'평영선수의 무릎' 진단 : 손상의 기전은 접촉과 충돌이 많은 스포츠에서 발견되는 손상의 기전과 비교하여 낮은 충격을 주기 때문에 외반족 스트레스를 검사 시 통증이 생기면 양성반응이며, 인대가 느슨해져 있으면 음성반응을 보인다. 무릎에 대한 모든 다른 특수 검사는 음성반응을 보인다. 관절이 느슨해지는 현상은 반복적인 사용으로 인한 것일 가능성이 있으므로 초기 치료가 빠른 회복을 위한 핵심사항이 된다. 힙 내전근력과 외전근력, 그리고 유연성이의 불균형이 가장 큰 원인일 가능성이 높다.

'평영선수의 무릎' 치료 : 부종을 관리함으로써 치료를 시작한다. 무릎에서 반복적인 외반 스트레스를 없애기 위해 적절한 휴식을 취해야 한다. 급성 부종을 통제하게 될 때까지 평영을 삼가 한다는 것을 의미한다. 선수가 평영을 다시 시작하는 다른 영법과 교차 훈련을 하고, 충분한 준비운동을 하고, 점진적으로 수영 거리를 증가시키고 통증이 없는 거리까지 훈련을 제한함으로써 평영의 거리를 최소화하는 것을 포함한다.[38] 평영선수의 무릎은 주로 휩 킥에서 내재하는 무릎에 가해지는 비정상적인 스트레스로 인해 비롯된다. 평영선수는 무릎을 힙과 일직선이 되도록 해야 하며 힙 넓이만큼만 무릎을 벌리도록 해야 한다. 이것은 다리가 중심선 가까이 갈 때 지렛대 역할을 하는 팔이 무릎에 외반 스트레스를 가하는 것을 줄이게 된다.

다른 무릎 손상

수영과 관련된 다른 무릎 손상은 슬개대퇴통증, 내측 활액낭염 그리고 내측 주름 증후군을 포함한다. 슬개대퇴통증 증후군을 갖고 있는 환자들은 일반적으로 슬개골 아래 전면 무릎 통증을 나타내게 된다. 전내측의 통증은 내측활액낭염이나 내측주름증후군이 있음을 암시한다. 이런 증후군들은 일반적으로 영법의 교정, 상대적인 휴식, 항염증성 투약치료, 근력강화와 스트레칭으로 다루게 된다. 슬개골의 움직임 문제는 바이오피드백이나 훈련하는 동안 슬개골을 재정렬하기 위한 테이핑 법을 포함한 근육에 대한 재교육 테크닉을 필요로 한다. 선수의 육지에서의 훈련에 대한 심도 있는 검사를 포함한 상세한 병력이 필요하다. 달리기와 중량들기의 스트레스가 선수의 무릎 통증의 원인인 것으로 보인다.

발과 발목 손상

수영에서 발과 발목에 가해지는 가장 일반적인 손상은 플러터 킥과 돌핀 킥에서의 반복적인 극단적 족저굴곡에 의해 야기되는 신근지대에서의 신근건염이다. 검사시에 발을 수동적으로 배측굴곡할 때 염발음을 들을 수 있다. 치료는 스트레칭과 적절한 휴식을 포함하며 이어서 발목근육의 강화를 행하게 된다. 모든 수영영법으로부터 발과 발목을 제외하기는 어려우며 발차기를 위해 여전히 다리를 사용하게 된다. 팔만 사용하는 연습은 물속에서 몸이 적절한 부력 자세를 유지하는 것을 돕기 위해 허벅지 사이에 다소 빈도가 떨어지는 부유장치를 끼우고 수행할 수 있다.[38]

다소 빈도가 떨어지는 발과 발목 문제는 발의 타박상, 발꿈치 타박상 그리고 터닝 시에 풀장의 벽과의 접촉으로 인한 발목 염좌나 젖은 바닥이나 계단에서 미끄러지는 것 등을 포함한다. 발과 발목의 문제의 원인이 되는 모든 체중 부하 활동을 제외하도록 지상에서의 훈련 프로그램을 평가하는 것이 중요하다.

등과 목 손상

등의 손상은 시합에 참가하는 선수들이 일반적으로 불평하는 것이다.[53,54] 등의 문제를 진단하는 것은 허리문제, 척추분리증, 척추전방전위증 그리고 슈에르만 척추후만증을 포함한다.[30,38] 수영선수들의 허리손상은 터닝하는 동안의 반복적인 스트레스와 그리고 물속에서의 부적절한 머리와 신체자세에 의한 좌상에 의해 가장 많이 일어난다.[47]

치료는 다이빙과 플립 터닝을 피함으로써 등을 적절히 쉬게 하는 것을 포함한다.[28] 선수가 얼굴을 아래로 향하게 하여 행하는 수영을 포함한 수영 트레이닝에서의 불균형 때문에 몸통근육의 힘에서 불균형을 나타내는 일이 흔하기 때문에 복근강화가 중요하며 몸통신근의 훈련이 강조된다. 햄스트링과 등신근의 유연성이 그것이 부착되어 있는 골반을 정상적으로 이동시키는데 매우 중요하다.[9]

슈에르만 척추후만증은 사춘기의 수영선수에게서 나타나는 전형적인 "수영선수의 등"이다. 이 상태는 흉추의 반복적인 굴곡으로부터 비롯되며 종종 영법의 복잡성 때문에 접영에 의해 악화되며 팔의 양측적인 대칭적인 사용에 의해 야기되는 스트레스를 증가시킨다.[31] 훈련하는 동안 통증은 주로 접영을 피함으로써 경감시킬 수 있다. 접영은 또한 등의 반복적인 과도신전을 포함하며 이것은 선수에게 척추분리증을 일으킬 수 있다. 다이빙 사고로 인한 척추외상은 얕은 풀에서 일어나는 문제이므로 깊은 곳에서 다이빙 하도록 해야 한다. 스타팅 블록은 깊은 부분의 끝에 놓아야 한다.

전형적인 수영선수의 자세는 흉추 후만증의 증가, 견갑골의 외전과 전진, 그리고 머리를 앞으로 내민 자세로 나타난다. 이 자세는 재발성의 비동(nasal and sinus) 문제로 고통 받는 수영선수에게 더 나타나기 쉽다. 비동 감염, 염증이나 울혈이 수영선수들 사이에서 일반적으로 나타나는데 이것은 풀장에서 박테리아와 화학물질에 노출되기 때문이다. 이런 문제들로 고통받는 수영선수들은 일반적으로 코를 통해 편안하게 호흡하는데 어려움을 겪게 된다. 종종 이것으로 인해 습관적인 "입으로 숨쉬기"를 하게 되는 결과를 가져온다. 이것은 종종 공기통로의 근육의 긴장이 감소하게 되는 밤에 잠자는 동안에 가장 자주 관찰할 수 있다. 잠을 잘 때 숨을 들이마시는 동안 공기의 흐름을 향상시키기 위해 공기통로를 열도록 머리와 목을 신전시키는 자세에 의해 입으로 숨쉬기를 가장 용이하게 할 수 있다. 잠자는 시간동안의 이런 자세로 장시간 있게 되면 하두개골 인대와 근막을 적절하게 조이게 하여 자세상의 활동을 하는 동안 하두개골 지대가 하두개골을 신전시킨 편안한 휴식 자세를 취하게 하는 경향을 낳는다. 그러므로 눈을 수평선으로 낮추는 보상적인 행위가 목의 굴곡을 통해 이루어지며 머리를 더 많이 전방으로 향하게 하는 결과를 가져온다.

하두개골 지대, 흉추 그리고 요추를 포함한 경추의 전체 움직임 범위를 통한 운동이 이루어져야 한다. 호흡곤란을 겪는 모든 문제들은 이전에 논의한 이유 때문에 함께 다룰 필요가 있다.

경추 후관절 증후군

자유형은 수영하는 동안 호흡을 용이하게 하기 위해 머리와 목의 회전을 필요로 한다. 이것은 경추가 각각의 호흡과 팔동작 주기에서 반복적으로 회전하게 한다. 팔동작은 경추에서 근육의 균형을 잡고 정상적인 범위의 동작을 유지하는데 중요한 역할을 한다. 몸통의 회전이 부족하면 경추가 각각의 호흡을 하는 동안 겪어야 하는 회전의 정도가 증가하게 된다. 덧붙여 한쪽으로만 호흡하는 수영선수는 근육과 호흡하는 쪽으로의 동작범위에서의 불균형을 만들어내게 된다. 시간이 지나면서 이런 반복적인 스트레스는 경추의 각각의 높이에서 인대를 과도하게 스트레치하게 되며 이것이 척추후관절을 낳을 수 있다.

후관절의 이상은 목에서의 통증으로 나타나는데 이것은 종종 보호적 근육방어나 근 경련을 수반하게 된다. 수영선수는 목을 이동시키는데 어려움을 호소하는데 특히 자유형을 하는 동안 두드러진다. 임상 검사를 통해 장애의 정도에 따라 목의 측굴과 굴곡과 회전시에 머리와 목의 비대칭적인 능동적이고 수동적인 동작을 확인할 수 있다. 추간관절가동성 검사는 기능장애가 있는 동작의 위치를 확인시켜 줄 것이다. 이것은 척추의 관절 가동성 검사에서의 훈련 중에 숙련된 물리 치료사와 건강관리 전문가에 의해 시행되어야 한다.

경추후관절증후군의 치료는 그 부위를 쉽게 하고 근육의 방어나 경련을 줄이고 구체적인 관절 가동화를 통해 이상이 있는 척추부분의 정상적인 동작을 재건하는 것으로 구성된다. 이 부위에서의 모든 경직된 근육을 스트레치하는 것은 함께 시작할 필요가 있으며 수영선수는 그 문제의 한 원인이 되는 영법을 교정해야 한다. 자세의 재교육과 근력강화의 문제는 치료 프로그램을 완성하는 것이며 활동하는 동안 경추를 안정시키는 것을 돕게 된다.

경부통증과 자발성 종격동 기종 (spontaneous pneumo mediastinum ; SPM)

자발성 종격동 기종은 일반적으로 흉골후방의 가슴 통증이 가장 일반적으로 나타나고 피하기종이 가장 흔한 신체 증상이며 양성이며 자연히 없어지기도 한다. SPM은 종격조직으로 자유로운 공기가 들어가게 하는 몇 가지 조건에 의해 야기되지만 발살바 방법을 수행하거나 자주 오랫동안 숨을 정지함으로써 수영선수에게서 일어날 수 있다. 고려해야 할 몇가지 위험 요소들은 당뇨병성 케톤산 혈증, 마리화나 흡연, 신경성 식욕부전증, 기관지와 폐기능 검사 그리고 헤로인, 코카인, "엑스터시" 그리고 "스피드"와 같은 불법 마약의 사용을 포함한다.[56,58] SPM은 비교적 일반적이지 않지만 종종 운동선수들에게서 잘 발생한다.[59,60] SPM은 또한 흉막동통으로도 알려져 있다. SPM은 주요한 원인이 되는 자발적인 기흉과 함께 갑작스런 가슴 통증이나 호흡의 단발성을 경험하게 되는 30세 이하의 건강한 개인이 입원치료를 받게 되는 두 번째 주요한 원인이 된다.

SPM은 거의 자각증상이 없고 자발적으로 치유된다. 그러나 수영선수에게 있어 SPM은 영법의 반복적인 성질과 수영 트레이닝과 시합을 하는 동안 호흡을 참는 일이 종종 일어나기 때문에 증상 단계로 진행해가기 위한 잠재성을 갖고 있다. 일반적인 징후는 호흡곤란, 목통증, 약화, 연하곤란, 목의 쑤심, 등 통증, 어깨 통증, 경부 부종 그리고 복부통증을 포함한다. 통증은 연조직 좌상이나 염좌와 혼동을 일으킬 수 있다.[59,61] SPM은 수영을 한 후에 숨이 짧아지거나 삼키는데 어려움을 나타낼 수 있다.

SPM의 진단 : 감별 진단은 폐색전증, 공포장애, 훈련에 의해 유발된 기관지경련 또는 천식, 기흉, 경부나 종격종, 마약남용, 경동맥 혈전증, 경부 신경근증, 기도이물과 식도협착증이나 파열을 포함한 많은 다른 진단사항들을 제외하게 된다. 가슴 방사선 사진이 진단사항을 확실하게 해 준다.

X-ray는 깊은 경부조직과 식도와 후두뒤의 근막층을 따라가는 자유공기와 함께 종격동의 측면을 따라 있는 자유공기를 보여주게 된다. 컴퓨터 단층촬영법(CT)는 환자의 종격동기종의 원인을 결정하고 과정을 제외하기 위해 수행하게 된다. 기흉은 제외해야 한다.

"종격 소음(mediastinum crwnch)"라고도 알려진 Ham man의 증상은 심장박동소리와 가슴에 약간 떨어진 위치에서도 들리는 전흉손상의 뻥하고 터지는 소리나 삐걱거리는 소리가 나는 것을 말한다.[62]

SPM의 치료 : SPM의 치유와 관리에 대한 많은 논쟁이 있으며 SPM을 치유하기 위한 증거에 기초한 의료적 지침은 없다. 어떤 저자들은 원인적 요인을 피하고 행동을 제한하는 것이 불필요하다고 말한다.[56,57,59,63] 다른 사람들은 합병 가능성 때문에 입원을 권장한다.[58,64] 비록 입원이 일반적이라 하더라도 어떤 의사들은 SPM이 상당한 합병증과 관련되어 있지 않다면 입원이 불필요할 수 있다고 믿는다. Ferro와 Mckeag[17]는 신중한 관찰과 통원환자의 관리를 포함하는 덜 보수적인 스포츠로의 복귀 접근방법을 활성화하였다. 종격동기종은 4일에서 10일내에 치유되는 것으로 보고되고 있으며,[56,59,62,63] 14명에서 23명의 환자중에 약 1명 정도로 낮은 재발율을 갖고 있다고 한다. 그러므로 자각증상이 없는 운동선수는 증상이 발생한 후에 증상의 재발이 없는 한 7일에서 10일에 걸쳐 완전한 활동으로 천천히 돌아가는 것이 합리적이다.

수영선수들은 수영을 삼가고 적어도 1주동안 호흡을 참을 필요가 있는 훈련을 하지 않는 것이 좋다. 수영으로 돌아갈 때, 선수는 점차 스피드와 지구력을 증진시켜야 하고 풀장으로 다이빙하는 것은 피해야 한다. 증상이 재발하거나 증가하게 되면 선수는 모든 훈련활동을 중지하고 재검을 위해 의사에게 돌아가야 한다. 선수는 모든 증상이 치유될때까지 모든 운동을 중지해야 한다. 통증의 치유만으로는 수영으로 복귀할 수 없다. 연하장애와 불안과 같은 증상으로 SPM의 상태가 완전히 치유되지 않았다는 것을 의심하기에 충분하다.

가슴 X-ray와 CT 촬영은 환자의 상태가 완전히 치유되었다는 것을 확인하고 모든 기저 병변을 확실하게 배제하기 위한 시후 검사로 시행될 수 있다.

수영선수에게 있어 일반적인 의료 문제
호흡문제

수영과 관련된 호흡문제는 천식, 비동 염증과 비강 감염이다. 천식은 어떤 다른 스포츠에서보다 수영에서 더 자주 나타난다. 이것은 아마도 종종 천식으로 고생하는 아동들에게 풀의 고습도의 환경이 호흡곤란에 도움이 되기 때문에 훈련을 위해 수영을 장려하게 된다.[65] 차갑고, 건조한 환경은 천식의 증상을 악화시킨다. 풀의 환경을 통제하는 것은 천식이 있는 수영선수들에게 매우 중요한데 그것은 충분히 통풍이 되지 않는 실내 풀은 물에서 발산되는 칼로린 가스의 축적을 낳아 천식의 증상을 악화시키기 때문이다. 감독들은 천식이 있는 선수는 풀에서 쉽게 구할 수 있는 의료적 흡입기를 가지고 있어야 하기 때문에 수영선수의 기존의 의료 상태를 잘 알고 있어야 한다.

만성적인 비동 염증과 반복적이거나 만성적인 비동 감염은 물과 코의 통로가 자주 접촉하게 되기 때문에 수영선수들 사이에서 일반적으로 나타난다. 물속 환경의 화학적인 불균형이 불필요한 감염이나 비동염증을 일으킬 수 있다. 만약 화학적인 균형이 너무 낮다면 선수는 고도의 박테리아에 노출되어 비동감염이나 다른 신체강에 감염을 일으키게 된다. 지나치게 높은 수준의 화학물질은 비동을 자극하여 장애가 되는 호흡문제를 일으키게 된다. 반복적이거나 만성적인 호흡문제를 경험하는 수영선수는 귀, 코 그리고 목구멍의 질병의 전문의에게 진료를 받아야 한다. 호흡문제는 풀 안에서나 밖에서의 신체적인 수행능력에 상당한 영향을 주게 되며 복합적인 신체적이고 의료적인 문제를 낳을 수 있다.

피부학상 문제

수영선수들은 다양한 피부학적인 문제를 일으킨다. 많은 수영선수들은 물속에서의 저항력을 줄이기 위해 신체의 털을 깎게 된다. 이것은 반복적인 면도가 낭포염의 위험부담을 증가시키기 때문에 챔피언십 단계에서는 삼가야 한다. 안전한 면도기로 반복적으로 면도하는 것은 표피세포의 피증을 제거하여 면도기로 인한 미세한 벤 상처를 갖게 하기 쉽다. 이것은 슈도모나스 유기체나 포도상구균으로부터의 피부 감염에 노출시킨다. 가벼운 낭포염은 국부적인 항생제로 치유될 수 있지만 더 넓은 범위의 경우 구강 항생제가 필요하게 된다. 반복적인 피부 감염의 방지는 특히 그것이 구강 항생물질을 취할 필요가 있다면 신중하게 행해야 한다.

구강 항생제의 반복적인 사용이 소화관에서의 박테리아의 정상적인 균형을 방해할 수 있으며 장관의 문제를 낳을 수 있다.

검은색 머리를 가진 수영선수들은 염소에 반복적으로 노출되는 것으로 인해 머리가 희어지는 문제가 있을 수 있다. 수영 모자를 사용하고 수영 후에 바로 샴푸함으로써 머리가 표백되는 것을 최소화할 수 있다. 특별한 샴푸와 컨디셔너를 사용하는 것이 머리를 더 쉽게 보호할 수 있다.

발의 감염

균상종(fungal)의 피부 감염은 수영선수들에게서 일반적으로 나타나며 "백선증(tinea)"라고 불린다. 백선증은 발과 발가락(무좀), 사타구니(완선) 그리고 손톱과 발톱 아래(조갑백선)와 같이 어둡고 습기찬 환경에 속하는 신체부위에서 가장 빈번하게 나타난다. 무좀은 피부가 빨개지거나 껍질이 벗겨지거나 갈라지는 현상을 일으키며 종종 자극적인 냄새를 풍긴다. 발톱 아래의 균상종 감염은 손톱과 발톱의 황색화와 탈색을 가져온다. 무좀과 "조크 이치(완선)"은 일반적으로 판매되는 항진균제로 성공적으로 치유하는 것이 대부분이다. 그러나 발톱의 균상종의 감염은 문제의 원인에 도달하기 위해 처방 즉시 효력을 발생시키는 반균상종의 동인을 필요로 하게 된다. 많은 균상종 감염은 발가락 사이, 서혜부 그리고 팔 아래를 건조하게 유지함으로서 방지할 수 있다. 샌들을 신는 것이 풀의 바닥과 라커룸의 바닥에서 전달되는 진균류에 노출되는 것을 막아준다.[4,7]

어루러기(fineaversicolor)는 따뜻하고 습기찬 기후에서 가장 일반적으로 나타나는 피부의 피층의 균상종 감염이다. 어루러기는 일반적으로 머리, 어깨와 윗 등에서 나타나지만 피부 어디서든지 발생할 수 있다. 수영선수는 먼저 얼룩이 생기는 것을 볼 수 있고 태양에 의해 피부가 그을리면서 피부의 껍질이 벗겨지는 것을 볼수 있다. 진균류의 일부는 실제로 피부가 태양에 균일하게 그을리는 것을 막는다. 검은 불빛(Wood 's light)을 사용하여 진단하면 노랑색－오랜지색의 형광성을 드러내게 되고 진균류가 존재한다는 것을 알게 해준다. 비록 재발이 흔하다 할지라도 셀레늄을 함유하고 있는 샴푸를 포함한 국소적 작용제(Selsun Gold 나 Excel)이 어루러기를 성공적으로 치료할 수 있다. 선수는 힘주어 머리를 샴푸해야 하고 그 다음에 모든 영향을 받는 신체주위에 샴푸로 비누거품을 내어 말린다. 그 다음 선수는 어루러기의 딱지를 제거할 수 있게 아침에 피부를 문질러주어야 한다.

바이러스성 사마귀 또한 수영선수들에게서 자주 볼 수 있다. 사마귀는 피부에 있는 작은 결절성 손상부분에서 나타난다. 사마귀는 피부의 어디서든지 나타날 수 있지만 손과 발에서 흔히 볼 수 있다. 발에서 사마귀와 피부경결(못)을 구분하기는 어렵다. 확대렌즈를 통해 잠재적인 피부경결을 검사하는 것이 조밀한 기미나 혈전증에 걸린 모세관 그리고 피부라인이 망가지는 현상을 볼 수 있게 되는데 이것은 피부경결에는 해당되지 않는다.

사마귀는 일반약국에서 쉽게 구할 수 있는 국소적 작용제로 치료할 수 있지만 만약 사마귀가 2주 이상 지속된다면 피부과전문의에게 치료를 받아야 한다. 피부과 전문의는 사마귀를 없애기 위해 더 강력한 국소작용제를 사용하거나 사마귀를 근절하기 위해 한랭요법, 레이저 증기요법 또는 사마귀를 근절하기 위한 외과적 절제술을 사용할 수도 있다. 사마귀는 그것이 더 많은 급진적인 외과적 처리를 필요로 하면서 깊이 자랄 수 있기 때문에 무시하거나 가볍게 취급해서는 안 된다. 사마귀는 본질적으로 바이러스성이며 신체의 한 지역에서 다른 지역으로 한 사람에게서 다른 사람으로 퍼질 수 있

다. 전염성 연속종이 가장 전염성이 높으며 낭포염의 증상과 유사할 수 있다.

햇볕으로 인한 손상은 수영선수들 사이에서 가장 일반적인 피부손상이며 조기의 노화(피부의 주름을 포함한)에서부터 피부암까지 포함한다. 악성 흑색종은 십대 초기나 사춘기 전에 햇볕으로 인해 피부가 벗겨진 경험과 관련된다. 밝은 피부, 밝은 머리색, 밝은 눈을 가진 사람은 특히 악성흑색종에 걸릴 위험이 높다. SPF－15나 그 이상의 자외선차단제를 사용하는 것이 태양으로 인한 손상과 피부암을 막는데 중요한 역할을 하게 된다. 반드시 자외선 A와 자외선 B 광선을 차단하기 위해 만들어진 자외선 차단제를 선택하도록 하라. 자외선 차단제는 물속에서 씻겨나갈 수 있기 때문에 지속적으로 다시 발라주어야 한다. 큰 챙이 있는 의복과 모자는 팽팽하게 짜인 섬유로 만들어져야 하며 선수가 물속에 있지 않을 때 항상 착용해야 한다. 100명중의 한명의 미국인이 악성 흑색종을 일으키며 이 수는2000년에 태어난 사람의 경우 75명중의 한명으로 증가하였다. 코치, 트레이너, 치료사는 피부 관리분야와 피부암 방지분야에 대한 교육을 시행해야 한다.

수영선수의 귀

외이염이나 "수영선수의 귀"는 수영선수들에게서 나타나는 일반적인 감염이다. 수영선수의 귀는 일반적으로 "녹농균(pseudomonas aeruginosa)"에 의해 야기되거나 때때로 아스페르길루스(aspergillus) 유기체에 의해 일어난다. 수영선수의 귀는 한 쪽이나 양 쪽 귀에서 통증이나 가려운 증상을 나타낸다. 수영선수는 귀를 접촉할 때 유연함을 보고할 수도 있다. 귓바퀴 조정에서 통증과 압통이 검사 시에 제시될 수 있으며 이관의 염증과 홍반을 검이경을 통해 볼 수 있다. 치료제는 콜리스틴설파제나 폴리믹신 B－네오마이신－하이드로코르티손을 포

함한다. 이런 약품의 현탁물질이 선호되는데 그 것은 액제 형식보다 pH가 더 중성이므로 고막 천공에 덜 해롭다.[67] 때때로 통증은 투약을 해 야 할 정도로 심각할 수도 있다.

수영선수는 귀로 물이 추가적으로 들어가는 것을 피해야 한다. 귀에 물이 깊이 들어가면 수 영선수가 7일에서 10일 동안 수영 훈련을 피 해야 한다는 것을 의미한다. 수영선수는 통증 이 해결되고 선수가 수영 후에 사용하는 알코 올을 귀에 떨어뜨리는 것을 참아낼 수 있다면 2~3일안에 수영으로 복귀할 수 있다. 수영선수 의 귀의 재발은 일반적이지만 수영과 샤워후에 아이스프로프라놀(isopropranol)과 식초를 귀에 떨어뜨리는 것을 일상화함으로써 줄일 수 있다. [67] 일반적인 약국에서의 귀약에서 발견할 수 있 는 붕산 포함 용액을 경기에 참가하는 선수가 반복적으로 사용할 때 특히 귀에 있는 귀지의 보호막을 제거할 수 있다. 이것은 수영선수가 더 심각한 귀의 감염을 일으키기 쉽게 한다.

수영선수는 동네에 있는 풀에서 발견되는 박 테리아에 적응하는 경향이 있다. 낯선 풀에서 수영하는 것은 수영선수를 익숙하지 않은 다양 한 종류의 박테리아에 노출시켜 '수영선수의 귀'를 더욱 악화시킬 수 있다. 코치와 수영선 수는 이것을 주의해야 하고 감염이 번지는 것 을 피하기 위해 추가적인 예방조치와 대책을 강 구해야 한다.

왁스 귀마개가 때때로 물이 귀로 들어가는 것을 막기 위해 사용된다. 그러나 그것은 박테 리아를 잡아 더 많은 감염의 위험부담을 안게 된다. 꼭 맞는 수영모자를 쓰는 것이 물이 귀 로 들어가지 못하게 하는 최선의 방법이 될 수 있다. 귀의 자체적인 조정과 물을 제거하기 위 해 면직물을 사용하는 것이 귀속으로 물이 더 깊이 들어가게 할 수 있으므로 피해야 한다. 면 봉을 사용하는 것은 귀의 안쪽 면에 손상을 입 히므로 또한 피해야 한다.[68]

눈의 문제

수영선수들 사이에서 나타나는 가장 일반적 인 눈의 문제는 결막염이다. 결막염은 클로린 자극에 의해 가장 자주 일어나게 된다.[47] 눈을 물속의 화학물질에 노출되는 것을 줄이기 위해 시합에 참가하는 선수들은 종종 고글을 사용하 게 된다. 고글을 사용하는 것은 렌즈에 안개가 끼는 내재적인 경향 때문에 복잡해지며 이것은 종종 수영에 앞서 렌즈를 코팅할 때 김서림 방 지제를 사용함으로써 처리할 수 있다. 이런 김 서림 방지제는 또한 눈에 염증을 일으켜 결막 염을 일으킬 수 있다. 아데노바이러스 3과 4타 입이 풀에 퍼져 있는 것으로 알려져 있으며 눈 에 바이러스성 감염을 낳을 수 있다. 일반약국 에서의 귀약이나 안약의 클로플린 소듐이 눈의 염증을 없애는 데 효과적이다.[47] 눈이 빨개지거 나 가려운 증상이 일반약국의 안약을 사용하고 24시간 내에 향상되지 않는다면 의사의 진찰을 받아야 한다. 수영의 고글은 딱 맞게 쓰면 풀 장의 물에서의 화학약품에 노출되는 것을 막는 데 매우 효과적이다. 고글은 눈의 감염을 치료 하기 위한 한 방법으로 착용해야 하는 것이다. 눈이 감염된 상태에서 물속의 화학물질에 지속 적으로 노출되는 것은 성공적인 치료에 역효과 를 일으킨다. 눈의 감염을 치료하는 동안 수영 선수는 눈에 자극을 줄 수 있는 어떤 것이라도 피해야 한다. 직접적인 햇빛에 오랫동안 노출 되는 것과 바람으로 인해 건조하게 되는 것을 포함한다. 눈의 측면주위를 막아주고 자외선을 보호하는 렌즈로 만들어진 선글라스가 태양과 바람으로부터의 자극을 막아줄 것이다.

정상수영훈련으로 복귀

휴식은 치유와 재활과정의 핵심부분이다. 대 부분의 경우에, 모든 수영 활동으로부터 전체 적으로 휴식하는 것은 코치와 운동선수 둘 다

적응하기 어려울 것이다. 운동의 수행 시에 완전한 휴식을 취하는 것으로 인한 중요한 영향이 문헌에서 잘 나타나 있다. Costill(1985)[40] 등은 트레이닝을 중단한 시기가 수영선수에게 상당한 경기력 저하에 영향을 주었고 그런 운동선수의 근육에서의 신진대사활동의 변화를 보여 주었다고 보고했다.

상대적인 휴식이라는 개념은 손상 받은 조직을 휴식하게 하는 휴식 프로그램을 개요하는 것이지만 수영선수는 대안적인 수영 활동과 손상을 입은 조직에 스트레스를 주지 않는 지상훈련으로 활동성을 유지하게 된다. 손상을 입은 운동선수는 상대적인 휴식을 수행한 후에 가능한 한 빨리 수정된 수영 프로그램으로 되돌아와야 한다. 이것은 수영선수가 시합으로 복귀할 준비가 되었다거나 자신의 주종목을 실행할 준비가 되었다는 것을 의미하는 것은 아니다.

수영선수는 반월상 연골이나 전방십자인대 파열과 같은 손상을 경험할 수 있는데 스포츠와 레크리에이션 활동에 참가하는 사춘기에 있는 선수들에게서 나타난다. 이런 선수들이 정상 트레이닝 프로그램으로 되돌아오는데 특별히 고려해야 할 사항들이 있다.

만약 이런 수영선수들이 이런 손상에 대해 보존적으로 치료된다면 선수들은 수영으로 복귀하기 전에 철저한 근육강화 프로그램을 수행해야 한다. 수영선수들은 통증의 한계 내에서 수영훈련으로 점진적으로 돌아와야 한다. 손상을 입은 다리의 힘을 기록하고 손상을 입지 않은 다리와 비교하기 위해 등속성 근력검사를 사용해야 한다. 일단 체력이 최소한 반대측 사지의 90%라면 완전한 운동경기에의 참가로 돌아오는 것을 시작할 수 있다.

비록 수영이 접촉이나 충돌 스포츠는 아니라 할지라도 체력의 요구량은 상당하다. 영법 발차기의 반복적인 성질은 선수가 수영에 너무

빨리 돌아가게 된다면 관절에 재손상을 일으키기 쉬워진다. 수영으로의 복귀의 초기 단계에 수영선수는 평영 발차기를 행하는 동안 일어나는 것과 같은 무릎에 가해지는 과도한 하중을 피해야 한다. 다양한 영법을 사용해야 하며 수영선수는 발동작이 없는 팔만의 훈련 세트를 사용하도록 한다. 수영선수는 관련손상과 관련된 통증의 증상과 불안정성을 신중하게 평가해야 한다.

수영의 트레이닝과 손상이나 질병 후에 시합으로 복귀하는 것은 운동선수, 코치, 부모 그리고 운동선수의 치료를 담당하는 건강관리전문가들 사이에 원활한 의사소통이 이루어져야 한다. 선수가 시합으로 신속하게 되돌아오는데 있어 실제적인 장애가 되는 것은 아무것도 없다. 관련된 모든 사람의 도전사항은 선수가 신속하고 안전하게 시합으로 복귀하도록 하는 것이다.

요 약

수영이라는 스포츠는 선수, 코치 그리고 건강관리 전문가에게 독특한 도전적 요소를 가지고 있다. 물의 독특한 환경으로 인해 시간을 다투며 물속에서 몸을 이동시키는 것은 상당한 도전이 되며 넓은 범위의 손상과 질병을 일으킬 수 있다. 건강관리전문가가 이런 손상과 질병을 성공적으로 진단하고 치료하기위해 수영이라는 스포츠의 특정요구사항을 이해하는 것이 매우 중요하다.

마찬가지로 코치와 선수는 이런 문제들을 관리하기 위한 치유적인 체계와 조화를 이루기 위해 치유의 본질과 치유과정을 이해하는 것이 중요하다. 선수, 감독, 건강관리전문가가 수영경기에서 서로서로의 역할을 잘 이해하게 되면 긍정적인 결과가 나올 수 있다. 수영경기는 다양한 시합을 통해 수년이라는 기간에 걸쳐 즐길

수 있는 스포츠이다. 수영경기에서 질병과 손상이 발생하는 것은 효과적인 트레이닝, 감독, 치료 그리고 재활의 결과로 줄일 수 있을 것이다.

감사의 글

우리는 테리 래플린과 쥬디 밴 아타의 공헌에 대해 감사한다.

참고문헌

1. Richardson AB: Injuries in competitive swimming. Clin Sports Med 18(2):287–291,1999.

2. Kammer CS, Young CC, Niedfeldt MW: Swimming injuries and illnesses. Phys Sports Med 27(4):51, 1999.

3. Ciullo JV, Stevens GG: Prevention and treatment of injuries to the shoulder in swimming. Sports Med 7(3):182–204, 1989.

4. Troup JP: The physiology and biomechanics of competitive swimming. Clin Sports Med 18(2):267–285, 1999.

5. Jones JH: Swimming Overuse injuries. Phy Med Rehabil Clin North Am 10(1):77–94, 1999.

6. Richardson AB, Jobe FW, Collins HR: The shoulder in competitive swimming. Am J Sports Med 8:159–163, 1980.

7. Richardson AB: Thoracic outlet syndrome in aquatic athletes. Clin Sports Med 18(2): 361–378, 1999.

8. Pink M, Perry J, Browne A, et al: The normal shoulder during freestyle swimming: An electromyographic and cinematographic analysis of twelve muscles. Am J Sports Med 19:569–576, 1991.

9. Levangie PK, Norkin CC: Joint Structure and Function, 3d ed. Philadelphia: FA Davis, 2001.

10. Prentice WE: Rehabilitation Techniques in Sports Medicine. New York: McGraw-Hill, 1999.

11. Piette G, Clarys JP: Telemetric EMG of the front crawl movement, in Terauds J, Bedingfield W (eds): Swimming III. Baltimore: University Park Press, 1979, pp 153–158.

12. Ferrell MC: The spine in swimming. Clin Sports Med 18(2):389–393, 1999.

13. Rodeo SA: Knee pain in competitive swimming. Clin Sports Med 18(2):379–387, 1999.

14. Ciullo JV: Swimmer's shoulder. Clin Sports Med 5(1):115–137, 1986.

15. McMaster WC: Anterior glenoid labrum damage: A painful lesion in swimmers. Am J Sports Med 14:383–387, 1986.

16. Miller JW: Injuries and considerations in master's aquatic sports. Clin Sports Med 18(2): 413–426, 1999.

17. Ferro RT, McKeag DB: Spontaneous pneumomediastinum presentation and return-to-play considerations, in Harmon KG (ed): American Medical Society for Sports Medicine Case Report Series.

18. Simon LM: Aquatic Sports, in Sallis RE, Massimo F (eds): Essentials of Sportsmedicine. St. Louis: Mosby–Year Book, 1997, pp 592–601.

19. Baechle TR: Essentials of Strength Training and Conditioning. Champaign, IL: Human Kinetics, 2000.

20. Jager T: Swimming, in Roberts SO (ed): Winning Edge Series. New York: McGraw Hill, 1999.

21. Brukner P, Khan K: Clinical Sports Medicine. Sydney, Australia: McGraw-Hill Book Company, 1993.

22. Prentice WE: A comparison of static stretching and PNF stretching for improving joint flexibility. Athl Train 18(1):56–59, 1983.

23. Beaulieu JE: Stretching for All Sports. Pasadena, CA: Athletic Press, 1980.

24. Magnusson SP, Constantini NW, McHugh M P, et al: Strength profiles and performance in master's level swimmers. Am J Sports Med 23(5):626–631, 1995.

25. Corbin CB, Dowell LJ, Lindsey R, Tolson H: Concepts in Physical Education. Dubuque, IA: Charles C Brown, 1978.

26. Hawley JA, Williams MM: Relationship between upper body anaerobic power and freestyle swimming. Int J Sport Med 12:1–5, 1991.

27. Inbar O, Bar-Or O: Relationship of anaerobic arm and leg capacities to swimming performance of 8–12 year old children, in Shepard RJ, Lavalle H (eds): Frontier of Activity and Child Health. Quebec: Pelican, 1997, pp 83–292.

28. Kenal KA, Knapp LD: Rehabilitation of injuries in competitive swimmers. Sports Med 22(5):337–347, 1996.

29. Zemek MJ, Magee DJ: Comparison of glenohumeral joint laxity in elite and recreational swimming. Clin J Sports Med 6:40–47, 1996.

30. Fowler PJ: Swimming, in Fu FH, Stone DA (eds): Sports Injuries: Mechanisms, Prevention, Treatment. Baltimore: Williams and Wilkins, 1994, pp 633–648.

31. McMaster WC: Painful shoulder in swimmers: A diagnostic challenge. Phys Sports Med 14(12):108–122, 1986.

32. McMaster WC, Long S, Caiozzo V: Shoulder torque changes in swimming athletes. Am J Sports Med 20:323–327, 1992.

33. Warner JJ, Micheli LJ, Arslanian LE, et al: Patterns of flexibility, laxity, and strength in normal shoulders and in shoulders with instability. Am J Sports Med 18:366–375, 1990.

34. Greipp JF: Swimmer's shoulder: The influence of flexibility and weight training. Phys Sports Med 13(8):92–105, 1985.

35. Bak K, Magnusson SP: Shoulder strength and range of motion in symptomatic and pain-free elite swimmers. Am J Sports Med 25(4):454–459, 1997.

36. Koehler SM, Thorson DC: Swimmer's shoulder: targeting treatment. Phys Sports Med 24(11):39–50, 1996.

37. Stocker D, Pink M, Jobe FW: Comparison of shoulder injury in collegiate- and master's-level swimmers. Clin J Sports Med 5(1):4–8, 1995.

38. Fowler PJ, Webster-Bogart MS: Swimming, in Reider B (ed): Sports Medicine: The School-Age Athlete, 2d ed. Philadelphia: Saunders, 1996, pp 471–489.

39. Troup JP, Hollander AP, Bone M, et al: Performance-related differences in the anaerobic contribution of competitive freestyle swimmers. J Sports Sci 9:106–107, 1991.

40. Costill DL, Flynn MG, Kirwan JP, et al: The effects of repeated days of intensified training on muscle glycogen and swimming performance. Med Sci Sports Exerc 20:249–254, 1988.

41. Ivy JL, Katz AL, Cutler CL, et al: Muscle glycogen utilization during prolonged strenuous exercise when fed carbohydrate. J Appl Physiol 65:1703–1709, 1986.

42. McMaster WC: Swimming injuries: An overview. Sports Med 22(5):332–336, 1996.

43. McMaster WC, Roberts A, Stoddard T: A correlation between shoulder laxity and interfering pain in competitive swimmers. Am J Sports Med 26:83–86, 1998.

44. Fry AC: Resistance exercise overtraining and overreaching, neuroendocrine responses. Sports Med 23(2):106–129, 1997.

45. Lehmann M, Dickhutn H, Gendrisch G, et al: Training overtraining: A prospective, experimental study with experienced middle and long-distance runners. Int J Sports Med 12:444–452, 1991.

46. McMaster WC: Painful shoulder in swimmer

제5장 수 영 157

s: A diagnostic challenge. Phys Sports Med 1 4: 108–122, 1986.

47. Hammer RW: Swimming and diving, in Mellion MB, Walsh WM, Shelton GL (eds): The Team Physician's Handbook, 3d ed. Philadelphia: Hanley and Belfus, 1997, pp 718–728.

48. Magee DJ: Orthopedic Assessment. Philadelphia: Saunders, 1997.

49. Upton AR, McComas AJ: The double-crush in nerve-entrapment syndromes. Lancet 2: 359–362, 1973.

50. Johnson DC: The upper extremity in swimming, in Pettrone FA (ed): AAOS Symposium on Upper Extremity Injuries in Athletes. St Louis: Mosby, 1984, pp 36–46.

51. Tappan FM: Healing Massage Techniques, 2d ed. Norwalk, CT: Appleton and Lange, 1988.

52. Kennedy JC, Hawkins RJ, Krissoff WB: Orthopaedic manifestations of swimming. Am J Sports Med 6(6):309–322, 1978.

53. Bak K: Injuries in swimmers, locomotor system injuries in competitive swimmers. Ugeskr Laeger 152:2220–2224, 1990.

54. Goldstein JD, Berger PE, Windler GE, et al: Spine injuries in gymnastics and swimmers. Am J Sports Med 19:463–468, 1991.

55. Ferro RT, McKeag DB: Spontaneous pneumomediastinum presentation and return-to-play considerations, in Harmon KG (ed): American Medical Society for Sports Medicine Case Report Series.

56. Morgan EJ, Henderson DA: Pneumomediastinum as a complication of athletic competition. Thorax 36(2):155–156, 1981.

57. Pittman JA, Pounsford JC: Spontaneous pneumomediastinum and Ecstasy abuse. J Accid Emerg Med 14(5):335–336, 1997.

58. Onwudike M: Ecstasy induced retropharyngeal emphysema. J Accid Emerg Med 13(5): 359–361, 1996.

59. Abolnik I, Lossos IS, Breuer R: Spontaneous pneumomediastinum: A report of 25 cases. Chest 100(1):93–95, 1991.

60. Yellin A, Lidji M, Lieberman Y: Recurrent spontaneous pneumomediastinum: The first reported case (letter). Chest 83(6): 935, 1983.

61. Munsell WP: Pneumomediastinum: A report of 28 cases and review of the literature. JAMA 202(8):689–693, 1967.

62. Hamman L: Spontaneous mediastinal emphysema. Bull Johns Hopkins Hosp 64:1–21, 1939.

63. Bouwen L, Bosmans E: Posttraumatic pneumomediastinum: Not always cause for alarm. Acta Chir Belg 97(3):145–147, 1997.

64. Joshi JM: Spontaneous pneumomediastinum: Cause and consequence. J Assoc Phys India 44(11):829–831, 1996.

65. Sarnaik AP, Vohra MP, Sturman SW, et al: Medical problems of the swimmer. Clin Sports Med 5(1):47–64, 1986.

66. Potts J: Factors associated with respiratory problems in swimmers. Sports Med 21(4): 256–261, 1996.

67. Schelkun PH: Swimmer's ear: Getting patients back in the water. Phys Sports Med 19(7): 85–90, 1991.

68. Eichel BS: How I manage external otitis in competitive swimmers. Phys Sports Med 14(8):108–116, 1986.

추가 참고문헌

Ackland TR, Mazza JC, Carter L, et al: A survey of physique of world champion aquatic athletes. Sports Coach 14:10–11, 1991.

Araujo CG: Somatotyping of top swimmers by the health-carter method, in Swimming Medicine IV. Baltimore: University Park Press, 1978, pp 188–199.

Arborelius M Jr, Balldin UI, Lilja B, et al: Hem odynamic changes in man during immersion with the head above water. Aerospace Med 43: 592–598, 1972.

Astrand PO, Rodahl K: Textbook of Work Physiology. New York: McGraw-Hill, 1986.

Bardzukas AP, Trappe TA, Jozsi AC, et al: The effects of hydrating on thermal load and plasma volume during high intensity swimming training. Med Sci Sports Exerc 25:S20, 1993.

Bergstrom J, Hultman E: Nutrition for maximal sports performance. JAMA 221:999–1006, 1972.

Berning JR: The effect of carbohydrate feedings on four-hour swimmers, in Troup JP (ed): International Center for Aquatic Research Annual. Colorado Springs, CO: US Swimming Press, 1992, pp 145–149.

Boening D, Ulmer HV, Meier U, et al: Effects of a multi-hour immersion on trained and untrained subjects: Renal function and plasma volume. Aerospace Med 43:300–305, 1972.

Burke RE: Motor units: Anatomy, physiology, and functional organization, in Brooks VB (ed): Handbook of Physiology, sec 1: The Nervous System II. Washington: American Physiological Society, 1981, pp 345–422.

Butterfield G: Amino acids and high protein diets, in Lamb DR, Williams MH (eds): Ergogenics: Enhancement of Exercise and Sports Performance, vol 4 of Perspectives in Exercise Science and Sports Medicine. Carmel, IN: Benchmark Press, 1991, pp 87–122.

Cappaert JM: The importance of propelling and mechanical efficiencies, in Troup JP (ed): International Center for Aquatic Research Annual. Colorado Springs, CO: US Swimming Press, 1991, pp 75–80.

Cappaert JM, Bone M, Troup JP: Intensity and performance related differences in propelling and mechanical efficiencies, in Mac Laren D,

Reilly T, Lees A (eds): Swimming Science VI. London: E & FN Spon, 1992, pp 53–56.

Clarys JP: Human body dimensions and applied hydrodynamics: Selection criteria for top swimmers. SNIPES J 23:32–41, 1986.

Costill DL, Fink WJ, Hargreaves M, et al: Metabolic characteristics of skeletal muscle during detraining from competitive swimming. Med Sci Sports Exerc 17:339–343, 1985.

Costill DL, Maglischo EW, Richardson AB: Swimming. London: Blackwell Scientific, 1992.

Costill DL, Miller J: Nutrition for endurance sport: Carbohydrate and fluid balance. Int J Sports Med 1:2–14, 1980.

Counsilman JE: Hypoxic and other methods of training evaluated. Swimming Techniques 12:19–26, 1975.

Counsilman JE: The Science of Swimming. Upper Saddle River, NJ: Prentice-Hall, 1968.

Craig AB: Summary of 58 cases of consciousness underwater during swimming. Med Sci Sports 8:171–175, 1976.

Craig AB: The fallacies of hypoxic training in swimmers, in Terauds J, Bedingfield W (eds): Swimming III. Baltimore: University Park Press, 1979, pp 235–239.

Craig AB, Dvorak M: Thermal regulation of man exercising during water immersion. J Appl Physiol 25:28–35, 1968.

Faulkner JA: Physiology swimming and diving, in Falls HB (ed): Exercise Physiology. New York: Academic Press, 1968, pp 415–416.

Galbo H, Houston ME, Christensen NJ, et al: Hormonal response of swimming man. Acta Physiol Scand 105:326–337, 1979.

Gollnick PD, Armstrong RB, Sawbert CW, et al: Enzyme activity and fiber composition in skeletal muscle of trained and untrained men. J Appl Physiol 3:312–319, 1972.

Gullstrand L, Holmer I: Physiological responses to swimming with controlled frequency of br eathing. Scand J Sports Sci 2:1–6, 1980.

Gullstrand L, Lawrence S: Heart rate and blood lactate response to short intermittent work at race pace in highly trained swimmers. Aust J Sci Med Sport 19:10–14, 1987.

Hay JG: The Biomechanics of Sports Techniques. Upper Saddle River, NJ: Prentice-Hall, 1985, pp 343–394.

Hayward JS, Eckerson JD, Collis ML: Thermoregulatory heat production in man: Prediction equation based on skin and core temperatures. J Appl Physiol 42:377–384, 1977.

Hollander AP, Troup JP, Bone M, et al: Estimation of the anaerobic contribution to energy consumption in swimming different distances. J Sports Sci 9:87–88, 1991.

Holmer I: Physiology of swimming man. Exerc Sports Sci Rev 7:87–124, 1979.

Holmer I, Bergh U: Metabolic and thermal responses to swimming in water at varying temperatures. J Appl Physiol 37:702–705, 1974.

Huijing PA: Mechanical muscle models, in Komi PV (ed): Strength and Power in Sports. London: Blackwell Scientific, 1992, pp 151–168.

Kavouras SA: Growth, Maturation and Performance Evaluation of Elite Age Group Swimmers: 1992 United States Swimming Camp Report. Colorado Springs, CO: US Swimming Press, 1993.

Kavouras SA: Developmental Stages of Competitive Swimmers: 1991 United States Swimming Camp Report. Colorado Springs, CO: US Swimming Press, 1992.

Khosla SS, Dubois AB: Osmoregulation and interstitial fluid pressure changes in humans during water immersion. J Appl Physiol 51: 686–692, 1981.

Lange L, Lange S, Echt M, et al: Heart volume in relation to body posture and immersion in a thermo-neutral bath. Pfluegers Arch 352: 2

19–226, 1974.

Lavoie JM, Taylor AW, Montpetit RR: Histochemical and biochemical profile of elite swimmers before and after six month training period, in Poortmans J, Nisert G (eds): Biochemistry of Exercise. Baltimore: University Park Press, 1981, pp 259–266.

Lemon PW, Proctor DN: Protein intake and athletic performance. Sports Med 12:313–325, 1991.

Magel JR: Comparison of the physiologic response to varying intensities of submaximal work in tethered swimming and treadmill running. J Sports Med Phys Fitness 11:203–312, 1971.

Malina RM, Bouchard C: Growth, Maturation, and Physical Activity. Champaign, IL: Human Kinetics, 1988.

McArdle WD, Glaser RM, Magel JR: Metabolic and cardiorespiratory response during free swimming and treadmill walking. J Appi Physiol 30: 733–738, 1971.

McArdle WD, Magel JR, Lesmes GR, et al: Metabolic and cardiovascular adjustment to work in air and water at 18, 25 and 33□C. J Appl Physiol 40:85–90, 1976.

McCally M: Body Fluid Volumes and Renal Response of Human Subjects to Water Immersion. AMRL-TR-65-115. Aerospace Medical Research Laboratories, Wright-Patterson Air Force Base, 1965.

McMurray RG, Horvath SM: Thermoregulation in swimmers and runners. J Appl Physiol 46: 1086–1092, 1979.

Medbo JI, Burgers S: Effect of training on the anaerobic capacity. Med Sci Sports Exerc 22: 501–507, 1990.

Medbo JI, Mohn A-C, Tabata I, et al: Anaerobic capacity determined by maximal accumulated O_2 deficit. J Appl Physiol 64:50–60, 1988.

Montpetit R, Duvallet A, Cazorla G, et al: The relative stability of maximal aerobic power in elite swimmers and its relation to training performance. J Swim Res 3:15–18, 1987.

Nadel ER: Thermal and energetic exchanges during swimming, in Nadel ER (ed): Problems with Temperature Regulation During Exercise. New York: Academic Press, 1977, pp 91–119.

Nadel ER, Holmer I, Bergh U, et al: Energy exchanges of swimming man. J Appl Physiol 36: 465–471, 1974.

Newsholme EA: Basic aspects of metabolic regulation and their application to provision of energy in exercise, in Hebbelinck M, Shephard RJ (eds): Principles of Exercise Biochemistry. Basel: Karger, 1988, pp 40–77.

Nielsen B: Temperature regulation during exercise in water and air. Acta Physiol Scand 98: 500–508, 1976.

Nygaard E, Nielsen E: Skeletal muscle fiber capillarisation with extreme endurance training in Man, in Eriksson B, Furberg B (eds): Swimming Medicine IV: Proceedings of the Fourth International Congress on Swimming Medicine. Baltimore: University Park Press, 1978, pp 282–293.

Olbrecht J, Mader A, Heck H, et al: Importance of a calculation scheme to support the interpretation of lactate tests, in MacLaren D, Reilly T, Lees A (eds): Swimming Science VI. London: E & FN Spon, 1992, pp 243–249.

Prins J: Muscles and their function, in Flavel E R (ed): Biokinetics Strength Training. Albany, CA: Isokinetics, 1981, pp 72–77.

Rohrs DM, Mayhew JL, Arabas C, et al: The relationship between seven anaerobic tests and swim performance. J Swim Res 6:15–19, 1990.

Saltin B: Metabolic fundamentals in exercise. Med Sci Sports Exerc 5:137–146, 1973.

Schleihauf RE: A hydrodynamic analysis of swimming propulsion, in Hollander AP, Huijing PA, De Groot G (eds): Swimming III. Champaign, IL: Human Kinetics, 1979, pp 173–183.

Shamus J, Shamus E: A taping technique for the treatment of acromioclavicular joint sprains: A case study. JOSPT 25:390–394, 1997.

Sharp RL, Armstrong LE, King DS, et al: Buffer capacity of blood in trained and untrained males, in Knuttgen HG, Vogel JA, Poortmans J (eds): Biochemistry of Exercise. Champaign, IL: Human Kinetics, 1983, pp 595–599.

Strass D: Effects of maximal strength training on sprint performance of competitive swimmers, in Ungerechts BE, Wilke K. Reischle K (eds): Swimming Science V. Champaign, IL: Human Kinetics, 1988, pp 149–156.

Toussaint HM: Mechanics and energetics of swimming. Ph.D. dissertation, Vrije Universiteit Amsterdam, 1988.

Troup JP: International Center for Aquatic Research Annual, 1989–1990. Colorado Springs, CO: US Swimming Press, 1990.

CHAPTER 6

다이빙

Brian J. Tovin, Megan Neyer

다이빙 시합의 기원은 17세기로 거슬러 올라갈 수 있다. 당시 체조선수들은 장비를 해변으로 옮겼고, 물위에서 하는 곡예는 훈련의 하나가 되었다.[1] 현대의 다이빙은 하이다이빙이 남자 수영 종목에 포함된 1904년 세인트루이스 올림픽에서 국제적인 주목을 받았다. 그리고 1908년 런던 올림픽에서 3m 높이의 스프링보드 다이빙이 추가되었다 1920년대에는 선수들이 보다 어려운 다이빙을 하면서, 이 스포츠가 '평범한 하이다이빙'에서 '곡예 하이다이빙'으로 발전했다.

1904년 이후, 올림픽의 다이빙은 대단히 많이 변화하였고 지금도 빠르게 발달하고 있다. 초창기에는, 하이다이빙에서 14개와 스프링보드에서 20개의 다이빙이 동원되었다. 오늘날에는 1m 스프링보드 시합에서 63개, 3m 스프링보드 시합에서 77개, 하이다이빙에서 97개의 다이빙을 할 수 있다. 각 다이빙의 난이도 역시 진화했다. 1904년에는 고정 다이빙대에서 하는 2회전 공중제비를 위험하게 생각했다. 오늘날의 일류 다이빙 선수들에게는 역 3회전 반 공중제비가 당연히 하는 기초이다. 체조와 비슷하게, 다이빙에 더욱 어려운 기술이 추가되면서 다이빙도 계속 발전하고 있다.

다이빙의 생체역학

다이빙 시합에는 6개 그룹의 다이빙이 있다.

처음 4개 그룹은 다이빙 선수가 보드나 고정 다이빙대에서 뛰어 내릴 때의 자세에 따라 분류된다. '포워드 다이빙(forward dive)'는 선수가 보드나 고정 다이빙대의 앞면을 마주보고 서서 물로 뛰어 들거나 공중제비를 한다. '백워드 다이빙(backward dive)'는 선수가 보드나 고정 다이빙대의 끝에 안쪽을 보고 물을 등지고 선다.

뒤를 향하여 다이빙이나 공중제비를 한다. 때로 '게이너(gainer)'라고도 하는 '리버스 다이빙(reverse dive)'는 앞으로 뛰기와 시작은 똑같지만, 선수가 보드나 고정 다이빙대에서 뛰어 내린 후 다이빙 회전을 보드를 향하여 거꾸로 한다. '인워드 다이빙(inward dive)'는 뒤로 뛰기와 똑같이 시작하지만 선수가 보드나 고정 다이빙대를 향하여 앞으로 회전한다. 제5군은 공중제비에 '트위스팅(twisting)' 동작이 추가된 다이빙으로 이루어진다. 마지막 제6군은 고정 다이빙대에서만 쓰이는데 '암스탠드 다이빙(armstand, handstand)'로 시작한다.

다이빙의 구성 요소

다이빙의 구성 요소는 접근(approach)/도움닫기(hurdle), 누르기(press)/도약(take-off), 공중동작(flight), 입수(entry)이다. 접근과 허들은 스프링보드의 포워드 다이빙, 리버스 다이빙, 포워드 트위스팅 다이빙, 리버스 트위스팅 다이빙에만 쓰인다. 고정 다이빙대에서는 접근과 허들이 포워드 다이빙에만 쓰인다.

접근/허들

포워드와 리버스 다이빙의 접근은 스프링보드 위에서는 비슷하다. 선수는 보드 위에서 뒤로 4분의 3 지점에 위치를 정하고 물을 향해 앞을 마주 본다. 그 후에 허들 앞까지 몇 보를 걷는다(대개 3~5보). 양팔을 옆으로 내렸다가 반대쪽 하지와 함께 약간 굽혔다가 편다. 선수가 보드의 끝에서 몇 피트 떨어져 있을 때, '도움닫기(hurdle)' 동작을 한다. 도움닫기 동작을 통해 선수는 공중으로 높이 점프할 수 있다. 허들의 시작은 한쪽 무릎을 가슴 쪽으로 들어올려 힙은 약 110~120°, 무릎은 약 90~100° 구부려지고 발목은 발바닥 쪽으로 굽혀지게 하는 것이다. 다른 다리는 보드를 아래로 누른다. 선수는 허리를 꼿꼿하게 유지해야 하며, 팔은 머리 위로 완전히 들어올려야 한다.

누르기/도약

선수는 허들 동작을 통해 '누르기(press)' 단계에 대비하여 충분한 높이를 얻을 수 있다. 허들 동작을 한 후에, 무릎을 똑바로 펴고 동시에 양발을 보드의 끝에 놓는다. 몸이 허들의 꼭대기에서 내려오기 시작할 때, 양팔을 아래와 뒤로 흔들기 시작한다. 보드와 닿기 직전에, 힙과 무릎을 약간 굽히고 발은 발의 둥근 부분이 닿을 수 있도록 발가락을 쫙 편 채 발을 어깨 너비로 벌린다. 다이빙 보드가 선수의 운동력을 흡수하기 위해 내리 눌려질 때 힙과 무릎을 모두 구부린다. 보드에서 나온 추진력은 보드의 진전, 힙과 무릎의 신전, 상지의 스윙 동작에 의해 완성된다. 팔을 다리를 스쳐 위쪽으로 계속 움직이면, 보드의 반동 때문에 선수가 공중으로 나아가기 때문에 하지와 몸통이 펴진다.[1]

도약의 종류를 정하는 것은 다이빙의 방향

이다. 앞으로 회전하려면, 팔과 가슴, 어깨를 앞으로 내미는 한편 힙은 뒤로 밀어낸다. 뒤로 회전하려면, 팔과 어깨를 뒤로 제치고 힙을 앞으로 움직인다. 선수가 도약 단계에서 스핀과 회전 방향을 시작한 후에는, 다이빙을 하거나 비상 단계에 들어가기 시작할 준비가 된 상태다.

고정 다이빙대에서, 접근은 일반적으로 포워드 다이빙에만 쓰이고, 드물지만 예외적으로 리버스 다이빙에서도 쓰인다. 선수는 고정 다이빙대의 중간에 물을 향하여 앞으로 선다. 그 후에 대개 5단계로 이루어진 뛰어 내리기 동작을 한다. 이 때 무릎은 약간 구부리고 몸통은 똑바로 세운다. 선수가 고정 다이빙대의 끝으로 걸어가거나 뛰어가는 동안 팔 스윙 동작은 여러 가지다. 일단 고정 다이빙대의 끝에 도착하면, 팔을 완전히 들어올린 자세를 유지한다. 선수는 뛰어 내리기 동작의 끝에 무릎을 60~80°로 구부리고 두 발을 모은다. 그리고 점프를 극대화하고 다이빙의 스핀 동작을 시작하기 위하여 고정 다이빙대의 끝을 '친다'(신전반사를 이용하기 위하여 체중을 빠르게 근육에 걸어준다).

백 프레스(back press)는 스프링보드와 고정 다이빙대 다이빙의 후진 다이빙과 안쪽 다이빙을 할 때 쓰인다. 선수는 스프링보드나 고정 다이빙대의 끝에 발뒤꿈치를 내놓고 물을 등지고 선다. 스프링보드에서, 선수는 균형을 잡기 위해 발바닥 쪽을 구부리고 똑바로 선다. 팔이 45~90°로 외전되기 때문에, 선수는 발목을 발등 쪽으로 구부렸다가 발바닥 쪽을 구부린다. 이 동작을 하면 발목 동작에 맞추어 스프링보드에 탄력이 생긴다.

선수가 밀어내기 위한 힘을 생성하기 위하여 몸통과 힙, 무릎에서 구부릴 때 팔을 아래 뒤로 원을 그리며 돌린다. 팔을 옆으로 내려서 스프링보드를 완전히 내리누른다. 이 때, 다이빙하는 방향에 따라 팔을 앞뒤로 흔든다. 이 동작을 하면서 선수는 다이빙의 비상 단계에 들어가게 된다. 고정 다이빙대에서도 동작은 비슷하지만, 보드의 탄력을 이용할 수 없다. 고정 다이빙대에서 하는 점프의 모든 추진력은 선수의 다리와 팔에서 생성된다(서서하는 수직 도약과 비슷하다).

공중동작

각 종류의 다이빙을 할 때, 다이빙의 방향과 관계없이 다음에 나오는 자세를 하나 이상 이용하게 된다. 이 자세들은 주로 힙과 무릎 자세를 토대로 한다. 네 가지 자세에는 직립형(straight), 굽히기형(pike), 껴안기형(tuck), 자유형(free)이 있다.

그림 6.1 직립형 자세를 취한 다이빙 선수

직립형 : 직립형에서, 자세에서, 선수들은 허리와 무릎을 완전히 편다(그림 6.1). 하지만 다이빙에 따라, 등을 아치처럼 제칠 수도 있다. 대개 상지는 90°외전시키거나 팔꿈치와 허리를 완전히 펴고서 옆구리에 놓는다.

그림 6.2 굽히기형 자세를 취한 다이빙 선수

굽히기형 : 굽히기형에서는 힙이 약 120~130°로 굽히고 무릎은 완전히 편 상태를 유지한다(그림 6.2). 팔은 90° 외전시키거나, 가슴을 대퇴에 기대도록 무릎을 감싼다.

껴안기형 : 껴안기형 자세를 이용하는 선수는 공처럼 몸을 둥글게 말거나, 대퇴를 가슴으로 당기고 발뒤꿈치를 힙에 가깝게 하고서 몸을 허리와 무릎에서 구부린다(그림 6.3)

자유형 : 자유형은 사실상의 자세가 아니지만 선수들이 트위스팅 다이빙을 할 때 앞서 말한 세 가지 자세 중 하나를 선택하거나 서로 결합시킨 자세이다(그림 6.4). 대개 직립형과 굽히기형을 결합시켜 이용하는 반면, 껴안기형 자세는 거의 이용되지 않는다.

그림 6.3 껴안기형 자세를 취한 다이빙 선수

그림 6.4 자유형 자세를 취한 다이빙 선수

그림 6.5 입수할 때 상지의 자세

입수

입수의 목표는 수직 자세를 유지하여 가능한 한 물을 적게 튀게 하는 것이다. 입수를 하는 동안, 어깨를 완전히 들어올리고 어깨 관절을 내회전시키고 팔꿈치를 완전히 펴고서 팔을 머리 위로 완전히 편다. 전완은 내전시키고 팔목은 뻗어 요측으로 편위시킨다(그림 6.5). 다이빙 선수는 한 손으로 다른 손의 손등을 잡아 고정 자세(플랫핸딩)로 양손의 손바닥이 물에 부딪히게 한다. 시선은 손 쪽으로 위에 둔 채 머리와 목은 이두근 사이에 깊이 자리를 잡는다. 머리와 목, 상지의 자세에 따라 물에 구멍이 생기고, 몸이 그 구멍을 통과한다. 발목은 발바닥 쪽으로 굽혀서 발가락 끝을 세운다. 입수를 하는 동안, 선수는 양손이 수면에 부딪히자마자 '스위밍(swimming)'이라는 기술을 쓴다.[2] 양손이 수면에 부딪힐 때, 선수는 움켜쥔 손을 풀고, 손목은 굽히고 팔꿈치는 편 채로 양팔을 재빨리 몸 옆으로 내전시킨다. 이렇게 행동함으로써 선수는 양손이 만들어낸 구멍으로 몸을 당

기고 물을 최소한으로 튀기면서 물에 들어갈 수 있다.

다이빙을 하는 동안 과실이 있으면 입수할 때 다이빙을 약간 시정해야할 필요성이 생길 수 있다. 이런 과실을 보정하기 위하여, 선수들은 다이빙을 '구하려고(save)' 흔히 몸을 무의식적으로 적응시킨다. 이런 무의식적인 적응은 과다 회전이나 과소 회전량을 줄이고, 선수가 보다 수직 자세로 물을 적게 튀기면서 물에 들어갈 수 있게 한다. 선수가 회전을 너무 늦게 풀거나 수직을 지나쳐서 몸이 기울어지면, 다이빙을 하는 순간 '넘어진다'. 선수가 회전을 다하지 못하거나 너무 일찍 풀면 대개 다이빙이 '짧아진다'. 선수들은 다이빙의 회전을 중단시키려고 흔히 몸이 수면 밑으로 들어가자마

자 '구하기'를 실시한다. 앞으로 회전하여 뛰기와 안으로 회전하여 뛰기로 입수하는 동안, 선수는 마치 공중제비를 반회전하는 것처럼 물 아래에서 몸을 재빨리 굽히기형으로 바꾼다. 뒤로 돌아 뛰기와 거꾸로 돌아 뛰기를 할 때는, 계속 다이빙의 회전과 같은 방향을 향하고 재빨리 무릎을 가슴으로 당긴다. 구하기는 물을 통해 발을 더 빨리 당길 수 있게 하는데, 이것은 선수가 수직으로 입수하는 '착각(illusion)'을 불러일으킨다.

판정

다이빙 시합을 보고 있는 사람이라면, 특히 그 사람에게 다이빙 재능이 있다면, 선수들이 똑같은 다이빙을 해도 절대 비슷해 보이지 않는다는 사실에 주목할 수 있을 것이다. 이런 미묘한 차이는 높이, 속도, 동작의 유동성 때문에 생기는 결과다. 이런 독특한 버릇들이 추상적이지만 관찰할 수 있는 '스타일(style)'이라는 현상을 구성한다.

스타일을 주로 결정하는 요소는 심사에 대한 개인의 선택인데, 심사하기가 어려운 이유가 이 때문이다. 선수 모두가 해야 하는 연기 기준이 있기는 해도, 평가는 여전히 주관적인 과정이다. 다이빙을 아무리 잘 해도, 심사위원의 예술적인 좋고 싫음이 시합의 결과에 영향을 미칠 수 있다. 심사위원의 주관성은 결과의 정확성에 대하여 감독과 선수, 심사위원, 관중들 사이의 서로 다른 견해를 불러일으킨다.

각 심사위원은 다이빙을 0~10점까지 0.5점 단위로 점수를 매긴다. 점수판과 점수를 주는 방식은 아래와 같다:

0	완전 실패
½~2	불만족스러움
2½~4½	불완전
5~6	만족
6½~8	훌륭함
8½~10	아주 훌륭함

다이빙을 심사하려면, 각 다이빙의 구성 요소를 분석하고 평가하여 합성 점수를 결정해야 한다. 심사하는 시각에서, 평가하는 다이빙의 여러 가지 요소에는 접근이나 백프레스, 도움닫기, 도약, 높이, 연기, 그리고 입수자세가 있다. 접근이나 백프레스는 유연하면서도 힘차야 하며, 선수는 앞서 말한 대로 훌륭한 폼을 보여주어야 한다.

도약은 반드시 선수의 몸이 보드나 고정 다이빙대에 관하여 정확한 각도를 이루어 조절되고 균형 있게 보여야 한다. 높이는 다이빙에 대한 느낌과 심사위원의 점수에 크게 작용한다. 높이는 선수가 도약할 때 받는 탄력이나 들어올림의 정도에 의해 결정되며 허들의 높이와 보드에 가해지는 하향력의 영향을 받는다. 높이 올라간 선수는 다이빙을 연기할 시간이 더 많아 보다 정확하고, 부드러우며 느긋하게 다이빙을 할 수 있다. 공중에서 하는 다이빙 연기가 점수에 가장 중요하다. 심사위원은 독특한 역학의 연기와 기술, 폼, 우아함을 지켜본다. 입수는 심사위원이 볼 수 있는 마지막 사항이므로 두 번째로 중요하다.

입수를 평가하는 두 가지 기준은 입수 각도(발끝을 세우고 거의 수직이어야 한다)와 물을 튀기는 정도(가능한 한 적게 튀어야 한다)이다. 선수들은 '립 입수(rip entry)'라는 입수 방법을 완수하려고 노력한다. 이 입수 방법은 선수가 물에 들어갈 때 나는 소리를 가리키는데, 종이를 순식간에 반으로 찢을 때와 비슷하다.[2] 이 입수와 소리는 대개 선수가 물을 전혀 또는 거의 튀기지 않고 물에 들어갔다는 표시다. 립 입수를 추구하는 것은 손상 가능성의 근원이다. 다이빙 선수는 수면을 가능한 한 빠르게 돌파하기 위하여 양팔을 사용해야 하기 때문에 특히 어깨관절낭 손상의 원인이 된다.

점수 매기기

주요 대회의 심사위원은 7명이다.[3] 심사위원이 판정을 내리면, 최고 점수와 최저 점수는 제외하고 남은 5개 점수의 총점을 낸다. 이 총점에 다이빙에 지정된 난이도(defree of dificulty : DD)를 곱한다. DD는 1.2부터 3.6까지 수학적으로 계산된 표로 0.1 단위로 미리 정해진다. 그리고 나서 DD에 0.6을 곱하여 최종 점수를 구한다. 점수 매기기의 예는 다음과 같다.

7명의 심사위원이 판정한 점수는 6, 5, 5, 5, 5, 5, 4점이다.

소계: 25점(최고 점수 6점과 최저 점수 4점 탈락)

DD 2.0을 곱한다: 50점

총 득점: 50×0.6 = 30점

싱크로나이즈드 다이빙에서는 심사위원이 9명인데, 2명은 선수 한 명을, 또 2명은 두 번째 선수를 평가하고, 나머지 5명은 두 선수의 일치성을 평가한다. 일치성 점수에서 최고 점수와 최저 점수는 제외시키고, 앞에서 설명한 공식을 이용하여 최종 점수를 결정한다.

시합의 조건

스프링보드와 고정 다이빙대, 싱크로나이즈드 다이빙에서 반드시 충족되어야 하는 특정 조건이 있다. 여자 1m 스프링보드에서는, 각 선수가 DD의 한계 없이 5개군(포워드, 백워드, 리버스, 인워드, 트위스팅, 다이빙)에서 5개의 다이빙을 해야 한다. 여자 3m 스프링보드에서는, 각 선수가 5개군의 하나에서 총 DD가 9.5점을 넘지 않는 다이빙 1개와, 다른 군의 하나에서 DD에 한계 없이 다이빙 1개를 해야 한다. 남자 1m 스프링보드에서는, 선수가 DD의 한계 없

이 6개의 다이빙을 해야 한다. 이 때 5개군에서 1개씩 그리고 아무 군에서나 1개를 선택한다. 남자 3m 스프링보드에서는, 선수가 5개군의 하나에서 합성 DD가 9.5점을 넘지 않는 다이빙 1개를 해야 한다. 그 외에도, 선수는 DD의 한계가 없는 6개의 다이빙을 해야 하는데, 5개군에서 1개씩, 그리고 아무 군에서나 1개를 선택하여 한다. 여자 10m 고정 다이빙대에서는, 4개군에서 총 DD가 7.6점을 넘지 않는 다이빙 1개와 5개군에서 DD의 한계 없는 다이빙 1개를 해야 한다. 남자 10m 고정 다이빙대에서는, 4개군에서 총 난이도가 7.6점을 넘지 않는 다이빙 1개와, 6개군에서 DD의 한계 없는 다이빙 1개를 해야 한다.

남녀 싱크로나이즈드 3m와 10m 고정 다이빙대에서는 한 쌍이 자발적으로 각각 DD 2.0의 다이빙을 하고, 이어서 DD의 한계가 없는 다이빙을 3번 해야 한다. 총 5회의 다이빙에서, 두 명의 앞으로 도약, 뒤로 마주하고 도약, 앞뒤로 마주하고 도약이 적어도 1회씩 있어야 한다.

손상 방지

다이빙 선수의 손상 방지 프로그램을 계획할 때 다루어야 할 문제가 몇 가지 있다. 이런 문제들을 무시한다면 심각한 손상이 생길 수도 있다. 다이빙에서 손상 방지를 위하여 기본적으로 점검해야할 사항은 다음과 같다.

1. 장비가 정상적으로 제대로 작동하는가
2. 감독은 공인된 전문가인가
3. 선수는 자신의 능력에 맞는 속도로 향상하는가
4. 선수는 신체 의료 검진을 전부 받고 다이빙 시합에 적합하다고 입증되었는가
5. 선수는 스트레칭과 유연성 운동으로 구성된 준비 운동을 했는가

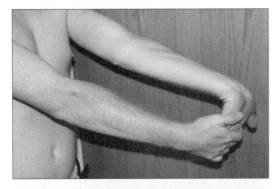

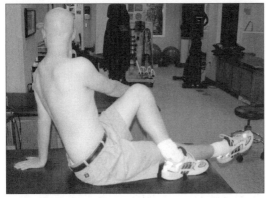

그림 6.6 A. 혼자 손목 굴근과 전완 근육에 대한 스트레칭. B. 누운자세에서의 회전을 부드럽게 하기 위한 척추 스트레칭. C. 앉아서 회전을 부드럽게 하기 위한 허리 척추 스트레칭.

6. 선수는 개별적인 체력과 조절 프로그램에 참가했는가

이어지는 다이빙 손상의 병인에 대한 내용에서는 손상 방지에 관계된 사항 1부터 4까지의 내용을 보다 자세히 살피고자 한다.

유연성은 인체의 관절이 통증의 한계 내에서 움직일 수 있는 동작의 범위이다. 선수는 활동적인 스트레칭을 통해 중력이나 반대편 길항근의 스트레칭에 반하여 인체의 분절을 움직일 수 있다. 다이빙은 기능과 미적인 면에서 넓은 범위의 관절 동작을 필요로 한다. 도약 기능은 스쿼트와 점프를 위한 발목의 배측 굴곡, 무릎과 힙의 굴곡과 신전, 팔을 스윙시킬 때 어깨의 회선, 공중제비에 들어가기 위한 척추의 굴곡과 신전을 필요로 한다. 일반적으로 공중제비를 많이 시작할수록, 필요한 척추의 굴곡과 신전 각도가 더 커진다. 립 입수를 하기 위한

기능적 구멍 모양을 만들려면 양팔을 머리 위로 뻗은 장축을 따라 견대가 유연해야 한다. 미적으로는 입수하는 동안 무릎을 붙이고 발목을 발바닥 쪽으로 굽혀서 길고 고정된 인체를 만들어야 한다.[8] 스트레칭 프로그램의 목표는 전체 동작 범위 내내 선수가 최적의 체력과 파워를 적용할 수 있도록 관절낭을 유연하게 만드는 것이다. 손상 관리를 위하여, 선수는 시합에서 연기하는 극단적인 동작에서 유연성을 입증해야 한다.[10](일반적으로 이용되는 스트레칭을 설명한 그림 6.6A~C와, 어깨와 앞가슴 스트레칭을 설명한 제5장을 보시오.)

다이빙 선수에게 있어서 체력관리의 중요성

경기 참가 전 심사 평가는 다이빙 선수가 자신의 체력과 조절 프로그램 같은 분야를 적절하게 다룰 수 있도록 선수의 잠재 문제를 결정하는 데 효과적으로 도움이 될 수 있다. 다이빙 운동 기능은 강도가 아주 높으며 아주 짧은 기간에 이행해야 한다.[7] 양호한 체력과 파워는

다이빙의 특성이다. 다이빙 선수는 체력단련실에서 근력과 파워 트레이닝을 함께 하고 플라이오매트릭 운동을 함으로써 체력과 파워 수준을 높일 수 있다.[8]

'근력(strength)'의 정의는 최대로 발휘할 수 있는 힘이다.[9] 체력은 고정 다이빙대에서 물구나무서기를 유지시키고, 입수하는 순간 중력에 반하여 특정 근육을 팽팽하게 유지시키고, 공중제비를 하는 동안 굽히기형과 껴안기형 자세를 유지시키기 때문에 다이빙에서 중요하다. 파워는 다이빙에서 근육의 힘이 신속하게 발휘되어야 할 때 필요하다. '파워(power)'는 단위 시간 당 힘과 거리의 곱으로 정의되는데, 여기에는 동작이나 속도라는 성분이 포함된다.[7] 근육의 힘을 가하는 비율은 스프링보드와 고정 다이빙대의 도약이 다르다. 스쿼팅 동작은 처음에는 저항을 거의 또는 전혀 받지 않고 시작하면서 속도에 상관없이 상세한 동작에 크게 주의하면서 훈련한다. 폼과 근력은 훈련의 중점을 체력에서 파워로 옮기기 전에 발전시킨다. 다이빙 선수는 균형 잡힌 저항력 프로그램을 따라야 한다. 프로그램은 선수의 연령과 신체 발달, 선수의 근력과 결점에 대한 주기적인 평가를 토대로 해야 한다. 저항력 프로그램은 특정 근육군은 강하고 다른 근육근은 약해지지 않도록 체력을 "균형" 잡히게 해야 한다. 선수는 신체적으로 다이빙만의 독특한 입수 충격에 저항할 준비가 되어 있어야 한다. 고무 터빙(예를 들면 테라밴드) 운동은 어깨 회선건개 손상 방지와 재활에 특히 유용한 다이빙 프로그램이었다.[8] 다이빙에서 어깨에 놓여지는 부담을 어깨가 견딜 수 있으려면 견갑골의 안정이 필수적이다. 등 손상을 방지하고 동작을 조절하려면 복부의 근력이 필요하다.

시기가 구분된 체력관리 프로그램은 다이빙 선수의 신체적 준비성을 확보하는 데 필요하다.[11] 다이빙에서 플라이오매트릭 운동은 대개 점핑 훈련과 메디신 볼 방법으로 구성되어 있다. 또한 플라이오매트릭 훈련은 시기 구분의 개념을 동원해야 하기 때문에, 손상을 피하려면 정확한 기술과 진행이 아주 중요하다. 다이빙에서 유연성 훈련은 매일 해야 하는 운동이다.

다이빙 손상의 병인

다이빙 선수는 물에 부딪히기 전에 시속 약 35마일의 속도를 내기 때문에,[4] 다이빙은 접촉 스포츠로 분류할 수 있다. 다이빙 시합에서 흔히 있는 근골격계 손상은 인체의 수많은 영역에 영향을 미치며 몇 가지 이유 때문에 발생한다.[4] 대부분의 스포츠와 마찬가지로, 다이빙 손상의 특정한 병인은 내적 및 외적 요인이 원인일 수 있다. 손상의 원인이 될 수 있는 외적 요인에는 훈련 과실이나 기술 부족, 장치 고장이 있다. 내적 요인에는 가동 범위 부족(ROM), 관절 가동성, 근육 수행력, 운동 조절, 운동 감각적 인식이 있다.

외적 요인
훈련 과실

훈련 과실의 예에는 과훈련, 너무 어려운 다이빙 시도, 부적절한 다이빙 진행 등이 있다.[5] 과훈련은 1회 연습에서 다이빙을 너무 많이 실시하거나, 일주일에 너무 많이 연습하거나, 10m 고정 다이빙대에서 지나치게 훈련할 때 발생할 수 있다. 10m 고정 다이빙대에서 연습할 경우 입수할 때 충돌하는 압박력이 크기 때문에 반복 연습량은 엄중하게 규제해야 한다. 빠른 속도는 2.0g~2.5g의 충격력(중력의 힘)을 일으키는데, 이것이 근골격계 손상으로 이어질 수 있다. 따라서 10m 고정 다이빙대에서 하는 다이빙의 회수를 연령과 능력, 개인의 내구력에 따라 제한해야 한다.

너무 어려운 다이빙을 시도하는 것은 코치

를 제대로 받을 경우 쉽게 피할 수 있는 훈련 과실이다. 이런 훈련 과실은 선수가 불완전한 일직선으로 물에 들어갈 경우 실패한 다이빙으로 이어지는 경우가 흔하다. 실패를 막기 위해서, 선수는 '앞지르기(lead-ups)'로 일컬어지는 다이빙 진행을 행한다. 일례로, 다이빙 선수가 10m 고정 다이빙대에서 앞으로 3회전 반 공중제비를 하려고 한다면, 그는 우선 3m 고정 다이빙대에서 앞으로 2회전 공중제비를 하고 이어서 5m나 7.5m 고정 다이빙대에서 2회전 반 공중제비를 한다. 이런 진행을 통해 선수는 단계적으로 워밍업을 할 기회를 갖게 된다.

지상 훈련 역시 이행하는 반복 회수 때문에 몇몇 과사용 손상의 원인이 된다. 지상 훈련과 관련이 있는 대부분의 손상에는 허리와 하지가 관련된다. 선수들은 파워를 키우기 위하여 플라이오매트릭 훈련을 많이 한다. 과훈련은 사두근 건, 슬개골건, 아킬레스건의 염증으로 이어질 수 있고 정강이에 부목을 대는 일로 이어질 수도 있다. 이런 외적 요인들은 대개 감독들이 다루어야 하지만 치료사들도 결코 간과해서는 안 된다.

기술 부족

기술 부족은 접근, 도움닫기, 누르기, 공중동작, 입수 등 다이빙의 모든 단계에서 발생할 수 있다. 접근 단계에서 기술 부족은 선수가 경험이 부족하거나 코치가 서투른 결과일 수 있다. 도움닫기와 누르기에서의 기술 부족 역시 선수의 경험 부족이나 서투른 코치, 근력이나 유연성 부족, 운동 감각적 인식의 부족에 의해 야기될 수 있다. 공중에서의 운동 감각적 인식 부족은 시각적으로 물을 '분별'할 수 없는 사태로 이어질 수 있다. 다이빙 선수는 언제 입수 위치를 추정해야 하는지를 알기 위하여 물이나 기타 다른 표시를 분별할 수 있어야 한

다. 다이빙의 모든 단계가 서로 관련되어 있기 때문에, 어느 단계에서 일어나는 실수 하나가 대개 다른 단계들에서 여러 번의 실수를 일으킬 것이다. 예를 들어, 도움닫기에 실패한 선수는 보드나 고정 다이빙대의 적당한 위치에 착지하지 못할 지도 모르고 너무 앞이나 뒤로 기울어질 수도 있다. 이렇게 바뀐 위치는 다이빙의 높이를 낮추고 방향을 바꾸면서 밀어내는 힘을 감소시킬 수도 있다. 그 결과는 흔히 입수 실패나 반듯하게 또는 앞으로 수그리고 드러누운 자세로 착수하는 사태로 나타난다. 드러누운 자세의 입수는 근육의 타박상이나 내출혈, 골절로 이어질 수 있다. 다이빙 선수의 머리 옆면이 먼저 물에 닿을 경우 고막이 파열될 수도 있다.

앞에서 설명한 대로, 노련한 다이빙 선수들은 다이빙의 실수를 막기 위하여 보상 동작을 할 수 있다. 다이빙을 제대로 하기 위하여 해하는 재빠른 보상동작이 서툰 기술이 아니지만, 이렇게 재빠른 신체 자세의 조절은 손상으로 이어질 수 있다. 일례로, 다이빙 선수가 자신의 다이빙 거리가 짧을 지도 모른다는 사실을 알고 있는 경우, 흔히 팔을 뒤로 과도하게 제치고 허리 척추의 척주 전만을 더 크게 하여 아치 모양으로 만듦으로써 다이빙을 보정한다. 이런 자세가 목과 어깨, 허리 척추의 손상으로 이어질 수 있다.

장치 고장

장치 고장이 다이빙 손상의 원인이 되는 일은 거의 없다. 미국에서는 모든 계획된 다이빙 시합 프로그램이 장치의 안전과 감독의 적격성을 확보하는 일정 안전 기준을 충족시켜야 한다. 제대로 작동하지 않을 경우 손상으로 이어질 수 있는 장치 하나는 "기포 기계" 혹은 "기포기"라고 불리는 공중 살포 시스템이다.[12] 이 장치는 물에서 작동하며 압축기로 이루

어져 있다. 이 압축기가 공기와 물을 결합시켜 수면에서 기포를 만들어 교란시킨다. 이 장치를 사용하면 물의 표면장력이 약 80% 정도 흐트러져서 다이빙 선수에게 "보다 부드러운" 수면이 만들어진다. 이 기계는 선수가 새로운 다이빙을 익힐 때 특히 유용하다. 기포기는 선수가 보드나 고정 다이빙대를 출발하기 전에 켜져서 선수가 물과 접촉하기 직전 또는 접촉하자마자 꺼진다. 교란량이 다이빙 선수의 체격 크기와 다이빙의 높이에 따라 조절해야 한다. 교란량이 너무 많은데 다이빙 선수가 수직선으로 입수하면, 기포의 증가된 상승력 때문에 경부 척추나 상지가 손상을 당할 수도 있다.

그 외의 장치 문제는 지상 훈련과 관계가 있을 수도 있다. 트램폴린과 포트오피트(port-o-pit) 다이빙대와 같은 장치를 이용하여 선수는 물 밖에서 공중 연습을 할 수 있다.[4] 포트오피트는 다이빙대 밑에 쌓아놓은 완충물을 댄 착지 지역으로, 발이 가장 먼저 닿을 수 있게 한다. 선수가 제대로 착지하지 못할 경우 이 장치 위에서 발목이나 무릎에 염좌가 발생할 수 있다. 지상 훈련에서는 선수가 스포팅 벨트로 몸을 고정시킨다. 이 벨트는 실제로 도르래 장치에 밧줄을 단 장치이기 때문에 감독이 선수를 공중에서 받쳐줄 수 있다. 선수가 틀린 자리에 떨어지거나 기전이 잘못될 경우, 심각한 손상을 일으킬 수도 있다.

내적 요인

조직 병리와 손상은 서로 영향을 주고받는 관계이다. 예를 들어, 파열된 회선건개와 같은 조직 병리는 흔히 어깨 동작 범위 감소(ROM), 어깨 근력 감소, 견대의 운동 조절 감퇴 등과 같은 손상으로 이어진다. 반대로, 손상 특히 반복적인 활동 때문에 생긴 손상이 조직 병리의 원인이 될 수도 있다. 일례로, 회선건개와 어깨 근육 조직의 근력이 물과 부딪힐 때의 힘을 중

화시킬 수 있을 정도로 충분하지 못한 선수는 견봉하의 침범이나 관절와순 병리, 견인 건염으로 발전할 수도 있다. 손상의 위험을 줄이기 위하여, 선수는 다이빙의 필요조건을 충족시키는 근력과 지구력, 유연성을 강조하는 운동 프로그램에 참가해야 한다.

재활 전문가의 목표는 구체적인 손상을 확인하고 관련된 조직 병리의 수준을 판단하여 치료 프로그램을 짜는 것이다. 어떤 경우에는, 조직 병리의 정도가 심각하여 손상이 재활에 적합한지를 판단하기 위하여 외과의사의 자문을 받아야 할지도 모른다. 이런 경우에, 수술 전의 재활은 수술에 앞서 손상을 해결하는 데 중점을 둘 수도 있다. 이어지는 내용에서는 다이빙 시합에서 흔히 발생하는 근골계 손상에 대하여 논하기로 한다. 또한 손상의 가능성 있는 원인, 개입방법, 다이빙에 복귀하기 위한 기능적 진행도 검토할 것이다. 다이빙 시합에서는 열상이나 타박상, 머리 손상과 같은 외상이 생기기도 하지만, 이런 손상은 응급치료로 치료되기 때문에 여기에서는 다루지 않기로 한다. 본 내용의 취지는 각 손상에 대한 구체적인 재활 방법을 제시하는 것이 아니라 흔히 일어나는 손상을 검토하는 것이며, 다이빙과 관련하여 치료 지침을 제공하고, 다이빙에 복귀하기 위한 기능적 진행을 논하는 것이다.

다이빙의 손상과 재활

경추

경추에서 흔히 일어나는 손상의 진단

염좌와 좌상 : 경부 염좌와 좌상은 다이빙에서 흔히 일어난다. 경부 손상의 최대 원인은 다이빙 선수가 물에 부딪힐 때, 특히 머리와 목이 부적절한 자세일 때 경부 척추에 가해지는 지나친 하중이다.[4] 다이빙 선수가 몸을 지나치게 구부리거나 뻗거나 옆으로 기울여서 경부 척

추가 물에 부딪히면, 물의 힘이 동작을 강조할 수도 있다. 그로 인한 손상에는 견인력이 최대인 쪽의 인대 염좌나 근육 좌상이 있다. 예를 들어, 과잉굴곡으로 인한 손상은 뒤 구조의 염좌와 좌상으로 이어질 수 있는 반면, 과잉신전으로 인한 손상은 앞 구조의 염좌와 좌상으로 이어진다. 측면 굴곡 자세로 머리가 먼저 물에 들어가면 대측면 구조의 염좌와 좌상을 일으킬 수 있다. 머리와 목의 자세가 부적당해도 염좌와 좌상 외의 손상으로 이어질 수 있다.

경추에 근육 좌상이 있는 다이빙 선수들에게서 흔히 진단되는 결과에는 손상당한 조직을 누르는 방향으로 활동적인 동작 범위의 제한, 저항 검사를 받을 때의 통증, 관련된 조직을 촉진할 때의 민감한 반응 등이 있다. 손상의 심각한 정도에 따라 통증 억제의 결과로 인한 결점 때문에 통증이 수반될 수도 있다. 근육이 계속 보호한다면, 추간 이동성의 감소 역시 탐지될 수 있다. 다이빙 선수는 어깨와 상지로 통증이 방사되지 않으며 신경학적 검사도 문제가 없게 된다.

경추의 인대 보전을 평가하는 검진 절차가 거의 없기 때문에, 경추의 염좌는 진단하기가 어렵다. 임상학자들은 경추 상부의 인대 척추 평가에 가장 많이 관여해야 한다. C1과 C2의 안정은 익상인대와 횡인대에 달려 있다.[13,14] 익상인대(alar ligament)는 각각 두 부분으로 구성된 두 개의 인대이다.[13] 후두익상인대(occipitoalar ligament)는 C2에서 후두골의 관절융기까지의 굴 옆에 Y 모양으로 달려 있다. 환추익상인대(atlantoalar ligament)는 굴의 앞면을 환추에 연결시킨다. 횡인대(transverse ligament)는 환추의 아치에 달려 있으며 척추골의 앞면에 바싹 붙은 치돌기(dens)를 안정시킨다. 익상인대는 회전과 측면 구부러짐을 억제하는 반면, 횡근인대는 굴곡을 억제한다. 익상인대의 안정을 검사하기 위하여 임상학자들은 다이빙 선수를 반듯하게 눕히고 머리를 약간 옆으로 돌려놓은 채로 C2의 뾰족한 돌기를 촉진한다.[14] 이 동작은 대측면의 익상인대를 조이기 때문에 C2의 동작이 감지된다. 동작이 감지되지 않으면 즉시 전문의료인의 진찰을 받아야 한다. 횡근인대의 안정을 검사하려면, 환자를 반듯하게 누인 후 머리를 약간 굽힌다. 염려되는 징후나 상당한 보호 작용이 있으면 전문의료인의 심층 조사를 받아야 한다. 이런 신체검사는 인대나 디스크, 기타 연성 조직의 구체적인 손상을 알려주는 MRI로 해야 한다.

상완신경총 견인과 신경원 압박 손상 : 입수할 때 목 자세가 옆으로 굽혀지면, 과다한 힘이 동측 구조를 압박하고 대측 구조를 당기게 될 것이다. 신전과잉으로 인한 손상으로도 생기는 압박력은 신경원의 침해를 일으킬 수 있는 반면 견인력은 '연소기'나 '쐐기'라고도 하는 상완신경총(brachial plexus)을 잡아당긴다.

신경원 압박 손상을 입은 다이빙 선수에게서 흔하게 진찰되는 결과에는 척추의 수준에 맞는 피절에서 상지의 관련 증상이 있다. 근육의 보호작용 때문에 각 동작의 끝에서 동작 범위가 제한될 수도 있다. 근육 보호작용은 또한 추간 동작의 감퇴와 관련 부분을 촉진할 때 민감한 반응을 일으킬 수도 있다. 머리를 동측면에 있는 신전 1/4지점에 놓으면 증상이 재연될 수 있다. 신전 1/4지점에는 경부 신전과 회전과 측면 구부러짐이 같은 쪽으로 결합된 동작이다. 대개 이 자세는 신경 소공을 좁혀서 증상을 유도할 것이다. 저항성 등척성 검사에서 관련 근절(myotome)의 결점이 나타날 수도 있다.

역으로, 상완신경총 견인 손상을 당한 다이빙 선수는 말초 신경이나 신경원 줄기와 상호 관련이 있는 영역에서 상지의 관련 증상을 경험할 것이다. 동작 범위가 관련 면과 떨어진 측면 구부림과 회전에서는 제한될 수도 있다. 신경원 손상과는 달리, 운동 변화는 대개 한 수준에 국한되지 않는다. 이런 선수들은 또한 상지 긴장 검사[15]에서 양성 반응을 나타낼 수도 있는데, 이는 상지에 대하여 다리를 똑바로 들어올리는 것과 비슷하다. 촉진으로 사각근 삼각(scalene triangle)에 대한 민감한 반응을 유도할 수 있다.

경부후관절 손상 : 신경 뿌리 압박 외에, 다이빙 선수는 입수할 때 목이 지나치게 신전하거나 측면으로 굽혀질 경우, 후관절(facet joint)에 손상을 당할 수도 있다. 이런 자세는 관절면의 압박을 유발하여 관절낭의 침범이나 염증이 생길 수도 있다. 극단적인 경우, 신전과잉으로 인한 손상이 척추 골절이나 척수 압박으로 이어질 수 있다.

후관절 손상을 당한 선수는 대개 관련 분절에 국부적인 통증을 느낄 것이다. 일반적으로 증상은 목과 어깨를 넘어가지 않는다. 동작 범위는 대개 제한되는데, 특히 신전, 측굴, 회전할 때 제한된다. 추간 운동성을 검사할 경우 관련 분절의 운동 저하가 탐지된다(참고문헌 18번 참조). 면관절과 분리된 손상에 대해서는 상지의 근력과 감각 변화가 탐지되지 않는다.

디스크 손상 : 다이빙 선수가 수 년 동안 크고 반복적인 압박력을 겪으면, 흔히 경부가 퇴화되는 현상이 관찰된다.[16] 다이빙 선수가 디스크 손상을 당할 수 있는 다이빙은 한 가지이지만, 다이빙 선수의 디스크 병리는 대개 누적된 결과이다. 디스크 이탈과 디스크 퇴화는 신경원 침해로 이어질 수 있다.

디스크 병리를 지닌 환자들은 대개 경부의 운동 저하가 나타나고, 특히 굴곡 자세를 오래 취한 탓으로 생긴 증상이 커진다. 관련된 수준에서 추간 운동성과 근육 보호작용의 감퇴가 나타난다. 어떤 경우에는, 디스크 병리를 지난 환자들은 근절과 피절(dermatome)이 변화할 수도 있다. 이런 변화는 상지의 감각과 운동 검사에서 탐지될 수도 있다. 디스크 손상을 암시할 수 있는 철저한 병력 검사와 신체 검진을 MRI와 함께 수행해야 한다.

경추 손상의 예방과 치료

경추 손상의 예방은 훌륭한 지도와 다이빙 선수 교육, 운동을 통해 달성된다. 감독은 선수가 공중에 있는 동안 구두 신호를 이용하여 선수에게 물에 들어갈 장소를 알려주어야 한다. 구두 신호는 선수로 하여금 '다이빙에서 나와야 할 때'를 알게 하고 입수 자세를 취하게 한다. 또한 다이빙 선수는 머리와 목 자세의 중요성을 인식해야 한다. 설사 다이빙이 실패할 것 같다 해도, 다이빙 선수는 머리와 목을 중립 자세로 유지하려고 노력해야 한다. 끝으로, 지상 훈련을 할 때, 선수는 상당 시간을 경부 강화 운동에 보내야 한다.

다이빙과 관련된 경부 손상을 치료할 때, 치료사는 상태가 재활에 적합한지를 먼저 판단해야 한다. 근절과 피절에서 상당한 변화가 있으면, 상지의 결점이나 감각이 변화에 의해 증명된 만큼, 임상학자는 환자가 의사의 진단을 받았는지 꼭 확인해야 한다. 일단 심각한 병리가 배제되었으면, 손상 때문에 생긴 손상을 모두 다루어야 한다. 관련 조직의 병리와 상관없이 재활은 손상을 해결하는 데 입각해야 한다. 치료의 진행 속도가 얼마나 빠를지 아니면 느릴지는 조직 병리의 정도와 염증 수준에 영향을 받는다. 초기 치료 방법에는 증상을 조절하기 위한 냉요법과 전기 자극, 온열 요법이 있다. 수기 치료는 통증을 줄이고, 연부 조직의 운동성과 유연성을 높이며, 추간 운동성을 높이는데 이용될 수 있다. 증상이 해결되면, 재활 프로그램에 상지 안정 운동을 추가할 수 있다. 구체

적인 운동과 기능 진행은 본 장의 마지막 부분
에서 다루고자 한다.

어깨

어깨 손상의 진단

어깨는 다이빙에서 가장 흔히 손상을 입는
관절이다.[19] 이렇게 빈도가 높은 주된 이유는 스
포츠에 필요한 어깨의 운동성과 안정 사이의 균
형이 섬세하기 때문이다.[19] 다이빙 선수는 견대
의 운동과잉이 견갑골의 완전한 상향 회전에 대
하여 완전히 들어올릴 수 있을 정도로 충분해
야 한다. 이런 운동성은 정적인 조절과 동적인
조절 사이에 균형을 이루어야 하며, 신경근육
계와 인대계를 통해 달성되어야 한다. 입수할
때 겪는 큰 힘을 상쇄시키는 데는 이 조절이
필수적이다.

불안정 : 관절와상완골의 불안정은 다이빙에
서 흔히 겪는 어깨 장애이다.[19] 비록 관절와상
완골 관절이 지나치게 이완된 선수들의 어깨가
운동과잉이기는 하지만, 항상 불안정한 것은 아
니다. 운동과잉과 달리, 불안정은 지나치게 이
완된 인대를 보정하지 못하는 신경근육계에서
발전하는 증상이 특징이다.[20] 그로 인한 불안정
의 결과는 상완골두가 지나치게 병진하고, 동
작하는 동안 상완골두가 관절오목 내에 잘 맞
물려 머물러 있지 못한다는 것이다. '거대외
상(macrotraumatic)' 성 불안정은 대개 한 가지
외상성 탈구에 기인하는 반면, '미세외상
(microtraumatic)' 성 불안정은 어깨에 반복적으
로 가해지는 응력의 축적에 기인한다. 두 종류
의 불안정 모두 다이빙에서는 흔한 손상이다.

거대외상 불안정이나 탈구는 상지가 경부 척
추 뒤에 있는 자세로 물에 들어갈 때(그림 6.7)
또는 선수가 양손을 '놓쳐서' 입수를 지속할
수 없을 때 일어날 수 있다.[4] 팔이 경추의 뒤에
있거나 전면에 있는 자세로 입수하면 팔을 한

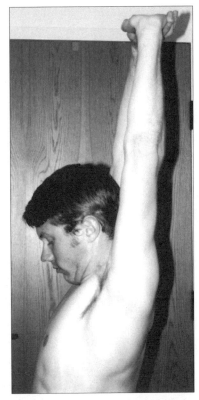

그림 6.7 상지와 관련하여 불완전한 머리 자세. 다
이빙 선수가 이 자세로 물에 부딪히면, 머리가 강
제로 지나치게 굽혀지는 동시에 상지는 밀려서 구
부러진다.

층 외전과 외회전 상태로 놓을 수 있다. 이 자
세는 다이빙 선수가 '짧아서' 다이빙을 구하
고 입수 때 수직 자세를 유지하기 위하여 팔을
뒤로 뻗을 때 취한다. 앞에서 살핀 바대로, 다
이빙 선수 대부분은 입수하는 동안 한 손으로
다른 손을 잡는다. 이 자세는 팔꿈치의 완전 신
전과 견갑대의 완전 들어올림과 관련하여 상지
의 '잠긴 자세(lock-out position)'라고 하는
데 상지를 안정시키는 기능을 한다. 다이빙 선
수가 자신의 손을 '놓치면', 안정된 자세를
유지할 수 없으며 입수를 유지할 수 없을 지도
모른다. 그 결과는 선수가 물에 부딪힐 때 상
지가 여러 방향으로 밀릴 수 있다는 것이다. 미

세외상성 불안정은 실패한 입수, 신경근육의 불충분한 안정, 근지구력 부족에서 기인하는 하찮지만 반복적인 부전탈구(subluxation)에서 유래할 수도 있다. 어떤 경우든, 불안정 때문에 흔히 일어나는 조직 병리에는 회선건관 파열이나 건염, 이두근 건염, 그리고 관절와순 파열이 있다.

불안정 증세가 있는 다이빙 선수들을 검진한 결과 움푹 들어가는 증상과 염려하는 증상이 뚜렷하며, 부하 및 들기 검사 그리고 재배열 검사에서 양성 반응을 보였다.[20,21] 이런 특수 검사에 대한 상세한 설명은 다른 곳에서 하기로 한다.[20] 다이빙 선수가 양성 홈증상(sulcus sign)이나 부하와 들기 검사에 양성 반응을 보일 수는 있지만, 이런 검사들의 자가 시행으로는 불안정을 잘 진단할 수 없다. 임상학자는 과운동성과 불안정성을 구분하는 검사들을 다각적으로 시도해야 한다. 염려 증세가 있는 환자도 충돌 징후, 회선건개 병리 검사, 관절와 병리 검사에 양성으로 반응할 수 있다.[20]

충돌증후군 : '견봉하 충돌(subacromial impingement)'은 견봉의 대조면(greater tuberosity)과 전하방면(前下方面) 사이에 있는 구조의 침식에 붙여진 용어이다. 이 상태의 병리기전은 1차 충돌과 2차 충돌으로 나뉠 수 있는 손상 때문이다.[20,22] 견봉 밑 공간의 '1차 충돌(primary impingement)'은 견봉 밑 공간의 감소 때문에 회선건개의 윗면이 주변의 골 조직과 연성 조직 구조에 의해 닳을 때 발생한다.[20] 니어(Neer)[23,24]는 출구 1차 충돌과 비출구 1차 충돌을 구별했다. '출구 1차 충돌(outlet primary impingement)'은 회선건개가 지나가는 오훼견봉돌기 아치(coracoacromial arch)의 출구에서 일어나는 기전 변화 때문이다. 이 상태의 침범은 비정상적인 견봉 형태(경사 또는 기울기가 비정상적), 오훼견봉돌기 인대, 견봉쇄골 관절(acromioclavicular joint)의 관절염, 혹은 꽉 죄인 후관절낭 때문일 수도 있다.[25~30] '비출구 1차 충돌(nonoutlet primary impingement)'은 다른 정상 출구가 원인인 회선건개의 병리로 정의된다. 이 상태의 가능성 있는 원인에는 운동 조절 부족, 회선건개의 결점이나 피로, 그리고 굵어진 회선건개 활액낭 등이 있다. 견봉 밑 공간의 '2차 충돌(secondary impingement)'은 어깨의 불안정 때문에 일어나며 다이빙에서는 1차 침범보다 더 흔한 손상이다.[20] 상완골두의 과도한 상부 이동이 견봉 밑 공간의 침해뿐만 아니라 피막과 회선건개 건, 이두근 장두에 대한 견인력을 일으킬 수도 있다. 결과적으로, 관절낭염과 견인 건염은 2차 충돌 증세가 있는 다이빙 선수들에게서 흔히 발견되는 증상이다.

충돌을 진단할 때, 임상학자는 손상에 대하여 2차 평가도 해야 한다. 충돌의 양성 징후를 알아챈 후, 임상학자는 후관절낭의 운동저하, 회선건개와 어깨 근육의 약점, 운동 조절 부족, 상지의 유연성 부족 등의 증상이 있는지 평가해야 한다. 충돌의 치료 성공은 충돌으로 이어진 손상의 해결에 달려 있다.

건염과 회선건개의 파열 : 어깨의 건염과 회선건개 파열은 대개 불안정이나 충돌의 2차적인 손상이다. 불안정을 보상하기 위하여, 회선건개는 상완골두를 관절오목의 중심에 둠으로써 어깨 관절을 안정시키려고 한다. 회선건개는 이두근 장두의 원조를 받는데, 이것은 상완골두의 상부 이동을 제한하는 역할을 한다. 이두근은 다이빙 선수가 굽히기형 자세나 껴안기형 자세로 공중에 있으면서 다리를 가슴에 붙이고 있는 동안에도 기능을 하고 있다. 근육이 지쳤는데도 상완골두가 계속 이동함에 따라, 건에 견인력이 가해진다. 역으로, 1차 충돌과 관련이 있는 건염은 압박력의 결과로 생긴다. 후관절낭이 꽉 조이거나 견봉의 형태가 비정상적인 다이빙 선수는 압축 건염이나 회선건개 파열의 위험이 있다.[25~30] 어떤 경우든, 만성 건염은 회선건개나 이두근 장두의 파열로 이어질 수 있다.

건염 증상이 있는 다이빙 선수는 대개 동작의 호를 그릴 때 통증을 보인다. 통증 부위는 대개 상완골두에 있는 착점에 국한된다. 저항성 등척성 근육 검사는 고통스러우며 건 파열의 2차 증상 혹은 통증 억제의 결과로 약해질 수 있다.

어깨 손상의 예방과 치료

과훈련 예방이 다이빙 선수의 어깨 손상 방지의 핵심 요인이다. 과훈련은 견대의 안정을 감소시키면서, 근육의 피로로 이어질 수 있다. 어깨 손상 방지는 회선건개와 견갑골 안정을 강조하는 어깨 전체의 유연성과 강화 프로그램에 의해서도 가능하다. 자세 손상 역시 어깨 기능 장애로 이어질 수 있다. 다이빙 선수에게서 관찰되는 일반적인 자세 손상에는 앞으로 향한 머리, 어깨 관절의 내회전으로 둥글게 된 어깨, 견갑골 전진, 흉추 후만증 등이 있다. 이 자세는 조여진 앞가슴 근육 조직과 약한 견갑골 사이 근육 조직 때문일 수 있다. 이런 자세 손상이 있으면 대조면이 앞견봉에 아주 근접하여 움직여지기 때문에, 다이빙 선수는 견봉하 침범 손상을 당하기 쉽다. 앞가슴 근육 조직의 유연성 유지 과정이 다이빙 선수의 지상 프로그램에 포함되어야 한다. 그림 6.8은 어깨 관절의 전과 절낭에 지나친 응력을 가하지 않으면서 앞가슴 근육 조직을 한 방향으로 스트레칭 하는 모습이다.

불안정성이 진단되면, 임상학자는 관련 조직의 병리가 있는지 여부를 판단해야 한다. 회선건개나 관절와순이 관련되어 있으면 수술을 받아야 할 수도 있다. 불안정 증세가 있는 환자 중에서 수술을 받지 않아도 되는 사람들은 회선건개와 어깨의 안정 근육에 중점을 두면서 견대 근육 조직의 근력과 근지구력을 강조하는 운동 프로그램이 보완하는 상지 유연성 프로그램에 참가해야 한다(그림 6.9~6.13). 앞이 불안정한 환자는 후관절낭이 조여질 수도 있는데, 이는 가동법으로 다루어야 한다(그림 6.14). (어깨 불안정에 대한 추가 재활 접근방식에 대해서는 제2장과 제10장을 보시오.)

다이빙 선수가 견봉하 충돌이 보이면, 임상학자의 1차 목표는 그 상태에 이르게 한 충돌을 손상이 확인이 되어야 한다. 출구 충돌 증상이 있는 환자의 치료법에는 관절 가동화와 후관절낭 스트레칭이 있다(그림 6.14를 보시오). 어

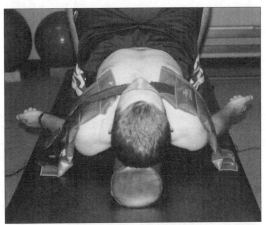

그림 6.8 폼롤 위로 앞가슴 근육 조직 스트레칭하기

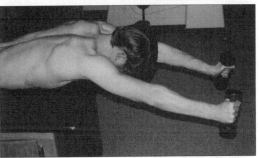

그림 6.9 엎드린 자세에서 좌우 양어깨의 굴곡 작용

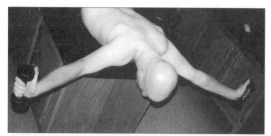

그림 6.10 엎드린 자세에서 좌우 양어깨의 수평 외전과 외부 회전

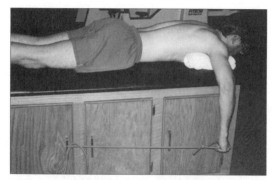

그림 6.11 90° 외전으로 엎드린 자세에서 외부 회전. 치료대가 견대를 안정시킨다.

떤 경우에는, 이런 환자들에게 견봉하 압박 완화 수술이 필요할 수도 있다. 비출구 충돌과 불안정으로 인한 2차 침범 증상이 있는 환자의 치료법에는 대개 회선건개와 견갑골 강화를 통한 동적 안정이 필요하다(그림 6.9~6.13을 보시오).

근원적인 손상이 불안정일 때 견봉하 압박 완화 수술을 받은 환자들은 불안정 치료를 받지 않았기 때문에 결과가 별로 좋지 않다. 이런 환자에게 수술 받을 것을 지시한다면, 안정술이 가장 효과가 크다. (어깨 불안정에 대한 추가 재활 접근방식에 대해서는 제2장과 제10장을 보시오.)

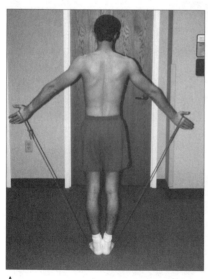

A.

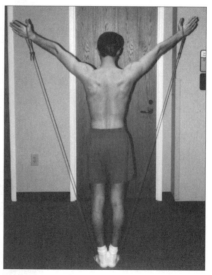

B.

C.

그림 6.12
A. 선 자세에서 저항 터빙을 사용하는 좌우 양어깨 외전의 시작 자세
B. 선 자세에서 저항 터빙을 사용하는 좌우 양어깨의 수평 외전
C. 선 자세에서 저항 터빙을 사용하는 좌우 양어깨 외전의 마무리 자세

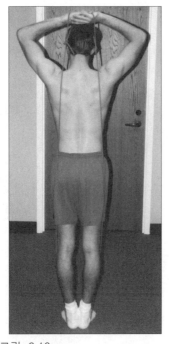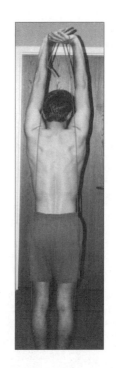

그림 6.13
A. 상지를 입수 자세로 누르는 시작 자세. 이 운동은 견갑골, 관절와상완골,
   팔꿈치 강화를 강조한다.
B. 상지를 입수 자세로 누르는 마무리 자세

팔꿈치

팔꿈치 손상의 진단

관신전 손상 : 팔꿈치 신전 손상은 입수할 때 빠른 속도로 물에 부딪혀서 생기는 힘의 결과로 발생할 수 있다.[4] 다이빙에서는 입수할 때 팔꿈치 신전 유지를 강조하기 때문에 다이빙 선수에게서는 팔꿈치 전반이 흔히 발견된다. 다이빙 선수가 어리다면, 팔꿈치가 수직 입수를 이루는지 '살펴보는 일'의 중요성에 대하여 교육을 받는다. 팔꿈치 신전 유지는 선수가 물에 부딪힐 때 팔꿈치에서 팔이 접히지 못하게 하는 역할도 한다. 팔꿈치 신전을 유지하지 못하면 손과 손목의 등을 머리에 충돌시켜서 양쪽 모두에 손상을 입힐 수 있다. 다이빙 선수는 이런 손상을 방지하기 위하여 삼두근의 근력과 근지구력에 의지해야 한다. 팔꿈치 신전 과잉 손상을 당한 환자는 대개 수동적인 팔꿈치 신전의 마지막 구역에 지나친 압력이 가해질 경우 통증을 느낄 것이다.

삼두근 건염 : 삼두근의 편심 하중 부하는 입수 때 발생하는 굴곡 작용력에 대항할 필요가 있다. 삼두근의 과사용은 근육이 팔꿈치 머리돌기에 꽂힐 경우 건염을 일으킬 수 있다. 삼두근 건염이 있을 경우, 환자는 저항 팔꿈치 신전으로 인한 통증이나 상지가 입수 자세일 때 손을 통해 가해지는 압박으로 인한 통증을 느낄 것이다(그림 6.15). 게다가, 환자는 삼두근의 착점에서 삼두근 건을 촉진할 때 민감한 반응을 보일 수도 있다.

내측 불안정과 척골신경염 : 다이빙 선수가

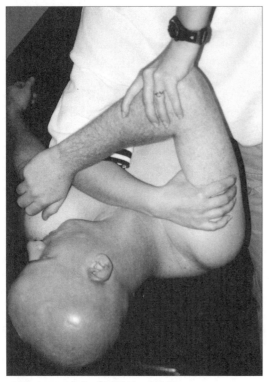

그림 6.14 어깨 후피막의 가동화

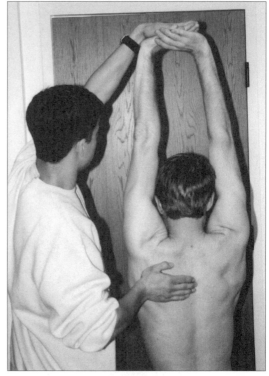

그림 6.15 입수 자세를 취한 다이빙 선수에 대한 삼두근의 저항 검사

물에 들어갈 때, 상지의 첫 번째 동작은 팔꿈치를 뻗은 채로 팔을 빠르게 측면으로 내전시키는 것이다. 이 동작은 '입수동작(swimming maneuver)'이라고 알려져 있으며 다이빙 선수가 물로 들어가는 동작을 의미한다. 이 동작은 팔꿈치 안쪽 면에 외반 스트레스를 일으킨다. 이 동작의 반복성 때문에, 다이빙 선수는 내측 측부인대의 이완로 이어질 수 있는데, 이것이 척측 신경의 불안정성과 견인으로 이어질 수 있다. 내측 불안정이 있는 다이빙 선수는 ROM은 정상이지만 신전의 끝 부분에 통증이 있을 수도 있다. 외반 스트레스 검사로 증상이 유도되는데, 느슨해진 것을 확인한다. 대개 근력 검사가 권장되며 통증도 없다. 다이빙 선수는 내측측부인대 위를 촉진할 때 민감한 반응을 보일 것이다. 척측 신경이 관련되어 있다면, 증상

이 새끼손가락과 약손가락의 중간으로 방사될 것이며 선수는 척측 신경구 위를 촉진할 때 민감한 반응을 보일 것이다.

팔꿈치 손상 예방과 치료

다이빙에서 팔꿈치 손상을 예방하는 것은 근력과 근지구력을 강조하는 점진적인 저항 훈련 프로그램을 통해서 이루어진다. 다이빙 선수와 감독은 과훈련 피하기의 중요성도 인식해야 한다. 대개 과훈련은 삼두근의 피로와 팔꿈치 주변의 안정성 감퇴로 이어진다. 손상을 입은 후, 팔꿈치 신전과잉을 제한하기 위하여 감아놓은 테이프는 다이빙에 복귀하는 동안 선수에 의해 닳을 수 있다(그림 6.16). 하지만, 테이핑이 포괄적인 근력과 유연성 프로그램을 대신할 수는 없다.

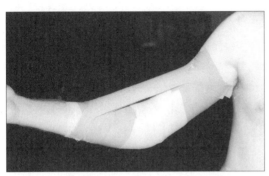 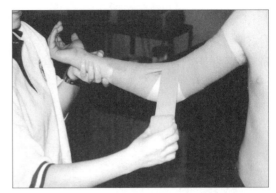

그림 6.16 팔꿈치의 신장과잉을 제한하기 위하여 운동선수용 테이프 사용

손과 손목
손과 손목 손상의 진단

손목은 다이빙에서 근골 손상이 흔하게 일어나는 또 다른 부위이다.[31] 다이빙 선수가 물에 들어갈 때, 한 손의 손바닥이 다른 손의 손등을 움켜쥐며 양손목은 신전된 자세이다(그림 6.17). 손목의 굴곡 작용이 손목을 더욱 신장시

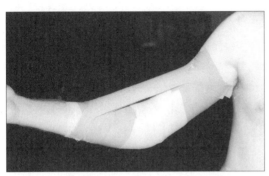

그림 6.17 입수할 때의 손 자세

키는 물의 힘을 상쇄시켜야 한다. 이렇게 되풀이하는 행동뿐만 아니라 다이빙 선수들이 하는 반복적인 물구나무서기가 여러 가지 근골격 손상으로 이어질 수 있다.

염좌와 좌상 : 수근 굴근의 좌상은 물에 부딪힐 때 신전력에 맞서는 데 필요한 편심 활동에서 생긴다. 신체 검진을 해보면 활동적이고 저항적인 수근 굴근에 대하여 통증이 나타난다. 수동적인 손목 신전은 끝 구역에서 아플 수도 있으며, 선수는 근복부 위를 촉진할 때 민감한 반응을 보일 수도 있다. 손목의 과신전 역시 근위 및 원위 수근골열의 손바닥 면에 있는 인대 염좌로 이어질 수 있다. 인대를 손상당한 선수는 인대에 스트레스를 주는 모든 손목 동작의 끝 구역에서 통증이 있을 수도 있다. 수근골(carpal bone)의 보조 검사에서 과가동성이 나타날 수도 있다. 다이빙 선수들은 대개 관련 인대 위를 촉진할 때 민감한 반응을 보인다. 저항 검사로는 대개 증상이 유도되지 않는다.

월상골 불안정성 : 손목 좌상이 계속되어 만성이 되면, 이미 습관이 된 인대 이완이 수근골간 관절(intercarpal joint)의 불안정으로 이어질 수도 있다. 월상골의 아탈구는 다이빙 선수

의 손목 불안정에서 흔한 합병증이다. 손목이 강제로 과신전이 되면, 월상골이 손목의 손바닥 면으로 밀려서 재배치되지 못할 수도 있다. 신체 검진에서, 수근 굴근 ROM의 감퇴가 관찰되기 때문에 촉진할 때 월상골에 대한 민감함이 주목된다. 수동적인 손목 굴곡-신전되는 동안 월상골이 촉진되면, 임상학자는 굴곡 작용 동안 후방 활주가 없다는 것을 알아챌 수도 있다. 월상골이 아탈구된 다이빙 선수는 엄지손가락과 새끼손가락 사이의 죄는 힘이 약할 수도 있다.

손등충격증후군 : 다이빙 선수가 손바닥이 (flat-hand) 입수 시 물에 부딪힐 때, 손과 손목은 강제로 등 방향을 향하게 된다. 이렇게 되풀이되는 힘은 '손등충격증후군(dorsal impact syndrom)'이라는 손목 구조의 과사용 손상으로 이어질 수 있다. 게다가, 다이빙 선수가 팔꿈치 신전을 유지하여 입수를 원활하게 하지 못할 경우, 물의 힘이 손과 손목의 손등 면을 머리 꼭대기로 밀어낼 수 있다. 이렇게 충돌하게 되면 손목의 손등 면에 있는 연성 조직에 타박상을 입고 어떤 경우에는 중수골(metacarpals)이 골절된다. 이런 거대외상을 입은 선수는 손목의 등 부분이 붓고 멍들 수도 있다. 선수는 이 부위를 촉진할 때 민감하게 반응할 것이며, 통증 때문에 ROM은 끝 구역에 한정될 수 있다. 전문의는 삼두근의 근력과 근지구력을 검사하고 만일 그것이 문제의 근원적인 원인이라면 삼두근 기능 장애의 가능성 있는 원인으로 경추를 제외해야 한다.

스트레스 골절 : 입수하는 동안과 물구나무서기를 할 때 수근골에 되풀이하여 가해지는 압박력은 스트레스 골절(stress fracuture)로 이어질 수 있다. 2~3주 동안 실시한 전통적인 치료법과 활동 양식에 반응하지 않으면서 손목 통증을 계속 보이는 다이빙 선수는 스트레스 골절로 진단해야 한다. 주상골(scaphoid)에 민감하게 반응하는 다이빙 선수는 무혈관 괴사의 위험 때문에 더 빨리 의료 진단을 받아야 할 수도 있다. 처음에는 ×-레이에 나타나지 않을 수도 있으므로 뼈나 MRI 스캔이 더 정확한 진단 방법이 될 수 있다.

스키선수 엄지손가락 : 다이빙 선수가 입수하기 전에 한 손으로 다른 손을 잡을 때, 그 동작을 재빨리 해야 입수할 때 손을 '놓치는' 일을 방지할 수 있다. 이렇게 빠른 손동작의 결과로, 엄지손가락과 검지손가락 사이의 공간은 어쩔 수 없이 다른 손의 그 공간과 대항하게 된다(그림 6.18). 다이빙 선수가 엄지와 검지사이 공간이 아니라 엄지의 척측 면을 부딪친다면, 엄지손가락은 강제로 외전하고 신전하게 된다. 그로 인해 입을 수 있는 손상은 척측측부인대의 염좌나 파열이다. 다이빙 선수는 그 인대에 대하여 통증과 민감함을 보일 것이다. 그 인대의 스트레스 검사에서 인대의 이완이 더 커졌음을 확인할 수 있다.

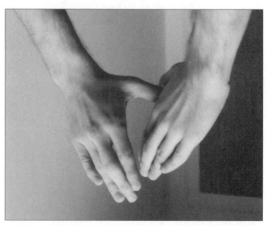

그림 6.18 엄지의 척측부인대를 손상시키는 부상 기전

손목 손상 예방과 치료

다이빙에서 손목 손상을 예방하는 방법은 과훈련을 피하고 상지 근육의 근력과 유연성 프로그램을 지속하는 것이다. 예방 차원에서 손목과 엄지에 테이프를 감고(그림 6.19) 손목 보호대를 착용하면(그림 6.20) 축구 선수들이 무릎 버팀대를 착용하는 방식과 비슷하게 손상을 예방하는 데 도움이 될 수도 있다. 손목 보호대는 신전을 제한하기 위하여 손목의 등에 감는 직사각형 모양인데, 운동선수용 테이프를 여러 번 접어서 만들 수 있다(그림 6.21). 월상골 불안정이 있는 다이빙 선수에게, 테이프는 물에서 나올 때 손목이 신전하는 동안 손바닥의 활주를 제한하는 부목처럼 이용할 수 있다(그림 6.22).(자쪽 곁인대 손상에 대한 추가 재활 접근방식에 대해서는 제10장을 보시오.)

요추

요추 손상의 진단

척추를 통해 전달되는 복합적인 힘 때문에 다이빙 선수에게는 요추의 손상이 흔한 일이다. 일례로, 10m 고정 다이빙대에서 굽히기형 자세로 앞으로 1바퀴 반을 공중제비하고 2회전 반

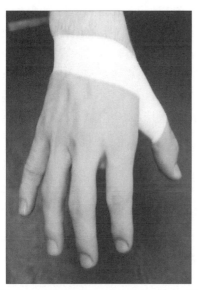

그림 6.19 엄지손가락에 나선상 붕대 감기

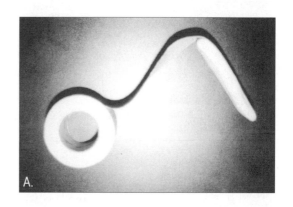

그림 6.20 손목 보호대를 착용한 다이빙 선수

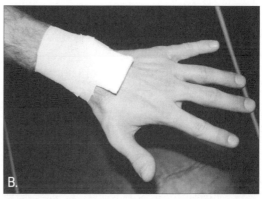

그림 6.21 A. 손목의 신장을 막기 위하여 운동선수용 테이프 사용. B. 다이빙 선수의 손목에 적용한 신장 블록

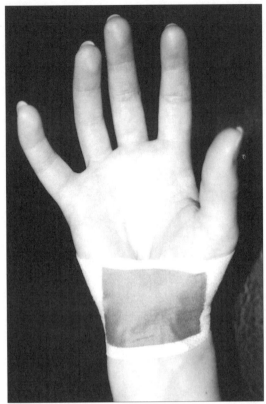

그림 6.22 테이프를 사용하여 월형의 손바닥 동작을 제한

비틀기에 관련된 힘을 생각해 보자. 이 다이빙을 하려면 선수는 몸을 회전시키고 있는 동안 굽히기형 자세로 재빨리 굽히는 동작을 해야 한다. 다이빙 선수는 척추를 중립 자세로 신전하고 물의 압박력을 만나기 직전에 비틀기를 중단함으로써 이 다이빙을 끝마친다. 반복적인 기초 위에 하는 이런 동작뿐만 아니라 육중한 플라이오매트릭 지상 훈련 역시 근육과 인대의 손상으로 이어지는 일이 종종 있다.

염좌와 좌상 : 염좌와 좌상을 입은 다이빙 선수는 일반적으로 척추 부위에서 통증을 나타낸다. 옆으로 이동과 같은 자세의 편위는 대개 이런 손상을 보이지 않는다. 손상 조직에 스트레스를 주는 쪽을 검사하는 ROM을 할 때 증상이 재연될 수도 있다. 게다가, ROM은 손상당한 조직에 스트레스를 가하는 방향에서 제한될 수도 있다. 촉진을 하면 손상당한 조직위에서 민감한 반응이 유도되며, 추간 운동성이 근육 보호작용에 의해 제한될 수 있다. 염증이 있다면, 그 증상은 늘 있을 수도 있다.

후관절 손상 : 대규모의 신전과 회전력 역시 후면 관절의 손상을 일으킬 수 있다. 손상을 이렇게 분류하면 염좌와 좌상을 구별할 수 있다. 후관절 손상의 증상은 대개 일방적이고 특정 수준에 국한되어 있기 때문이다. 대개 ROM이 가장 많이 제한되며 관절에 스트레스를 가하는 방향에서 통증이 있다. 예를 들어, L3~4에 있는 우측 후관절에 손상을 입으면 우회전, 오른쪽 옆구리 구부림, 신전할 때 관절이 압박되는 동안 통증이 생길 것이다. 반대 방향의 동작은 관절낭의 흐트러짐을 일으키며 통증을 유발시킬 수도 있다. 그 부위 주변에서 근육 보호작용이 나타날 수도 있지만, 촉진을 하면 국부적으로 민감한 반응이 유도되고 추간 운동성이 줄어든다.

허리 디스크 : 다이빙 선수의 디스크 손상은 미세외상의 누적된 결과이거나 한 번의 거대외상 때문일 수 있다. 허리디스크의 압박은 여러 힘에서 생긴다. 보드나 고정 다이빙대 위에서 튀어 오를 때, 입수할 때, 그리고 척추를 빠르게 굽혔다가 펼 때 생기는 힘들이 디스크 압박을 일으킬 수 있다. 비틀기 다이빙과 비수직 자세 입수 역시 디스크에 전단력을 만들어낼 수 있다. 이런 힘들은 디스크의 변질 변화로, 어떤 경우에는 디스크 탈출로 이어질 수도 있다. 디스크 병리를 지는 다이빙 선수들은 요천(lumbosacral) 부위에서 일방 또는 양방의 통증을 나타낼 수도 있다. 뻗는 증상은 대개 일방

향이고 힙, 허벅다리, 종아리, 발로 뻗을 수 있다. 양쪽 하지에 동시에 관련된 증상에는 즉각적인 의료 처리가 필요하다. 게다가, 힙 부위의 감각 상실, 하지 운동 기능의 상실, 내장이나 방광 기능의 변화 역시 척수 압박의 가능성을 배제시키기 위하여 즉각적인 의료 처리가 필요하다.

심각한 정도와 디스크가 신경 뿌리를 압박하고 있는지에 따라 디스크를 손상당한 다이빙 선수는 몸통이 옆으로 돌아간 증상이 나타날 수도 있다. 대개 디스크의 증상은 오래된 자세와 관련이 있으며 자세를 바꾸기는 어렵다. 증상은 또한 기침이나 재채기처럼 복부 안쪽의 압력을 변화시키는 것에 의해 더욱 악화될 수도 있다. 활동적인 동작을 할 때 통증이 있으며 끝 구역에서 제한될 수 있다. 후굴 혹은 신전이 가장 크게 제한을 받는다. 경막 조직(dural tissue)이 관련되어 있을 경우, SLR(straight-leg-raise) 검사를 하면 증상이 악화될 수도 있다. 디스크가 신경 뿌리를 침식하고 있을 경우, 하지의 감각과 근력, 심건 반사작용의 변화가 보일 수도 있다.

척추분리증과 척추전방전위증 : 다이빙을 할 때 일어나는 반복적인 굴곡과 신전 동작은 척추의 분절에 높은 스트레스를 가한다. 이렇게 반복된 힘은 후관절 사이에 있는 뼈 조각인 관절간부(pars interarticularis)의 스트레스 골절 비슷한 손상을 일으킬 수 있다. 이 상태를 '척추분리증(spondylolysis)' 라고 한다. 하나의 척추골에서 생긴 전방 전단력이 앞쪽의 미끄러짐을 일으킨다면, 이 상태를 '척추전방전위증(spondylolisthesis)' 이라고 한다. 두 상태 모두 증상은 대개 요천 부위에 국한되며 허리 척추의 신전에 의해 재연되거나 악화된다. 척추주위 근육 조직에서 보호하는 보호작용이 관찰될 수도 있기 때문에, 척주에 대한 스프링 검사로

증상을 유도할 수 있다. 추간 운동성 역시 불안정을 보정하기 위하여 인접 분절에 제한될 수 있다.

허리 손상의 예방과 치료

다이빙 선수의 아래 등 손상 예방은 유연성 유지와 허리골반을 안정시킴으로써 가능하다. 다이빙 선수 대부분이 유연성 프로그램에 참가하고 있으며 다이빙 전에 충분한 시간을 들여 워밍업을 한다. 하지만, 복부 강화를 제외하고는, 많은 선수들이 동적 안정을 촉진시키는 방식으로 허리 척추와 골반 주변의 다른 근육의 강화를 중요하게 여기지 않는다. 이런 운동은 다이빙 선수의 기능 자세를 흉내내는 방식으로 이루어진다(그림 6.23).

허리의 기능 장애가 있는 다이빙 선수를 위한 치료 프로그램을 계획할 때, 전문의는 피해야 할 활동이 무엇인지 알기 위한 의료 진단 지식을 갖추고 있어야 한다. 일례로, 다이빙 선수에게 제2기 척추전방전위증이 있다는 사실을 알고 있다면 재활과정에서 신전과잉 운동을 피해야 한다. 하지만, 성공적인 재활 프로그램은 손상을 해결하는 데 입각해야 한다. 구체적인 조직의 병리가 알려지지 않았을 수도 있고 MRI 스캔의 결과가 증상과 높은 상호관련성을 갖지 않을 수도 있기 때문에,

임상학자는 확인 징후와 증상에 의해 환자를 분류해야 한다.[32] 예를 들어, 몸통이 옆으로 돌아간 다이빙 선수는 디스크가 손상됐을 수도 있지만, 재활의 역할은 돌아간 몸통을 바로잡고 관련된 증상을 해결하는 것이다. 이 목표는 신전 프로그램이나 역학적 견인, 손으로 하는 치료법, 안정 운동을 통해 달성될 수 있다. 아래 등 통증을 치료하기 위하여 보다 구체적인 재활 전략을 살펴보고 싶다면 다른 자료원들을 참조하길 바란다.[32]

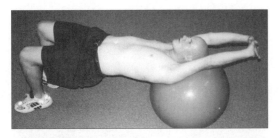

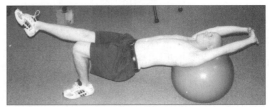

그림 6.23 허리 척추의 안정 운동

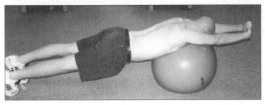

무릎

무릎 손상의 진단

다이빙을 할 때 발생하는 무릎 손상 대부분은 신근 기전과 슬개골과 대퇴골 관절이 관련되어 있다. 다이빙을 할 때 점프를 많이 반복해야 하기 때문에, 신근 기전은 많은 과사용 손상을 당하기 쉽다. 증상은 똑같은 부위에서 나타날 수도 있지만, 증상을 일으키는 손상은 여러 가지가 될 수 있다. 전문의는 그 증상의 원인이 유연성 손상, 운동 조절 손상, 생체역학적 문제 등 어떤 것 때문인지를 판단해야 한다.

슬개대퇴관절 맞물림 기능장애 : 슬개골과 대퇴골의 맞물림 기능에 문제가 있는 다이빙 선수들은 대개 슬개골 주변에서 증상이 나타난다. 이 증상은 흔히 '연골연화증(chondromalacia)'으로 분류되는데 이는 부적절하다. 슬개골의 맞물림 기능 문제가 뼈의 변화로 이어질 수 있기는 하지만, 연골연화증은 관절 연골조직의 퇴행성 변화를 가리킨다. 이 병은 관절촬영내시경으로 보지 않고는 알 수 없다. Q각도가 큰 여자 선수들은 슬개골이 외측면으로 쏠리기 쉽다. 외측으로 쏠린 슬개골은 측면 지대(lateral retinaculum)가 긴장한 결과이거나 사두근의 손

상된 운동 조절의 2차 증상일 수도 있다. 측면 지대와 장경인대(iliotibial band)의 제한된 운동성 때문에 사두근이 수축하는 동안 슬개골이 측면으로 이동하게 될 수도 있다.[33,34] 근섬유의 각도 때문에, 내측광근(vastus medialis oblique, VMO)은 슬개골이 측면으로 미끄러지지 못하게 하는 역할을 한다. VMO의 활동 감퇴나 VMO와 외측광근(vastus lateralis, VL) 사이의 시간 조절 변화 역시 측면 슬개골 추적으로 이어질 수 있다.[35,36]

슬개골의 움직임에 문제가 있는 다이빙 선수는 내전된 발, 경골의 비틀림, 기울어진 슬개골 등 하지의 부정배열을 나타낼 수 있다. 슬개골 위치의 정적 평가에서 측면 지대가 조여져 있을 경우, 측면 경사와 측면 활주가 나타날 수도 있다. 이 상태는 무릎의 되풀이되는 굴곡과 신전 동작에 의해 악화되기 때문에, 다이빙 선수는 대개 점프하기의 편심(하중 부가) 단계나 사다리를 올라갈 때 불편하다고 말할 것이다. 또한 굴곡 자세를 오래 취할 때에도 증상을 말할 수 있다. 활동적인 동작을 할 때 마찰음이 들릴 수도 있으므로, 슬개골의 측면 이동은 대개 사두근이 활동적으로 수축하는 동안에 확인할 수 있다. 슬개골과 대퇴골의 운동성이 제한되는 것을 알 수도 있다.

건염 : 건염은 다이빙 선수들에게서 반복되는 점프의 결과로 무릎 주변의 일부 부위에 악영향을 주는 과사용 상태이다. 슬개골 건염과

사두근 건염은 슬개골과 대퇴골의 비정상적인 추적이나 하지의 유연성 부족, 근육의 불균형, 슬개골 저위(baja), 대퇴사두근의 동작 이행 결손 때문일 수도 있다. 어린 다이빙 선수들에게는, 슬개골 건에 가해지는 스트레스의 증가가 경골조면에 있는 착점에 염증을 일으킬 수도 있다. 이런 스트레스의 증가는 오스구드-쉬라터병을 일으키는 뼈의 성장 증진을 유발할 수도 있다.

사두근 건염을 보이는 다이빙 선수들은 대개 슬개골의 상부면 근처에서 증상이 있는 반면, 슬개골 건염이 있는 선수들은 슬개골 건 위로 증상이 있다. 두 경우 모두 슬개골의 향점이나 경골조면에 있는 착점에서 증상이 있다. 이런 환자들의 경우, 대개 다이빙의 누르기 단계뿐만 아니라 다이빙 보드나 고정 다이빙대로 가기 위하여 사다리를 올라갈 때 대퇴사두근이 수축하면서 증상이 악화된다. 슬개골과 대퇴골의 이동성이 제한될 수도 있으며, 하지의 근육 긴장이 보일 수도 있다.

장경인대 마찰 증후군 : 장경인대(ITB)의 유연성 부족이나 내반슬(genu varum)과 같은 하지의 비정상적인 배열 역시 장경인대 마찰 증후군(iliotibial band friction syndrome, ITBFS)라는 과사용 상태로 이어질 수 있다. 이 상태에서, 무릎을 반복적으로 구부렸다가 펴면 장경인대가 측면 대퇴골 관절구 위로 미끄러지고 염증 반응이 멈추지 않고 영속적으로 된다.[37]

ITBFS에 걸린 다이빙 선수는 무릎의 측면 위로 증상이 보인다. 증상은 대개 수동적으로 무릎을 구부렸다가 펴는 동안 신체 검진자가 측면 대퇴골 관절구를 촉진하는 동안 재연된다. 무릎을 20~30°로 구부리면 ITB가 측면 대퇴골 관절구와 닿아서 통증이 느껴진다. 무릎 외측의 통증을 일으키는 외측부인대(lateral collateral ligament)의 염좌와 달리, 내반 스트레스

검사에 증상이 재연되지 않는다. 외측 반월판의 파열은 무릎 외측면의 통증을 가리킬 수도 있지만, 반월판의 병리는 대개 압박력에 대하여 관절의 삼출과 통증을 가져온다. 이런 증상은 ITBFS와 관련이 없다.

신근 기전 기능장애의 예방과 치료법

신근 기전 기능장애와 관련이 있을 수 있는 조직 병리는 여러 가지가 있겠지만, 치료법은 그러한 조직 병리에 이르게 한 손상의 해결에 초점을 맞추어야 한다. 치료는 약물치료와 물리치료, 행동 변경 등을 통한 염증 관리로 시작한다. 신근 기전 기능장애가 있는 다이빙 선수의 활동 변경은 지상 훈련량을 줄이는 데 초점을 두어야 한다. 상지 손상과 달리, 다이빙에서 무릎 손상은 대개 지상 훈련 때문에 생긴다. 지상 훈련 변경이 잘 되지 않으면, 다이빙 선수는 연습할 때 다이빙 회수를 줄여도 된다. 신근 기전 기능장애로 인해 선수가 연습을 완전히 중단해야 하는 경우는 심한 경우이다.

다이빙 선수는 슬건과 장경인대, 대퇴사두근, 비복근-가지미근 근육군의 유연성을 강조해야 한다. 사두근, 특히 VMO의 근력 유지는 이런 무릎 손상을 예방하거나 치료하는 데 중요한 요인이다. 많은 연구들이 무릎의 신근 기전 기능장애가 있는 환자에게 효과적인 VMO 훈련 방법을 분석했다.[38~40] VMO의 강화는 하나의 운동으로는 어렵지만, 대부분의 연구는 VMO 기능이 슬개골과 대퇴골의 관절과 무릎 전체의 안정 기능에 결정적이라는 결론을 내렸다. 내전된 발과 같은 생체역학적 요인이 무릎 증상의 원인이 된다면, 재활 프로그램에 운동 조절 프로그램이 포함되어야 한다. 운동 조절 훈련은 다이빙 선수가 다이빙 보드나 고정 다이빙대에서 뛰어내릴 때 내반 각도를 조절하는 법을 익히는 데 도움이 될 수 있다. 슬개골과 대퇴골에 테이핑을 해주는 것도 다이빙 선수가 통증

없이 훈련하고 연습할 수 있게 함으로써 증상을 조절할 수 있는 한 가지 방법이다.

발목

발목 손상의 진단

염좌 : 다이빙 선수는 다이빙 보드나 고정 다이빙대에서 발목 염좌 손상을 입을 수 있지만, 이런 손상은 지상 훈련 과정에 더 많이 일어난다. 다이빙 선수는 지상에서 '포트오피트(port-o-pit)'라는 폼 쿠션 위로 뛰어내리는 기술을 연습한다. 이 쿠션의 표면은 높은 곳에서 뛰어내릴 때 발생하는 충격력을 감소시키도록 고안되었다. 하지만, 다이빙 선수들은 신발을 신지 않으며 착지할 때 신발을 분실할 수도 있는데, 이 때문에 발목 염좌가 발생할 수 있다.

발목 염좌를 입은 다이빙 선수는 대개 측부인대나 내측인대 위로 부종이나 반상출혈을 보인다. 외번이나 내번 손상을 당한 동안 발이 지나치게 발바닥 쪽으로 굽혀지면, 측부인대나 삼각인대 외에 전방 경비인대가 손상과 관련되어 있을 수 있다. 이런 손상을 입은 선수는 대개 전방견인 검사에 지나치게 병진한다. 발등 쪽으로 굽혀진 발에 내번 또는 외번 손상을 입고 있는 다이빙 선수 역시 골간인대(interosseous ligament)가 관련되어 있을 수 있다. 이 손상을 입은 선수는 대개 다리의 아래 1/3부분까지 방사통이 나타난다.

아킬레스건 건염 : 아킬레스건염은 다이빙 보드나 고정 다이빙대에서 출발하는 동안 종아리 근육 조직에 가해지는 높은 요구 때문에 발생할 수 있는 또 다른 과사용 손상이다. 신발의 충격 흡수 기전 없이 되풀이되는 구심-원심 수축과 반복적인 내전이 급성 염증으로 이어질 수 있다.[42] 아킬레스건염 증세가 있는 다이빙 선수는 걸음걸이에서 발을 떼는 단계나 점프하는 동안에 아킬레스건에 통증이 있다고 말한다. 아킬레스건을 촉진하면 민감한 반응을 보이고 건이 약간 두꺼워진 것을 알 수 있다.

제5중족골 골절 : 다이빙 선수는 다이빙 보드나 고정 다이빙대에서 출발할 때 앞발에 대단한 스트레스를 받는다. 허들 후에 발목의 편심 하중 부가가 일어나고, 이어서 이것은 출발에 필요한 구심 수축으로 빠르게 변화한다. 이 동작을 하는 동안 체중이 발의 외측면을 따라 중족골(metatarsal) 위로 분산되지만, 맨발일 때는 지탱물이 없다. 다이빙 선수가 부정확하게 착지할 경우, 제5중족골이 골절될 수 있다. 오랜 시간 동안 되풀이되는 스트레스 역시 제5중족골의 스트레스 골절을 초래할 수 있다.

후경골근의 건염(경부목) : 다이빙 선수는 대부분의 훈련을 맨발로 하기 때문에, 발에 원심 하중이 가해지는 동안 아치의 지탱물이 없다. 이렇게 가해지는 하중의 요구에 대처하기 위하여, 후경골근(tibialis posterior)이 수축하여 종아치(longitudinal arch)의 붕괴를 막는다.[43] 후경골근이나 가자미근(soleus)의 과사용은 때로 '내측 경부목(medial shin splint)'이라고 불리는 건염으로 이어질 수 있다. 후경골근의 건염 증세가 있는 다이빙 선수는 저항 내번에 통증이 있을 수도 있고 건이나 정강이뼈의 안쪽 면 근처 근복부를 촉진할 때 민감한 반응을 보일 수도 있다.

발목 손상의 예방과 치료법

경부목이나 아킬레스건염과 같은 과사용 손상을 예방하고 치료하기 위하여 반드시 피해야 할 것이 과훈련이다. 만약 이런 과사용 손상이 발병하면, 첫 번째 치료법은 활동 변경이다. 과거에 발목 손상을 당한 적이 있는 다이빙 선수라면, 내번과 외번을 막기 위하여 발목에 테이프를 감는 것이 앞으로 있을 지도 모르는 손상을 예방할 수 있다. 발목에 테이프 감기가 정규 훈련에서 이용될 수는 있지만, 테이프 때문에 선수의 자격에 손상이 생긴다면 사용하지 말아야 한다. 지상 훈련에서는 예방 차원에서 발목에 테이핑을 하는 것이 더 흔한 일이다. 테이핑은 손상의 보조 치료법으로서 이용될 수도 있다. 발목 염좌나 아킬레스건염, 정강이 부목 등의 증세가 있는 선수에게 여러 가지 방법으로 테이프를 감을 수 있다.[45]

다이빙 선수의 발목 염좌 치료법은 다른 종목 선수의 발목 염좌 치료법과 크게 다르지 않다. 항염제 물리치료 약물 치료, 발목 근력 회복, ROM 회복, 고유수용성 회복을 통하여 통증과 붓기를 가라앉히는 전통적인 치료법이 재활 프로그램에 통합되어야 한다. 게다가, 선수가 점프 활동에 안전하게 복귀할 수 있도록 재활은 플라이오매트릭 체력과 고유수용성 회복에 초점을 맞추어야 한다. (추가 재활 전략에 대해서는 제9장을 보시오.)

스포츠로의 복귀

많은 임상가들이 손상 해결에 초점을 맞추는 재활의 1차 목표를 잘 알고 있다.[46] 근골격 손상 대부분의 재활은 통증, 붓기, ROM 감퇴, 관절의 운동성 감퇴, 근육의 수행력 감퇴, 운동 조절 감퇴 등 한 가지 이상의 손상을 회복시키거나 해결해야 가능하다. 하지만, 임상가들은 환자를 이전의 기능 활동 상태로 복귀시키기 위한 구체적인 계획을 갖고 있어야 한다. 이 목표를 달성하려면, 임상학자는 안전한 진행을 판단하기 위하여 해당 스포츠의 생체역학과 훈련 방법에 정통해야 한다.

상지에 손상을 당하거나 수술을 받은 다이빙 선수는 손상이 해결되는 대로 훈련에 복귀할 수 있다. 스포팅 벨트를 착용하고 하는 지상 훈련을 통해 다이빙 선수는 상지에 최소한의 힘을 가하는 다이빙의 기전을 행할 수 있다. 다이빙 선수가 풀에 복귀할 준비가 되면, 1m 스프링보드나 고정 다이빙대에서 훈련을 시작한다. 이렇게 낮은 높이에서, 다이빙 선수는 발 먼저 입수하는 다이빙을 연습할 수 있다. 어떤 증상 없이 몇 차례 연습한 후에는, 정식 입수로 하는 간단한 앞으로 뛰기로 진행할 수 있다. 이러한 진행 속도는 손상의 정도나 받은 수술의 종류에 따라 결정된다. 확신이 들고 증상을 점검하면서, 다이빙의 난이도를 높인다. 손상의 재발이나 악화를 방지하기 위하여, 초기 훈련 세션에서는 억지로 조절하여 다이빙을 하는 것을 시도해서는 안 된다는 지시를 선수에게 내려야 한다.

몇 주 동안 증상 없이 1m 스프링보드에서 훈련한 후, 선수는 3m 스프링보드로 올라간다. 이 높이에서 입수하는 동안 상지에 가해지는 힘은 1m 스프링보드보다 상당히 크다. 처음에, 선수는 이 높이에서 물에 부딪히는 물의 힘이 손상을 악화시키기 않도록 발 먼저 입수하는 다이빙을 시도해야 한다. 그 방법에 익숙해진 후에는, 쉬운 다이빙부터 시작한다. 10m 고정 다이빙대로 복귀하기 전에, 다이빙 선수는 가능하다면 5m와 7m 고정 다이빙대에서 위와 비슷한 진행을 거쳐야 한다.

참고문헌

1. O' Brien R: Diving for Gold. Champaign, IL: Leisure Press, 1992.
2. Brown JG, Abraham LD, Bertin JJ: Descriptive analysis of the rip entry in competitive diving. Res Q 55:93–102, 1984.
3. US Diving, Inc: 1998 and 1999 Official Rules of Diving and Code of Regulations. Indianapolis, IN: US Diving, Inc, 1998.
4. Kimball RJ, Carter RL, Schneider RC: Competitive diving injuries, in Schneider RC, Ken

nedy JC, Plant ML (eds): Sports Injuries: Me chanisms, Prevention, and Treatment. Baltim ore: Williams and Wilkins, 1985, p 192.

5. Christina RW, Davis G: Principles of teachin g skill progressions, in Gabriel J (ed): United States Diving Safety Manual. Indianapolis, I N: US Diving, Inc, 1990, p 89.

6. Stevenson JM: The impact force of entry in d iving from a 10-meter tower. Biomechanics 9 B:106, 1993.

7. Gater D, Rubin B: Strength and conditioning programs for sports of the Olympic Games. N atl Strength Condit Assoc J 10(4):7–25, 199 8.

8. Brown M: Physical readiness, in Gabriel J (e d): United States Diving Safety Manual. Indi anapolis, IN: US Diving, Inc, 1999, pp 127– 136.

9. Sale DG, Norman RW: Testing strength and power, in MacDougall JD, et al (eds): Physio logical Testing of the Elite Athlete. Ithaca, N Y: Movement Publications, 1982, pp 7–38.

10. Mangine R: Preventative exercises for the b ack in the competitive diver, in Golden D (e d): Proceedings of the US Diving Sports Sci ence Seminar. Indianapolis, IN: US Diving, I nc, 1982, pp 91–99.

11. Sands WA: Performer readiness, in George G S (ed): USGF Gymnastics Safety Manual, 2d ed. Indianapolis, IN: The USGF Publications Department, 1990.

12. Flewwelling H: Sparging systems, in Gabrie l J (ed): United States Diving Safety Manual. Indianapolis, IN: US Diving, Inc,1990, p 57.

13. Panjabi M, Dvorak J, Crisco JJ, et al: Effec ts of alar ligament transection on upper cervi cal spine rotation. J Orthop Res 9:584–593, 1 991.

14. Dvorak J, SchneiderE, Saldinger P, Rahn B: Biomechanics of the craniocervical region: T he alar and transverse ligaments. J Orthop R

es 6:452–456, 1988.

15. Butler DS: Mobilisation of the Nervous Sys tem. Melbourne: Churchill-Livingstone, 1991.

16. Anderson SL, Gerard B, Zlatkin M: Cervica l spine problems in competitive divers, in Pr oceedings of the US Diving Sports Science S eminar. Indianapolis, IN: US Diving, Inc, 19 93, p 144.

17. Cloward RB: Cervical discography: A contri bution to the etiology and mechanism of nec k, shoulder, and arm pain. Ann Surg 150: 10 52–1064, 1959.

18. Maitland GD: Vertebral Manipulation, 5th e d. Sydney: Butterworths, 1986.

19. Carter RL: Prevention of springboard and pl atform diving injuries. Clin Sports Med 5:18 5, 1986.

20. Jobe CM, Pink MM, Jobe FW, et al: Anteri or shoulder instability, impingement, and rota tor cuff tear, in Jobe FW (ed): Operative Tec hniques in Upper Extremity Sports Injuries. S t. Louis: Mosby–Year Book, 1996.

21. Hawkins RJ, Hobeika PE: Physical examinat ion of the shoulder. Orthopedics 6:1270–127 8, 1983.

22. Tibone JE, Jobe FW, Kerlan RK, et al: Sho ulder impingement syndrome in athletes treat ed by an anterior acromioplasty. Clin Orthop 198:134–140, 1985.

23. Neer CS II: Anterior acromioplasty for the c hronic impingement syndrome of the shoulde r: A preliminary report. J Bone Joint Surg 54 A:41–50, 1972.

24. Neer CS II: Impingement lesions. Clin Orth op 173:70–77, 1983.

25. Matsen FW, Arntz CT: Subacromial impinge ment, in Rockwood CA, Matsen FA (eds): T he Shoulder. Philadelphia: Saunders, 1990.

26. Morrison DS, Bigliani LU: The clinical sign ificance of variations in acromial morpholog y. Orthop Trans 11:234, 1987.

27. Vaz S, Soyer J, Pries P, et al: Subacromial i mpingement influence of cora coacromial arc h geometry on shoulder function. Joint, Bon e, Spine: Revue du Rhumatisme 67(4): 305–309, 2000.

28. Mudge MK, Wood VE, Frykman GK: Rotat or cuff tears associated with os acromiale. J Bone Joint Surg 66A:427–429, 1984.

29. Neer CS II: The relationship between the un fused acromial epiphysis and subacromial im pingement lesions. Orthop Trans 7:138, 1983.

30. Neer CS II: Anterior acromioplasty for the c hronic impingement syndrome of the shoulde r: A preliminary report. J Bone Joint Surg 54 A:41–50, 1972.

31. Le Viet DT, Lantieri LA, Loy SM: Wrist an d hand injuries in platform diving. J Hand S urg 18:176, 1993.

32. Delitto A, Erhard RE, Bowling RW: A treat ment classification approach to low back syn drome: Identifying and staging patients for c onservative treatment. Phys Ther 75:470–485, 1995.

33. Puniello MS: Illiotibial band tightness and m edial patellar glide in patients with patellofe moral dysfunction. J Orthop Sports Phys The r 17:144–148, 1993.

34. Desio SM, Burks RT, Bachus KN: Soft tissu e restraints to lateral patellar translation in th e human knee. Am J Sports Med 26:59–65, 1998.

35. Souza DR, Gross MT: Comparison of vastus medialis obliquus: Vastus lateralis muscle int egrated electromyographic ratios between hea lthy subjects and patients with patellofemoral pain. Phys Ther 71:310–320, 1991.

36. Boucher JP, King MA, Lefebvre R, Pepin A: Quadriceps femoris muscle activity in patello femoral pain syndrome. Am J Sports Med 2 0:527–532, 1992.

37. Gose JC, Schweizer P: Illiotibial band tightn ess. J Orthop Sports Phys Ther 11:399–407, 1989.

38. Mirzabeigi E, Jordan C, Gronley JK, et al: I solation of the vastus medialis oblique muscl e during exercise. Am J Sports Med 27:50–5 9, 1999.

39. Laprade J, Culham E, Brouwer B: Comparis on of five isometric exercises in the recruitm ent of the vastus medialis oblique in persons with and without patellofemoral pain syndro me. J Orthop Sports Phys Ther 27: 197–204, 1998.

40. Salzman A, Torburn L, Perry J: Contributio n of rectus femoris and vasti to knee extensi on. Clin Orthop 290:236–243, 1993.

41. Gilleard W, McConnell J, Parsons D: The e ffect of patellar taping on the onset of vastus medialis obliques and vastus lateralis muscle activity in persons with patellofemoral pain. P hys Ther 78:25–32, 1998.

42. Reynolds NL, Worrell TW: Chronic achilles peritendinitis: Etiology, pathophysiology, and treatment. J Orthop Sport Phys Ther 13: 171 –176, 1991.

43. Root ML, Orien WP, Weed JH: Normal and Abnormal Function of the Foot, vol 2. Los A ngeles: Clinical Biomechanics, 1977, pp 151 –152.

44. Cibulka MT, Sinacore DR, Mueller MJ: Shi n splints and forefoot contact running: A cas e report. J Orthop Sports Phys Ther 20:98–1 02, 1994.

45. Arnheim DD: Modern Principles of Athletic Training. St. Louis: Mosby, 1985.

46. Guide to physical therapy practice: I. Descri ption of patient/client management; II. Prefer red practice patterns (2nd ed.). Phys Ther 81 (1): 1–768, 2001.

CHAPTER 7

골 프

Paul R. Geisler

골프의 역사

많은 현대의 골퍼들에게, 스코틀랜드의 세인트 앤드류스는 골프의 탄생지이자 골프경기의 고향으로 알려져 있다. 그러나 역사가들은 15세기 전 유럽의 다른 지역에서의 경기를 골프의 기원으로 삼고 있다. 그 당시에 '페가니카'라고 불리는 이와 유사한 스틱과 공 경기가 네덜란드와 프랑스에서 열렸었다.

다른 역사적인 기록을 보면 대학생들이 스코틀랜드, 피페에 있는 세인트 앤드류스에서 1415년에 벌써 이런 사교적인 경기를 즐겼다고 되어 있다. 기원은 차치하고, 이 경기는 15세기 초 스코틀랜드에서 대중적이 되어 스코틀랜드인이 참여하고 심취하게 된 결과 현재의 모양, 구조 그리고 규율의 많은 부분을 형성하였다. 그 때에 골프는 왕, 여왕 그리고 귀족을 위한 경기가 대부분이었으므로 "왕족의 전통적 경기"라고 부르는 것이 더 자연스러웠다.[25]

골프는 1600년대 되어서야 비로소 미국에서 대중화되기 시작하였으며 기록상으로 첫 번째 코스는 1888년에 이르러 뉴욕의 양커즈에서 만들어졌다. 당연히 그것은 세인트 앤드류스 클럽이라고 명명하였으며 최초에는 크루드 3-홀 레이아웃으로 구성되었다. 경기가 대중들에게 인기를 얻고 모든 사람을 위한 경기로 자리잡아감에 따라 1900년쯤에 1000개 이상의 코스가 세워졌으며 각 주는 적어도 한 개의 골프 코스를 갖고 있게 되었다.[25] 오늘날 미국은 거의 17000개의 골프코스를 가지고 있으며 2억6천5백만 명의 골퍼라는 경기인구를 자랑한다.

오늘날의 경기의 엄청난 대중성에 대해 독자들이 인식하도록 하기 위해 다음의 사항을 살펴보도록 하라 : (1) 503개의 골프 코스 건설 프로젝트가 1999년에 완성되었다, (2) 1998년에 골퍼들은 골프 관련 상품과 서비스에 300억 달러 이상을 썼다, (3) 골퍼들의 60%가 부분적으로 눈이 덮인 곳에서 골프를 친다고 말했다.[20]

언뜻 보면 골프는 단지 게임이며 높은 신체적인 기술과 운동능력을 필요로 하지 않는 스포츠인 것으로 보인다. 그러나 이 경기에 열성적으로 참여하는 사람들은 골프가 특별한 운동능력을 필요로 하는 스포츠라는 것을 입증해 줄 것이다.

전통적으로 체력, 민첩성, 근육의 공동작용 그리고 지구력과 같은 다른 운동경기에서 필요한 특성들이 통증이 없는 고도의 수행능력을 발휘하는 골프경기에도 필요하다. 이런 운동요소들의 각각은 효과적이고 정확한 골프 스윙을 하기 위해 세심한 부분에 관심을 기울이고 지속적인 반복이 필요한 복합동작들로 짜여 있다. 이 장의 다음 단락들에서 알 수 있듯이, 골프경기는 상당한 근골격상의 염좌와 손상의 원인이 될 수 있다.

장비 고려사항

골퍼는 전형적으로 신체적인 조건과 경력에 따라 자신의 경기를 방해하거나 도울수 있는 두 가지의 특별한 형태의 장비인 클럽과 슈즈를 사용하게 된다. 오늘날 골프 클럽은 다양한 사이즈, 모양, 스타일 그리고 중량으로 나오고 있다. 클럽 각각의 차이점과 개인 골퍼에게 맞도록 각 클럽이 어떻게 주문 제작되고 개별화되는지에 대해서 논의한다는 것은 이 책의 영역을 넘어서는 일이다. 그러나 의사들이 환자의 건강에 대해 장비의 잠재적인 관련사항들을 고려할 때 인식해야 하는 몇 가지 일반적인 권장사항들이 있다.

골프 샤프트

골프장비에서의 최근의 기술적 진보의 한 가지는 그래파이트, 티타늄 그리고 다른 폴리머 섬유(space age)로 골프 샤프트를 만드는 효과적인 능력이다. 한 때 강철로만 만들었던 골프 샤프트는 손과 클럽페이스를 통해 몸에 의해 만들어진 에너지를 골프공으로 전달시키는 역할을 한다. 대체물질로 만들어진 현대의 샤프트는 더 가볍고 더 유연하며 강철보다 더 많은 진동력을 흡수할 수 있다. 더 가벼운 샤프트 또한 풀샷에서 클럽헤드의 속도가 더 커지고 더 먼 거리로 공을 보내기를 바라는 사람들에게 유익하다.

몇몇 회사들은 상체로 전달되는 스트레스를 최소화하기 위해 샤프트 속에 박아지는 진동-완충 장치를 가지고 샤프트를 마케팅하고 있다. 퇴행성관절염과 다른 팔의 병변을 갖고 있는 골퍼들은 그래파이트, 티타늄 그리고 다른 힘-완충적인 샤프트를 사용함으로서 관절에 가해지는 스트레스를 줄일 수 있다. 일반 골퍼는 아마도 자신의 골프 스윙 역학과 훈련 습관을 살펴보지 않는다면 그래파이트 새프트로 골프를

하는 것이 팔에 전달되는 진동의 양과 힘이 많이 감소하였음을 알아차리지 못할 것이다.

많은 골퍼들은(전형적으로 더 상위의 핸디커퍼들) 지면에서 골프공을 칠 때 디벗(잔디조각)을 많이 취하는 경우가 많다. 지면에서 공을 칠 때 디벗을 많이 취하는 것은 일반적으로 '커밍 오버 더 탑(coming over the top)' 이라고 불리는 중요한 스윙상의 헛점을 대표하는 것으로 다운스윙 면이 너무 경사가 심하거나 수직적이라는 것을 의미한다. 이런 타입의 스윙 패턴은 오른손잡이의 경우 공이 급격하게 왼쪽에서 오른쪽으로 이동하게 되는 익숙한 슬라이스 볼 패턴을 만들어낸다.

이 개념에 대한 더 상세한 사항들은 다음 단락에서 다룰 것이다. 크고, 깊은 디벗은 일반적으로 공쪽으로 클럽의 공격면이 너무 경사가 심하고 각도가 급한 결과이다(적절한 스윙 평면과 볼-스트라이크 요소를 향상시킨 결과 더 가늘고 더 작은 디벗을 취하는 더 숙련된 고퍼와 대조적이다). 이런 큰 디벗을 취하는 것("폭 찹"과 유사한)은 양손에 직접적으로 전달되는 힘의 양을 증가시켜 하이-테크의 골프 샤프트가 가지고 있는 모든 완충 영향을 무효화하게 된다. 마지막으로 더 가볍고 더 유연한 샤프트가 훨씬 더 비싸며 강철로 된 샤프트가 하는 것만큼 일관성 있게 동작을 수행하지 않는다는 사실을 인식하는 것이 중요하다(숙련된 기술자가 선호하는 좋은 샤프트의 특성은 많은 그래파이트 샤프트들 사이에서 더 다양해진다).

많은 사람들이 선택하기 위한 골프 장비의 또 다른 측면은 골프 샤프트의 길이이다. 현재 판매시장에서 구매할 수 있는 많은 긴 퍼터들이 말해주듯이 긴 샤프트의 퍼터를 사용하는 것은 오늘날 꽤 일반적인 사실이다. 퍼팅하는 동안 요추에 가해지는 스트레스를 경감시키기 위한 노력의 하나로 긴 샤프트의 퍼터를 사용하는 많은 성공적인 골퍼들을 전문 투어(특히 시

니어 PGA 투어)에서 볼 수 있다. 퍼팅과 칩핑 기술을 행할 때 요추의 불편이 증가하는 것을 골퍼들이 흔히 겪는 일이다. 전형적으로 그런 불편은 전방으로 몸을 구부리고 다소 회전시킨 자세를 지속하게 되는 시간이 길어지기 때문이다. 긴 샤프트의 퍼터는 자세상의 결함이 많거나 요추 병면을 가지고 있는 골퍼들이 심각하게 고려하여 선택하는 것이지만 퍼트를 하기 위해 필요한 퍼팅 스트로크와 관절동역학은 그런 급진적인 변화와 결합하게 되면 상당히 변하게 된다는 것을 인식해야 한다.

드라이빙 클럽과 스트라이킹 클럽(우드와 아이언)의 길이 또한 개개의 골퍼에게 잘 맞추어야 한다. 골퍼들이 클럽을 특별 주문하여 맞추는 것이 일반적인 경향이 되었다. 6피트이상의 신전을 가진 골퍼들은 신전의 증가정도를 조절하기 위해 클럽의 길이를 늘려야 한다. 비록 이것은 좋은 의도로 행해지는 것이지만 체격에 대한 간단한 분석은 비록 더 큰 힘과 스피드를 발생시킬 수 있다 해도 레버(여기서 사람의 신체)가 길수록 이동하기 위해 더 많은 근력과 통제가 필요하다는 것을 보여 준다.

골프 슈즈

전문의가 고려해야 할 장비조정의 마지막 요소는 골프 슈즈이다. 특히 슈즈에 사용되는 스파이크의 형태를 다룰 필요가 있다. 금속 스파이크가 있는 신발은 지면과 골퍼사이에 더 많은 마찰과 회전효과를 만들어 내도록 고안되어 있다. 결과적으로 그것들은 또한 골퍼의 무릎과 힙 관절에 더 많은 회전효과를 만들어낼 수 있다. 그러므로 관절의 불안정, 손상, 통증 그리고 무릎과 힙 관절의 퇴행적 조건을 갖고 있는 골퍼들은 부드러운 스파이크 슈즈와 스파이크가 없는 주형된 신발밑창을 갖고 있는 새로운 '스니커' 타입의 골프 신발을 신어보아야 한다.

골프 스윙의 생체역학

이 단락의 목적은 높은 수행능력 단계에서 골프 클럽을 스윙하기 위해 필요한 전략을 수행하는 동안 신체가 어떻게 동작하고 반응할 필요가 있는가를 이해하기 위해 완전한 골프 스윙의 일반적인 생체역학을 기술하는 것이다. 실제로 이런 개념들을 실행하는 것을 배우고 골프경기를 실제로 수행하는 것을 배우는 것이 이 단락의 목적이 아니다. 전문가를 가르치는 자격 있고 숙련된 남성 골퍼 협회(PGA)나 여성 골퍼 협회(LPGA)의 도움을 받아 특정한 스윙-기술의 개발과 경기하는 다른 측면에 대해 더 상세화 하고 명확하게 하고자 하였다. 더 숙련된 골퍼의 적절한 골프 역학과 기술이 부족한 골퍼에게서 나타나는 더 일반적인 스윙상의 오류들을 구분하려고 하였다. 풀 스윙에 대해 언급한 모든 내용들은 오른손잡이 골퍼의 동작을 바탕으로 하였다. 손상, 수행, 재활, 훈련에 대한 실제적인 내용들은 다음의 문단 내에서 개요하고 있는 역학에 따라 더 많이 다루어질 것이다.

골프 스윙의 운동역학

운동역학자들은 골프공을 치는 동작을 볼링이나 소프트 볼 피칭과 같은 전통적인 언더암 패턴과 다른 약간 역전된 언더암 패턴으로 분류하였다. 이런 분류는 백스윙의 정점에서 어깨높이 또는 그 위의 수평자세로부터 임팩트에 몸통과 평행이 되는 자세까지 왼팔을 이동시키는 것에 바탕을 둔다. 골프 스윙은 원래 다운스윙을 하는 동안 왼팔이 주요한 힘의 원인이 되는 것으로 느껴지기 때문에 역전된 언더암 패턴이라고 명명하였다(오른손잡이 골퍼의 경우). 우리는 골프스윙이 전통적인 언더암 패턴으로부터 다양화되었다는 것을 알고 있다. 최근의 근전도 연구를 보면 두 팔은 전체스윙을 하는 동안 활동적이며 다운스윙을 하는 동안 클럽헤드의 스피드를 높이는데 상당히 기여한다는 것을 알 수 있다.[4,12]

모델 스윙은 공에 힘을 주기 위해 두 개의 레버와 한 개의 경첩이 모멘트 암과 함께 한 개의 회전 고정 중심을 갖는 것으로 설명된다. 이 중심은 실제로 흉골의 가운데에 놓이며 선수의 중력의 역동적인 중심이 된다. 스윙의 중심은 골퍼의 고정 중심이 되며 그 주위를 모멘트 암이 특정 면에서 회전하게 된다. 이 체계는 중추 그리고 자전거나 마차 바퀴의 살과 같이 작용한다. 이 중추와 그것의 한 요소인 움직이는 부분이 하는 역할이 풀 스윙의 성공에 결정적으로 중요하다. 골프 샷을 정확하고 효율적으로 하기 위해 골퍼는 전체 골프 스윙을 하는 동안 지지기반 내에서 중심중추를 유지해야 한다.[4] 이 개념을 더 이해하기 위해, 마치 그것이 바퀴와 따로 떨어져 있는 것처럼 중심축도 제멋대로 지속적으로 움직이면서 높은 스피드로 이동하는 마차 바퀴를 가시화해보라. 두 개의 제멋대로 움직이는 부분들에 대한 이런 모형은 안정적인 회전 한계를 만들어내는데 필요한 단단하고 안정적인 기반을 없애주게 된다.

아마도 더 적절한 비유는 역동적인 견갑 안정성과 상완관절 동작, 정확성, 기능 사이에 존재하는 관계이다. 복잡한 오버헤드 동작을 하는 동안 리듬, 동작 그리고 안정성의 적절한 균형을 갖게 되는 견흉관절은 상완관절이 효과적이고 최소한의 스트레스로 이동할 수 있게 한다. 안정적인 중추를 갖는 골퍼는 두 팔로 정확하고, 강력하고, 효과적인 골프 스윙을 실행할 수 있는 더 좋은 기회를 갖게 된다.

숙련된 골프 스윙은 마차 바퀴, 야구공의 투수나 타자 그리고 세계일류의 테니스 선수가 적절히 동작을 수행하는데 필요한 것과 똑같은 안정성, 균형 그리고 협력을 필요로 한다. 운동선수의 중추는 중심을 잘 잡아 레버가 되는 팔이

보상 동작을 최소화하고 신체적인 스트레스 없이 적절하게 자리를 잡을 수 있게 해야 한다. 중추의 불필요한 측면 동작은 연이은 동작의 타이밍과 관절 동작의 요구정도를 변화시키게 된다. 이것은 동역학적 연쇄동작의 원위부인 팔과 두 손에 가해지는 요구정도를 증가시키는 결과를 낳는다.

완벽한 모형의 골프 스윙의 두 번째 기본 개념은 모멘트 암으로 행하는 2-레버 동작(그림 7.1)이다. 오른손잡이 골퍼의 경우 왼팔이 모멘트 암의 상위 레버를 형성하고 클럽 샤프트가 하위레버를 형성한다. 손목관절은 두 개의 레버의 동작을 통제하는 경첩의 역할을 하게 된다. 손목이 충돌 시에 앞서 풀어지게 되면 클

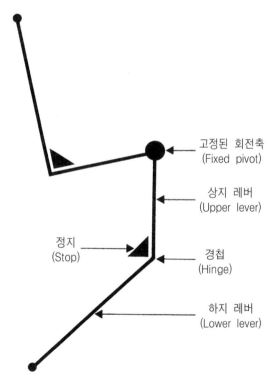

그림 7.1 2개의 레버, 한 개의 경첩 시스템(Cohran과 Stobbs). 상지와 골프 클럽 샤프트가 레버를 구성하고 손목이 경첩으로 작용한다.

럽은 셋업 시에 원래 자세로 접근하게 되고 지면에서부터 리드하는 팔의 상완관절까지 하나의 쭉 뻗은 레버 암을 만들게 된다. 이 동작은 결과적으로 충돌 시에 '최종 모멘트 암'이라고 알려진 자세를 가져오게 된다. 다운스윙을 하는 동안, 왼팔은 클럽의 평면을 가리키게 되고 오른팔은 이 프리세트 패턴을 따라 다운스윙에 실제적인 힘을 제공하게 된다고 할 수 있다. 이 두 가지 원리의 협력과 성공적인 유용화가 많은 고도의 숙련된 선수들의 특징이며 많은 교습 전문가의 초석이 되는 기본사항이다. 덜 성공적인 많은 골퍼들은 그들의 스윙에 이런 역학적인 원리를 사용하는데 실패하게 되고 상당한 파워, 정확성 그리고 반복능력을 잃게 되는 결과를 낳는다.

골프 풀스윙의 단계

골프 풀스윙은 셋업(또는 어드레스), 백스윙, 다운스윙 그리고 팔로우–스루와 같은 네 가지 주요 단계로 나누어질 수 있다.[4] 다음의 생체역학적인 분석은 오른손잡이 골퍼를 모델로 삼아 행하였고 반면에 골퍼의 오른쪽은 백사이드라고 부르고 왼쪽은 리드사이드라고 부른다.

그립

비록 골프그립의 많은 복잡한 사항들에 대해 깊이 파고들어가는 것이 이 책의 영역을 넘어서는 일이라 할지라도, 스윙의 중요성으로 인해 라이브 스윙을 하는 동안 손과 손목동작을 독자가 이해할 수 있도록 하기 위한 몇 가지 조사를 할 필요가 있다. 셋업 단계 동안에 적절한 그립을 만들어야 하며 비록 골프 클럽을 잡는 "적절한"방법에 대한 많은 연구가 있다 하더라도, 전통적인 "바턴(Vardon) 그립(또는 오버랩)"이 프로골퍼들 중에서 가장 대중적이고 효과적인 그립이다(그림 7.2). 인터락 그립과 베이스볼 그립이 다른 일반적인 골프그립이 된다.

그림 7.2 전통적인 바턴(Vardon) 그립 혹은 오버랩 그립으로 대부분의 프로골퍼들이 채택하고 있다.

사용한 그립의 형태에 덧붙여, 그립시의 손의 회전 자세에 따라 '중간, 강한 또는 약한 그립'으로 구분된다. 일반적으로 성취도가 높은 선수는 백사이드의 손을 비교적 중립으로 유지하면서 리드하는 손을 중립이나 강력한 그립 자세로 회전하게 되며 반면에 덜 숙련된 선수는 일반적으로 클럽위에 손을 놓을 때 강력한 그립 자세로 두 손을 회전시키게 된다.

오른손잡이 골퍼가 그립 시에 두 손을 내려다볼 때, 강한 그립은 왼손의 배굴곡면을 더 많이 보여 주면서 두 손을 더 시계방향으로 회전시키게 되는 그립이다. 이 그립은 다운스윙을 하고 충돌단계 동안 두 손을 풀어주는 능력을 증가시켜 미스트(mishit) 샷과 오프 라인 샷을 위한 기회가 더 많아질 뿐만 아니라 스피드를 더 높이게 되기 때문에 강력한 것으로 간주하는 것이다. Freddy Couples, John Daly 그리고 Paul Azinger가 매우 강력한 그립을 사용하는 더 유명 프로골퍼들 중의 하나이다. 대조적으로 약한 그립은 오늘 손의 배굴곡면이 더 많이 보이도록 하기 위해 두 손을 더 시계반대방향으로 회전시키게 된다. 약한 그립은 스윙을 담당하지만 약간 더 클럽 페이스를 통제할 수 있게 하는 손의 스피드의 정도를 줄이게 된다. Nick Faldo와 Curtis Strange가 아마도 알맞게 약한 그립을 갖는 대중적인 선수들의 좋은 예가 된다.

중간 그립은 주관적으로 중간쯤에 놓이게 되며 대부분의 세계일류의 선수들이 이와 같은 다소 불명료한 범주에 해당한다.

선택한 그립의 타입에 관계없이 효과적이고 기능적인 골프 그립을 형성하는 두 가지 명백한 특징이 있다. 스타일이나 개인적인 선택과는 상관없이 효과적인 골프 그립은 두 가지 기능을 수행하게 된다. (1) 골프 스윙을 하는 동안 클럽을 경첩식으로 움직이게 하거나 고정시키게 된다. (2) 스윙을 하는 동안 클럽 페이스의 각도를 조절한다. 그립의 경첩기능과 비경첩 기능이 주요한 신체적 역학인데 그것에 의해 클럽헤드의 스피드가 신체에서 클럽으로 전달되며 골프 스윙의 두 개의 레버 팔을 연결시키게 된다(앞서 나가는 팔과 클럽 샤프트). 그립의 클럽-페이스를 통제하는 측면은 골프 샷의 방향의 그리고 탄도학상의 질을 좌우하며 임팩트에 클럽 페이스의 각도에 따라 왼쪽, 직선, 오른쪽, 높게 또는 낮게 가지는 않는다.

클럽을 잡는 선택 방법이 효과적인 골프 그립이 되도록 하기 위해 최대한의 안정성과 충분한 가동성을 가져야 한다. 두 손, 손목, 클럽으로 과장된 경첩 동작을 행하는 것은 거의 가치가 없으며 결과적으로 실제적인 골프 스윙을 하는 동안 클럽과 클럽 페이스를 통제하지 못하게 된다. 마찬가지로 효율적인 경첩과 레버 시스템을 희생하면서 클럽의 통제를 최대한으로 하는 극도의 타이트한 그립은 비생산적이다. 이런 역학적인 그립상의 헛점이 초보와 중간 골퍼에 의해 행해지는 많은 일반적인 실수중의 두 가지 사항이다.

손, 손목 그리고 엄지손가락의 자연스런 구조와 운동성은 대부분의 골퍼들에게 가장 효과적인 그립을 가져다줄 수 있다. 특히, 골퍼의 앞서가는 손에서 일어날 수 있는 요측편위의 크기는 골퍼가 중립 혹은 강한 그립을 사용할 것인지를 지시하게 된다. 비공식적인 자료들은 성취도 높은 많은 선수들 중에서 요측편위가 10도 이하인 사람들이 강력한 왼손 그립을 더 선호하는 경향이 있으며 반면에 20도까지의 더 큰 각도를 갖는 사람들은 중립의 왼손 그립을 더 편안하게 느낀다는 것을 보여 준다. 개인적인 차원에서 훈련하며 이런 초보적인 개념을 이해하고 있는 골프 전문가들은 꽤 과학적인 시행착오 과정을 통해 각각의 개인 골퍼에게 알맞도록 기능적 골프 그립을 조정할 수 있다.

셋업 자세

셋업 단계(자세)는 골프 스윙에서 첫 번째로 그리고 가장 중요한 단계이다. 그것은 또한 골퍼의 훈련에서 가장 무시되는 부분이며 수행을 불충분하게 하는데 직접적으로 영향을 주어 신체적인 스트레스를 증가시키고 결국 손상을 낳게 되는 핵심이 된다. 정확도를 필요로 하는 다른 역동적인 스포츠 활동에서처럼 풀 골프 스윙을 실행하기 위한 최초의 출발 자세는 타겟과 골퍼를 적절히 일렬 배치하고 역동적이고 정적인 균형을 잡아 골퍼가 지속적인 골프 스윙을 하기 위한 생체역학적으로 견고하고 이로운 자세를 취하게 하는 것이다.

백스윙의 동작을 시작할 때, 이동하는 신체 부분의 질과 연속동작은 최초의 셋업자세에 의해 직접적으로 영향을 받게 된다. 만약 골퍼의 자세가 생체역학적으로 견고하고 균형 잡혀있다면 더 효율성을 높게 하여 적절하게 스윙동작을 실행할 수 있는 더 좋은 기회를 갖게 된다. 마찬가지로 만약 셋업 자세가 생체역학적으로 유익하지 않다면(다시 말해, 골퍼의 체중이 발꿈치에 놓이거나 경부나 요부 굴곡의 특징을 갖는 중립자세를 취한다면) 동작은 강제적이고 스트레스가 많아질 것이며 보상적 성질을 더 많이 갖게 될 것이다. 결과적으로 절충적인 셋업자세를 취하여 스윙동작을 시작하는 골퍼들이 손상의 기회뿐만 아니라 동작의 복잡성을 증가시키게 된다. 이런 원리에 대한 더 상세한 사항들은 백스윙과 다운스윙의 단락에서 다룰 것이다.

셋업 시에 체중을 분포시키는 것은 골퍼마다 그리고 골프지도자마다 달라지지만 과학적인 연구는 골퍼가 뒷발에 체중의 50에서 60%를 실어야 한다는 것을 보여 준다. 무릎은 약 20도에서 25도로 구부려야 하며 골퍼는 백스윙으로 회전하기 위한 적절한 자세를 잡게 하기 위해 몸통으로 두 개의 각을 형성하여 유지해야 한다. 첫 번째 각은 "1차 척추 각"이라고 불리는 전방 몸통 굴곡을 수행하기 위해 힙을 경첩으로 삼음으로써 만들어진다(그림 7.3 A). 힙 관절은 회전축으로서의 역할을 하며 반면에 중간몸통과 허벅지 라인은 이 각도를 형성하기

위한 레버 암으로서의 역할을 하게 된다. 골퍼가 1차 척추 각을 만들기 위해 힙 경첩을 사용하는데 실패하게 되면 척추에 가해지는 스트레스가 증가하게 되고 자유 회전은 감소하게 된다(그림. 7.3 B).

두 번째 "각"은 척추부분에서 오른쪽으로 측면 구부리기와 팔과 견갑골의 하향회전과 약간의 하강을 결합하여 만들어지며 이것을 2차 척추 각이라고 부른다(그림 7.4). 이 자세는 클럽 그립 위에 손을 놓는 필수적인 배치의 결과이며 이 방법으로 오른손이 왼손보다 아래에 놓이게 된다. 전문 골퍼를 고스피드로 비디오 분석함으로써 셋업 시에 1차 척추 각의 약 45도가 되며 반면에 2차 각은 16도로 나타난다.[21] 자연적으로 이 값들은 셋업을 하는 동안 각 개

그림 7.3 A. 1차 척추각은 셋업 단계에서 만들어진다. 이각은 백스윙 전체동안 유지되어야 한다. B. 1차 척추각을 만들기 위해 힙을 경첩 관절로 활용해야 하는데 그렇지 못한 경우 이 자세는 척추 부담을 증가시키고 자유스러운 운동을 제한한다.

그림 7.4 2차 척추 각은 셋업 단계에 이루어진다. 이각은 오른손이 왼손보다 더 아래로 내려가기 때문에 생긴다.

그림 7.5 한 지렛대처럼 백스윙이 이루어지는 방식이 거의 모든 프로 골퍼들에 의해 선택된다. 특히 팔과 몸통이 이루는 삼각형이 특징이다.

인 골퍼가 취하게 되는 전반적인 자세와 개별적인 자세 경향에 따라 달라지게 된다.

백스윙 단계

골프 스윙의 정확한 타이밍, 연속동작 그리고 운동역학적인 상세사항들이(다운스윙과 백스윙에서) 프로골퍼들과 과학자들 사이에서 많은 논쟁을 불러일으키는 근원이 되고 있다. 더 복잡하게도 정확한 근육 동원 패턴과 관절운동들에 대한 상세한 사항들을 다루고 있는 과학적인 연구는 거의 없다. 백스윙과 다운스윙에 대

한 이 다음 단락들은 독자에게 골프 풀스윙에 대한 생체역학과 동역학에 관해 존재하는 자료와 사고들에 대해 상세하게 요약하기 위한 것이다.

다른 스포츠에서의 동작과 마찬가지로(던지기, 차기 그리고 스트라이크하기) 백스윙 단계는 최소한의 노력으로 최대한의 운동역학적 에너지를 생산하도록 하기 위해 특정 신체 분절에서의 동작을 일으키게 된다. 백스윙의 목적은 3요소로 되어 있는데, 첫 번째는 숙련된 백스윙은 골퍼의 중추와 클럽의 헤드를 강력하고 정확한 다운스윙을 실행하기 위한 최적의 자세로 일렬 배치시키는 것이다.[4] 두 번째는 다운스윙의 운동역학적 사슬을 위한 최초의 기본 고리를 제공하고 힘의 작용원리를 종합하는 것이며 세 번째는 백스윙의 예비동작이 다운스윙을 실행하고 더 많은 잠재평균은 에너지와 운동에너지를 만들어내는 것에 관련된 근육요소와 관

절구조에 스트레치 하중을 부과하는 것이다.

백스윙 동작은 클럽과 골퍼의 두 손과 두 팔의 "일체형 테이크어웨이"로 시작해야 한다고 널리 알려져 있다. 셋업에서 두 팔과 가슴에 의한 삼각형은 일체형 테이크어웨이를 만들기 위해 백스윙의 처음 1피트에서 2피트를 통과하면서 이상적으로 유지되어야 한다(그림 7. 5). 적당한 원-피스 어웨이는 골퍼의 발가락을 지나는 선을 따라 팔과 손이 이동하게 되며 목표라인(타깃을 향해 공이 지나가게 되는 가상의 선)과 평행이 되는 능동적인 선형동작에 의해 시작된다. 실제로 흉추의 회전은 이 동작을 시작하기 위한 팔의 외전과 내전동작과 조화를 이루어 작동하게 된다. 결과적으로 골프 스윙의 처음 2피트는 긴 퍼트나 짧은 칩 샷을 위한 골프스윙의 동작과 동일해야 한다. 많은 골프 강사들은 결정적인 스윙의 허점은 테이크 어웨이의 처음 2~3피트에서 발달하게 된다고 느끼고 있으므로 아마추어 골퍼들에게서 나타나는 일반적인 다운스윙의 많은 허점들에 대해 직접적인 책임이 있다. 숙련된 골퍼들이 여기서 행하는 실수 때문에 오류를 교정하고 최대한의 정확성과 클럽 헤드의 스피드 발달을 확보하기 위해 다운스윙을 하는 동안 "동등하고 반대적인 힘"이나 보상적인 동작이 필요해질 것이다.

이런 결정적인 테이크 어웨이 동작 후에 흉곽(어깨)은 지속적으로 회전하여 결국 골반부위(힙)를 팔동작과 동시적으로 회전할 수 있도록 당기게 된다. 손이 힙 높이에 도달할 때쯤에 오른 팔은 신체의 중심선에서부터 약간 외전하기 시작하여 바깥쪽으로 회전하게 되며 팔꿈치 관절에서 굴곡하게 되는데 반면에 왼팔은 내전하여 안쪽으로 다소 회전하게 된다. 어깨 회전, 내전 그리고 동시적인 약간의 팔 굴곡의 결합동작은 대부분의 사람들에게 중요하지만 자연스럽지 않은 동작이며 스윙 역학의 실수의 또 다른 원인이 된다. 앞서 지적했듯이 백스윙의 평

면이 유지되는 동작의 처음 1~2피트 내에 스윙 역학의 실수가 나타난다는 것이 일반적인 인식이다. 흉곽과 팔의 초기의 백스윙에 의해 이루어진 리드를 따라서 나머지 백스윙 동작은 적절한 리드를 따르거나 다운스윙이 시작되기 전에 트랙을 따라 되돌아오기 위해 보상동작을 취할 것이다.

고도로 효과적인 스윙동작은 전체스윙을 하는 동안 평면상으로 클럽을 유지시킬 것이며 과도하게 평면에서 벗어나는 동작을 줄여 준다.[4,9] 다소 모호하고 종종 잘못 해석되는 기하학적이고 공간적인 개념인 스윙 평면(스윙 레인)은 모든 단계의 풀 스윙에서 골퍼가 조정하는 대로 클럽이 이동하게 되는 평면을 말한다. 골프지도자들은 샤프트평면, 스윙 평면, 클럽 평면과 클럽 궤도와 같은 용어를 교대로 사용함으로써 개념을 복잡하게 할 수 있다. 오늘날 이상적인 스윙 평면, 그리고 더 중요한 것은 클럽이 평면상으로 나아가고 존재하는 방법에 대해에 대해 가르치는 전문가들 사이에 상당한 논쟁이 있을 수 있다. Ben Hogan은 스윙 평면을 공에서부터 골퍼의 어깨까지의 여행이라고 기술하였으며 공에서부터 움직이기 시작하여 골퍼의 어깨위에서 쉬게 되는 머리 부분에 구멍이 있는 유리접시의 이미지를 제시하였다. 그는 클럽샤프트가 안쪽에서 약간 위와 아래로 이동해야 한다고 말한다(유리접시에서의 골퍼의 측면이며 결코 유리접시와 접촉하지 않는다). 클럽, 손 또는 팔로 유리접시를 접촉하는 것은 유리판을 부서지게 하며 '오버 더 탑' 스윙 평면을 낳게 된다.

샤프트 평면을 표시하기 위해 골프 샤프트를 통과하여 골퍼의 다리 위로 지속되며 이어지는 선을 상상해 보라. 이런 관점을 옹호하는 사람들은 백스윙의 초기의 테이크 어웨이 단계와 그 다음의 중기의 임팩트 전 다운스윙 단계 동안의 클럽 평면에 더 관심을 갖고 있으며 그

후에 이어지는 스윙의 정점에서의 클럽의 평면에는 관심을 덜 갖게 된다. 다른 사람들은 클럽이 이동하는 두 가지 평면이 있다고 믿고 있다. 하나는 초기의 백스윙과 중기의 백스윙 동안의 셋업에서 샤프트와 평행이 되는 꽤 얇은 평면이며 또 하나는 백스윙의 후반기동안에 클럽이 탑에 가까워짐에 따라 나타나는 Ben Hogan의 모형을 모방한 더 경사가 급하고 수직적인 평면이다.[9]

우수선수의 골프 스윙을 관찰해 보면 이 후기의 관점이 아마도 가장 정확하다는 것을 알수 있다. 그러나 대부분의 전문가들은 최대한의 에너지와 정확성으로 공을 치기 위해 다운스윙 평면이 백스윙 평면보다 약간 더 세워진다는데 동의한다.

스윙면은 아마도 골프 샷의 자질을 결정하는데 있어 가장 영향력 있는 요소이며 모든 진지한 골퍼들은 트레이닝의 어떤 시점이 되면 스윙면상으로 동작하는 것에 관심을 가지고 있기 때문에 임상은 스윙면의 개념을 확실히 이해하는 것이 중요하다. 일단 골퍼와 클럽이 공에 어드레스 될 때 삼각형을 만들게 됨으로써 형성되는 스윙면 지대를 관찰함으로써 스윙면의 시각적 인식을 가질 수 있다(그림 7.6). 매우 단순한 의미로 클럽이 이 스윙면 지대에 더 오래 머물수록 골프 샷은 더 성공적이 되며 이지대 외부를 더 많이 이동할수록 이 샷을 수행하기 위해 필요한 운동역학적 동작은 더 복잡해지게 된다. 클럽길이의 다양성, 놓이는 각도(클럽헤드와 샤프트 사이에서 만들어지는 각), 셋업 자세, 그리고 다른 기술적 요소들 때문에 클럽의 자세와 클럽이 공 뒤에 놓이게 될 때 골퍼의 자세와 클럽의 위치에 의해 셋업 시에 각 골퍼의 스윙면 지대가 결정이 되며 이 시기에 미리 정해지게 된다.

백스윙이 계속됨에 따라, 어깨는 골반부위를 오른쪽으로 회전시키기 위해 당기면서 목표라인으로부터 시계방향으로 벗어나도록 골반에 힘을 가하게 된다. 이 자세는 중력중심(COG)의 자세상의 변화를 수반하게 된다. 만약 골퍼가 좋은 회전 유연성을 가지고 있고 이 동작을 행하는 동안 2차 척추 각을 유지하게 된다면 COG는 기저면내에 머물게 되고 주로 회전하면서 이동하게 된다. 많은 골퍼들에게서 나타나는 특정한 회전적인 제약과 스윙 역학의 결점 때문에 이 회전 동작은 종종 회전의 중심 중추에서 측면으로의 전환을 일으킨다. 마찬가지로 이 측면 동작은 2차 척추 각에서 동시적인 손상을 발생시키게 된다. 이 측면 체중 전환은 종종 잘못된 역학, 잘못 해석한 강습이나 기존의 신체

그림 7.6 스윙면 구역은 백스윙과 다운스윙이 지나가는 구역을 의미한다. 샤프트를 지나는 샤프트면과 어깨를 지나는 어긴 선의 특징이다.

적인 제약에 의한 것이다(과도한 측면 체중 전환의 결과는 이어지는 다운스윙 단락에서 논의할 것이며 반면에 이 문제에 적용되는 특정한 신체적인 제한은 평가단락에서 논의할 것이다).

둔부, 힙 그리고 다리의 큰 근육들이 다운스윙에서 클럽헤드의 스피드의 대부분을 발생시키는 역할을 하고 있다고 많은 교사들과 선수들이 느끼고 있기 때문에 골프에서의 체중 전환 원리를 둘러싼 많은 논쟁이 있다. 아마도 지금까지 최고의 볼 스트라이커인 Ben Hogan이 그의 역사적인 골프 교습서에서 발표한 대로 이 원리의 확고한 지지자라고 할 수 있다. 그는 백스윙에서 오른쪽으로 체중을 상당히 많이 능동적으로 전환한 후에 다운스윙을 시작하고 그것을 수행하기 위해 왼쪽으로 등을 적극적으로 전환하는 것이 성공의 핵심요소라고 말한다. 대조적으로 오늘날의 선수들에게서 나타나는 많은 백스윙 동작은 적극적인 체중의 측면전환이라기보다는 확고한 기지면 주위를 회전한 결과이다.

체중 전환 현상이라는 용어보다 더 적절한 용어가 체중 이동이라고 생각한다. 이 용어는 체중회전과 약간의 측면 체중 이동 둘 다 나타나는 것을 포함하며 둘 중 하나만 강조하는 것이 아니다. 능률적인 골프 스윙은 회전의 중심을 더 안정적이고 일관성 있게 해주며 이것이 스윙하는 동안 이동부분의 협응을 더 용이하게 한다. 백스윙을 하는 동안 일어나는 상당한 측면 체중 이동은 기저면 밖으로 골퍼의 COG를 이동시킬 수 있으며 결과적으로 해부학적으로 그리고 운동역학적으로 2차 척추 각을 유지하기 어렵게 만든다. 골퍼가 체중을 과도하게 이동하거나 백스윙으로 지나치게 크게 하려고 노력할 때 종종 역방향의 체중이동이나 피봇을 발생시키게 된다(그림 7.7). 반대방향으로의 체중이동은 백스윙의 정점에서 발의 앞부분에 체중을 너무 많이 싣는다는 특징을 갖게 되며 일반

적으로 스윙의 균형을 유지하기 위한 직접적인 시도이다. 게다가 힙과 다리가 다운스윙에서 스피드를 제공한다는 개념은 힙과 몸통이 숙련된 선수의 다운스윙에서 전체 선형속도의 약 10%를 발생시킨다는 과학적인 자료에 의해 도전을 받고 있다(표 7.1)

프로 골퍼의 스윙 분석을 통해 생성된 자료들은 백스윙의 마지막에 어깨와 골반 회전의 평균범위가 각각 102도와 47도가 되는 것을 알았다.[21] 다양한 측정 테크닉을 가지고 있는 다른 연구들이 골프를 하는 인구사이의 차이뿐만 아니라 다양한 각도의 분절적인 회전을 보고하

그림 7.7 백스윙동안 체중이 오른발로 이동한다. 이 골퍼는 지나치게 체중이 발 앞 끝으로 쏠려있어서 척추에 조금 부담이 증가되었다. 이 자세에서 스윙을 시작하기 위해서는 체중을 뒤로 보내면서 하지를 빠르게 목표지점으로 이동시켜야 한다.

표 7.1 풀스윙 시 관절의 선형적 기여도

손목	70%	가장 빠르게 작용하는 관절, 운동사슬에서 가장 멀리 위치.
어깨	20%	가장 긴 레버
척추	5%	힘을 만들어 팔로 전달
힙	5%	하지에 의해 생긴 힘을 척추로 전달
합계	100%	

고 있다. 한 연구에서 PGA 선수들이 어깨회전 87도, 힙 회전 55도, 시니어 PGA 투어 선수들은 평균 78도와 49도 그리고 아마추어들은 어깨와 힙 회전 값이 각각 87도와 53도가 된다는 것을 발견했다.[18] 전체적으로 이런 값은 어깨를 90도로 회전시키고 힘을 45도 또는 약 2:1의 비율로 회전을 시도할 때 일반적으로 수용되는 개념과 일치하는 것 같다. 이 연구의 중요한 경험상의 제약은 척추 각(1,2차)과 같은 다른 결정적 동작 변수에서의 역동적인 변화와 관련된 값을 측정할 때 통제가 어렵다는 것이다. 결과적으로, 지각되거나 측정되는 힘과 어깨 회전의 양은 다른 중요한 스윙 특징과 관련하여 고려할 필요가 있다. 골프 스윙에서의 모든 동역학적인 사슬 동역학적인 연쇄 반응이 펼쳐질 때 일어나는 관련된 "도미노 효과"사이의 복잡한 관계를 진정으로 이해하기 위해 더 많은 조사를 행할 필요가 있다.

대다수의 골퍼에게 있어 골프 스윙을 하는 동안 얻게 되는 힙과 어깨회전의 상대적인 양은 특정한 신체적인 제약과 자세로 인한 영향력에 달려 있다는 것을 인식하는 것이 중요하다. 대부분의 경우에, 일반적으로 "관찰되는" 힙과 어깨 회전의 양은 최대한의 클럽 속도와 거리와 바꾸어 "풀 백스윙 턴"을 성취하기 위한 노력으로 취하게 되는 신체적이거나 역학적인 보상의 몇 가지 형태를 수반하게 된다. 이런 방법과 관련된 결과들은 복잡하며 많은 신체적이고 역학적인 관련사항을 갖게 된다.

백스윙의 정점에서(그림 7.8) 왼쪽 팔꿈치는 신전되지만 고정되지 않은 채로이며 반면에 왼쪽 어깨 관절은 안쪽으로 회전하되 가슴을 가로질러 수평적으로 내전하게 된다. 이 동작은 또한 왼쪽 견갑골이 외전하고, 상승하여 외회전하게 만든다. 백스윙 단계동안의 왼쪽 팔 자세로 인해 후부의 회전근개와 왼쪽 어깨의 견갑골 위에 스트레치 하중이 가해지며 반면에 상완관절은 침해 자세를 강요받게 된다.[26] 부적절한 기능, 리듬, 그리고 이 동작을 수행하는 동안 어깨와 견갑근의 유연성이 특히 노년의 골퍼들과 과거의 어깨문제의 병력을 가지고 있는 사람들에게서 나타나는 어깨 침해의 징후와 증상의 원인이 된다.

오른쪽으로의 흉곽 회전이 마지막 지점에 가까워지는 동안, 오른쪽 어깨 관절이 극도로 회전하고 외전할 때 오른쪽 팔꿈치가 수동적으로 굴곡하게 된다. 어깨와 팔에서의 동작의 정도는 신체적인 제약과 스윙 원리에 따라 다양하지만 팔은 약 75도에서 90도까지 외전해야 하고 지속적인 스윙 평면을 유지하기 위해 외부적으로 90도로 회전해야 한다. 일반적으로 백스윙은 드라이버나 1번 우드를 사용하는 경우 클럽 샤프트가 지면과 평행이 되는 지점에 놓이거나 그 지점에 가까워질 때 완성된다는 것을 고려해야 한다. 오늘날의 프로 골퍼들의 대부분을 관찰해보면 백스윙의 길이와 관련하여 다양한 변화를 드러내게 된다(John Daly 대 Tom Lehman 또는 John Cook). 해부학적으로, 척추회전의 크기와 결합된 왼쪽 어깨에서의 활용 가능한 동작범위는 한 골퍼의 특정한 백스윙의 높이를 결정하는데 있어 중요한 요소가 된다(이것은 다음 단락에서 더 상세하게 다루어질 것이다). 덧붙여 말해서 "지면과 평행이 되는 것"이 백스윙의 마지막을 위한 이상적인 자세라는 주장을 지지하는 어떤 과학적인 연구도 없다.

지도자에 따라, 백스윙을 하는 동안 손과 손목이 클럽을 잡아당기는(코크) 타이밍과 역학은 다소 다양하다고 할 수 있다. 그런 메커니즘에 대한 정확한 타이밍과 코킹 테크닉에 상관없이 대부분의 강사들은 왼손의 등 면이 각각의 전완과 평행이 되고 클럽 페이스와 평행이 되도록 하기 위해 손목과 손을 잡아당기도록 한다. 이 자세를 "스퀘어"하다고 말한다. 이 자세를 만드는 능력은 리드하는 손목에서 나타나는 요측편위의 크기에 달려 있다. 약 20도 정도로 충분한 요측편위를 하는 골퍼들은 최소한의 손목 신전과 함께 손목의 코킹 자세를 성취할 수 있어야 한다. 대조적으로, 제약적인 리드 핸드의 요측편위를 갖고 있는 골퍼들은 클럽을 잡아당기기 위해 상당한 양으로 손목을 신전해야 한다. 많은 사람들은 백스윙의 정점에서의 직각을 이루는 클럽 페이스의 자세가 다운스윙을 하는 동안 클럽의 역학을 풀어주는 것(언 코킹)을 단순화한다고 생각한다. 다른 관점에서 봤을 때, 당겨진 손과 손목 자세를 신전하기 위해서는 충돌 바로 전에 스퀘어 자세로 클럽 페이스를 되돌리기를 원할 경우 다운스윙을 하는 동안 손목의 신전정도를 능동적으로 없앨 필요가 있다.

백스윙의 마지막에, 리드하는 다리는 체중의 약 40%를 싣게 되고 오른쪽으로의 능동적인 골반 회전의 결과로 외부적으로 수동적으로 회전된다. 비록 그것이 동작의 활용가능범위와 전체 신체자세의 기능 이상이라 할지라도 많은 골프 지도자들은 왼쪽 슬개골이 백스윙의 마지막에 공이나 공의 약간 뒤를 가리켜야 한다고 느낀다. 비록 양적인 측정이 어렵고 조사가 아직 동작의 미묘한 부분을 아직 다루지는 않는다 해도 풀 스윙의 백스윙단계에서 리드하는 경골이 어느 정도의 내회전과 발 내전을 일으키게 된다. 그와 같이 리드하는 다리에서 제약적인 외부의 힙 회전이나 경골회전을 갖게 되는 골퍼들은 원하지 않는 스윙의 보상동작을 일으키고 하위의 운동 사슬의 다양한 구성요소에 원하지 않는 신체적인 스트레스를 주게 된다. 전형적으로, 이 보상적인 스윙 동작은 백스윙을 하는 동안 리드하는 발의 발꿈치가 지면을 떠나는 형식(족저굴곡-외반의 결합)을 취하게 된다(Jack Nicklaus).

백스윙 단계와 관련된 관절 동작을 계속하면서, 골반회전은 뒤쪽의 대퇴골이 관골구내에서 강제적으로 내회전하게 만든다. 전상장골(ASIS) 마커 수준을 볼 때처럼 등 쪽 대퇴골에서의 적절한 양의 내회전이 골반을 완전하고 균등하게 회전하게 하며 오른쪽 무릎 굴곡각도(20도)를 셋업 자세에서와 같이 유지될 수 있게 한다. 이런 역동적인 능력과 스윙의 관련사항들이 골퍼의 균형, 힙 레벨, 신체 자세(척추각을 포함하여)와 스윙동작을 적절하게 시작하는 능력에 직접적인 영향을 주게 된다.

해부학적이고 생리학적인 요소들(대퇴골두의 전경(antersion) 혹은 후경(retroversion)이나 관절낭의 유연정도)이 특정 골퍼들이 사용하는 리드되는 발꿈치의 상승의 양이나 백스윙 단계에서 후부의 무릎 각도를 유지시키기 위한 능력에 한 가지 역할을 하게 된다. 뒤쪽의 힘의 내회전의 크기가 같은 쪽의 무릎 굴곡 각도를 유지시키는 능력에 직접적인 영향을 주게 된다. 결과적으로, 등 쪽의 내회전에 제약을 갖게 되는(30도 이하로) 골퍼들은 백스윙을 하는 동안 후방의 무릎 굴곡 각을 유지하는데 어려움을 겪게 되므로 이것이 나머지 스윙 동작을 행하는 동안 보상동작의 연쇄 반응을 일으키게 만든다. 후방의 무릎 굴곡의 각이 힙 내회전의 제약으로 인해 감소하게 되면(무릎은 신전한다) 뒤쪽의 ASIS는 뒤쪽을 향해 상승하여 측면으로 이동하게 된다. 상당히 충분하다면, 이것이 2차 척추 각과 1차 척추 각의 손실을 일으킬 수 있고 이것이 다운스윙을 하는 동안 더 두드러진 문제에 대해 골퍼가 자세를 취할 수 있게 한다. 힙 내회전에 제약을 갖고 있는 골퍼는 관골구 내에서 동작이 더 자유롭게 일어나도록 하기 위한 시도로 약 10도에서 20도까지 두 발을 밖으로 나오게 한 채로 공을 세팅하는 것이 한결 낫다. 이것은 작은 정도의 "잘못된" 힙 내회전을 만들어냄으로써 백스윙과 다운스윙 동작을 행하는 동안 골반이 더 자유롭게 이동할 수 있게 돕는다.

골퍼의 회전 중심이 안정적이도록 하기 위해 두 척추 각은 백스윙의 정점에서의 원래 각과 가깝게 유지할 필요가 있다.[9] 두 척추 각을 유지하고 완전한 90도의 어깨 회전과 45도의 힙 회전을 성취하기 위해서는 골퍼가 최소한의 측면 체중 이동과 함께 힙, 어깨 그리고 몸통의 특별한 유연성을 가져야 한다. 덧붙여, 백스윙을 하는 동안 2차 척추 각을 유지함으로써 다운스윙을 하는 동안 팔과 클럽의 진로를 몸이 방해하는 것을 효과적으로 막을 수 있기 때문에 다운스윙을 하는 동안 자연스럽고 비제한적인 진로를 만들어낼 수 있다. 대조적으로, 2차 척추 각을 잃는 것(반대방향의 피벗)은 다운스윙의 진로 상에 선수의 신체를 위치시키며 몸이 "진로에서 벗어나도록"하기 위해서 다운스윙을 하는 동안 매우 복잡한 스트레스성의 책략을 필요로 하게 된다. 숙련된 선수들은 일반적으로 스윙을 하는 동안 균형을 유지하고 회전을 이용하여 척추 각을 유지시키는 특별한 일

을 하게 되며 반면에 많은 미숙자들은 스윙 내에서 측면 동작의 양을 더 증가시킴으로써 복잡성과 스트레스 발생을 증가시키는 경향이 있게 된다.

다운스윙 단계

다운스윙 단계의 기능은 활발하고 강력하고 정확한 골프 샷을 일으키기 위한 시도로 적절한 시기에, 최대한의 스피드로 클럽을 원래 자세로 되돌리기 위한 것이다. 비록 만들어지는 스피드와 힘이 훨씬 더 크다 할지라도, 백스윙의 운동 사슬은 다운스윙을 하는 동안 상대적으로 역전된다. 실제로 다운스윙은 신체의 동작을 시작하고 클럽-헤드의 속도를 생성하기 위해 두 가지 단계로 구성된다.[12] 이는 '전방스윙(forward swing)'과 '가속(acceleration)'이다. 전방스윙을 일으키는 것을 담당하는 동작은 프로골퍼들 사이에서 늘 논쟁거리가 되는 주제이다. 몇몇 골프 교사들은 손이 전방스윙을 일으킨다고 느끼는 반면 다른 사람들은 힙 회전과 비적극적인 체중 전이가 중요한 역할을 한다고 믿고 있다. 그러나 과학적인 조사는 다운스윙 동작은 지면에서 출발하여 위로 향한다는 개념을 지지한다. Bechler의 연구[3]는 골프 스윙을 하는 동안의 힙과 무릎 근육의 EMG를 연구하여 뒤쪽의 힙 신근과 외전근이 리드하는 대내전근과 함께 전방스윙을 하는 동안 골반의 회전을 일으킨다는 것을 보여주었다. 비록 이 대부분의 원위 사슬에서의 미묘한 외전 동작이 기록에 있는 힙과 골반 활동에 앞서 슬개골을 약간 회전시키는 역할을 한다는 것이 저자의 신념이다.

일단 지면에 가까운 원위적 분절에서부터 시작하게 되면 스윙의 타성과 동역학적인 에너지가 논리적인 운동 사슬을 따라 이동하게 된다. 고-스피드의 분석은 실제로 이 다운스윙의 연쇄동작은 실제로 백스윙이 그것의 각각의 동작

을 마무리하기 바로 전에 시작한다는 것을 보여 준다. 조사한 바에 따르면 숙련된 수행자는 어깨와 손목이 그것들 각각의 백스윙 동작을 완성하기 전에 골반대를 왼쪽으로 회전시키기 시작한다는 것을 알 수 있다.[4,7] Bechler의 연구 또한 시합에서의 골프 스윙 동안에 일어나는 힙과 무릎 근육의 연속적인 시동 패턴의 개념을 지지하고 있다.

일단 전방스윙이 일어나고 가속화가 시작되면 팔과 손이 클럽헤드를 가속화하기 위한 시도로 스윙 속으로 점차 흐르듯이 움직이면서 힙과 어깨는 좌측의 연속적인 회전적 패턴을 지속하게 된다. 골프에서의 다운스윙은 인간의 운동 사슬의 원리가 작동하는 완벽한 예가 된다. 다리와 힙에서 운동사슬 동작을 시작하여 척추, 몸통, 어깨를 연속적으로 통과하여 손과 손목 쪽으로 지나가게 된다. 만약 적절하게 수행하게 되면 부분의 총합보다 훨씬 더 많은 에너지의 양이 신체에서부터 클럽 헤드 쪽으로 지나가게 된다. 이 과정을 적절하게 결합함으로써 상당한 양의 운동역학적인 에너지가 클럽으로 전이되도록 하기 위해 점진적이고 자연적 힘의 총합이 발휘될 수 있다. 이 과정은 오늘날 나타나는 많은 전문적인 골프 스윙을 기술하기 위해 사용되는 "노력이 들지 않는" 특징을 갖는 비중 있는 요소이다.

다운스윙을 하는 동안 골퍼는 만약 선수가 정확하고 반복적인 샷 패턴을 행하기를 원한다면 충돌하기 전에 적절한 스윙 평면상(클럽 자세에 의해 셋업시에 설정된)에 클럽을 위치시켜야 한다.[9] 골프공을 막 치려고 할 때의 골프 클럽의 결과적인 자세는 주로 두가지 주요 요소에 달려 있는데 첫 번째는 다운스윙을 하는 동안 클럽이 취하는 평면과 (2)이전에 행했던 다른 실수를 보상하거나 교정하기 위해 정확한 시점에 골퍼가 사용하도록 강요되는 행동이 그것이다. 만약 다운스윙이 평면상에 있고 동작이

자연스럽고 효율적이라면 손, 손목 그리고 클럽을 풀어 주는 것은 꽤 단순하고 자연스런 과정이 된다. 그러나 릴리스 단계와 충돌 단계 동안에 사용하게 되는 실제적인 역학은 종종 다른 신체분절에 의해 직접적으로 영향을 받게 된다(오프-플레인 백스윙, 운동역학적 사슬의 부적절한 연쇄반응, 손목 코크를 위해 사용되는 과도한 손목신전, 2차 척추각의 손실 그리고 리드 되는 쪽의 팔꿈치의 과도한 굴곡이 가장 빈번하게 일어나는 초기의 결점들이다). 힘나 몸통, 손 자세를 과장시키는 비협응적인 오프-플레인 동작은 적당한 시기에 클럽페이스를 "스퀘어"자세로 만드는 골퍼의 능력에 부정적인 영향을 줄 수 있다. 이 시나리오는 숙련되지 않은 스윙에서 꽤 일반적이며 손상을 입기 쉬운 신체 분절에 불필요한 스트레스를 발달시키는 데 상당한 역할을 할 수 있다. 반면에, 놀라운 지속성과 정확성으로 "리커버리" 하는 손의 고도의 숙련된 기술과 눈-손의 대단한 협응으로 성취도를 높이는 많은 골퍼들이 있다(Lee Trevino, Freddy Couples, Corey Pavin, and Laura Davis가 몇 안 되는 그 골퍼들이다).

많은 숙련된 선수들이 특정한 물리법칙을 그들에게 유익하게 효과적으로 사용하는 반면에 초보자들은 종종 손과 팔로 즉각적으로 클럽 헤드의 스피드를 높이기 위해 너무 빨리 또는 너무 늦게 다운스윙을 시작하려는 시도를 하게 된다. 일반적으로 숙련된 스윙은 충돌시에 최대한의 클럽-헤드 스피드를 점진적으로 높이기 위해 각 운동량 보존의 법칙과 원심력을 사용하게 된다.[4,19] 원심력은 클럽헤드가 공을 향해 회전적인 동작을 완성하였을 때 발달하게 되며 시간상으로 어떤 한 순간에 선형방향으로 그 힘에 강한 영향을 주게 된다. 클럽 샤프트와 선수의 손을 통해 신체와 클럽 헤드를 연결시키는 것은 원의 반경이 골프의 회전 중심을 향해 가도록 하고 충돌 시에 모멘트 암이 되도

록 한다.

스피드가 손에서부터 클럽헤드로 전이됨에 따라 각 운동량 보존의 법칙이 골프 스윙에 적용되게 된다. 에너지는 창조되거나 파괴되지 않는다는 것을 기억하라. 그것은 항상 보존된다. 각의 추진력 또한 이 법칙의 예외가 아니다. 다운스윙의 초기에 양 손은 가장 빠른 속도로 이동하게 되며 이때 클럽헤드는 가장 느린 속도로 이동하게 된다. 클럽헤드가 충돌에 가까워짐에 따라 손은 감속하기 시작하여 클럽헤드에 각의 추진력을 전이하게 되는데 그 때 이것은 가속화된다. 전체적인 각의 추진력은 시종일관 유지된다. 이 과정을 부드럽고 효율적으로 작동시키기 위해서는 잘 협응된 운동사슬과 두 레버의 적절한 작용이 필요하며 각의 최대 속도로 충돌할 때에 효율적인 모멘트 암을 일으키기 위한 하나의 경첩이 필요하다. 숙련된 선수들은 이런 물리 법칙이 자연스럽게 발생할 수 있도록 하기 위해 다양한 신체분절의 작용을 효과적으로 협력시킬 수 있으며 반면에 많은 아마추어들은 다운스윙에서 너무 빨리 이런 법칙이 일어나게 한다.

앞서 언급한 것처럼, 골프 교습 범위에서 나타나는 또 다른 일반적인 이론은 다리, 둔부 그리고 몸통의 근육이 더 클수록 많은 작업을 수행하게 되므로 골프 스윙에서 클럽-헤드 스피드의 대부분을 제공한다는 것이다. 그러나 이 이론은 파워와 지구력을 위해 몸 전체를 사용하는 것이 더 작은 근육과 팔의 뼈에 가해지는 요구량과 스트레스를 줄일 것이라는 개념을 수반한다. 그러나 이런 이론을 따르는 골퍼들은 기저면에서 너무 많은 측면 동작을 가지며 스윙에서 덜 회전적인 동작을 갖는 경향이 있다. 그 결과는 다운스윙 내내 그리고 팔로우 스루 자세로 들어가면서 "거꾸로 된 C"를 갖게 되는 경향이 있다. 실제로 측면으로의 체중 전이가 더 클수록, 피니시 자세에서 수행하게 되는

거꾸로 된 C의 범위는 더 커진다. 대부분의 의사들이 알고 있다시피 이런 자세에 오랫동안 노출되게 되면 척추, 디스크 그리고 척추의 연조직에 상당한 과도신전으로 인한 스트레스를 일으킬 수 있다. 다행히도, 대부분의 골프 지도자들은 이런 관계를 알고 있으며 교습의 한 선택 방법으로 그것을 사용하지 않고 있다.

비록 모든 신체분절은 탄탄한 골프 스윙을 일으키기 위해 시간을 잘 맞추어 협응적 방식으로(운동사슬과 힘의 총합) 함께 작동해야 하는 것이 사실이라 하더라도, 우리는 골프 스윙에서 실제 스피드의 진정한 원인을 아직 찾아내지 못했다. 체중 전이 주의와는 대조적으로 지도자들은 어깨와 팔의 동작이 클럽-헤드의 대부분의 스피드를 담당하게 되고 하체분절과 몸통만이 지지기부와 몇 가지 최초 동작의 원인이 될 수 있다고 믿고 있다. 하체의 균형을 잡고 안정적으로 유지하는 것이 팔과 클럽이 최소한의 방해를 받으면서 백스윙 평면과 다운스윙 평면을 정확하게 반복할 수 있게 한다. 과학적인 경험과 현재의 동역학적인 정보가 이런 주의를 지지하는 경향이 있다. 불행히도, 이것은 어깨, 팔 그리고 손의 해부학적 구조에 더 많은 신체적인 요구를 하게 된다. 모든 개개인의 골퍼의 진정한 스피드의 원천이 종종 전체적인 스윙의 특성, 일관성의 레벨 그리고 손상의 잠재성을 지적한다. 일반적으로 더 많은 강도의 회전적 동작을 갖고 있는 골퍼들은 어깨, 상위 등 그리고 팔의 힘과 통제를 더 많이 필요로 하게 되며 반면에 더 많은 측면 동작을 갖게 되는 골퍼들은 복부와 허리에 더 많은 체력과 안정성을 필요로 하게 된다.

백스윙을 하는 내내 척추 각을 유지하기 위해 노력하는 골퍼들은 힘을 발생시키기 위한 노력으로 힘을 측면으로 이동시킬 때 두 가지의 척추 각을 유지하는 것이 매우 어렵다는 것을 인식할 필요가 있다. 마찬가지로 다운스윙을 하

는 동안 측면 책략과 거꾸로 된 C 피니쉬 동작을 제외하기 위해 훈련하는 골퍼들은 백스윙을 하는 내내 2차 척추 각을 유지하는데 초점을 맞출 필요가 있다. 알다시피, 상당한 척추각의 변화가 골퍼의 생리적인 건강뿐만 아니라 스윙의 정확한 동작, 질, 타이밍과 리듬에 격렬한 영향을 미칠 수 있다. 생리학적인 관련사항들이 부적절한 스윙 역학에 대해 다음의 문단에서 더 깊이 있게 다룰 것이다.

비록 관절과 근육작용의 정확한 연쇄반응에 대한 깊이 있는 자료를 활용할 수는 없다 하더라도 다운스윙을 하는 동안의 분절의 속도에 대한 정보를 이 책에서 기술하였다. 프로 골퍼에 대한 고스피드의 비디오 분석은 힘 회전, 어깨 회전, 팔 스피드 그리고 클럽 스피드에 대한 평균 각의 속도가 각각 초당 498, 723, 1165와 2090도라는 것을 보여 준다.[21] 테스트한 샘플에 대한 최대한의 클럽 속도는 초당 2581도라고 측정되었으며 반면에 다른 저자들은 최고의 골퍼의 평균 클럽-헤드 속도가 시간당 약 100에서 110마일이라고 보고하고 있다. 선형의 클럽-헤드 속도의 약 60%는 손의 동작의 직접적인 원인이 되며 더 작은 양의 속도는 더 큰 신체 분절(팔, 어깨, 힘 등. 표 7-1을 보라)로부터 비롯된다.[19] 이 연구는 시간이 지나면서 속도가 어떻게 생성되며 결과적으로 최대한의 동역학적 에너지와 함께 대부분의 원위 분절(손)로 스피드가 어떻게 지나가는지를 보여줌으로써 운동 사슬과 힘의 가중 개념을 지지하게 된다.

손과 클럽이 충돌위치로 접근함에 따라 팔, 두 손 그리고 클럽은 원래의 출발자세로 접근해야 한다. 오른팔이 내회전하여 내전되는 동안 왼팔은 수평적으로 내전된 자세로부터 신속하게 외회전하여 중심선을 향해 이동하게 된다. 오른쪽 팔꿈치가 점진적으로 약 170도까지 신전하는 동안, 왼쪽 팔꿈치는 완전히 신전한 상태를 유지하게 된다. 일반적으로 만약 최대한

의 스피드가 달성되면 마지막 가능한 순간까지 손목을 당긴 채로 두어, 결과적으로 "지연" 효과를 만들어내게 된다(그림 7.9). 손목을 너무 빨리 언 코킹(코킹을 푸는 것)하는 것(프로 골퍼들은 이 동작을 낚시 줄을 던지는 동작과 관련하여, 클럽을 "던진다"고 말한다)은 효과적으로 2-레버, 1-경첩 시스템에서 1-레버의 경첩이 없는 시스템을 만들어낸다. 이 동작은 효과적으로 골퍼의 팔의 속도를 감속함으로써 전체스윙의 각속도를 줄이게 된다.

만약 클럽이 충돌시에 처음의 출발자세로 되돌아오게 되면, 왼쪽 팔꿈치는 약 175도까지 신전하게 된다. 그러는 동안 출발자세와 가까워지도록 손목을 풀어야 한다[9](그림 7.10). 손과 손

그림 7.9 다운스윙 후반에 스윙 면상에서 일어나는 지체현상. 2개의 레버와 1개의 경첩 시스템에서 없어서는 안 될 요소로서 힘이 전달하고 스피드를 더 크게 해준다. 지도자는 이를 보고 각을 유지한다고 말하게 된다.

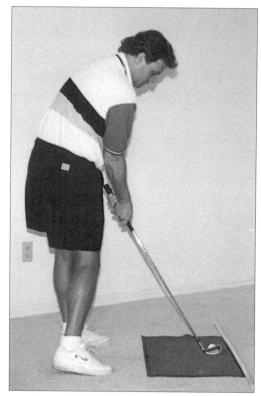

그림 7.10 임팩트 시의 자세. 클럽은 시작 시점보다 뒤에 있지만 골퍼의 왼쪽 어깨는 손보다 앞에 있다. 손도 클럽보다 앞에 있다. 즉, 어깨와 손, 클럽은 일직선을 이루고 있다.

목을 푸는 동안 왼쪽 손목은 약 35도의 굴곡을 유지하면서(셋업 시에는 45도의 신전) 수동적인 척추 편위 동작을 통해 왼쪽 손목의 구부린 것을 풀게 된다. 손이 풀릴 때 어느 정도로 왼쪽 전완은 회외 하게 되고 오른쪽 전완은 회내 하게 되지만 이런 동작의 중요성은 동작의 스피드와 세밀함에 부차적인 것으로 아직 철저하게 연구된 바가 없다. 그러나 라이브 스윙을 하는 동안 만들어지는 힘은 두 손이 접촉 지대에 가까워짐에 따라 두 손목을 약간 척추 편위 시키게 하고 왼쪽 손목은 굴곡 되도록 "구부려지게" 된다.

최근의 EMG 연구는 근육활동과 파워의 생성에 관한 오래된 골프 교습의 신화의 잘못을 알게 한다. 신체의 왼쪽은 골프공을 칠 파워를 제공하고 오른쪽은 클럽을 통제하는 것을 돕는 가이드 역할을 하며 전체 스윙 스피드에 효과적인 에너지를 거의 제공하지 못한다.[9.19] 다운스윙을 하는 동안의 EMG 근육 활동은 골프 스윙이 신체의 양쪽으로부터 동일한 총 근육 산출량을 필요로 하는 진정한 균형 잡힌 활동임을 보여 준다. 한 연구는 골프 스윙을 하는 동안의 근육 동원 패턴을 근육 테스트(MMT)를 하는 동안의 근육 활동에 비교 하였다. 이 최초의 조사에 따르면, 오른쪽에 있는 세 가지 현저한 근육(오른손잡이의 경우)은 전방스윙과 가속 단계 동안 60% MMT이하의 활동을 나타내고 있다. 전방스윙을 하는 동안 보통 정도에서 높은 정도까지의 활동을 보여 주는 오른쪽 어깨근육은 견갑하근, 대흉근과 광배근이다. 가속 단계 동안에, 이 세 가지 근육은 80%이상의 MMT 활동을 보여 줌으로써 그것의 활동을 증가시켰다. 전방스윙 동안에 왼쪽 어깨에 있는 견갑하근과 광배근은 보통 레벨(30에서 60%의 MMT)에서 시동되며 공과의 접촉 바로 전에 정점까지 가속화되는 동안 대흉근과 결합하게 된다. 저자는 이런 어깨근육의 정점에서의 활동의 타이밍은 오버헤드 스로윙과 테니스 서브에서 나타나는 것과 매우 유사하다고 지적한다. 비록 자료 수집과 계통적 분류에 있어 정확하다 할지라도 골프에서 정확한 근육 동원 패턴에 대한 자료들은 스윙 테크닉과 정확성에 있어 분명히 나타나는 광범위한 다양한 증거에 대해 부차적인 것으로 신중하게 고려해볼 필요가 있다. 이런 제약은 특히 골프 풀스윙에서 팔의 동작과 활동에 적용하게 되면 더 명백해진다.

오른쪽에 있는 척추기립근은 전방스윙을 하는 동안(75% MMT) 최고의 활동을 나타내게 되고 반면에 가속되는 동안 왼쪽 근군이 최고의 활동을 나타내게 된다(50% MMT). 전방스윙을 하는 동안의 복사근의 활동은 오른쪽과 왼쪽에서 각각 62와 54% MMT였다. 가속단계 동안에 오른쪽 복사근은 높은 상태(64% MMT)를 유지하였고 반면에 왼쪽 복사근은 다소 줄어들었다(42% MMT). 저자는 전방스윙을 하는 동안 높은 레벨의 오른쪽 척추기립근 활동이 "조절된 감소(controlled fall)"이라고 불리는 현상에 의해 일어났다고 지적한다. 그들은 물체가 오른쪽에서 왼쪽으로 회전하는 동안 전방으로 몸이 떨어지기 때문에, 오른쪽 척추기립근은 신체 자세를 유지하기 위한 노력으로 중력과 회전력에 저항하려는 시도를 하였다.[22]

똑같은 연구가 전방 스윙을 하는 동안의 몸통회전 동작의 결과로 복사근 활동이 많아진다는 것을 보여 주었지만 연구가들은 표면 전극을 사용하는 것으로 인한 제약 때문에 내복사근 활동과 외복사근 활동을 구분할 수 없었다.

복사근에서의 양측 활동은 아마도 근처의 근육의 과다활동과 회전을 통제하는 반대측 근육의 역할이 그 원인이었을 것이다. 가속화하는 동안 그 결과는 복사근과 척추기립근군에서 양측적으로 꽤 지속적인 레벨의 EMG 활동이 있다고 지적한다. 이것은 스윙하는 내내 회전이 지속적으로 일어나며 접촉이 이루어지면 동작이 중심화 되기 때문에 논리적인 가설이다. 클럽과 힘의 방향이 신체와 한 선상에 오게 될 때, 수직적인 중력을 통제하기 위해 척추기립근군이 필요하게 된다. 이 자료들은 복근의 충분한 힘, 지구력 그리고 통제가 오래된 골퍼의 수행능력과 손상예방에 중요하다. 다시 말해 신중한 관찰을 통해 자료들이 각각의 골퍼들에게서 나타나는 척추 각의 유지와 측면 흔들림의 양에 의해 직접적으로 영향을 받을 수 있다는 것을 보여 주기 때문에 몸통근육에 대한 EMG 값에 관해 주의를 기울여야 한다.

임팩트 전에서 임팩트 후까지의 짧은 시간 동안 몸통과 척추는 동시적이고 다방향적인 동작의 결과로 스트레스의 증가를 경험하게 된다. 충돌 시에 부차적인 척추각의 평균량은 28도가 되었으며(셋업시에 16도) 반면에 최고의 척추 각은 평균 34도가 되었다(셋업시에 45도)(그림 7.10을 보라). 이 값들은 실제로 셋업시에 그것들 각각의 자세를 바꾸었으며(각각 약 10에서 12도까지), 척추 각 자세에서의 상당한 변화를 보여 주었다. 일어나는 척추각의 변화는 실제로 다운스윙의 고스피드의 3차원적 동작을 행하는 동안 만들어지는 힘에 의해 발생되는 반대적이고 동등한 반동적 동작이다. 비록 이런 변화가 실제로 통제될 수 없다 해도, 그것은 골퍼의 건강과 스윙의 성공에 중요하며 다운스윙을 하는 동안 만들어지는 방향적인 힘의 결과로서 발생하게 된다.

똑같은 자료는 임팩트 시에 어깨와 힙 회전이 각각 평균 27과 43도가 되었다는 것을 보여 준다.[21] 부정적인 숫자들은 힘과 어깨가 가상의 타겟 라인의 왼쪽과 마주하거나 오픈된다는 것을 지적하는 것이며 반면에 양에 있어서의 차이(약 16도)는 몸통과 척추요소에 지속적인 비트는 스트레스가 있음을 나타낸다. 비록 비트는 힘이 연장되는 것은 일반적으로 척추요소에는 바람직하지 않다 해도, 골프공을 성공적으로 치기 위한 필요악이라고 할 수 있다. 아이러니하게도 골프에서의 척추분절의 회전적 분리를 최소화하기 위한 시도는 감속과 에너지의 전이가 부드럽고 효과적으로 일어나도록 하기 위한 시간을 없앰으로써 스트레스의 증가를 가져올 수 있다.

비록 골프 스윙을 하는 동안 생성되는 무릎관절의 힘이 외상적 무릎 손상의 높은 위험부담을 가지고 있는 것으로 간주될 만큼 충분히 크지 않다 하더라도 다운스윙 단계는 손상을 당하기 쉬운 것으로 인정되는 리드 무릎에 상당한 스트레스를 줄 수 있다.[7] 이 역동적인 훈련은 뒤쪽 무릎이 33도의 무릎 굴곡각에 가까워지면서 체중의 10%까지 전단 변형력을 유지할 수 있다는 것을 찾아냈다. 이것은 이 자세에서의 최고 힘이 사이드-커팅과 공개적 동역학적 체인 동작에서 발견되는 것과 유사하며 이 굴곡-신전 순간에서 발견되는 사두근 활동의 증가와 유사하다고 간주할 때 전방십자인대(ACL) 환자에게 임상적으로 중요해진다. 저자는 경골 내회전 순간(1.41% BW.BH)과 오른 무릎의 무릎내회전이 최고에 이르렀을 때의 평균 굴곡도 동안의 평균굴곡각(23도)이 새로 재건술을 받은 무릎과 유사하며 ACL-결함이 있어 무릎이 불편한 경우와[7] 오른 무릎과 같이 리드 무릎에서의 힘은 다운스윙을 하는 동안 최대가 되며 최고 후방력을 제외한 상태에서 오른 무릎에서 측정되는 힘보다 더 커진다. 비록 오른 무릎과 상당히 다르지 않다 해도, 전면, 중앙면 그리고 측면의 힘은 모두 리드 무릎의 다운스윙에서 더

커지게 된다.

높은 스피드와 함께 왼쪽무릎은 과신전, 측면 회전 그리고 손상을 입기 쉬운 무릎에 부적절한 스트레스를 줄 수 있는 내반 스트레스를 동시적으로 겪게 된다. 이 다방향적인 스트레스는 닫힌 운동사슬 자세에서 급속한 측면 체중 이동과 몸통 회전의 결과이다.[7] 이 스트레스는 다운스윙이 완성될 때까지 지속되어 충돌에서 충돌 후 시기까지의 시간동안에 최고의 레벨에 오르게 된다. 골프 스윙을 하는 동안의 수직적인 압박 레벨에 대한 연구는 체중의 80% 이상이 충돌 시에 왼쪽에 놓이게 되고 이 값은 초기 팔로우-스루에서 85%까지 증가할 수 있다고 지적한다.[1]

Barrentine 등[1]은 클럽페이스로부터 공이 분리된 후 약 0.02초에 발의 전면이 최고의 측면 전단변형과 수직적인 압박력(각각 133 N과 950 N)을 가하게 된다는 것을 알았다. 덧붙여서, 이와 똑같은 연구는 충돌 후 약 0.3초에 23N 이라는 최고의 회전 효과를 일으킨다는 것을 보여 주었다. 이런 자료들은 단순히 리드-무릎이 실제로 이런 단계의 스윙을 하는 동안 상당한 힘에 노출된다는 것을 지적하는 것일 뿐이다. 압박과 회전력이 높은 스피드로 발생하게 되면 잠재적으로 해로운 힘을 견디기 위해 많은 안정성과 체력이 요구된다. 인대와 연골 손상이 있는 골퍼들은 골프 클럽을 스윙하는 것과 같은 다른 무해한 활동을 하는 동안 무릎에 가해지는 스트레스를 매우 잘 인식하게 된다. 무릎과 힘을 전체적으로 재건한 골퍼들은 골프로 복귀할 때 시도하려고 한 동작의 형태뿐만 아니라 힘과 안정성의 각각의 레벨을 잘 알고 있어야 한다.

백스윙 단계를 완성하기 위해 약 0.82초가 걸리지만 프로 골퍼에게 있어 다운스윙 단계를 완성하기 위해서는 0.23초가 걸린다는 보고가 있다.[4] 이 자료들로부터 다운스윙은 백스윙의 스

피드의 약 3배 반이 된다는 것을 추측할 수 있다. EMG의 이런 자료들과 각의 속도에 대한 자료를 결합해 봤을 때, 다운스윙 단계가 프로 골퍼와 아마추어 골퍼에게 있어 최고의 손상률을 만들어내는 이유를 알아내기는 쉽다.[2,6,16]

팔로우-스루 단계

일단 클럽 헤드가 공과 접촉하고 공이 비행을 시작하면 골퍼는 팔로우-스루 단계로 들어가게 된다. 이 단계 동안에, 최대의 노력이 감소하게 되고 신체는 원심적 근육 수축과 함께 회전동작을 감속시키기 시작한다. 이것이 팔로우 스로의 기능이다. 임팩트 후에, 손과 손목은 적절한 스윙 진로를 오른팔이 따라감으로써 릴리스(푸는 행위)를 마치게 된다(그림 7.11). 견대와 몸통에서의 동작은 백스윙을 하는 동안과 거의 똑같아 지고 감속과 안정을 위한 노력을 하는 동안에는 반대방향으로 움직인다. 오른쪽 어깨와 팔이 내전하여 반-충돌 자세를 향해 내회전하는 반면에 왼쪽 어깨와 팔은 외전하여 외회전하게 된다. 적절한 회전근개 기능, 견갑상완 리듬과 견갑골의 안정성이 다운스윙의 격렬한 단계에서 극도로 중요해진다. 팔이 어깨 높

그림 7.11 임팩트 후 릴리즈 단계. 골퍼의 머리가 여전히 아래를 향하고 있고, 클럽과 손은 완전히 뻗어 목표선을 향하고 있다. 다음 순간 오른쪽 어깨는 턱을 향해 간 다음 머리를 밀면서 자연스럽게 서는 자세로 변한다.

그림 7.12 피니쉬 자세. 골퍼가 수직으로 서 있으며 체중을 거의 왼쪽으로 이동시킨 상태이다.

이 정도에 이르면 두 팔은 팔의 스피드와 몸통 회전을 감속시키기 위한 시도로 굴곡을 겪게 되고 수직 이행을 최소화하여 자세상의 균형을 유지하게 된다.[21]

초기와 후기의 팔로우-스루 단계 동안에 골퍼의 골반과 몸통은 왼쪽으로의 회전을 지속하게 된다. 요추는 골퍼가 피니시 자세로 스윙하면서 약간의 신전, 지속적인 회전 그리고 측면 구부리기를 경험하게 된다.[10](그림 7.12) 이 시기 동안에 왼쪽의 아랫다리는 대퇴골 바로 아래에서 외회전하게 되고 앞서 기술한 것처럼 후부의 회전적 내반 스트레스를 흡수하게 된다. 왼쪽 발목은 동시에 상당한 내반과 회외 스트레스의 영향을 받게 된다. 이것을 염두에 두고 리드하는 다리의 관절의 퇴행문제와 불안정성을 갖고 있는 골퍼들은 골프를 치기 위해 특별히 고려해야 할 사항이 필요하다는 것을 쉽게 알 수 있다.

팔로우-스루가 끝나고 그 다음의 스윙에서 골퍼의 동체의 중앙부가 타겟을 향하는 동안 리드되는 다리의 균형을 잡아야 한다.[9] 골프의 스윙에 대한 Cooper의 운동역학적 연구는 팔로우-스루가 완성되면 체중(85%까지)은 발의 전면으로 이동을 지속한다(회전한다)는 것을 보여주었다.[5] 피니쉬 자세에서 몸통은 더 이상 회전하지 않지만 골퍼의 중력중심의 효과를 상쇄하기 위한 노력으로 약간의 과신전과 측면 굴곡의 자세를 취하게 된다. 두 손은 오른손잡이 골퍼의 왼쪽 귀 뒤에서 약간 쉬게 되기 때문에 두 손의 피니시 자세가 균형을 잡는데 도움을 준다.[9] 스윙의 처음 반 동안 정적인 자세를 유지하게 되는 골퍼의 머리는 마지막으로 회전한 몸통과 스윙의 추진력에 의해 당겨 올려져서 왼쪽으로 회전하게 된다.[9]

팔로우 스루 단계의 EMG 분석은 선택된 어깨 근육이 양 측적으로 활동을 지속한다는 것을 보여 준다.[12] 이 자료들은 골프가 양 측적 활동임을 더 많이 지적해 준다. 척추기립근 활동은 초기의 팔로우 스루 동안에 줄어들며 후기의 팔로우-스루 동작 내내 낮은 레벨에 머물게 된다. 복사근은 또한 그 활동이 줄지만 척추기립근보다 상당히 더 활동적이 된다. 일단 공을 치게 되면 몸통 근육조직은 동작을 지속하게 되지만 그 노력은 이제 힘의 발생보다는 감속과 에너지 분산에 집중되게 된다. 언급하였듯이, 몸통의 안정근의 활동을 필요로 하는 기술인 팔로우-스루 단계 내내 균형을 잡고 자세를 유지하는 것이 중요하다.[22]

손상의 예방

골프의 물리적 특성

최근에, 습관적인 골프와 관련된 신체적인 부담과 잠재적인 손상은 다양한 형태의 매스 미디어로부터 상당한 관심을 받아오고 있다. 최근에 골프의 수행력, 체력 손상은 골프 인구에게 접근하기 쉬운 다양한 형태의 매스미디어에 있는 수많은 기사, 스토리 그리고 인터뷰의 중심 테마가 되어 왔다.

수행력을 향상시키고, 손상을 방지하며 경력을 늘리기 위해 개인적인 물리 치료사, 선수 트레이너, 그리고 개인 체력 트레이너의 서비스를 받는 전문 투어 선수들의 경향이 증가하고 있다. 최근 몇 년 동안 세 가지 주요 전문 투어는 투어 고객들에게 전범위의 의료적, 재활적 그리고 체력 서비스를 제공해주는 물리치료사, 선수 트레이너 그리고 전문의로 구성된 풀타임 피트니스와 재활 밴(소형트럭)을 갖추고 있다.

이 장에서 보다시피, 골프관련 손상의 치료와 병인학에 포함된 많은 다양한 원인과 요소들이 있다. 여기서 다룰 몇 가지 요소들은 풀스윙 생체역학, 훈련과 경기 습관, 성 차이, 특정한 신체 제약, 체력 그리고 훈련 습관이다.

준비운동

비록 준비운동 프로그램을 사용하는 것이 많은 운동선수들 사이에서 흔히 있는 실례로 간주된다 하더라도 여전히 준비운동과 관련된 신체적인 혜택을 인식하지 못하는 사람들이 있다. 게다가 그것이 그들이 해야 할 일이라는 것을 알고 있기 때문에 준비운동을 하지만 신체활동을 위한 준비운동 후에 나타나는 생리학적이고 해부학적인 반응을 잘 알지 못하는 많은 운동선수들이 있다.

적절한 준비운동 프로그램은 관련 스포츠 활동에 고유한 것이어야 하며 유연성, 체온, 혈액의 흐름, 근육과 건의 유연함, 협응과 신경 체계의 신속성을 가동시켜야 한다. 그것은 또한 다가오는 활동을 위해 사용하게 될 신체 일부에 점진적이고 기능적인 요구사항을 부과하게 되며 특정한 스포츠 기술 훈련이나 활동을 포함해야 한다.

여가를 위한 골프 선수와 시합에 참가하는 골프 선수 모두 훈련에 참가하거나 경기 세션에 앞서 적절한 준비운동 프로그램을 사용하지 못하게 된다. 준비운동을 충분하게 하지 못하는 것은 근육과 건 단위의 손상이 더 많이 일어나게 한다는 것을 보여 주고 있으며 일반적으로 훈련하기 전에 행하는 준비운동은 이런 손상의 발생률을 줄여 준다는 사실이 인정을 받고 있다.

스트레치 훈련과 함께 가벼운 형태의 훈련(조깅이나 근육 수축)을 포함하는 준비운동 프로그램을 사용하는 것은 근육의 탄성을 늘리고 손상률을 줄이는데 도움을 준다.

몇 가지 제안에 따라 훈련과 경기 전에 다음의 관절과 근육을 점진적이고 진행적으로 준비운동을 해야 한다.

스트레칭과 가동성

1. Finklestein 테스트와 함께 엄지손가락 신근(이것은 팔꿈치를 완전히 신전시킨 채로 행해야 한다)(이것은 코스로 가는 동안 차안에서 행할 수도 있다).
2. 팔꿈치를 완전히 신전한 상태에서 손목 신근과 굴근(또한 코스로 가는 차안에서 행할 수도 있다).
3. 어깨 회전근과 수평내전(클럽과 함께 오버랩 스트레치)
4. 중립사세와 골프 셋 업 자세에서 척추회전(반드시 회전하는 동안 척추각 원리를 포함하도록 하라)
5. 힙 회전근과 슬괵근(또한 힙을 내회전한 채로 셋업 자세에서 행할 수 있다)
6. 회선운동과 내반에 의한 발과 발목

기능적 훈련

1. 해머 트러스트(클럽을 손안에 적절히 쥐고 요측 및 척추 편위)
2. 클럽과 팔을 신전 한 채로 8자를 그린다
3. 두 팔사이와 등 뒤로 클럽을 끼워 넣어 느린 속도로 행하는 스윙 회전
4. 두 팔을 위한 피칭 웨지로 한 팔로 행하는 미니스윙
5. 두 개의 클럽과 두 발을 모아 두 팔로 행하는 미니스윙
6. 두 발을 벌리고 스위의 호 및 길이를 점차 증가시키면서 행하는 두 팔 미니스윙
7. 피칭 웨지로 풀 샷
8. 가방 안에 있는 각 클럽으로 풀 샷 확립하기

골프 고유의 훈련

골프 스윙은 매우 복잡한 운동역학적 패턴으로 짜인 실제적으로 모든 신체부분의 협응적인 활동을 필요로 하기 때문에 골프-고유의 훈련 프로그램의 의도는 포괄적이고 역동적이어야 한다. 모든 효과적인 스포츠-고유의 훈련 프

로그램은 세 가지 근본 문제에 초점을 맞추어야 한다: ⑴ 특정 스포츠나 자세의 특별한 요구사항 ⑵ 선수의 신체적인 제약과 결점 ⑶ 스포츠와 관련되고 피트니스와 관련된 선수의 목표. 단순한 용어로 농구선수를 위한 훈련 프로그램의 목표와 목적은 공격라인맨을 위해 만들어진 프로그램으로과 방법과 범위 상으로 달라야 한다. 마찬가지로 전체적으로 힘을 재건한 퇴직한 65세의 골퍼는 이전에 상당한 손상을 경험한 적이 없는 젊은 프로 골퍼의 프로그램과 많이 달라야 한다.

골퍼를 위한 효과적이고 기능적인 훈련 프로그램을 만들어내는 것은 임상가에게 많은 도전이 된다. 골프 스윙은 역동적인 열린 운동사슬과 닫힌 운동사슬을 가지고 있으며 매우 빠르고, 복잡하고 3차원적인 방식으로 몸의 양측면을 사용하게 된다. 척추는 회전해야 하지만 안정적이어야 한다. 어깨 근육군은 강하고, 안정적어야 하지만 상당한 스피드를 만들어내야 한다. 손상을 당하기 쉬운 두 손과 손목은 클럽에 상당한 양의 동역학 에너지를 전이해야 하고 동시에 지면과 공으로부터의 충돌로부터 상당한 양의 힘을 흡수해야 한다. 도한 무릎과 힙은 지속적으로 회전하여 지면과 회전하는 상위 고리부분으로부터 닫힌 운동사슬에 의한 회전력(torque)을 흡수해야 한다. 문제를 훨씬 더 복잡하게 만들자면 거의 모든 근육은 2초 미만의 시기 동안 신체를 안정시키고, 가속화하거나 감속화 할 책임을 가지고 있다.

팔 훈련

테라밴드 및 튜빙, 풀리 및 케이블과 프리 웨이트를 사용함으로써 기능적 유연성을 향상시키고 유지하며 근육의 불균형 문제를 막을 수 있다. 가능하다면 전범위의 동작을 촉진하여 모든 훈련에서 대각선 패턴이나 회전 패턴을 통합하라. 골프 체력을 향상시키고 관련손상의 위

힘을 최소화하기 위해 다음의 근육군을 포함해야 한다.

1. 손목 신근과 굴근(양쪽으로)
2. 회전근개(특히 리드하는 쪽)
3. 광배근과 대흉근을 양쪽으로 훈련(다운스윙을 하는 동안 클럽을 가속화하라)
4. 승모근, 능형근과 다른 견흉근을 양쪽으로 훈련(견갑골의 닫힌 운동사슬에 의한 안정성과 열린 운동사슬 훈련이 필요하다.)
5. 경견 부위를 안정시키기 위한 상위 트렙과 견갑거근

필요할 때, 경부회전, 견갑골의 외전과 회전, 수평 내전(충돌 상태를 막는), 손목 굴곡과 회외 그리고 등쪽 어깨의 외회전(안정성과 회전근개 문제를 막는)을 위해 유연성 훈련을 통합해야 한다.

다리 훈련

일반적인 믿음과 대조적으로 두 다리는 골프 스윙에 더 많은 파워나 클럽-헤드의 스피드를 제공하지 못한다. 그러므로 정형외과적 또는 신경학적 손상을 막으면서 골프를 하고 먼 거리로 공을 보내기에 충분한 다리 힘을 가져야 한다. 또한 임상가와 골퍼는 둘 다 자세를 더 좋고 하고, 균형을 잡고, 서포트를 좋게 하고 경기하는 동안 걷게 되는 골프선수들의 피로를 막기 위해 다리에서의 일반적인 유산소성 지구력에 초점을 맞추어야 한다. 걷기, 자전거 타기 그리고 스테어마스터와 같은 스트레스가 낮은 심장혈관계통의 훈련이 모든 골퍼들에게 매우 좋으며 라운드경기의 후반부동안 그리고 극단적인 환경 조건 속에서 골프를 경기하게 될 때 자세로 인한 근육 피로를 줄이는 것을 돕게 된다. 공개적 연쇄 무릎 신전의 관련 스트레스를 최소화하고 훈련의 기능적 면을 향상시키기 위해 상당한 체력, 지구력 또는 균형 문제가 나

타나게 되면 닫힌 운동사슬 다리 훈련을 수행해야 한다.

힙 회전근과 굴근, 슬곡근과 비복근-가자미근 군을 포함한 유연성 훈련 또한 통합되어야 한다. 스포츠의 요구사항을 더 잘 모방하고 콜라겐 조직의 과도신전을 막기 위해 똑같은 분량의 정적이고 동적인 스트레칭으로 구성된 프로그램을 선호한다.

척추(코어)운동

허리손상의 위험을 최소화하기를 바라는 골퍼들은 기본적인 복부 강화훈련으로 시작하여 횡복근, 내복사근과 외복사근 그리고 요추다열근에 초점을 맞춘 기능적인 요부 안정화 훈련으로 진행해나가야 한다. 더 중요한 것은 기능적 활동의 전이 효과를 증진시키기 위해 서서하는 닫힌 사슬 복근 훈련으로 진행해가야 한다는 것이다. 적절한 권장사항에 대해 알아보기 위해 기능적 재활에 대한 단락을 보라.

만약 임상적으로 유익하다면 가동성과 유연성 훈련이 통합되어야 하고 중립적 골반 자세에 대한 훈련도 통합되어야 한다. 또한 모든 회전 유연성 훈련이 1차와 2차 척추 각의 정렬을 고려하여 모든 회전 유연성 훈련을 신중하게 행해야 한다. 물론 이 훈련들 또한 역기능적인 상태를 재 악화 시키고 새로운 상태를 만들어내는 것을 막기 위해 세밀하게 모니터해야 한다. 다시 말해 임상가는 느리고, 통제적이고 역동적인 유연성과 가동성 패턴에 더 초점을 맞추고 만성적인 정적인 스트레칭을 피하도록 해야 한다.

손상의 원인

외재적 요인

셋업 자세

적절한 셋업 자세를 만드는데 실패하는 것은 아마추어들과 성취도가 높은 선수들 사이에서 일반적으로 나타난다. 셋업자세를 적당히 하는 것은 제대로 교정하지 않게 되면 시간이 지나면서 신체적인 스트레스와 불충분한 수행능력의 원인이 될 수 있다. 부적절한 셋업자세의 가장 일반적인 특징은 주요 척추 각을 만들기 위해 힙-경첩 동작을 사용하지 못하는 것이다. 많은 골퍼들은 몸통 굴곡보다는 척추굴곡을 사용하게 되는데 그것이 더 자연스럽고 덜 복잡하기 때문이다(그림 7.4). 불행히도 이 골퍼들은 요부 굴곡과 후부 골반 회전이 연장되는 것과 관련된 생리학적이고 역학적인 중요성을 인식하지 못하고 있다. 과도하거나 연장된 척추굴곡 활동으로부터 요추관절과 연조직에 가해지는 스트레스는 대부분의 의료 전문가에게 잘 알려져 있는 것이다. 그러나 대부분의 골퍼들은 이 관계나 실제적으로 골프 스윙을 하는 동안에 좋지 못한 자세가 힙과 어깨를 회전시키는 부정적인 영향을 인식하지 못하고 있다.

셋업 단계 동안에 척추 굴곡을 사용하는 것은 두 가지의 중요한 방법으로 척추의 요소와 스윙의 효율성에 부정적인 영향을 미치게 된다. (1)골퍼의 중력 중심을 전환시키는 것 (2)척추에서 가능한 회전의 양을 제한하는 것이 그 두 가지 방법이다. 척추를 중립적으로 유지시키는 힙-경첩 동작을 적절하게 사용하는 것이 기저면에 또는 발의 볼(둥근 부분)사이쯤에서 COG를 유지하는 것을 돕게 된다. 대조적으로 과도한 척추 굴곡은 COG가 기저면의 후부로 이동하게 하고, 골퍼의 체중을 더 발꿈치 쪽으로 가도록 한다. 운동역학적인 사슬에 있는 다양한 고리사이의 역동적인 상호작용 때문에, 운동역학적인 연쇄반응의 초기에 자세를 조정하는 것은 운동역학적인 연쇄반응의 후부의 시동 링크에서 골퍼가 역동적으로 동작하고 균형을 잡고 그리고 관절을 가동시키는 데에 상당한 영향을 줄 수 있다.

그들의 셋업 자세와 스윙 자세를 절충하는 골퍼들에게서 척추회전의 양이 상당히 감소할 수 있다. 구체적으로 좋지 못한 몸통 자세가 척추에 트레스를 지나치게 많이 비정상적으로 만들어내는 동시에 능동적인 힘과 어깨 회전의 양을 상당히 감소시키게 된다. 골반을 전면으로 회전하고 중립에 놓고, 후부로 회전하면서 좌식 자세로 흉곽을 회전시키려고 노력함으로써 이런 결과를 설명할 수 있다. 그리고나서 척추를 중립자세로 놓은 채로 테스트를 반복하고 회전 량과 안정 레벨에서의 차이를 측정하라.

골퍼들이 짧은 경기-퍼팅과 치핑-를 실행할 때 요추지대에 불편함과 통증이 증가하는 것을 불평하는 일이 흔히 있다. 과도한 훈련에 대한 필요성과 결합된 퍼팅과 치핑 동작과 관련된 자세상의 요구사항은 요추와 흉추 구조의 후부 지지구조에 상당한 긴장을 주게 된다. 좋지 못한 셋업 자세를 갖고 있는 골퍼들은 이런 타입의 자세상의 긴장으로·통증을 일으키기 쉽다.

백스윙 단계

백스윙의 정점에서 볼 수 있는 가장 일반적인 자세는 힘과 다리가 측면으로 이동하며 2차 척추 각은 없어지거나 거꾸로 된다는 것이다- 앞서 말한 거꾸로 된 체중 전이가 그것이다. 회전하는 어깨와 동조하여 골반을 오른쪽으로 회전하는 대신에 많은 초보 골퍼들은 클럽-헤드의 속도를 증가시키기 위한 노력으로 하체를 측면으로 과도하게 체중을 전환하려고 시도하는 실수를 저지르게 된다. 백스윙에서의 측면 체중 전환은 골퍼가 그의 COG를 지지기부밖에 두어 동작의 균형과 역동적인 일련 순서를 절충시킨다는 것이다. 하체가 오른쪽으로 이동하게 되면, 골퍼가 셋업 시에 취했던 2차 척도의 각을 계속 유지하는 것이 불가능해진다. 만약 골퍼가 오른쪽으로 힘을 이동하게 되면, 척추는 균형을 유지하기 위한 보상적인 시도로 왼

쪽으로 측면이동을 하게 된다. 아이러니하게도 이 시나리오의 마지막 결과는 골퍼가 체중의 대부분을 발의 뒷부분보다는 발의 앞부분에 둔다는 것이며 부차적인 척추 각을 잃게 되므로 "역회전 체중 이동이나 역회전 피봇"이라고 부른다.

능력에 관계없이 2차 척추 각을 유지할 수 없게 되는 골퍼들은 공과 접촉하기 위해 충돌하기 전에 상위 몸통을 공 뒤에 두도록 강요되게 된다.(2차 척추 각을 재설정하게 된다) 이 자세로부터 골퍼는 타겟을 향해 힘 뒷부분을 측면으로 적극적으로 미끄러뜨림으로써 다운스윙의 초기부분에 몸통의 기울기를 역전시키게 된다. 연쇄반응에서 이것은 원래 척추와 몸통의 기울기를 회복하기 위해 척추를 동시에 측면으로 굴곡 시키게 만든다. 이와 같은 척추각의 맹렬한 손실과 회복이 일어날 때 척추는 또한 상당한 회전과 전단력을 겪게 된다. 이 측면 이동과 척추 각을 조정하는 일련 동작이 아주 커질 때, 척추는 어쩔 수 없이 스윙의 마지막 단계(팔로우 스루)에서 엄청난 과신전의 힘을 경험하게 된다. 발생하는 과신전의 양은 2차 척추 각을 회복하기 위해 필요한 동작의 양으로 인한 직접적인 결과이다. 골프 스윙을 하는 동안 만들어지는 힘의 본성과 양은 다음 단락-다운스윙-에서 더 상세하게 제시할 것이다.

다운스윙 단계

골퍼가 공쪽으로 움직이기 위해 사용하는 동작과 골퍼가 충돌 시에 만들어내는 자세는 이전에 달성한 백스윙의 직접적인 결과이다. 일반적으로 두 척추 각을 유지하는 골퍼들, 다시 말해 공을 통과하여 회전하는 동안 기저면에 머물고 스윙하는 내내 동작 평면위에 머무는 골퍼들은 고도의 숙련성을 가지면서 더 낮은 레벨의 신체적인 스트레스를 받게 될 것이다. 대조적으로 척추 각을 잃고 과도한 측면 체중 이

동을 사용하는 골퍼들은 평면상에 머무는 것에 곤란을 겪게 되어 스윙을 반복적으로 성공하지 못하게 되고 더 높은 손상률을 갖게 될 것이다.

Hosea 등은 아마추어와 전문 골퍼들의 골프 스윙과 5번 아이언으로 스윙하는 동안 L3-L4 동작분절에 놓이는 스트레스를 평가하였다. 저자들은 프로 골퍼는 34% 이상의 큰 클럽-헤드 스피드를 생성하지만 아마추어들은 훨씬 더 큰 척추 힘과 50% 이상의 더 큰 몸통 근육활동을 생성해낸다는 것을 발견했다. 프로골퍼와 비교하여 아마추어들은 80% 이상의 정점에서의 측면 구부리기와 전단응력 하중(560 N 대 329 N)을 생성하였고 34% 이상의 회전 우력을 생성하였다. 저자들은 또한 두 그룹의 골퍼들이 체중의 8배까지 척추에 압박 하중을 생성하였는데 이것은 힘의 4000 N까지 생성하는 다른 더 왕성한 활동에서 값과 동등한 값이다. 저자들은 골퍼의 요추에서 생성되는 하중이 골퍼가 근육 좌상, 수핵탈출증, 척추분리증, 척추관 협착증과 함께 추간관절증을 일으키기 쉽게 한다.

프로 골퍼와 아마추어 골퍼들을 신중하게 분석함으로써 나는 두 집단사이에서의 힘의 발생이 일치하지 않는 이유를 정확하게 지적할 수 있게 해 주었다. 백스윙을 하는 동안 2차 척추 각을 유지하는데 실패하는 것이 아마추어 골퍼의 요추에서 이런 드라마틱한 스트레스 레벨을 생성해내는 주요 원인이 된다. 2차 척추 각을 유지하지 못하게 될수록 다운스윙을 하는 동안 이 자세를 회복하기 위해 더 많은 측면이동이 필요하게 된다. 이 연쇄 반응이 더 큰 전단력, 측면 구부리기 그리고 회전력을 발생시키고 동작을 생성하기 위한 더 큰 근육상의 작용력이 필요하게 된다.

Hosea 등의 작업은 프로 골퍼들이 더 능률적인 스윙을 가지고 있으며 아마추어들이 손상과 병변의 발달에 원인이 되는 더 큰 힘을 생성해낸다는 아이디어를 지지하고 있다. 관절운동학적으로 이런 보상의 대부분은 흉요추에서 일어나며 비생리적인 척추 역학으로 구성된다.

임팩트의 순간은 겨우 0.0005초만 지속된다. 그러나 이 관절들과 연부조직을 통과하여 이렇게 매우 짧은 시간 동안에 클럽으로 전이되는 많은 에너지가 있다. 이 순환에 근거하여 18홀에 걸쳐 풀 스윙의 임팩트가 일어나는 총시간은 고도로 숙련된 골퍼일 경우 약 0.018초(규정대로 파 골프를 치는 골퍼 -36개의 풀 스트로크와 36개의 퍼트- 로 퍼트는 제외한다), 그리고 전형적인 15개 핸디캡을 갖는 아마추어 골퍼의 경우(54 스윙과 36 퍼트를 취하며 평균 90점 득점에 근거한다).는 단 0.027초와 동일하였다. 손과 손목단위가 운동역학 체인에서의 마지막 사슬이며 궁극적으로 스피드와 운동역학 에너지(다른 신체 분절과 물리학의 자연법칙으로부터 생성되는)를 클럽으로 전이하는 역할을 하게 된다. 이 과정동안에 그리고 고스피드로 유사탄력적인 표면(풀, 잔디, 흙)과 접촉하는 것으로 인해 손과 손목의 연조직과 작은 뼈 위에 놓이는 요구량은 손상을 더 당하기 쉽게 만든다.

왼쪽 팔꿈치의 외상과(golfer's elbow)는 테니스에서 백핸드 스윙을 하는 동안에 오른쪽 팔꿈치 신근군의 작용과 같이 충돌 전 단계 동안에 종종 일어나는 왼쪽 손목의 "인사하듯 구부리기(bowing)" 과정의 결과이다.

팔로우-스루 단계

골프 스윙의 팔로우-스루 단계는 단순히 다운스윙의 거울 이미지이기 때문에 우리는 실제적인 팔로우 스루동작과 그 결과로 인한 피니시 자세로부터 많은 것을 배울 수 있다. 만약 골퍼가 회전중추를 유지하지 못하고 균형을 잃는 것으로 마치게 될 경우, 골퍼가 어떤 종류의 보상적 이동을 하지 않는다면 피니시 자세는 균형을 잃게 된다. 많은 "교육받은" 아마추어 골퍼들은 적절한 피니시 자세가 어떻게 되어야 하는지 알지만 "이상적"인 자세를 잡는데 필요한 적절한 다운스윙 역학을 갖고 있지 않기 때문에 이 시나리오의 희생물이 되기 쉽다. 아이러니하게도 그들은 종종 이 과정에서 척추의 효율성을 줄이게 된다.

많은 지도자와 투어 전문가들은 거꾸로 된 C 모양의 피니시 자세를 가르치고 지지한다(그림 7.13). 이 자세는 골퍼가 공을 통과하여 몸

그림 7.13 역C자형 팔로우 스루 자세는 다운스윙시 타깃방향으로 초과 체중이동에 발생 과신 전을 유발한다

을 이동할 수 있게 하고 공이 날아가는 거리를 증가시킨다고 한다. 알다시피 이 자세는 요추에 극단적인 과신전 하중을 하게하며 결과적으로 허리 이상이 증가하게 되는 것이 대부분의 전문가가 이 테크닉을 사용하지 않는 주요한 이유이다.

내재적 요인

골프 경기를 효과적으로 손상 없이 하기 위해 골퍼는 전통적으로 다른 운동선수들에게도 해당되는 어떤 특성을 가질 필요가 있다. 골프 클럽을 스윙하는 것은 협응, 균형, 힘, 타이밍, 리듬, 지구력, 유연성 그리고 정신적인 스테미나를 필요로 한다. 프로와 아마추어 골퍼 둘 다에게 상당한 손상률이 있고 프로골퍼들은 최근에 콘디셔닝과 손상 예방 프로그램에 참가함으로서 경기의 신체적인 요구사항을 특히 강조하기 시작하였다. PGA, 시니어 PGA 그리고 LPGA 투어는 투어 전문가를 위해 전국에 걸쳐 있는 토너먼트 장소로 여행하는 풀타임 피트니스와 재활 밴을 제공하고 있다. 밴은 내과 의사, 물리 치료사 그리고 운동 트레이너로 갖추어져 있으며 현장 예방적인 훈련과 물리 치료 프로그램을 제공하고 있다.

자세와 신체 상태

주요 척추 각을 만들고 유지함으로써 척추 굴곡의 하중을 피하는 능력은 슬괴근의 유연성, 자세상의 습관, 복부 콘트롤 그리고 다리의 지구력에 달려 있다. 지나치게 팽팽한 슬괴근을 가지고 있는 사람들(힙을 90도로 굴곡한 채로 반듯이 누운 자세에서 수직에서 30도 미만이 부족한)은 힙 경첩 상태를 편안하게 취하는데 어려움을 가질 수 있다. 습관적으로 몸을 앞으로 수그린 자세를 취하고 책상에 지속적으로 앉아 있는 사람들 또한 셋업 자세로 힙 경첩 자세를 실행하는데 어려움을 갖게 된다. 자세상의 습

관에서 벗어나, 공위로 셋업할 때 몸을 수그린 후만증 자세에서 더 편안하게 느끼는 경향이 있다. 다른 요부 통증을 가진 환자의 경우, 불충분한 횡복근의 통제와 긴장상태 또한 접근 시에 절충적인 자세를 피하는 골퍼의 능력에 영향을 주게 된다. 마지막으로 평균에서 평균이상의 다리 지구력과 심장혈관계통의 지구력을 갖고 있는 골퍼들은 비조건화된 골퍼들보다 더 오랜 시간동안(후방의 9개 홀) 셋업 자세를 유지할 수 있는 것 같다. 더위 속에서 경기하고 걷는 것이 컨디셔닝(몸의 상태가 조절)되지 않은 골퍼들에게 이런 문제를 추가하는 것으로 보이며 후반의 라운드에서 더 몸이 구부러져서 요추에 가해지는 힘과 압력이 증가하고 손상의 기회도 늘어나게 된다.

회전 유연성

골프 스윙의 백스윙 단계는 비교적 스트레스가 없지만 흉곽, 경추와 요추, 견대와 골반대, 힙 관절 그리고 손과 손목의 상당한 유연성을 필요로 한다. 왼쪽 어깨 군과 특히 후부의 회전근개 근육조직과 캡슐(오른손잡이 골퍼의 경우)이 특히 백스윙의 정점에서 손상을 입기 쉽다. 이 시기 동안, 왼쪽 어깨는 충돌 자세에 놓이는데 동시에 상당한 길이까지 스트레치 되게 된다. 이런 기능적 요구사항은 내재적인 어깨 이상의 문제를 갖고 있는 사람들과 나이가 들면서 종종 발생하는 회전근개 퇴행으로 인해 더 나이든 골퍼들에게 특히 중요하다.[5]

골프 서클에서 부르는 것처럼 적절한 '신체 회전'은 경부와 몸통 회전의 충분한 유연성을 필요로 한다. 만약 충분하지 않은 유연성이나 기능장애적인 관절 역학이 이 지대에 존재하게 되면, 골퍼는 완전하고 적절한 백스윙을 달성하기 위해 다른 분절적 관련요소로 보완해야 한다. 회전에 제약을 받거나 경추에 상당한 기능장애가 있는 골퍼들은 뒤로 회전하면서 골프 스윙을 하는 동안 그리고 스윙하는 내내 머리를 정지한 상태로 유지하는데 어려움을 겪는다. 경추에서의 심각한 회전적인 제약은 눈을 공에 고정시킨 상태를 유지하려고 노력함에 따라 2차 척추 각을 잃게 할 수 있다. 아 이러니하게도, 이 동작은 시간이 지나면서 경추, 흉추 그리고 요추에 스트레스를 증가시킬 수 있다.

흉곽에서의 가동성에 제약을 받는 골퍼는 완전한 회전적인 백스윙을 만들어내기 위해 요추와 힙에서 더 많이 회전할 필요가 있다. 이것은 어쩔 수 없이 흉추와 요추의 가동적 분절들의 과도한 동작과 표준이하 동작에 가해지는 스트레스를 증가시키게 된다. 마찬가지로 어깨에서의 특별한 가동성을 가지고 있고 요추와 골반에서의 회전적 동작은 거의 없는 골퍼들이 상위몸통과 그것의 동작 분절에 더 많은 요구사항을 부과하게 된다. 몸통의 상위부분과 하위부분의 이런 일반적인 보상적 행동이 두 분절의 역할에 불균형을 일으킬 수 있다. 이 불균형은 영향을 받기 쉬운 분절에 극도의 회전력을 일으킬 수 있으며 골퍼에게 이롭지 않은 손상과 수행능력상의 변화를 가져올 수 있다.

골프에서의 손상의 대부분은 반복적인 스윙의 직접적인 결과로 일어난다. 다운스윙 단계는 클럽-헤드 속도를 생성하는데 책임이 있으므로 몸에 극도의 하중을 부여하게 된다. 다운스윙을 하는 동안, 몸통은 하나의 결합적 동작으로 연속적인 분절적 회전, 선형 이동, 전방 몸통 굴곡 그리고 측면 구부리기 모두를 포함하는 방향상의 급속한 회전적인 변화를 경험하게 된다. 일반 골퍼는 전형적인 골프 경기(준비운동, 훈련과 매치 스트로크)에서 약 110배에서 130배까지 이런 코일-언 코일 과정을 경험하게 된다. 만약 지구력과 몸통근육조직을 충분히 통제하지 못한다면, 운동근육의 피로가 발생할 수 있고 그에 따른 보상적인 동작 패턴이 그것을 대신하게 된다. 충분하지 않은 운동신경 지구력과 유연성이 좋지 않은 신체와 스윙 역학과 공존하게 되면 골퍼는 손상의 가능성에 노출되게 된다.

치는 쪽, 왼쪽의 어깨의 조절

골반대와 견갑대의 회전사이의 지연과 결합하여, 다운스윙의 평면을 통제하는데 있어서 리드 암이 하는 역할은 왼쪽 회전근개 근육조직에 상당한 스트레스를 주게 된다. 타겟을 향해 몸을 풀게 되면 상승된 팔과 회전근개 근육이 팔을 외부로 회전시킬 때 그 부분에서 당겨지게 된다. 왼쪽 어깨 동작의 양에서 제한을 받는 것이 후부의 커프 근육조직에 더 많은 하중을 부여하게 되므로 결과적으로 훈련과 경기의 증가와 함께 상당한 회전근개 병변을 낳을 수 있다. 비정상적인 견갑골의 가동성과 안정성은 캡슐에 더 많은 스트레스를 주고 특히 리드-사이드에서 상완관절의 근육 제한을 가져오게 된다.

임팩트 전에서부터 임팩트 후까지의 시기 동안에, 팔의 원위분절에 가해지는 상당한 스트레스가 있다. 이 극도로 짧은 시간에 이 분야의 조직들은 급속하게 연장된 자세에서 단축된 자세로 되어가고 임팩트 시에 지면과 공으로부터 접촉하는 힘을 흡수하게 된다. 팔에서 유연성과 체력이 낮은 골퍼들은 이런 요구사항과 가능한 위험부담을 인식하고 있어야 한다.

하지의 운동사슬

무릎과 슬개대퇴관절 모두 골퍼가 공과 접촉할 준비를 할 때 상당한 양의 다방향적인 힘을 경험하지 않을 수 없게 된다. 인대 불안정, 슬개대퇴 증후군이나 퇴행적 관절 질병을 갖고 있는 골퍼들은 훈련과 경기에 참가하는 동안 통증의 증가와 기능의 감소를 갖게 되기 쉽다. 골프 인구의 무릎 병변을 다룰 때 기능적인 재활, 깔창과 부목 조정 그리고 역학적인 적응을 고려해야 한다. 전면십자인대를 재건한 골퍼는 특히 왼쪽(리드 사이드) 무릎이 관련될 때 경기로 안전하게 되돌아오기 위해 특정기준을 인식하고 있어야 한다. 무릎과 발의 불안정성과 병변을 가지고 있는 골퍼들은 체중을 관련된 쪽으로 이동하고 닫힌 사슬 자세로 회전할 때 어려움을 겪게 된다. 완전하고 제약을 받지 않고 경기로 되돌아오기 위해서는 충분한 체력, 안정성 그리고 고유수용성이 있어야 한다.

팔로우 스루 단계는 완전한 피니쉬 자세에 도달하기 위해 상위 1/4과 힘의 충분한 유연성을 필요로 한다. 힙 내회전이나 외회전이나 어깨에서의 제약은 골퍼가 충분하게 팔로우 스루하는 것을 허용하지 않으므로 스윙을 안전하게 감속하기 위한 충분한 시간을 갖지 못하게 한다. 높고 균형 잡힌 자세로 피니시하고 공을 통과하여 스윙하기 위해 요추 신전이 필요하다. 이와 같은 신체적인 제약이 처리되지 않을 때, 스트레스의 증가와 보상적 행동은 어쩔 수 없이 골프 스윙의 일관된 요소가 된다.

많은 관찰자들은 실제로 손상이 각각의 스윙을 하는 동안 일차적이고 2차 척추 각을 유지하기 위한 필요와 회전을 결합시킨 결과로 일어날 때 몸통회전을 골프 스윙에서 허리 스트레스의 중요한 원인으로 잘못 지정하게 된다. 골프는 이런 특정한 자세와 회전적 동작 패턴을 필요로 하며 골퍼는 전형적인 골프경기를 하는 동안에 약 5시간동안 이 자세를 유지하고, 취하고 벗어나게 된다는 것을 알고 있기 때문에 경기에서 많은 등 손상이 일어난다는 것을 이해할 수 있다. 이런 원리에 대해 골퍼를 교육시키는 것이 수행능력의 증가뿐만 아니라 자기관리와 재발율을 줄이게 된다.

골프 스윙은 신체를 위한 자연스런 활동이 아니며 여러 가지 방법으로 건전한 신체 역학의 모형에 맞지 않기 때문에 능력과 경험이 많은 골퍼들은 경기에 관련된 잠재적인 위험과 해로운 점을 알고 있어야 한다. 각 개인 사이에는 많은 해부학적 차이가 있으며 골프 클럽을 스윙하기 위한 많은 다양하고 효과적인 방법이 있다는 것을 기억하는 것이 중요하다. 해부학과 스윙 테크닉의 결합이 골퍼 각 개인에게서 발생하는 신체적인 스트레스와 성공의 상대적 레벨을 말해 줄 것이다.

일반적인 손상과 재활

비록 과사용으로 인한 손상이 골퍼에게서 나타나는 급성 외상보다 더 자주 일어난다 해도, 골프 스윙은 상당한 급성 손상을 일으키기에 충분한 힘을 생성하지는 않는다. 부정확한 스윙 역학과 좋지 않은 신체적 조건화의 결합이 일반적으로 아마추어 골프 인구에서의 급성 손상의 주요 원인이며 반면에 장기간에 걸친 경기와 훈련이 프로 투어에서 일어나는 대부분의 손상의 원인이 된다. 그러나 기술 레벨에 관계없이 대부분의 골프의 손상은 다운스윙을 하는 동안 임펙트 순간에 일어나거나 임펙트 순간에 가까워지면서 일어난다고 보고되었다.[16,17]

Mccarroll과 Gioe에는 골프 스윙의 팔로우-스루 단계가 프로 골프의 모든 스윙-관련 손상의 거의 30%를 차지하며 충돌 단계 다음이 두 번째로 높은 발생률(50%)을 차진한다고 보고하였다.[16] 높은 신체적인 스트레스에 대한 가능성의 증거로 우리는 골프 스윙의 임펙트 단계 동안에 골절과 탈구된 슬개골을 경험하는 골퍼를 살펴 볼 필요가 있다.[8] 헛치기(뿌리나 바위를 치는 것과 같은), 깊은 러프에서 공을 치는 것 그리고 고르지 않은 지면에서 공을 치는 것 등이 모든 골퍼들에게 일반적으로 발생하는 것이며 건, 인대, 관절 그리고 손, 손목, 어깨 그리고 등 근육에 상당한 외상을 발생시킬 수 있다.[5,11,12]

프로 골퍼

프로 골퍼들은 일 년에 적어도 10달 경기하거나 훈련하게 되며 하루 단위로 수백 번의 골프 공을 치게 되는데 이것이 과사용으로 인한 만성적인 손상을 당하기 쉽게 만든다. 프로골퍼에 대한 조사를 보면 226명의 응답자중의 190명(85%)이 골프로 인해 직접적으로 손상을 입었으며 그들의 프로 골프 코스에서 이 선수들 각각 평균 2번의 손상을 경험했다는 것을 알 수 있다.[16] 실제로 프로 골퍼의 54%가 그들의 손상을 만성적인 것으로 간주하고 있다. 왼쪽 손목이 가장 일반적으로 손상을 입으며(24%) 그 다음이 허리(23.7%), 왼손(7.1%) 그리고 왼쪽 무릎(7%) 순서였다. 통계를 성으로 구분했을 때, 여성 골퍼가 남성보다 손과 손목에서 더 많은 손상(38.8 대 22.9%)을 가졌으며 남성이 여성보다 등에서 더 많은 손상(25 대 22.4 %)을 입었으며 남성은 전문 여성 골퍼보다 왼쪽 어깨 손상을 더 많이 입었다(11 대 3 %). 선수의 대부분을 구성하는 오른손잡이 골퍼는 일반적으로 왼쪽 손목과 손에 더 많은 손상을 경험하였다.

아마추어 골퍼

아마추어 골퍼사이에서의 손상률을 검사하는 한 가지 연구는 57%가 골프와 직접적으로 관련된 손상을 적어도 한번 겪었다는 것을 발견했으며 반면에 다른 연구는 응답자의 62%가 한번이상의 골프 손상을 경험했다는 것을 알아냈다.[2,16] Batt는 조사에서 모든 아마추어 응답자의 32%가 실제로 골프를 하는 동안 손상을 경험했다고 보고했다. 정확하게 하기 위해 저자는 이것을 '사고에 의한 손상'이라고 부른다.[2] 응답자의 42%가 골프에 의해서 일어난 손상은 아니지만 경기에 상당한 영향을 준 병을 보고했다. 저자는 골프를 함으로써 유도된 스트레스에 2차적으로 표면화된 이런 이전의 손상과 병

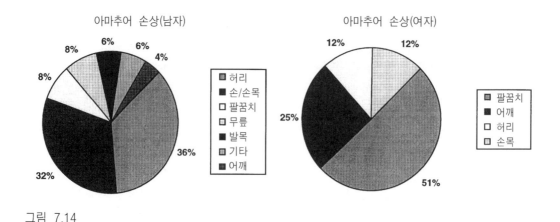

그림 7.14

변을 "우연적 손상"이라고 용어화했다. 전체적으로 가장 높은 발생률은 허리(33%)이고 그 다음이 손과 손목(27%), 팔꿈치(13%), 어깨(7%) 그리고 마지막으로 무릎(6.5%)순으로 나타났다. 아마추어, 프로 그리고 투어 골퍼에 대한 이런 조사는 허리와 손-손목근 군이 손상을 당하기 가장 쉬운 지대라고 제안한다. 이 연구에서의 남성과 여성의 개별적 차이를 그림 7.14에서 분류하고 보고하고 있다.

아마추어 골프 손상에 대한 최근의 연구는 등의 손상이 전체그룹에서 가장 손상을 많이 입는 지대(35%)이며 여성이 남성 하위인구에서의 척추손상(30%)과 동일한 빈도로 팔꿈치손상(36%)을 경험하는 등 남성(62%)과 여성(61%) 사이에서 똑같은 비율로 손상이 발생한다는 것을 알아냈다.

다른 연구에서처럼, 저자는 과도한 경기 및 훈련과 좋지 못한 스윙 역학이 손상의 가장 빈번한 원인임을 증명하고 있다. 응답자는 평균적으로 손상으로 인해 경기시간의 5.2주를 잃었고 반면에 조사 시기에 45%가 그들의 손상을 걱정하고 있었다. 추가적으로 이 연구는 50세 이상 연령의 골퍼들의 65%가 골프로 인해 손상을 입었다는 것을 알아냈다. 이 통계는 시니어 골퍼(50세 이상의)가 전체 골프인구의 25%

를 형성한다는 것(약 625만명의 골퍼)과 매년 경기하게 되는 전체라운드의 50%를 차지한다는 것을 고려할 때 훨씬 더 놀라운 일이라고 할 수 있다.

팔

여러 가지 방법으로, 리드하는 팔은 건강한 골프 스윙의 가장 중요한 요소이다. 운 나쁘게도 그것은 또한 매우 흔히 손상을 입는 부위이기도 하다. 결국 그것은 2-레버, 1-힌지 모형에서 주요한 해부학적 레버를 형성한다. 해부학상의 레버가 극도로 가동적이고 민감한 상완관절주위를 축으로 하여 선회하게 되고 상처입기 쉽고 가는 손목-손 근육군까지 원위적으로 신전하게 된다. De Quervain의 증후군, 월상골 골절의 고리, 골퍼의 엘보우 그리고 회전근개 병변이 골프 스윙의 팔 요구사항과 관련되어 있다.[2,12,14,16,17,23,24,26]

어깨

마찬가지로, 상완관절의 기능과 건강은 주로 견흉관절의 효율성과 건강에 달려 있다. 그러므로 건강한 골퍼 어깨는 충분한 어깨관절 가동성과 관련된 견봉하 공간, 적절한 견갑상완골 리듬, 동적인 견흉관절 안정성 그리고 잘 조정되고 잘 훈련된 회전근개근을 필요로 한다.

골퍼에게 있어 어깨근군에 가해지는 손상은 리드 어깨에서 일어나며(오른손잡이의 경우 왼손) 회전근개근의 좌상과 건염, 충돌 증후군, 활액낭염, 염발음성 견갑골 증후군과 상완관절의 불안정성을 포함한다. 비록 이 손상의 대부분이 본질적으로 만성적이라 해도, 급성 손상이 회전근개근 파열과 상완관절 아탈구가 일어나게 할 수 있다. 전형적으로 골퍼들은 낮은 등급의 통증과 경기나 훈련 후에 어깨에서의 불편함에서 출발한다. 왼팔이 수평적으로 내전하고 마지막 단계를 향해 내회전할 때인 백스윙을 하는 동안 증상은 증가하게 되는데 이 때 견봉과 가까운 지대에 상완골의 두부가 놓이고 견봉하 공간을 제약하게 된다.

지속적인 스윙 스트레스로 인해, 낮은 등급의 염증은 치료하지 않고 놓아둔다면 더 심각한 병변과 기능장애로 변할 수 있다. 선수가 좋지 못한 스윙을 실행하거나 다운스윙을 하는 동안 뿌리나 바위를 치게 될 때 종종, 피로로 인한 실패와 극상근과 극하근의 갑작스런 신전의 실패가 일어날 수 있다. 비정상적으로 큰 디벗(이것은 골프 볼이 언덕에서 골퍼의 발보다 위에 있고 오버-더-탑 다운스윙면과 관련되는 고르지 못한 지면에서 일어날 수 있다) 또한 회전근개건이나 근육조직에서 심한 파열을 일으킬 수 있다.

더 나이 많은 골퍼들과 수년의 스트레스성 훈련을 하게 되는 골퍼들이 리드하는 상완관절의 다방향적인 불안정성을 발달시키게 되는 사람들이며 2차적인 어깨 충돌 증후군의 증상이 나타나게 된다. Greg Norman은 그 좋은 예로서 수년간의 공격적인 공 스트라이크로 인해 비롯된 왼쪽어깨에서의 여러 해 동안의 불안정성을 교정하기 위해 고주파 열기 탐침 외과수술을 받았다.

기능적인 재활 : 어깨 통증과 기능장애로 인해 고통을 겪는 골퍼들은 염증성 반응을 줄이고, 상완관절의 가동성과 견갑상완골의 리듬을 회복하고 견갑골의 안정성을 향상시키며 회전근개건의 시동과 통제를 향상시키는 것에 관해 오버헤드 운동선수와 유사하게 진행되어야 한다. 그러나 임상가는 골프 스윙이 언더암 패턴이기 때문에 오버헤드 자세에서 어깨를 강화하는 것에 대해 걱정할 필요가 없다. 그러나 골퍼의 어깨를 치료하는데 있어서의 임상적인 모순은 존재하지 않는다. 풀 골프 스윙을 수행하기 위해서, 운동선수는 리드 암을 완전히 수평적으로 내전하고 내회전해야 한다. 명백하게도 이 충돌은 임상가에게 도전사항이 되는데 특히 환자가 주요 충돌이나 후부 상완관절의 불안정성의 전형적인 해부학적 징후를 나타내게 되면 더욱 그렇다.

전형적으로 이런 상황은 임상가와 골퍼가 더 느린 비율로 재활 일정을 참아내며 진행할 것을 요구한다. 이런 골퍼들의 스윙 패턴을 수정하기 위해 전문적인 골프 지도자들과 협력하여 일하는 것이 좋다. 이것은 일반적으로 백스윙을 3/4자세보다 더 많이 단축시키는 형태를 갖추며 왼쪽 팔꿈치를 백스윙의 정점에서 다소 굴곡 시키면서 암 스윙에 반대되는 것으로 큰 근육 스윙을 더 많이 사용하게 한다(몸통을 더 많이 사용하고 팔을 더 적게 사용한다).

일단 골퍼가 기능적인 회복 단계에 도달하면 골퍼가 경기로 되돌아갈 수 있게 다음의 훈련을 행하는 것이 도움이 된다.

1. 중립자세에서 외회전
2. 테라밴드로 스탠딩한 자세에서 회전 없는 수평 외전
3. '골프 짐'이나 비슷한 장치를 사용하여 골프 스윙 자세에서의 외회전(다운스윙을 모방)과 함께 수평 외전(그림 7.15).

팔꿈치

리드 엘보우는 손상이 일어날 때 가장 흔히 관련된다. '골퍼 엘보우(golfer's elbow)' 라는 용어는 왼쪽 팔꿈치의 신근군의 염증적이고 퇴행적인 상태를 기술하기 위해 사용되어 왔다. 몇 가지 참고문헌들은 골퍼의 엘보우는 오른쪽 팔꿈치 굴근 군에서 일어난다고 지적하였다. 실제로 두 현상은 다양한 인구에게서 나타난다. 평면에서 스윙하고 좋은 전체적인 스윙 역학을 갖고 있는 숙련된 골퍼들은 후기의 다운스윙에서 리드 엘보우의 신근군을 과도하게 스트레치하는 경향이 있으며 반면에 다운스윙을 하는 동안 정상에 오는 더 낮은 기술의 골퍼들은 오른쪽 팔꿈치에서 그들의 중앙 굴근군을 더욱 악화시키게 된다. 이런 병으로 고생하는 골퍼들은 테니스 엘보우(신근군)나 리틀 리거의 엘보우(굴근 군(Little leaguer's elbow))로 인해 고생하는 선수들과 똑같은 증상을 나타내게 된다. 약한 어깨 근육조직은 골퍼의 리드 암에서 외상과가 발달하는 원인이 된다.

또한 골프 스윙에 매우 "능숙"한 것으로 분류되는 상당한 수의 골퍼들이 있다. 그들은 충돌 시에 클럽페이스를 직각으로 세우기 위해 다운스윙의 릴리스 단계에서 나타나는 많은 양의 회내와 회외로 인해 그렇게 부른다(Lee Trevino와 Corey Pavin)를 보라). 이 골퍼들은 상완골의 상과에 가해지는 근육의 롤링-오버 효과로 인해 또한 팔꿈치 건염과 근육 좌상을 일으키기 쉽다.

기능적인 재활 : 일단 골퍼가 기능적인 회복 단계에 도달하게 되면 골퍼가 경기로 되돌아가는데 도움이 되도록 다음의 훈련을 따라야 한다.

1. 적절한 그립 자세를 취한 골프 클럽으로 요측편위. 이 훈련은 클럽의 원위 끝부분에 테라밴드를 추가함으로써 진행할 수 있다.

2. 저항적인 회내 유사와 회외 장치를 이용한 (테라밴드와 함께 해머 및 핸들)

3. 골프 짐이나 비교장치를 사용한 골프 스윙 자세에서 다운스윙의 릴리스 동작을 모방하기(그림 7-15).

4. 외회전근, 견갑 안정근 그리고 수평 외전근을 강화하기

척추

경추 : 비록 급성의 경부 손상이 골프에서 흔히 일어나는 것은 아니라 해도 기존의 경부의 병변과 기능장애를 가지고 있는 골퍼들은 신중하지 않다면 이 상태를 상당히 자극할 수 있다. 좋지 않은 경흉추 자세, 제한적인 회전 가동성 그리고 퇴행적인 조건을 갖고 있는 골퍼들은 풀 스윙을 하는 동안 경추에 가해지는 회전력을 조심해야 한다. 그렇게 할 수 있는 적절한 회전 능력 없이 백스윙을 하는 동안 머리를 정적으로 유지하려고 하는 것은 상당한 통증과 기능장애를 가져올 것이다. 마찬가지로, 다운스윙을 하는 동안 머리를 아래로 유지하는 것은 척추의 경부와 흉부의 요소들이 완전하고 효과적으로 회전할 수 있게 하지 않을 것이며 후관절과 척추관절에 회전력을 증가시킬 것이다. 디스크로 인한 통증은 35세에 미만에서부터 40세까지의 골퍼들에게서는 매우 드물지만 방사되는 통증은 일반 골프 인구에서는 흔하며 임상가에 의해 철저하게 검사받아야 한다.

기능적인 재활 : 일단 임상가가 경부의 통증을 나타내는 골프 환자의 경우 기능적인 재활 단계에 도달하게 되면 경부의 가동성과 안정성을 회복하기 위한 합리적인 시도를 해 보아야 한다. 임상가는 이 때 할 수 있는 것에 대해 다소 제약을 받으며 이런 환자에게 필요한 주요한 조정방법은 스윙의 수정, 자세의 향상, 통증 통제에 있다. 경부회전에 제약을 갖고 있는 골

퍼들은 다음을 행해야 한다.

1. 적절한 힘 힌지 자세, 가장 중요한 각도 셋 업 자세를 사용하라. 골퍼에게 셋업하는 동 안 두 눈을 공을 내려다보도록 가르침으로 서(마치 두 초점 렌즈를 보는 것처럼) 골프 스윙을 하는 동안 필요한 경부굴곡의 양을 줄이거나 없애도록 하라. 결과적으로 골퍼를 경부 중립자세를 취하며 그것을 유지하는 방 법을 가르치도록 하라.

2. 백스윙을 하는 동안 2차 척추 각을 유지하 도록 하라.

3. 머리가 공에서 측면 쪽으로 이동하게 하고 완전히 정지하는 것은 피하도록 하라.

4. 골퍼에게 머리를 회전할 수 있게 하는 것을 가르치고 오른쪽 어깨가 충돌지대를 통과하 여 이동하여 팔로우-스루 단계로 들어갈 때 머리를 들라. 팔로우 스루 내내 머리를 아 래로 유지하는 것은 좋지 못한 스윙 역학을 반영하는 것이며 머리의 추진력을 감속시키 고 마치는 능력을 제약함으로써 경추에 가 해지는 힘을 상당히 증가시키게 된다.

5. 관절 탄성과 가동성을 증가시키기 위해 충 분한 준비운동을 하라.

흉추 : 비록 스포츠에서 손상을 입는 일이 자 주 있지는 않다 하더라도, 흉추는 골프 선수에 게 있어 기능장애와 염증을 일으킬 가능성이 있 다. 초보골퍼의 리드 사이드의 흉곽에서의 늑 골 스트레스 골절의 비율이 높다는 새로운 사 실이 입증되었으며 이것은 대부분 "비특이적 등 통증(nonspecific back pain)"이라고 오진되 었던 증상이다.[15] 척추와 뼈돌기 관절의 기능장 애는 스윙의 회전 단계동안에 일어나는 회전력 과 전단력의 결합 결과로서 상위흉추에서 중앙 흉추까지 꽤 일반적이다. 전형적으로 골퍼들은 부척수근과 척추 견갑골근에서의 연조직 염증

과 관련되는 리드(왼쪽)하는 쪽의 견흉갑 지대 에 통증과 저가동성을 갖게 된다. 문제되는 척 추분절의 가동성과 위치확정(오리엔테이션)에 대 해 시각적이고 촉진적으로 측정함으로써 상응 하는 척추 레벨에서의 관련 관절의 기능이상과 과도 가동적이고 회전적인 분절을 알 수 있을 것이다. 리드-사이드의 관절의 기능이상은 여 성 골퍼들에게서 더 많이 나타나며 상위체력이 더 약한(특히, 능형과 승모근에서) 남성들에게 서 나타난다.

기능적인 재활 : 일단 정상적인 척추 역학과 가동성이 적절한 수동적이고 기능적인 훈련을 통해 회복되면 임상가는 다음의 근육군의 근육 상태, 힘 그리고 지구력을 증가시키는 것에 초 점을 맞추어야 한다.

1. 외회전근(극하근과 소원근)
2. 수평 외전근(중앙과 후부의 삼각근, 삼두근 의 긴 두부, 광배근)
3. 견갑 내전근과 하향 회전근(하위와 중앙 승 모근, 능형근)

진보되고 기능적인 골프 스윙훈련을 위한 기 능적인 재활 훈련을 참고하라.

요추 : 그림 7.14에서 나타나듯이 Batt는 그 의 응답자의 48%(우연적이고 실제적인 손상)가 요천 염좌에서부터 헤르니아 디스크까지의 허 리손상으로 고통을 받는다고 보고했다. 90에서 100%의 투어 전문가들이 어느 정도의 요부 통 증이나 그들 경력이 어느 지점에서 어느 정도 의 기능장애를 경험한다고 조사되었다. 문헌에 서 말하듯이, 디스크 통증은 골퍼에게 꽤 흔히 일어나며 임상가는 철저하고 명확하게 조사해 야 한다. 그러나 디스크 통증과 분열의 급성적 인 실례는 드물며 일반인구에게 있어 일반적으 로 좋지 못한 역학과 자세, 초기의 손상, 좋지

못한 천장의 안정성이 그 원인이 된다. 더 많은 근위 척추 분절에서 관절 기능 장애와 잠재적 신경근 염증 또한 요추에서 일어날 수 있으며 임상적 검사로 측정해보아야 한다. 천장관절 기능장애와 퇴화 또한 습관성 골퍼들에게 꽤 흔하므로 요추의 디스크성이나 방사 통증원인과는 구분되어야 한다.

비록 일반적으로 골프에 의해 일어나지는 않았다 해도, 척추분리증과 척추전방 전위증이 이런 문제를 갖고 있는 골퍼들에게서 상당히 많이 나타날 수 있다. 척추 각을 잘 유지할 수 있는 숙련된 전문 골퍼들에게서 발생되는 회전력과 전단력과 척추 각을 유지하지 못하는 덜 숙련된 선수들의 힘의 레벨을 살펴보라.[10] 스윙역학이 좋지 않은 환자들과 요부의 기능장애를 가질 기회가 있는 환자들 사이에는 강력한 임상적 관련사항이 있다. 이 자료를 바탕으로 하여, 척추분리증과 척추전방 전위증의 증상을 나타내는 환자들은 새로운 취미나 여가활동으로 골프를 하지 말 것을 권한다. 게다가 얼마동안 골프를 하였으며 골프를 지속하기를 바라는 사람들이 의사에게는 강력한 도전과제가 된다는 것을 알아두어야 한다. 모든 시도는 기능적인 가동성과 안정성을 회복하기 위한 것이며 동시에 골퍼의 스윙역학과 다른 스트레스의 잠재적 원인을 분석해야 한다. 또한 그런 골퍼들에게 그들의 신체적이고 수행능력상의 제약과 그런 상태로 골프를 하는 것과 관련된 위험을 철저하게 알려주는 것이 의사의 책임이다.

기능적인 재활 : 골프로 되돌아오기를 바라는 요추의 기능장애를 가지고 있는 골퍼들은 골프 스윙을 흉내내는 좌식으로 한 후에 서서 하는 닫힌 사슬에 기능 안정화 훈련으로 점진적으로 되돌아가야 한다. 결국 마지막 시기에는 골퍼는 테이블이나 "죽은 벌레(dead bug)" 자세로 누운 채로 골프클럽을 스윙해야 한다. 사

용하는 모든 훈련은 동시에 골반위치를 중립으로 하고 복근을 안정시키며 골프 스윙 자세와 척추 각을 포함해야 한다는 것을 기억하라. 다음의 기능적 훈련들은 요추문제가 있는 골퍼가 완전한 활동으로 돌아갈 수 있게 하는 준비를 갖추게 해야 한다.

1. 횡복근, 내복사근, 요부 다열근과 요방형근을 기능적이고 점진적으로 강화하라.
2. 시각적이고 촉각적인 피드백을 위해 클럽이

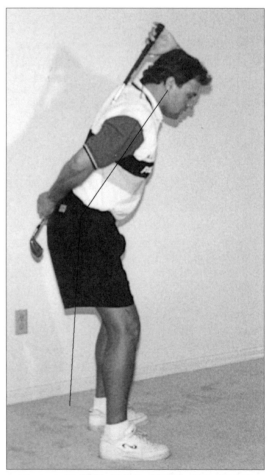

그림 7.16 힙 경첩 연습은 적절한 척추 중립성 1차 척추 각을 만들어 준다. 클럽을 등에 수직으로 대고 무릎을 굽힌 자세이다.

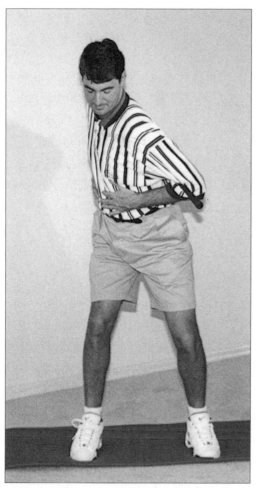

그림 7.17 미니스윙회전이 1차 척추각을 유지한 상태에서 수행된다. 골퍼는 아프지 않은 범위에서 백스윙을 한다. 점차 동작을 견딜 수 있는 동작을 확장한다. 한 다리로 서서 균형을 유지하고 고유수용기를 자극하는 스윙을 해본다.

나 티바(T-bar)로 힙 경첩 훈련을 하라(그림 7.16)

3. 척추 각을 유지하는 동안 통증 없는 범위에서의 미니백스윙 회전(그림 7.17). 이것을 피시오볼위에서 처음 수행하고 나서 스탠딩 자세로 행하며 근육이 반응할 때 튜빙이나 웨이트 저항을 추가할 수 있다. 처음에, 백스윙 사이드로만 수행하고 그다음에 참을 수 있는 만큼 다운스윙동작과 팔로우-스루 동작을 추가하라.

4. 골반을 중립 자세로 놓고 피시오볼위에 앉아 있는 동안:

a. 팔을 신전한 채로 행하는 중립회전. 중립에서 우측으로 그 다음에 뒤에서 중립으로 식으로 하고 다음에 같은 방법으로 왼쪽으로 반회전만을 수행하라. 저항력을 추가하기 위해 플라이오 볼을 잡고, 테라밴드 및 튜빙 또는 케이블 풀리 시스템으로 진행해가도록 하라.

b. 요부의 과신전을 피하면서 다리사이에서의 수직적인 내려치기(찹) 그 다음에 오버헤드 찹을 하라.

c. 척추의 약간의 전방 굴곡과 신전동작의 대각선 패턴을 사용하여 양쪽으로 경사 회전이나 좌식 우드찹을 행하라.

5. 힙 경첩 동작을 완전하게 유지하고 약간의 몸통 회전과 그것을 일치시켜 플라이오 볼로 서서 행하는 우드 찹 동작. 반드시 내내 횡복근 안정화, 중립 골반 자세 그리고 적절한 다리 굴곡과 신전을 촉진하도록 하라.

스포츠로의 복귀

다른 스포츠나 기능 활동에서처럼, 골퍼가 제약 없는 경기와 훈련으로 되돌아갈 때 신중한 주의를 기울여야 한다. 또한 처음에는 하루씩 교대로 하고, 점차 강도를 증가시키기 전에 시간을 늘리고 경기나 훈련세션에 2차적으로 통증과 불편이 생겨날 때마다 후퇴함으로써 다른 경기회복 프로그램과 같은 일반적인 지침을 따르도록 하라. 비록 모든 조건과 경기레벨을 위한 경기회복 기준을 반드시 언급할 필요는 없다 하더라도, 환자가 링크로 되돌아갈 때 다음의 기준을 잘 살펴보아야 한다.

1. 퍼팅부터 시작하라. 퍼팅자세에서 쓰이는 시간의 양에 대해 통제하면서 증분적으로 시기를 할당하라. 반드시 환자는 퍼팅 자세를 취하고 벗어나는데 힙 힌지를 사용하는 훈련 퍼팅 세션을 참을 수 있어야 한다. 그러는 동안 골반의 중립자세와 복근 부목을 내내 유지하는 능력을 증가시키라. 성공적인 퍼트를 위해 퍼팅자세에 머물러 있게 하지 말라. 환자가 각각의 퍼트와 모든 퍼트에서 퍼팅 자세를 취하고 벗어나게 하라(이것이 중요하다). 손상의 심각성과 본성에 따라 골퍼

는 다음 레벨로 진행하기 전에 퍼팅 훈련을 3일에서 5일 연속적으로 행할 수 있게 허용하라(각 세션 당 20분에서 30분).

2. 퍼팅의 경우와 똑같은 프로토콜로 행하는 치핑으로 이동해가라. 하루단위로 훈련량을 줄이고 10분에서 15분으로 시작하여 연속적으로 매일 25분씩으로 진행해가라. 환자는 이 시점에서 여전히 기능적인 안정화 프로그램을 행하고 있어야 한다는 것을 기억하도록 하라.

3. 미니스윙으로 시작하여 풀 스윙으로 진행해가야할 시기이다. 하루 단위로 훈련량을 줄이고 피칭 웨지나 샌드웨지로 시작하라. 환자가 50%의 노력으로 반-스윙의 피치 샷을 수행할 수 있도록 촉진하라. 그리고 최초의 훈련세션을 25번의 스윙에서 30번의 스윙으로 제한하고 다시 환자의 레벨과 상태에 따라 조정하도록 하라. 골퍼는 50%의 노력으로 3/4 스윙으로 진행하기 전에 연속하여 50번의 스윙을 수행할 수 있어야 한다.

4. 하루씩 걸러서 훈련량을 늘려가면서 격일로 골퍼가 7번 아이언, 그 다음에 5번 아이언, 그리고 3번 아이언 마지막으로 드라이버로 이동해간다. 최대의 노력을 들인 스윙(100% 스피드)은 골퍼가 3/4 스윙 길이와 3/4 노력으로 통증이나 어떤 불편 없이 매일 스윙을 할 수 있을 때까지는 행해서는 안 된다. 통증과 불편함이 있을 경우 경기로 돌아가기 전에 점차적으로 풀 스윙과 풀 스피드의 스트레스를 참아낼 수 있는 골퍼의 지구력을 점차 키워 가도록 하라.

5. 골퍼가 경기로 되돌아갈 때, 교대로 9번의 홀을 허용하라. 그 다음에 연속하여 9번 홀을 행한다. 참아낼 수 있으면 점차 똑같은 패턴을 사용하여 18번 홀로 진행해가도록 하라.

실제 볼을 칠 때 지면 반응력을 최소화하기

위한 시도로 모든 기능적인 재활 세션을 행하는 동안 골프 티를 사용할 것을 권한다. 또한 골퍼는 모든 공-스트라이크 세션 전과 후에 충분히 준비운동하고 정리운동을 한다. 늘 그런 것처럼, 상식적인 통증 지침과 골퍼환자와 의사사이의 개방된 정직한 의사소통이 경기로 안전하고 능률적으로 복귀하는데 가장 중요하다.

참고문헌

1. Barrentine SW, Fleisig GS, Johnson H: Ground reaction forces and torques of professional and amateur golfers, in Cochran AJ, Farrally MR (eds): Science and Golf II. London: E & FN Spon, 1994.
2. Batt ME: A survey of golf injuries in amateur golfers. Br J Sports Med 26(1):63–65, 1992.
3. Bechler JR: Electromyographic analysis of the hip and knee during the golf swing. Clin J Sports Med 5(3):162–166, 1995.
4. Cochran A, Stobbs J: The Search for the Perfect Swing. Philadelphia: Lippincott, 1968.
5. Cooper JM, Glassow RB: Kinesiology. St. Louis: Mosby, 1976.
6. Duda M: Golf injuries: They really do happen. Phys Sports Med 15(7):191–196, 1987.
7. Gatt CJ, Pavol MJ, Parker RD, et al: Three-dimensional knee joint kinetics during a golf swing. Am J Sports Med 26(2):285–294, 1998.
8. Geisler PR: The Kinesiology of Golf: Implications for Injury and Performance: Self-published, 1996.
9. Hogan B, Wind WH: The Modern Fundamentals of Golf. New York: Simon & Schuster, 1957.
10. Hosea TM, Gatt CJ, Langrana NA, et al: Biomechanical analysis of the golfer's back, in Cochran AJ (ed): Science and Golf. London: Chapman and Hall, 1990.
11. Isaacs CL, Schreiber FC: Patellar osteochondral fracture: The unforeseen hazard of golf. Am J Sports Med 20(5):613–614, 1992.
12. Jobe FW, Moynes DR, Antonelli DJ: Rotator cuff function during a golf swing. Am J Sports Med 14(5):388–392, 1986.
13. Jobe FW, Schwab DR: 30 Exercises for Better Golf. Inglewood, CA: Champion Press, 1986.
14. Knight B: DeQuervain's syndrome in golfers. Sports Med Update (Spring):12, 1990.
15. Lord MJ, Ha KI, Song KS: Stress fractures of the ribs in golfers. Am J Sports Med 24(1): 118–122, 1996.
16. McCarroll JR, Gioe TJ: Professional golfers and the price they pay. Phys Sports Med 10(7): 64–70, 1982.
17. McCarroll JR, Rettig AC, Shelbourne KD: Injuries in the amateur golfer. Phys Sports Med 18(3):122–126, 1990.
18. McTeague M, Anderson L: The science of the swing. Golf Magazine, December 1996.
19. Milburn PD: Summation of segmental velocities in the golf swing. Med Sci Sports Exerc 14(1):60–64, 1982.
20. National Golf Foundation: Latest golf participation study offers many encouraging signs. News release, National Golf Foundation, Jupiter, FL, April 28, 2000.
21. Personal communication: American Sports Medicine Institute, Birmingham, AL, 1994.
22. Pink M, Perry J, Jobe FW: Electromyographic analysis of the trunk in golfers. Am J Sports Med 21(3):385–388, 1993.
23. Stover CN, Wiren G, Topaz SR: The modern golf swing and stress syndromes. Phys Sports Med 4(9):42–47, 1976.
24. Torisu T: Fracture of the hook of the hamate by a golfswing. Clin Orthop 83:91–94, 1972.
25. Wiren G: Golf: Building a Solid Game. Eng

lewood Cliffs, NJ, Prentice-Hall, 1987.

26. Yocum L, Mottram R: Rotator cuff surgery extends Morgan's career, in On Tour (A pub lication of the PGA). New York: McGraw-H ill, 1994.

CHAPTER 8

요트경기

Kirsten Snellenburg

요트는 인간을 위한 운송수단의 가장 오래된 형태중의 하나이다. 1800년대 후반에 영국에서 열린 '아메리카 컵 레이스'를 시작으로 요트경기가 시작되었다. 그때이후로 요트경기는 전 세계적인 스포츠 경기로 성장했다. 요트경기는 첨단기술의 아메리카 컵 요트 경주, 올림픽 등급의 요트경기 그리고 지역이나 각 지방별 종목에서부터 가장 최신의 윈드서핑에 이르기까지 광범위하게 걸쳐 있다.

기술적인 진보가 이루어졌더라도, 소형 보트 항해사들은 스포츠로 인한 관련 손상에서의 증가를 보여 주고 있다. 오늘날까지 요트경기에만 해당되는 손상에 대한 조사는 거의 이루어지지 않고 있다. 이 장에서는 근력과 지구력, 항해사에 미치는 힘 그리고 스포츠에 일반적으로 나타나는 손상을 포함한 요트경기에서의 체력(건강상태)을 위한 요구사항들을 검토해볼 것이다. 또한 생체역학과 선수들이 시합으로 되돌아갈 수 있게 해주는 적절한 치료 방법들을 제시함으로써 임상가들이 그런 지식들을 이해하는 것을 도와줄 것이다.

요트경기의 역사

요트는 물이 운송과 탐험의 유일한 안전한 방법이었던 4000년 전보다 더 전에 나타났다. 이 배들은 태평양과 인도양에 있는 섬에서 섬으로 항해하는 폴리네시아 인들의 뗏목을 포함한다. 이집트인들은 또한 그들의 문명화를 위해 항해를 이용했다. 이집트인들은 지중해, 사해 그리고 홍해를 가로질러 화물 무역을 위한 범선을 개발해냈다.[1] 범선은 수세기에 걸쳐 무역에서 사용된 그 가치를 다 따질 수 없을 만큼 소중한 배가 되었다. 그러나 범선의 경기화가 아메리카 컵의 도입과 함께 국제적인 호응을 얻게 된 것은 19세기가 되면서부터였다. 세계 각 국의 대부분의 사람들은 아메리카 컵 경기를 잘 알고 있다. 그러나 경기에 참가하는 운동선수의 경우, 올림픽을 최고의 요트시합으로 간주한다. 2000년 올림픽이 열린 오스트레일리아 시드니에서는 많은 부류의 올림픽 요트경기가 있었다. 이것은 남성과 여성의 미스트랄 윈드서핑, 여성의 유럽 요트 경주, 남성의 핀 급, 남성의 레이저 급 그리고 남성과 여성의 470 더블-핸디드, 49er, 그리고 토로나도 급등을 포함한다.

요트의 생체역학

하이킹

모든 형태의 요트경기에서는 바람으로 인해 보트에 미치는 압력 때문에 한 쪽으로 배가 기울거나 뒤집어지는 상황인 힐링(heeling ; 배가 옆으로 기울기)이 있다. 작은 보트에서 세일러들은 하이킹이나 힐링 효과에 반작용을 위해 배의 측면위로 몸을 기울임으로써 이런 압력에 반작용을 일으킨다(그림 8.1) 0에서 8 노트까지의 가벼운 공기에서는 요트 세일러는 하이크 아웃(몸을 끌어 올리기)할 필요가 없다. 보트 아래의 표면적을 줄이기 위해 가벼운 공기에서 이 자세는 매우 중요하다. 세일러는 체중의 균형을 잡고 경주할 때 요트위로 작은 양의 바람이 부는 것을 허용한다. 세일러를 위해 가벼운 바람에서 사용되는 이 자세는 보트의 중심선위로 몸통을 앞으로 향하게 하고, 무릎을 구부리고 뒤에 놓인 손을 키손잡이 가까이에 놓은 채 정상적으로 상체를 약간 비튼 자세가 된다. 8에서 16노트의 중간 바람에서 세일러는 보트를 항상 평평하게 유지하기 위해 노력할 필요가 있다. 보트를 평평하게 유지하는 가장 좋은 방법은 단지 하이킹을 하기만 하면 된다.

무릎 구부리기의 방법과 다리 뻗기 방법 이 두 가지의 하이킹 방법이 있다. 무릎 구부리기 하이킹은 세일러가 두 다리를 하이킹 끈에 놓고 후방의 끝부분이 보트의 가로장위에 있고 무릎과 힙 그리고 몸통이 굴곡상태에 있을 때 일어난다(그림 8.2)

뻗은 다리 하이킹은 무릎을 완전히 신전하고 다양한 정도의 힘과 무릎 신전을 포함하게 된다(그림 8.3). 그것은 본체의 후부가 물속에서 끌리는 것을 막고 보트의 속도가 천천히 늦어지는 것을 막아준다. 뻗은 다리 하이킹 또한 세일러가 단순히 상체를 안과 밖으로 흔듦으로써 바람의 속도에서의 변화에 쉽게 반응할 수 있게 해 준다. 이것은 요추와 흉추의 굴곡에 의해 이루어진다.[25] 게다가 뻗은 다리 하이킹은 세일러가 전형적인 무릎 구부리기 방법보다는 물 위로 체중을 더 많이 이동시키는 것을 도와준다. "전부 아니면 무"식의 구부린 무릎 하이킹 테크닉보다 그것이 훨씬 더 효과적이다. 그러나 뻗은 다리 하이킹은 두 다리를 완벽하게 뻗고 상체를 통제할 수 있게 하기 위해 몸통과 다리 힘의 상당한 양을 요구한다.

요트경기
가벼운 바람(0~8마일/시간)

가벼운 바람에서 보트의 세일러는 앞서 기술했듯이 보트의 중심선에 가깝게 몸을 놓아두게 된다. 이것은 물과 접촉하는 보트의 표면적을 줄임으로써 드래그(보트를 느리게 하는 것)를 줄이게 된다. 이것은 또한 가벼운 산들바람 속에서 배의 흔들림과 형태에 맞춰서 정확하게 조절할 수 있게 해준다.

가벼운 바람에서의 항해는 관절동작들이 작고 부드럽다. 무릎과 힙은 구부리고 두 무릎은 보트의 중심선에 가깝게 올리게 된다. 두 무릎은 110도에서 115도까지 구부리고 힙은 100도

그림 8.1 하이킹

그림 8.2 무릎 구부려 하이킹

그림 8.3 뻗은 다리 하이킹

인쉬트 라인을 잡고 있는 동안 손목은 중립자세나 신전자세를 취하게 된다.

가벼운 바람에서 보트가 최소한의 물의 저항력에 반응할 수 있도록 동작은 느리고 부드러워야 한다. 요트의 선체의 흔들림을 조정하는 동안 머리와 상체가 동작의 대부분을 행하게 된다. 목에서 전면가 후면의 경부근육이 활발하게 활동하게 된다. 가장 중요한 이동근은 흉쇄유돌근, 사각근(전, 중 그리고 후), 상부 승모근, 견갑거근 두판상근과 경판상근 그리고 두반극근과 경반극근 그리고 하후두근을 포함한다. 이 근육들은 가벼운 바람에서는 등장성 및 등척성 수축을 하게 된다. 흉추와 요추 또한 가벼운 공기의 흔들림에서 활동적이다. 수축하는 전면근육과 후면근육은 복직근 횡복근, 내복사근과 외복사근, 소요근, 요방형근, 척추기립근, 회전근과 다열근이 포함된다.

두 팔은 배의 키를 잡고 보트를 조정할 때 활동하게 된다. 이런 활동을 하는 동안 사용하게 되는 근육들은 상완삼두근과 상완이두근, 완요골근, 오구완근과 손목굴근과 신근을 포함하게 된다. 다시 내내 부드럽고 가벼운 동작들이 요구된다. 좋은 고유수용성 피드백은 세일러들이 산들바람, 파도 그리고 배의 흔들림 등에 대한 반작용에 반응하는 것을 도와주게 된다.

중간바람(8~15 마일/시간)
센 바람(15마일 이상/시간)

중간에서 센 바람에서 세일러는 배에서의 힘에 반작용하기 위해 하이크 아웃(몸을 끌어 올리거나 뻗기)하게 된다. 전에 기술한 대로, 하이킹은 항해에서의 작동력의 중심에 반하여 팔의 지렛대로서의 역할을 하게 된다. 이 방법은 보트를 평평하게 유지시켜 줌으로써 드래그를 줄이고 이 조건하에서 보토의 스피드를 최대한으로 유지할 수 있게 해 준다.[2,4]

중간바람과 센 바람의 항해에서 동작과 관

에서 150도까지 구부리게 된다. 대부분의 체중 전환은 흉추와 요추를 통해 일어나게 된다. 이런 가벼운 바람 자세에서 척추가 범위 마지막의 모든 자세로 되지는 않는다. T2와 L3사이에서 척추의 연결동작과 함께 비트는 힘을 경험하게 된다.

가벼운 바람의 항해에서 두 팔은 전완을 일반적으로 내전시킨 자세에서 주로 팔꿈치와 손목에서의 굴곡과 신전의 관절동작을 발생시킨다. 틸러(tiller)나 메인쉬트(mainsheet)(주돛을 조정하는 아딧줄) 라인을 조정함에 따라 팔꿈치는 5도에서 120도의 굴곡을 취하게 된다. 팔꿈치를 위한 힘의 축은 고정되며 상완골의 활차의 중심을 통과하여 지나가게 된다. 틸러나 메절의 이동은 강력하고 정확하다. 중간바람과 센 바람에서 주로 사용되는 관절들은 발목, 무릎, 힙과 요추이다. 발의 꼭대기부분이 하이킹 스트랩(끈)에 놓여 있는 동안 발목은 0도에서 5도의 배굴곡을 유지하게 된다. 후면에서 가해지는 힘은 원위의 경골과 비골 그리고 거퇴골 관절 위에 놓이게 된다. 무릎은 완전한 신전상태를 유지한다. 항해력의 대부분은 무릎과 허리로 옮겨진다.[5] 하이킹하는 동안 요트는 647노트까지 힘을 유지하게 된다고 한다. 펌프동작과 함께 저킹 동작(갑자기 몸을 당기는 동작)은 무릎관절에서 843노트 정도까지 힘을 증가시키게 된다.

요추는 160도의 굴곡에서 20도의 신전까지 이동하게 된다. 요추동작은 굴곡, 신전, 측면 구부리기, 회전, 비틀기와 소량의 전단변형등을 포함한다. 하이킹 하는 동안의 요추 신전에서 후부구조는 압축을 일으키기 쉽다. 이것은 디스크, 후부 인대 그리고 지가포비지얼(zygapophyseal joint) 관절을 포함한다. 오랜 시간에 걸쳐 하중이 지속되는 동안 크립이 일어날 수 있으며 이것은 정상적인 한계를 넘어 동작범위를 증가시키는 결과를 가져온다. 5년이상의 경험을 가지고 있는 많은 요트 세일러들은 요추에서 가동성을 과도하게 발달시키게 된다.

요추굴곡에서 전면구조는 디스크와 전면인대를 포함하여 압축을 일으키기 쉽다. 각 척추가 전방에서 후방으로 이동함에 따라 전단변형이 직접적으로 디스크에 작용하게 된다.[7] 12kg 중량의 조끼를 입고 있는 동안 요추에 수직으로 가해지는 힘은 4.5노트로 산출된다.[8] 세일러들이 경험하는 비트는 힘은 축회전을 하는 동안 나타난다. T7에서 L2까지의 흉요 연결점이 비트는 힘의 대부분을 취하게 된다. 축회전은 보트를 펌핑할 때와 파도를 통과하여 보트가 지나갈 때 특히 발견되는 커플 동작으로 간주한다.

그림 8.4 하이킹에서 작용하는 몸통 신근근육조직

상지에서 중간바람에서 센 바람까지의 관절동작은 어깨굴곡, 내회전, 팔꿈치 굴곡과 신전 그리고 손목 중립 자세를 포함한다. 메인쉬트에서의 힘은 111노트이며 이것은 어깨와 팔꿈치굴곡을 통해 펌핑 동작을 하는 동안 289노트까지 증가하게 된다.[7.8]

중간바람과 센 바람에서 요트 세일러를 위한 동작은 강력해야 한다. 15노트보다 더 큰 바람에서라면 보트는 매우 급속하게 전진하게 되므로 세일러의 반응은 몇 분의 1초가 되는 타이밍과 정확성을 가져야 한다.

다리근육이 대부분의 힘을 흡수하게 되며 돛에서 세일러까지 그 다음에 보트의 선체까지 힘의 전환점이 된다. 발목에서 전경골근은 하이킹 스트랩에 반하여 등척성 수축을 하게 된다. 무릎에서 대퇴사두근은 다리 뻗어 하이킹을 하는 동안 등척성 수축하게 된다. 무릎을 구부려 하이킹을 하는 동안 대퇴사두근은 등척성 원심성 수축을 행하게 된다. 두 자세에서 햄스트링은 하이킹을 하는 동안 무릎을 고정시키는 것을 돕게 된다. 힙은 굴곡과 신전상태로 이동하며 힙 굴근과 신근은 등장성 및 등척성 수축을 하게 된다. 힙 근육은 소요근, 대퇴직근, 장골근, 봉공근, 대퇴근막장근, 대둔근과 햄스트링을 포함한다.[9,10]

몸통은 옆을 약간 구부리고 회전하여 굴곡과 신전상태로 이동하게 된다. 몸통의 신전을 돕는 근육들은 척추기립근, 요방형근, 회전근과 다열근을 포함한다. 몸통굴근은 횡복근, 내복사근과 외복사근, 복직근과 장요근을 포함한다(그림 8.4).

팔은 둘 다 보트의 키를 잡고 돛을 풍향에 맞추어 조정(트림)하게 된다. 중간에서 센 바람의 조건하에서 활동하게 되는 근육들은 회전근개, 대흉근과 소흉근, 삼각근, 상완삼두근, 상완이두근, 완요골근, 오구완근, 손목굴근과 신근을 포함한다. 세일러가 키를 잡고 돛을 조정하는 동안 신속하고 강력한 동작이 필요하다.[9,10]

손상의 예방

준비운동

지상에서의 준비운동

준비운동은 운동경기에 참가할 때 손상을 예방하는데 필수적이다. 요트경기도 예외가 아니다. 워밍업의 일상적 과정은 에어로빅 요소와 목표조직에 순환을 증가시키기 위한 스트레칭을 포함한다.

준비운동의 일상적 과정의 목표는 걷기, 달리기, 줄넘기나 사이클링과 같은 에어로빅 활동에 의해 심장박동률을 증가시키는 것이다. 요트경기선수에게 있어 느슨하게 이완시켜 주어야 할 핵심관절들은 팔꿈치, 손목, 어깨, 허리, 힙, 무릎 그리고 발목이다. 요트경기선수를 위한 스트레칭은 허리, 팔, 어깨 그리고 다리를 포함해야 한다.[2,11,12]

수중에서의 준비운동

일단 선수가 배에 타게 되면 출발지점까지 또는 물위에서 기다리게 되는 시기까지 오랫동안 범주하게 되는데 이것이 근육을 차갑게 하고 경직시키는 결과를 가져올 수 있다. 운동선수는 경기를 시작하기에 앞서 적어도 3분에서 5분까지 준비운동을 해야 한다. 물위에서라면 준비운동은 체온을 높이고, 순환을 활발하게 하고 근육을 스트레치 하는 것과 같은 구체적인 목표를 가져야 한다. 권장할만한 운동으로는 반복적으로 태킹(바람을 받으며 지그재그형으로 배가 나아가는 것)과 지빙(세로돛을 이동시키기)을 행하는 것과 심장박동률을 높이기 위해 바람을 거슬러 펌핑하기 뿐만 아니라 팔돌리기, 다리페달밟기 그리고 전완근과 능형근의 스트레치 등을 포함한다.[12,13]

스트레칭

허리에서 스트레칭하기 위한 목표근육은 척추기립근, 요방형근, 대요근과 소요근 그리고 복근이다. 구체적인 스트레칭은 몸통굴곡, 신전과 회전을 포함하게 된다(6장 참조). 스트레칭하기 위한 다리근육은 대퇴직근에 주의를 기울이면서 대퇴사두근을 포함하게 되는데 이것은 이 근육이 힙관절을 지나가기 때문이다. 햄스트링근과 대둔근 또한 포함된다. 구체적으로 스트레칭하기 위한 어깨와 팔근육은 회전근개, 대흉근과 소흉근, 광배근과 대원근이 되어야 한다. 상완이두근과 완요골근 또한 팔꿈치 관절에 포함된다. 이 스트레칭들은 내회전과 외회전에서 등 뒤로 뻗은 것과 벽을 사용한 전면 가슴 벽 스트레칭을 포함한다(5장을 참고).

요트경기 선수들이 원래 행하게 되는 스트레칭의 형태는 각 스트레칭을 30분동안 유지하는 식으로 정적이어야 한다. 그 다음에 선수는 배위에서 일어나는 관절동작을 모방하기 위한 역동적인 스트레치 훈련을 결합하여 수행하게 된다.

근력강화

요트경주에서 손상을 최소화하고 예방하기 위해서 운동선수는 근육의 건강상태를 유지하고 향상시키기 위한 규칙적인 훈련 프로그램을 행해야 한다. 요트선수의 훈련프로그램에서 근육의 피트니스를 위해 필요한 두 가지 요소가 있다. 이것은 근력과 근지구력을 포함한다. 그런 근육의 피트니스는 에어로빅 훈련, 웨이트 트레이닝, 그리고 써키트 트레이닝을 통해 성취할 수 있다.[5,13]

유산소 훈련은 클럽 단계에서부터 올림픽 단계까지 레이저 요트선수와 딩기(dinghy) 요트선수 둘 다에 효과적이다(도표 8.1). 사이클링과 스테어마스터 프로그램의 몇 가지 형태가 도움이 된다. 1995년에 사반나 프리올림픽경기에서의 노르웨이 레이저 요트선수들은 매주 4일 하루에 3시간씩 도로((laser) 사이클링 훈련을 했다. 그들은 그것이 하이킹을 위한 지구력을 높여 주고 피로를 느끼지 않고 유산소 대사과정에서 무산소 대사과정으로의 전환하는 능력을 주었다고 말했다. 유산소 훈련과 함께 사용하기 위해 발달된 다른 테크닉은 심장 모니터의 사용이다. 올림픽 요트경기 감독의 대부분은 심장 모니터가 운동선수들이 유산소성과 무산소성의 초기 단계를 조정하는데 중요하다고 단언하고 있다.

웨이트 트레이닝은 프리 웨이트나 웨이트 머신과 함께 수행한다. 웨이트 트레이닝은 유산소 요소와 무산소 요소 둘 다 갖출 필요가 있으며 수행하는 모든 동작은 동작 내에 등척성 정지(홀드)를 행할 필요가 있다. 다리의 경우, 닫힌 사슬 훈련은 하이킹 자세를 위한 훈련에 필수적이다. 이 훈련들은 스쿼트, 레그 프레스, 런지와 월 싯 등을 포함한다. 하이킹 벤치는 특히 선수의 전체적인 트레이닝 프로그램을 도와주기에 유용한데 그것은 하이킹 벤치들이 하이킹 지구력을 증가시키기 때문이다(아래의 "특별장비"를 보라). 지구력을 위한 하이킹-벤치 프로그램은 격일제로 20에서 40분씩 행하도록 포함되어야 한다.[3]

딩기 요트에서 팔동작은 돛을 풍향에 맞추어 조정하는 것과 보트의 키를 조정하는 것을 포함한다. 팔은 돛을 풍향에 맞추어 조정하는 것(펌핑)이나 파도를 타며 키를 조정하기 위한 강력한 저킹 동작을 만들어내야 한다. 그러므로 근력트레이닝은 덤벨 컬, 해머 컬, 케이블 컬, 삼두근 프레스, 삼두근 케이블 프레스, 그리고 삼두근 덤벨 프레스를 포함하여 팔꿈치 굴근과 신근을 목표로 해야 한다. 전면의 흉벽과 대흉근과 소흉근을 위한 훈련은 평평한 벤치 프레스, 경사진 벤치 프레스 그리고 경사가 있는 플라이와 평평한 플라이를 포함하게 된다. 허리와 윗등을 위해서는 턱걸이, 로우(rows) 그리고 랫 풀다운을 포함한다. 요트선수들은 복근강화를 위해 상위 복부감기, 크런치 그리고 행잉 레그 레이즈(매달려 다리 올리기)등을 포함하게 된

도표 8.1 추천 에어로빅 훈련

고정식 자전거-시간뿐만 아니라 스피드를 증가시키면서 약 1시간
스테어마스터-일주일에 4일에서 5일, 하루에 30분에서 50분
로잉 머신(개념 2)-일주일에 4일에서 5일, 하루에 30분에서 40분

그림 8.5 지상 하이킹 훈련용 벤치

다. 중간까지의 로만(Roman) 체어 신전은 몸통 신근을 강력하게 유지시켜 줄 것이다. 허리의 고정을 위해서는 크런치와 몸통신전과 함께 회전동작을 포함해야 한다. 치료용 공위에 두 다리를 놓고 행하는 푸쉬 업 활동은(팔의 강화와 몸통 통제의 향상) 몸통과 복부의 기능장애가 있는 환자를 호전시키기 위해 사용할 수 있다. 닫힌 사슬 훈련은 강화과정을 통해 사용하게 되는데 이것은 경골이 하이킹하는 동안 하이킹 스트랩에 고정된 위치에 있기 때문이다. 하이킹에서처럼 무릎에 가해지는 힘을 증가시키고 원심력을 증가시키기 위해 플라이오매트릭 훈련을 추가할 수 있다.

특수장비
하이킹 벤치
하이킹 벤치는 나무로 만들어지며 둘을 네 개로 나누어 사용하게 된다(그림 8.5). 벤치의 길이는 50인치이고 넓이는 18인치 그리고 좌석은 16인치이다. 하이킹 스트랩까지의 좌석의 가장자리는 14인치이며 하이킹 스트랩은 좌석의 높이에 따라 조정할 수 있다. 이것은 벤치의 기본 치수이다. 더 구체적인 디자인을 위해서는 건축에 대해 구체적인 지시사항을 담고 있는 레이저 레이싱 서적을 살펴보라.[3]

요트경기 손상의 원인

요트시합에서 가장 빈번하게 나타나는 손상은 좌상, 염좌 그리고 타박상이다. 손상이 가장 많이 나타나는 세 부위는 요추, 무릎 그리고 어깨이다. 항해에서 트래킹이 어려움으로 인해 실제적인 손상발생의 정도는 잘 알려져 있지 않다. 대부분의 스포츠에서처럼 항해에서의 손상에 대한 구체적인 원인은 내재적인 요소와 외재적인 요소에 그 원인이 있을 수 있다. 손상의 원인이 되는 외재적인 요소들은 트레이닝의 과실, 부적절한 테크닉, 그리고 잘못된 장비들이다. 내재적인 요소들은 가동범위의 위축, 관절운동성, 근육기능장애 그리고 부적절한 운동 근육제어 등을 포함한다.

외재적 요소
트레이닝의 과실
트레이닝 과실의 예들은 과다트레이닝과 바람이 극심한 상황에서의 항해 등이다. 과다트레이닝은 선수가 일주일에 너무 많은 시간을 연습하게 되는 일정시기에 걸쳐 발생한다. 트레이닝 과실은 또한 강력한 바람으로 인해 보트와 돛이 선수를 압도하게 되는 상황에서 일어날 수도 있다. 이런 두 가지 예에서 세일러는 좌상, 염좌 또는 더 광범위한 병리현상을 발생시킬 수 있다.

부적절한 테크닉
구부린 무릎 테크닉이나 뻗은 다리 테크닉으로 하이킹할 때 좋은 테크닉을 사용하는 것이 중요하다. 하이킹에서 부적절한 테크닉은 세일러가 신체적인 형태에서 벗어나거나, 미숙함 그리고 부적당한 코치나 전혀 코치를 받지 않는 것으로 인한 것이라고 할 수 있다.

장비 고장
장비의 기능장애는 요트경주에서 매우 자주 일어난다. 대부분의 숙련된 세일러들은 트레이닝과 경기하는 동안 장비가 고장 날 것이라는 것을 잘 인식하고 있다. 가장 빈번하게 일어나는 장비고장은 틸러(키손잡이)의 연장선이 부러지는 것, 하이킹 스트랩이 끊어지는 것, 라인이 부서지는 것과 돛이 찢어지는 것 등을 포함한다. 이런 사건들은 일반적으로 선수가 하이킹 자세에 있을 때 일어나며 이것은 선수에게 비정상적인 스트레스를 주게 된다. 그런 상황에서 선수는 보트에서 물속으로 떨어질 수도 있다.

내재적 요소

내재적 요소는 유연성의 손상, 관절가동성의 손상, 근육기능장애 그리고 요트경기선수의 운동근육의 제어부족 등을 포함한다. 흔히 나타나는 내재적 요소들의 몇 가지는 흉추와 요추의 과도한 가동성, 팽팽한 햄스트링 그리고 다리와 몸통 체력의 감소 등이다.

윈드서핑 손상의 원인

윈드서핑은 고도의 척추근력, 특히 사근의 높은 근력을 요구한다. 일반적인 손상은 어깨와 척추에서 일어나며 그것은 종종 붐(파도소리)과의 충돌의 결과인 경우가 종종 있다. 손상률은 매번 1000시간의 참여시간 중에 0.22시간 일어나며 대부분의 손상은 그다지 심각하지 않다.

일반적인 손상과 재활

다음에서는 딩기 보트시합에서 나타나는 일반적인 손상들을 다루고 있다. 그것은 또한 손상의 잠재적인 원인, 조정방법 그리고 딩기 요트선수들을 위한 스포츠 특정훈련을 언급한다.

요추
염좌와 좌상

요추손상은 전형적으로 인대조직의 염좌와 근

육의 좌상을 포함한다. 요트항해에서 나타나는 요추손상의 일반적인 원인은 부적절한 요추자세로 인해 비롯된 요추의 과도한 하중과 바람의 속도의 증가이다.

디스크 손상

딩기 항해에서의 반복적인 동작과 하이킹하는 동안 요추자세로 인해 디스크가 손상의 부담을 안게 된다. 게다가 반복적인 압축력은 디스크 손상의 기회를 증가시킬 수 있다 디스크 탈장과 디스크 쇠퇴는 신경근의 염증을 일으킬 수 있다.

압축파열

요추에서의 압축파열은 보트 두 대의 충돌과 같은 외상 후에 일어날 수 있다.

요추손상의 치료

재활의 초기단계에서 딩기 선수의 염좌와 좌상은 모든 개개인에게 있어 똑같은 방식으로 치료되어야 한다. 목표는 (1) 선수의 증상을 경감시키는 것, (2) 선수가 부적절한 자세나 위험한 자세를 알고 가정에서 제대로 된 형식을 사용할 수 있도록 교육시키는 것 (3) 선수의 활동적인 동작범위를 회복시키는 것 (4) 손상을 입은 지대의 안정성과 균형 잡힌 체력을 유지하고 발달시키는 것

딩기 선수에게 있어 마지막 단계는 스포츠에 필요한 특정 훈련을 포함해야 한다. 요추와 몸통근육은 역동적인 안정화를 사용하여 점진적으로 훈련할 필요가 있다. 복근과 신근의 강화는 20도의 신전에서부터 160도의 굴곡에 이르는 범위에서 일어나게 되며 이것은 하이킹에서 사용하게 된다. 각 근육군을 분리함으로써 시작하여 점차적으로 선수가 몸통신근과 굴근을 함께 사용하게 하라. 이 때 피지오 볼을 사용하면 도움이 된다. 훈련은 돛의 방향을 조정

하는 것을 모방하기 위해 탄성적인 저항력 트레이닝을 사용하고 다리를 벌리고 구부린 채 공위에서 싯-업(상체 일으키기, 복근운동)을 행하면서 공위에 앉아 행하는 훈련을 포함하게 된다. 하이킹 벤치를 사용하는 것은 물위에서 하이킹하는 것을 모방하기 위한 가장 좋은 방법이며 이 스포츠에 필요한 특정 체력을 발달시키는 것을 도와 줄 것이다.

무릎 손상
염좌와 좌상
무릎은 하이킹하는 동안 힘의 대부분이 활동하는 중심부이다. 항해에서 흔히 나타나는 무릎 손상은 인대 염좌, 특히 후방의 십자인대와 측부 인대의 염좌를 포함하게 된다.

반월상 연골 파열
반월상 연골의 손상 또한 고정된 발을 회전축으로 회전하게 될 때 흔히 나타난다.

건염
사두근건염 또한 항해의 반복적인 원심성 수축에 부차적으로 발생할 수 있다.

슬개대퇴증후군
선수들은 일반적으로 특히 물위에서 장시간 동안 훈련하게 될 경우 슬개대퇴증후군을 나타낸다. 슬개골연골연화증이 발달하는 경우가 많다. 슬개골의 밑면이 마모와 파열의 결과로서 관절연골의 퇴화적인 변화를 보여준다. 환자는 하이킹을 할 때 통증을 경험할 수 있으며 계단을 오르내리거나 오랫동안 앉아있는 경우에도 통증이 나타날 수 있다.

무릎손상의 치료
무릎의 경우 스포츠에 맞는 특정훈련은 적절한 강화목표를 포함할 필요가 있다. 치료사

는 운동선수가 무릎 구부린 하이킹 자세나 뻗은 다리 하이킹 자세에서 얼마나 많은 시간을 보내야하는지에 대해 알 필요가 있다. 이런 정보들은 선수들에게서부터 모을 수 있다. ROM은 근력과 지구력과 통합할 필요가 있다. 반사적인 근육이완을 위해 능동적인 스트레칭이 중요하다. 일단 선수가 능동적인 스트레칭을 시작하게 되면 등척성 및 원심성 훈련이 안정성을 도와주게 된다.

근력과 유연성이 증가함에 따라 척추의 근력을 향상시키는 훈련을 통합할 필요가 있다. 스쿼트, 데드 리프트, 벤트 오버 로우가 척추의 근력을 증가시키게 된다. 그렇다 해도 적절한 근력과 유연성이 없다면 이 훈련들은 손상을 일으킬 수 있다. 바운딩과 박스 점핑과 같은 플라이오매트릭스는 선수가 세일링(항해)과 윈드서핑과 관련된 탄성적인 수축을 위한 준비를 할 수 있게 해 준다. 일단 충분한 근력과 안정성이 있다면 하이킹 벤치와 같은 기술에 맞는 훈련으로 이동하라. 근육피로와 통증이 허용하는 만큼의 시간과 강도와 함께 천천히 진행해 나가라.

어깨손상
회전근개와 이두건염
선수는 돛을 충분히 펴 방향을 조정하고 보트의 키를 잡기에 있어 어깨와 팔을 사용하게 된다. 어깨근육을 반복적으로 과도하게 사용하는 것은 특히 원심적인 수축을 하는 동안 근육조직에 염좌를 일으킬 수 있다. 훈련은 어깨와 견갑골의 역동적인 안정성을 포함해야 한다. 운동선수는 1인치 직경의 6피트짜리 PVC 파이프를 사용하여 파이프를 중간쯤에서 잡고 그것을 앞뒤로 빨리 흔들어 움직이도록 노력함으로써 어깨를 안정시키는데 영향을 줄 수 있다. 다양한 길이와 지름을 사용하여 도전정도를 늘리거나 줄일 수 있다. 플라이오매트릭스 팔 훈련은

도표 8.2

3단계(진보 단계)
　　치료 목표:
　　통제된 가동 운동과 세일링을 위한 플라이오매트릭스로의 진행
　　ROM, 근력과 지구력, 고유수용성운동을 지속하라
　　전체적인 체력과 유연성
　　세일링에 완전히 참가하기 위한 자신감을 회복하라

　양식:
　　염증이 생기게 되면 치료 후에 냉요법과 전기 자극(간섭파, 높은 전압)

　치유 훈련:
　　스트레칭
　　열린 사슬 : 대퇴사두근과 등속성 수축(단축성 및 신장성)으로 햄스트링 운동
　　닫힌 사슬 : 스텝 업 및 스텝다운, 흉곽 밴드 저항, 평형성과 고유수용성운동
　　　　　　　그리고 피지오볼을 가지고 하는 몸통 안정화 훈련
　　하이킹 벤치 훈련 : 3분의 세션으로 시작하여 수분씩 늘리라
　진행기준 : 근력, 지구력 그리고 고유수용성의 80%가 달성되면 실습으로 돌아가라.

몸통회전, 반복하는 사이에 손뼉 치며 푸쉬 업, 빠르게 올렸다 내리는 동작으로 벽에 기대 물구나무서기 그리고 스테어마스터 위에서 두 손 사용하기 등을 통합하는 메드슨 볼 던지기를 포함할 수 있다. 이 훈련들은 근력과 안정성을 통합하게 된다.

스포츠로의 복귀

어떤 문헌도 세일러를 물위로 다시 되돌려 보내기 위한 최선의 방법을 알려주지 못한다. 만약 시간이 허락한다면 세일러는 점진적으로 스포츠 경기로 되돌아와야 한다. 일반적인 과정은 초기에는 15분에서 30분 동안 처음에는 가벼운 바람 속에서 시작하여 천천히 선수가 증상에서 자유로워지게 되면 중간바람과 센바람으로 천천히 진행하게 된다.

물위에서의 훈련뿐만 아니라 플라이오매트릭의 스포츠에 맞은 특정훈련을 발달시켜라. 선수는 하이킹 벤치에서 4번 4분간의 세션을 수행할 수 있어야 하며 그리고 나서 가벼운 공기와 함께 40분 동안 물위에서의 트레이닝 구간을 시작할 수 있다. 선수가 네 번씩 5분간의 세션을 수행할 수 있게 되면 하이킹 벤치에서 여섯 번의 8분간의 세션으로 진행해나가라. 그리고 나서 선수는 20분에서 30분까지의 세션에서 출발하여 중간바람에서 센바람까지의 연습 구간으로 진행해나갈 수 있다. 물위에서의 연습 세션에 이어 24시간이라는 기간 동안의 활동으로 인한 염증과 불편함의 정도와 함께 가

이드로 선수의 인내심을 사용할 수 있다. 표 8. 2는 스포츠로의 복귀를 위한 다리의 재활프로그램의 3단계를 보여 준다.

정의

보트의 중심 선 : 전방 끝에서부터 후방 끝까지 이어지는 보트의 중심지점

센 바람 : 15마일/시간보다 더 센 상태의 바람

하이킹(hiking) : 힐링 효과에 반작용하기 위해 보트의 측면으로 기울이는 것

지빙(jibing) : 바람의 중심을 통과하여 반대방향으로 180도 보트의 선미를 돌리는 것

레이저(laser) : 돛대와 돛이 하나밖에 없는 14피트의 유리섬유 보트로 일인용 보트로 제작된 것

가벼운 바람 : 0에서 8마일/시간 정도의 바람 상태

메인쉬트(mainsheet) : 바람에 적응하기 위해 돛을 안으로 그리고 밖으로 당기는데 도움을 주는 선

중간바람 : 8에서 15 마일/시간정도의 바람

펌핑(pumping) : 보트를 위해 더 많은 속도를 낼 수 있게 돛을 급하게 이동시키는 것

태킹(tacking) : 바람의 눈을 통과하여 반대방향으로 뱃머리를 180도 돌리는 것

트림(trim) : 돛의 조정을 기술하기 위해 사용하는 용어

틸러(tillrer) : 세일러가 보트의 키를 조정할 수 있도록 배의 키에 부착된 연장부분(나무, 알루미늄 등등)

참고문헌

1. Allen JB: Sports medicine and sailing. Phys Med Rehabil Clin Am 10(1):49–65, 1999.
2. Bourke G, Rutherford M: Championship Laser Racing. New York: Fernhurst Books, 1998.
3. Tillman D: Laser Sailing for the 1990s. New York: International Marine Publishing, 1991.
4. Goff P: Biomecanique du rachis lombaire et navigation a voile. Revue Du Rhumatisme 55(5): 411–414, 1988.
5. Newton F: Dinghy sailing. Practitioner 233(1472):1032–1035,1989.
6. Mackie HW, Legg SJ: Preliminary assessment of force demands in laser racing. J Sci Med Sport 2(1):78–85, 1999.
7. Norkin C, Levangie P: Joint Structure and Function, A Comprehensive Analysis. 3d edition, Philadelphia: FA Davis, 2001.
8. Richert H: Sports medical aspects of sailing and windsurfing. Dtsche Z Sports Med 44: 301–303, 1993.
9. Kendall F, McCreary EK: Muscles: Testing and Function, 4th ed. Baltimore: William & Wilkins, 1993.
10. Netter F: The CIBA Collection of Medical Illustrations, Vol 1: Nervous System, Anatomy and Physiology. Paris: CIBA Foundation, 1986.
11. Vogiatzis I, Spurway NW, Boreham C: Assessment of aerobic and anaerobic demands of dingy sailing at different wind velocities. J Sports Med Phys Fitness 35(2):103–107, 1995.
12. Colby LA, Kisner C: Therapeutic Exercise: Foundations and Techniques, 3d ed. Philadelphia: FA Davis, 1996.
13. Spurway NC, Burns R: Comparison of dynamic and static fitness training programs for dinghy sailors—And some questions concerning that physiology of hiking. Med Sci Res 21: 865–867, 1993.
14. Shephard RJ: Biology and medicine of sailing: An update. Sports Med 23(6):350–356, 1997.
15. Cyriax J: Diagnosis of soft tissue lesions, in Textbook of Orthopedic Medicine, Vol1, 8th ed. London: Bailliere-Tindall, 1982.
16. O'Sullivan S, Schmitz T: Physical Rehabilit

ation: Assessment and Treatment, 3d ed. Phil adelphia: FA Davis, 1994.

17. McCormick DP, Davis AL: Injuries in sailb oard enthusiasts. Br J Sports Med 22(3): 95–97, 1988.

18. McLatchie GR, Lennox CM, Percy EC, Dav ies J: The Soft Tissue Tissues, Trauma and S ports Injuries. Oxford: Butterworth-Heineman n, 1993.

추가 참고문헌

Bennet G: Psychological breakdown at sea: haza rds of single handed ocean sailing. Br J Med Psychol 47(3):189–210, 1974.

Bernardi M, Felici F, Marchettoni M, Marchetto ni P: Cardiovascular load in off-shore sailing competition. J Sports Med Phys Fitness 30(2): 127–131, 1990.

Blackburn M: Physiological responses to 90 min of simulated dinghy sailing. J Sports Sci 12 (4): 383–390, 1994.

Branth S, Hambraeus L, Westerterp K, et al: En ergy turnover in a sailing crew during offsho re racing around the world. Med Sci Sports Exerc 28(10):1272–1276, 1996.

Dunkelman NR, Collier F, Rook JL, et al: Pecto ralis major muscle rupture in windsurfing. Ar ch Phys Med Rehabil 75(7):819–821, 1994.

Felici F, Rodio A, Madaffari A, et al: The card iovascular work of competitive dinghy sailin g. J Sports Med Phys Fitness 39(4):309–314, 1999.

Johns RJ: Sailing. Trans Assoc Am Phys 85:99–102, 1972.

Kemp R: The medical hazards of sailing. Practit ioner 215(1286):188–196, 1975.

Legg SJ, Mackie HW, Slyfield DA: Changes in physical characteristics and performance of e lite sailors following introduction of a sport s cience program prior to the 1996 Olympic ga mes. Appl Human Sci 18(6): 211–217, 1999.

Legg S, Mackie H, Smith P. Temporal patterns of physical activity in Olympic dinghy racin g. J Sports Med Phys Fitness 39(4):315–320, 1999.

Legg SJ, Miller AB, Slyfield D, et al: Physical performance of elite New Zealand Olympic c lass sailors. J Sports Med Phys Fitness 37(1): 41–49, 1997.

Locke S, Allen GD: Etiology of low back pain i n elite boardsailors. Med Sci Sports Exerc 2 4(9): 964–966, 1992.

Mackie H, Sanders R, Legg S: The physical de mands of Olympic yacht racing. J Sci Med S port 2(4):375–388, 1999.

Marchetti M, Figura F, Ricci B: Biomechanics o f two fundamental sailing postures. J Sports Med Phys Fitness 20(3):325–332, 1980.

Mitkova N, Raiceva V, Dimitrov M: Optimal nu trition and drinking diet of the crews in trop ical conditions of sailing. Biuletyn Inst Med Morskiej W Gdansku 17(3):411–418, 1966.

Putnam CA: A mathematical model of hiking po sitions in a sailing dinghy. Med Sci Sports 1 1(3): 288–292, 1979.

Saury J, Durand M: Practical knowledge in expe rt coaches: on-site study of coaching in saili ng. Res Q Exerc Sport 69(3):254–266, 1998.

Schonle C: Traumatology of sailing injuries. Ak tuelle Traumatol 19(3):116–120, 1989.

Shephard RJ: The biology and medicine of saili ng. Sports Med 9(2):86–99, 1990.

Vogiatzis I, Spurway NC, Jennett S, et al: Chan ges in ventilation related to changes in electr omyograph activity during repetitive bouts of isometric exercise in simulated sailing. Eur J Appl Physiol 72(3):195–203, 1996.

Walls J, Bertrand L, Gale T, Saunders N: Asses sment of upwind dinghy sailing performance using a Virtual Reality Dinghy Sailing Simul ator. J Sci Med Sport 1(2):61–72, 1998.

CHAPTER 9

달리기

Brian R. Hoke

달리기는 수년 동안 수천 명의 사람들이 선택한 운동방법이며 많은 사람들이 달리기를 자신들의 전체적인 체력 전략에 포함시킨다. 달리기의 대중화는 에어로빅과 심장혈관계통의 건강을 증진시키기를 원하는 욕구와 연결되어 있으며 다른 주자들은 체중을 효과적으로 통제하고 날씬한 몸매를 유지하기 위한 수단으로 달리기를 이용하고 있다.

달리기는 또한 심리적으로 도움을 주며 스트레스를 효과적으로 관리할 수 있는 방법이 된다. 마지막으로 경기를 위해 달리기를 하는 많은 사람들이 있다. 최고의 조건을 갖춘 선정된 소수의 사람들은 "우승"을 열망하지만 더 많은 사람들은 단순히 그전에 자신이 발휘한 최상의 성적보다 더 좋은 결과를 얻고 "개인 기록"이 더 좋아지기를 열망한다.

달리기로부터 얻은 이점을 알면 스포츠 의학 분야의 의사들이 손상을 입은 주자들이 왜 손상회복법을 못 찾아 불안해하고 좌절 하는지를 이해하도록 돕는다. 주자들은 개선된 심장혈관계의 효과들을 이끌어내지 못할 수도 있다. 만약 그런 주자들이 식이요법상의 칼로리 섭취를 수정하지 않는다면 손상으로 인한 달리기 거리의 감소는 체중 증가를 수반하게 되어 실제로 달리기 동안 다리를 약화시키는 부담을 증가시킬 수도 있다. 손상을 입은 주자들은 종종 지속적인 달리기동안 몸에서 방출되는 엔돌핀의 부재와 관련되는 생리학적인 스트레스 레벨이 증가하는 것을 느낄 수 있다. 손상을 입었을 때, 여가를 위한 주자들과 시합을 위한 주자들은 새로운 개인적 기록을 설정하는 대신에 시간이 늦어진다는 것을 알게 된다. 손상을 입은 주자들의 의료진의 이해 부족이 좌절감을 부추기는데 그런 경우 모든 손상을 입은 주자들에게 행하는 의료전문의들의 충고는 단순히 "달릴 때 아프면 달리기를 멈추면 됩니다" 이다. 달리기의 생체역학에 대해 인식함으로써 달리기의 많은 손상 원인의 기저가 되는 역학적인 기본사항에 새로운 통찰력을 가질 수 있다.

달리기와 걷기의 일반적인 차이점

달리기를 "빨리 걷기"로 기술하는 것은 걷기 대 달리기의 생체역학에 대한 결정적인 차이점을 무시하는 것이다. 걷기에서 수직으로 가해지는 최고의 힘은 체중의 약 110%이지만 이런 힘은 달리기를 하는 동안 체중의 275%까지 증가하게 된다.[25] 걷기에서 지지 단계는 0.6초 동안 지속되며 걷기 사이클의 62%를 차지한다.[35]

달리기 패턴에서 지지 단계는 0.2초까지 줄어들며 달리기 사이클의 31%만을 차지한다.[26] 걷기에서 양쪽 두 다리가 동시에 지면에 접촉하게 되는 '두 다리 지지' 라고 부르는 전환 시기가 있다. 지지 단계의 이런 중복은 초기의 지지 휴지기의 12%를 지속하게 되고 다시 발

끝 떼기(toe-off)에 앞서 마지막 12% 동안 지속되게 되며 이 시기사이에 한 쪽 다리가 지면에 접촉하게 된다. '두 다리 지지' 는 달리는 동안에는 일어나지 않는다. 그보다는 주자는 한 쪽 다리로 지탱하거나 두 다리가 지면과 접촉하지 않는 부유 또는 비지지라고 불리는 새로운 단계에 놓이게 된다(그림 9.1). 걷기의 기저면에는 걷는 동안 발꿈치의 중심사이의 9cm에서부터 달리는 동안의 2cm까지 좁아지게 되며 발꿈치의 중심은 더 빠르고 더 유능한 주자들에게 있어 몸의 중심선에 가깝게 접근하게 된다.[9]

걸을 때, 스탠스자세에서 두 다리에 체중을 싣는 것은 원래 발꿈치의 측면에서 시작한다. 기저면을 좁히는 것과 더불어, 주자들은 걷기 사이클 동안 발에 다양하게 체중을 실을 수 있다. 발의 타격이 중간 발이나 앞발에 가해지는 주자를 보는 것은 흔히 있는 일이다. 비록 "발끝으로 달리기"를 더 선호하는 주자들을 모든 스피드의 달리기에서 볼 수 있다 할지라도 일반적으로 주자들이 더 빠를수록 앞 발에 놓이는 중량은 증가하는 경향이 더 커지게 된다. 달리기에서 발의 하중과 충격 지점을 연구하는 최선의 방법은 force plate에 의해 지면 반력의 분석과 충격 지점의 결정(Strike Index) 그리고, 하중의 경로(압력의 중심)를 통해 이것은 카바나가 자세하게 기술하였다.[4]

걷기를 위한 전방이동의 속도는 전형적으로 한 시간에 2마일에서부터 4마일까지 다양하다 (15~30분/마일). 종종 조거라고 불리지만 여가를 위한 주자(recreational runner)라고 더 잘 쓰이는 더 느린 속도의 주자들은 전형적으로 한 시간에 5마일에서부터 9마일(7에서 12분/1마일)의 범위에서 달리게 된다. 경기를 위한 주자들은 종종 시간당 10마일 또는 그보다 더 빨리 달리게 된다(1마일에 6분 또는 그 이하).[24]

달리기 주법을 기술하기 위해 사용하는 용어는 보행법을 위해 사용하는 용어와 전형적으로 다르다. 걷기에서 접촉 시기는 발뒤꿈치 접촉에서부터 발이 평평해지게 되는 시기이며 이어서 평평한 발 상태에서 발뒤꿈치가 들리는 중간지지기로 이어지며 발뒤꿈치 상승에서부터 발끝이 지면에서 떨어지는 추진기 그리고 발끝이 떨어지는 시점에서 발뒤꿈치 접촉까지의 이행기가 이어지게 된다.

달리기의 주법에 대한 기술사항들은 Slocam과 James에 의한 분류에 그 바탕을 두고 있다. 거기에는 지지기와 이행기라는 두 가지 단계가

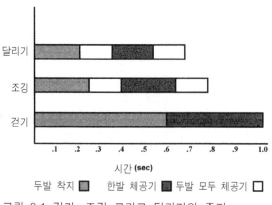

그림 9.1 걷기, 조깅 그리고 달리기의 주기

있고 각 단계는 세 가지의 기능적 시기를 갖게 된다. 지지기는 발 접촉으로 시작하게 되는데 이것은 최초의 지면접촉에서부터 체중을 완전히 수용하게 되기까지의 접촉기로 시작하여 그 후에 중간 지지기가 이어지게 되는데 이것은 체중의 완전한 수용에서부터 발목 족저굴곡이 시작될 때까지의 시기이다.

지지기의 마지막 단계가 추진기인데 이것은 발목의 족저굴곡의 시작에서부터 그 발이 지지하는 표면을 떠나게 될 때까지의 시기이다. 이행기는 또한 세 가지의 기능적 요소를 포함하게 된다. 첫 번째는 추진 유지기 인데 이것은 발이 지탱면을 떠나게 되는 시기에서부터 최대한의 힘 신전이 이루어지는 지점까지이다. 이후에 이행기 단계가 따라오게 되는데 이것은 힙 굴곡이 처음 시작될 때 시작하여 힙 굴곡이 최대화될 때 끝나게 된다. 이행기는 발의 하강 시기로 마치게 되는데 그것은 발이 접촉할 때까지 지속된다(그림 9.2).

생체역학

힘의 분석(운동역학)

달리기의 생체역학은 힘에 대한 연구(운동역학)와 동작에 대한(운동학)을 포함한다. 힘에 대한 형식적인 연구는 일반적으로 대학이나 주요 병원 조직에 있는 보행역학 실험실에서 이루어진다. 지면반력(ground reaction force ; GRF)은 포스 플랫홈(force platetorm)을 사용함으로써 수량화할 수 있다. GRF는 발이나 신발에 의해 지면으로 전송되는 힘에 대한 반응으로 생성되는 힘의 반동이다. 그것은 뉴튼의 세 번째 법칙에 그 바탕을 두고 있다: 모든 운동에는 작용과 반대되는 동등한 반작용이 있다. GRF는 전 신체의 중력 중심의 가속화를 나타낸다(더 정확하게 말해서 질량의 중심). 각 개인과 같은 사람의 오른쪽 발과 왼쪽 발 사이의 자료에는 상당한 다양성이 존재한다.[4] GRF에는 수직, 내외측, 전후측의 세 가지 성분이 있다.

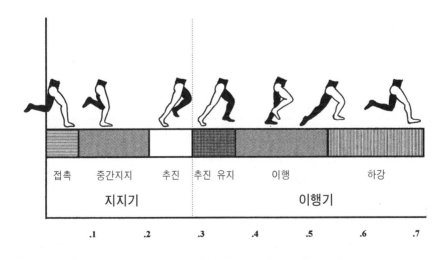

그림 9.2 러닝 보조 사이클의 단계와 기능적 시기들

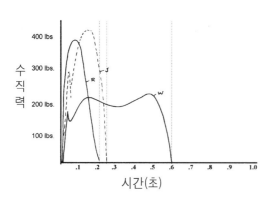

그림 9.3 수직 지면반력

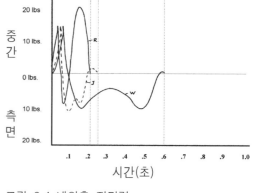

그림 9.4 내외측 전단력

수직 지면반력(VGRF)

걷기에서 수직 지면반력(VGRF)은 최고의 충격력이 접촉기 초기에 체중보다 작게 시작하여 말기에는 체중보다 더 커지고 중간지지기 동안 감소되었다가 다시 상승하기 시작하여 추진기에 최고점을 이른다.

여가로 조깅하는 주자의 경우, VGRF 최고 충격력이 체중의 1.5배에서 2배인데 마지막에 한 번 체중 2~3배 되는 큰 충격력이 발생된다. 그러나 우수 주자의 경우에는 VGRF 최고 충격력은 나타나지 않지만 최종 2~3배 되는 충격력이 나타난다. 그렇지만 조깅을 하는 사람보다는 작다.[25](그림 9.3)

내외측 전단력

보행 패턴에서 내외측 전단력(mediolateral shear ; MLS)은 발뒤꿈치 착지 후에 내측 전단력(경우에 따라 외측)과 함께 시작하여 스탠스 시기의 나머지 시기 동안 외측 전단력이 이어지게 된다. 여가를 위한 주자들의 겨우, MLS는 걷기와 같은 패턴을 따르게 되는데 그것은 이지기에서 내측 전단력이 더 두드러지는 것을 수반한다. 선수들의 경우, MLS는 다시 조깅과 유사한 패턴을 따르게 되지만 그것은 외측 전단력에 대한 인식할 수 있을만한 감소와 추진력 있는 내측 전단력의 진폭의 증가를 수반하게 된다.[25](그림 9.4)

전후 전단력(antero posterior shear ; APS)은 걷기와 달리기에 대해 유사한 패턴을 보인다. 보행 사이클에서는 발 착지에서부터 마지막 이지시기까지의 전방 전단력(제동력)이 있게 되고 이지에 앞서 후방(추진력) 전단력이 있게 된다. 여가로 달리는 사람에게 있어 충격 시에 약한 전방 전단력이 있게 되고 훨씬 더 긴 전방 전단력이 바로 이어지게 되며 그리고 나서 후방의 추진력으로써 전단력이 이어지게 된다. 선수들에게 있어 약한 전방 전단력이 일어나게 되는데 이 후에 큰 후방 전단력이 이어지게 된다.[25]

더 빠른 주자의 경우 APS에서의 진폭이 더 클수록 VGRF에서의 감소에 비례하게 된다(그림 9.5). 초보자와 선수 둘 다 참여하는 트랙 경기를 관람할 때 이것을 관찰할 수 있다. 초보자들은 달리기 패턴에서 더 많이 "뛰어 오르는" 경향이 있으며 반면에 선수들은 무게중심의 위치를 덜 수직적으로 바꾸면서 트랙 주위를 "활주(미끄러지듯이 움직이기)" 하는 것처럼 보인다.

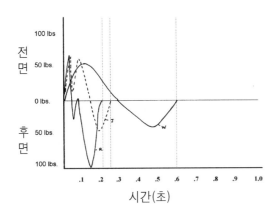

그림 9.5 전후 전단력

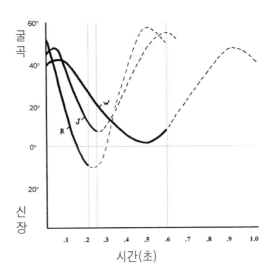

그림 9.6 걷기, 조깅 그리고 달리기에서의 힙 굴곡과 신전

특정관절동작의 분석(운동학)

걷기, 조깅, 달리기를 위한 관절운동의 패턴을 대조함에 있어 몇 가지 일반적인 경향이 나타나게 된다. 전체적인 동작범위(ROM)가 증가하고, 사이클 주기가 감소하여 관절동작의 속도(초당 각도)가 극적으로 증가하게 된다.

힙 관절 굴곡과 신전(그림 9.6)

걷기에서 충격흡수를 돕기 위해 발뒤꿈치 접지 후에 짧은 힙 굴곡이 있게 되며 이 후에 이지에서 최대한의 힙 신전과 함께 골반이 대퇴골위를 이동함에 따라 힙 신전이 이어지게 된다.

조깅할 때, 최초의 접촉 시에 힙이 약간 더 굴곡하게 되는데 그 때 발을 접지 하고 난 후에 짧은 힙 굴곡이 있게 되며 그 후 지지의 나머지 시기 내내 힙 신전이 이어지게 된다. 최고의 힙 신전은 이지 바로 다음에 일어나게 되는데 이때 이행의 마지막 33%에서 다시 최대 굴곡이 일어나게 된다.[25]

달리기에서 힙은 최초의 접촉 시에 약간 더 굴곡하게 되며 그리고 나서 스탠스단계 내내 신전을 계속하게 된다. 최고의 힙 굴곡과 신전은 조깅과 같은 패턴을 따르게 되지만 상당히 큰

편위 운동과 함께 이루어진다.[25]

힙 관절 내전과 외전(그림 9.7)

걸을 때 힙은 발뒤꿈치 접지시에 5도 내전하면서 접촉단계의 마지막까지 더 많이 내전하게 된다. 그 때 중간 지지기와 추진단계 동안 내전된 상태에서 외전하게 되고 이지 후에 바로 최고의 외전지점에 도달하게 된다. 그 후에 발이 다시 지면에 가까워짐에 따라 이행기의 마지막 66%지점을 지나 내전하게 된다.

조깅에서 발의 접촉 시에 힙은 8도 내전하게 되고 지지기의 40%지점에서 최고의 내전이 일어나게 된다. 그 후에 외전이 최고로 일어날 때 초기의 이행 단계까지 힙이 외전 된다. 후기의 이행단계동안, 힙은 발 접촉 바로 전에 최고의 내전지점에 도달하면서 다시 내전하게 된다. 속도가 증가함에 따라 발 접촉 시에 힙 내전이 증가하게 되는데 이 때 기저면이 좁아지게 되고 신체의 중심선 바로 아래 스탠스 발을 놓게 된다.[25]

선수에게 있어, 발 접지 시에 힙은 10도 또

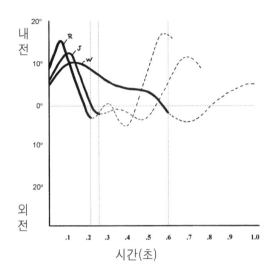

그림 9.7 걷기와 조깅 그리고 달리기에서 힙 외전과 내전

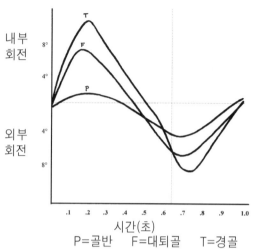

P=골반   F=대퇴골   T=경골

그림 9.8 달리기에서 다리의 회전 패턴

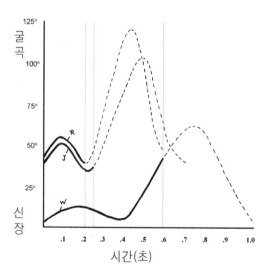

그림 9.9 걷기와 조깅 그리고 달리기를 위한 무릎 굴곡과 신전

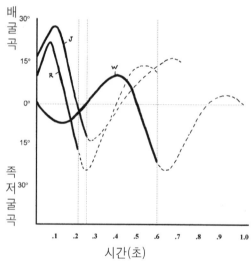

그림 9.10 걷기와 조깅 그리고 달리기를 위한 발목 배측굴곡과 저측굴곡

는 그 이상으로 내전하게 된다. 지지기의 30%까지 힘은 더 내전하게 되고 그 후에 이행단계의 40%까지 외전하게 된다. 이 지점에서 힙은 발 접지 바로 전까지 급속하게 내전하게 된다.[25]

하지의 회전(그림 9.8)

골반, 대퇴골 그리고 경골부분 모두 이동하는 동안 내외측 회전의 동일한 패턴을 따르게 된다.[22] 모두 초기 지지 단계에서 사지에 체중이 지지회전하게 되며 그 후에 이지 시에 가장 큰 외회전이 일어날 때까지 외회전하게 된다. 이행 단계 동안에, 이 세 가지 모두 다시 내회전하게 된다. 동작의 크기에 관하여 대퇴골은 골반보다 점점 더 빨리 회전하게 되며 경골은 대퇴골보다 더 빨리 그리고 더 멀리 이동하게 된다. 다리회전의 속도는 달리기의 증가 속도보다 훨씬 더 크다.

무릎 관절 굴곡과 신전(그림 9.9)

걷기에서 최초의 접촉 시에 무릎의 자세는 완전한 신전에 가까우며 무릎은 접촉단계의 마지막까지 충격의 완화를 돕기 위해 굴곡하게 된다. 그 후에 골반과 대퇴골이 더 느리게 이동하는 경골위 전방으로 이동함에 따라 최고점에 이르면서 무릎 신전이 일어나게 된다. 이지 후에 무릎은 굴곡하게 되고 이 굴곡은 이행 단계 내내 지속된다. 무릎 굴곡은 지면에서 떨어지는 것과 스윙하는 사지가 앞으로 나아가는 것의 가속화를 통제하는 것을 돕기 위해 스윙 단계의 초기에 정점에 이르게 된다.

조깅할 때, 발 접지에서 무릎 자세는 약 35도 정도로 뚜렷하게 더 많이 굴곡되게 되며 최초의 충격 후에 지지기의 40% 시점에서의 최고점까지 무릎은 굴곡하게 된다. 그리고 나서 무릎이 다시 굴곡하여 이행 단계를 반쯤 통과하여 최고의 굴곡(110도)에 이르게 되는 이지

바로 전까지 신전하게 된다.[25]

더 빠른 달리기에서, 무릎은 발 접지 시에 약 45도로 훨씬 더 굴곡 되며 사지가 완전하게 체중을 수용하게 됨에 따라 더 많이 굴곡하게 된다. 그리고 나서 무릎은 이지 바로 전까지 신전하게 되며 이 후에 이행 단계의 50% 지점에서 약 125도의 최고점까지 빠른 이행단계의 무릎 굴곡이 이어지게 된다.[25]

발목의 배측굴곡과 저측굴곡(그림 9.10)

걷기에서 접지 시에 발목은 약간 배측굴곡 된다. 초기의 접촉시기 동안에 발목은 지지면까지 발을 조절하면서 하강하여 저측굴곡하게 되고 그 후에 후기의 접촉 시에 무릎이 굴곡함에 따라 배측굴곡이 시작되는데 이것은 경골이 거골 위로 앞으로 나가야 한다. 발위로 경골의 전방전진은 이지 바로 전에 최고점에 이르기 위한 중간 지지기 동안에 발목의 배측굴곡을 지속하게 된다. 추진시기 동안에 힙과 무릎은 굴곡하게 되고 발목관절은 이지 바로 후까지 저측굴곡 하게 된다. 원위 사지의 이행단계의 초기이지는 발목 배측굴곡에 의해 이루어지며 이것은 이행 단계의 66%지점에서 최고점에 이르게 된다.

조깅에서 발목은 발 접지 시에 15도 배측굴곡 하게 되지만 최초의 저측굴곡 대신에 발목은 지지 단계의 40% 지점에서의 최고점을 향해 더 많이 배측굴곡 하게 된다. 이 후에 이지 바로 후까지 급속한 저측굴곡이 이어지게 된다. 이행하는 동안에, 발 접지 바로 전까지 발목은 능동적으로 배측굴곡 하게 된다.[25] 더 빠른 주자는 발목을 10도로 배측굴곡 하여 발 접지 시에 새 주기를 시작하게 되며 접지 단계를 통과하여 중간지점까지 더 많은 배측굴곡이 있게 된다. 그 후에 발목의 저측굴곡이 시작하게 되며 이행단계의 초기에 정점을 이루면서 지지기의 나머지 시기 내내 저측굴곡이 지속된다.[25]

거골하 관절의 움직임(그림 9.11)

조깅과 달리기에서의 거골하관절은 걷기를 위해 기술된 것과 똑같은 일반적인 동작 패턴을 따른다. 발 접촉시에 발은 약간 회외전되고 발을 최초로 하중하는 동안 회내가 일어나게 된다. 접촉에서 초기의 중간지지기까지의 전환지점쯤에서 최고의 회내가 일어나게 된다. 비록 회외가 최고의 회내 후에 시작하고 이지 바로 전까지 지속된다 할지라도 발은 중간 지지기를 통과하는 내내 회내를 유지하게 된다. 거골하 관절은 이지 바로 전에 최대한의 회외를 달성하게 된다. 초기의 이행 단계 동안에 거골하관절은 이지에서의 회외 자세로부터 중간 이행 단계동안의 중립에 가까운 정지단계까지 회내하게 된다. 후기의 이행에서 거골하관절이 다시 약간 회외하게 되는데 이 최종 이행기에서 발이 지면에 접근하게 된다.

후족(rear-fool ; subtalar)의 동작패턴이 걷기와 달리기 경우 둘 다 매우 유사하게 보이지만 거골하 관절의 크기와 속도는 뚜렷하게 증가하게 된다. 걷기를 위한 최고 회내는 6도이고 이것은 달리기의 경우 9도에서 10도까지 증가하게 된다.[6]

달리기에서의 근육 기능

달리기 동안에 이루어지는 전형적인 근육기능은 3 단계의 신장-단축주기를 포함하게 된다. 이 근육 활동은 신장 단계 동안 운동량의 감속과 함께 시작하며 후에 전환 단계 동안 신체분절의 안정화가 이어지게 된다. 마지막 단계는 근육의 단축성 수축을 통해 성취되는 운동량의 가속화이다. 근력의 발생은 신장 단계를 통해 근섬유에게 전달되는 사전부하에 의한 수축 단계와 전환 단계 동안에 증가된다. 몇 몇 저자들은 그림 9.12에서 개요하고 있는 다양한 속도의 달리기를 위한 근육기능에 대해 포괄적

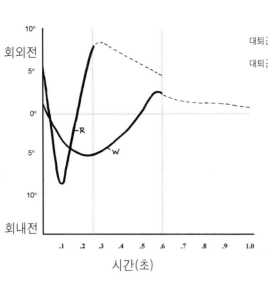

그림 9.11 걷기 대 달리기에서의 발 후부 동작의 비교

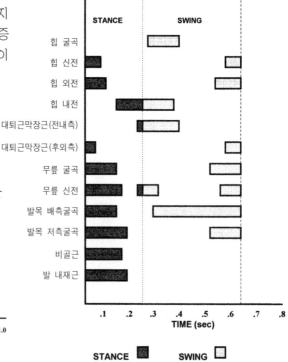

그림 9.12 달리기시의 하지근육의 EMG 활동

으로 분석하고 있다.[1,24~26,28] 힙 굴근의 최고의 근전도(EMG) 활동은 전방으로 이행을 하는 동안 일어나게 된다. 이 근육군의 주된 기능은 이행하는 사지의 전방 운동력을 가속화하는 것이다. 힙 굴근이 달리기의 속도를 증가시키는 주 근육군인 것으로 보인다.[24]

힙/대퇴

힙 신근은 발의 접촉과 중간 지지기까지 활동을 계속해 가면서 발의 하강 시에 시작되는 최대 활동을 보여 준다. 힙 신근의 기능은 이행기 마지막에서 대퇴를 감속하는 것이고 발의 접촉 시에 힙과 골반을 안정시키는 것이며 중간 지지기에서 힙 신전을 가속화하는 것이다.

힙 외전근군은 유사한 최고 활동시점을 보면서 힙 신근과 협력하여 기능하게 된다. 힙 외전근의 활성화는 발의 하강 시에 시작되어 발의 접촉까지 지속된다. 이 활동의 기능은 신체의 중심선에 더 가까운 지지면까지 발을 가져가기 위해 발 접지 바로 전에 일어나는 힙 내전을 통제하기 위한 것이다. 중심선에 더 가까운 발의 배치는 체중의 중심 아래로 더 수직으로 발을 놓게 된다. 힙 외전근군은 지지기 단계 동안 전면에서 힙과 골반을 안정시키는데 매우 중요한 역할을 하게 된다. 후기의 지지 단계에서 힙이 외전을 행함에 따라 힙 외전근은 단축성 수축을 하게 된다.

대퇴근막장근은 기능적으로 두 가지의 명확한 부분, 전내측과 후외측으로 구성된다. 전내측의 섬유는 이지와 초기 이행단계에서 최고 활동에 도달하게 되는데 이 때 힙 굴근이 대퇴의 운동량을 가속화하는 것을 돕게 된다. 후외측 섬유는 힙 신근과 외전근과 협력하여 기능하게 되는데 후기 이행 단계와 초기의 지지단계에서 최고의 전기적 활동에 도달하게 된다. 그렇게 하는데 있어 후외측 섬유가 이행하는 사지가 지지에 대한 준비를 하는 것을 돕게 되고 발의

접촉 시에 힙과 골반을 안정시키게 된다.

힙 내전근은 전체적인 달리기 주기 내내 전기적 활동을 보여 주게 된다.[26] 그것의 기능은 지지에서 골반에서 대퇴까지 안정시키는 것이고 이행에서 골반까지 대퇴의 위치를 고정시키는 것이다. 장내전근에서의 최고의 활동은 이지 바로 전에 일어난다. 이 활동은 몸을 지탱하는 사지의 안정성을 증가시키는 것이고 반대측의 사지까지 체중을 부드럽게 전환할 수 있도록 하기 위한 것이라고 추측된다.[23]

무릎

무릎신근은 후기 이행과 초기의 지지 단계에서 최대 활동을 보여 준다. 그것은 다리가 무릎의 후기 이행단계의 굴곡을 통제하고 충격 시에 무릎굴곡을 감속하는데 중요한 역할을 하게 된다. 이 원심적인 무릎 신근 활동은 무릎 관절의 "쿠션 굴곡"을 일으키며 이것은 달리기의 운동 시에 이루어지는 충격약화를 위한 핵심 역학이다. 대퇴직근과 중간광근의 활동을 대표하는 팔로우 스루와 전방 이행에서의 무릎신근 활동에서 단시간의 최고지점이 있게 된다.[24,26,28]

무릎굴근은 이행 단계의 마지막 25에서 40%에서 주로 활동하게 되며 이 활동은 지지 단계까지 잠시 동안 지속된다.[24,28] 이 근육들의 기능은 힙의 전방 굴곡을 감속하고 후기의 이행 단계의 무릎 신전을 통제함에 있어 원심적으로 작용한다는 것이다. 초기의 지지 단계의 활동은 지탱하는 사지가 체중을 수용함에 따라 무릎 관절을 고정시키는데 있어 강력한 무릎 신근에 의한 동시수축을 나타낸다.

발목

발목의 배측굴근으로서 알려진 전면의 근육군이 초기의 지지단계로의 활동을 계속해가면서 이행하는 내내 활동하게 된다. 이 그룹의 기

능은 이행하는 동안 발의이지를 돕기 위해 발목, 엄지발가락 그리고 나머지 발가락의 배측굴곡을 유지하고 가속화하는 것이다. 발 접촉 후에 전면 근육군이 활동하는 동안 접촉 시에 발목이 배측굴곡하는 것 때문에 천층과 심층의 후면 근육군과 협력하는데 고정화 역할을 하게 된다.

또한 발목의 저측굴근이라고 알려진 후면 그룹은 말기의 스윙에서 시작하여 지지 단계의 처음 반을 통과하여 지속되는 최고 활동에 도달하게 된다. 이 그룹의 기능은 발목과 발을 안정시키는 것이고 발 착지 후에 발목의 배측굴곡을 감속하는 것이다. 후면 근육에서의 근육활동은 주로 상대적으로 정지해있는 발 위로 경골의 전방 운동력을 통제하는 것을 돕게 된다. 또한 제2의 가속화 기능을 대표하면서 더 빠른 속도의 달리기에서 발목을 저측굴곡함에 따라 이지에 근접하면서 잠시 동안의 활동시기가 있게 된다.

또한 발목 외전근이라고 불리는 비골근군은 초기의 지지 단계 동안에 최고 활동에 도달하게 된다. 비골근은 최고의 내전에 이어지는 회외 동작을 통제하는 것을 돕는 기능을 하고, 첫 번째 설상골의 족저면과 첫 번째 중족골의 족저면에 착지함으로써 전족(fore foot)의 내측, 특히 첫 번째 열을 안정시키는 역할을 한다.

발

발의 내재근은 발의 접촉에서부터 중간지지기까지 최대 EMG 활동을 보여 준다. 발의 내재근의 역할은 동적 안정이다. 이 근육들은 체중을 수용하는 동안 중간 발과 앞발의 과도한 가동성을 억제하기 위한 동적인 인대로서의 역할을 하게 된다.

후족(거골하) 동작의 통제에 있어서의 근육활동은 주로 상대적인 자세와 다리 근육조직이 연속적인 건 당김에 의해 결정된다. 거골하 관절

축의 중간 면에서부터 당겨지는 그 근육들은 거골하의 회내를 감속시키는 기능을 하고 거골하 회외 가속화를 돕게 된다. 이 근육들은 후경골근, 가자미근, 비복근, 전경골근, 장무지굴근, 단무지굴근, 장지굴근과 단지굴근을 포함한다. 거골하 회외전의 감속은 거골하 축의 중간 면에서부터 건을 당기는 근육활동을 통해 이루어진다. 이 근육들은 또한 거골하의 회내의 가속화를 돕게 되는데 이 그룹 내에 포함된 근육들이 장비골근, 단비골근, 장지신근과 단지신근(그림 9.13)이다.

달리기 선수들의 손상예방

달리기의 손상을 예방하는 것은 신발의 선택, 스트레칭, 근력운동 그리고 논리적이고 점증적으로 진행되는 스케줄에 대해 적절한 관심을 기울임으로써 가능하다.

신발의 선택

신발의 선택은 달리기 선수가 신발 이외의 다른 보호 장비를 거의 갖지 않는다는 점에서 매우 중요하다. 신발산업은 과거 20년 동안 기하급수적으로 증가하였고 달리기에 적당한 많은 수의 신발들이 다양한 제조업체로부터 구입할 수 있다. 'Runner's world'와 'Running times'와 같은 인기 있는 전국의 달리기에 관해 서적에서 현재에 유통 중인 신발들을 살펴볼 수 있다. 달리기용 신발은 세 가지로 구분된다. 쿠션이 있는 신발은 충격의 완화를 강조하며 뒷 발의 이동을 허용한다.

안정화 신발은 발 접촉면에서 뒷발이 회내되는 일반적인 경향을 통제하기 위해 만들어진 것이다. 그리고 움직임-조절 신발은 과도한 뒷발의 회내전을 적극적으로 억제하기 위해 가운데 부분을 추가적으로 지탱하도록 만들어진 것이다. 임상가는 임상적인 실험을 바탕으로 하

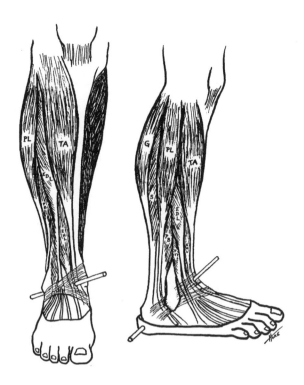

그림 9.13 거골하 관절축과 다리근육들의 관계

여 주자의 신발을 위한 바람직한 특징과 관찰할 수 있는 기능들을 목록화하기 위해 "신발 규정"에 대한 편리한 참고문헌을 갖게 되기를 바란다. 그림 9.14에서 샘플형식을 제공하고 있다.

스트레칭

길항근의 능동 수축과 함께 가벼운 하중으로 오랫동안 스트레치하는 것을 강조하는 스트레칭 프로그램이 달리기 선수들에게 권장된다. 전형적인 프로그램은 힙 굴근과 대퇴사두근, 슬괵근과 허리, 힙 후면과 힙 측면 그리고 장경인대와 비복근과 가자미근의 복합체에 대한 주의점들을 포함한다. 주자들은 전형적인 트레이닝 페이스의 약 2/3 정도의 페이스로 행하는 준비운동성 조깅과 결합하여 달리기에 앞서 간단

하게 스트레치 할 것을 권장 받는다. 일반적인 스트레칭 프로그램의 예는 그림 9.15에서 볼 수 있다.

근력강화

주자들은 손상을 낳을 수 있는 부적절하게 통제된 반복적인 스트레스를 피하기 위해 다리의 체력의 균형을 필요로 한다. 힙 측면, 무릎 신근 그리고 하지 근육조직에 특별한 관심을 쏟게 된다. 매우 작은 장비를 필요로 하는 단순한 프로그램이 순응성을 향상시키고 가장 성공적인 효과를 발휘하는 것으로 드러났다. 그림 9.16에서 예를 들어 운동법을 소개하고 있다. 대안으로 달리기 선수는 체력상의 목표를 성취하기 위해 장비가 잘 갖추어진 피트니스 센터를 사용하는 방법도 선택할 수 있다.

도표 9.1 발의 생체역학을 고려한 신발에 대한 권장사항

	회외	중립	회내
신발분류	쿠션	안정	동작통제
발 끝 모양	커브	반커브	스트레이트
구조	센트럴 슬립 래스트 또는 캘리포니아 슬립 래스트	캘리포니아 슬립 래스트	컴비네이션 레스트 또는 보드 레스트
가운데 바닥의 특징	쿠션이 추가된 단일 비중 EVA	이중-비중 EVA 또는 PU	플라스틱 풋브리지가 있는 이중 비중 EVA
구두깔창	제거 가능	제거 가능	제거 가능
기타	종종 넓고 깊은 토우 박스가 필요하다; 회내전 콘트롤 특징을 피하라	풋프레임	강화된 힐 카운터와 풋프레임

트레이닝 일정

달리기선수에게 있어 손상예방의 마지막 요소는 점증적이고 점진적인 트레이닝 일정이다. Hoke의 법칙은 "몸은 작은 증가의 변화에는 쉽게 반응하지만 큰 증가의 변화에는 적응하지 못한다."라는 의미를 가진다.[17] 이 원리의 전제는 긍정적인 변화를 주기 위해서는 자극이 기능의 현재레벨을 넘어서야 하지만 그렇게 함에 있어 너무 많이 현재 단계를 초월해서는 안 된다는 것이다. 만약 자극이 너무 크다면, 몸은 부정적으로 작용할 것이고 기능의 레벨상의 더 많은 향상은 실제로 지연되게 될 것이다. 적절한 트레이닝 일정은 시간의 증가, 마일 수의 증가, 휴식일수 그리고 사이클링이나 수영과 같은 다른 활동과의 교차훈련 등의 매우 점진적인 과정과 결합된다. 손상예방을 위한 일반적인 규칙은 이전 주보다 10에서 15% 많은 정도로 시간이나 마일 수의 진전을 유지하는 것이다. 너무 자주 일어나는 손상들은 개인이 경기를 위해 안전하고 적절하게 준비하기에 필요한 시간에 대해 충분한 고심 없이 마라톤과 같은 레이스에 참여하겠다는 목표를 설정하였기 때문에 경험하게 되는 것들이다.

달리기 손상의 원인

증후의 여섯 가지 원인

많은 요소들이 달리기에서의 손상의 빈도와 관계된다. 나는 증후의 여섯 가지 원인으로서 관심의 주요 분야에 대해 언급하려고 한다. 첫 번째 원인은 주자의 일정이다. 트레이닝상의 오류는 달리기의 손상의 상당한 부분을 차지한다.

환자의 풋웨어 권장사항

신발의 형태(활동): _____

발구조(모양): _____

발의기능: • 오버 회내전　　　• 중립　　　　• 언더 회내전

비정상적 기능의 심각성:　　　• 약함　　　• 보통/심각

신발특징

　끝(모양):
　　• 뻗은　　　　　• 반커브　　　• 커브

　끝(구조):
　　• 보드　　　• 결합　　　• 중앙 슬립　　　• 캘리포니아 슬립

　미드솔:
　　• 폴리에르탄　　　　　　• 압박형 EVA
　　• 단단한 중간 가운데발 • 뒷발 쿠션
　　• 단일 비중 가운데발 • 앞발 쿠션
　　• 풋프레임

　상위:
　　• 로우 컷　　　• 미드 컷　　　　• 하이 탑
　　• 강화적이고 신장된 힐 카운터
　　• 깊은 토우박스 • 넓은 토우박스

　아웃솔:
　　• 고밀도 러버　　　• 블로운 러버
　　• 러버　　　　　　• 폴리에르탄
　　• 클리츠　　　• 너브드 솔

　인솔:
　　• 정형용지지대를 위한 제거할 수 있는 인솔

　특별요구사항: _____

그림 9.14 신발 추천 양식

일반적인 오류들은 주간 주파거리의 급속한 증가, 훈련페이스의 증가 그리고 불충분한 휴식기를 포함한다. 증상의 두 번째 원인은 노면이다. 내리막을 달릴 때에는 다리의 장경 인대의 건염과 연결되며, 오르막을 달릴 때에는 무릎과 아킬레스건에 스트레스를 증가시킬 수 있다. 손상의 세 번째 원인은 선수의 신발이다. 선택할 수 있는 수백 개의 모델들이 있지만 달리기의 생체역학과 신발이 맞지 않는 주자들이나 더 이상 유용하지 않은 신발을 신고 달리려고 노력하는 주자들을 마주치게 되는 일은 흔히 있는 일이다. 관심의 네 번째 영역은 근력이다. 주자들은 규칙적인 훈련의 유일한 형태로서 달리기를 사용할 수 있으며, 달리기 패턴의 순환적 성질 때문에 동일한 운동근육 패턴을 각 세션에서 수천 번 마주칠 수 있다. 이것은 더 많은

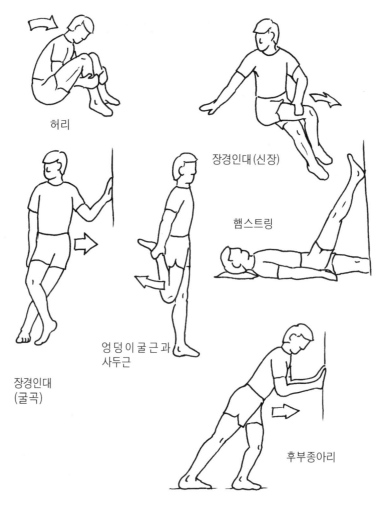

허리

장경인대(신장)

햄스트링

엉덩이굴근과
사두근

장경인대
(굴곡)

후부종아리

그림 9.15 달리기 선수를 위한 유연성 운동

거리를 달리는 것만으로는 교정할 수 없는 불균형을 낳을 수 있다. 관심의 다섯 번째 영역은 스트레칭이다. 대부분의 주자들이 스트레칭이 사고와 손상의 심각성을 줄일 수 있다는 것을 이해하고 있지만 스트레칭 프로그램은 종종 무시되거나 부적절한 테크닉과 함께 수행된다. 주자들은 목표로 한 근육군이 스트레칭 훈련의 수혜자라는 것을 확실히 하기 위해 손상을 당했을 때 그들의 스트레치 방법을 반드시 설명해야 한다. 관심을 기울일 마지막 영역은 주자

의 신체구조이다. 달리기 선수의 손상을 정기적으로 다루는 스포츠 의학 전문의들은 다리 배열과 생체역학을 평가하는데 필요한 임상적인 기술을 발달시켜야 한다. 달리기의 손상은 거의 외상으로 인한 것이 드물고 일반적으로 과사용으로 인한 손상에 해당된다. 주자들이 흔히 마주치게 되는 손상은 신체가 내재적 구조적 변화를 보충하려고 할 때 조직에 부과되는 역학적인 스트레스로 인한 것들이다. 이 주제에 대해서는 많은 변형들이 있다. 안쪽으로의

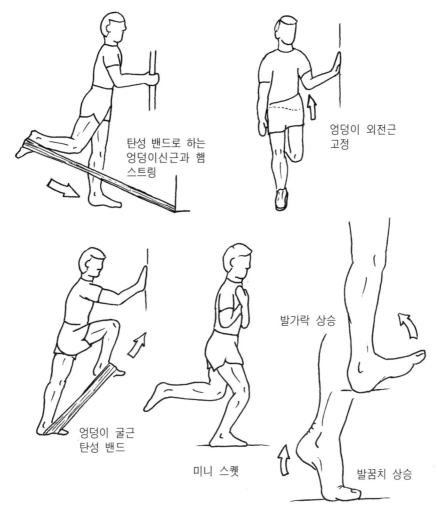

탄성 밴드로 하는
엉덩이신근과 햄
스트링

엉덩이 외전근
고정

엉덩이 굴근
탄성 밴드

미니 스켓

발가락 상승

발꿈치 상승

그림 9.16 달리기 선수를 위한 근력운동

대퇴골 비틀림과 바깥쪽으로의 경골 비틀림과 같은 근위적 요소들이 큰 Q 각을 만들게 된다 (사두근의 당김 범위내의 외반 벡터). 수 마일의 코스에 걸쳐 이렇게 경쟁하는 횡단면 요소들이 슬개대퇴골 관절에서 통증과 기능장애를 낳을 수 있다. 과도한 후측부와 전측부의 내반과 같은 원위적 요소들이 중요한 역할을 할 수 있는데 이것이 과도한 거골하 회내와 중족부위의 과가동성에 의해 보상된다. 정기적인 달리기에서 수천번 반복하여 시행하게 되는 보상적

역학을 만나는 주자는 경골후부의 근육조직에 과도하게 하중 할 수 있다. 내재적 요소와 손상사이의 관계에 대해 다음에서 더 광범위하게 논의할 것이다.

일반적인 손상과 재활

달리기의 순환적이고 반복적인 성질은 종종 손상을 낳는 근골격계의 적응 단계를 초과하는 역학적인 스트레스를 가져올 수 있다. 수많은

저자들이 손상의 빈도에 대한 그들의 경험을 주자에게 기술해 준다. 일반적인 부위는 무릎, 발목, 정강이, 슬곡근, 아킬레스건 그리고 장딴지 그리고 족저근막을 포함한다. 제임스와 존스는 232개의 상태를 나타내는 180명의 주자들의 그룹으로 나누어 다음의 손상 위치를 보고하였다. 무릎(34%), 후내경골(13%), 아킬레스건(11%), 족저근막(7%), 스트레스 골절(6%) 그리고 다른 부위(29%)(그림 9.17) 이 지역의 각 부분에 대해 다음에서 살펴보기로 한다.

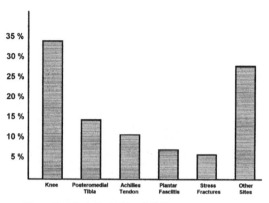

그림 9.17 달리기 부상 발생률

무릎 통증

슬개대퇴관절의 통증

초기의 검사자들은 슬개대퇴골의 통증을 "슬개골 연골연화증"의 탓으로 돌렸는데 이것은 통증의 발생이 관절표면이라는 것을 의미했다. 이것은 말할 것도 없이 무릎의 관절염으로 진전될 가능성이 큰 반면에 많은 환자들은 슬개대퇴관절의 통증을 나타내고 관절염의 변화에 대한 방사선상의 증거는 전혀 없으며, 임상검사에서의 염발음도 없다. 조사자들은 또한 달리기에 규칙적으로 참여하는 것은 힘, 무릎 그리고 발목에서의 너무 이른 관절염과 함께 일어나지 않는다라는 것을 보여 주었다.[21] Dye 등은 마취없이 자신의 무릎을 관절경으로 다양한 관절내 구조물의 민감성을 조사하였다. 활맥막과 슬개골과 지방조직이 가장 예민한 구조이며, 반면에 3등급의 연골이 없는 구조물에 탐침을 건드려도 어떤 통증도 없었다. 스포츠 의학 전문의에게 오는 달리기선수들의 대부분은 슬개대퇴골 관절의 쇠퇴라기보다는 활액 조직과 지대인대 스트레스와 더 많이 관련된 통증을 갖게 되는 것 같다. 임상적 실제사항들은 또한 이런 전면의 무릎 통증을 갖고 있는 많은 환자들이 적절한 조정 후 몇 주 내에 증상이 사라지는 것을 경험하게 되며, 반면에 연골의 부족은 섬유연골를 치료하기 위해 가장 적절한 기간으로서 몇 달이 필요하다는 것을 이해하게 된다.

앞서 요약 하였듯이 무릎 신근의 역학은 달리기에서 발의 접촉에 이어 체중을 수용하는 동안에 충격의 약화에 중요한 역할을 하게 된다. 이런 충격의 약화는 무릎신근을 부드럽게 통제하는 원심적인 수축을 통해 이룰 수 있다. 슬개대퇴 관절은 근육의 배열과 기능에 영향을 주는 다양한 요소를 가지고 있는 신근역학 내에서 세밀하게 균형을 이룬 체계이다. 주자는 종종 이 체계가 내측으로 힘의 벡터와 외측으로의 힘의 벡터 사이에 필요한 "힘의 균형"이 부족할 때 슬개골 지대에서 자주 통증을 경험하게 된다. 발의 과도한 회내 또한 전면의 무릎 통증의 발달의 한 요소로서 다양한 저자에 의해 인용된다.

발의 접촉에 이은 이른 최고 무릎굴곡각이 후족의 최대각도 빨라지는데 후족의 회내각이 지나치게 커지면, 무릎에 나쁜 영향을 주게 된다 : 시상면(굴곡 증가), 전두면(외반 증가), 횡단면(경골 회전 증가)

치료 : 주자에게 있어 슬개대퇴골의 치료는 정적이고 동적인 구조로부터 슬개골에 미치는 힘을 변화시키는데 초점을 맞추게 된다. Grelsamer와 Mcconnell이 옹호하는 테크닉을 사

도표 9.2 스텝-점프-홉 플리오메트릭 과정

1. 스텝-업
  1등급 : 2인치 박스
  2등급 : 4인치 박스
  3등급 : 6인치 박스
  4등급 : 8인치 박스
2. 스텝 다운
  1등급 : 2인치 박스
  2등급 : 4인치 박스
  3등급 : 6인치 박스
  4등급 : 8인치 박스
3. 점프 업스(두 다리)
  1등급 : 2인치 박스
  2등급 : 4인치 박스
  3등급 : 6인치 박스
  4등급 : 8인치 박스
4. 점프 다운(두다리)
  1등급 : 2인치 박스
  2등급 : 4인치 박스

  3등급 : 6인치 박스
  4등급 : 8인치 박스
5. 홉 업스(한 다리)
  1등급 : 2인치 박스
  2등급 : 4인치 박스
  3등급 : 6인치 박스
  4등급 : 8인치 박스
6. 홉 다운(한 다리)
  1등급 : 2인치 박스
  2등급 : 4인치 박스
  3등급 : 6인치 박스
  4등급 : 8인치 박스
7. 반복적인 포워드 홉과 함께 홉 다운(한 다리)
  1등급 : 2인치 박스
  2등급 : 4인치 박스
  3등급 : 6인치 박스
  4등급 : 8인치 박스

용한 테이핑법은 증상을 줄여주고 손상을 입은 주자들이 다른 재활적 조정방법을 통해 더 빨리 진전할 수 있게 만든다. 체중을 실은 구심적이고 원심적인 하중의 스텝-점프-홉 프로그램 또한 무릎 신근 역학에 따른 빠른 속도의 신경근육 조절력을 발달시키는데 도움을 준다 (표 9.2). 이 훈련을 하는 동안 대퇴골부분의 과도한 내회전을 피하고 가장 일치성이 높은 중간범위(중립) 위치에서의 후족 기능을 유지하면서 다리의 근위적이고 원위적인 배열에 특별한 관심을 기울이게 된다. 닫힌 운동사슬 환경에서 힙 신근과 외회전근을 강화함으로써 대퇴골 위치를 조절할 수 있다. 비정상적으로 발이 배열되었을 때 적절하게 교정된 깔창이 원위적 내

재 요소를 장기간 관리하는데 매우 유용하다는 것이 입증되었다.

장경인대증후군

장경인대는 때때로 대전자 부위에서 그리고 그보다 더 흔하게 무릎에서 일반적으로 나타나는 손상 부위이다. 그것은 장경인대내의 염증이 대전자부의 골융기부분이나 대퇴과위로 지나갈 때의 마찰에 의해 만들어진다는 것이 일반적으로 인정되고 있다. MRI 검사는 인대가 측면의 대퇴 외측상과위로 지나가는 지점에서 증상이 있는 주자에게서 나타나는 장경인대가 두꺼워지는 현상을 보여 준다. 측면의 대퇴골 외측상과 융기부에 있는 장경인대의 후내섬유의

파열에 포함된 무릎 굴곡의 각도는 30도이며 이것은 달리기 주기패턴에서 발의 접촉 후에 바로 일어나게 된다.

몇 가지 요소들이 달리기선수에게서 이런 구조에서의 손상의 가능성을 증가시킨다. 그 첫 번째 요소는 전방의 보행속도가 증가함에 따라 주기패턴의 기저면이 좁아진다는 것이다. 두 다리 지지는 더 이상 발생하지 않으며 발은 체중의 중심 바로 아래 지지하는 다리를 위치시키기 위해 중심선에 훨씬 더 가깝게 발을 놓게 된다. 주기패턴의 기저면의 이런 협소화는 힙에서의 내전의 증가를 통해 이루어지며 이것은 측면의 힙 근육조직(장경인대를 포함한)에 긴장을 증가시키게 된다. 힙 외전근육조직이 피로나 약화로 인해 골반을 안정적이고 편평하게 유지하지 못한다면 장경인대에 추가적인 스트레스를 가할 수도 있다. 이행할 때의 사지의 중량 때문에 반대쪽의 힙이 아래로 떨어지게 되면 지지다리로의 힙내전이 효과적으로 증가하게 된다.

마지막으로 장경인대는 힙과 다리에서의 횡단면 회전을 담당한다. 장경인대는 다리가 내회전함에 따라 주자가 과도하게 후족을 회내 할 때 더 큰 긴장감에 놓이게 된다. 다리의 내회전의 증가를 통해 긴장이 증가하는 것은 힙에서의 외회전적 영향, 가장 두드러진 것으로 대퇴골의 후경(retroversion) 또는 힙 외회전근이 경직 등과 복합될 수 있다.

재활 : 달리기 선수에게 있는 장경인대 건염의 치료는 측면 힙 근육조직으로의 스트레칭을 포함한다. 이 스트레칭 훈련은 장경인대 속으로 부착되는 내측의 근육조직과 후내면의 근육조직 둘 다 다루기 위해 힙의 굴곡과 신전 두 가지 경우에 모두 수행하는 것이 좋다. 이 스트레치를 수행하려고 시도할 때 요추의 측면굴곡을 피하기 위해 특별한 관심을 기울여야 한

다. 힙 외전근을 강화하는 것 또한 치료의 중요한 요소이다. 이 그룹에서 체력의 기초를 탄탄히 하기 위해 전통적인 옆으로 누워 다리 들기 훈련을 사용하는 것이 유용하며 그 후에 싱글 다리로 이 근육군을 훈련하기 위해 중량을 실어 행하는 훈련으로 수행하는 것이 유용하다. 중량을 실은 훈련에서 사지는 달리기에서 접하게 되는 것과 유사한 방식으로 자세를 취하게 되며 이 때 힙의 내전을 통해 몸의 중심선에 지지 자세의 발을 위치시킨다. 이 때 지지 다리의 힙 외전근은 반대측의 골반이 아래로 기우는 것을 막고 힙과 골반을 안정시킴으로써 훈련할 수 있다.

슬개하건염

앞서 언급했듯이, 주자는 충돌 시에 발생하는 무릎굴곡을 감속시키기 위해 무릎의 신근 역학의 원심적인 수축을 사용하게 된다. 원심적인 과부하는 선수의 건염의 발달에 있어 상당한 병인학적 요소로서 영향을 주게 된다.[11,38] 전면의 무릎 통증을 가진 환자들은 구심력에 있어서의 결점들을 상당히 초월하는 많은 무릎 신근의 편심적인 결점들을 보여 준다. 슬개하 건은 전형적으로 전면보다 후면쪽으로 더, 슬개골의 하위 극에 있는 건과 뼈 골막의 접합점에서 염증이 생기게 된다. 임상가는 Cyriay와 Coldman이 기술한 것처럼 슬개골이 위로 노출되어 불거져 나오지 않는 이상 정확하게 어느 부위가 손상되었는지를 알기 힘들다.[7]

이 부위의 치료는 손상부위를 적절히 노출시키기 위해 위로 기울이면서 동시에 슬개골 아래부위에 깊은 횡적인 마찰 마사지를 하거나 얼음찜질을 사용할 수 있다.[7] 원심력과 조절을 강조하는 무릎신근 역학의 강화 프로그램이 권장된다. 이것은 무릎 신근을 강화하기 위해 고안된 열린 운동사슬 기법을 사용함으로써 시작할 수 있다. 모래주머니, 웨이트 머신 또는 컴퓨터

로 조절되는 등속성 장비와 같은 수많은 훈련 방법들을 이런 식으로 사용할 수 있다. 훈련량을 줄이는 단계나 원심적 단계 동안에 조절을 강조하는 것이 중요하다. 이것에 기능적인 환경을 통합하기 위해 스텝-점프-홉의 진행과정의 방법을 제시하고 있다(표 9.2 보기)

정강이 통증

주자들에게서 나타나는 정강이 통증은 스트레스 골절과 스트레스 반응, 운동성 구획 증후군과 근골격계 "경 부목" 의 세 가지로 구분된다. 이 세 가지 각각은 전형적으로 다양한 임상적인 증상 증후를 보이기 때문에 주자는 전문의들이 차별적인 진단을 하는 것을 도울 수 있다.

스트레스 골절은 다양한 부위에 영향을 줄 수 있지만 대부분 경골(34%), 비골(24%), 중족골(20%), 그리고 대퇴골(20%)에서 가장 흔히 나타난다. 정강이에서 일어나는 스트레스 골절의 58%와 관련하여 스포츠의학전문의는 달리기를 하는 동안 악화되는 다리의 골질 윤곽을 따라 나타나는 모든 통증을 의심해 보아야 한다. 초음파가 스트레스 골절이 나타날 때 통증을 일으킬 수 있다.[14] 초기의 방사선사진은 두드러지지 않을 수도 있으며 골절 체계내의 신진대사 활동의 증가를 배제하기 위해 뼈의 정밀검사가 필요할 수도 있다.

정강이 부위에서의 운동성 구획 증후군은 전형적으로 통증의 느낌을 주게 되고 훈련으로 인해 비롯되는 정강이에서의 "팽팽함"이나 "경련"의 느낌을 줄 수 있다. 지속적인 훈련은 종종 원위적 마비나 운동근육의 약화를 낳을 수 있다. 구획증후군은 훈련 동안에 구획내로 카테터를 심어서 운동시 압력을 검사하여 확인할 수 있다. 구획증후군이 나타날 때, 구획내압력은 전형적인 값으로 상승하게 되고 훈련을 마쳤는데 안정 시 수치로 쉽게 돌아오지 못하고 지체된다.[16,33,39,40]

근골격계 "경 부목"은 달리기와 같은 지속된 훈련에 의해 야기된 근육-건 단위의 손상이다. 어떤 기계적인 스트레스가 근육-건 단위의 능력을 초월하는지를 알기 위해 후족과 중족을 조절하는 근육 기능에 대한 지식이 필요하다. 전방구획은 이행직전 충분히 이지하기 위해 발목과 발의 배측굴곡을 담당한다. 전방구획 또한 발목과 발가락의 저측굴곡을 통제하는 원심적인 기능을 갖고 있다. 전경을 내측으로 당김으로써 전방구획은 후족부의 회내의 감속에 2차적인 역할을 하게 된다. 외측 구획은 후족의 회외를 통제하고 전방구획과 후방구획으로부터 내전근이 강력하게 당길 수 있도록 하기 위한 균형을 제공하게 된다. 장비골근 또한 후기의 지지단계에서 첫 번째 열의 안정화에 중요한 역할을 하게 된다. 후방구획은 천층 구획과 심층 구획을 포함한다. 심층의 후방 그룹 그리고 특히 후경골은 후족의 내전을 통제하게 되며 체중을 수용하는 동안 중족이 내려앉는 것을 막아준다. 가지미근과[27] 장무지굴근[13] 또한 후내측의 경 부목 증후군의 경우에 증상의 발생에 영향을 주게 된다.

재활

경 부목의 치료는 문제의 원인을 올바로 분류하는 것에서 출발한다. 경 부목이 스트레스 골절이나 스트레스 반작용 때문일 때 손상을 치료할 수 있도록 트레이닝이 일시적으로 정지되어야 한다. 이것은 전형적으로 4주에서 6주정도 필요하다. 이 시기 동안에 주자는 사이클링, 깊은 물속에서 달리기 또는 최근에 개발된 일립티컬 트레이너를 사용한 훈련과 같은 대안적인 무충격 트레이닝을 통해 체력을 유지하게 된다. 달리기 스포츠로의 복귀는 임상적인 증상 증후의 부재, 방사선 상의 증거 또는 손상 부위에 대한 초음파로 인한 증상의 발생이 더 이상 나타나지 않는 것을 바탕으로 한다.

구획증후군의 경우에 급성 발작은 트레이닝 일정의 변경, 깔창, 신발 조정 그리고 근육 불균형의 해소에 대해 관심을 기울임으로써 해결될 수 있다. 만성 재발성 구획증후군의 증상의 경우 근막의 수술에 의한 릴리스를 현명하게 사용함으로써 놀라운 결과를 얻어낼 수 있다. 이것은 최소한의 피하근막절단술을 통해 이룰 수 있다.[29,30]

근골격계 경 부목의 치료에 있어 스트레스 증가의 원인은 생체역학적 평가를 통해 정확하게 규정되어야 한다. 증상을 발생시키는 근육 조직은 탄성밴드 훈련이나 특별히 고안된 발목 운동기(Anlcle Isolater, Kelly Kinetics)와 같은 열린 운동사슬 훈련을 통해 강화할 수 있다. 근력과 지구력이 향상됨에 따라 닫힌 운동사슬(체중 지탱) 훈련이 기능적인 방법으로 과정을 통합하기 위해 사용된다. 한 쪽 다리 스탠스로 균형 잡기에서부터 BAPS(Biaomechanical Ankle Plattorm System, Camp International)와 같은 장비를 이용한 훈련까지 이런 목적을 위한 많은 형식의 훈련들이 존재한다. 주자가 충분한 치료를 받고 근육수행을 향상시키게 되면 정상적인 트레이닝으로 점진적인 회복을 이룰 수 있다. 뒤꿈치를 깊게 하고, 안쪽 테두리를 높이고, 후족 혹은 전족 안쪽을 받쳐주는 깔창은 후경골건염에 효과적이다.

아킬레스건염

아킬레스건은 달리기 운동선수에게 있어 손상이 빈번하게 나타나는 부위이다.[5,11,18,20,38] 아킬레스건의 원위 섬유는 후부의 종골속으로 건의 종지점 위 약 5에서 6cm까지 뻗어있는 혈관이 적게 분포된 부위이다. 이 혈관이 적게 분포하는 아킬레스건염이 있을 때의 회복과정을 방해할 수 있다. 게다가, 섬유가 종골에서 끝날 때, 건은 이 지대에서의 집중력이 더 높아질 수 있

게 더 많은 섬유-연골성 구조로의 바뀌게 된다. 아킬레스건을 통한 스트레스는 발목 전방돌출(aukle eguinus), 경직된 비복근이나 가지미근 그리고 요족(carus foot)과 같은 내재적인 구조적 이상에 의해 증가하게 된다. 과도한 후족부의 회내 또한 아킬레스건의 섬유를 가로지르는 스트레스를 증가시키게 되고 거골하 관절축의 안쪽에 있는 종지부위는 아킬레스건이 거골하 회내의 감속에 2차적인 역할을 하게 한다. 트레이닝 또한 이 지대에 과도한 스트레스를 주는 역할을 할 수 있다. 페이스의 증가, 오르막길 트레이닝 그리고 전족이 가장 먼저 접촉하게 되는 달리기 모두 아킬레스건을 통한 스트레스를 증가시킨다.

재활

아킬레스건의 치료는 건을 통한 스트레스를 감소시키기 위한 깔창(heel lifl)의 사용과 결합된다. 비체중운동으로 시작하여 체중운동으로 힐레이즈에 이르는 훈련으로 진행하게 되는 원심적인 훈련 프로그램은 종아리 군에 힘을 회복시키는데 유용하다. 이 근육군을 위해 스트레칭 프로그램을 사용할 때, 중족 관절의 경사 축에서의 보상적인 동작을 피하기 위해 주의를 기울여야 한다. 거퇴관절과 사선의 중족관절 둘 다 동작의 주요한 구성요소들을 공유한다. 이런 이유 때문에, 주자가 거퇴관절에서의 연부조직이나 관절가동성이 부족할 때, 일반적으로 과가동성과 동작의 사선축을 통해 중족 관절이 내려앉는 것에 의해 보상된다. 종아리근군과 아킬레스건을 스트레치 할 때 이런 일반적인 보상방법은 피해야 한다. 스트레칭을 행하는 동안 후족을 약간 회내시킨 상태를 유지함으로써 이것을 성취하게 된다.

거골하관절의 회외는 중족관절의 기능적인 과가동성을 억제하게 되고 그 결과로 생기는 힘은 거퇴관절을 향하게 된다.

족저근막염

내측 발꿈치 통증은 달리기선수들에서 흔히 일어나는 통증이다. 내측 발꿈치 통증에는 많은 원인들이 있지만 손상을 입은 주자에게 내려지는 가장 일반적인 진단사항은 족저근막이다. 족저근막은 달리기를 행하는 동안 중족과 전족의 안정화에 핵심적인 역할을 한다. 발꿈치가 상승하기 시작하면 일정한 길이의 족저근막이 더 많은 긴장하에 놓이게 되고 그것이 중족골 두부주위에 통증을 주게 된다. 이것은 후기지지 단계를 위한 더 많은 안정성을 만들어 낸다.(windlass mechanism) 발을 최초로 하중 할 때 중족의 안정성을 손실하게 되면 족저근막은 너무 빨리 긴장을 느끼게 된다. 발이 안정되지 않은 경우에 발꿈치가 상승하게 될 때 중족지골관절의 배측굴곡을 통해 추가된 긴장이 중간의 종골 융기면의 부착점에서 족저근막에 손상을 일으킬 수 있다. 중족과 전족의 불안정성은 전형적으로 두 가지 시나리오 중의 한 가지에서 비롯된다. 중족은 족저인대구조를 통해 내재적으로 정적인 지탱을 불충분하게 받게 되거나 후족부가 정상적인 범위의 회내를 넘어 이동하게 될 때 중족골 안정성의 2차적인 손실이 있을 수 있다.

재활

족저근막의 치료는 팽팽한 아킬레스건으로부터 중족관절에 주어지는 외재적인 스트레스의 감소를 포함한다. 후족부가 회외를 유지하는 동안의 스트레칭 프로그램은 이런 반대적인 영향력을 해결할 수 있다. 저항적인 경우에 잠을 자는 동안 종아리근군의 스트레치를 유지하는데 야간부목이 도움이 될 수 있다. 만약 야간 부목을 사용할 때 발꿈치 아래에 중간웨지를 놓고 부목에서 후 족부의 회외를 유지하고 중족의 안정성을 증가시키기 위해 엄지발가락아래 45도의 웨지를 놓아 수정할 수 있다. 수정한 "로우 다이(low dye)" 테이핑법을 사용하여 발의 족저면을 테이핑 하는 것 또한 일상 활동을 하는 동안에 치유조직에 외부적인 지탱을 유지하는데 도움이 되며 이것은 전형적으로 2주 기간 동안 연속적으로 행해진다. 발의 내재적 구조의 철저한 평가를 통해 깔창을 통한 외부적 지지가 필요하다는 것을 알 수 있다. 구조적인 부정정렬의 영향을 고려해볼 때, 전문의는 "3s의 규칙"을 염두에 두어야 한다. 달리기의 지지단계는 세 배 더 빨리 일어나며 힘은 세 배나 더 빨리 약화되고 부드러운 구조적 약점이 걷기보다 영향력의 세배가 된다. 주자를 위한 적절한 깔창을 선택할 때, 전문의는 주자의 체중, 발의 형태(요족 대 편평족), 연부조직 가동성("고정된" 과가동성이나 "유연성 있는" 과가동성), 주자의 속도, 달리기패턴의 기저부를 좁힘으로써 발생되는 "기능적인 사지 내반슬"의 증가 그리고 주자신발의 내재적 통제특성 등을 고려해야 한다.

달리기로의 복귀

전형적으로 트레이닝 계획에서 트레이닝상의 실수를 일으키는 두 타입의 주자가 있게 된다. 그 문제를 가장 잘 요약한 것은 "세 가지 너무한(too)"으로 너무 많은, 너무 빠른 그리고 너무 이르다. 트레이닝에서 자주 실수하게 되는 주자의 첫 번째 형태는 초보선수이다. 트레이닝 일정에서 자주 실수하게 되는 두 번째 형태의 주자는 손상 후에 되돌아온 뛰어난 능력의 주자이다. 두 가지 시나리오에서 마주치게 되는 트레이닝상의 실수는 그 선수에게 새로운 손상을 입거나 기존의 손상의 악화 부담을 높이게 된다. 달리기시의 손상을 적절하게 진단하고 치료가 증상을 바람직하게 줄여 주었을 때 주자는 달리기로 되돌아가기를 간절히 갈망하게 될 것이다. 주자는 달리기로의 회복 과정을 위해 다음의 기준을 준수해야 한다. 어떤 관절상의 부종도 없을 것, 2주 동안의 일상 활동을 하는 동안 어떤 통증도 없을 것 그리고 좋은 신경근 조절과 함께 손상을 입은 다리로 전방 호핑(한 발 뛰기)을 할 수 있을 것 등이다. 이 기준을 따르게 되면 휴식/회복 일수를 통한 점진적인 과정이 제시된다. 예제 프로그램을 표 9.3에서 개요하고 있다.

가능하다면 스포츠의학 전문의는 "달리기를 계속하라" 라는 신조를 따라야 한다. 개인을 위한 달리기의 모든 긍정적인 영향을 기억하는 것이 중요하다. 가능하다면 완전한 휴식을 피하고 대신에 마일리지, 빈도 그리고 페이스를 줄임으로써 주자와의 훈련을 타협하도록 한다. 주자는 수영, 사이클링 또는 스테어 클라이머, 일립티컬 트레이너 또는 크로스-컨트리 스키 시뮬레이터와 같은 형식적인 장비를 사용하여 활용할 수 있는 다른 형태의 에어로빅 훈련과 같은 피트니스 트레이닝의 대체방안을 통합하도록 하는 것이 좋다. 만약 트레이닝 일정을 줄이는 것을 처음 시도하여 손상을 완전히 치료하지 못한다면 주자는 자신의 손상을 관리하는 데 있어서 전체적인 휴식기를 갖는데 더 자발적이 될 것이다.

도표 9.3 달리기로의 복귀 프로그램

다음은 손상후에 달리기로 되돌아가기 위한 트레이닝 프로그램이다. 러너는 일상활동에서 통증을 느끼지 않고 2주를 지낼 때까지 규칙적인 달리기 일정을 시도해서는 안된다. 만약 달리기할 때 통증을 느낀다면, 러너는 다음과 같은 경우에는 지속할 수 있다.

1. 통증이 심하지 않다.
2. 달리기 세션을 지속할 때 통증이 줄거나 변하지 않은 채로 있다.
3. 통증의 존재가 러너의 정상적인 동작 패턴을 변경하지 않는다(절뚝거리는 것은 허용되지 않는다)

준비운동을 위해 2분에서 5분 동안의 활발한 걷기로 각 운동을 시작하고 다음 5분 동안 스트레칭 훈련을 행하라. 프로그램의 각 단계 사이에 하루 동안 쉬는 일정으로 다음 프로그램을 권한다:

1단계 : 4분 걷기, 2분 조깅하기, 네 번 반복하기
2단계 : 4분 걷기, 4분 조깅하기, 세 번 반복하기
3단계 : 2분 걷기, 4분 종깅하기, 네 번 반복하기
4단계 : 2분 걷기, 6분 조깅하기, 세 번 반복하기
5단계 : 2분 걷기, 8분 조깅하기, 세 번 반복하기
6단계 : 2분 걷기, 10분 조깅하기, 두 번 반복하기

6단계를 마칠 때, 러너는 2분동안의 준비운동을 위한 걷기 후에 10분이상의 지속적인 달리기로 점차 전환할 수 있다. 러너는 세션당 2분에서 4분 달리기 시간을 증가시킬 수 있으며 첫달동안에는 각각의 러닝 세션사이에 적어도 하루의 휴식을 갖는다.

도표 9.4 주자를 위한 유연성 프로그램

허리 : 발을 약 어깨 넓이 정도로 벌려 평평하게 놓고, 앉아서 두 무릎을 구부리라. 무릎 사이에 양 팔꿈치를 넣고 다리의 바깥쪽 주위로 뻗으라. 복근을 팽팽히 하고 팔로 거들면서 몸을 전방으로 당기라. 등의 아랫부분에서 스트레치를 느껴야 한다.

굴곡상태의 장경인대 : 한 다리를 뻗고 무릎을 구부려 앉으라. 뻗은 다리 위해 구부린 다리의 발을 놓고 구부린 다리의 측면을 향해 몸통을 돌리라. 반대 손을 구부린 다리의 상위 허벅지위에 놓고 몸을 가로질러 뻗은 다리 쪽을 향해 구부린 다리를 당기라. 힙 뒷부분과 허벅지 외측에서 스트레치를 느껴야 한다.

신전상태의 장경인대 : 스트레치하고 싶은 힙을 벽과 마주하게 하여 서라. 벽에 손을 놓고 다른 다리를 교차함으로써 균형을 잡으면서 바깥쪽 힙을 벽 쪽으로 이동하라. 등에서 옆으로 구부리지 않도록 주의하라. 벽을 향한 쪽의 허벅지 바깥쪽에서 스트레치를 느껴야 한다.

힙 굴근과 대퇴사두근 : 한 다리로 서라. 무릎에서 반대쪽 다리를 구부려 지지다리가 아닌 자유로운 다리의 발목을 잡으라. 팔로 발목을 잡는 것을 도우면서 힙을 뒤로 당기기 위해 대둔근을 사용하라. 등이 호를 그리지 않도록 하라. 발목을 잡고 있는 쪽의 힙과 허벅지의 전면에서 스트레치를 느껴야 한다.

슬괵근 : 출입구에 있는 바닥에 눕는다. 무릎을 곧게 유지한 채로 문틀에 대고 한 쪽 다리를 올려놓으라. 출입구에서 발을 더 높이 들어 올리면서 점차 둔부를 문틀 쪽으로 이동시키라. 지면에서 뒷발꿈치를 떼어 들어 올리지 않도록 하고 발목에서 안쪽으로 발이 감기지 않게 하라(회내).

주의 : 15초에서 30초 동안 각 스트레치를 유지하고 각 근육군에 대해 5번 반복하라. 하루에 몇 번씩 훈련을 수행할 수 있으며 각각의 달리기 연습을 마칠 때에 정기적으로 행해야 한다.

도표 9.5 주자를 위한 근력 프로그램

탄력밴드로 하는 힙 신근과 슬괵근 원심성 수축운동 : 벽이나 문을 마주보고 서라 출입구에 탄력밴드를 낮게 묶으라. 발 주위에 탄력밴드의 다른 쪽 끝을 고리로 매라. 탄력밴드의 긴장을 만들어내기 위해 천천히 발과 다리를 뒤로 당기고 무릎을 구부리라. 힘이 최대로 신전될 때, 힘이 앞으로 오고 무릎을 쭉 뻗게 하면서 긴장을 천천히 풀라.

힙 외전근 안정 : 몸의 가운데 바로 아래 발을 두고 반대쪽 힙은 벽을 향하게 하여 한 다리로 서라. 자유로운 다리 쪽의 힙을 아래로 떨어뜨리고 나서 지지 다리의 외측 힙의 근육을 사용하여 들어 올리라. 척추를 옆으로 구부리지 말라.

힙 굴근 탄력 밴드 : 벽을 마주보고 서되 한발로 서라. 스탠스 다리의 발아래 탄력밴드의 한쪽 끝을 두라. 자유로운 다리의 발 주위를 밴드의 다른 쪽 끝으로 고리 만들어 묶으라. 균형을 잡기 위해 벽에 두 손을 놓고 탄력밴드의 저항에 반해 자유 다리의 힙과 무릎을 앞으로 그리고 위로 들어 올리라. 조절하면서 부드럽게 내리라.

미니 스쿼트 : 한 다리로 서서 가슴을 가로질러 두 팔을 교차시키라. 지지 다리의 무릎을 구부림으로써 몸을 약간 내리라. 이 자세를 잠시 동안 유지하고 나서 공간속으로 들어 올리면서 스탠스 다리를 밖으로 뻗으라. 이렇게 할 때 힙과 골반을 편평하게 유지하고 지지 발 바로 위에 지지 무릎을 놓도록 노력하라.

토우 레이즈 : 두 발 위에 체중을 균등하게 놓고 서라. 지지표면으로부터 발가락과 앞발을 들어 올리고 발꿈치를 바닥위에 놓으면서 마루에서 발의 전면을 들어 올리라. 잠깐 동안 유지하고 나서 발을 편평하게 한 자세로 되돌아가라.

힐 레이즈 : 두 발에 체중을 골고루 싣고 서라. 마루위에서 발꿈치를 들어 올리고 체중을 앞발의 둥근 부분쪽으로 앞으로 실으라. 잠시 동안 유지하고 나서 발을 편평하게 한 자세로 돌아오라.

주의사항 : 근육이 피로해지는 지점까지 각 훈련을 세 번씩 세트로 행하라. 신체가 증가하는 요구량에 반응할 시간을 주기 위해 하루씩 교대로 근력훈련을 행해야 한다.

참고문헌

1. Adelaar RS: The practical biomechanics of running. Am J Sports Med 14(2):497–500, 1986.
2. Bennett JG, Stauber WT: Evaluation and treatment of anterior knee pain using eccentric exercise. Med Sci Sports Exerc 18(5): 526–530, 1986.
3. Cavagna GA: Storage and utilization of elastic energy in skeletal muscle. Exerc Sports Sci Rev 5:89–129, 1977.
4. Cavanagh PR: The shoe ground interface in running, in Mack RP (ed): AAOS Symposium on the Foot and Leg in Running Sports. St. Louis: Mosby, 1982.
5. Clancy WG: Runners' injuries: Evaluation and treatment of specific injuries. Am J Sports Med 8(4):287–289, 1980.
6. Clarke TE, Frederick EC, Hamill CL: The study of rear-foot movement in running, in Frederick ED (ed): Sport Shoes and Playing Surfaces: Biomechanical Properties. Champaign, IL: Human Kinetics Publishers, 1984.
7. Cyriax JC, Coldham M: Textbook of Orthopaedic Medicine, Vol 2: Treatment by Manipulation, Massage and Injection, 11th ed. London: Balliere Tindall, 1984.
8. Dye SF, Staubli HU, Biedert RM, Vaupel GL: The mosaic of pathophysiology causing patellofemoral pain: Therapeutic implications. Oper Tech Sports Med 7(2):46–54, 1999.
9. Edington CH, Frederick EC, Cavanagh PR: Rear-foot motion in distance running, in Cavanagh PR (ed): Biomechanics of Distance Running. Champaign, IL: Human Kinetics Publishers, 1990.
10. Ekman EF, Pope T, Martin DF, Curl WW: Magnetic resonance imaging of iliotibial band syndrome. Am J Sports Med 22(6):851–854, 1994.
11. Fyfe I, Stanish WD: The use of eccentric training and stretching in the treatment and prevention of tendon injuries. Clin Sports Med 11(3):601–624, 1992.
12. Galloway MT, Jokl P, Dayton OW: Achilles tendon overuse injuries. Clin Sports Med 11(4):771–782, 1992.
13. Garth WP, Miller ST: Evaluation of claw toe deformity, weakness of the foot intrinsics, and posteromedial shin pain. Am J Sports Med 17(6):821–827, 1989.
14. Goodwin JS: Stress fractures diagnosed by ultrasound. Mediguide Inflam Dis 4:5, 1983.
15. Grelsamer RP, McConnell J: The Patella: A Team Approach. Gaithersburg, MD: Aspen Publishers, 1998.
16. Hargens AR, Ballard RE: Basic principles for measurement of intramuscular pressures. Oper Tech Sports Med 3(4):237–342, 1995.
17. Hoke BR, Lefever-Button SL: When the Feet Hit the Ground, Everything Changes, Level 2: Take The Next Step. Toledo, OH: American Physical Rehabilitation Network, 1994.
18. Jacobs SJ, Berson BL: Injuries to runners: A study of entrants to a 10,000 meter race. Am J Sports Med 14(2):151–155, 1986.
19. James SL, Jones DC: Biomechanical aspects of distance running injuries, in Cavanagh PR (ed): Biomechanics of Distance Running. Champaign, IL: Human Kinetics Publishers, 1990.
20. Komi PV, Fukashiro S, Jarvinen M: Biomechanical loading of achilles tendon during normal locomotion. Clin Sports Med 11(3): 521–531, 1992.
21. Konradsen L, Berg Hansen E, Sondergaard L: Long distance running and osteoarthrosis. Am J Sports Med 18(4):379–381, 1990.
22. Levens AS, Inman VT, Blosser JA: Transverse rotations of the segments of the lower extremity in locomotion. J Bone Joint Surg Am 30A:859, 1948.

23. McBryde AM: Stress fractures in runners. Clin Sports Med 4(4):737–752, 1985.

24. Mann RA, Moran GT, Dougherty SE: Comparative electromyography of the lower extremity in jogging, running, and sprinting. Am J Sports Med 14(6):501–510, 1986.

25. Mann RA: Biomechanics of running, in Mack RP (ed) AAOS Symposium on the Foot and Leg in Running Sports. St Louis: Mosby, 1982.

26. Mann RA, Hagy JH: Biomechanics of walking, running, and sprinting. Am J Sports Med 8(5): 345–350, 1980.

27. Michael RH, Holder LE: The soleus syndrome: A cause of medial tibial stress (shin splints). Am J Sports Med 13(2):87–94, 1985.

28. Montgomery WH, Pink M, Perry J: Electromyograhic analysis of hip and knee musculature during running. Am J Sports Med 22(2): 272–278, 1994.

29. Mubarak SJ: Surgical management of chronic compartment syndromes of the leg. Oper Tech Sports Med 3(4):259–266, 1995.

30. Noble CA: Iliotibial band friction syndrome in runners. Am J Sports Med 8(4):232–234, 1980.

31. Orchard JW, Fricker PA, Abud AT, Mason BR: Biomechanics of iliotibial band syndrome in runners. Am J Sports Med 24(3):375–379, 1996.

32. Pare EB, Stern JT, Schwartz JM: Functional differentiation within the tensor fasciae latae. J Bone Joint Surg Am 63A(9):1457–1471, 1981.

33. Pedowitz RA, Gershuni DH: Pathophysiology and diagnosis of chronic compartment syndrome. Oper Tech Sports Med 3(4):230–236, 1995.

34. Pink M, Perry J, Houglum PA, Devine DJ: Lower extremity range of motion in the recreational sport runner. Am J Sports Med 22(4): 541–549, 1994.

35. Rampersand YR, Amendola A: The evaluation and treatment of exertional compartment syndrome. Oper Tech Sports Med 3(4):267–273, 1995.

36. Rodgers MM: Dynamic biomechanics of the normal foot and ankle during walking and running. Phys Ther 68(12):22–30, 1988.

37. Slocum DB, James SL: Biomechanics of running. JAMA 205:97–104, 1968.

38. Stanish WD, Curwin S, Rubinovich M: Tendinitis: The analysis and treatment for running. Clin Sports Med 4(4):593–609, 1985.

39. Styf JR: Diagnosis of exercise-induced leg pain in the anterior aspect of the lower leg. Am J Sports Med 16(2):165–169, 1988.

40. Styf JR: Intramuscular pressure measurements during exercise. Oper Tech Sports Med 3(4): 243–249, 1995.

CHAPTER 10

알파인 스키

Michael R. Torry, J. Richard Steadman

스키의 역사는 기원전 4000년으로 거슬러 올라간다.[1] 이 시기의 초기 스키어들은 주로 전쟁이나 사냥을 위한 이동방법으로 스키를 사용하는 동안 스키의 여가적인 측면이 부각되었고 전투와 전혀 관련이 없는 스키로 인한 손상은 이런 인구들에게서 가장 많이 나타나게 되었다는 것을 쉽게 추측할 수 있다. 노르웨이 군대가 1767년에 최초로 기록된 조직적인 스키 시합을 개최하였고 그 이후에 유럽의 여러 나라에서 급속히 성장하였다.[1] 스키는 1932년 Lake Placid 올림픽 때까지는 북아메리카에서 비교적 알려지지 않은 것이었다. 스키 테크닉의 진보, 스키 교습, 스키 장비의 디자인, 자동화식 리프트, 스키 장소로 더 쉽게 접근할 수 있게 된 것, 국제적인 경기 그리고 매체에의 노출 등이 하강식 스키의 대중화에 기여하였다. 여가를 위한 참가자들은 미국에서만 약 4백만 명으로 증가하였다.[2] 손상의 원인추적과 임상적인 데이터베이스 연구는 더 좋은 장비를 위한 디자인의 개발을 이끄는 수단이 되었고 알파인 스키를 하는 동안 발생하는 손상의 치료와 병인학에 극적인 영향을 미치게 되었다.[2-15] 이 장은 이런 진보사항들의 진화를 설명하고 알파인 스키와 관련된 손상의 현재 경향들과 손상률을 개요하며 현재의 생체역학적인 조사와 예방차원의 손상의 트레이닝의 적용과 오늘날의 스키 산업에서의 손상 후 재활을 다루는 과학적인 발달사항들을 논의할 것이다. 알다시피 스키손상은 신체의 거의 모든 관절을 포함하게 된다. 그러므로 손상의 역학에 속하는 부분, 손상의 예방 그리고 재활 등은 모든 스키어들 사이에서 가장 일반적으로 손상을 입는 관절들인 무릎, 어깨 그리고 손과 관련될 것이다.

전통적인 전문적 스키 시합과 올림픽 알파인 스키 경기의 개최지는 다양한 레벨의 기술적 도전사항을 갖고 있는 네 종류의 주요경기장으로 구성된다. 회전활강(slalom) 경기장은 종종 슬라롬과 자이언트 슬라롬의 두 가지 일반적인 종목으로 나누어진다. 살라롬은 짧은반경이 회전이라는 특징을 가지며 이것은 일련의 게이트를 통해 이동 스피드를 유지하기 위한 전문적인 기술을 필요로 하게 된다(게이트의 수는 다양하지만 전형적으로 45개에서 75개까지이다). 비록 그것이 더 느리고 더 전문적인 경기로 간주되긴 하지만 세계일류의 알파인 레이서들은 슬라롬 코스를 50초에서 75초 동안에 통과할 수 있고 시간당 35마일에서 50마일가지의 속도를 달성할 수 있다. 자인언트 슬라롬은 레이서들이 일련의 게이트를 지나가기 위해 (35초에서 60초) 전문적인 기술을 사용해야 한다는 점에서 유사하지만 일반적으로 회전이 더 넓으며(더 넓은 반경) 평균속도는 시간당 40마일에서 60마일이 되고 레이스는 50초에서 1분 20초까지 계속될 수 있다. "슈퍼 G"레이스는 75초에서 2분 30초까지 계속되는 더 긴 종목이며 더 큰 반경의 회전을 허용하는 더 작은 수의 게이트를(20개에서 35개) 갖게 된다. 레이서들은 시간당 65에서 75마일의 범위에 해당하는 속도를 달성할 수 있다. 활강종목은 15개에서 25개까지의 게이트를 갖는 특징이 있는데 약 2분에서 2분 30초까지 지속된다. 세계일류의 활강선수들은 코스 내내 시간당 80마일을 넘는 속도를 달성할 수 있다.

스키가 더 대중적이 됨에 따라, 더 새로운 스키코스가 나타났다. 자유 공중 동작수행, 작고 큰 모굴 레이싱(스키어들은 코스를 거치는 동안에 크고 가까이 놓인 눈 언덕을 지나가게 된다), 스피드 스키(레이서들은 시간당 100마일의 속도를 종종 초과하면서 몸을 감아 넣어 산 아래로 직선으로 스키를 타게 된다)와 클리프 점프(벼랑에서 점프하기)나 스키어 크로스와 같은 극도의 도전적 스키들이 전문적이고 여가를 위한 스키에서 더 일반적이 되고 있다.

알파인 스키의 생체역학

스키 회전의 운동학

초기 1980년대 이래로 적절한 스키 역학, 스키의 회전 시에 인간의 신체에 가해지는 힘과 하중 그리고 이런 업무들을 유연하게 달성하기 위해 필요한 적절한 근육의 단계적 관련사항들에 관해 상당한 연구가 이루어졌다. 연구에 있어 이런 중요한 발전들이 성공적인 손상의 예방과 체력 훈련 프로그램, 손상 역학의 규정 그리고 전체적으로 다양한 스키 손상의 외과적이고 재활적 치료의 발달을 이루어왔다. 많은 형태의 알파인 스키가 있는 반면에 이 장서다루고 있는 정보들은 대부분 알파인 슬라롬의 여가활용적이고 엘리트적인 스키 경기력범주에 한정된다.

알파인 스키를 마스터하는 것은 신경근육상의 엄청난 노력을 기울이게 된다. 활강 레이스나 평상시의 스키에서 행하는 어떤 회전도 항상 경험해야 할 새로운 어떤 것이 있고 예상치 않은 외부적인 힘이 존재하기 때문에 절대로 같은 경우가 없다. 그러므로 스키 테크닉과 장비의 선정은 설면(경사가 급한 경사면 대 경사면이 거의 없거나 "평면")과 눈의 상태(신선한 눈가루 대 다져진 눈가루, 눈 또는 슬러쉬(녹는 눈))에 따라 다양하게 변화할 수 있다. 그럼에도 불구하고, 가장 단순한 형태의 알파인 스키는 속도를 조절하고, 레이스의 게이트, 나무, 바위 그리고 다른 스키어들을 피하기 위해 스키와 회전 시에 행하는 하강 활주이다. 하강, 슈퍼 G, 자이언트 슬라롬 그리고 슬라롬의 네 가지 알파인 훈련으로 시합을 하는 올림픽 레이서의 경우, 게이트를 통한 스피드의 유지와 회전능력이 일상적인 트레이닝 상황에서 강조되는 일반적인 기술이다. 회전이나 게이트를 통과하여 충분한 스피드를 유지하고 회전능력을 최대화하기 위해 스키어는 지탱의 기부(안쪽과 바깥쪽의 스키 가장자리)와 관련하여 무게 중심을 통제함으로써 균형을 유지해야 한다. 이것은 스키어가 공기의 마찰, 눈의 마찰, 지면과 스키부츠의 힘 그리고 무게 중심에 작용하는 원심력과 구심력을 동시적으로 조정하는 동안 체중을 싣지 않은 일련의 조종행동과 터닝하는 내내 미묘한 해부학적 자세변화를 통해 달성할 수 있다. 스키의 회전은 전통적으로 네 가지 단계로 나누어진다.

1단계(준비 단계)

회전을 위한 준비단계에서, 스키어의 목표는 이전의 회전의 바깥쪽 스키로부터 다가오는 회전의 바깥쪽 스키로 자신의 체중을 옮기는 것이다. 이것을 완성하기 위해서 스키어는 팔와 몸통을 위로 신전함으로써 체중을 덜어 내고 이 동작을 이전 회전 운동량에 의해 시작된 스키의 역캠버(가운데가 위로 힘)로 인한 에너지 반동으로 동작을 연결시키려는 시도를 하게 된다.

모든 이런 다리동작들이 계곡 쪽 폴을 먼저 찍어 균형을 잡는 것이 선행된다. 폴 없이 성공적으로 스키를 탈 수 있다 해도 폴 찍기는 체중 부담을 줄일 수 있는 신체자세를 만들어냄으로써 회전의 연속동작을 시작하는 것을 돕게 된다.

2단계(회전시작)

스키어는 바깥쪽 스키의 중간 가장자리에 압력을 높임으로써 회전을 시작하게 된다. 이것은 눈위에서의 스키의 가장자리를 지레로 삼아 발과 사두근의 힘의 중앙면을 사용하여 그 가장자리에 압력을 가함으로써 이루어진다. 스키어에 의해 발휘되는 힘은 스키를 역캠버(스키의 오목하게 들어간 중앙부)로 구부러지게 만든다. 스키어는 외부 스키가 상당히 조금씩 나아가도록 하면서 회전하는 쪽으로 몸을 기울이게 된다. 속도가 더 클수록, 스키의 가장자리에서 눈까지의 꺾기(엥귤레이션)를 증가시키기 위해 몸이 안쪽으로 기우는 경향이 더 커진다. 이 엣징(스키의 모서리로 눈 위에 저항을 주는 동작) 테크닉을 통해 스키어는 스키의 끝부분에 압력을 증가시킬 수 있고 그 압력을 눈 쪽으로 추진시킬 수 있다. 스키의 자연스런 형태(캠버)와 짝을 이룬 이 테크닉은 턴을 더 달성하기 쉽게 만든다.

3단계(하강 라인)

이 단계에서, 구심력은 스키어에게 작용하는 중력라인과 직각을 이루게 된다. 그러므로 스키어는 팔꿈치와 힙의 오르막 꺾기를 증가시킴으로써 외측 스키에 가해지는 외부압력을 증가시키게 된다. 더 짧은 반경의 회전(슬라롬)은 더 긴 거리의 반경 회전(자이언트 슬라롬)보다 더 작은 구심력을 갖게 되기 때문에, 스키어는 몸통의 내부 기울기의 크기를 변화시키거나 활강 속도를 조정하지 않고 더 짧은반경으로 회전하

기 위해 무릎과 힙의 상향 꺾기를 증가시킬 수 있다.

4단계(회전 완성)

3단계의 마지막에 무게중심의 운동량과 원심력이 같은 방향으로 작용하게 되며 스키어를 언덕 아래로 당기게 된다. 회전을 성공적으로 완성하기 위해 스키어는 외측 스키에 가해지는 에징 압력을 증가시킴으로써 이런 힘에 저항해야 한다. 동역학적으로 스키가 하강 라인과 평행하여 다음 회전의 방향을 가리킬 때 스키의 회전이 완성된다. 외측스키 위로 무게중심을 유지하고 무릎신전을 통해 꺾기를 줄임으로써 스키어는 다음 회전으로의 스피드를 유지할 수 있다.

스키 회전의 근전도검사

인간의 동작은 근육체계의 산출되는 힘의 신경조절에 달려 있다. 운동경기 동안의 근육활동은 근전도계로 측정할 수 있다. 스키를 타는 동안 어떤 근육이 힘을 발생시키고 흡수하는지를 이해하기 위해 EMG를 사용하는 것이 일반화되었고 특정근육의 동작개시, 지속기간을 측정하게 되며 진폭이 기록된다.[16-19] 스키 회전을 성공적으로 수행하기 위한(예를 들어, 웨지, 페러렐, 그리고 슬라롬) 많은 테크닉들이 있다는 것을 기억할 때(주로 스키 레벨에 따라) 다양한 스키 회전을 직접적으로 비교하는 것은 꽤 어렵다고 할 수 있다.

전통적인 스키 강사들은 스키회전을 진행적인 연속적 순서로 가리킨다. 웨지나 "스노우 플라우(Snow plow)" 스키 회전이 초보 스키어들에게 처음 가르치게 되는 스키 회전이다. 이 회전은 기저면이 더 넓고(발을 어깨 넓이보다 더 넓게) 스키의 뒷부분에서의 바깥쪽으로 꺾어지며 스키가 스키어의 전면에 있는 아펙스(세모꼴의 정점)와 삼각형의 웨지(V자 모양)를 형

성하기 위해 발가락을 약간 안쪽으로 향하게 되는 특징을 갖는다. 이 테크닉은 초보자가 스키를 더 잘 통제하고, 스피드를 더 잘 통제함으로써 정지능력이 더 커지게 한다. 일단 이 기술을 완성하게 되면 초보 스키어들은 평행회전으로 진보하게 된다. 이름이 함축하고 있듯이 이런 형태의 회전은 발을 어깨 넓이만큼 벌리거나 더 좁게 벌리고 스키회전의 각 단계에서 모두 스키를 평행하게 하는 동작으로 구성된다. 마지막으로 반경을 더 넓게 하고, 슬라롬 회전의 속도를 높임으로써 스키어들은 터닝능력을 향상시키기 위한 노력을 하게 된다. 여러 연구소들은 이런 스키회전의 신경근육적 조절을 검토하는 조사를 시행해왔다.[16~19] 일반적으로 말해서 웨지 회전은 전형적으로 가장 적은 양의 근육활동을 나타내는데 반면에 슬라롬 회전이 더 빠를수록 회전은 더 커지게 된다. 이런 EMG 변수들에 의해 각각의 회전의 역동적인 성질들이 반영된다.[10~19] 전형적으로 웨지 턴이 더 느리며 반면에 슬라롬 턴은 훨씬 더 빠르다. 앞서 언급하였듯이, 스키어는 속도의 증가와 회전반경의 감소시킴으로써 회전을 통한 스피드를 최대화하기 위한 노력을 하게 된다. 그러나 이런 행동들은 조절하는데 필요한 더 큰 원심력을 만들어내게 된다. 그러므로 스피드나 짧은 회전 반경이 스키에서의 근력의 요구를 증가시킬 수 있다.[17,18]

스키의 지시사항과 스키 회전 테크닉에서 상향시의 다리나 하향시의 다리를 많이 강조하게 되기 때문에 회전과 관련하여 사지 위치가 근력의 발휘에 영향을 준다는 것은 확실한 사실이다.[21] 대부분의 EMG 연구로부터 흔히 관찰되는 것은 회전하는 동안 정상쪽 사지는 같은 경우의 스키회전에서 계곡쪽 사지보다 대퇴직근에서 상당히 많은 EMG활동을 나타낸다는 것이다.[16,17] 대안으로 다른 연구는 내측광근과 외측광근이 정상쪽 사지와 비교하였을 때 계곡쪽

사지에 가해지는 EMG의 산출값이 더 커진다는 것을 보여 준다. 슬라롬 스키회전 시에 근력에 대한 자체적인 분석은 대부분의 다리근육을 위한 근력은 회전 시작 시에 양쪽이 일정하다는 것을 보여주었다.[21] 예외는 내측 비복근과 외측광근이었는데 이것은 외측 사지에서 상당히 많은 활동을 보여 주었다. 이것은 슬라롬 스키회전에도 해당되는데 이것은 회전의 초기부분에서 바깥쪽 팔과 다리에 가해지는 중간압력을 강조하게 된다. 슬라롬 회전의 나머지 부분들은 스키어가 비교적 직립의 자세를 유지할 수 있게 하는데 그것은 스키어가 자이언트 슬라롬 회전과 비교하여 더 짧은 호를 그리며 이동하게 되기 때문이다. 그러므로 사지의 EMG 활동 사이의 불일치는 대부분의 근육에서 명백하지 않다. 그러나 자이언트 슬라롬을 행하는 동안 양측의 근육활동에서의 더 많은 차이점들이 스키회전의 1단계와 2단계 둘 다에서 나타나게 된다. 외측광근, 대퇴이두근 그리고 중둔근은 회전의 거의 모든 단계에서 바깥쪽 사지에서 가장 지배적인 역할을 한다는 것이 관찰되었다. 자이언트 슬라롬 회전의 2단계와 3단계에서 가장 많은 차이점이 발생하게 된다. 이런 결과들이 각각의 회전 스타일의 징후이며 엘리트 스키어들이 일면적인 사지 손상 후에 스키로 되돌아갈 때 잠재적인 관련사항들에 상당한 통찰력을 주게 되며 모든 알파인 레이스에서 회전은 심하게 흔들리게 되기 때문에 시즌전의 컨디셔닝은 두 다리(daulole limb) 트레이닝에 초점을 맞추어야 한다.

높은 수준의 동시수축은 기록되는 모든 스키 회전에서 명배하게 나타난다. 덧붙여서, 확실히 스키어의 능력은 근력을 변경시킬 수 있다. Karlsson 등은 초보 스키어들이 근력을 더 일정하게 나타내며 반면에 숙련된 스키어들은 싱글 턴을 행하는 동안 EMG의 산출과 이완시 기동안에 독특한 양상들을 보여 주었다. 이런

결과은 숙련된 스키어는 레이스나 스키를 타는 하루 내내 운동근육의 더 높은 레벨의 효율성을 달성할 수 있다는 것을 말해준다.

스키 회전의 몇 가지 형태를 위한 문헌에서 보고되는 EMG 자료는 스키어의 능력에 상관없이 시즌 전 트레이닝과 손상 후 재활은 고관절 내전근, 둔근, 사두근, 슬괵근, 허리 그리고 복근의 원심적인 수축에 초점을 맞추어야 한다고 제안한다. 덧붙여서 이런 훈련들은 힘과 무릎 관절에 대한 더 높은 레벨의 동시수축을 만들어내는 방식으로 이루어져야 한다.

스키시의 기계적 부담

회전을 하는 동안 스키어에 대해 작용하는 내외적인 힘을 결정하는 것은 기술적으로 쉽지 않다. 정확한 관절내 회전력과 관절반작용력을 알아내기 위해 스키와 부츠사이의 회전력과 힘을 측정해보아야 한다. 덧붙여서, 스키어와 스키-바인딩-부츠사이의 상호작용 또한 컴퓨터적인 문제가 된다. 그러므로 스키에 관한 대부분의 초기의 생체역학적 자료들이 발과 부츠사이에 부착된 휴대용 압력 센서로부터 도출된다는 것은 놀라운 일이 아니다.[23]

이런 압력 패턴들이 뒤로 들어가는 부츠와 전통적인 부츠 디자인 사이의 중요한 차이점을 드러내는데 도움을 준다. 최근의 조사들은 중간 발가락과 발등에 가해지는 압력이 스키회전을 시작하는데 필수적이라는 것을 입증하게 되었다.[24,25] 그럼에도 하지에 작용하는 힘과 운동의 추정치가 제시되었다. 최고 내력과 스키어에 작용하는 회전력은 고관절 신근의 경우 270 Nm, 내반족/외반족의 무릎 회전력의 경우 60 Nm 그리고 무릎의 비트는 힘의 회전력은 60 Nm 그리고 무릎관절에서 전면의 전단변형력은 약 1300으로 측정되었다. 고관절 접촉은 큰 모굴스키의 경우 체중의 10배를 초과할 수 있으며 작은 모굴의 경우에는 5배에서 7배까지 초

과할 수 있다. 이런 힘들은 걷기나 달리기 동안 견디게 되는 고관절 접촉력보다 상당히 더 높다. 하강 스키에서 발생하는 지면반력을 평가하여 크로스-컨츄리 스키에서 발생하는 유사한 변수의 힘과 비교하였다. 저자는 활강스키가 한 다리에 6kN의 힘을 발생시키며 크로스컨츄리 스키를 하는 동안 마주치게 되는 같은 힘과 비교하였을 때 상당히 더 높다는 결론을 내렸다.[25]

Maxwell과 Hull은 초보단계와 중간단계의 스키 달리기 시에 네 가지의 스키 회전(한 개의 웨지와 세 개의 슬라롬)을 완성하였을 때 발-부츠의 지면 반동력, 관절모멘트 그리고 허벅지 근육조직의 EMG와 세 명의 스키선수(중간단계나 능숙한 스키어로 등급 분류되는)의 다리의 동역학적 패턴을 측정하였다. 이런 변수로부터 무릎 관절의 압축적인 하중은 스노우플로우의 경우 약 400 N이고 평행 슬라롬 회전 시에 하향 사지의 경우 300N으로 측정되었다. 무릎 후부의 전단력은 모든 참가자를 위한 슬라롬 회전과 비교하였을 때 스노우플라우를 하는 동안 대략 60% 더 적어지게 된다.[32]

이런 수행능력에 대한 연구로부터 낮은 레벨의 스키는 다른 형태의 훈련(조깅과 달리기)와 관련하여 다리관절에 유사한 스트레스를 주면서 행해진다는 사실을 알 수 있다. 그러나 대부분의 스포츠에서처럼, 이런 힘들은 극단적인 상황(큰 모굴)에서 신체에 해로운 단계에 도달할 수 있다. 더 중요한 것은 이런 수행능력에 대한 측정이 스키를 타는 동안 발생하는 내부적인 하중을 조사자들이 이해할 수 있도록 돕고 스키손상의 구체적인 역학을 검토하는 것을 돕고 장비 디자인의 향상을 돕기 위해 만들어진 복합적 컴퓨터 모델을 조정하기 위한 입력정보로 사용된다는 것이다.

1993년에 Herzog와 Read는 두 개의 월드컵 활강레이서(한 명은 좋은 외형을 갖고 있고 다

른 한 명은 좋지 않은 외형을 갖고 있는)로부터의 무릎 관절의 힘과 회전력의 결과를 가지고 이 정보를 후방 십자인대(PCL)와 전방의 십자인대(ACL)의 스트레스를 측정하기 위해 무릎의 복합적 모델에 이 정보를 통합하였다. 그들의 모델들은 8000Nm을 초과하여 최대 사두근력을 나타내었다. 놀랍게도 최대 PCL 힘은 거의 3000 Nm으로 측정되었고 반면에 ACL 힘은 약 600Nm으로 측정되었다. 더 복합적 모델링의 접근방법이 발달되었으며 다리관절의 안쪽 면에서 일어나는 정확한 힘을 이해하는데 있어서 더 큰 진보는 다음의 십년동안 이루어질 것이다.

손상의 예방

이 장에서 인용되는 많은 연구들은 많은 요인들에 달려 있으며 가장 영향력 있는 한 가지의 변수를 규정하는 것은 매우 어렵다. 그러나 손상률, 손상역학 그리고 스키의 일반적인 수행능력과 생체역학에 대한 지식들을 가지고 있음으로서 우리는 여가활용을 위한 스키어와 전문적인 스키어의 안전을 향상시킬 수 있는 구체적인 오프시즌의 체력관리를 계획할 수 있다. 문헌검토로부터 스키어의 손상의 가능성을 줄이는 것을 돕기 위해 다음의 사항들을 권장하고 있다.[37,40]

1. 스키어의 능력은 스키 손상률과 관련되어 있다. 감독하의 스키 레슨을 받는 초보스키어에게 충고를 하는 것은 1/2로 손상률을 줄일 수 있다.

2. 안전한 스키를 위해 적절한 장비와 장비유지가 필수적이다. 생체역학적 조사가 부츠-바인딩과 스키 디자인을 향상시키는데 초점을 맞추어 진행되는 동안 그것의 날짜를 찾아내기 위한 어떤 정확한 장비도 없다. 부츠와 부츠 바인딩(죄는 기구)을 푸는 시스템은 지난 15년 동안 향상되었으며 손상률의 지속적인 하강에 가장 큰 역할을 하였다. 바인딩은 훈련을 받은 스키 기계공에 의해 정기적으로 평가되고 조정되어야 한다. 부츠는 특정한 제조업체를 추천할 수 있고 Q-각도, 높은 아치 넓거나 좁은 발 그리고 무릎의 내반 기형성의 증가와 같은 개인적인 요구를 만족시킬 수 있는 부츠 디자인을 권할 수 있는 스키전문가에 의해 갖추어져야 한다. 이런 작은 사전대책과 장비의 조정은 발-부츠-바인딩-스키 시스템에 극적인 향상을 만들어낼 수 있고 스키수행을 최적으로 행할 수 있게 해 준다.

3. 각 개별적 리조트에서 그리고 리조트를 가로지르는 테레인 등급의 비율을 아는 것과 같은 산위에서의 스키 안전대책 또한 권장된다. 각 달리기는 경사도, 길이 그리고 러닝의 눈-덮인 지역에 따라 색깔 부호로 표시된다. 녹색은 스키타기에 가장 낮은 또는 가장 쉬운 레벨을 나타낸다. 파랑색은 중간단계이며 스키의 회전과 정지의 관점에서 기본사항을 마스터한 스키어들을 위한 것이다. 검정색은 중간단계에서 숙련된 스키어들을 위한 것이고 두 개의 검정 다이아몬드는 숙련된 스키어들만을 위한 것이다. 불행히도 많은 스키어들은 그들이 기능적 한계를 넘어 스키를 타고 그들의 기술과 능력의 한계까지 스트레치하게 된다. 덧붙여서, 이런 색깔 등급의 비율은 다소 모호하며 산이나 스키 리조트지대를 지나가면서 일정하지 않다. 예를 들어, 북아메리카의 동쪽에서의 검은 색 주행거리는 서양이나 스위스 또는 캐나다 스키 리조트에서 똑같지 않다. 그러므로 스키어들은 항상 각 코스를 검사하거나 알려지지 않은 지역을 스키하기에 앞서 산이나 각각의 새로운 주행거리에 대한 등급비율을

검사하기 위해 믿을만한 스카우트를 보내야 한다.

4. 스키어들의 피로는 스키손상과 종종 관련되는 다른 요소이다. 스키는 허리, 복근, 사두근, 슬괵근 그리고 비복근의 크고, 연장되는 원심적인 수축을 요구하게 된다. 이 근육들의 적절한 오프-시즌의 컨디셔닝이 스키를 위한 준비에서 필요하다. 아래의 오프 시즌의 컨디셔닝 부분에서 모든 스키어들이 그들의 스키 잠재성을 최대화할 수 있는 구체적인 스키 훈련들을 개요하고 있다.

알파인 스키는 다리의 근육조직으로부터 광범위한 원심적인 힘의 산출을 필요로 한다. 올림픽 스키 선수들은 다른 올림픽 스키선수와 비교하여 등속성 다리 훈련에서 최대 점수의 몇 가지를 등록하였다.

전통적인 점진적 저항 웨이트 트레이닝은 이런 운동선수들을 위한 전형적인 트레이닝 방식이다. 그러나 모든 훈련에서 원심적인 작업에 상당한 강조가 이루어진다.

여가활용적이고 전문적인 스키어들 둘 다 다리근육과 복근 그리고 폴 찍기 동안 팔 근육의 많은 부분을 사용하게 된다. 그러므로 팔과 다리 근육군을 강조하는 일반적인 체력 트레이닝이 권장된다. 스키어가 더 큰 잠재성을 발휘할 수 있는 많은 스트레치와 근력강화 훈련이 있으며 아래 전문가들과 여가를 위한 스키어들이 사용할 수 있는 스트레치와 훈련들이 선정되어 있다.

준비운동

심박수와 심부체온을 증가시키기 위해 느린 조깅으로 시작하라. 준비운동에 이어 선수는 스트레칭을 수행할 필요가 있다. 그리고 나서 점차적으로 스피드와 회전의 난이도를 증가시키면서 더 낮은 단계에서 스키를 시작하라.

스트레치
다리 교차시켜 스트레치하기

이 스트레치는 장경인대를 느슨하게 해주어 힘을 느슨하게 유지하고 스키어가 회전하는 동안 하강라인을 목표를 맞추어 상체를 유지하는 동안 무게중심 아래에서부터 스키를 꺼낼 수 있게 해준다.

슬괵근 스트레치

이 스트레치는 허벅지와 허리 뒤에 있는 세 가지의 근육을 풀어 준다. 유연한 슬괵근은 스키어가 허리를 구부리지 않고 무게중심을 더 낮출 수 있게 함으로써 더 강력한 스키를 할 수 있게 한다. 이것은 직립으로 스키를 타는 것이 대퇴골과 관련하여 경골의 전면 이행을 줄이기 위한 슬괵근의 역학적인 이점들을 없애기 때문에 매우 중요하다. 정적으로 시작하여 점진적으로 동적인 스트레칭으로 진행해가라.

의자에서의 스쿼트 스트레치

이 스트레치는 발을 4피트에서 5피트 떨어지게 하여 의자에 앉고 전완을 안쪽허벅지에 놓은 채로 수행한다. 허리에서 몸을 구부려서 두 손으로 마루를 터치할 수 있게 노력하라.

근력운동
전방, 대각선 그리고 측면 런지

이 훈련은 사두근, 외전근, 내전근 그리고 둔근을 원심적인 방법으로 작동시킨다. 어깨 바벨, 핸드헬드 웨이츠 무게를 추가하기 위해 손으로 잡는 무게(아령)나 다른 바를 사용한다.

파워 스쿼트

이 훈련은 전통적인 스쿼트 기술을 사용하지만 다리 근육조직의 피로를 위한 훈련을 위해 피라미드 식 구성으로 웨이트를 줄이고 늘리게 된다.

복부 운동

전통적인 크런치(crunch)와 윗몸일으키기가 몸통을 강화하고 스키어들이 쉬운 회전을 할 수 있게 도와준다. 복사근을 포함할 수 있게 대각선으로 훈련하는 것이 중요하다. 피지오볼이 복근을 훈련하는데 유용하게 사용될 수 있다(그림 10.1과 10.2)

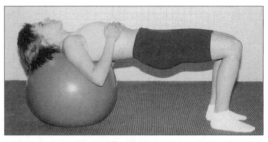

그림 10.1 피지오볼을 받치고 하는 복근 훈련(카나반, PK로부터의 허용과 함께 사용:뉴욕, 스포츠의학에서의 재활:애플튼과 레인지, 19, 8장, 그림 8-90, 169페이지)

스키 장비로 인한 손상의 원인

장비 디자인의 개선

스키 장비의 디자인은 지난 25년 동안의 북아메리카인들의 스키에서 손상의 형태와 손상의 심각성에 중요한 영향을 주어 왔다. 예를 들어, 1960년대 중반부터 후반까지 대부분의 여가를 위한 스키어들과 전문 스키어들은 발목관절을 거의 덮는 가죽 부츠로 스키를 탔고 금속의 풀리지 않는 바인딩으로 스키에 고정되었다. 1970년대 초기에 플라스틱에서의 진보가 발목을 더 단단하게 지탱해주는 플라스틱 부츠의 도입을 가져왔다. 따라서 발목 손상은 감소하기 시작했다.

부츠의 높이 또한 스키어들의 손상을 줄이는데 중요한 역할을 했다고 할 수 있다. 플라스틱 부츠는 발목관절을 죄기 때문에 그것들은 사지위로 더 많은 스트레스를 이동시키게 되고 경골파열과 무릎손상이 더 많이 발생하는 것을 볼 수 있다. 이런 초기의 부츠 디자인으로부터 더 부드러운 플라스틱, 붙박이 켄팅 그리고 다양한 연령과 성에 맞도록 부츠 위를 조정하는 것과 같은 지속적인 향상이 오늘날의 스키 인구에게서 관찰되는 손상의 병인학의 원인이 되었다. 오늘날의 스키 산업에서 내반 기형, 다리 길이의 차이 그리고 전완과 발 후부의 이상이 있는 사람들이 부츠제조업체로부터의 전문적인 가이드와 대부분의 요구에 맞추기 위해 특별한 주형과 부츠와 발의 외형곡선을 제공할 수 있

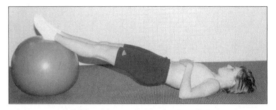

그림 10.2 공을 옆으로 굴리고 더 가깝게 하고 더 멀리 하며 몸통 안정화 훈련을 한다(PK 카나반으로부터의 허용과 함께 사용:뉴욕 스포츠 의학에서의 재활. 뉴욕:애플튼과 레인지, 19, 8장, 그림 8-91, 169쪽)

는 전문적인 스키 샵을 찾을 수 있다. 예를 들어, 단순한 발꿈치 패드나 부츠 안쪽의 앞발의 리프트가 평발이나 호가 높은 스키어들에게 도움이 된다. 덧붙여서 자격이 있는 스키 전문가들은 부츠나 부츠와 내반 기형으로 인한 바깥쪽 스키의 에징 문제를 극복하는데 도움이 되는 바인딩(캔팅)사이에 붙박이 리프트를 제공할 수 있다. 이런 작은 조정사항들이 스키어의 에징 능력을 증가시킴으로써 수행능력을 향상시키는 것을 도울 수 있다.

그러나 스키손상의 모든 면이 장비가 그 원인인 것은 아니다. 스키의 스타일 또한 손상에 영향을 주게 된다. 스키의 엘버그 스타일의 동작에서부터 클러드 퀠리에 의해 시작된 스키의 방향 형태의 많은 변화에 이르기까지 이런 동

작 또한 손상의 역학에 상당한 역할을 하게 된다.[1,23,34]

스키 디자인에서의 진보 또한 스키손상을 줄이는 역할을 할 수 있다. 형태가 있는 스키의 최근의 발달정도가 턴을 위해 필요한 에너지를 줄이는데 한 가지 증거가 되며 그럼으로써 회전하는 동안 관절내의 힘을 줄이게 된다. 그러나 이런 사실은 과학적으로 증명되지는 않았다. 초보 스키어들 또한 더 넓은 스키로 스키를 타는 것이 스키어를 스노우 라인 위로 유지시키면서 스키어들의 부양성을 증가시키게 되기 때문에 특히 파우더(가루눈)에서 더 쉽다는 것을 발견할 수 있다.

스키와 부츠와는 별개로, 바인딩과 릴리스 장치가 지난 십년 동안 많은 주목을 받아 왔다. 바인딩은 스키어에게 부츠를 고정시켜 준다. 시중에는 많은 형태의 바인딩이 있다. 거의 모든 바인딩은 스키어들이 능력에 따라 바인딩을 조일 수 있게 하는 조정할 수 있는 장치를 가지고 있다. 이런 다양한 장치의 상업적인 의도는 소비자들이 한 개의 바인딩을 사게 하여 기술적인 능력이 증가함에 따라 장치를 조절할 수 있게 하고자 하는 것이다. 바인딩의 기술적인 의도는 각각의 스키어를 위한 릴리스의 안전지대를 확립하고자 하는 것이다. 예를 들어, 스키어가 떨어져서 언덕 아래로 구르게 될 때, 바인딩이 스키를 놓아 주어야 한다. 그럼으로써 다리주위의 비틀림이 최소화되고(특히 무릎) 손상의 기회를 줄이게 된다. 게다가 스키어는 눈, 바위, 나무 또는 게이트에 스키가 걸리는 것을 걱정하지 않고 타성을 정지시키는데 참여하여야 한다. 바인딩을 풀어 주기 위해 시합 전에 스키어에 의해 고정된 힘의 발단(분계점)을 탐지해야 한다. 알다시피 만약 릴리스 장치가 너무 높다면 바인딩은 하강하는 동안 풀어지지 않을 것이고 심각한 손상의 기회는 증가되게 된다. 반대로 만약 릴리스 장치가 너무 낮게 세

팅되어 있다면 스키어가 터닝, 점프 또는 힘이 가장 높을 때인 정지 중에 있을 때 부적절하게 풀려 버릴 수 있다. 엄지손가락의 규칙은 능력에 맞추어 바인딩 세팅을 조이기 위한 것이다. 제조어자들은 그들의 장비를 위해 이런 장치들의 목록을 제공하게 되며 그것들은 자신의 능력을 등급화하기 위한 소비자의 능력에 바탕을 두고 있다. 스키어의 능력이 더 높을수록 장치는 더 높아지거나 더 타이트해진다. 전문적인 스키 샵에서 일하는 스키전문가들은 각 브랜드의 장비를 위한 세팅을 릴리즈 하는 스키어의 능력에 맞는 훈련을 받게 된다.

스키손상의 원인

많은 병인학적 연구들이 여가활용과 전문적인 활강 스키어들의 이런 손상의 심각성과 손상률을 결정하기 위해 행해져왔다.[2-15] 이런 연구 때문에, 트레이닝의 향상, 교습 그리고 장비 디자인의 향상을 통한 스키어드의 안전에 대한 많은 발전들이 매 년마다 스키어에 의해 발생하는 손상자의 수를 상당히 줄일 수 있게 해주었다. 스키역사의 초기에, 이 스포츠는 비교적 위험한 활동이라는 명성을 누렸다. 그러나 오늘날의 문헌에서는 1940년대 초 이래로 손상률이 꾸준히 감소하고 있다고 말하고 있다. 한 가지 연구는 1950년대와 1960년대에 1000시간의 노출시간당 6.6시간의 손상이라는 평균적인 결과가 1970년대와 1980년대를 통해 1000시간의 노출시간당 2.8시간의 손상으로 감소하였다는 산출결과를 보고하였다.[3] 그러나 여전히 다른 조사자들은 지난 15년 동안에 스키어들의 손상이 거의 50%로 감소하였다고 말한다.[2,11] 이런 손상의 지속적인 감소와 함께, 스키 인구들 사이에서 발생하는 손상의 형태에 두드러진 변화가 생겨났다. 발목과 경골파열과 비무릎 염좌는 지난 15년에 걸쳐 상당히 감소하였다는 것

을 볼 수 있다.[11] 자체적 자료를 보면 모든 손상의 32%에서 48%가 무릎과 관련되어 있으며 반면에 어깨와 등은 1998년에 기록된 모든 손상의 15%만 차지한다고 한다(그림 10.3).[14] 그러므로 전체적인 손상이 감소하는 반면에 ACL 파열과 같은 심각한 무릎 손상은 지난 15년 동안 172%로 증가하였고 지난 22번의 스키시즌에서 세 배가 되었다.[11] 모든 손상을 봤을 때 또는 특별 손상군의 퍼센티지로 봤을 때 이런 경향들이 증대되었다. 예를 들어 지난 15년 동안에 3급 무릎 염좌가 모든 보고된 손상의 16%에서 66%로 증가하였다.[11] 이런 경향이 장비디자인의 구체적인 향상에 부분적으로 기여할 수 있다는 것이 문헌들의 합의사항이다.

많은 유행병학에 대한 연구는 손상의 위험도에 있어 스키인구에서 나타나는 일반적인 경향들을 규정하였다. 이런 연구들은 더 작고, 더 어리고, 더 가볍고, 경험이 적은 스키어들이 손상의 위험이 가장 많다고 말한다.[3] 이런 범주 내에서 스키어의 기술 레벨은 중간이나 전문가 단계로 분류되는 스키어들의 6.2%의 손상과 비교하여 초보자들은 33%가 된다는 점에서 손상의 위험에 대한 단일한 가장 결정적인 요소는 스키어의 기술 레벨인 것 같다. 그러나 이런 요소들은 또한 비숙련의 스키어들이 조정이 잘 안되는 장비들을 갖는 경향이 있다고 제안한다.[3] 초보자들이 감독을 받는 스키 레슨에 참가할 때 1/2로 손상의 발생이 떨어지는 것은 흥미로운 일이다.[3]

상당한 양의 임상적인 자료들은 한 성이 다른 성과 비교하여 손상을 당하기가 더 쉬우며 몇 가지 연구들은 각 성을 위한 손상의 패턴이 극적으로 다양하다고 말한다.[7~9] 이런 연구들은 여성이 무릎손상을 당하기가 2배에서 5배 더 많으며,[7,8] 반면에 남성은 머리와 어깨손상을 더 많이 입는다고 말한다.[9] 다른 저자[9]들은 남성과 여성사이의 손상률은 비슷하지만 여성이 ACL을

파열시키는 손상이 33% 더 많은 것 같다고 보고하고 있다. 1989년 연구에서 여성 스키 레이서들은 남성 상대선수와 비교하여 ACL 파열이 2배에서 6배 정도 더 많았다.[4] 더 많은 최근의 연구는 전문적인 알파인 스키어들 가운데 ACL 파열의 발생은 100,000의 스키일 수당 여성 4.2 그리고 남성 4.4였고 이것은 더 나아가 전문적인 알파인 스키 인구에게 있어 ACL 손상과 관련하여 두 성 사이에는 어떤 상당한 차이도 존재하지 않는다는 것을 제안하고 있다.[10]

스키 시즌의 시작에 앞서 개개인을 면밀히 가려내고 이런 스키어들을 고용하고 수년간의 스키를 통해 추적함으로써 조사자들은 전문적인 스키인 인구내에서의 손상의 잠재적인 원인이 되는 몇 가지 요소들을 규정할 수 있었다. 예를 들어, 발리 벨리 스키 리조트의 스키선수들에게 행된 8년의 시즌 전 무릎 판별 프로그램(KT-1000 테스트, 라크만 검사, 피봇 쉬프트검사)은 이전에 무릎손상을 겪었던 사람들이 스키 시즌동안 더 심각한 손상을 입을 더 많은 부담을 안게 된다고 말한다.[14] 덧붙여서, ACL에 결함이 있는 스키어들은 다시 회복한 사람들과 비교하였을 때 다시 무릎손상을 입을 비율이 세 배 더 많으며 ACL이 회복된 무릎은 손상을 입지 않았던 무릎과 비교하여 2배 더 많이 재 파열되는 경향이 있다.[10] 재건 테크닉을 비교하여 반건양근의 테크닉으로 재건한 사람들이 뼈-슬개골-건-뼈의 외과적 테크닉으로 재건한 사람들과 비교하여 재파열을 더 많이 겪는 경향이 있다.[10]

1년의 스키 시즌에서 어깨손상은 모든 스키 손상의 8%만을 차지한다고 보고되었다.[36] 이 중에서, 견봉쇄골(AC)의 분리, 전면의 상완관절의 탈구, 회전근개건의 손상 그리고 어깨 타박상이 가장 흔히 일어난다. 이 비율들은 일반적이거나 다른 스포츠에서의 어깨 손상률과 반비례적이다. 다시 말해 남성은 여성과 비교하여 어

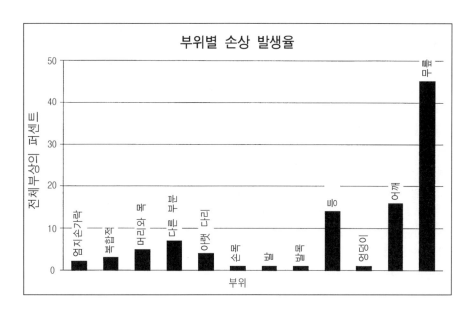

그림 10.3 부위별 손상 발생률

전체손상에 대한 %로 하여 스키 손상을 분포시킨 것이 베일 협회에 보고된 8년간의 기술 보고에 기록되어 있다(스테드만 JR, 브리그즈 KK로부터 조정한 것:스키 레조트 산업을 위한 사전-배치 판별 프로그램:8년의 연구. 기술보고 8. 베일 사:베일 레조트 협회, 1998)

깨손상의 위험이 더 많고 손상률에 대한 사지의 우세성은 아무 관계가 없다. 상완관절의 탈구는 파열(모든 전면의 탈구의 10% 발생하는)과 같은 2차적인 손상과 액와건신경의 마비(3%)와 밀접하게 관련되어 있다. AC 분리는 모든 어깨손상의 18%를 차지하는 것으로 보고되었다. 물론 60%는 일반적으로 제1등급이며 22%는 2등급이며 18%는 3등급이다. 회전근개의 손상의 발생률은 모든 어깨손상의 약 20%로 산출되며 보고되는 대부분의 경우에 그것들은 부분적 파열이거나 완전 파열이 된다. 그러나 과소평가의 가능성은 AC 분리나 상완관절 탈구와 비교하여 높다고 할 수 있다. 그러므로 의료적인 치료를 즉시 취하지 않기 때문에 많은 더 작은 회전근개의 파열이 보고되고 있지 않다는 것이 스키 리조트의 내과의들 사이의 합의사항이다.

엄지손가락의 손상은 팔에서의 모든 손상의 40%를 구성하며 팔에서 가장 손상이 많은 관절이 된다. 이중에서 85%가 중수지절관절의 척골측부인대(UCL)와 관련되어 있다. 덧붙여서 UCL손상의 심각성이나 통증은 처음에는 다소 해롭지 않게 보이기 때문에 많은 경우에 이 손상은 보고되지 않고 지나가는 것으로 추측된다.

일반적인 스키 손상과 재활

무릎

어떤 실제 조건들이 손상에 가장 많은 원인이 되는지를 결정하는 것은 스키 스포츠에서 원인이 될 수 있는 모든 가능한 요소들에 해당하는 힘든 과제이다. 그럼에도 불구하고, 몇 가지 연구들은 무릎 인대의 손상역학의 다양한 형태들을 규정하였다. "유령발 기전(phantom foot mechanism)"에서 스키어는 뒤로 넘어지고 힘은 무릎 높이보다 아래에 오며 거의 스키어의 전체체중은 계곡 쪽의 사지위에 놓이고 이것이 활강스키의 뒷부분 안쪽에 스트레스를 주게 된다. 이 스트레스는 발의 반대쪽 방향으로 회전력이 생기게 되고 대퇴골보다 부츠가 앞쪽에 있도록 한다.

"부츠에 의해 야기된 ACL 손상"의 기전은 전방으로 당기는 힘이 부츠를 앞쪽으로 추진하여 과도한 전면 이동을 만들어내는 스키의 뒷부분에 의한 균형을 잃은 착지라는 특징을 갖는다. 다른 기전은 회전의 2단계와 3단계 동안 무게중심으로부터 활강스키가 밖으로 미끄러지게 되는 활강 스키, 회전하는 동안 에지나 눈언덕에 걸리게 되는 오르막 스키, 스키어의 충돌과 낙상(특히 뒤에서부터 충돌했을 때) 그리고 스키어가 언덕 아래로 구르면서 무릎을 과도하게 비트는 스트레스를 일으키는 바인딩이 풀어지지 않는 경우의 낙상을 포함하게 된다.[38]

ACL 파열 후에 스키어는 전형적으로 불안정성으로 불평하게 된다. ACL만 파열된 경우에 많은 스키어들은 회전 시에 이런 불안정성이나 무릎 관절의 부종이 심해질 때까지 스키를 계속할 수 있다. 반대로 몇몇 스키어들은 상당한 통증을 경험할 수 있고 스키 패트롤에 의해 산에서부터 후송될 필요가 있다. ACL 손상의 진단은 임상적인 피봇 쉬프트 검사와 라크만 검사에 의해 이루어지며 그 후에 관절의 MRI 검사가 이어지게 된다. ACL만의 파열은 스키에서 일반적이지만 많은 파열들은 또한 내측측부 인대나 외측측부 인대의 손상과 같은 2차적인 제한 손상과 관련되어 있다. 뼈의 타박상이나 대퇴과나 경골 상단평면의 관절표면에 조절 부족과 관련되는 것이 더 일반적이다.

재활 : 이 부분은 외과 수술 후에 바로 물리치료사의 치료에 맡겨지는 ACL이 재건된 운동선수의 재활에 관해 다루고 있다. 외과적 수술법과 이식조직의 고정법에 따라 재활 과정이 달라진다는 점을 주목해야 한다. 이런 논의를 위해 ACL의 재건은 두 가지 절개술과 함께 수행되며 10 mm 슬개골 건의 이식조직은 나사못으로 고정시키게 된다.[39,40]

수술 후에, 환자는 약 30도에서 70도 정도로 범위를 맞춘 일정한 CPM(contant passive motion) 장치에 놓이게 된다. CPM 장치는 치료 사이에 몸이 경직되는 것을 막아주고 ROM 훈련에서 더 빠른 결과를 가져올 수 있게 한다. 게다가 이 수동적인 ROM운동은 새로 재건된 이식조직의 치유반응과 관절연골의 영양공급을 돕는 중요한 생리학적인 효과를 제공하게 된다. 더 중요한 것은 콜라겐의 회복과 이식조직 섬유선을 따라 콜라겐을 자극하는 것을 돕기 위해 이식조직에 스트레스(배열을 좋게 하는)를 주게 된다.

수술 후에, 환자들은 보호대를 착용하게 되고 이것이 수술 후 처음 6주 동안에 모든 보행을 위해 사용하게 된다(그림 10.4A). 90도의 무릎 굴곡 제한은 과굴곡 때문에 슬개골건의 이식조직 부위를 파열시킬 수도 있는 과도한 굴곡각도를 피하기 위해 사용된다.

수술 후 바로 환자는 재활과정의 후기에 슬개대퇴의 스트레스를 증가시키거나 굴곡 구축을 만들어낼 수 있는 슬개골 건의 유착을 피하는 것을 돕기 위한 효과적인 슬개골 가동법을 배우게 된다.

근력운동 또한 바로 시작되지만 ROM 훈련의 범위까지 강조되지는 않는다. 이 시점에서 이 훈련들은 근력을 향상시키기보다는 위축증을 막는 것을 목적으로 한다. 사지와 상체훈련 그리고 일반적인 유산소 능력이 강조된다.

외과 수술후 2주쯤에, 버팀대로 받지지 않은 두 다리 자전거운동이 허용되며 무릎의 ROM을 10도에서 90도 유지하게 되는데 이 때 저

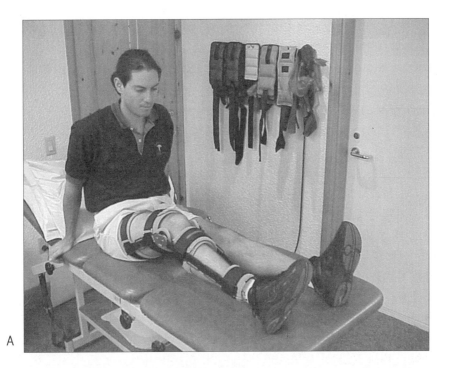

그림 10.4
A. 후작동적인 긴 다리의 힌지 무릎 부목. B. 피터

항은 거의 없거나 전혀 없다. 에어로빅 훈련, ROM 그리고 충돌시의 하중의 위험부담을 줄이면서 주동근과 길항근의 작용을 일으키기 위해 깊은 물속에서의 달리기가 권장된다.

6주에 전방과 후방 걷기 운동이 추가되며 고정식 자전거에서 저항력이 증가된다. 스텝퍼와 경사가 있는 트레드밀 걷기가 강조되며 근력운동 또한 강조된다. 이때에 환자가 근육을 잘 통제할 수 있을 때 평형성과 고유수용성운동 그리고 계단 오르기를 수행하게 된다.

수술 후 12주째 초기에 환자는 탄성적인 저항력과 함께 사이드-투-사이드 운동을 포함한 가벼운 민첩성 훈련을 시작하게 된다. 동적인 평형성 훈련 또한 난이도에서 증가되어야 한다(그림 10.5와 10.6). 근력과 안정성이 갖춰짐에 따라 피터(Fitter)를 사용할 수 있다(그림 10.4 B). 만약 이 시기에 근력과 ROM이 만족스러운 정도라면 열린-닫힌 사슬운동을 또한 추가할 수 있다.

수술 후 16주에서 24주에 이전의 활동들은 개인들의 진행과정에 바탕을 둔 지속시간과 강도에서 증가된다. 6달째에, 환자들은 탄성적인 스포츠 코드(sport cord)와 함께 저항력 훈련을 포함하는 기능적인 테스트 방식에 참가하기 시작하게 된다. 스포츠 코드 테스트는 기능적인 방식으로 손상을 입은 사지를 테스트하기 위한 것이다. 환자들은 그들의 재활 프로그램을 통해 수행되는 네 가지의 스포츠 코드 운동으로 구성된다. 기능 테스트는 수술 후 약 5달에서 6달 동안 참여 내과의의 추천에 의해 관리된다.

1. 한쪽무릎 1/3 구부리기(그림. 10.7A)

스포츠 코드에 의해 제공되는 저항력과 함께, 이 테스트는 환자가 멈추지 않고 3분 동안 한 쪽 다리의 무릎 구부리기(완전 신전에서 35도의 굴곡까지)를 수행해야 한다. 반복횟수를 세면서 재활운동사는 환자가 테스트하는 내내 무릎 구부리는 정도를 확인해야 한다. 환자가 성공적으로 완성하게 되는 각 30초에 대해 1점이 추가된다. 그러므로 만약 환자가 통증이나 불편 없이 테스트를 수행할 수 있다면 6점이 주어진다.

만약 환자가 단지 1분의 무릎 구부리기를 완성할 수 있다면 2점이 주어진다. 1.5분 동안은 3점, 2분 동안은 4점 등으로 점수가 주어진다. 만약 환자가 통증을 불평하거나 고유 동작에서 두드러진 변화가 있다면 각각의 실수에 대한 점수는 최종점수로부터 공제된다.

2. 전방 파워 러닝(10.7B)

벨트를 착용하고 스포츠 코드는 환자의 허리에 부착한다. 첫 번째로, 마루에 분필로 표시하여 미리 정해진 위치로 앞으로 이동하게 된다. 이 위치에서는 스포츠 코드가 충분한 저항력을 제공하게 된다. 환자는 제자리에서 천천히 조깅함으로써 시작하여 스포츠 코드에 더 많은 저항력을 제공하면서 전방으로 몸을 기울이게 된다.

재활운동사는 확실히 저항력을 제공하도록 하고 횟수 측정계(cadence monitor)는 두 번의 반복 횟수에 맞춰진 환자가 일정한 페이스를 유지하는 것을 돕기 위해 사용할 수 있다. 환자는 3분 동안 이런 방식으로 달리게 된다. 완성되는 매 30초에 대해 일점이 추가된다. 그러므로 최대한 6점의 점수가 가능하며 무릎-구부리기 테스트와 함께, 치유사가 진통적 패턴을 보게 되거나 환자가 통증을 불평하게 되면 점수가 공제된다.

3. 후방 파워 러닝(그림 10.7C)

후방 달리기 테스트를 위한 테크닉과 득점은 전방 테스트와 유사하며 환자는 스포츠 코드의 저항에 대해 후방으로 조깅하게 된다. 전방달리기에서처럼, 전부 6점이 허용된다.

그림 10.5 동적 평형성을 위한 피지오볼

그림 10.6 1/2 스치로폼 평형성 운동

4. 사이드-투-사이드 점핑(그림 10.7D)

이것은 환자가 측면 동작으로 훈련한다는 것을 제외하고 전방달리기와 후방달리기와 유사하다. 허리의 측면에 부착된 스포츠 코드로 서서 환자는 스포츠 코드에서의 저항력을 높이면서 측면으로 점프하게 된다. 환자는 반대쪽 발 위로 등을 "당기기" 위한 스포츠 코드의 긴장을 허용하기 전에 한 번을 세는 동안 이 자세를 유지하도록 지시를 받는다. 상당한 저항

력이 벽으로부터 밖으로 점프하고 벽으로 돌아가는 점프에서 상당한 저항력이 제공되기 때문에 구심적이고 원심적인 방식으로 공격적으로 훈련하게 된다. 측정계 횟수는 치료사가 일정한 리듬을 유지할 수 있게 돕는다.

각각의 테스트에 대한 점수를 총합하고 18점이나 그 이상이 되면 통과하는 것으로 간주된다. 그 때 환자는 스키로 되돌아올 수 있게 된다. 일반적으로 스키어들은 스키훈련으로의 복귀가 허용되며 잔디에서의 달리기로 시작하여 스스로 결정한 자신감의 정도에 따라 더 어려운 달리기 훈련으로 나아가게 된다. 대부분의 스키어들은 외과 수술 후 6달에서 8달 정도가 되면 공격적인 스키로 되돌아가게 된다. 우리는 여가를 위한 스키어들은 종종 전문적인 스키어들과 비교하여 재활에 있어 2달에서 3달 정도 더 늦어지게 되며 그렇기 때문에 수술 후 8달에서 9달까지 완전히 회복되지 않는다는 것을 알 수 있다. 우리는 이것이 상태를 미리 조절하였기 때문이며 재활을 위해 사용된 시간이 줄었기 때문이라고 믿고 있다. 게다가 재활시간의 증가를 가져오는 사항들을 갖고 있는 사람들은 스키로 되돌아가는데 더 오랜 시간이 걸리지 않는다. 이것은 초기에 완전한 ROM을 달

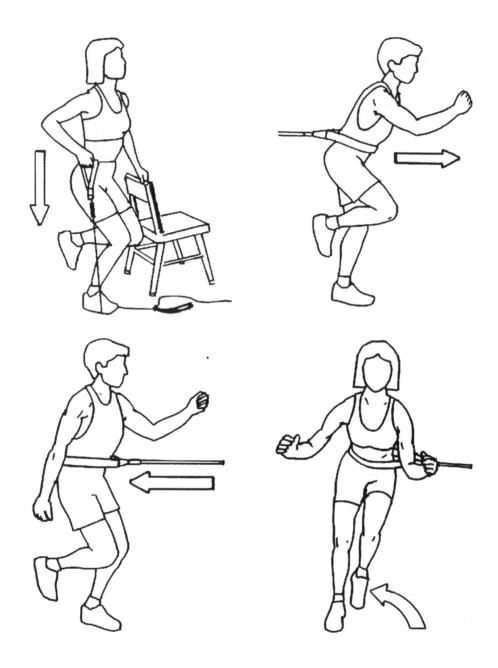

그림 10.7   A. 한 다리 1/3 구부리기,
B. 전방 파워 러닝
C. 후방 하워 러닝
D. 측면 점핑

성하지 않았거나 6주에서 12주 시간에 만족스런 근력을 성취하지 않은 사람들을 포함한다. 일반적으로 경직성은 외과적 치료가 필요한 반면에 ACL이 재건된 환자들의 치료에 대한 우리의 접근방식은 근력은 제시간에 힘든 훈련을 통해 획득할 수 있다는 우리의 믿음 때문에 초기에 완전한 ROM의 확립에 그 바탕을 두고 있다.

기능적인 무릎 보조기의 착용은 논쟁의 여지가 많다. 기능적인 보조기를 착용하는 것이 모든 재손상을 막아주지 못하지만 우리는 예상치 않은 미끄러짐이나 낙상으로 인한 손상의 심각성을 막거나 제한하는 것을 돕기 위해 수술 후 1년까지 보조기를 착용할 수 있다. 스키어들이 보조기의 고유수용성 영향을 스키어들이 좋아한다는 것을 우리의 경험으로 알 수 있었으며 제한된 조사를 통해 보조기의 착용은 ACL-재활의 환자가 더 정상적인 원심적이고 동역학적 부하 패턴을 달성하는 것을 도울 수 있다는 것을 알 수 있다.[41,42]

어깨

상완관절의 전방탈구

전면의 상완관절의 탈구의 가장 일반적인 역학은 과도하게 뻗은 팔로 떨어지는 것이다. 팔은 외전하여 외회전 하면서 상완골의 두부를 관절와의 바깥쪽으로 전면과 하위적으로 힘을 가하게 된다. 어깨는 신체검사에서 통증을 느낄 수 있고 전면 상완골 두부의 촉진은 전면으로 가능하며 동작은 심각하게 제약을 받게 된다. 상완관절 탈구의 치료는 3주에서 4주 동안 신체를 고정시킨 후의 일시적으로 개선시킨다.

재활

전면의 탈구 후에 상완관절을 재건하는 것은 3단계의 치료 플랜을 포함한다. 주변조직 또한 상당한 외상을 경험하게 된다는 것을 인식

수입조이스틱 어깨 훈련(카나반 PK의 허락으로 사용 : 뉴욕, 스포츠 의학센터에서의 재활 : 애플튼과 레인지, 19, 9장, 그림 9~48, 201쪽)

하고 1단계는 고정, 휴식, 얼음찜질 그리고 손목, 팔꿈치 그리고 손을 위한 부드러운 등척성 운동을 강조하게 된다. 고정은 치료하는 내과의의 관점에 달려 있으며 3주에서 6주 동안 지속될 수 있다. 비가동화시기동안, 등척성 수축은 환자가 참을 수 있는 힘의 레벨에서 시작할 수 있다. 훈련을 통해 치유사는 전면의 견관절 두부의 이동을 막기 위해 중간 시상면의 전면으로 팔을 유지하는 것이 중요하다.

2단계는 고정시기의 완성 시에 시작한다. 이 단계는 외부회전을 위해 ROM 한계가 정해진 수동적이고 능동적인 후부 낭의 스트레치 훈련을 행한다는 특징을 갖는다. 2단계의 목표는 스

키어에게 통증이 없는 내회전, 상승 그리고 제한적인 외회전을 제공하기 위한 것이다.

3단계는 일단 2단계의 ROM 기준에 부합하게 되면 시작된다. 이 단계는 팔꿈치를 낭과 다른 연조직 염증을 줄이기 위해 어깨의 수평면 아래 팔꿈치를 유지하는 훈련(예를 들어, 90도 미만의 상완골을 상승시키는 훈련)으로 시작하는 강화 방식이다. 강화훈련은 내회전근에 초점을 맞추게 되는데 이것은 그 훈련들이 더 낮은 범위의 외전에서 전면의 불안정성에 대해 상당한 역동적인 제약을 제공하기 때문이다. 다양한 안정화 훈련이 닫힌 운동사슬 운동으로 수행되어야 한다. 이 스포츠에 고유한 안정성을 위해 수압운동기를 사용한다(그림 10.8).

근력을 확보하게 되면 환자는 동작의 기본면과 대각선 평면에서의 등장성 운동으로 진행해가게 된다(제6장 도해 참고). 완전하게 스포츠에 참여할 수 있게 돌아가는 것은 완전하고 통증이 없는 ROM과 플라이오매트릭 훈련을 손상을 입지 않은 팔과 비교하여 충분한 힘으로 수행할 수 있을 때 허용된다(추가적인 어깨 탈구의 안정화 훈련 12장 참고). 전면의 탈구로부터의 완전한 회복은 포함된 2차적인 관절 구조에 따라 6주에서 6달까지 걸린다.[49]

견쇄관절의 분리

견쇄관절의 분리 역학은 쇄골과 관련하여 어깨에 직접적인 타격을 줌으로써 견봉을 아래로 보내는 것을 포함하는 경우가 많다. 직접적인 촉진과 AC 관절에서의 유연성에 의해 진단하게 된다. 높은 등급의 손상에서 쇄골은 견봉과 관련하여 하강하거나 상승하는 것처럼 보일 수 있다. 급성적인 AC 분리에 대한 치료는 논쟁의 여지가 있으나 대부분의 외과의들은 이과적인 조정을 시작하기에 앞서 보수적인 치료를 시도하게 된다. AC 관절을 테이핑 하는 것이 기능 회복에 사용되어야 한다(AC 관절 손상의 재

건 14장 참고).

손

척측 측부인대 엄지 손상

척골의 부행인대(UCL) 엄지 손상인 "스키어의 엄지"이나 "경기자의 엄지"은 강력한 외전과 과신전으로부터 비롯된다. 스키를 타는 동안 이것은 스키폴을 잡은 채로 떨어지는 결과로 발생하게 되며 이것은 스키어가 손에서 폴을 놓지 않았거나 놓을 수 없을 때 눈 위로 엄지를 보내게 된다. UCL 손상을 진단하는 것은 엄지의 척골면 위로 유연함을 촉진하는 것으로 시작한다. X-ray나 MRI 검사는 지골로부터의 골질분리를 보여줄 수 있다. 기능적으로 스키어는 엄지와 검지로 집어 올리지 못하는 무능력이나 잡는데 있어서 어려움을 가질 수 있다. 치료는 심각성에 달려 있으며 완전한 파열이나 분리는 외과적인 회복을 필요로 할 수 있다. 불완전한 2급의 장애는 적극적인 강화훈련 후에 이어지는 4주에서 5주 동안 던지기의 비가동성으로 치료될 수 있다. 등급 1의 장애는 부목의 비가동성으로 치료될 수 있으며 통증이 가라앉게 될 때의 강화훈련이 이어지게 된다.

재활 : 손을 사용하는데 있어 50%의 감소의 원인이 되는 엄지의 가동성이나 기능의 손실 때문에 엄지 손상은 꽤 심각하다. 불완전한 UCL 손상은 나머지 안정성이 양호한 이상 보수적으로 치료할 수 있다.[48] UCL 손상의 최초의 보수적인 치료는 엄지 스파이커 붕대로 움직이지 못하게 하는 것을 포함한다. 고정 기간은 손상의 심각성에 의해 결정되지만 3주를 넘어서서는 안 된다.[48] 재활은 신속하고 스포츠로의 복귀 또한 활동 레벨에 따라 신속해야 한다. 만약 재 손상의 기회가 높다면 환자들은 제거할 수 있는 부목이나 플라스틱 주형의 보호기에 잘 반응하게 되고 이것이 테이핑보다 더

좋은 보호 장치가 된다. 불행히도 완전한 UCL 손상은 보수적인 치료에는 잘 반응하지 않는다. 그런 손상은 전형적으로 불체를 집어 올리거나 잡는 동안 중요한 불안정성을 교정하기 위한 외과수술을 필요로 하게 된다. 재건은 전통적이고 기능적인 손동작의 회복에 초점을 맞추어야 한다. 전통적인 회복은 기능적 활동을 위해 손을 사용하는 환자의 능력을 회복하는 것을 목적으로 한다.[50] 엄지의 손상의 재활은 환자가 가능한 한 초기에 손상을 입은 조직을 조정하지 않고 정상적인 일상 활동을 하기 위해 손을 사용할 수 있게 하기 위한 것이다. 손 치유는 스포츠 시합으로 되돌아가기 위한 의도로 시작되지는 않는다. 초기의 재활은 동작의 훈련과 관련되어 있다. 근력운동은 참가 내과의의 동의와 함께 시작되며 집는(핀칭) 동작에 집중된다.[48]

스포츠로의 복귀

일단 운동선수가 ACL 재건 부분에서 소개한 기능적인 테스트를 완성할 수 있다면, 스키어는 스키팀으로 되돌아 갈 수 있게 된다. 스키어들은 잔디에서의 달리기로 시작하여 각각의 레벨들을 좋은 생체역학, 힘, 균형, 고유수용감각 그리고 지구력으로 수행할 수 있을 때 더 어려운 달리기 훈련으로 나아가게 된다.

요 약

스키에 대한 역학적 연구는 특정손상과 여가를 위한 스키어들과 전문적인 스키어들 사이의 손상경향들을 증명하고 있다. 그 자료들은 모든 손상의 발생이 지난 15년에 걸쳐 극적으로 감소하는 동안 그것은 안정상태가 되었으며 특정한 무릎 손상의 새로운 패턴이 나타나게 되었다고 제안하고 있다. 스키경기를 하는 동안 실제적인 인간의 수행능력 자료를 수집하는 것이 특정한 환경적이고 신체적인 도전사항이 되었다. 그럼에도 불구하고, 경기상황에서 그 장비와 상호작용하는 인간의 상호작용과 장비디자인의 약한 연결고리를 규정하는데 있어서 상당한 진보가 이루어졌다. 컴퓨터 공학과 역학적인 테스트 도구에서의 일정한 진보와 함께, 전문적인 선수와 여가를 위한 스키선수를 위한 알파인 스키 스포츠를 변경하고 향상시키기 위한 필수적인 조사를 위한 미래는 밝아 보인다.

상급 스키어가 된다는 것은 많은 시간의 훈련과 적절히 조율한 장비를 필요로 한다. 불행히도, 이런 더 높은 레벨의 수행능력에 도달하는 것은 스키어에게 임증된 위험과 손상을 입기 쉽게 한다. 더 주목할 것은 ACL 파열이 스키산업에 고루 미치고 있다는 것이다. ACL 손상을 없애기 위한 기술적, 외과적 그리고 재건적 진보가 지난 10년 동안에 상당히 향상되었고 스키 스포츠와 심각한 스키 손상에 미치는 지속적인 영향을 최소화하는데 도움을 주었다. 이런 핵심 영역에서의 지속적인 향상이 필요하며 다양한 치유적 재활 방법의 영향을 검사하는 더 통제적이고 무작위적인 연구가 미래에 손상을 입은 스키어들의 치료를 더 향상시키는데 필요하다.

감사의 글

우리는 이 장에서 제시한 자료의 몇 가지에 대해 NFL 자선단체와 바일 협회(Vail Associateg)의 경제적인 지원에 매우 감사한다. 우리는 또한 이 장에서의 무릎과 어깨 재활을 위해 기여한 것에 대해 Howard Head 스포츠 의학과 재활 센터의 Gene Topper Hagerman과 Sean Mckenroe에게 그리고 그 뿐만 아니라 스키산업의 역학에 대해 기여한 것에 대해 Steadman-Hawkins 재단의 임상조사부의 Karen Briggs에게도 감사한다.

참고문헌

1. Rayner R: The Story of Skiing. London: Dav id & Charles Newton Abbot, 1989, pp 9–15.

2. Johnson RJ, Pope MH: Epidemiology and pre vention of skiing injuries. Ann Chir Gynaeco l 80:110–115, 1991.

3. Shealy JE: Overall analysis of NSAA/ASTM data on skiing injuries for 1978 through 198 1, in Johnson RJ, Mote CD (eds): Skiing Tra uma and Safety: 5th International Symposium (ASTM STP-860). Philadelphia: American S ociety for Testing and Materials, 1985, pp 30 2–313.

4. Elleman B, Holmes E, Jordan J: Cruciate liga ment injuries in female alpine ski racers, in Mote CD, Johnson RJ, Binet MH (eds): Skii ng Trauma and Safety: 7th International Sym posium. Philadelphia: American Society for T esting and Materials, 1989, pp 105–111.

5. Greenwald RM, Toelcke T: Gender difference s in alpine skiing injuries, a profile of the kn ee injured skier, in Johnson RJ, Mote CD (e ds): Skiing Trauma and Safety: 11th Internat ional Symposium. West Conshohochen, PA: A merican Society for Testing and Materials, 1 997, pp 111–121.

6. Viola RW, Steadman JR, Mair SD, et al: An terior cruciate ligament injury incidence amo ng male and female professional alpine skier s. Am J Sports Med 27(6):792–795, 1999.

7. Cadman R, Macnab AJ: Age and gender: Tw o epidemiological factors in skiing and snow boarding injury, in Mote CD, Johnson RJ, H uaser W, Schaff S (eds): Skiing Trauma and Safety: 10th International Symposium (ASTM STP-1266). Philadelphia: American Society f or Testing and Materials, 1996, pp 58–65.

8. Greenwald RM, France EP, Rosenberg TD, e t al: Significant gender differences in alpine skiing injuries: A five-year study, in Mote C D, Johnson RJ, Huaser W, Schaff S (eds): S kiing Trauma and Safety: 10th International S ymposium (ASTM STP-1266). Philadelphia: A merican Society for Testing and Materials, 1 996, pp 34–44.

9. Shealy JE, Ettlinger CF: Gender related injur y patterns in skiing, in Mote CD, Johnson R J, Huaser W, Schaff S (eds): Skiing Trauma and Safety: 10th International Symposium (A STM STP-1266). Philadelphia: American Soc iety for Testing and Materials, 1996, pp 45– 57.

10. Oates KM, Van Eenanaam P, Briggs KK, et al: Comparative injury rates of uninjured, ant erior cruciate ligament-deficient, and reconstr ucted knees in a skiing population. Am J Sp orts Med 27(5):606–610, 1999.

11. Johnson RJ, Ettlinger CF, Shealy JE: Skier i njury trends—1972 to 1994, in John RJ, Mo te CD, Ekeland A (eds): Skiing Trauma and Safety: 11th International Symposium (ASTM STP-1289). Philadelphia: American Society f or Testing and Materials, 1997, pp 37–48.

12. Kocher MS, Feagin JA: Shoulder injuries du ring alpine skiing. Am J Sports Med 24(5): 6 65–670, 1996.

13. Johnson RJ, Ettlinger CF, Shealy JF, et al: I mpact of super-side cut skis on the epidemio logy of skiing injuries. Sportverletz Sportsch aden 11(4):150–152, 1997.

14. Briggs KK, Steadman JR: Pre-Placement Scr eening Program for the Ski Resort Industry: An 8-Year Study (Technical Report 8). Vail, CO: Vail Resorts Association, 1998.

15. Mote CD: The forces of skiing and their im plications to injuries. Int J Sport Biomech 3: 309–325, 1987.

16. Berg HE, Eiken O: Muscle control in elite a

lpine skiing. Med Sci Sports Exerc 31(7): 10 65–1067, 1999.

17. Berg HE, Eiken O, Tesch PA: Involvement muscle actions in giant slalom racing. Med S ci Sports Exerc 27(12):1666–1670, 1995.

18. Hintermeister RA, O'Connor DD, Lange GW, et al: Muscle activity in wedge, parallel and giant slalom skiing. Med Sci Sports Exerc 2 9(4):548–553, 1997.

19. Hintermeister RA, O'Connor DD, Dillman C J, et al: Muscle activity in slalom and giant slalom skiing. Med Sci Sports Exerc 27(3): 3 15–322, 1995.

20. Muller E: Analysis of the biomechanical cha racteristic of different swinging techniques in alpine skiing. J Sports Sci 12:261–278, 1994.

21. Hintermeister RA, Lange GW, O'Connor D D, et al: Muscle activity of the inside and ou tside leg in slalom and giant slalom skiing, i n Muller E, Schwameder H, Kornexl E, Rasc hner C (eds): Science and Skiing. New York: Chapman and Hall, 1993, pp 142–149.

22. Karlsson JA, Eriksson A, Forsberg L, et al: The Physiology of Alpine Skiing. Park City, UT: US Ski Coaches Association, 1978, pp 3 0–41.

23. Rashner C, Muller E, Schwameder H: Kine matic and kinetic analysis of slalom turns as a basis for the development of specific traini ng methods to improve strength and enduran ce, in Schwameder H, Kornexl E, Raschner C (eds): Science and Skiing. New York: Chap man and Hall, 1993, pp 252–261.

24. Schaff P, Senner V, Kaiser F: Pressure distr ibution measurement for the alpine skier fro m the biomechanical high tech measurement to its application as Swingdeep feedback syst em, in Muller E, Schwameder H, Kornexl E, Raschner C (eds): Science and Skiing. New Y ork: Chapman and Hall, 1993, pp 160–172.

25. Babiel S, Hartmen, Spitzenpfeil P, Mester J:

Ground-reaction forces in alpine skiing, cross country skiing and ski jumping, in Muller E, Schwameder H, Kornexl E, Raschner C (eds): Science and Skiing. New York: Chapman an d Hall, 1993, pp 174–179.

26. Loui JK, Kuo CY, Guitierrez MD, Mote C D: Surface EMG and torsion measurements d uring snow skiing: Laboratory and field tests. J Biomech 17:713–724, 1984.

27. Nachbauer W, Schindelwig K, Mosner M, K aps P: Forces and moments at the boot sole during carving. Abstract, XVII International S ociety of Biomechanics Congress, Calgary, C anada, August 8–13, 1999.

28. Herzog W, Read L: Anterior cruciate ligame nt forces in alpine skiing. J Appl Biomech 9 (4): 260–278, 1993.

29. Antolic V, Kralj-iglic AI, Pavlovicic: Skiing technique in swing turns: Distribution of stre ss on the hip-joint articular surface, in Mulle r E, Schwameder H, Kornexl E, Raschner C (eds.): Science and Skiing. New York: Chap man and Hall, 1993, pp 174–179.

30. Hull M, Mote CD: Leg loading in snow ski ing: Computer analysis. J Biomech 13:481–4 91, 1987.

31. Nigg BM, van den Bogart AJ, Read L, Rein schmidt C: Load on the locomotor system du ring skiing: A biomechanical approach, in M uller E, Schwameder H, Kornexl E, Raschner C (eds): Science and Skiing. New York: Cha pman and Hall, 1993, pp 27–115.

32. Maxwell SM, Hull ML: Measurement of str ength and loading variables on the knee duri ng alpine skiing. J Biomech 22(6): 609–624, 1989.

33. Herzog W, Hasler E, Abrahamse SK: A com parison of knee extensor strength obtained th eoretically and experimentally. Med Sci Spor ts Exer 23:108–114, 1991.

34. Feagin JA, Lambert KL, Cunningham RR, e

t al: Considerations of anterior cruciate ligam ent injury in skiing. Clin Orthop 216:13–18, 1987.

35. Kassat G: Turning skis without mechanisms of turning, in Muller E, Schwameder H, Kor nexl E, Raschner C (eds): Science and Skiin g. New York: Chapman and Hall, 1993, pp 1 32–140.

36. Weaver JK: Skiing-related injuries to the sh oulder. Clin Orthop 216:24–28, 1987.

37. Ettlinger CF, Johnson RJ, Shealy JE: A met hod to help reduce the risk of serious knee s prains incurred in alpine skiing. Am J Sports Med 23(5):531–537, 1995.

38. McConkey JP: Anterior cruciate ligament ru pture in skiing: A new mechanism of injury. Am J Sports Med 14(2):160–164, 1986.

39. Kursaka M: A biomechanical comparison of different surgical techniques of graft fixation in ACL reconstruction. Am J Sports Med 15: 225–229, 1987.

40. Steadman JR, Forster RS, Silferskiold, JP: R ehabilitation of the knee. Clin Sports Med 8 (3): 605–627, 1989.

41. Decker MJ, Torry MR, Levene D, Steadman JR: Landing performance in ACL-deficient at hletes with and without a functional knee bra ce. Paper presented at the American Academ y of Orthopedic Surgeons, 67th Annual Meet ing, Orlando, FL, March 15–19, 2000.

42. Decker MJ, Pecha FQ, Torry MR, Steadman JR: The effect of a functional knee brace on knee joint performance during drop landings. Paper presented at the American College of S ports Medicine, 46th Annual Meeting, Seattle WA, June 2–8, 1999.

43. Steadman JR, Swanson KR, Atkins JW, Hag erman GR: Training for alpine skiing. Clin O rthop 216:34–38, 1987.

44. Strickland JW, Retig AC: Collateral ligamen t injuries of the thumb, in Hand Injuries in A thletes. Philadelphia: Saunders, 1995, pp 101 –103.

45. Mendoza FX, Nicholas JA, Sands A: Princip les of rehabilitation of the shoulder, in Nicho las JA, Hershman EB (eds): The Upper Extre mity in Sports Medicine. St Louis: Mosby, 1 990, pp 253–263.

46. Mayer VA, McCue FC: Rehabilitation and p rotection of the hand and wrist, in Nicholas JA, Hershman EB (eds): The Upper Extremit y in Sports Medicine. St Louis: Mosby, 199 0, pp 619–639.

47. Primiano GA: Skier's thumb injuries associa ted with the flared ski pole handles. Am J S ports Med 13(6):425, 1985.

48. Mayer V, Gieck JH: Rehabilitation of hand i njuries in athletes. Clin Sports Med 5(4):783, 1986.

49. Mendoza FX, Nicholas JA, Sands A: Princip les of rehabilitation in the athlete, in Nichola s JA, Hershman EB (eds): The Upper Extre mity in Sports Medicine. St Louis: Mosby, 1 990, pp 251–264.

50. Strickland JW, Rettig AC: Collateral ligame nt injuries of the thumb, in Strickland JW, R ettig AC (eds): Hand Injuries in Athletes. Ph iladelphia: Saunders, 1995, pp 102–104.

CHAPTER 11

아이스하키

William J. Montelpare, Moira N. McPherson, Neil Purves

아이스하키는 종종 가장 빠른 팀 경기[1~9]로 기술되지만 경기의 스피드와 스타일은 아이스하키를 많은 손상에 대한 높은 위험부담을 가진 격렬하고 적극적인 스포츠[2]로서 기술하게 되었다.[10] 아이스하키는 세 명의 전방 경기선수(센터와 우측 날개와 좌측 날개), 두 명의 수비수 그리고 한 명의 골키퍼로 구성된 각각 6명으로 구성된 두 개의 상대팀이 빙판 위에서 벌이는 경기이다. 경기의 목적은 방어 전략과 상대팀의 전술을 간파함으로서 상대팀의 골로 퍽을 넣는 것이다.

아이스하키는 길이 200피트 그리고 넓이 100피트에 가까운 아이스 링크위에서 경기하는 것이다. 경기표면이나 링크는 반경 28피트로 코너를 둘러싸고 있으며 나무, 플라스틱 또는 유리섬유로 만들어진 4피트 높이의 보드로 둘러쌓여 있다.

독립적인 아이스하키 관리본부가 장비의 형태의 사용, 프로토콜 그리고 과정의 사용에 대한 규칙들을 조직하고 규정하게 된다. 아이스하키 관리 본부 또한 다양한 리그 내에서 발생하는 경기종목을 정하고 규정을 어기는 선수에 대해 처벌적 조치를 시행하는 것을 담당한다. 그러나 규칙의 위반에 대한 결과뿐만 아니라 다양한 리그에서의 규칙에 대한 많은 차이점들이 있다. 예를 들어, 형식적인 아이스하키 리그에 참여하는 모든 선수들은 아이스하키 스케이트(스피드 스케이트나 피겨 스케이트가 아니라)를 착용해야 하는 반면 치아보호구나 안면 보호구의 사용에 대해 어떤 합의사항도 없다. 마찬가지로 어떤 리그에서는 바디 체킹을 인정하지 않는 반면에 다른 리그에서는 사용할 수 있다. 규칙과 경기스타일의 그런 다양성이 스포츠에 참가하는데 필요한 테크닉과 스포츠내의 종목에 대한 포괄적으로 과학적인 기술을 하는데 어려움을 겪는 한 원인이 된다.

이 장의 목적은 개인이 참여할 수 있게 하기 위해 결합한 다양한 기술의 분석으로 시작하여 아이스하키의 생체역학에 대해 개요하기 위한 것이다. 기술의 분석은 다양한 기술을 수행하는데 필요한 근육작용에 대한 기술을 포함하게 된다. 이 장에서는 아이스하키 경기에 필요한 동작의 운동학적이고 동역학적인 분석으로 결론을 내릴 것이다.

두 번째 단락은 아이스하키의 손상의 병인학과 연령, 인체측정학 그리고 손상의 위험에 대한 관리의 중요성을 논의하기 위한 것이다. 세 번째 단락은 손상을 예방할 수 있는 다양한 방법, 특히 준비운동과 스트레치를 다루고 있다.

마지막 장은 손상을 입은 아이스하키 선수들을 위한 구체적인 재건 테크닉을 제시하게 된다. 비록 아이스하키의 조사가 몇 가지 언어로 이루어진다 할지라도 이 장에서 제시한 정보는 영어나 프랑스어로 된 이전의 조사에 한정된다는 것을 주목할 필요가 있다.

아이스하키의 생체역학

아이스하키는 스틱 다루기, 지나가기, 슈팅하기 그리고 바디 체킹 기술뿐만 아니라 전방 파워 스케이팅, 빈번한 출발과 정지, 측면 민첩성 그리고 후방 추진력의 결합을 포함하는 복잡한 스포츠이다. 하키 선수들은 경기의 역학에 반응하면서 이런 기술들을 지속적으로 채택하고, 연마하고 연결시키게 된다. 그들의 지각적 운동근육능력과 함께 선수들의 생리학적인 준비가 시합에 참여하기 위해 필요한 테크닉의 분석에 혼동을 준다. 하키 기술을 검토하는 것은 얼음과 스케이트의 접점의 역학에 의해 더 복잡해지게 된다. 결과적으로 모든 아이스하키 테크닉을 정의하는 포괄적인 본문의 문헌이 부족하다. 그러나 근육작용, 동작 패턴 그리고 전방으로 가속화하는 동안의 신체 역학 등이 과학적인 관심을 받아 왔고 이 단원의 핵심이기도 하다.

전방 파워 스케이팅

전방 파워 스케이팅을 하는 동안의 각 다리 동작은 활주, 추진 그리고 복귀의 세 가지 단계로 나누어진다(그림 11.1).

활주

활주 단계는 체중이 한 쪽 다리 위로 지탱될 때 일어나며 이것은 추진 때까지 길이와 자세 상으로 거의 일정하다. 활주 단계는 반대측 다리의 회복단계 동안에 일어난다. 아이스 스케이팅은 밀기 단계의 역학에서 구체적으로 순환적 이동의 다른 형태들과 구분된다. 스케이팅에서 미는 다리는 스케이트 날과 얼음 표면 각도를 적절하게 유지하기 위해 힘에서 외회전해야 한다.[12] 이상적이라면 스케이트는 반대쪽 스케이트의 방향에 수직이 되는 각도로 얼음에 힘을 가하게 된다. 몸은 밀기로부터 생성된 추진력에 대한 반작용으로 앞으로 가속화될 것이고 드래그와 마찰의 저항적인 힘의 결과로 모든 활주동안 감속될 것이다. 다리근육의 수축을 위한 모든 힘은 추진시기 동안 합해지게 되고 관찰할 수 있는 고관절 근육 염좌의 빈도에 대해 관련이 있는 크기는 체중의 140%까지 최고값에 도달할 수 있다.

추진

추진 단계의 시작은 힘과 무릎 굴곡 그리고 발목 배측굴곡에 의한 다리의 원심적인 하중이라는 특징을 갖는다. 추진은 신전, 외전 그리고 사두근, 대둔근과 중둔근, 대퇴이두근과 반막양근의 수축으로 인한 무릎의 신전과 힘의 외회전에 의해 시작된다.[12,14] 발목은 배측굴곡과 내전을 겪게 되며 이어서 족저굴곡과 회외가 이어지게 된다. 힘과 무릎의 강력한 추진과 발목의 강력한 족저굴곡이 추진 단계를 마무리하게 된다. 이 단계는 다리가 완전한 신전에 가까워지고 스케이트 날이 얼음표면과의 접촉을 잃게 될 때 완성된다.[12]

복귀(recovery)

복귀 단계는 추진의 완성으로 시작하여 스케이트가 다시 얼음과 접촉하여 한 번의 순환의 동작패턴을 완성할 때 마무리된다. 복귀 단계 동안에 힘과 무릎은 굴곡하게 되고, 힘은 중간까지 내회전하게 되며 발목은 최대한 배측굴곡 된다.

다리의 복합 동작

다리의 복합 동작을 검사할 때, 한 다리의 서포트(한쪽 스케이트가 얼음과 접촉)와 두 다리의 지지(두 스케이트가 얼음과 접촉) 시기가 교대로 행해진다.[12] 한 쪽 다리 지지 시기는 종종 활주단계라고 불리며 추진 단계는 두 다리 지지기간 동안에 일어나게 된다. 가속화동안 두

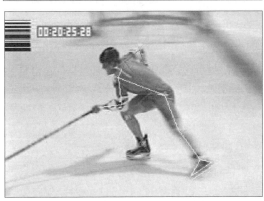

그림 11.1
A. 왼발 리커버리의 마지막, 오른발 푸쉬 오프의 마지막
B. 왼발 푸쉬오프의 시작, 오른발 리커버리의 시작
C. 오른발 리커버리의 마지막, 왼발 푸쉬오프의 마지막
D. 오른 발 푸쉬오프의 시작, 왼발 리커버리의 시작

다리 지지시간과 한 다리 지지시간동안 추진이 일어나게 된다. 종종 처음의 세 걸음 후에는 어떤 두 다리 지지단계도 있을 수 없다.

주요 근육군의 작용

다리근육의 발달은 아이스하키 경기의 수행에 있어 필수적이다.[48] 하체, 특히 힘과 무릎 굴근과 신근은 가속, 회전, 정지와 출발, 수팅 그리고 바디 체킹에서 조차 중요한 역할을 한다.[45,48] 그러나 하체에 의해 생성된 힘은 허리와 힙 근육뿐만 아니라 복근에서의 적절한 근력 없이 제한될 것이다. 상체의 근육(어깨, 팔 그리고 손목 근육군)의 발달은 슈팅, 퍽의 콘트롤, 그리고 상대선수를 콘트롤하거나 막는 역할을 하게 된다.[45,48]

세 가지 형태의 근육동작인 구심성 수축, 원

심성 수축 그리고 등척성 수축이 아이스하키 경기에서 일반적으로 행해진다. 아이스하키경기에서 가장 흔한 동작은 주로 구심성 수축을 포함하게 되며 그것에 의해 근육이 수축하고, 길이가 짧아지며 동작을 생성하기 위한 힘을 발생시키게 된다.[48] 아이스하키 경기에서 그와 똑같이 중요한 것은 갑자기 정지하는 동안에 발생하는 원심적인 근 수축, 방향전환 그리고 바디 체킹에 대처할 때이다. 구심적이고 원심적인 수축보다 드물게 일어나는 등척성 수축은 주로 보드와 상대선수사이에서 선수가 퍽을 위해 몸싸움을 할 때 몸을 안정시키는 것과 관련된다. 등척성 수축의 경우에, 근육은 수축하게 되지만 근육길이에서는 전혀 변화가 없다.[49] 아이스하키 선수들은 트레이닝과 실천에서 모든 세 가지 형태의 근육을 통합하는 것이 필수적이다.

가속과 관련된 운동학적 운동역학적 변수

전방 파워 스케이팅을 연구한 조사자들은 스케이팅의 수행능력에 영향을 주는 중요한 운동학적인 변수를 강조하고 가속을 예측하기 위한 역행 회귀식을 개발하게 되었다. Marino와 Dillman은 20피트 이상의 평균적인 가속화의 예측능력, 20피트 표지에서 즉각적으로 스케이트의 속도 내기와 20피트까지 스케이팅하는 시간 등을 결정하기 위한 회귀분석을 사용하였다.[17] 처음 세 번의 걸음을 걷는 동안 역학적인 변수를 활용하여 연구자들은 터치다운 시에 발꿈치에서 힘까지의 거리, 도약의 각, 중량, 스텝수, 터치다운에서의 몸의 기울기 그리고 다리길이가 평균적인 가속화를 가장 잘 예측한다는 것을 발견했다. 20피트까지 스케이트 타는데 걸리는 총 시간은 터치다운 시에 전방 기울기, 도약 각, 스텝 수 그리고 신장 등의 함수에 의한 것이라는 것을 알아냈다. 한 다리-지지 시간과 터치다운 시에 리커버리 되는 다리의 위치는 가속화와 상당히 부적인 상관관계를 가지고 있음을 보여 주었다.[18] 반면에 스텝수는 가속화와 상당히 정적인 상관관계를 가지고 있음을 보여 주었다. 스케이트의 추진 각도와 터치다운 시의 신체 기울기의 각도 또한 가속화와 관련된다.[19] 이런 결과들은 급속한 가속화는 많은 스텝수와 관련되며 이것은 마찬가지로 추진단계 동안 힘의 외회전을 반영하는 큰 추진 각도와 관련된다. 터치다운시의 신체 기울기의 각도는 크기와 방향이라는 관점에서 추진력의 최적화의 지표가 된다는 사실도 제시되었다.[19]

1983년 미국 전국 하키 팀에 대한 분석은 가속화를 최대화하기 위해 신체는 몸통과 다리각도의 변화에 의해 지적되는 것처럼, 앞으로 더 많이 기우는 자세를 취하게 된다. 게다가, 스케이트는 발가락에서 힘까지의 거리 측정에 의해 알 수 있듯이 스케이트를 몸에 가깝게 위치시켜야 한다. 전방 스케이팅 테크닉에 대해 피로가 미치는 영향에 대한 검사는 사두근이 피로함을 느끼게 될 때 스케이터들은 더 직립의 자세로 이동한다는 것을 보여 주었다.

얼음에 의한 반작용력을 측정하는데 필요한 복잡성으로 인해 스케이팅과 관련된 동역학적 변수를 조사하기 위한 시도는 거의 없었다. 스케이트 표면에 끼워 넣은 힘 판으로부터 세 가지 다양한 출발이후에 처음 세 번의 보폭을 역량계를 사용하여 기록한 조사는 측면적 힘 혹은 횡적 힘을 적절히 적용하는 것이 좋은 스케이트 보폭의 특징이 된다는 것을 보여 주었다.

아이스하키 손상의 원인

비록 몇몇 저자들이 아이스하키의 손상을 보고한다 할지라도, 신뢰할만하고 명백한 아이스하키의 손상경향을 기술하는 것은 어렵다. 연구의 제약은 손상을 기록하기 위해 지정한 팀의 불충분한 협조, 국제적으로 인정받는 표준적 손상 기록 양식의 부족(손상을 위해 이전에 보고한 정의나 분류방법을 사용함에 있어서의 불일치성을 포함하여), 경기규칙의 차이나 아이스하키 리그에 그런 규칙을 시행하는데 있어서의 다양성 그리고 보호 장비를 사용하는데 대한 규칙의 차이점과 같은 그런 요소들이 그 원인이 될 수 있다.

아이스하키 손상의 원인에 대한 특징을 전반적으로 검토했을 때 손상에 대해 가장 자주 보고되는 수단은 스틱이며 그 다음이 퍽과 스케이트이다.[1] 몇몇 저자들은 또한 얼음표면이 손상의 수단으로 지적하며 반면에 골대와 보드는 바디 체킹으로 인해 비롯된 충돌손상과 관련되어 있다고 보고하였다.[1]

몇 가지 연구에서 보고되는 아이스하키 손상에 대한 요약은 머리와 얼굴이 가장 빈번하게 관련되는 신체일부라는 것을 지적하고 있다.[5,21,22] 그러나 신체일부에 의한 손상을 측정하는 것은 얼굴 마스크와 헬멧의 의무적 사용에 대한 규칙에 의해 영향을 받으며 리그에 따라 고유한 특징을 가질 수 있다. 조사자들은 머리에 가해지는 모든 손상이 페이스 마스크나 헬멧의 꼭대기로 직접적인 타격을 가함으로써 비롯된다고 보고하였다. 헬멧의 사용에도 불구하고, 진탕의 높은 비율은 머리의 외상으로부터 야기되었다(12%). 훨씬 더 중요한 것은 보고된 머리 외상의 결과이다. 조사자들은 머리에 가해지는 타격이 이중적 시야, 시야가 흐릿해지는 것 그리고 운동근육 협력의 상실 등과 같은 다른 증상들을 일으킨다고 지적했다.[21]

모든 신체부분을 포함한 손상률을 고려한 연구에서 무릎이 가장 빈번한 것으로 보고되었고 그 다음이 어깨, 손, 발목 순이다. 그러나 보고되는 손상의 대부분은 타박상과 열상을 낳는 연조직 외상이다.[23] 마찬가지로, 많은 손상들은 우연적이며 어떤 벌칙도 주어지지 않는다.[23,24]

이전의 손상 보고서로부터 가장 중요한 다리 손상은 허벅지와 무릎이며 그 다음이 발목과 발이라는 것을 명백하게 알 수 있다. 모든 신체부분에서의 손상에 대한 연구에서 다리손상은 모든 손상 보고서의 약 1/3을 차지하고 있다.

외재적 요소들

경기의 스타일

경기의 스타일은 손상의 예방에 중요한 고려사항이다. 경기선수들, 리그 관리자들 그리고 관중들은 아이스하키 경기의 필수적인 부분이 손상이 아니라는 것을 인식하는 것이 중요하다.[56] 이런 이유 때문에 리그 관리자들은 손상의 비율, 심각성 그리고 손상의 형태를 줄이기 위한 방법을 지속적으로 찾게 된다.

규칙

손상의 예방을 위한 가장 단순한 역학은 규칙의 변화와 스틱을 갖고 있거나 보드 근처에 있는 선수에 의한 의도적인 위험하고 격렬한 접촉과 같은 해로운 행위를 막기 위한 기존의 규칙을 시행하는 것이며 규칙을 변화시키는 것이다.[56] 많은 아이스하키 리그에서, 의도적인 충돌(바디 체킹이라고 불리는)은 규칙 내에서만 이루어지는 것은 아니며 지나치게 격렬한 접촉도 종종 장려된다. 충돌과 빈번한 비 규정적인 접촉은 다양한 심각한 손상의 전조가 된다.[1,10] 그러나 경기와 훈련하는 동안 가장 통제적인 환경에서조차 손상의 위험성은 존재하기 마련이다.

손상을 예방하기 위한 의도를 가진 규칙들에 대해 동등하게 고려해보는 것은 특정한 형태의 장비, 특히 헬멧과 안면 보호장치[26,57] 그리고 기존규칙을 리그 관리자와 경기임원에 의한 기존 규칙의 더 엄격한 시행[1,23,26,56] 그리고 모든 레벨의 하키에서 손상에 대해 감독, 임원

그리고 리그 관리자들에게 의무적이고 지속적으로 교육시키는 것 등을 포함한다.[31,56]

시당국과 아이스하키 관리 조직체는 모든 형태의 아이스하키와 관련된 비상상황, 손상, 그리고 모든 레벨의 아이스하키 경기에서의 사고 등을 다루기 위한 형식적이고 공인된 행동 플랜을 정립해야 한다.[1] 게다가 시당국과 아이스하키 관리본부는 아이스하키 경기(연습이나 경기)를 위해 얼음을 보존하는 책임을 가지고 있는 모든 개개인들이 행동플랜을 보급하고 그것에 순종하는 과정을 정립해야 한다.[60,61] 시당국과 아이스하키 관리 조직체는 다양한 레벨에서 그리고 다양한 공동체내에서 특정한 형태의 리그를 위한 경기규칙을 정립해야 한다. 이런 경기규칙들은 바디 체킹과 슬랫 샷을 제외하게 되는데 이것은 그것들이 손상의 최우선적인 원인으로 알려져 있기 때문이다. 특정 리그에서 그리고 특정 레벨 내에서 비접촉, 비 슬랩 샷 규칙은 강력하게 시행되어야 한다.[1,29] 마찬가지로 아이스하키의 접촉성이라는 측면을 선정적으로 보도하는 것을 피하기 위해 특히 아이스하키 경기의 텔레비전 방송에서 미디어에 의한 명쾌한 위치이동이 있어야 한다. 게다가 위험한 바디 체크를 보여주는 특정 비디오는 불매되어야 한다. 이런 활동들이 부정적 행동들을 촉진시킨다.

장비

성인의 여가를 위한 픽업 리그를 포함한 모든 리그에서 선수들은 항상 보호적 장비를 착용해야 한다(다시 말해 벤치에 앉거나 경기에 참여하는 동안 항상). 이 장비는 캐나다 표준협회(CSA)와 테스트와 자료를 위한 미국 협회(ASTM)에 의해 승인된 헬멧, 안면보호대 그리고 목구멍 보호기구 등을 포함하게 된다.

손상예방을 위한 수단으로서 장비와 관련된 아이스하키에서의 가장 중요한 변화 가운데 헬

멧과 안면 마스크의 디자인에 있어서 CSA 및 ASTM이 인정한 변화가 있다. 이런 디자인의 변화로 인해 머리와 얼굴을 더 많이 보호할 수 있게 되었다. 마찬가지로, 스케이트 날을 다시 디자인하는 것은 경기의 안전을 향상시켰고, 그 결과 스케이트가 선수에게 미치는 관련손상을 감소를 낳게 되었다. 스케이트 디자인의 변화는 점진적으로 이루어지고 있다. 스케이트의 상당한 디자인상의 변화는 튜브 스케이트의 뒷부분 끝을 보호하기 위해 범퍼나 안전 보호장치를 덧붙이는 것을 포함하며 플라스틱 날의 조립부분은 금속 주자보다 3mm 더 신전해야 한다는 플라스틱 날의 운반대에 대한 정책 법령 등을 포함하게 된다.

내재적인 요소들
아이스하키 손상에서의 한 요인으로서의 연령

스포츠에서 연령을 기준으로 본다면 고도의 수행능력이 달성되는 연령은 초기 1960년대 이래로 극적으로 낮아졌다. 성공적인 아이스하키 선수들은 종종 17세의 어린 나이에 전문적인 하키 리그에 참가하게 된다. 비록 이런 선수들이 연대학상으로 더 어릴 수 있다 할지라도, 대부분의 경기선수들은 생물학적으로 성숙한 것 같다.[42] 예를 들어, 대표적인 하키 팀으로부터 자료를 재검토하는 것은(월드 주니어 챔피언십과 같은) 경기를 방해하지 않고 격렬한 충돌을 일으키고 받는 능력을 가졌을 뿐만 아니라 더 큰 체격과 체력의 특징을 자랑하는 선수들이 더 잘 스카우트되는 것 같다.[62]

경기선수들의 체격과 체격의 다양성의 결과로 인한 손상의 가능성 사이의 차이점을 줄이기 위한 시도로 대부분의 아이스하키 관리 협회는 일반적인 연령 결정 자료와 연령 배분 전략에 따라 선수들을 구성한다. 연령결정 날짜를 채택하고 연령을 분배하는 전략의 특별한 목

적은 성장과 발달의 다양한 단계에서 체격과 체력의 특징과 관련하여 선수들 사이에서의 잠재적인 불일치점들을 줄이기 위한 것이다.[62]

체격과 체력의 발달은 성숙으로 인해 비롯된 한 가지 기능이며 남성과 여성이 일치하지 않는다. 성인에 근접한 신전을 갖고 체력을 발달시키는 것을 포함하는 성숙으로 인한 사건들은 노화과정 내내 특정한 성장기간 동안에 발생하지만 9년에서 13년이라는 기간 동안에 가장 두드러지게 나타난다.[63,64] 그러므로 소수의 하키 운동선수들의 연령 범위는 개인의 성장과 발달과 상관없이 12달이라는 기간에 걸쳐 고루 분포된다고 봤을 때 같은 리그의 연령그룹에 있는 선수들 사이의 연령에서 12달이라는 연대학상의 차이가 있을 수 있다. 그러므로 연령의 그룹화로부터 비롯된 연대기적 연령 차이는 같은 리그에 있는 선수들 사이에 존재할 수 있는 모든 생물학적 연령 차이를 더욱 심하게 할 수 있다. 선수들의 선정이 일반적으로 체력의 발달뿐만 아니라 신전과 체중의 인체측정학적 특징에 근거하게 되는 대표적인 리그에서 그런 불일치가 가장 두드러지게 나타날 수 있다.

그런 리그에서, 선수선발은 단순한 연령 결정 날짜에 의해 편향된다. 신체적인 성장과 발달에 대한 과학적인 조사는 개인이 성숙하게 되는 특정한 연대기적 연령시기가 있다는 것을 지적한다. 구체적으로 체력, 신장, 제지방 체중 또는 정서적 성숙은 특히 사춘기전과 사춘기 동안에 연령 군에서 다양화될 수 있다.[62,64] 9세에서 13세까지의 성숙 기간에 연령군내의 신전에 근거하여 선수를 선발하는 것을 상대적인 연령 효과(relatiul age effect)라고 한다.[65] 상대적인 연령 효과는 같은 연령군에 있지만 구체적인 캘린더상의 연수를 통해 다양한 생일 날짜를 갖게 되는 사춘기전과 사춘기의 운동선수들 사이의 신체적이고 생리학적인 성장의 차이점에 의해 특징을 갖게 된다.[62] 상대적인 연령효과는 다

음의 예에 의해 설명할 수 있다. 캐나다에서 12월 31일의 연령 결정 날짜는 캘린더 연수에서 더 일찍 태어난(1월에서 4월)선수들을 포함시켜 같은 연령군내에 있는 다른 선수들과 상대적으로 신체적이고 생리적인 발달의 부족에 부차적으로 캘린더 연수(9월에서 12월)의 후반부에 태어난 선수들과 차별된다. 상대적인 연령 영향의 결과는 모든 연령 구분 내에서 출생한 달과 관련하여 아이스하키 선수들을 비대칭적으로 분포시키는 것이다.

선수 간 체형차이

내재적인 손상의 위험 요소는 트레이닝과 훈련 세션동안 또는 아이스하키 경기 동안 발생하는 생리학적인 종목들을 포함한다.[23,50,51] 마찬가지로, 상대선수들 사이의 인체측정학적 다양성들이 내재적인 위험부담 요소로 간주될 수 있다.[52] Roy 등[36]과 Bernard 등[53]에 의한 연구는 아이스하키 손상을 연구하고 특히 바디체킹의 역할과 아마추어 아이스하키에서의 적극적인 경기를 연구하는데 있어 특히 중요하다. 이 연구들은 손상이 널리 퍼지는 것에 대한 원인이 될 수 있는 신체적인 특성에서의 다양성을 검토하였다. 두 가지 연구에서의 중요한 발견사항은 체중, 신전, 악력 그리고 각 연령군내[36]에서 가장 작은 선수 대 가장 큰 선수의 바디 체크에 의해 생성되는 충격의 힘에 대한 측정치가 다양하게 나타난다는 것이며 가장 키가 작은 선수들과 가장 키가 큰 선수들 사이(41 cm)에서 그리고 가장 가벼운 선수와 가장 무거운 선수 사이에서(47.7 kg) 그리고 가장 센 선수와 가장 약한 선수들이 바디체킹을 하는 동안 나타나는 충격의 힘 사이에서(35.7%차이) 통계학적으로 많은 차이가 관찰된다는 것이다.[53]

발달비율에 있어서의 다양성은 모든 상대적인 연령 효과를 강조하게 된다는 것을 기대할 수 있다.[52] 예를 들어, 소년을 위한 상대적인 근

육 량(신체의 체중의 양이 근육의 질량의 원인으로 정의되는)은 5세에서 17세 연령사이에 42%에서 54%까지 증가할 수 있다. 마찬가지로 신장에서의 최대한의 증가는 12세와 14.5세 사이에서 일어나는 것 같다. 다른 구체적인 성장과 발달에 대한 발견사항들 가운데 남성은 16세와 17세사이의 연령에서 제지방 체중(예를 들어 지방이 없는 신체 체적)을 최대화하게 된다는 것이 보고되었다.[62]

성장, 발달 그리고 성숙 변화를 위한 유사한 수단이 결과가 Saskatchewan의 종단적 성장연구에 의해 보고되었다.[66] 이 연구는 최대한의 산소 소비능력이 12.5세와 14.5세 사이에서 발생하였으며 에어로빅 동작을 위한 최대한의 잠재성은 12세에서 15세 사이에서 나타낸다고 제안하였다. Saskatchewan의 종단적 성장 연구의 결과는 다른 사람들의 지지를 받았으며 그들은 유산소 파워 능력과 관련하여 무산소성 파워의 산출 비율에서의 증가는 8세와 14세의 연령사이에서 최대화된다는 것을 보여 주었다.[66] 이런 후기의 발견사항들은 아이스하키의 수행능력을 위해 극도로 중요한 무산소적인 수행 능력을 증가시키게 될 때 성장기를 보여주게 되기 때문에 특히 중요하다.

불행히도 초기 연령에서 성공을 위해 노력할 때 몇 가지 성장과 발달을 위한 고려사항들을 간과할 수 있다.[68,69] 초기연령에서 저강도의 훈련의 반복적인 계획으로부터 발달된 근본적인 체력의 토대를 확립하지 않고 초기에 트레이닝 강도를 증가시킴으로써 뼈의 길이와 뼈의 주위환경의 발달을 조정할 수 있다.[42] 마찬가지로 어린 운동선수들이 적절한 레벨의 훈련강도를 넘어서 진행하게 될 때 건과 인대의 발달이 조정될 수 있으며 건염과 같은 국소화된 상태나 손상을 낳을 수 있다.[68] Torcolacci[68]는 어린 운동선수가 특히 준비운동과 정리운동 단계에서 충분하거나 적절한 스트레치를 하지 않고 고강도의 훈련계획을 증가시킨 결과로 관절 유연성의 감소를 경험할 수 있다는 것을 지적하였다.

손상의 예방

준비운동

몇몇 저자들은 준비운동 단계가 훈련세션과 경기를 위한 준비과정의 필수적인 부분이라고 제안하였다. 준비운동의 중요한 효과는 신경근육 시스템을 초기에 소집하여 작동시키고, 혈액의 흐름을 향상시키고 골격근육과 심장혈관 체계 내의 온도를 상승시키기 위한 것이다. 온도상의 상승은 유산소성 신진대사에서의 증가에 의해 생성된 열기의 발생으로부터 비롯된 것이다. 세포온도에서의 이런 성장이 신진대사 기능을 촉진시키는 효소의 잠재적 활동을 증가시키게 만든다. 게다가 준비운동에 의해 온도를 상승시키게 되면 작동근육뿐만 아니라 궁극적으로 작동근육에 산소의 유입을 향상시키고 그렇게 함으로써 지속적인 유산소성 신진대사 기능을 지원하게 되는 폐모세혈에 혈액이 유입되는 것이 증가되게 된다. 준비운동은 신경근육적 촉진을 증가시키고 반응시간의 감소와 근육 수축시간의 감소를 낳게 된다. 가장 중요한 것은 준비운동단계에 참여함으로써 개인은 골격근육으로 혈액이 불충분하게 유입되는 것과 단기간 내에 강렬한 활동에 참여하는 것으로 인한 근육과 신근에 대한 불충분한 혈류의 위험성을 줄일 수 있다.

준비운동 단계는 활동의 사전 예측적 단계로서 역할을 하게 되며 그럼으로써 운동근육의 외피와 교감신경 시스템의 활성화의 원인이 된다. 이것이 심박수의 가속화, 심근 수축력의 증가, 작동근육의 혈관확장의 증가 그리고 내장기관으로의 혈액유입의 부수적인 감소 그리고 동맥혈압의 증가와 근육감각기관—근방추의 초기적 동원 등을 일으키게 된다.

개인이 활동적인 준비운동에 참여할 때, 활동을 수행하기 위해 필요한 근육섬유의 초기의 사용은 근방추(또는 스트레치 수용체라고도 불린다)로 탐지할 수 있다. 근방추는 근육이 필요로 하는 작업의 양을 모니터함으로써 신경-근육 시스템의 자극 대 동원의 기능을 완화할 수 있다. 준비운동단계에서 근방추를 동원하는 것은 손상의 예방에 간접적인 영향을 주게 된다. 준비 운동 단계 동안에 근육 방추의 기능을 모니터하는 것은 근육의 급속하고 완전한 소집을 방해하고 단지 필수적인 섬유만 유용화함으로써 근육 손상을 제한하는데 효과적이다. 마찬가지로 근방추는 근육동원의 경제성을 조정하고 불필요한 에너지 소비를 제한함으로써 활동에 대한 준비를 하게 된다. 마지막으로 근방추는 근육이 신장될 때의 스트레스를 수용함으로써 근수축을 금지하기 위해 근육-건의 접점에 위치한 골지건 기관과 함께 일하게 된다. 골지건 기관과 근방추 사이의 협응 관계가 근육의 비탄성적이고 비수축적인 요소에 해를 끼치는 것을 막아 준다.

트레이닝과 활동의 수행능력을 최대화하는 동안 얻은 잇점을 최적화하고 준비운동의 생리학적 잇점(예를 들어, 중심체온을 올리고 중추신경계를 자극하는 등)을 얻기 위하여 포함하는 제안된 스포츠의 혜택들을 달성하기 위해서 아이스하키를 위한 최초의 준비운동이 쉬운 스케이트와 같은 저강도의 활동을 포함해야 한다. 더 추운 조건의 경우, 얼음위에서 행하는 준비운동은 느리게 증가하게 되고 더 오랜 시간에 걸쳐 행하게 된다는 것이 가장 중요하다. 포괄절인 준비운동은 운동근육의 수행능력을 향상시키고 손상의 위험성을 줄이기 때문에 준비운동은 (1) 일반적인 준비운동 그리고 (2) 아이스하키-고유의 준비운동 이 두 가지의 명확한 부분으로 구성된다.

쉬운 스케이트를 타는 동안(예를 들어, 일반적인 준비운동) 선수는 경기에서 전형적으로 사용되는 동작범위를 통해 진행해야 한다. 예를 들어, 일반적인 준비운동은 단거리 스프린트, 양방향으로의 크로스오버 스트라이딩, 그리고 풀암 서클과 같은 의도적인 팔 동작으로 진행해나가야 한다. 준비운동 후에 선수들은 스트레칭 계획을 수행하게 되는데 이후에 패싱과 슈팅과 같은 스포츠-고유의 활동이 이어지게 된다.

어떤 팀들은 조깅이나 달리기와 같은 낮은 강도의 활동에서 중간 강도의 활동으로 구성되는 얼음위에서 행하기 전의 일반적인 준비운동을 사용한다. 이런 활동들은 신체의 근육의 많은 부분을 동원하게 된다. 전형적으로 얼음위에서 행하기 전의 일반적인 준비운동은 10분에서 15분의 지속기간을 갖게 된다. 그러나 참가자들은 그들의 특정한 요구에 부응하기 위해 이 기간 동안의 활동의 지속기간과 강도를 정해 놓고 행하는 경향이 있다. 그러므로 프리-아이스의 일반적인 준비운동은 근육, 건, 인대, 그리고 관절가동성을 증가시키기 위해 5분에서 10분까지의 일반적인 동작(예를 들어, 다리 스윙과 팔 돌리기와 같은 일련의 체조)이 이어져야 한다. 조사에 의하면 사우나, 월 풀 그리고 열패드와 같은 온열 요법을 사용한 수동적인 준비운동은 체온을 증가시킬 수 있지만 활동적인 준비운동과 같은 혜택을 제공할 수는 없다.[42,44]

스트레칭

준비운동 또한 스트레칭 단계를 포함해야 하지만 스트레칭 단계가 준비운동이 아니라는 것을 인식하는 것이 중요하다.[45] 종종 근육이 훈련의 연속적인 스트레스에 익숙하지 않을 때인 준비운동의 초기에 사람들은 스트레치를 한다. 준비되지 않은 근육과 건의 탄성적 하중(다시 말해, 신경근 촉진의 부족)은 지속적인 활동에 의해 더 많이 악화된 손상을 낳을 수 있다. 준비운동은 네 가지의 특별한 프로토콜로 구성된 계획된 사전준비 종목으로 간주하는 것이 좋다. 프로토콜은 (1) 일반적인 준비운동(쉬운 스케이트), (2) 정적 스트레칭 단계 (3) 탄성적 활동 단계 (4) 스포츠-고유 단계로 구성된다.

정적인 스트레칭의 활동 단계는 활동의 갑작스런 시작이나 반동 없이 일어나야 한다. 정적인 스트레칭 단계는 낮은 강도의 활동에서부터 중간-강도의 활동을 포함하는 일반적인 준비운동 후에 시작해야 한다. 스트레칭 단계의 결정적인 요점은 운동선수가 활동하는 동안에 사용하게 될 근육들을 동원한다는 것이다. 그러므로 팔과 다리 그리고 몸통부분의 근육군을 경기 전 스트레치 대상에 포함시켜야 한다(5장과 9장 참조). 아이스하키에서 이런 근육군은 사두근, 햄스트링근, 둔근과 복근을 포함한다. 경기 전의 스트레칭은 느린 점진적인 스트레칭과 고정을 포함해야 한다. 일반적으로 근육군을 위한 스트레치의 거리는 편안한 긴장을 느낄 수 있는 지점이어야 한다. 스트레치를 유지하는 시간의 양과 스트레치 방법을 반복하는 시간의 횟수는 수행하는 스트레치 형태에 달려 있다. 예를 들어, 허리 트위스트에서 사람은 등을 대고 누워 무릎을 곧게 뻗고 등과 어깨를 편평하게 하여(얼음위나 마루 위 또는 매트 위) 다른 다리 위로 한 다리를 교차시키게 되는데, 이 허리 트위스트는 다리를 각각 3회 수행해야 한다. 각 스트레치는 30초 동안이라는 지속기간 동안 행해야 한다. 허리 트위스트는 등의 회전근과 힙 외전근을 스트레칭하기 위한 훌륭한 방법이다. 반대로 어깨 타월 스트레치(내회전근과 외회전근을 위해 권장되는)는 두 팔을 펴서 머리 위로 타월을 올려 잡는 것으로 시작하여 등 뒤에서 타월을 유지하면서 끝나게 되는데 이것은 느리고 점진적인 방식으로 총 10회 수행되어야

하는 가동범위(range of motion ; ROM) 스트레치 활동이다.

근력운동

하키 선수들이 행하는 광범위한 수의 저항 훈련들이 있다. 그런 저항 훈련을 포함하는 트레이닝 프로그램들이 다양한 형태의 아이스하키 손상의 위험을 줄이기 위해 권장되고 있다. 각 훈련을 위한 특정 프로토콜은 몇 가지 참고 문헌에서 쉽게 얻을 수 있다.[30,45,48,73]

이런 훈련들은 동작이나 동작을 위해 동원된 근육군과 관련된 관절의 수에 따라 그룹화된다. 마찬가지로 훈련을 우선시하는 순서는 동작을 완성하기 위해 필요한 기술수준과 스포츠로의 동작의 중요도에 따라 배열할 수 있다. 예를 들어, 높은 수준의 기술을 요구하는 동작은 훈련 트레이닝 세션의 초기에 제시해야 한다.[73]

모든 체력 스트레치 프로그램들은 배우거나 실행할 훈련으로 시작해야 한다. 훈련세션의 초기에 스포츠에 일반적인 것 이상의 학습의 수준을 요구하는 훈련을 도입하는 것은 훈련의 수행에 피로가 미치는 억제적인 영향을 줄여준다.

파워 클린과 같이 순서상으로 다양한 근육군을 동원하기 위해 만들어진 다관절 훈련은 적절히 수행하기 위한 더 높은 수준의 기술을 요구하는 그런 훈련 형태이며 훈련 및 트레이닝 세션의 초기에 일정을 잡아야 한다.[73] 그런 복합적 훈련에서, 훈련을 효과적으로 사용할 수 있기 전에 먼저 훈련을 배워야 한다는 문제의 가능성이 존재한다. 아이스하키의 경우 훈련은 반드시 트레이닝 계획으로 분리할 필요는 없지만 아이스하키를 위한 체력과 컨디셔닝 프로그램에서 효과적인 것으로 나타났다.

다관절, 다근육 훈련은 한 개 이상의 관절 주위의 많은 근육군을 자극하게 된다. 아이스하키에서 다관절, 다근육 동작은 스케이팅의 추진적 단계를 발달시키기 위해 신체를 신속하게

드라이브(추진시키는 것, 조종하는 것)하는데 초점을 맞춘다. 다관절 훈련의 예는 파워 클린, 파워 스내치, 행 클린, 행 스내치 그리고 하이 풀즈를 포함한다. 스케이팅의 추진 단계에 잇점을 제공하는 다른 훈련들은 측면 스쿼트와 크로스 오버 스텝 업을 포함한다. 측면 스쿼트는 무릎과 힙 관절 주위의 근육에 체력을 발달시키는 것을 도와주는 다관절 훈련이다. 크로스 오버스텝 업은 하체의 근육을 강화하기 위한 것이며 스케이트를 탈 때 파워 활보를 위한 크로스오버 기간 동안 선수가 경험하게 되는 운동 패턴과 거의 같다. 운동선수는 슬라이드 보드를 타고 훈련할 수도 있다.

하체를 위한 훈련은 한 쪽 다리 동작대 두 다리 동작으로 나누어진다. 한 다리로 훈련하는 것의 중요성은 한 쪽 다리 훈련이 선수가 경기의 종목과 일치하는 신경근 동원 패턴을 발달시킬 수 있게 한다는 것이다(10장 참조). 트레이닝에서 한 쪽 사지에 하중 함으로써 참가자는 스케이트를 타는 동안 경험하게 되는 전형적인 하중을 흉내 내게 되는데 그것은 스케이팅이 양면적인 기술이기 때문이다.

하체의 근육을 강화함으로써 손상의 위험을 줄이는 훈련은 한 다리 스쿼트, 측면 스쿼트, 크로스 오버 스텝-업스, 한 다리 스쿼트 그리고 한-다리 프레스를 포함한다. 스쿼트(뒤면 스쿼트, 앞면 스쿼트), 두 다리 프레스 그리고 데드리프트(파워 리프팅)와 같은 두-다리 훈련은 바디 체크를 시작하고 받아들이고 경기하는 동안 자세를 유지하는데 필요한 안정적인 근력을 발달시키는데 중요하다. 게다가 한-다리 훈련은 두-다리 훈련을 하기 전에 수행하는 것이 좋다.

힙 관절, 무릎 관절 그리고 허벅지 주위의 근육과 같은 하체의 특정 근육을 위한 훈련은 사두근 신전, 햄스트링 컬 그리고 힙 굴곡과 신전뿐만 아니라 힙 관절의 외전과 내전을 필요

그림 11.2 원심적이고 구심적인 햄스트링을 위한 무릎 구부려 몸 기울이기(프렌티스 W로부터 : 뉴욕 스포츠의학센터에서의 재활 테크닉, 3번째 교육과정 : 맥그로우 힐, 1999, 22장, 그림 22-4, 419페이지)

로 하는 훈련을 포함하지만 그것에 한정되지는 않는다. 햄스트링 컬과 카프 레이즈가 한 관절에 스트레스를 집중시키는 한-관절 훈련의 예들이다(그림 11.2). 발목주위에 근육을 강화하는 훈련은 내반, 외반, 배측굴곡, 저측굴곡을 포함한다.

허리와 복부의 근육조직은 함해서 체간부위라고 부르며 근력 트레이닝에 대한 강조를 필요로 하는 영역이다. 허리의 근력을 향상시키는 훈련은 표준적 훈련 도구를 사용하는 등 신전, 반대적 등 신전 그리고 등 대고 누워 신전하기(또한 "슈퍼맨 신전"이라고 부른다). 회전근과 다열근의 강화를 용이하게 하기 위해 상체회전을 이런 훈련을 추가할 수 있다. 복근훈련은 하위 복근(무릎에서 가슴까지)에서 외복사근(모든 비틀기 동작)까지 순서대로 수행해야 한다. 하복근 훈련은 복근 싯-업과 다리 올리기 훈련을 포함한다. 외복사근을 위한 훈련은 러시안 트위스트, 앉아서 하거나 서서 하는 바 트위스트, 플레이트 트위스트, 또는 메디신 볼 트위스트를 포함하며 중간 위 복근훈련은 모든 크런치-타입의 훈련을 포함한다(추가적인 체간부

위 안정화 훈련은 6장과 10장에서 그림으로 제시하였다).

상체 훈련은 관절주위에서 근육의 균형을 맞추어야 한다. 이 개념은 한 쪽 면을 따라 프레싱하는 동작은 같은 평면에서 당기는 동작이 이어져야 한다. 예를 들어, 벤치-프레스 활동은 시티드 로잉이나 후방으로의 한-팔 로잉을 사용하여 균형을 맞추어야 한다. 마찬가지로 덤벨이나 바벨을 사용하는 인클라인-벤치-프레스 훈련들은 t-바 로잉으로 효과를 보충하게 된다. 상체를 위한 한-관절 훈련의 예들은 가슴을 위한 풀오버와 플라이분만 아니라 상완 이두근 컬, 상완 삼두근 신전, 어깨 레터럴 레이즈와 업라이크 로잉을 포함한다.

어깨와 팔꿈치 관절주위의 근육군을 포함하는 프레싱 훈련(예를 들어, 벤치와 어깨 프레스)은 상체를 위한 다관절 훈련의 예들이다.

유무산소성 운동

아이스하키는 30초에서 90초 동안 지속되는 이동에서 폭발적인 행동을 요구하는 간헐성 훈련으로 분류된다. 빠른 산화적 해당과정에 의해 근섬유를 동원함으로써 발생되는 많은 량의 ATP를 필요로 한다.[54] 대부분의 선수에게 있어 약 30초와 3분(경기의 수준과 개인적인 능력에 따라)사이의 범위에 해당하는 나머지 훈련은 유산소 신진대사를 통해 유산염을 이산화탄소로 방출시키는 기회를 제공하게 된다. 그러나 많은 참가자들의 경우, 나머지 시기는 충분한 유산소성 대사를 보충할 만큼 충분히 길지 않다. 한 개인의 유산소 능력과 무산소성 능력은 선수의 능력을 제한할 것이다. 다시 말해서, 경기의 에너지 요구 정도에 맞추기 위해 개인은 산소 없이 에너지를 전달하기 위한 특별한 무산소성 능력을 가져야 한다. 마찬가지로 참가자는 무산소성 대사의 최종 생산물을 이산화탄소, 에너지 그리고 물로 가동시키기 위한 충분한 유

산소성 파워와 유산소성 지구력을 가져야 한다. 그러나 비록 잘 발달된 유산소성 시스템이 무산소성 에너지 생성 경로의 회복에 필수적이라 할지라도 유산소성 시스템의 발달은 경기상황에 규칙적으로 참여함으로써만으로는 성취할 수 없다. 그렇기보다는 한 경기에 35분의 경기시간을 수용할 수 있는 엘리트 선수에게 있어서도 2주일에 적어도 두 세 번의 유산소성 훈련을 행할 필요가 있다. 이 개념은 시합 일정과 벌어질 경기의 상대적인 중요성에 따라 일주일에 두 번에서 네 번의 강력한 세션을 간격을 두고 행함으로써 특별한 지구력을 유지하는 것이 가능하다는 것을 알게 된 다른 연구자들이 지지하는 것이다.[48]

유산소성에 근거한 트레이닝을 추가함으로써 탈훈련을 막을 수 있는데 이것은 시즌동안 행하게 되며 특히 트레이닝 세션과 경기 사이에 필요한 회복 단계 동안 중요하다.[2,48,54] 아이스하키에서 수행 시에 근육세포의 대사능력이 집중되는 축적적인 억제동작을 고려했을 때 격렬한 무산소성 활동을 위한 회복력이 있는 경로를 제공하기 위해 유산소성 시스템의 능력을 향상시키는 것이 가장 중요하다.[41]

오프-시즌 동안에 일반적인 유산소성 지구력 훈련 프로그램은 트레이닝의 가장 많은 부분을 차지하며 경기 시즌 내내 빈도를 줄여서 지속해야 한다.[2,42] 유산소성 지구력 트레이닝의 발달은 오프 시즌 내내 일주일에 적어도 5일 많은 양의 보통에서 중간강도의 지속적인 꾸준한 활동을 필요로 한다. 유산소성 지구력의 훈련 계획의 주요 목표는 참여로부터 비롯된 무산소성 대사의 최종 생상물을 견뎌내는 참가자의 능력을 증가시키는 것이다. 그처럼, 훈련 세션 내내, 유산소성 지구력 프로그램은 경기상황 동안 마주치게 되는 그런 활동들과 유사한 활동들을 포함해야 한다. 특히 훈련 프로그램은 정적 사이클링과 간격-형태의 활동(휴식의 빈도

가 활동시간보다 더 작거나 동등한 경우)과 같은 지속적인 활동을 포함해야 한다. 트레이닝의 간헐적 패턴은 참여 내용에 반영해야 한다. 다시 말해서, 아이스하키는 선수가 20초에서 30초 가속화하고 5초에서 10초 동안 휴식을 취할 필요가 있다. 오랜 지속기간(20분에서 45분)에 걸쳐 1:1의 훈련 대 휴식의 비율로 수행하게 되는 활동적인 휴지기(인터벌)가 경기를 하는 동안 전형적으로 경험하게 되는 훈련에 개인을 익숙하게 하는데 가장 효과적이다.[42]

일반적인 손상과 재활

머리와 얼굴의 손상

헬멧과 페이스 마스크의 의무적인 사용뿐만 아니라 뒤에서부터의 체킹과 높이 행하는 스틱 동작에 대한 구체적인 규정 변화에도 불구하고 머리와 얼굴지대로 외상의 심각성의 다양성은 여러 리그에서 지속적으로 나타난다.[1,10,25~28] 예를 들어, 피니쉬 네셔널 리그와 디비전 1 리그(핀란드)에서의 아이스하키 손상에 대한 조사를 보면 손상의 18%가 머리나 얼굴이었다는 것을 알 수 있다.[10] 엘리트 스웨텐 아이스하키 선수들에 대한 유사한 연구는 선수경력 동안 뇌진탕 손상의 위험정도는 약 20%라는 것을 보여주었다. 그러나 머리와 안면 손상에 대한 질병학적 보고는 엘리트 아이스하키 선수들에게만 제한되지는 않는다. 성인 남성의 여가를 위한 아이스하키 선수와 구식의 아이스하키 선수들은 머리와 목 그리고 얼굴의 손상의 부담률이 각각 32%와 25%로 유사하다는 것을 보여 주었다.[29]

비록 머리와 목 그리고 얼굴로의 손상이 중요하다 하지라도, 모든 해당 리그 내에서의 손상에 대한 리포트 형식에 대해 검토해보는 것은 그런 손상의 보급에 대해 평가해보거나 분석하기 위한 부적절한 방법이다. 머리와 안면지대로의 손상을 지적하는 손상 리포트 형식의 편집물은 이런 손상들이 전형적으로 즉각적인 치료를 필요로 하고 그렇기 때문에 손상이 더 심각할수록 그것은 더 보고하게 되고 기록하는 경향이 있기 때문에 과장하게 되는 결과를 가져올 수 있다.[26,27]

상지 손상

신체 일부에 의한 손상을 구성하는 것은 다음의 상체부분들을 포함한다. 목, 어깨, 쇄골, 가슴 및 늑골, 팔 그리고 손. 팔의 손상은 전형적으로 규정적 체크나 비규정적인 체크의 결과로 상대선수와 충돌함으로써 일어나게 된다.[30] 예를 들어, 단일의 전국 하키 리그(NHL) 시즌에 대한 최근의 조사는 신체접촉이 12주 기간에 걸쳐 손상을 네 배로 증가시키는 결과를 낳았다는 것을 보여 준다.[12] 그럼에도 불구하고, 상대선수의 스틱의 접촉, 선수와 보드를 포함한 충돌, 퍽에 맞는 것과 골대와 충돌하는 것 또한 상체손상의 중요한 원인이다.[28,31~35]

심각한 경추 외상(C1~C7)[27]에서부터 파열, 분리와 탈구[12] 그리고 연조직[34~37]의 타박상에 이르기까지의 팔 손상의 심각성을 살펴보는 것이 중요하다. 덧붙여, 이 조사는 또한 팔의 손상이 연령과 관련되어 있음을 보고하였다.[32] 예를 들어, 캐나다에 있는 북동쪽 온타리오시에 있는 응급본부에 대한 연구를 통해 보고된 손상의 경우(다시 말해 선수가 의료적인 치료를 받은) 대부분이 16세 이상의 사람에게서 발생하였고 더 나이 많은 연령 군에서 손상의 30%가 머리, 목 그리고 얼굴부위라는 것을 알 수 있었다.

하지 손상

다리에 대해 보고된 손상은 표 11.1에서 설명하였다. 전형적으로 무릎과 발목의 손상은 인대나 반월모양의 연골에 가해지는 외상에 의해 일어난다. 이런 손상들은 종종 다른 선수와의

도표 11.1 신체부위별 부상 보고

망막 클리닉에서 15년 이상의 미래지향적 연구(N=1600):하키와 관련된 망막 분리 2%와 함께 하키와 관련된 손상의 13.2% 또는 33번(Antaki et al, 1977)

응급실의 치료로부터의 환자의 기록에 대한 회귀적 연구(N=38):9번의 눈열상, 안골의 4번의 골절, 13번의 히페마스, 7번의 각의 후퇴, 외상적 홍채염 12번, 각막찰상 9번, 망막부종 5번(Vinger., 1976)

영국 콜롬비아 아마추어 하키 협회의 회귀적 연구(1972~1973 시즌)(N=35,435):41%의 치아손상, 59%의 치아손상이 없는 머리와 얼굴손상(크롭 등, 1975)

회귀적 연구 1부 : 피니쉬 아마추어(N=108,921)와 네 번의 전문 피니쉬 팀(N=100) : 6885의 손상 보고, 11.5 %의 턱과 얼굴 그리고 치아 손상.

회귀적 연구 2부 : 모든 등록된 핀쉬 플레이어(1984~1985)(N=62,185), 1969 실험연도(73팀) : 1000명의 운동 선수당 8.2명이 손상에 노출, 규제연도에는 8.3% 머리 손상 그리고 실험적 연도에는 3.8% 손상(Sane et al., 1988)

미국 대학의 교내 하키의 실험적 도안, 1968 규제연도(69팀), 1969년 실험연도(73팀) : 1000명의 선수당 8.2명 손상에 노추, 규제연도에는 8.3% 머리 손상 대 실험연도에는 3.8% 머리 손상(Kraus et al., 1980)

안과학에 대한 미네소타 협회의 구성원에 대한 횡단면적 연구(1974) : 아이스하키로 인한 눈의 손상 47번(Homs., 1976)

아마추어, 대학간 그리고 프로 선수에서의 손상에 대한 횡단면적 연구:안면 골질 골절과 치아유실과 열상(Wilson et al., 1977)

젊은이, 성인 그리고 반직업적 팀의 횡단면적 연구 : 안면열상, 안면 골질 골절 그리고 치아 유실(Dafner., 1977)

22개 팀을 위한 손상 보고양식에 근거하여 캐나다와 미국에 있는 대학과 주니어 선수들 사이의 머리손상에 대한 횡단면적 연구(1465 손상) : 79% 안면 손상, 12% 대뇌외상, 8% 스캘프, 1% 두개골골절(Bolitho, 1970).

내과의와 안과의에 의한 문헌과 레포트 보고 : 800개 이상의 안구 내 그리고 안구 외 손상(Pashby, 1979)

엘리트 스웨덴 아이스하키 팀의 3년동 안의 미래지향적 연구(N=25) : 경기 손상률=1000명당 78.4명, 1000명의 운동 선수당 1.4명의 훈련 손상률. 손상은 7.4% 어깨, 17% 팔과 머리, 4.2%가슴, 11.6% 척추, 10.5% 서혜부, 9.5% 허벅지, 22% 무릎 그리고 11.6% 발과 발목(Lorentzen etal., 1988)

연령 15세에서 19세까지의 선수를 대상으로 한 1977~1978년 시즌동안 주니어 B팀의 거시적 연구(N=20):83번의 손상 기록(한 경기당 1.57명 손상, 1000명당 78.3명의 손상), 5%의 손과 손목, 7%의 전완과 팔, 5%의 어깨, 5%의 팔꿈치, 6%의 가슴/늑골/등, 8.4%의 힙/골반/복부, 10.8%의 서혜부 및 복강망(Park and Castal야, 1980)

세 번의 시즌동안의 프로팀에 대한 회귀적 연구 : 20명의 선수가 234번의 경기에서 233번의 손상(1000명당 50번의 손상 노출) : 손상의 19%가 주요한 손상, 6.5%가 손과 손목 골절, 1.3%가 어깨와 관련됨(Rovere et al., 1978)

이전에 어깨손상을 가지고 있는 아마추어와 프로의 엑스레이에 대한 회귀적 검토 (N=87:10명 아마추어, 24명의 활동적인 프로 선수, 53명의 은퇴 프로 선수) : 모든 손상은 쇄골과 관련되어 있다(Norfray et al., 1977)

1982~1983의 시즌동안 12개의 제2의 학교에 대한 회귀적 검토 : 코치와 선수를 조사(N=263) : 어깨 45%, 견봉쇄골관절손상 38%, 4% 흉쇄관절 손상, 4% 골절, 40% 근육 스트레인과 타박상, 14% 그 외(Finke et al., 1988)

266명의 선수 중에서 210명의 응답자에 근거한 횡단면적 조사 : 1000명의 선수당 4.7명 손상, 팔이 19 % 손상의 원인, 4% 발과 발목, 13% 무릎, 9.5% 서혜부 및 다리(Jorgensen and Schmidt-Olsen, 1986)

두 번의 리그에서의 스웨덴 아이스하키 선수에 대한 실태 연구(N=300) : 48명의 응답자가 세 번이나 그 이상의 탈구를 경험했고 32명의 응답자가 아이스하키에 참가한 결과로 교정외과술을 받았다고 지적한 63번의 손상 보고서(Hovelias, 1978).

캐나다에 있는 신경외과의, 정형외과의 그리고 물리의학과 재활 전문가에게 주어진 질문서를 이용한 실태 연구(1966~1991)(N=1000) : 다음의 분포로 보고된 182번의 척추손상 : 75.8% 경부 C1-C7/T1, 1.6% 흉추 T1-T11, 4.4% 흉요추 T11/12-L1/2, 3.8% 럼보세크럴 L2-S5(Tator et al., 1993)

충돌이나 보드나 네트와의 충돌에 의해 일어난다. 그러나 몇 가지 경우에 무릎과 발목 손상은 선수가 얼음위에서 스케이트 날의 모서리를 잡음으로써 비롯되는 극도의 관절 뒤틀림과 관련된다. 하키 발목 염좌[38]는 심각한 배측굴곡, 외반 그리고 발목의 외회전으로부터 비롯되며 이것은 다시 아이스 러트에서 스케이트날을 잡는 결과로 생긴다.

그러나 그런 손상은 발목이 외회전과 배측굴곡을 하게 될 때 발목위로 앞으로 떨어지는 것과 관련하여 일어날 수 있다.

관절인대의 형태와 심각성을 검사하기 위한 생체역학적인 접근방법은 Nardin에 의해 행하여졌다. 하키 발목 염좌에서 경험하게 되는 것과 같은 인대손상의 위험정도는 인대의 사이즈와 형태뿐만 아니라 인대에 하중하는 속도와 외부적으로 가해진 하중과 관련된 관절의 위치에 달려 있다는 것을 보여주었다.

외상성 골화성 근염은 심각한 타박상, 혈종 또는 파열로부터 생겨난 후유증이라고 말할 수 있다.[40] 이런 상태는 하키 스틱에 의한 타격이나 심각한 바디 체크와 같은 외상으로부터의 손상을 겪는 하키선수들 사이에 흔히 있다. 그런 경우에, 선수들은 돌아와서 일반적으로 치료와 치유의 계획에 따라 경기하게 된다.

무릎 재활

선수가 내측측부 인대와 전방십자인대의 손상을 일으켰으며 전방의 십자인대의 재건을 겪었다고 가정해 보라. 비록 재활시간이 가속적인 접근방법에 다라 다양하다 할지라도, 운동선수는 4달에서 6달 후에 스포츠로 되돌아오는 것을 볼 수 있다. 더 보수적인 접근방식으로라면 선수는 7달에서 12달지나 되돌아오게 된다. 기본적인 16주 계획은 다음의 구체적인 과정을 포함하게 된다.

1. 처음 6주 동안에는 다리에 긴 다리 보호대를 착용하게 되며 선수는 상체훈련을 수행하도록 장려된다. 첫 주째 다리는 0도에서 90도의 범위로 수동적으로 이동하게 된다. 마찬가지로 선수는 몇 가지의 사두근 등척훈련과 뻗은 다리 상승과 함께 체중을 제한적으로 지탱할 수 있게 된다. 첫 주의 마지막에 슬개골을 가동시킬 수 있다.

2. 2주와 3주에 선수는 0도에서 110도까지 다리를 능동적이고 수동적으로 이동시키도록 장려된다. 이 시기에 완전한 무릎 신전이 바람직하다. 햄스트링과 종아리 스테리칭이 시작된다. 지탱하게 되는 체중이 점진적으로 증가하고 열린-닫힌 운동사슬 훈련(예를 들어, 보조 패턴 재교육, 발가락 상승, 월 싯, 미니 스쿼트)이 시작된다.

3. 4주에서 6주까지 선수는 부목을 착용하고 체중을 완전히 싣는 것으로 진행하게 된다. 능동적이고 수동적인 동작들은 0도에서 120도의 범위까지 나아가게 된다. 정적인 사이클링이 이 시기에 시작할 수 있다. 재활 프로그램은 한쪽 다리 강화, 다리 프레싱, 수영 및 아쿠아스틱스 프로그램, 스테어클라이머 그리고 가장 중요한 것으로 능동적인 지원을 받는 무릎 굴곡 계획을 포함한다.

4. 7주에서 10주 지나면 선수는 긴-다리 부목

의 사용을 중지하게 되지만 얼음 위에서 스케이트를 타는 동안 기능적 부목을 착용한다. 트레이너는 근육 긴장과 근력이 충분한지를 알기 위해 동작을 관찰하게 된다. 이 기간 동안에는 운동선수는 0도에서 130도의 범위를 통해 완전한 수동적이고 능동적인 동작을 지속하게 된다. 훈련은 무릎 굴곡 햄스트링 컬(90도), 힙 외전 및 내전(통증 없는), 걷기, 스키 머신 그리고 균형과 고유수용 트레이닝(예를 들어, 체중전환, 미니 트렘폴린)을 포함하게 된다. 트레이너는 무릎에 포함된 근력이 영향을 받지 않는 무릎의 70%를 달성하는지를 확인하기 위해 등속성 근력 평가를 행하게 된다. 이런 평가에 이어, 트레이너는 측면 동작(예를 들어, 셔플즈, 카이로카스, 슬라이드 보드, 피터, 민첩성 훈련), 조깅 그리고 가벼운 플라이오매트릭스를 시작할 수 있다.

5. 마지막으로 11주에서 16주에 선수는 강도와 선형(전방 및 후방) 활동과 측면(민첩성) 활동의 양과 강도를 증가시키면서 완전한 ROM을 통해 다리를 이동시킬 수 있어야 한다. 이 시기에 회전동작을 프로그램에 도입하게 된다. 훈련 프로그램은 근력 트레이닝 훈련, 두 가지의 스피드에서 등속성 평가(180°/sec와 300°/sec를 일반적으로 사용한다)와 강도를 점진적으로 증가시키면서 행하는 스포츠-특정 활동을 포함하게 된다.

6. 다음 5달에서 12달에 걸쳐, 선수는 완전히 참여하는 하키 경기로 완전히 되돌아올 수 있어야 한다. 그러나 다리가 무릎 안정성을 양호하게 유지하면서 부종(기관으로부터 체강으로 체액이 흘러 넘쳐 나오는 것) 없이 완전한 ROM 범위에서 이동할 수 있는지를 확인해야 한다. 트레이너는 선수가 손상을 입은 부위 주위에 모든 근육군을 스트레치하고 적용하는 힘의 강도를 점진적으로 증가

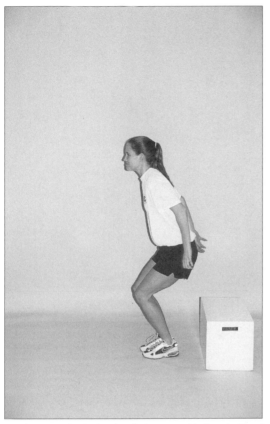

그림 11.3 박스 점프(프렌티스 W로부터 : 뉴욕, 스포츠 의학센터의 재활 테크닉, 3번째 교육 : 맥그로우-힐, 1999, 23장, 그림 23-19, 453페이지)

시키는데 지속적으로 주의를 기울이면서 통증과 부종을 조성해야 한다.

스포츠로의 복귀

시즌 전 준비와 손상 후 재활은 일반적으로 무산소성 파워와 인터벌 형태의 트레이닝과 같은 무산소성 능력을 향상시키는 활동을 포함하게 된다. 달리기, 인라인 스케이팅 그리고 슬라이드-보드 트레이닝과 같은 체중을 지탱하는 훈련과 언덕 훈련이나 단속적 사이클링을 결합하는 것이 참가자의 무산소성 체력을 발달시키고 유지하는데 사용된다. 플라이오메트릭스는 파워

와 폭발적인 동작을 수행하기 위해 필요하다(그림 11.3과 11.4). 이것들의 예는 박스 점프와 뎁스 점프 그리고 한 다리 바운딩과 두 다리 바운딩이다(플리오메트릭 훈련의 추가적인 예를 위해 13장 참조). 사이드-투-사이드(옆에서 옆으로 이동하는) 동작을 향상시키기 위해 피터를 사용할 수 있다.

손상으로부터의 회복과 스포츠 참가로의 복귀는 심장혈관계통과 근력 향상을 위한 시즌 전 예비 계획과 유사한 순서의 단계들을 필요로 한다. 다시 말해 손상 후에 선수는 스포츠에 해당하는 특정 훈련이 이어지는 일반적인 근력 재활의 발달을 우선적으로 고려해야 한다.

그림 11.4 한 다리와 두 다리 바운딩(프렌티스 W로부터 : 뉴욕, 스포츠 의학센터에서의 재활 테크닉, 3번째 교육과정 : 맥그로우-힐, 1999, 23장, 그림 23-19, p.453)

복합 트레이닝은 근력의 발달과 중추신경계의 활성화를 최대화하기 위해 플라이오매트릭스, 스프린트와 스포츠-고유의 트레이닝과 근력 트레이닝을 결합시키게 된다.[70] 근력 트레이닝이나 플라이오매트릭스 하나만 사용하는 것이 파워를 증가시키는 동안, 몇몇 연구자들은[68, 70] 근력에서의 최대한의 향상이 이런 두 가지 형식의 트레이닝을 결합시킨 결과이며 이것은 복합적 트레이닝의 계획을 통해 달성된다는 것을 지적하였다. 그러므로 바디체크를 시작하거나 피하는 동안 필요한 상체근력이나 스케이트를 타는 동안의 폭발적인 다리 파워의 생산과 같은 그런 필수적인 동작에서 체력과 스피드를 발달시킬 수 있다.

스피드는 아이스하키 선수의 수행능력의 결정적인 요소이다. 그러나 경기표면이 제한되어 있기 때문에 선수들은 계속되는 경기 동안 최고의 스피드를 유지할 수 없다. 스피드는 퍽을 이동시키고, 상대선수를 따돌리고, 경기전략을 실행하는 것과 같은 그런 기술을 수행하기 위해 필요하다. 결과적으로 선수는 민첩성과 급속하게 가속화하는 능력에 의지해야 한다.[19,48] 스피드를 발달시키고 민첩성을 증가시키는 활동들이 참가자의 트레이닝 계획, 특히 동작과 기술수행능력을 향상시키는 그런 활동에 필수적이다. 속도와 민첩성을 통합하는 기술은 느린 정도에서 보통 정도의 페이스로 준비운동과 쿨-다운 단계에서 실행할 수 있다. 그러나 일단 기술을 배우게 되면, 트레이닝 세션 동안 최대한의 스피드로 수행해야 한다. 이런 식으로, 중추신경계에 적응하고 적절한 운동신경 단위의 시동 패턴의 결과로 스피드가 발달하게 된다.[48,68]

손상은 참가자가 근육피로를 경험하게 되는 스피드 훈련동안 일어나는데 그것은 피로를 극복하기 위한 보상적 메커니즘이 동역학과 운동

근육 패턴을 변화시킬 수 있기 때문이다.[48,68,71] 근력을 유지할 때처럼[48] 탈훈련을 피하기 위해 경기시즌 내내 스피드와 민첩성 훈련을 한 주에 두 번에서 네 번 정도 수행해야 한다.

참고문헌

1. Montelpare WJ, Pelletier R, Stark R: Ice hockey injuries, in Caine D, Caine C, Lindner K (eds): Epidemiology of Sports Injuries. Champaign, IL: Human Kinetics Publishing, 1996, Chap 15.

2. Cox M, Miles DS, Verde TJ, Rhodes EC: Applied physiology of ice hockey. Sports Med 19(3):184–201, 1995.

3. Pelletier R, Montelpare W, Stark R: Intercollegiate ice hockey injuries: A case for uniform definitions and reports. Am J Sports Med 21(1):78–82, 1993.

4. Daly P, Sim F, Simonet W: Ice hockey injuries: A review. Sports Med 10(3):122–131, 1990.

5. Lorentzon R, Werden H, Pietila T, Gustavsson B: Injuries in international ice hockey: A prospective, comparative study of injury incidence and injury types in international and Swedish elite ice hockey. Am J Sports Med 16(4):389–391, 1988.

6. Pforringer W, Smasal V: Aspects of traumatology in ice hockey. J Sport Sci 5(3):327–336, 1987.

7. Bull C: Hockey injuries, in Schneider R, Kennedy J, Plant M (eds): Sports Injuries: Mechanisms, Prevention, and Treatment. Baltimore: Williams & Wilkins, 1985, pp 90–113.

8. Mack R: Ice hockey injuries. Sportsmed Dig 3(1):1–2, 1981.

9. Sutherland G: Fire on ice. Am J Sports Med 4(6):264–269, 1976.

10. Molsa J, Airaksinen O, Nasman O, Torstila I: Ice hockey injuries in Finland: A prospect ive epidemiologic study. Am J Sports Med 25(4): 495–499, 1997.

11. Allinger TL, Van den Bogert AJ: Skating technique for the straights, based on the optimization of a simulation model. Med Sci Sports Exerc 29(2):279–286, 1977.

12. Minkoff J, Varlotta GP, Simonson BG: in Fu FH, Stone DA (eds.): Sports Injuries, Mechanisms, Prevention and Treatment. Baltimore: Williams & Wilkins, 1994, pp 397–444.

13. Marino GW, Weese R: Kinematic analysis of the ice skating stride, in Terauds J, et al (eds): Science in Skiing, Skating and Hockey. Del Mar, CA: Academic Press, 1978.

14. Kahn J: Hockey. Phys Med Rehabil Clin North Am 10(1):1–17, 1999.

15. Marino GW: Biomechanics of power skating: Past research, future trends, in Proceedings of the 13th International Symposium on Biomechanics in Sport. 1995, pp 246–252.

16. Marino GW: Acceleration-time relationships in an ice skating start. Res Q 50(1):55–59, 1979.

17. Marino GW, Dillman C: Multiple regression models of the mechanics of the acceleration phase in ice skating, in Landry F, Orban WM (eds): Biomechanics of Sports and Kinanthropometry. Miami: Symposia Specialists, 1978.

18. Marino GW: Kinematics of ice skating at different velocities. Res Q 48(1):93–97, 1977.

19. Marino GW: Selected mechanical factors associated with acceleration in ice skating. Res Q 54(3): 1983.

20. Greer N: Application of biomechanics to ice hockey. American Hockey Magazine 5(7): 21–23, 1998.

21. Goodwin-Gerberich S, Finke R, Madden M, et al: An epidemiological study of high school ice hockey injuries. Childs Nerv Syst 3:59–64, 1987.

22. Daly P, Foster T, Zarins B: Injuries in ice hockey, in Renstrom P (ed): Clinical Practice of Sports Injury Prevention and Care. London: Blackwell Scientific, 1994, pp 375–391.

23. Hayes D: Hockey injuries: How, why, where, and when? Phys Sports Med 3(1):61–65, 1975.

24. Benton J: Hockey: Optimizing performance and safety, a round table. Phys Sports Med 11(12):73–83, 1983.

25. Tegner Y, Lorentzon R: Concussion among Swedish elite ice hockey players. Br J Sports Med 30(3):251–255, 1996.

26. Pashby T: Eye injuries in sports. J Opthalm Nurs Technol 8(3):99–101, 1989.

27. Tator C, Edmonds V: National survey of spinal injuries in hockey players. CMA J 130(7):875–880, 1984.

28. Tator C: Neck injuries in ice hockey: A recent, unsolved problem with many contributing factors. Clin Sports Med 6(1):101–114, 1987.

29. Voaklander DC, Saunders LD, Quinney HA, Macnab RB: Epidemiology of recreational and old-timer ice hockey injuries. Clin J Sport Med 6(1):15–21, 1996.

30. Wolynksi D, Brubaker D, Radulovic P: The use of specific exercises in preventing hockey injuries. Strength Condit 12:62–66, 1998.

31. Roberts WO, Brust JD, Leonard B: Youth ice hockey tournament injuries: Rates and patterns compared to season play. Med Sci Sports Exerc 31(1):46–51, 1999.

32. Rampton J, Leach T, Therrien SA, et al: Head, neck, and facial injuries in ice hockey: The effect of protective equipment. Clin J Sport Med 7(3):162–167, 1997.

33. Finke R, Goodwin-Gerberich S, Madden M, et al: Shoulder injuries in ice hockey. J Orthop Sports Phys Ther 10(2):54–58, 1988.

34. Rielly M: The nature and causes of hockey injuries: A five-year study. Athletic Training 17(2):88–90, 1982.

35. Hastings D, Cameron J, Parker S, Evans J: A study of hockey injuries in Ontario. Ont Med Rev 41:686–692, 1974.

36. Roy A, Bernard D, Roy B, Marcotte G: Body checking in pee-wee hockey. Phys Sports Med 17(3):119–126, 1989.

37. Rovere G, Gristina A, Nicastro J: Medical problems of a professional hockey team: A three-season experience. Phys Sports Med 6(1):58–63, 1978.

38. Hunter R: Hockey, in Reider B (ed): Sports Medicine: The School-Age Athlete. Philadelphia: Saunders, 1991, pp 590–600.

39. Nordin M: Biomechanics of ligaments, in Törnquist C (ed): Proceedings of the 3rd International Conference on the Coaching Aspects of Ice Hockey. Gothenburg, Sweden: The Swedish Ice Hockey Association, 1981.

40. Tredget T, Godberson C, Bose B: Myositis ossificans due to hockey injury. CMA J 116(1): 65–66, 1977.

41. Fox E, Bowers R, Foss M: The Physiological Basis for Exercise and Sport, 5th ed. Toronto: Brown and Benchmark, 1993.

42. Bompa TO: Theory and Methodology of Training, 3d ed. Dubuque, IA: Kendall/Hunt Publishing Company, 1994.

43. Sleamaker R: Serious Training for Serious Athletes. Champaign, IL: Leisure Press, 1989.

44. DeVries HA: Physiology of Exercise for Physical Education and Athletics Dubuque, IA: William C Brown, 1966.

45. Stone WJ, Kroll WA: Sports Conditioning and Weight Training Programs for Athletic Competition, 2d ed. Boston: Allyn and Bacon, 1987.

46. Prentice W: Fitness for College and Life, 3d ed. St Louis: Mosby, 1990.

47. Williams WH: Lifetime Fitness and Wellnes

s, 4th ed. Toronto: Brown and Benchmark, 1
990.

48. Twist P: Complete Conditioning for Ice hoc
key. Champaign, IL: Human Kinetics, 1997.

49. Zatsiorsky VM: Science and Practice of Stre
ngth Training. Champaign, IL: Human Kineti
cs, 1995.

50. Houston M, Green H: Physiological and ant
hropometric characteristics of elite Canadian i
ce hockey players. J Sports Med 16:123–128,
1976.

51. Green H, Bishop P, Houston M, et al: Time
-motion and physiological assessments of ice
hockey performance. J Appl Physiol 40(2): 1
59–163, 1976.

52. Bouchard C, Landry F, Leblanc C, Mondor
JC: Quelques-unes des caracteristiques physi
ques et physiologiques des jouers de hockey
et leurs relations avec la performance. Mouv
ement 9(1):95–110, 1974.

53. Bernard D, Trudel P, Marcotte G, Boileau R:
The incidence, types and circumstances of in
juries to ice hockey players at the bantam le
vel (14 to 15 years old), in Castaldi C, Bish
op PJ, Hoerner EF (eds): Safety in Ice Hock
ey, Vol 2 (ASTM STP-1212). Philadelphia: A
merican Society for Testing and Materials, 1
993, pp 45–55.

54. Twist P, Rhodes T: A physiological analysis
of ice hockey positions. NSCA J 15(6):44–4
6, 1993.

55. Green HJ: Bioenergetics of ice hockey: cons
iderations for fatigue. J Sports Sci 5:305–31
7, 1987.

56. Murray TM, Livingston LA: Hockey helmet
s, face masks, and injurious behavior. Pediatr
ics 3:419–421, 1995.

57. Pashby T, Pashby R, Chisholm L, Crawford
J: Eye injuries in Canadian hockey. CMA J
113: 663–666, 1975.

58. Bishop P, Norman R, Pierrynowski M, Koze

y J: The ice hockey helmet: How effective is
it? Phys Sports Med 7(2):97–106, 1979.

59. Castaldi C: Ice hockey, in Adams S, Adrian
M, Bayless MA (eds): Catastrophic Injuries i
n Sports: Avoidance Strategies, 2d ed. Indian
apolis: Benchmark Press, 1987, pp 81–99.

60. Watson R, Singer C, Sproule JR: Checking
from behind in ice hockey: A study of injury
and penalty data in the Ontario University A
thletic Association Hockey League. Clin J Sp
orts Med 6:108–111, 1996.

61. Sullivan P: Sports MDs seek CMA support i
n bid to make hockey safer. Can Med Assoc
J 142(2):157–159, 1990.

62. Montelpare WJ, Scott D, Pelino M: Trackin
g the relative age effect across minor amateu
r and professional ice hockey leagues, in Saf
ety in Ice Hockey, Vol 3 (ASTM STP-1341).
Philadelphia: American Society for Testing a
nd Materials, in press.

63. Stalheim-Smith A, Fitch GK: Understanding
Human Anatomy and Physiology. New York:
West Publishing Company, 1993.

64. Gallahue DL, Ozmun JC: Understanding Mo
tor Development: Infants, Children, Adolesce
nts, Adults, 4th ed. New York: McGraw-Hill,
1997.

65. Daniel TE, Janssen CT: More on the relativ
e age effect. CAHPER J 21–24, 1987.

66. Cameron N, Mirwald RL, Bailey DA: Stand
ards for the assessment of normal absolute m
aximal aerobic power, in Proceedings of the
International Seminar on Kinanthropometry, L
euven, Belgium, Kinanthropometry II. Baltim
ore: University Park Press, 1979.

67. Blimkie CJ, Bar-Or O: Trainability of muscl
e strength, power and endurance during child
hood, in Encyclopedia of Sports Medicine, V
ol 4: Bar-Or O (ed): The Child and Adolesce
nt Athlete. London: Blackwell Scientific Pub
lications, 1995, pp 113–129.

68. Torcolacci M: Personal communication (PH ED 301/401), Advanced Weight Training Se minar Notes, Queen's University, Kingston, O ntario, 1997.
69. MacAdam D, Reynolds G: Hockey Fitness: Year-Round Conditioning On and Off the Ic e. Champaign, IL: Leisure Press, 1988.
70. Chu DA: Explosive Power and Strength. Ch ampaign, IL: Human Kinetics, 1996.
71. Marion A: Designing an annual training and competition plan: A step-by-step approach, in Pro Pulses Plan: Training Program Managem ent Software User Manual. Montreal: Coachi ng Association of Canada, 1998.
72. Mikhailov VV: Recovery following hockey i njuries. Sov Sci Rev 190–194, 1990.
73. Fleck SJ, Kraemer W: Designing Resistance Training Programs. Champaign, IL: Hardcour t Publishers, 1997.
74. Shelbourne DK, Nitz P: Accelerated rehabili tation after anterior cruciate ligament reconst ruction. Am J Sports Med 18:292–299, 1990.

도표 11.1을 위한 참고문헌

Antaki S, Labelle P, Dumas J: Retinal detachme nt following hockey injury. CMA J 117(3): 2 45– 246, 1977.
Bolitho N: Head injuries in ice hockey at the a mateur level. CAHPER J 37(2):29–34, 1970.
Finke R, Goodwin-Gerberich S, Madden M, et a l: Shoulder injuries in ice hockey. J Orthop Sports Phys Ther 10(2):54–58, 1988.
Horns R: Blinding hockey injuries. Minn Med 5 9(4):255–258, 1976.
Hovelius L: Shoulder dislocation in Swedish ice hockey players. Am J Sports Med 6(6):373–3 77, 1978.
Jorgensen U, Schmidt-Olsen S: The epidemiolog y of ice hockey injuries. Br J Sports Med 20 (1): 7–9, 1986.

Kraus J, Anderson B, Meuller C: The effectiven ess of a special ice hockey helmet to reduce head injuries in college intramural hockey. M ed Sci Sports 2(3):162–164, 1979.
Kropp D, Marchant L, Warshawski J: An analys is of head injuries in hockey and lacrosse, S port Safety Research Report, Fitness and Am ateur Sport Branch, Department of National H ealth and Welfare, 1974–1975.
Lorentzon R, Werden H, Pietila T, Gustavsson B: Injuries in international ice hockey: A prospe ctive, comparative study of injury incidence a nd injury types in international and Swedish elite ice hockey. Am J Sports Med 16(4):389 –391, 1988.
Norfray J, Tremaine M, Homer C, et al: The cl avicle in hockey. Am J Sports Med 5(6):275 –280, 1977.
Park R, Castaldi C: Injuries in junior ice hocke y. Phys Sports Med 8(2):81–90, 1980.
Pashby T: Eye injuries in Canadian amateur hoc key. Am J Sports Med 7(4):254–257, 1979.
Rovere G, Gristina A, Nicastro J: Medical probl ems of a professional hockey team: A three-s eason experience. Phys Sports Med 6(1): 58– 63, 1978.
Sane J, Ylipaavalniemi P, Leppanen H: Maxillof acial and dental ice hockey injuries. Med Sci Sports Exerc 20(2):202–207, 1988.
Tator C, Edmonds V, Lapczak L: Spinal injuries in ice hockey: Review of 182 North America n cases and analysis of etiological factors, in Castaldi C, Bishop PJ, Hoerner EF (eds): Sa fety in Ice Hockey, Vol 2 (ASTM STP-121 2). Philadelphia: American Society for Testin g and Materials, 1993, pp 11–20.
Vinger P: Ocular injuries in hockey. Arch Opht halamol 94(1):74–76, 1976.
Wilson K, Cram B, Rontal E, Rontal M: Facial injuries in hockey players. Minn Med 60:13– 19, 1977.

CHAPTER 12

풋 볼

Ryan P. Vermillion

풋볼의 기원은 수세기 전으로 거슬러 올라간다. 고대 그리스 사람들은 풋볼 형태의 경기를 했는데 그것을 하파스톤(harpaston)이라고 불렀다. 초기의 로마인들도 그와 유사한 경기를 했다고 알려져 있는데 그것을 "칼시오(calcio)"라고 불렀다. 이 경기는 로마인들을 침략함으로써 영국으로 옮겨졌다.[1]

북아메리카에서 풋볼이라는 말은 우리가 알고 있는 미국식 풋볼 경기를 말한다. 반면에 다른 나머지 국가에서는 풋볼이라는 용어는 축구를 뜻한다. 그리고 확실히 북아메리카 대륙에서 아마추어와 전문가 레벨의 모든 연령의 사람들 사이에서 가장 흔하게 경기하는 스포츠 중의 하나이다.[2]

풋볼은 거의 규정이 없었던 1800년대의 동물적 경기에서부터 오늘날 백만 달러의 놀라운 마케팅 분야로 진화하였다. 원래 미국식 풋볼은 어떤 보호 장비를 거의 사용하지 않고 경기하게 된다. 수 년 동안, 규칙이 바뀌었고, 장비가 경기에 도입되었다. 장비를 추가하였다 해도 경기는 여전히 동물적이며 신체에 손상을 입힌다.

북 아메리카에서의 합성 잔디의 도입과 함께 많은 수의 전문적인 풋볼경기와 대학 풋볼경기가 인공잔디위에서 열리게 되었다. 이것은 아마도 이런 덜 탄력적인 표면에 미치는 충격과 찰과상으로 인한 작은 손상의 결과로 손상률의 증가를 가져왔다. 인공잔디는 더운 날에 특히 따뜻해짐으로써 열로 인한 기진맥진의 위험부담이 추가된다는 단점을 가지고 있다. 인공잔디가 천연잔디에서 경기하는 것으로 인한 손상보다 더 빈번하고 더 심각한 손상의 원인이 된다는 것에 대해서는 의견이 분분하다. 대부분의 운동선수들은 확실히 천연잔디에서 경기하는 것을 더 좋아한다. 이 장은 이런 많은 손상, 그것의 재건 그리고 경기로의 회복 등을 다룰 것이다. 풋볼을 하는 운동선수를 이해하는 것이 임상가들이 그들을 치료하는 데 도움이 될 것이다. 확실히 이 경기는 신체적으로 온유함을 키우기 위한 것이 아니며 통증에 대해 더 많은 내성을 가진 선수가 더 좋은 능력을 발휘하게 된다.

필드 골킥의 생체역학

필드 골이나 전문 풋볼에서의 포인트 킥이 복합적인 종목이다. 스내퍼(snapper)는 볼을 빼앗아 볼을 통제하는 홀더에게 되돌려 보내 접근해오는 수비수의 돌진과 함께 키커가 골대를 통과하여 축구공을 차도록 하기 위해 지면 위에 공을 놓게 된다. 이 모두는 11/2초 미만의 시간에서 이루어져야 한다.

킥은 뻗은 발차기 스타일에서 전문적 키커들이 오늘날 사용하는 싸커 스타일 킥으로 수년에 걸쳐 진화되었다. 사커 스타일 킥의 기본 개념은 다리와 상체의 회전을 추가하여 더 많은 힘을 발생시킨다는 것이다. 싸커 킥 스타일을 상세하게 살펴보면 그것은 여섯 가지의 다양한 구성요소로 분류할 수 있다. 설명을 용이하게 하기 위해 오른발 잡이 키커를 위해 필드골 킥을 기술해 볼 것이다.

스탠스

플레이스 키커는 뒤로 3에서 31/2야드와 축구공의 왼쪽으로 1야드에 서게 된다. 상체는 전방이동의 시작과 함께 약간 앞으로 몸을 기울여 이완하게 된다. 오른쪽 다리는 왼쪽 다리위에 놓고 무릎과 힙은 신전하도록 한다.

첫 번째 스텝

첫 번째 스텝은 왼쪽 발로 행하는데 이것을 "잽 스텝"이라고 부른다. 이것이 신체의 전방이동을 시작하는 6인치 스텝이다. 이것은 통제적이지만 강력한 스텝이다. 상체는 여전히 몸을 앞으로 기울여 이완시킨다.

두 번째 스텝

다음 오른쪽 다리는 편안한 약간의 오버스텝과 함께 왼쪽 다리 앞으로 스텝을 취한다. 상체는 공을 통해 신체를 강력하게 회전하는 것을 돕기 위해 약간의 회전을 시작한다.

세 번째 스텝

세 번째 스텝과 함께, 왼쪽 다리는 축구공 옆에 놓이게 된다. 이 스텝은 모든 스텝중의 가장 긴 스텝이다. 오른쪽 다리가 축구공을 추진시키기에 충분한 힘을 생성하도록 하는 적극적인 오버스텝이다. 축구공의 진로는 이 스텝과 왼발 자세에 달려 있다. 키커는 왼발의 자세에 따라 축구공을 왼쪽, 오른쪽 또는 직선으로 보낼 수 있다.

스윙

오른쪽 다리는 축구공과 접촉하기 위해 스윙하게 되며 오른쪽 다리의 동역학 에너지가 공에 전달된다. 상체는 전방으로의 추진력을 돕기 위해 왼쪽으로 회전하게 된다. 왼쪽 어깨는 신체를 수평적으로 내전하며 이것이 신체를 중심 잡게 하고 몸통근을 통제할 수 있게 해준다. 스윙하는 사지를 팔로우 스루하여 키커는 발을 떼어 공중으로 보낸다.

착지

착지는 왼쪽 다리로의 "스킵 랜딩"이라고 부른다. 오른쪽 다리를 통해 생성되는 힘은 왼쪽 다리를 지면에서 떼어 들어 올리고 키커가 착지할 때 왼쪽 다리가 첫 번째로 지면과 접촉하게 된다.

긴 스냅의 생체역학

긴 스냅은 펀트의 결정적인 요소이다. 빠르고 정확한 스냅과 함께, 펀터는 공을 펀트 할 시간이 없다. 거기에는 네 가지 주요 단계가 있다. 스탠스, 가속, 릴리스와 팔로우 스루 그리고 접촉-준비 자세

스탠스

긴 스냅을 위한 스탠스는 쿼터백이 센터 아래에 있건, 샷건 자세에 있건 간에 쿼터백에게 스냅하기 위한 자세 또는 필드골을 위한 스냅과 유사하다. 스내퍼의 발목은 배측굴곡 되고, 무릎은 굴곡되며 힙은 굴곡하여 약간 외전되고 척추는 굴곡되고 어깨는 90도로 굴곡하여 내전하고 팔꿈치는 약간 굴곡되고 손목은 중립자세를 취한다.[16] 스탠스 자세의 다른 세 가지 구성요소인 시각적 확인, 스탠스 그리고 그립은 변할 수 있다. 스내퍼는 펀터가 공을 잡을 때까

지 펀터를 볼 수 있으며 또는 스내퍼는 비가시
적인 방법을 사용하여 수비수를 바라볼 수 있
다. 스내퍼는 편평하거나 오프셋 스탠스를 취
한다. 오프셋 스탠스는 펀트를 막기 위해 수비
수의 접근적인 돌진을 막는 것을 도울 수 있
다. 세 번째 가변요소는 축구공의 그립이다. 스
내퍼는 한 손을 사용할 수 있으며 이것은 일반
적으로 습기 있는 날씨에서는 권하지 않는다.
볼은 또한 스크리미지 라인에서 쉽게 놓칠 수
있다.

두 번째 그립은 전면 하프의 반대쪽 쿼터에
서 두 손으로 잡는 것이다. 세 번째 그립타임
에서 스내퍼는 마치 패스공을 던지는 것처럼 공
을 듣는 손으로 잡게 된다. 반대손은 손가락을
축구공의 전면 끝을 향해 뻗어 공을 가이드하
면서 축구의 중간이나 탑 하프 근처에 놓게 된
다. 두 손으로부터의 압력의 양을 동등하게 하
는 것이 속도를 증가시키게 된다.[16,18,19]

가속 단계

가속 단계는 공의 이동과 함께 시작한다. 손
목이 굴곡하여 펀터를 향해 지면위로 공을 떼
어 상승시키기 위해 척골쪽으로 편위되는 동
안 어깨와 팔꿈치는 신전하여 내전한다. 발목
은 저측굴곡하고 무릎은 신전하고 힙과 몸통
은 두 다리사이로 공을 몰기 위해 함께 구부
리게 된다.[6]

릴리스와 팔로우 스루 단계

이 단계에서 공은 두 다리 사이를 지나가게
된다. 관절동작은 어깨의 내회전과 오른손잡이
스내퍼의 경우 시계방향으로의 회전을 만들어
내기 위해 전완의 내전과 함께 가속 단계가 이
어지게 된다. 일단 공을 차고 나면 접촉자세를
준비하기 위해 신체의 모든 관절동작을 원심적
으로 둔화시키기 위해 팔로우 스루가 일어나게
된다.[16]

접촉위치

공을 놓은 후에 스내퍼는 수비수가 돌진해
오는 것을 막을 준비를 할 필요가 있다. 발목
이 배측굴곡되고 무릎은 굴곡되며 힙과 몸통은
반직립 자세로 신전하게 된다. 어깨와 팔꿈치
는 블록을 시작하기 위해 위로 굴곡하게 된다.
스내퍼는 균형을 이룬 자세를 잡는 것이 중요
하다.

손상 예방

축구의 발단에서부터 지금까지의 중요한 차
이점중의 하나는 풋볼시즌을 위한 준비이다. 트
레이닝 캠프 기간동안 더 이상 스스로 컨디셔
닝 하지 않는다. 오늘날의 경기는 풀타임 직업
이다. 많은 최고 대학팀들은 똑같은 연중 무휴
의 계획을 채택하고 있다. 오프시즌의 컨디셔
닝 프로그램은 마지막 경기가 끝난 후에 바로
시작하여 새로운 시즌이 시작할 때까지 계속된
다. 오프시즌내에 컨디셔닝 프로그램뿐을 향상
시킬 뿐만 아니라 축구기술에 초점을 맞추는 많
은 트레이닝 캠프들이 있다. 많은 최상의 컨디
셔닝 프로그램의 원리는 선수들이 더 나은 풋
볼 선수가 되도록 하는 것이다.

웨이트트레이닝 룸에서 그리고 필드에서의 훈
련은 풋볼에만 해당하며 특정 자세로 경기하도
록 준비시키는 방식으로 각 선수를 훈련시키는
것을 돕기 위해 수행된다. 공격적인 라인맨을
위한 컨디셔닝 프로그램은 와이드 리시버를 위
한 컨디셔닝 프로그램과 같지 않다.

그들의 컨디셔닝 프로그램이 다양할 수 있
도록 하기 위해 풋볼 필드에서의 요구사항도 다
양하다. 예를 들어, 공격 라인맨은 단기간내에
그리고 단거리내에서 파워와 근력을 필요로 한
다. 대부분의 라인맨은 공격 플레이에서 2야드
에서 10야드 사이를 달리게 된다. 반면에 와이
드 리시버는 경기와 경기하는 동안의 특정목적

에 따라 2야드에서 60야드까지 달리게 된다. 첨부된 컨디셔닝 프로그램은 근력, 파워, 유연성, 스피드 그리고 민첩성을 포함할 필요가 있고 특정 기술을 수행하기 위해 이 모든 것을 결합할 필요가 있다.

근력훈련

근력은 모든 풋볼 선수들을 위한 의무사항이다. 풋볼필드에서의 모든 동작은 달리기건, 점프이건, 블로킹이건 태클링이건 던지기건간에 근력을 필요로 한다. 모든 이런 동작들은 힘을 필요로 하며 힘이 없으며 어떤 동작도 있을 수 없다. 많은 사람들이 기술하는 파워는 힘 곱하기 속도 또는 근력을 적용할 수 있는 비율이다. 풋볼에서 이것은 폭발력이라고 부른다. 축구에 해당되는 특정 컨디셔닝 프로그램으로 더 좋은 실력의 축구선수는 손상을 덜 입는 선수로 성장할 수 있다.

풋볼 선수들은 경기하는 동안 힘을 발휘할 시간이 짧기 때문에 절대적인 근력보다 폭발력이 더 중요하다. 컨디셔닝 프로그램은 플리오메트릭스와 경기를 위해 선수들을 준비시키기 위한 폭발적 훈련을 포함해야 한다. 박스 점프는 다리를 위한 폭발적인 훈련의 매우 좋은 형식이며 반면에 메디신 볼을 토스하고 잡는 것은 상체훈련을 위한 탁월한 형식이다.

유연성

유연성은 컨디셔닝 프로그램에서 종종 간과되는 부분이다. 재활프로그램에서는 거의 간과되지 않는다. 만약 더 많은 유연성 훈련을 경기와 연습 전에 수행하게 되면 손상은 더 적어

그림 12.1 다양한 자세의 스트레치 머신

그림 12.2 다양한 스트레칭이 가능한 장비

질 것이다. 많은 축구 선수들의 큰 체격에도 불구하고, 그들은 좋은 유연성을 가져야 한다. 경직된 근육에 부차적으로 일어나는 가동범위의 감소는 덜 협응적인 동작을 낳게 된다. 운동선수는 또한 이동하는 동안 자신의 내부 저항력과 싸워야 한다. 좋은 유연성 프로그램은 선수들이 트레이닝 룸이나 치료사의 사무실에서 벗어나게 할 수 있다. 유연성은 다차원적일 필요가 있으며 더 많은 평면에서 수행하고 그리고나서 한 가지 평면에서 수행 할 필요가 있다(그림 12.1). 전두면에서 상체를 스트레칭하고 시상면에서 하체를 스트레칭 하는 것은 다평면 스트레치의 좋은 예이다(그림 12.2). 정적인 스트레칭 후에 역동적인 스트레칭을 수행해야 한다. 사용하게 되는 역동적인 스트레칭은 각 선수마다 다양하다.

스피드

스피드는 선수가 신체를 이동시키거나 높은 비율의 속도로 특정 사지를 이동시키는 능력으로 기술할 수 있다. 많은 사람들은 전문적인 풋볼에서 스피드는 가장 중요한 신체적인 요소라고 믿고 있다. 민첩성은 정지와 출발, 커팅과 방향 변화, 모든 동작면에서 관절을 이동시키는 것을 포함하여 다각적 방향으로 이동할 수 있는 능력이다. 이것은 컨디셔닝 프로그램의 중요한 부분이다.

각 훈련은 선수가 그 경기에 참가할 준비를 갖추게 한다. 컨디셔닝 프로그램은 시상면 뿐만 아니라 모든 평면의 동작을 포함해야 한다. 우리는 어떤 동작이 선수의 관절에 발생하는지에 대해 결코 예측할 수 없다. 선수는 모든 동작을 다룰 수 있어야 한다.[7] 이것은 전두면 동작, 횡단면, 시상면 그리고 3평면 동작을 포함함으로써 성취할 수 있다. 각 자세를 위한 완전하고 부가적인 프로그램이 운동선수의 최대한의 믿음이 된다.

보호 장비

미국 풋볼 경기는 많은 충돌을 포함하며 건강관리 전문의가 손상을 막기 위해 도울 수 있는 많은 것들이 있다. 보호장비는 스킨과 셔츠에서부터 오늘날의 경기의 바디 보호구까지 진화되어 왔다. 보호장비는 선수가 손상을 당하는 것을 막거나 추가적인 외상으로부터 손상을 보호하기 위해 사용할 수 있다.[9] 전국 풋볼 협회(NFL)와 전국 대학 운동 협회(NCAA)는 풋볼 선수가 경기하는 동안 무엇을 착용해야 하는지에 대한 규칙을 갖고 있다. 이것의 한 예가 NCAA의 규율 4절, 4항의 "모든 선수는 운동 장비 테스트 기준을 위한 표준사항에 관해 전국 운영협회가 인정하였다는 제조업체나 재검자의 인증을 갖고 있는 머리 보호장치를 착용해야 한다.[8]

얼굴 마스크와 입 보호대

얼굴 마스크가 축구 헬멧에 추가되기 전에 축구손상의 50%는 입안이나 입주위의 손상이었다. 페이스 마스크를 추가한 후에 입의 손상은 전체 손상의 25%로 줄었다. 그러나 페이스 마스크는 전완 블로킹, 무릎 그리고 발차기로부터 턱 아래에 가해지는 타격에 대해 어떤 보호도 하지 못한다. 그것은 턱을 닫는 것을 막는 머리 정수리에 가해지는 타격도 막지 못한다.[8]

페이스 마스크와 입 보호대의 오늘날의 결합은 입손상이 거의 없어지게 만들었다. 입 보호대는 입술이 찢어지는 것과 이빨이 부러지는 것과 같은 입의 손상을 줄였을 뿐만 아니라 뇌진탕의 감소를 돕게 된다. 그들은 타격으로부터 에너지를 흡수함으로써 손상을 줄이며 그것이 힘이 뇌로 전달되는 것을 약화시킨다.[6] 장비는 개인에게 잘 맞아야 하고 선수가 최대한의 혜택을 받을 수 있도록 적절하게 유지되어야 한다.

헬멧

풋볼 헬멧은 가죽 외피에서부터 부유 헬멧 그리고 공기 세포 패드까지 발전해왔다. 공기 세포 패드는 중량을 추가하지 않고 보호 장비를 제공한다. 이 헬멧은 각 개인에게 딱 맞게 조정해야 한다. 아래 단계들은 사이즈를 적절히 조정하기 위해 풋볼 헬멧을 맞출 때 따라야 한다.

1. 선수의 헤어스타일은 시합시즌 동안에 해야 할 길이와 스타일에 맞아야 하며 선수는 경기상황을 가장하기 위해 머리카락은 적어 있어야 한다. 헬멧은 얼굴의 양쪽에 치크 패드를 놓고 선수의 머리에 편안하게 끼워 맞춘다. 턱 끈의 전면 끈을 먼저 묶고 그 다음에 뒤에 놓인 끈을 묶는다. 턱 패드는 헬멧의 양쪽에서부터 같은 거리에 있어야 한다.
2. 헬멧은 선수의 눈썹위로 약 1인치여야 한다 (손가락 한두 개 넓이). 페이스 마스크는 선수의 코에서부터 두 세 손가락 넓이만큼 멀리 있어야 한다.
3. 페이스 마스크는 시야를 완전히 확보할 수 있어야 한다.
4. 헬멧의 뒷부분은 두개골의 기부를 덮어야 하며 귓구멍은 외재적인 청각적 이관과 조화를 이루어야 한다. 턱 끈을 단단하게 하고, 얼굴 가아드를 당겨 올리고 내리거나 옆에서 옆으로 이동할 때 헬멧을 이동시켜서는 안 된다.[10]

풋볼 헬멧의 유지 또한 선수의 전체적인 관리에서 매우 중요하다. 만약 헬멧을 적절하게 관리하지 않는다면 선수는 머리와 경추손상을 입기 쉽다. 주말마다 헬멧을 관리하는 것을 다음을 포함한다.[11]

1. 모든 스트레스로 인한 결함을 없애기 위한 가시적인 검사

2. 착용과 퇴화를 위한 패딩 점검
3. 누수와 적절한 인플레이션 레벨을 위한 공기세포의 점검
4. 구부리기와 갈라지는 것을 위한 페이스 마스크의 점검. 헬멧에 마스크를 단단히 조이기 위한 나사와 밧줄 고리 또한 퇴화되거나 느슨하지 않는지를 점검해 보아야 한다.
5. 헬멧은 일 년 단위로 상태를 조절해주어야 한다.

보강용 횡목(cleats)

비와 눈과 같은 다양한 경기면과 다양한 날씨조건에 따라 다양한 형태의 풋볼 슈즈를 착용하게 된다. 다섯 가지의 중요한 형태의 신발이 있다. 평평한 바닥의 농구스타일의 경마 슈즈, 천연잔디의 싸커 스타일의 슈즈 그리고 세 가지 다양한 못 장식이 있는 경마슈즈(별 장식의 못, 사각형의 못 장식 그리고 원뿔형 못 장식의 슈즈). 못 장식의 길이는 추가적인 변형요수이다.[25] 선수들이 접하게 되는 딜레마는 수축이 더 좋으면 발을 지면에 고정시키는 것이 증가하게 되고 결과적으로 손상의 위험이 증가하게 된다는 것이다.[24,26,27]

실험실에서의 테스트는 발의 고정을 클리츠의 길이와 상관시키게 된다. 마찰하면서 발이 지면에서 떨어지는 경우 클리츠의 길이뿐 아니라 잔디의 형태와 잔디의 온도에 달려 있다.[24,26,27] 최대의 관심분야는 인공잔디위에서이다. 인공잔디의 온도가 증가하면 경계면 마찰도 증가한다. 잔디가 화씨 60도 미만일 때 마찰이 가장 낮으며 잔디가 화씨 110도에 이를 때 마찰이 가장 높다. 신발이 관련되는 한, 평평한 바닥의 농구스타일의 슈즈는 최저 마찰 접점을 갖게 되고 사커 스타일의 클리츠가 있는 신발이 최대 마찰을 갖게 된다. 선수가 뜨거운 인공잔디위에서 부드러운 고무 박의 신발을 신을 때 그는 더 높은 마찰에 노출되게 되고 그것이 손

상의 위험을 증가시킬 수 있다.[24]

테이핑

외부의 손상을 관리하는데 있어 점착성 물질을 사용하게 된 것은 고대로 올라간다. 그리스의 문명은 납의 산화물, 올리브 오일, 그리고 다양한 피부 상태를 위해 사용되는 물로 구성된 치유적 연고를 체계화한 것으로 유명하다. 이 조합은 송진과 노란색의 밀랍을 추가하고 그리고 더 최근에는 고무를 추가함으로써 최근에 이르러서야 변화하였다. 초기부터 접착성 테이프가 중요한 치유적 부속물로 발달해왔다.[12]

손상치료를 위한 테이프의 사용

스포츠에서 사용할 대 접착성 테이프는 손상의 관리를 위해 많은 가능성을 제공한다.

1. 상처연고 보유
2. 급성 손상의 외부적이고 내부적인 출혈을 통제하는데 사용되는 압박 붕대의 고정
3. 운동선수의 활동으로 인해 비롯된 추가적인 손상을 막기 위해 최근의 손상을 받쳐주는 것
4. 일어날 수 있는 손상을 보호하기 위한 예방적 지원

손상 보호를 위한 테이프의 사용

급성 손상을 보호하는 것은 운동 테이프의 매우 중요한 기능이다. 보호는 다음의 두가지 방법 중의 하나로 이루어질 수 있다.

1. 미리 디자인된 테이핑을 사용함으로서 관절 동작을 제한하는 것
2. 보호 장비를 확보함으로써 고정시키는 것[2]

손상의 원인

풋볼경기에서 손상의 또 다른 일정한 요소는 불운적인 손상의 발생이다. 풋볼을 접촉 스포츠라고 부른다 해도 그것을 충돌스포츠라고 부르는 것이 더 정확하다. 한 경기는 많은 다양하고 개별적 충돌로 이루어져 있다. 전문적인 경기는 공격적인 경기, 방어적인 경기 그리고 특별 팀 경기를 결합하였을 때 약 130개의 경기로 구성된다. 이런 130개의 경기를 치르는 동안 발생하는 충돌의 수는 셀 수 없을 정도로 너무 많다. 한 번에 한 필드에서 11명의 공격수와 11명의 수비수가 있다. 그들의 목표는 공격 시에 터치다운을 득점하거나 수비 시에 터이다운을 막는 것이다. 경기 내내 충돌이 추가될 수 있으며 어떤 자세도 외상이나 과사용으로 인한 손상의 가능성으로부터 벗어날 수 없다.

전국 스포츠 손상 관리 조직은 6229개의 대학 풋볼 선수들에 대한 전국적인 표본 추출을 통해 1986년과 1987년의 경기시즌의 자료들을 수집하였다. 두 시즌동안의 전체 손상률은 1000명당 6.32명이거나 100명당 4.27명이었다. 1997년의 NCCA 연구에서 실천을 위한 손상률은 훈련 시에 1000명당 3.8명이었고 경기에서는 1000명당 34.1명이었다.[22] 공격적인 선수는 수비수보다 더 많은 손상을 입게 된다. 무릎과 발목은 가장 빈번한 손상 부위이며 염좌는 가장 일반적인 손상이다. 경기하는 동안의 손상은 제3 쿼터에서 가장 자주 발생하였고 제1 쿼터에서는 가장 적었다. 이런 결과는 선수들이 휴식과 쿨링오프 때보다 하프타임 동안에 행하는 준비운동과 스트레칭으로부터 혜택을 받는다는 것을 말해 준다.[3] 부적절한 컨디셔닝이 그 한 요소가 될 수 있다.

풋볼에 대한 전문의의 지식이 손상이 일어날 때 풋볼에서의 손상을 이해하는데 도움을 준다. 다행히도, 모든 전문적인 스포츠와 디비전 1의 운동 프로그램들은 스탭진에 풀타임의 인증된 트레이너를 갖추고 있으며 많은 고등학교

프로그램들은 같은 개념을 채택하고 선수를 관리하기 위해 풀타임의 인증된 트레이너들을 고용하고 있다. 고등학교 풋볼의 전국 운동트레이너 협회에 ·의해 시행된 연구를 보면 고등학교 단계의 모든 보고된 손상의 62%가 훈련하는 동안 발생한다고 한다. 이런 사실은 모든 고등학교 체육의 풋볼 실습과 경기에서 인증된 체육트레이너를 갖추는 것이 얼마나 중요한지를 알려준다. 고등학교 풋볼에서 가장 중요한 조사결과중의 하나는 적어도 선수의 36%가 한 번의 손실 손상을 경험한다는 것이다. 이런 조사결과는 1986년과 1987년 시즌에서도 마찬가지였다. 덧붙여서 세 번의 시즌으로부터의 고등학교 풋볼 자료들은 다음의 사항들을 설명하고 있다:

1. 보고할 수 있는 손상의 73%가 작은 손상이거나 선수가 7일 미만으로 훈련에 참가하지 못하게 하는 손상이다.
2. 16%가 보통군에 해당하며 선수가 8일에서 21일까지 참가하지 못하게 하는 손상이다.
3. 11%가 선수가 21일 이상 훈련에 참가하지 못하게 하는 큰 손상이다.

비록 보고하는 학교의 수가 일년마다 바뀌며 44개 주로부터 195개 이상의 학교를 포함한다 할지라도 세 번의 시즌동안 보고되는 조사결과들은 각 시즌 내에 일정하게 나타난다는 것을 주목하는 것이 중요하다. 실속 있는 근력 및 컨디셔닝 프로그램을 시행하는 것이 고등학교 풋볼 운동선수들을 위한 손상을 줄이는 것을 돕게 된다.

많은 자세들이 예측가능한 손상의 높은 발생률을 가지고 있다. 풋볼에서, 태클을 받는 부분이 가장 많이 손상을 입는 부분이다. 다음으로 가장 발생률이 높은 손상은 태클을 수행하거나 블로킹을 하는 동안 일어난다. 모든 선수들을 종합적으로 고려해볼 때, 가장 빈번하게

손상을 당하는 신체 부위는 다리이며 모든 손상의 20%가 무릎에서 일어난다.[3] 풋볼은 접촉이 많은 스포츠이기 때문에, 무릎의 인대손상이 가장 흔하다.[1] 고전적으로 선수는 굴곡된 무릎으로 체중을 지탱하며 이것은 측면으로부터 타격을 입거나 지면위에 발을 고정시킨 채로 무릎을 축으로 하여 선회함으로서 귀에 들릴만한 툭 하는 소리를 내게 되며 관절에서 격렬한 통증을 느끼게 된다. 전면십자인대를 포함하는 높은 백분율의 그런 손상에서 중간이나 측면의 반월모양의 연골이 함께 찢어지는 경우가 있을 수 있다.[4]

다행히도, 외상에서 척추까지 아메리칸 풋볼에서 가장 심각한 손상은 상대적으로 드물다. 의료직 종사자는 풋볼 경영부가 규칙과 장비를 변경시키게 함으로써 손상을 상당히 줄일 수 있도록 도울 수 있다.[1] 한 가지 최대의 진보는 1976년의 규칙변화로 코칭 테크닉의 이해적인 변화와 임원에 의한 엄격한 규율의 시행을 수반한다. 스피어링 태클을 없애는 것이 경추에 가해지는 심한 손상의 발생을 줄일 수 있다. 수비선수는 머리 및 헬멧의 꼭대기를 침으로써 다른 선수와의 접촉을 시작해서는 안 된다. 태클링과 블로킹 테크닉이 향상된 규율의 변화와 향상된 보호 장비를 갖춘 더 조건이 좋은 선수들이 심한 손상의 발생을 줄이는 것을 돕게 된다. 이런 대책에도 불구하고 전체 105가지의 심한 영구적 경부와 척추 건의 손상이 1977년부터 1989년 사이에 미국에서 발생하였다. 머리와 경추에서 일어나는 풋볼 손상은 넘어지는 동작이 많은 스포츠(폴 스포츠)의 심한 손상의 전체수의 97.7%와 관련이 있다.[6]

일반적인 손상

열탈진

풋볼 팀에 있는 모든 선수들에게 영향을 줄

수 있는 일반적인 손상은 더위로 인한 피로이다. 풋볼은 열기의 손실을 막는 무거운 장비를 착용하기 때문에 결병이 가장 두드러지게 되는 조직적 스포츠이다. 매우 경쟁이 많고 지나치게 시합에 열중한 선수들은 열기로 인한 스트레스를 받는 시기 동안에 신중하게 주시해보아야 한다. 그는 종종 팀의 나머지 선수들보다 더 많이 행동하는 사람들인 경우가 많다. 선수는 훈련이나 경기에 참가할 수 있으며 체액을 잃어버린 만큼 급속하게 잃어버린 체액을 대체할 수 없다.

목마름을 느끼는 것은 수산화 할 때의 신뢰할만한 징후는 아니다. 일반적으로 그것은 너무 늦게 일어나고 선수가 체중의 2%를 잃어버릴 때까지는 발생하지 않는다.[13] 그러므로 수화작용을 막는 것이 풋볼에서 매우 중요하다. 더위로 인한 질병의 분류는 순환상의 불안정성, 물과 전해질의 균형 문제 그리고 열사병이나 초고열이다.

순환의 불안정성은 종종 열실신이나 졸도라는 특징을 갖게 된다. 풋볼선수들은 지속적으로 자세동작을 변화시키기 때문에, 특히 훈련에 의해 야기된 열로 인한 피로의 한 형식인 열실신을 일으키기 쉽다. 순환상의 불안정에서 말초적인 혈관확장은 정맥울혈과 고혈압증의 경향과 함께 일어나게 된다. 맥박률에서의 상승과 함께 혈압의 즉각적인 하락이 있게 된다. 만약 선수가 누운 자세로 몇 분 동안 보내게 되면 회복이 빨라진다.

탈수의 효과
- 무산소성 능력의 감소
- 유산소성 능력의 감소
- 위를 비우는 능력의 감소
- 땀의 배출률의 감소
- 피부의 혈액 흐름의 감소
- 신장의 혈액 흐름의 감소

- 혈액량 감소
- 심박수의 증가
- 땀의 배출이 시작될 때 체온의 증가
- 중심체온의 증가
- 위에 대한 나쁜 스트레스의 증가

열은 풋볼선수의 수행능력에 영향을 미치며 열과 작은 손상, 질병 그리고 염증사이에는 직접적인 상관관계가 있다. 열기는 일을 하는 능력보다는 일을 위한 자신의 의지를 줄이는 것 같다.[13](더 많은 정보를 위해서 13장에 있는 "손상 예방"하의 수화작용 단락을 보라.)

상완신경총 손상(Barners or Stingers)

모든 풋볼 선수들이 고통을 겪을 수 있는 또 다른 일반적인 손상은 상완신경총에 가해지는 손상이다. 일반적으로 "버너(Burners)"또는 "스틴저(stingers)"라고 불리는 이 손상은 만성적이고 몸을 쇠약하게 하는 손상이 될 수 있다. 대학 풋볼 선수들의 50% 이상이 경기 경력에서 그런 손상을 경험한다는 보고가 있다.[14] 일반적으로 나타나는 표시는 일시적이며 블록이나 태클 후에 타는 듯한 팔의 통증과 마비를 느끼게 된다. 대부분의 상완신경총 손상은 신경행동(neuropraxias)인 것으로 보인다. 신경기능의 일시적인 방해가 있을 수 있으며 완전히 회복하는 것은 몇 분의 문제이며 축색돌기의 퇴화의 연이은 징후는 전혀 없다. 그러나 몇몇 경우에 수 주 동안 약화가 지속되며 근전도계는 축색돌기의 퇴화와 일치한다.

일반적으로 실질적인 회복은 6주 쯤에 일어나고 이것은 이런 손상들이 아마도 신경행동와 축삭절단증(axonotmesis)와 섞인다는 것을 보여준다. 6달이나 그 보다 더 후에도 신경기능을 전혀 회복할 수 없는 경우는 거의 드물며 이것은 신경절단이나 완전한 축색돌기의 붕괴가 있을 수 있다는 것을 가리킨다.[16] 신경근, 대동맥, 구획 또는 건이나 상완신경총을 형성하는 말초

신경이 손상을 입을 수 있다. 가장 일반적으로 상위몸통이 손상을 입을 수 있다. 지속적인 약화를 갖게 되는 선수의 임상적인 검사와 EMG 검사를 함으로써 상위 몸통에 공급되는 근육, 삼각근, 극상근, 극하근 그리고 이두근이 포함되어 있음을 알 수 있다.

비록 분리되어 있다 해도 척주의 부신경, 극상 그리고 겨드랑이 그리고 긴 흉부의 말초신경 손상이 일어날 수 있다.[14] 그것들은 전형적으로 손상의 다양한 메커니즘에 의해 발생하게 된다.

신경손상이 있는 선수를 평가할 때, 선수가 너무 빨리 경기에 복귀하는 것을 허용하지 않기 위해 의료진이 신경을 써야 한다. 팔의 약화와 함께 풋볼선수는 상완신경총에 더 많은 해를 입힐 수 있을 뿐만 아니라 약화에 부차적인 조정된 자세를 잡게 한다. 또 다른 신체의 부분이 손상을 입을 수 있는데 그것은 특히 경추이다. 어깨패드와 여분의 패드가 힘을 다른 데로 돌리고 풋볼 선수를 보호하는 것을 도우며 일어날 수 있는 충격으로부터의 모든 힘을 분산시키게 된다. 상완신경총 손상에 이은 재활의 가장 중요한 측면은 휴식과 손상의 악화를 피하는 것이다.

뇌진탕

지난 몇 년 동안 많은 관심을 받아 온 몸을 쇠약하게 하는 또 다른 손상은 뇌진탕이다. 모든 레벨의 풋볼은 선수들이 담당해야 하는 위험부담을 가지고 있다. 향상된 의료 보상범위와 의학적인 진보를 통해 한 때 풋볼경기에서 만연했던 다른 심한 손상의 경우처럼 뇌진탕도 꾸준히 감소할 것이다. 의료진이 통과해야 하는 첫 번째 난관은 실제적인 진단과 뇌진탕의 등급화이다. 모든 선수들이 그들이 손상을 입었다는 것을 드러내는 것은 아니며 자신을 지키면서 손상을 의료진에게 전하는 방법을 알지

못할 수도 있다.

뇌진탕의 분류

뇌진탕을 등급화 하는 것은 많은 다양한 측정 장치 때문에 혼란스러울 수 있다. 뇌진탕은 머리손상의 오진을 낳을 수 있다. 의료진은 필요할 때 사용할 수 있는 등급과 지침을 정해 놓는 것이 중요하다.

콜로라도 의료 협회가 정한 등급의 예는 다음과 같다:

1등급(가벼운 정도) : 기억상실증에 걸리지 않은 진탕이며 의식의 상실도 없다
2등급(보통) : 기억상실증과 함께 혼동이 오게 되며 의식의 상실은 없다
3등급(심각) : 의식의 상실

일단 머리손상이 일어나게 되면, 시합으로 돌아가기 위한 지침사항들을 실행해야 한다.

1등급(가벼운 정도) : 선수는 문법적으로 어긋난 표현을 하게 된다. 선수는 시합에서 제외되어야 하며 사이드라인에서 즉시 검사를 받아야 하고 진탕 후 증상이 생겼는지를 보기 위해 매 5분마다 재검해야 한다. 선수는 기억상실증이 없거나 휴식 15분후에 다른 증상이 나타나지 않는다면 시합으로 돌아갈 수 있다.

2등급(보통) : 선수는 혼란스러울 것이며 그가 손상을 입거나 누구로부터 손상을 당했는지를 기억하지 못할 수도 있다. 이 선수는 경기에서 제외되어야 하며 경기하는 동안 복귀하지 못할 수도 있다. 선수는 검사를 받아야 하며 증상이 악화되었는지에 대해 사이드라인에서 자주 재검을 받아야 한다. 선수는 다음날에 검사를 받아야 하며 만약 적당하다면 치료내과의는 특별 테스트를 주문할 수도 있다. (MRI 검사, 전산화된 단층촬영 스캔). 선수는 1달 동안 시합에서 제외되어야 하며 휴식하고 활동하면서 점근적 이어야 한다.

사이드라인의 정신 테스트는 머리 손상을 진단하는데 있어 중요한 요소이다. 이 테스트들은 등급을 부여하고 선수가 경기로 되돌아올 수 있는지를 결정하는 것을 돕게 된다. 도표 12.1에서 샘플 질문들과 콜로라도 의료 협회가 준비한 대로 경기하는 동안 선수들을 테스트하기 위해 사용할 수 있는 단순한 테스트와 샘플 질문들이 도표 12.1에서 리스트 되어 있다.

스포츠에서 작은 머리 손상은 심각한 머리 손상보다 더 흔히 일어난다. 선수가 진탕을 겪을 때 제대로 치료를 받지 않는다면 다른 진탕을 더 겪을 수도 있다. 의료진은 일단 손상이 발생하면 선수를 다룰 수 있어야 한다. 진단, 등급화 그리고 특별테스트 모두가 선수가 경기로 안전하게 되돌아올 때가 언제인지를 의료진이 결정하는 것을 도울 수 있는 수단이 된다.

포지션에 따른 위험성

경기상황에서 달리기 경기는 가장 높은 손상의 위험을 갖고 있는 것으로 반복적으로 입증되고 있다. 달리기는 더 적극적인 경기이다. 경기하는 동안 수비 라인맨을 향해 공격 라인맨의 전방으로의 대립적 동작이 있게 된다. 패싱 플레이를 하는 동안, 공격 라인맨은 패스 될 때 까지 특정 거리를 지나 스크리미지 선을 공격적으로 가로질러 이동하도록 허용 되서는 안되며 리시버는 일반적으로 리셉션이 이루어질 때까지 수비수와의 접촉을 피하기 위한 노력을 하게 된다.

수비선수는 비교적 태클의 내부와 외부를 달릴 때 비교적 높은 위험부담을 갖게 되며 반면에 공격선수는 공격적인 태클의 외부를 달릴 때 가장 높은 위험부담을 갖게 된다. 머리와의 접촉이 일어날 수 있는 수비수와의 대립이 진탕의 손상을 일으키기에 충분한 힘을 제공할 수 있다.[15] 경기 중 뇌진탕의 위험이 있는 선수를 확인할 때, 반드시 뇌진탕을 유발하기 쉬운 기술을 확인해야 한다. 공격/수비 라인맨들이 러닝 플레이 중에 다치기 쉽다. 상대 수비수들이 공격자들을 저지하려고 애쓰는 좁은 지역에서 대부분 발생한다. 태클이 심하게 이루어진다. 타박이 만약 머리와 무릎에 의해 머리에 가해지면 뇌진탕이 된다.

쿼터백도 던지는 동안 비교적 뇌진탕에 쉽게 노출된다. 쿼터백은 다가오는 수비수를 보지 못하는 경우가 많다. 대비하지 못하는 경우가 많다. 또한 태클에 익숙하지 않아 가능한 피하려는 경향을 보인다.

쿼터백이나 다른 공격수에 의해 보내진 볼을 받는 선수들도 태클의 대상이 된다. 태클에 의해 공중에 뜨게 되면 땅에 머리로 떨어지는 경우도 있다.

수비진들은 패스는 적으면서 스피드가 큰 선수들을 배치하여 태클에 대비한다. 이 속도가 공격수의 달려오는 속도와 맞부딪히면 공격수와 수비수 모두 뇌진탕의 위험에 노출된다.[15]

포지션에 따른 손상과 재활

이 장에서 논의되는 모든 재활 프로그램은 초기 단계, 중간 단계, 진보 단계, 경기로의 복귀 단계, 이 네 가지의 명확한 단계로 구성된다. 이것은 독자가 각 단계를 통한 진보사항을 볼 수 있게 해 준다. 모든 프로그램이 그에 맞추어 짜여진다.

모든 구체적인 시간 일정표는 반드시 지켜지지는 않는다. 한 단계에서 다른 단계로의 이동은 선수의 훈련과정에서 치유적이고 기능적인 결과를 따르게 된다. 선수가 가장 성공적으로 재손상의 위험이 없이 경기로 복귀할 수 있도록 준비시키기 위해 재활은 기능적이어야 한다. 한 가지 방법으로 재활할 수 없으므로 기능역역에서 다른 방법으로 수행하도록 요구할

도표 12.1 사이드라인 정신 검사에서 물어 볼 단순테스트와 질문

오리엔테이션 : 선수는 시간, 장소, 사람 그리고 상황에 적응하는가?
  이름은 무엇인가?
  있는 곳은 어디인가?
  상대팀은 무엇인가?
  지금 몇 시인가?

집중 : 선수는 집중하여 문제를 풀 수 있는가?
  숫자를 열거해보시오
  똑같은 수를 뒤에서부터 열거하시오
  일년의 12달을 반대순서로 말해보시오

기억 : 선수는 최근의 경기나 유명한 사람들의 이름을 기억할 수 있는가?
  대통령은 누구인가?
  이 도시의 시장은 누구인가?
  경기에서 임무는 무엇인가?

활동유발 테스트(신체적인 테스트):선수는 증상을 악화시키지 않고 훈련을 할 수 있는가?
  사이드라인 달리기
  푸쉬업
  싯업
  스쿼트
  두통, 어지러움, 메스꺼움 그리고 흐릿한 시야나 이중시야에 대한 모든 징후를 확인하라.

신경테스트: 선수는 반응을 잘 일으키는가? 그는 신경적 손상에 대한 징후를 보여주는가?
동공대칭과 동공 반응 : 선수가 눈을 뜨고 감을 때 동공의 대칭과 빛에 반응하는 것을 살펴보라.
협응 : 손가락에서 코까지의 테스트: 협응적 동작을 살펴보라.
감각기능 : 선수의 눈을 감은 채로, 날카로운 물체와 둥근 물체에 대한 감각을 검사하라.

수 있다.

쿼터백

쿼터백은 많은 다양한 형태의 손상을 당하기 쉽다. 접근해오는 수비 라인맨이 그를 칠 수도 있으며 공격적인 라인베커와 수비 백이 그에게 전속력으로 달려갈 수도 있다. 수비선수들은 100파운드 정도 쿼터백보다 더 많이 체중이 나갈 수 있고 쿼터백은 일반적으로 더 가벼운 어깨 패드를 착용하게 된다.

쿼터백에게 일어나는 일반적인 손상은 공을 던지는 어깨의 견봉쇄골 분리, 공을 던지는 팔꿈치의 내측측부인대의 파열, 공을 던지는 어깨의 회선건개 파열, 주로 쓰지 않는 다리의 전방십자인대 염좌 그리고 아킬레스건 손상 등이다.

아킬레스건 파열

아마도 많은 쿼터백들에게 일어나는 가장 일반적인 손상은 과사용과 반복 손상이다. 전형적으로 공을 던지기 위해 뒤로 물러나는 반복적인 동작이 아킬레스건의 파열을 낳는다. 쿼터백은 경기에서 50번 공을 던질 수 있으며 훈련하는 동안 몇 백 배까지 공을 던질 수 있다. 공을 떨어뜨리고, 감속하고 오른손잡이 쿼터백의 경우 오른 발을 배치하는 것 등이 아킬레스건이 천천히 건의 퇴행을 일으키게 만든다. 건염은 건을 약화시키고 파열을 일으키기 쉽게 만든다. 건은 또한 일회의 격렬한 감속의 외상과 건과 관련된 이전의 문제없이 동작을 수행하는 것으로부터 파열을 일으킬 수 있다.

아킬레스건 파열을 진단하는 것인 thompson 테스트로 매우 쉽게 할 수 있다. 게다가, 건의 결점은 많은 경우에 촉진으로 찾아낼 수 있다. 외과수술은 일반적으로 파열 후에 신속하게 수행해야 하며 개방적인 회복과정은 선택사항으로서의 외과적 처치이다.

재활 : 초기단계: 외과수술 후에 약간 저측굴곡된 관련 다리 위에 깁스를 한다. 외과수술 후 첫 주 동안의 걷기 패턴의 상태는 체중을 싣지 않는 것이다. 첫 주 후에, 외과의사는 회복상태를 재평가하게 되고 감염의 징후를 위해 외과 수술 자리를 검사하게 된다. 환자는 또 다른 한주 동안 약간 저측굴곡된 상태를 유지하면서 다시 깁스를 한다. 외과수술 후 2주에, 깁스를 제거하고 손상 입은 다리는 팔을 다시 약간 저측굴곡한 상태로 보행용 신발을 신는다. 선수는 목발에 의지하여 체중을 부분적으로 싣고 걸어 다니게 된다. 재활은 외반과 내반, 앉았을 때의 거골하 관절 회외전과 회내전 그리고 저측굴곡된 자세에서 중립자세로의 배측굴곡을 위한 능동적인 ROM을 포함해야 한다. 초기의 재활에서의 가장 중요한 측면은 연조직 치유와 상처 치료이다. 저측굴곡을 제외한 모든 평면에서 등척성 훈련을 시작하게 된다. 관절과 흉터자국이 있는 부분의 가동화도 또한 이 시기에 시작할 수 있다.

체중을 싣지 않은 자세에서 다리의 근위관절의 훈련을 강화하는 것이 중량이 증가하게 되는 경우에 대비할 수 있게 도와준다.

중간 단계 : 이 단계동안에 전두면 훈련이 시작되며 체중을 실은 자세에서 시상면 훈련으로 나아가게 한다. 체중을 실은 상태는 보조용 신발을 신은 채로 부분적인 중량에서 완전한 중량으로 진행해나가야 한다.

일단 선수의 보조패턴이 정상화되면 목발은 사용하지 않을 수 있다. 정적인 자전거 타기는 이 시기에 시작할 수 있는 좋은 에어로빅 훈련 방식이다. 치유가 지속됨에 따라, 보조용 신발은 발꿈치를 점차 상승시키게 되는 운동용 신발로 옮겨 가게 된다. 양쪽 미니스쿼트와 월 싯츠를 이 프로그램에 추가할 수 있다. 트레드밀 걷기 프로그램은 사이드 스테핑(셔플)로 시작하여 전방걷기와 후방걷기로 진행해나가야 한다. 양쪽 고유 수용성 자세 훈련을 수행해야 하고 한쪽 훈련으로 진행해가게 된다. BAPS 보드는 ROM, 균형, 고유지각을 위한 특별한 훈련이다. 상처 부위와 관절의 가동화는 필요하면 계속해야 한다.

진보 단계 : 전두면에서 시작하여 시상면으로 나아갈 때, 튜빙이나 덤벨과 미니스쿼트 훈련을 추가하여 지속해야 한다. 덤벨, 웨이트 조끼(그림 12.3) 또는 튜빙과 함께 저항력을 추가하면서 모든 평면에서행하는 런지로 진행해가라. 표면에서 폼이나 흔들리는 보드로 바꾸는 것이 훈련의 난이도를 높여 줄 것이다. 중립자세에서 토우-인과 토우-아웃으로 발 자세를 바꾸면서 행하는 스테어스테퍼 훈련이 유산소 요구량을 증가시키고 다리를 위한 좋은 닫힌 운동사슬 훈련이 된다. 슬라이드-보드 프로그램은 보드의 길이를 바꾸고 속도를 수정하면서 시작할 수 있다. 스포츠 코드를 앞, 뒤, 옆, 카리오카 그리고 셔플로 하여 행하는 저항적인 걷기 훈련이 구심적이고 원심적인 훈련의 좋은 형태이다. 카프 레이즈는 처음에는 양쪽으로 그 다음에는 양쪽이고 구심적인-한쪽이고 원심적인 레이즈를 행하고 그 다음에 한쪽으로 레이즈를 진행해 간다. 중량을 사용할 수 있으며 가자미근과 비복근 둘 다를 훈련할 필요가 있다.

경기로의 복귀 단계 : 선수는 경기로의 복귀 단계를 시작하기 전에 완전한 근력과 ROM을 가져야 한다. 기능적인 진행과정을 따르는 것은 선수가 이 단계에 들어갈 준비가 된 때가 언제인지를 알게 한다. 선수가 이 단계에 들어갈 준비가 된 때가 언제인지를 결정하기 위해 행할 수 있는 테스트는 한 다리로 깡총 뛰기 테스트, 한 다리로 점프하기 테스트, 한 다리로 시간을 정하고 하는 균형 테스트와 한 다리 박

스 점프 테스트를 포함한다. 자세의 필요성에 따라 잘 맞춰진 특정 스포츠와 특정 자세에 따른 달리기 프로그램은 선수가 특정한 자세의 요구사항에 대해 준비할 수 있게 한다. 슈츠(chutes), 웨이트 조끼 또는 튜빙의 저항력을 이용한 저항적인 달리기 프로그램은 똑바로 앞을 보고 달리기 훈련의 재미있는 과정상의 대안적 훈련이 된다. 플리오메트릭 점핑 프로그램은 다리의 폭발적인 스피드와 체력을 증가시키기 위해 시작해야 한다. 도표 12.2에서 스포츠-고유의 쿼터백 달리기 프로그램을 보라.

러닝 백

필드에서 다음으로 손상률이 가장 높은 선수가 러닝 백이다. 수 년 동안 많은 러닝 백의 손상이 보고되고 있다. 러닝 백에 의한 NFL 기

그림 12.3 런지와 함께 웨이트 베스트

록은 사람들에게 경외심을 자아낸다. 그들의 달리기 기록은 오랜 시간에 걸쳐 근력과 스테미너를 보여 준다. 일반적인 손상은 타박상, 발목염좌, 햄스트링 염좌 그리고 전방십자인대 염좌 및 파열이다. 러닝 백이 경험하는 가장 일반적인 무릎 손상중의 하나는 내측측부인대 염좌이다. 무릎에서 일어나는 지속적인 충돌과 더불어 러닝 백이 무릎에 가하는 요구량과 함께 내측측부인대가 스트레스를 분담하게 된다.

내측측부인대 염좌

이 손상은 무릎에 대한 신체검사로 진단할 수 있다. 무릎의 외반 과부하 검사 동안에 전문의는 무릎의 중간구조의 이완이 증가하는 것을 볼 수 있다. 그러면 이 이완을 평가하고 1

그림 12.4 한 다리로 폼롤에 공 던지기

에서 3가지의 등급 시스템을 사용하여 덜 심각한 것에서 더 심각한 것까지 등급화하게 된다.

1 등급의 손상은 불안정한 부분 없는 중요하지 않은 손상을 나타낸다. 2 등급의 손상은 어느 정도의 이완을 느낄 수 있는 더 큰 손상을 나타낸다. 그러나 관절이 완전히 열리는 것을 막기 위해 충분한 통합성이 있다. 3 등급의 손상은 구속적 요소가 상실되고 그에 따른 불안정성과 함께 완전한 파열이 일어나게 된다. 선수를 즉각적으로 치료하는 것은 손상의 정도에 그 바탕을 두고 있다. 등급 1의 내측측부인대 염좌는 등급 3의 염좌와 다르게 취급한다.

등급 1의 염좌: 무릎에는 비가동성이 전혀 없다. 만약 선수가 절뚝거림 없이 걸어 다닐 수 없다면 목발을 사용할 수 있다. 실리는 중량을 줄이기 위해 보조 트레이닝에서 주미 언로우더(zumi unloader)를 사용할 수 있다.(그림 12.5). 보호장치가 있는 ROM에서 바로 훈련을 시작할 수 있다. 목표는 적절하게 치료할 충분한 시간이 있을 때까지 재활과정 동안 인대에 가해지는 스트레스를 막는 것이다. 사두근 등척성 수축과 기능적인 전기자극이나 바이오피드백을 통해 사두근 수축을 좋게 유지함으로써 붓기를 줄이고 근육상태를 좋게 유지하게 할 수 있다.

등급 2의 염좌: 초기의 고정이 부동을 통제하고 더 많은 파열로부터 인대를 보호하고 초기의 치유를 도울 수 있다. 보조 패턴이 정상화될 때까지 목발을 사용해야 한다. 짧고, 경첩이 달린 보호적인 부목은 모든 불필요한 인대 스트레스를 막는 것을 돕기 위해 목발을 사용하지 않게 된 바로 후에 사용해야 한다. 시상면 훈련에서부터 전두면 훈련으로의 진행은 등급 1의 염좌의 경우보다 더 느려져야 한다.

등급 3의 염좌: 초기의 고정은 더 많은 손상을

도표 12.2 쿼터백 러닝 프로그램

드롭 백할 때 던지는 자세로 풋볼 수행하기
20야드 스프린트, 조깅/뒤로 걷기
3-스탭 드롭, 조깅/뒤로 걷기
5-스탭 드롭, 조깅/뒤로 걷기
7-스탭 드롭, 조깅/뒤로 걷기
5-스탭 왼쪽으로 드롭 롤, 조깅하기/뒤로 걷기
20-야드 매번 5야드씩 지그재그, 조깅하기/뒤로 걷기
40-야드 스프린트, 조깅하기/뒤로 걷기
7-스탭 왼쪽으로 드롭 셔플, 조깅하기/뒤로 걷기
7-스탭 오른쪽으로 드롭 셔플, 조깅하기/뒤로 걷기

막고 전방십자인대와 후방십자인대에 가해지는 불필요한 힘을 제거하기 위해 필수적이다. 많은 내과 의사들은 다리가 긴, 경첩이 달린 보조기를 권한다. 재활의 첫 번째 단계동안의 이 무릎 보조기를 사용하는 것은 또한 훈련하는 동안 내측측부인대에 가해지는 모든 불필요한 염좌를 막는 것을 도울 수 있다. 이 단계들로 나아갈수록 그 과정은 더 느려지며 재활과정 동안 인대에 가해지는 스트레스를 줄이기 위해 예방조치를 취해야 한다.

재활 : 초기단계: 초기단계는 시상면에서의 훈련으로 시작하되 무릎의 과도한 굴곡을 허용하지 않아야 한다. 무릎의 마지막 범위에서의 굴곡은 내측측부인대에 불필요한 스트레스를 주게 된다. 사두근 등척성 수축과 결합한 EMG 바이오피드백이 발육이 느린 근육의 위축을 도울 뿐만 아니라 근육의 펌핑 동작을 통해 붓기를 줄이게 된다. 뻗은 다리 상승은 모든 면에서 수행할 수 있으며 이 동작이 내측측부인대에서의 스트레스를 증가시키기 때문에 엉덩이

내전을 예방해준다. 다각적 고유수용성 신경근육 촉진(PNF) 훈련과 다각의 등척성 월 싯이 다리 힘을 작동시키고 인대를 악화시키지 않는 훈련이다. 무릎과 발 자세를 바꾸어 가며 행하는 균형 훈련은 에어렉스, 디나디스크, 폼 롤러 그리고 캣 밸런스 시스템과 같은 장비로 수행할 수 있다.

중간단계 : 고정식 자전거는 유산소성 요구량을 테스트하고 다리 힘을 증가시킨다. 작은 범위로 시작하여 치료가 계속됨에 따라 범위를 증가시키는 스테어스테퍼 또한 유산소요구량에 테스트하고 다리 힘을 증가시킨다. 중간 단계에서 전두면 훈련으로의 훈련을 시작하라. 훈련을 진행해가면서 전방, 후방 그리고 측면으로의 박스 스텝-업스와 스텝-다운스를 포함한 모든 면에서의 서서 균형 잡기와 뻗기 훈련과 함께 시작하라. 특히 옆으로 걷기 등의 저항적인 걷기방식이 내측측부인대에 적당한 스트레스를 주게 된다. 손과 힘의 위치를 바꾸어 가며 행하는 수동적인 저항적 스쿼트 또한 근력과 고유수용성 능력에 도전사항이 된다.

그림 12.6 역동적 균형을 위한 동적 롤러 보드

그림 12.5 주미 언로우더

진보단계 : 선수는 다리의 힘과 파워를 키우기 위해 등장성 다리 신전과 다리 컬과 함께 훈련을 계속하게 된다. 이 단계에서 선수는 횡단면으로 훈련해야 한다. 발 자세를 바꾸어 가며 행하는 스쿼트, 다면적인 런지 그리고 회전과 함께 행하는 다면적 박스 스탭업스가 다리에 가해지는 요구량을 증가시키게 된다. 모든 면에서의 서서 하는 다접족 훈련이 힙, 무릎 그리고 발목 동작을 결합하여 모든 면의 관절을 테스트하게 된다. 슬라이드 보드는 유산소적으로 그리고 무산소적으로 근육시스템을 테스트하게 된다. 저항적 웨이트 벨트나 조끼를 사용하는 것이 부담을 증가시키게 된다. 서서 행하

는 한 다리 회전 훈련은 공, 튜빙 그리고 핸드 웨이트를 사용한 추가적인 저항력 훈련으로 진행해나갈 수 있다. 저항적인 튜빙 전두면 셔플, 슬라이드 그리고 카리오카가 권장된다. 선수는 또한 고도의 균형과 고유수용성 능력을 가질 필요가 있으며 이것을 이루기 위해 역동적인 롤러 보드를 사용할 수 있다.(그림 12.6)

경기로의 복귀 단계: 선수는 이 단계에 들어가기 전에 완전한 근력과 ROM을 가져야 한다. 훈련의 기능적인 과정과 기능적인 테스트를 수행함으로써 선수가 활동으로 복귀할 준비가 되어 있는지를 알 수 있을 것이다. 플리오메트릭스는 슈츠, 웨이트 베스트 그리고 튜빙을 사용한 저항적인 달리기 프로그램에서처럼 다리의 폭발적인 자질을 테스트하게 될 것이다. 도표 12.3에서 특정한 러닝 백의 달리기 프로그램을 볼 수 있다.

공격 라인맨

공격 라인은 필드에서 가장 체격이 큰 선수로 구성된다. 종종 이들은 다른 선수들보다 더 크며 단순히 체격 때문에 공격 라인에 위치하게 되는 선수들이다. 이 다섯 명의 선수들이 많은 경기의 결과를 만들어낸다. 텔레비전 시사해설자이며 공격 라인의 열광자인 John mad-

도표 12.3 러닝 백 달리기 프로그램

세지점 스탠스로 시작하여 풋볼 수행하기

40야드 스프린트, 조깅하기/뒤로 걷기

오른쪽에서 10야드 스퀘어, 조깅하기/뒤로 걷기

왼쪽에서 10야드 스퀘어, 조깅하기/뒤로 걷기

6야드 포스트 우측, 조깅하기/뒤로 걷기

6야드 포스트 좌측, 조강하기/뒤로 걷기

30야드 지그재그 매 5야드, 조깅하기/뒤로 걷기

15야드 우측으로 스윙 패스, 조깅하기/뒤로 걷기

15야드 좌측으로 스윙 패스, 조깅하기/뒤로 걷기

10야드 우측으로 돌아오기, 조깅하기/뒤로 걷기

10야드 좌측으로 돌아오기, 조깅하기/뒤로 걷기

den은 말하기를, "경기는 공격라인의 프론트 코트에서 이기고 지게 된다" 슈퍼스타 쿼터백과 러닝 백을 막고 보호하는 것이 그들의 일이다.

상대선수를 잡지 않고 블로킹하는 것은 특히 자신들보다 더 빠르고 더 신속한 선수들에 대항하여 움직일 때 더 어렵다. 공격 라인맨과 수비 라인 맨 둘 다에서 등의 문제가 빈번하게 나타난다. 반복적으로 블로킹 슬레드를 치게 되는 역학이 요추 손상의 주요 원인이다. 많은 무릎 인대와 어깨문제는 지속적인 블로킹으로부터 일어나게 된다. 특히 팔을 뻗은 채로 블로킹을 하게 되면 어깨가 손상을 입기가 쉬워진다. 또한 이 선수들은 웨이트 룸에서 힘들게 훈련해야 한다. 어깨 문제는 종종 부적절한 테크닉이나 근육의 균형을 잘 잡지 못하는 것으로 인해 더 악화되게 된다.

후부 어깨의 불안정성 및 탈구

후부 어깨의 불안정성은 초기에 진단하고 재건하지 않는다면 공격 라인맨에게 만성적인 해로운 상태가 된다. 선수는 통증에 대해 불평하게 되고 어깨의 약화를 드러내게 된다. 내회전과 전방 굴곡 동작이 가장 통증이 심하다. 회전근개 근육조직(극상근과 극하근)이 보통 가장 약한 부분이다. 상완골의 두부에 후면적인 힘을 전달함으로써 후부의 진단불안 테스트를 행할 수 있다. 밀고 당기기 테스트 또한 일반적이다.

재활 : 초기단계: 어깨의 수동적인 ROM과 진자훈련이 탈구 후에 관절의 적절한 동작을 회복하는 것을 도울 수 있다. 등급1과 2의 관절 가동화와 함께 T-바의 ROM 훈련이 통증과 염증을 감소시키는 것을 도울 수 있다. 내회전과 수평 내전에 압력을 가하지 않도록 주의해야 한다. 등척성 수축에 의한 강화 훈련이 도움이 된다.

다음 단계로 이동하기 전에, 선수는 완전한 능동적이고 수동적인 ROM을 가지고 있어야 한다. 핵심적인 강화 프로그램을 시작해야 한다. 핵심 체력이 경기로의 복귀를 도와주고, 다른 선수와 접촉하는 동안 어깨에 가해지는 스트레스를 줄이는 것을 돕게 된다.

그림 12.7 팔 균형 링

그림 12.8 자기감각의 증가를 위해 피시오볼로 푸 쉬업하기

그림 12.9 A. 스터드만 전방 블로킹

B. 스터드만 측면 크로스-블로킹

중간단계 : 중간단계는 회전건개와 견갑근을 강조하여 수동적인 테크닉, 튜빙 그리고 덤벨을 사용하여 견갑대근육의 강화와 함께 진행해가게 된다. 상체의 운동기는 후부낭에 가해지는 스트레스를 제한하기 위해 ROM의 범위를 줄여서 사용할 수 있다.

사지동물 자세의 체중 전환 훈련, 월 웨이츠 전환 훈련 그리고 사두근의 커프링크 훈련은 상체를 위한 닫힌 운동사슬 훈련이다. 바디 블레이드 훈련은 좋은 열린 운동사슬 훈련이다. 후부낭에 스트레스를 주지 않기 위해 중립자세에서 시작하는 PNF 저항 훈련이 수동적인 저항으로 시작하여 튜빙이나 커프 웨이츠와 함께 외부적인 저항으로 진행해가면서 반듯이 누운 자세와 선 자세와 결합해야 한다. 후부 어깨와 회전건개 근육조직에 대한 강조와 함께 행하는 진행적인 저항력 덤벨 프로그램은 좋은 열린 운동사슬 훈련 접근방법이다.

진보단계 : 상체(쿼드럽드 자세로 시작하여 푸쉬 업 자세로 진행해 가는)를 위해 스테어스테퍼를 사용하고 수동적인 저항력이나 웨이트 베스트를 사용한 월 푸쉬업 훈련이 닫힌 운동사슬 훈련동안 어깨의 근력과 안정성을 테스트하기 위해 추가될 수 있다(그림 12.8). 팔을 수평적으로 내전한 자세로 행하는 푸쉬 업 동작이 후부낭에 최대한으로 스트레스를 주게 되므로 조심스럽게 수행해야 한다. 다른 닫힌 운동사슬 훈련은 모든 평면에서의 팔의 슬라이드 보드 편위운동을 포함해야 한다.

경기로의 복귀 : 이 단계는 선수가 외과적인 조정 없이 완전히 풋볼경기로 복귀할 수 있는지를 결정하기 위해 매우 신중하게 감독해야 한다. 선수는 완전한 근력과 부정적인 후부 진단 불안 징후를 가져야 한다.

이 단계에 기능적인 훈련을 도입해야 하지만 면밀한 감독이 이루어져야 한다. 상체의 플리오메트릭스와 함께 스터드맨(그림 12.9)이나 블로킹 슬레드로 행하는 블로킹 훈련이 팔을 테스트하고 선수가 탄성적 상체활동에 준비할 수 있게 해 준다. 탄성적 월 푸쉬 업, 치료용 공잡기와 토스 그리고 피시오볼 바운스 푸시 업이 후부의 근육조직과 낭을 테스트하게 되고 재활 전문가가 선수가 완전한 경기에 투입될 준비가 되었는지를 결정하는 것을 돕게 된다. 이 스포츠 고유의 공격 라인맨과 수비 라인맨의 달리기 프로그램을 그림 12.10에서 볼 수 있다.

와이드 리시버

경기하는 동안 리시버에게 필요한 모든 스프린팅과 커팅 동작으로 인해 수많은 햄스트링 염좌와 ACL 테어가 발생하는 것은 당연하다. 종종 리시버는 서서 패스 루트를 달리기 위해 회전하게 되는데 구두밑창의 미끄럼막이(클리즈)가 잔디에 걸리거나 무릎에 직접적인 타격을 받을 수도 있다. 비접촉에 의한 전방십자인대 손상을 막기 위해 햄스트링 건의 운동신경훈련과 고유수용성 능력을 증가시키기 위한 뒤로 달리기 훈련이 도움이 될 수 있다. 스포츠 고유의 와이드 리시버 달리기 프로그램을 그림 12.11에서 볼 수 있다.

수비 백

수비 백은 공격선수를 막거나 블로킹할 때 팔의 손상을 입게 된다. 팔이 얼굴 마스크나 저지에 걸리게 되면 손가락 탈구와 손과 손목의 염좌를 볼 수 있다. 태클하는 동안, 특히 선수가 자신보다 100파운드 정도까지 더 많이 나가는 선수를 테클 하거나 충돌하게 될 때 목과 어깨 염좌를 볼 수 있다.

키커

필드 골드의 키커와 펀터가 혹사로 인한 손

상을 발달시키게 된다. 필드 골 키커는 여분의 포인트 킥과 킥 오프를 가장 많이 담당하게 된다. 가장 일반적인 손상이 근위의 근육 복부에서 일어나는 힙 굴근 염좌이다. 이것은 킥의 전방 스윙 단계에 앞서 지나치게 신전될 때의 원심적인 수축동안 일어나게 된다. 이것은 펀터에서 일어날 수 있지만 햄스트링 건의 염좌가 더 일반적이다. 킥의 팔로우 스루 단계에서 햄스트링이 원심적으로 신전하는 동안 그런 손상이 일어나게 된다. 과굴곡 동작에 의해 수반되는 회전의 결과에 의한 허리 염좌 또한 일반적으로 발생한다.[21]

훈련으로의 복귀

풋볼식 달리기 프로그램

재활을 위한 달리기 프로그램은 풋볼 선수가 필드에서 행하는 것을 모방해야 한다. 앞서 말했듯이 다양한 풋볼 자세가 심장혈관 계통뿐만 아니라 선수의 근육 체계에 다양한 요구를 하게 된다. 러닝프로그램을 수행할 때, 이것을 마음에 새겨야 한다. 러닝 프로그램은 모든 동작의 평면에서의 관절을 자극해야 한다. 가능하다면 리시버와 러닝 백은 풋볼을 가지고 이동해야 하며 풋볼을 그들에게 던져줄 누군가가 있어야 한다. 수비 백과 라인배커는 리시버와 그들의 자세에 고유한 요구사항을 포함하여 모방하기 위해 달리기의 반 이상을 뒤로 행해야 한다. 이 훈련은 재활전문가로서 목표가 무엇인가에 따라 다양한 스피드로 이 훈련을 수행할 수 있다. 개인의 확실한 회복상태에 따라 변화가 있게 된다.

프로그램은 10개의 다양한 달리기로 구성된다. 달리기의 순서는 재활 전문가가 성취하고자 노력하는 것에 맞춰 변하게 된다. 쿼터백 달리기 프로그램(도표 12.2), 러닝 백의 달리기 프로그램(도표 12.3), 수비 백의 달리기 프로그램(도표 12.4), 공격 라인맨 달리기 프로그램(그림 12.10A), 수비 라인맨 달리기 프로그램(그림 12.10B), 그리고 와이드 리시버의 달리기 프로그램(그림 12.11)을 보라.

도표 12.4 수비 백 러닝 프로그램

와이드리시버를 커버하는 것처럼 또는 공을 선수에게 던져주는 누군가와 함께 수행한다.
20야드 스프린트, 조깅하기/뒤로 걷기
5야드 백페달 턴, 10야드 스프린트하기, 조깅하기/뒤로 걷기
20야드 백페달, 조깅하기/뒤로 걷기
10야드 백페달, 정지 그리고 오른쪽으로 브레이크, 조깅하기/뒤로 걷기
10야드 백페달, 정지 그리고 왼쪽으로 브레이크, 조깅하기/뒤로 걷기
40야드 스프린트, 조깅하기/뒤로 걷기
15야드 백페달, 돌기 그리고 45도각도로 오른쪽으로 스프린트하기, 조깅하기/뒤로 걷기
15야드 백페달, 돌기, 45도각도로 왼쪽으로 스프린트하기, 조깅하기/뒤로 걷기
5야드 스프린트, 조깅하기/뒤로 걷기

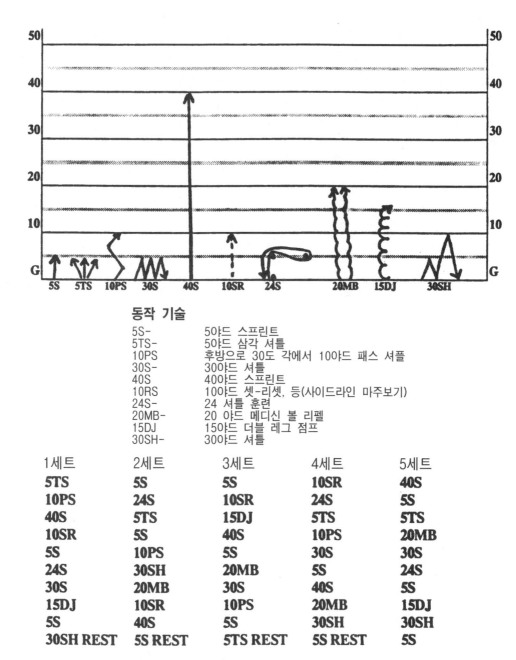

동작 기술

5S-	50야드 스프린트
5TS-	50야드 삼각 셔틀
10PS	후방으로 30도 각에서 10야드 패스 셔플
30S-	300야드 셔틀
40S	400야드 스프린트
10RS	10야드 셋-리셋, 등(사이드라인 마주보기)
24S-	24 셔틀 훈련
20MB-	20 야드 메디신 볼 리펠
15DJ	150야드 더블 레그 점프
30SH-	300야드 셔틀

1세트	2세트	3세트	4세트	5세트
5TS	5S	5S	10SR	40S
10PS	24S	10SR	24S	5S
40S	5TS	15DJ	5TS	5TS
10SR	5S	40S	10PS	20MB
5S	10PS	5S	30S	30S
24S	30SH	20MB	5S	24S
30S	20MB	30S	40S	5S
15DJ	10SR	10PS	20MB	15DJ
5S	40S	5S	30SH	30SH
30SH REST	5S REST	5TS REST	5S REST	5S

그림 12.10 A. 공격적인 라인맨 러닝 프로그램

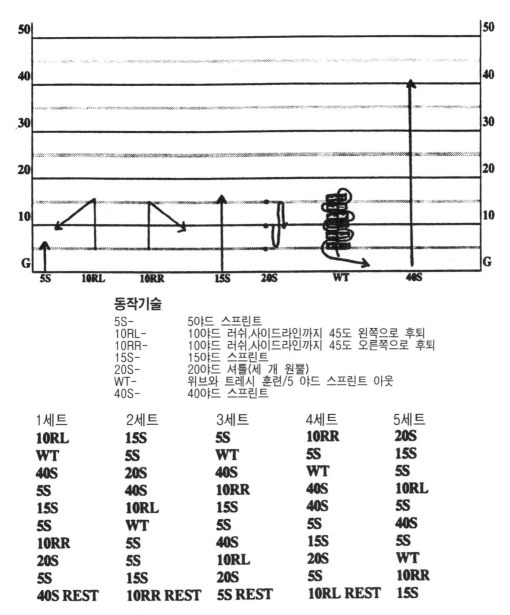

동작기술

5S-	5야드 스프린트
10RL-	100야드 러쉬,사이드라인까지 45도 왼쪽으로 후퇴
10RR-	100야드 러쉬,사이드라인까지 45도 오른쪽으로 후퇴
15S-	150야드 스프린트
20S-	200야드 셔틀(세 개 원뿔)
WT-	위브와 트레시 훈련/5 야드 스프린트 아웃
40S-	400야드 스프린트

1세트	2세트	3세트	4세트	5세트
10RL	15S	5S	10RR	20S
WT	5S	WT	5S	15S
40S	20S	40S	WT	5S
5S	40S	10RR	40S	10RL
15S	10RL	15S	40S	5S
5S	WT	5S	5S	40S
10RR	5S	40S	15S	5S
20S	5S	10RL	20S	WT
5S	15S	20S	5S	10RR
40S REST	10RR REST	5S REST	10RL REST	15S

B. 수비 라인맨 러닝 프로그램

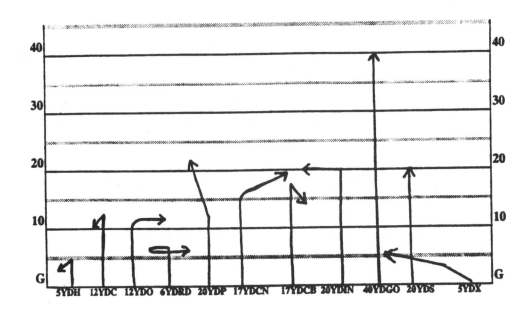

Note: If possible, have someone throw you the ball during this workout.

1세트	2세트	3세트	4세트	5세트
17 YD CN	12 YD O	40 YD GO	5 YD H	6 YD RD
20 YD P	20 YD IN	20 YD P	12 YD O	40 YD GO
40 YD GO	17 YD CB	6 YD RD	17 YD CB	17 YD CN
5 YD H	40 YD GO	20YD S	40 YD GO	20 YD P
12 YD O	12 YD C	20 YD IN	17 YD CN	12 YD C
20YD S	5 YD H	12 YD C	6 YD RD	20YD S
5 YD X	6 YD RD	5 YD X	20YD S	20 YD IN
17 YD CB	17 YD CN	12 YD O	5 YD X	40 YD GO
6 YD RD	20 YD P	17 YD CB	12 YD C	5 YD H
20YDIN (R	20YD S (R)	5 YD H (R)	40 YD GO(R)	17YD CB (R)

그림 12.11 와이드 리시버의 러닝 프로그램

결론

풋볼 스포츠는 사람들에게 각각 다양한 의미를 갖는다. 그것은 어린시절의 기억을 되살려 주거나 아버지나 할아버지와 함께 참가했던 오랜 전통의 가족 경기를 떠올리게 해준다. 어떤 사람들은 풋볼이 어떤 향기-차가운 가을 공기, 잔디 그리고 땀-을 가지고 있다고 말한다. 개인적인 기억과 느낌이 무엇이건 간에, 모든 사람은 풋볼이라는 멋진 경기와 특별한 관계를 가지고 있다.

감사의 글

나는 달리기의 실례를 제공해준 John Gamble과 Mike Woicik에게 감사한다.

참고문헌

1. McLatchie GR, Lennox CM: The Soft Tissue: Trauma and Sports Injuries. Oxford, England: Butterworth-Heinehann, 1993.
2. Porter CD: Football injuries. Phys Med Rehabil Clin North Am 10(1):95–115, 1999.
3. Zemper ED: Injury rates in a national sample of college football teams: A 2-year retrospective study. Phys Sports Med 17(11):100–113, 1989.
4. DeHaven KE: Diagnosis of acute knee injuries with hemarthrosis. Am J Sports Med 8(1): 9–14, 1980.
5. Mueller FO, Blyth CS, Canter R: Catastrophic spine injuries in football. Phys Sports Med 17:51–53, 1989.
6. Frederick O: Prevention of Athletic Injuries: The Role of the Sports Medicine Team. Philadelphia: FA Davis, 1991.
7. Gray G: Chain Reaction Plus. Wynn Marketing Course Seminar, Fort Lauderdale, FL: 1994.
8. Roy S, Irvin R: Sports Medicine: Prevention, Evaluation, Management, and Rehabilitation. Englewood, Cliffs, NJ: Prentice Hall, 1983, pp 45–51.
9. O'Donoghue D: Treatment of Injuries to Athletes, 4th ed. Philadelphia: Saunders, 1984, pp 16–24.
10. Anderson MK, Hall SJ, Hitchings C: Fundamentals of Sports Injury Management. Baltimore: Williams & Wilkins, 1997, pp 184–185.
11. Ellison A: Athletic Training and Sports Medicine. Chicago: American Academy of Orthopeadic Surgeons, 1985, pp 101–106.
12. Klafs C, Arnheim D: Modern Principles of Athletic Training, 5th ed. St Louis: Mosby, 1981.
13. Perrin D: The Injured Athlete, 3d ed. Philadelphia: Lippincott-Raven, 1999, pp 204–238.
14. Garrick J, Webb D: Sports Injuries: Diagnosis and Management, 2d ed. Philadelphia: Saunders, 1999, pp 198–202.
15. Buckley WE: Concussions in college football: A multivariate analysis. Am J Sports Med 16(1):51–56, 1988.
16. Ohton D: A kinesiological look at the long snap in football. NSCA J 10(1):4–13, 1988.
17. Hay JG: The Biomechanics of Sports Techniques. Englewood Cliffs, NJ: Prentice-Hall, 1978.
18. Henrici RC: A cinemgraphical analysis of the center snap in the punt formation. MS thesis, University of Wisconsin, 1967.
19. Rubican CA: A comparison of the differences in speed and accuracy between two methods of spiral center pass to the punter in football. MS thesis, Springfield College, Springfield, MA, 1965.
20. Gatt CJ Jr, Hosea TM, Palumbo RC, Zawadsky JP: Impact loading of the lumbar spine during football blocking. Am J Sports Med 25(3):317–321, 1997.

21. Dorson J: Football injuries reflect position s pecific demands. Biomechanics 5(8):65–70, 1 998.

22. National Collegiate Athletic Association's In jury Surveillance System, 1997. Health and S afety Education Outreach, P.O. Box 6222, In dianapolis, IN 46206.

23. Torg, JS, Harris, SM, Rogers, K, Stilwell, G J: Retrospective report on the effectiveness o f a polyurethane football helmet cover on the repeated occurrence of cerebral concussions. A m J Orthop 28(2):128–132, 1999.

24. Torg J, Stilwell G, Rogers K: The effect of ambient temperature on the shoe-surface inter face release coefficient. Am J Sports Med 24 (1):79–82, 1996.

25. Levy IM, Skovoron ML, Agel J: Living wit h artificial grass: A knowledge update, part 1: Basic sciences. Am J Sports Med 18:406–41 2, 1990.

26. Stanitski CL, McMaster JH, Ferguson RJ: S ynthetic turf and grass: A comparative study. J Sports Med 2:22–26,1974.

27. Torg JS, Quedenfeld TC: Effect of shoe typ e and cleat length in incidence and severity of knee injuries among high school football p layers. Res Q 42:203–211, 1971.

28. Torg JS, Quedenfeld TC, Landau S: The sho e surface interface and its relationship to foo tball knee injuries. J Sports Med 2:261–269, 1974.

29. Valiant GA: Friction, slipping, traction. Spor tverlez Sportschaden 7:171–178,1993.

추가 참고문헌

Arciero RA: Adolescent football injuries and sexua l maturity. Clin J Sport Med 6(1):69, 1996.

Bernhardt DT: Football: A case-based approach to mild traumatic brain injury. Pediatr Ann 2 9(3): 172–176, 2000.

Blivin SJ, Martire JR, McFarland EG: Bilateral midfibular stress fractures in a collegiate foo tball player. Clin J Sport Med 9(2):95–97, 19 99.

Collins MA, Millard-Stafford ML, Sparling PB, et al: Evaluation of the BOD POD for assess ing body fat in collegiate football players. M ed Sci Sports Exerc 31(9):1350–1356, 1999.

Collins MW, Grindel SH, Lovell MR, et al: Rel ationship between concussion and neuropsyc hological performance in college football pla yers. JAMA 282(10):964–970, 1999.

Cooper ME, Wolin PM: Os trigonum syndrome with flexor hallucis longus tenosynovitis in a professional football referee. Med Sci Sports Exer 31(suppl 7):493–496, 1999.

Delaney JS, Lacroix VJ, Leclerc S, Johnston K M: Concussions during the 1997 Canadian F ootball League season. Clin J Sport Med 10 (1): 9–14, 2000.

Gomez JE, Ross SK, Calmbach WL, et al: Body fatness and increased injury rates in high sch ool football linemen. Clin J Sport Med 8(2): 115–120, 1998.

Fukuoka Y, Shigematsu M, Itoh M, et al: Effec ts of football training on ventilatory and gas exchange kinetics to sinusoidal workload. J S ports Med Phys Fitness 37(3):161–167, 1997.

Jones DM, Tearse DS, el-Khoury GY, et al: R adiographic abnormalities of the lumbar sp ine in college football players: A comparat ive analysis. Am J Sports Med 27(3):335– 338, 1999.

Kennedy MA, Sama AE, Sigman M: Tibiofibula r syndesmosis and ossification. Case report: S equelae of ankle sprain in an adolescent foot ball player. J Emerg Med 18(2):233–240, 20 00.

Kenter K, Behr CT, Warren RF, et al: Acute el bow injuries in the National Football League. J Shoulder Elbow Surg 9(1):1–5, 2000.

Lovell MR, Collins MW: Neuropsychological as
sessment of the college football player. J He
ad Trauma Rehabil 13(2):9–26, 1998.

Maddali S, Rodeo SA, Barnes R, et al: Postexer
cise increase in nitric oxide in football playe
rs with muscle cramps. Am J Sports Med 26
(6): 820– 824, 1998.

McCarthy P: Artificial turf: does it cause more i
njuries? Phys Sports Med 17:159–164, 1989.

Meese MA, Sebastianelli WJ: Pulmonary contus
ion secondary to blunt trauma in a collegiate
football player. Clin J Sport Med 7(4):309–3
10, 1997.

Metzl JD: Sports-specific concerns in the young
athlete: Football. Pediatr Emerg Care 15(5): 3
63–367, 1999.

Naunheim RS, Standeven J, Richter C, Lewis L
M: Comparison of impact data in hockey, fo
otball, and soccer. J Trauma 48(5):938–941, 2
000.

Paulos LE, Drawbert JP, France P, et al: Latera
l knee braces in football: Do they prevent in
jury? Phys Sports Med 14:108–119, 1986.

Palumbo MA, Hulstyn MJ, Fadale PD, et al: Th
e effect of protective football equipment on a
lignment of the injured cervical spine: Radio
graphic analysis in a cadaveric model. Am J
Sports Med 24(4):446–453, 1996.

Ross DS, Swain R: Acute atraumatic quadripare
sis in a college football player. Med Sci Spo
rts Exerc 30(12):1663–1665, 1998.

Schlegel TF, Boublik M, Ho CP, Hawkins RJ: R
ole of MR imaging in the management of in
juries in professional football players. Magn
Reson Imag Clin North Am 7(1):175–190, 1
999.

Shaffer B, Wiesel S, Lauerman W: Spondylolist

hesis in the elite football player: An epidemi
ologic study in the NCAA and NFL. J Spina
l Disord 10(5):365–370, 1997.

Smith RS, Guilleminault C, Efron B: Circadian
rhythms and enhanced athletic performance i
n the National Football League. Sleep 20(5):
362–365, 1997.

Stilger VG, Yesalis CE: Anabolic-androgenic ste
roid use among high school football players.
J Commun Health 24(2):131–145, 1999.

Stocker BD, Nyland JA, Caborn DN, et al: Resu
lts of the Kentucky high school football knee
injury survey. J Ky Med Assoc 95(11):458–4
64, 1997.

Stone MH, Sanborn K, Smith LL, et al: Effects
of in-season (5 weeks) creatine and pyruvate
supplementation on anaerobic performance an
d body composition in American football pla
yers. Int J Sport Nutr 9(2):146–165, 1999.

Strong LR, Titlow L: Sagittal back motion of co
llege football athletes and nonathletes. Spine
22(15):1755–1759, 1997.

Thomas BE, McCullen GM, Yuan HA: Cervical
spine injuries in football players. J Am Acad
Orthop Surg 7(5):338–347, 1999.

Thompson N, Halpren B, Curl WW, et al: High
school football injuries, evaluation. Am J Sp
orts Med 15(2):117–124, 1987 [published err
atum appears in Am J Sports Med 15(3): 25
7,1987].

Waicus KM, Smith BW: Renal fracture seconda
ry to blunt trauma in a football player. Clin
J Sport Med 9(4):236–238, 1999.

Weinberg J, McFarland EG: Posterior capsular a
vulsion in a college football player. Am J Sp
orts Med 27(2):235–237, 1999.

CHAPTER 13

농 구

Eric Shamus, William Kelleher, Bill Foran

농구는 근력(strength), 파워(power), 민첩성이 요구되는 운동이며 연령과 기술에 상관없이 즐길 수 있다. 픽업게임(pickup game : 동네 또는 길거리에서 벌이는 즉석 게임처럼 조직적인 운동 혹은 레크리에이션이다. 농구의 역사는 James Naismith 박사가 동절기에 실내에서 즐길 수 있는 레크리에이션 게임을 창안한 1891년으로 거슬러 올라간다. 처음에 그 게임은 두 개의 복숭아 바구니에 가죽 축구공을 집어던져 넣은 것이었다. 정식 여자 게임은 Smith 대학에서 시작되었고, 1903년에 여성 선수에 맞는 규칙을 최초로 정하였다.[1] 농구는 1936년에 올림픽 종목이 되었다. 지금까지 농구에서 일어난 가장 중요한 변화들 중의 하나는 점프 슛이다. 1950년 전에는 모든 슛은 한발을 지면에 대고 해야 했다.

전통적으로 농구 게임은 다섯 명의 선수로 구성되어 있다. 그 위치는 센터, 파워 포워드, 스몰 포워드, 슛팅 가드, 포인트 가드이다. 선수들은 공격과 방어를 한다. 선수에 따라 두 개 이상의 위치를 소화해내기도 한다. 일대일, 이대이, 삼대삼, 사대사, 오대오로 반게임이나 전게임으로 하는 레크리에이션 게임을 흔히 볼 수 있다.

농구장의 규격은 대학 및 프로 선수와 고등학교 선수에 따라 서로 다르다. 고등학생용 농구장은 가로 세로 84피트, 50피트이고 대학과 프로의 농구 코트는 94피트, 50피트이다. 백보드는 보통 사각형이다. 사각형 백보드는 넓이가 72인치 높이가 48인치이다. 테(basketball rim)는 지름이 18인치이고 지상에서 10피트 떨어진 곳에 위치한다.[1] 공의 크기는 남자용과 여자용이 서로 다르다. 남자용은 공의 원주 길이가 29에서 30인치이고 공기압은 7에서9 파운드이며 무게는 20에서 22온스이다. 여자용은 공의 원주 길이는 27에서 29인치이고 공기압은 6에서8 파운드이며 무게는 18에서 20온스이다. 12살 이하의 공과 테는 더 작을 수 있다. 게임은 실내와 실외에서 할 수 있다. 가죽공은 보통 실내에서 사용되고 고무공은 주로 실외에서 사용된다. 코트는 지면과 코드 사이에 공간이 존재하는 마루바닥에서부터 실외의 콘크리트와 아스팔트 바닥까지 다양하다.[2]

농구 경기는 동작의 가속이나 감속이 필요한 런닝, 점핑, 커팅, 피보팅, 폭발적인 동작 때문에 손상이 잦다.[3] 이 장에서는 농구의 생체역학, 손상예방, 일반적으로 발생하기 쉬운 손상 및 그 예방을 살펴본다. 운동에 구체적인 지식(sport-specific knowledge)을 훈련과 재활에 응용하여 손상을 줄이고 게임의 손실을 줄여야 한다.

농구의 생체역학

농구는 점프볼에서부터 시작된다. 점프볼은 양편 선수가 심판이 토스한 공을 수직 점프하여 자기편 선수가 소유권을 가질 수 있도록 툭 치는 것을 말한다. 공격선수는 드리블, 핸들링, 패스, 슛을 한다. 또한 슛과 더불어 공격 리바운드를 잡아낼 자세를 취해야 한다. 수비선수는 점프를 하여 슛을 막고 리바운드를 잡아내야 하며 공격수를 방어하기 위해 빠르고 강해야 한다. 이에 필요한 기본 기술을 분류할 것이다. 농구 기술을 생체역학적으로 다룬 연구는 거의 없는 실정이다.

수직 점프

수직 점프는 리바운드, 방어, 슛, 패스에 중요하다. 수직 점프는 외발 혹은 두발 수직점프가 있다.

런닝 수직 점프(running vertical jump)

런닝 수직 점프는 레이업이나 슛 블록을 할 때, 한발로 도약하는 동작을 말한다. 외발 도약의 최초의 단계는 구름발(plant foot)로 전방으로 달리거나 내딛어서(stepping) 이루어진다. 구름발은 지면을 단단히 딛고 구름발쪽 무릎과 고관절(hip)은 하지를 도약시키기 위해 구부린다. 배측굴곡 및 무릎과 고관절을 굽혀 근육이 탄성에너지를 얻도록 사전신전(prestretch)하여 부하를 준다. 이 때 구름발쪽의 하지 전신에 순간적인 원심력이 발생한다. 그 순간에 신장반사 혹은 신장단축운동(stretch-shortening cycle)이 일어나 같은 근육에 더 큰 단축성 수축(concentric contraction)을 야기한다. 신장단축운동이 일어나는 동안 근육과 인대가 늘어나 탄성에너지를 얻는다. 탄성에너지는 근육과 인대가 신장하여 발생한 근섬유에 내포된 힘이다.[4] 구름발 하지의 역학은 런닝의 중간 입각기(midstance)의 초기 접촉(initial contact)과 유사하다.

일단 구름발이 원심적으로 사전신장되면, 구심성 수축(concentric) 단계 혹은 출발 단계가 시작된다. 구심성 수축력의 척추굴곡 무릎, 고관절, 몸통 신장이 선수를 공중에 뜨게 한다. 고관절과 무릎은 일직선으로 쭉 뻗는다(0 도). 한편 발은 외전하고 발목은 20도 척추굴곡을 한다. 그 힘의 15~25%는 척추굴곡에서, 32~49%는 무릎 신전에서, 28~38%는 고관절 신전에서 발생한다. 반대쪽 고관절과 무릎도 힘차게 수직방향으로 올려준다.

일단 공중에 뜨면, 공중에 떠있던 반대쪽 하지를 빠르게 뻗는다. 점프의 마지막 단계는 원심 착지 요소로 사전신장 국면과 비슷하다. 선수가 착지할 때, 하지근육조직은 원심력으로 충격을 흡수하기 위해 수축한다. 전경골 및 후경골, 비복근, 가자미근이 회내작용과 배측굴곡을 조절한다. 대퇴사두근은 무릎굴곡을 둔부는 고관절 굴곡을 원심력으로 조절한다. 골반과 척추가 과부하된 힘을 흡수하는 경우가 있는데 이로 인해 관절과 추간판이 손상을 입기도 한다. 수직 점프의 전환력(amortization) 단계에 대한 연구는 많다. 이것은 원심성 수축력의 사전신장과 구심력의 점프 도약 단계 사이의 시간을 말한다. 연구에 따르면 전환 단계가 짧을수록 점프높이가 높다. 전환 국면이 길어질수록, 탄성에너지가 상실되어 점핑 높이가 줄어든다.[4-6]

런닝 수직 점프에서, 선수는 달리는 운동량 때문에 더 높이 뛰지만, 공중에서 균형을 잃을 위험이 높다. 균형을 잃으면 착지하면서 발과 발목 손상을 입기 쉽다. 저측굴곡도 또한 손상의 위험이 있는데, 런닝 및 스탠딩 점프에서 에너지를 가장 크게 생산하기도 하고 흡수하기도 하기 때문이다. 하지의 최종 관절운동 및 파워 양식은 스탠딩 수직 점프와 유사하다.[7]

두발 수직 점프

외발점프와 두발점프의 가장 큰 차이는 수직방향으로 차 올려주는 다리가 없다는 점이다. 두 다리는 지면에 닿아있고 원심성 수축력이 작용한다. 이런 이유로 외발점프는 양발 점프 높이의 58.5%에 그치고 만다. 두발 점프에서 고관절 및 무릎 신전의 근육 활성화와 저측굴곡이 더 크게 일어난다. 양발 점프에서 최대 성과를 획득하려면 각 하지를 개별적으로 훈련한 다음 통합적으로 훈련해야 한다.[8]

상지는 두발점프에서 중요한 역할을 한다. 팔 흔들기는 무릎신전 토크를 28%까지 증가시킨다. 팔 흔들기는 또한 몸통 신전율을 낮추어 고관절 신전 토크를 보강한다. 이로 인해 고관절 신전에서 근육 길이 장력율이 크게 촉진된다.[8]

슈팅

농구의 기본적인 4가지 슛은 점프 슛, 자유투, 훅 슛, 레이업 슛이다. 모든 슛에서 공을 손바닥이 아닌 손가락으로 잡는 것이 중요하다. 손이 큰 일부 선수는 공을 손바닥으로 다루려고 하는데 이는 볼 조절력을 감퇴시킨다. 모든 슛을 정확히 하기 위해 연습이 필수적이다. 긴 장이완과 집중이 조화된 규칙적인 연습으로 정확성이 증가된다.

자유투

파울라인에서 자유투를 던질 때는 세트 슛이 유용하다. 슛을 던지는 손 쪽에 있는 발을 반대편 발 앞쪽으로 10~12인치 앞으로 내디딘다. 발은 어깨 넓이로 벌리고 무릎은 살짝 구부려야 한다. 무게중심은 약간 앞발 쪽으로 둔다. 슛을 던지는 팔꿈치, 손목 그리고 손은 항상 앞발과 동일 선상에 있어야 한다.

양손으로 공을 잡고, 얼굴 가까이에 둔다. 한 손은 공을 조절하기 위해 공의 측면을 잡는다. 슛을 던질 때, 무릎은 펴고 어깨는 오므린다. 팔꿈치는 바스켓을 향해야 하고 팔꿈치는 구부렸다 쭉 뻗어준다. 팔꿈치는 약 50~60도로 구부리고 집게손가락과 중지로 던진다.[1,9,10] 공을 던질 때, 팔목을 뒤로 접었다 앞으로 밀 때, 손가락 밀기와 팔목 스냅을 주면 공에 역회전이 발생한다.[2] 후속 동작에서 슛을 한 팔은 팔뚝의 회내와 팔목 굴절과 더불어 끝까지 뻗어야한다. −2에서 +2까지의 m/s 회전을 가진 7.3m/s 속도에서 자유투 성공율이 가장 높다.[11]

자유투 성공률은 NBA의 25년 동안 가장 낮은 73%의 성공률로 낮아졌다.[12] 센터가 가장 낮고(1994년 67%) 포인트 가드는 가장 높았다(1994년 79%).[13] 웨이트 트레이닝과 유산소 훈련은 자유투의 정확성에 어떤 기여도 하지 않는 것으로 보인다.[14]

균형, 팔꿈치 위치, 후속 동작은 자유투의 정확성에 영향을 미치는 가장 일반적인 요소들이다.[2] 슛을 할 때, 무릎 굽힘이 부족하거나 발의 자세가 나쁘면(바스켓을 향해있지 않으면)또한 자유투에 영향을 미친다. 조사에 따르면 시선 집중도 자유투 성공률에 중요하다. 자유투 성공률이 75% 이상인 선수와 65% 이하인 선수를 비교한 연구가 있다. 성공률이 75%이상인 선수는 공을 어디로 던질지를 일찍 정하고 던질 위치(테 앞)를 하나로 선택하고 슛을 던지기 전(1400ms) 전에 시선을 목표에 침착하게 고정한다. 65% 이하의 선수는 머리를 많이 흔들고, 시선이 왔다 갔다 하고, 예비 단계 동안(950ms)에 시선 고정이 짧다.[15,16] 이런 연구 결과는 슛 연습만으로는 자유투의 성공률을 높이는데 충분치 않다는 사실을 보여준다.[15-17]

훅 슛

선수는 공을 양손으로 잡고, 턱 높이에 두고, 바스켓에 등을 지고 훅 슛을 시작한다. 오른손 훅 슛은 왼발을 슛방향으로 밟고 베이스라인과 나란히 지면을 내딛는다. 몸통과 왼쪽 상지는 왼발을 향하여 회전한다. 공은 오른손으로 넘어간다. 왼쪽 하지는 편심적으로 부하를 받고, 오른쪽 하지는 쪽뻗으며 공중으로 치솟는다. 팔꿈치와 손목을 뻗으면서 견갑대의 어깨높이로

공을 가져간다. 공을 투사할 때, 손목을 뒤로 접고 전완은 회내한다.[2]

레이업

레이업은 드리블 상태와 드리블이 없는 상태로 할 수 있다. 능숙한 선수는 한 손으로도 레이업을 할 수 있다. 다양한 각도와 코트의 양 사이드에서 레이업을 할 수 있다. 오른손으로 레이업을 시도할 때, 오른쪽 고관절의 바깥쪽에서 양손으로 공을 잡는다. 선수는 왼발을 딛고 점프해서, 오른손으로 공을 골대 위 12~15인치 위의 백보드에 부드럽게 올려놓는다. 가장 유의해야 할 문제는 수평으로는 되도록 줄이고 수직으로는 되도록 높게 뛰는 것이다. 이렇게 하면, 직진 운동량을 줄여 슛을 부드럽게 할 수 있고, 파울(charging call)을 줄일 수 있다.

점프 슛

점프 슛에서 상지의 슛 동작과 발 위치는 자유투와 비슷하다. 차이라면 공중으로 수직점프 하는 것이다. 슛을 던지기 전에 팔꿈치를 바스켓 방향을 가리키고 편안한 점프를 하여 정상적인 리듬을 유지하는 것이 중요하다. 만약 최대 점프를 매번 시도한다면 결국 피로가 몰려와 점프 높이에 영향을 미칠 것이다. 결국 슛이 짧아질 것이다. 균형을 잃은 선수를 종종 슛난조를 보일 수 있다.

슛 거리가 증가할수록 공의 투사속도도 증가한다. 그러나 팔꿈치의 투사 각도는 크게 변하지 않는다. 가까운 거리에서는 52도에서 55도, 다소 먼 거리에서는 48도에서 50도로 던진다. 공 속도의 증가는 주로 던지는 팔의 팔꿈치 관절의 각속도 증가에 따른 것이다. 볼 투사시에 바스켓 방향으로 향하는 무게중심의 속도에서도 상당한 속도 증가가 있다. 앞으로 향하는 무게중심은 발목 관절에 의해 가장 큰 영향을 받는다.[10] 거리가 증가하면, 선수는 또한 공 투사 시간이 빨라지는데 이는 어깨 축의 보다 빠른 회전과 어깨 굴곡의 각속도의 증가을 일으킨다.[9,10]

기술

위치선정

위치는 선수가 빠른 동작과 방향 전환을 하는데 중요한 역할을 한다. 가장 흔한 두 가지 위치는 오프 셋 스탠스(offset stance)와 평행 스탠스(parallel stance)가 있다. 오프셋 스탠스는 포워드 및 백워드 균형과 방향 전환을 위해 사용된다. 발은 다른 발 앞에 놓고 어깨 넓이만큼 벌린다. 공격 시, 이 자세는 3중위협(triple-threat) 자세이다. 선수는 패스, 드리블, 슛을 할 수 있다. 이 위치는 방어를 위해서도 사용될 수 있다. 평형 스탠스에서, 발은 나란히 두고 어깨 넓이로 벌린다. 평형 스탠스는 측면으로 이동할 때 사용된다.

두 가지 위치에서, 발은 발끝을 약간 바깥으로 향하도록 선다. 체중은 전후좌우로 골고루 분배한다. 선수는 공을 겨드랑이와 나란한 위치에서 잡고 반쯤 웅크린 자세(semisquat)를 취해야 한다. 발목은 5도에서 15도 배측굴곡이 정상적이고 무릎은 60도에서 90도로 구부리고, 고관절은 100도에서 110도로 굴곡하고 몸통은 약간 구부린다.

방어자의 준비 자세에는 전방주시, 90도로 외전 된 어깨, 패스나 슛을 막기 위해 뻗은 팔꿈치가 포함된다. 팔은 이 자세에서 빠른 움직임을 위해 측면으로 쉽게 가깝게 당길 수 있어야 한다. 발을 전체적으로 지면에 닿아 있어야 하고 체중은 발의 앞부분에 두어야 한다. 움직일 때, 체중 이동은 움직이는 방향으로 이동해야 한다. 균형과 순발력을 위해 무게중심을 낮게 하는 것이 중요하다.

피보팅

공을 가진 선수는 몸을 돌거나 회전하기 위해 한 발로 움직이고 다른 쪽 발은 움직여서는 안 된다. 선수는 발의 앞부분을 축으로 돌며, 머리 수준을 유지하고, 발의 어깨 넓이를 유지해야 한다. 피보팅은 무릎에 큰 힘이 가기 때문에 회전력에 따른 손상의 가능성이 있다.

패싱

기본적인 패스는 4가지로 체스트 패스, 바운스 패스, 한손·혹은 양손 오버헤드 패스가 있다. 체스트 패스의 경우, 공을 가슴 부근에 두고 손은 중립 위치에 둔다(엄지손가락은 위를 향한다). 패스할 때, 어깨는 좁혀 안쪽으로 회전하고, 팔꿈치는 뻗고 팔뚝은 내회한다. 바운스 패스에서 볼은 체스트 패스와 같은 위치에 있지만 방향이 일정한 각을 형성하며 아래를 향한다.

엄지손가락을 이용하여 역회전을 시킨다. 한 손 혹은 양손을 이용해 공을 머리 위로 패스한다. 장거리 패스에는 한 손을 이용하는데 야구의 투구 역학과 비슷하다. 단거리 오버헤드 패스에는 양손을 이용한다. 이 패스에서 공은 머리 위에서 시작되며 팔꿈치는 약간 구부리고 엄지손가락은 후방을 향한다. 공을 던질 때, 어깨와 팔꿈치는 뻗고 팔뚝은 내회한다. 한 손 및 양손 오버헤드 패스는 상황에 따라 응용된다.

스텝

기본적인 스텝은 세 가지이다. 슬라이드 스텝(Slide step : 발을 앞뒤로 디디고, 뒷발을 앞발에 끌어당긴 후, 앞발을 내딛는 발의 동작), 런닝 스텝, 포워드 및 백워드 스텝이 있다. 슬라이드 스텝에서 스탠스는 오프셋 혹은 평행이 될 수 있다. 발은 최소한 어깨 넓이로 벌인다. 첫 스텝은 움직이는 방향의 앞발부터 시작되고

뒷발은 밀어준다. 앞발은 계속해서 움직이는 방향으로 놓고 뒷발은 움직이는 방향으로 미끄러지듯 나간다. 짧게 미끄러지듯 나가는 발걸음은 발을 교차하지 않고 이런 식으로 움직인다. 선수는 양쪽으로(side to side 오른쪽에서 왼쪽으로 혹은 왼쪽에서 오른쪽으로) 혹은 대각선으로 움직이면 된다. 무게중심을 발 사이에 두면 빠른 움직임이 가능해진다.

런닝 스텝에서는 체중을 이동방향으로 옮긴다. 운동량을 얻기 위해 운동 방향으로 의도적으로 몸을 낮추는 것이다. 전방 혹은 후방 스텝에서, 선수는 체중을 옮겨 뒷발로 밀어야 한다. 전방 혹은 후방 스텝을 사용하면 상대방 선수가 동작 방향을 예측하기 힘들다. 그 예가 커팅이다.

공 다루기와 드리블

농구공은 양손의 손가락으로 잡아야 한다. 손가락은 되도록 넓게 편다. 그리고 손바닥과 공의 접촉은 피한다. 손을 보지 않고 드리블해야 하기 때문에 촉감이 중요하다. 공은 양손의 손가락 끝, 손목 및 팔꿈치 동작으로 다루어야 한다. 공을 아래로 튀기는 동작은 손가락과 손목의 굴절 그리고 팔꿈치 신장으로 시작한다. 눈은 전방을 주시하며 코트를 살핀다. 낮은 드리블은 콘트롤에 사용하고 높은 드리블은 빠른 속도에 이용한다.

리바운드

리바운드를 결정하는 요소는 위치, 예측력, 운동감각(athleticism)이다. 선수는 적절한 위치를 선정하고 되튀는 공의 방향을 예측하여 수직 점프를 한다. 따라서 균형, 근력, 파워, 손이 미치는 고공 높이(overhead reaching)가 필요하다. 리바운드는 공의 장악력을 높이기 위해 가능하면 두 발과 두 손을 이용해야 한다.

투사각도

숏을 할 때 공의 투사 각도가 매우 중요하다. 라인 드라이브(line drive)나 일직선으로 날아가는 숏은 바스켓과의 입사각이 작다. 큰 호를 그리며 날아가는 숏은 수직 위치로 바스켓에 근접하여 들어가기 때문에 테를 맞고 튀어나올 확률이 줄어든다. 팔꿈치 굴곡각을 약 60도 정도로 공을 투사했을 때, 숏의 투사각이 중간 정도의 호를 그린다.[2]

손상 예방

전미 농구 협회(National Basket Association ; NBA)의 정규시즌은 6개월 동안 82게임을 한다. 팀이 플레이오프에 진출하면 시즌은 2개월 더 연장된다. 그렇게 긴 시즌 동안 손상 없이 고도의 체력을 유지하는 것이 절대적인 관건이다. 이것은 농구가 요구하는 다양한 시간 인터발 동안에 힘, 속도, 파워를 독특하게 조화해야 하는 것에 따른 도전일 수 있다.

구체적인 연중 훈련이 실력 향상과 손상 예방에 필수적이다. 이 항목에서는 여러 가지 포괄적인 콘디셔닝 프로그램을 살펴본다.[18] 손상 예방엔 준비운동, 스트레칭, 강화운동(strengthening), 주기화 및 콘디셔닝, 질병예방 장치, 신발 착용, 심리학 및 영양과 같은 많은 요소들을 고려해야 한다.

준비운동

게임이나 훈련에 앞서, 준비운동을 해야 한다. 적절한 준비운동은 5~10분 정도의 조깅이나 페달밟기 운동이다.[4] 땀이 날 정도로 준비운동을 해야 한다. 준비 운동은 다음과 같은 원인으로 손상을 줄일 수 있다.

- 혈액 속도를 빠르게 하고 근육 온도를 높인다.
- 산화 헤모글로빈의 분해를 촉진하여 미오글로빈에서 산소를 분해한다.
- 고유수용기의 감각과 신경충격의 속도를 높인다.
- 알파 신경섬유(alpha fiber)의 활동과 늘려줄(스트레치) 근육의 민감성을 줄인다.
- 갑작스럽게 격렬한 운동에 대한 심장혈관의 반응을 증가시킨다.
- 이완과 집중을 증가시킨다.

이런 작용으로 농구의 필요 사항에 대한 근육을 준비시키는데 도움이 된다.

스트레칭

다른 운동과 마찬가지로 농구에서도 스트레칭은 준비운동을 한 후에 그리고 다시 쿨다운을 하는 동안 실시한다. 스트레칭은 손상 예방과 준비운동에 도움이 된다.[4,20,21] 스트레칭은 쿨다운 동안에 근육 통증을 줄이고 운동 가동 범

표 13.1 핵심 스트레칭 근육

하지	몸통	상지
슬괵근	요부근	흉근
대퇴사두근	복사근	어깨후방 근육
샅, 내전근	광배근	
둔근		
이상근, 고관절 회전근		

위(range of motion : ROM)[23]를 넓히며 근육을 이완시킨다.[4] 통증을 유발하는 스트레칭은 유연성에 도움이 되지 않고 근육이나 결합 조직에 상처를 입힐 수 있다.[4] (표 13.1 목표근육의 목록)

스트레칭은 능동적, 수동적으로 수행할 수 있다. 수동적인 스트레칭은 스트레칭에 외부의 힘을 가하는 것이다. 도구(가죽 끈이나 벨트)나 파트너를 이용한다. 능동적인 스트레칭은 선수가 길항근으로 스트레칭 힘을 공급하는 것이다. 스트레칭은 정적, 동적 혹은 탄성적(ballistically)으로 실행한다.

정적 스트레칭은 수동적, 능동적으로 실시할 수 있고 한 자리에서 할 수 있다. 정적 스트레칭에는 근육과 관련 조직의 수동적인 이완과 신전이 포함된다. 정적 스트레칭은 신전반사(stretch reflex)를 유도하지 않을 정도로 수행되어야 한다.[24] 신전반사는 빠른 스트레칭 동작으로 근방추(muscle spindle)가 활성화될 때 일어난다. 근방추에서 나온 감각신경(sensory neuron)이 척수 내의 운동신경(motor neuron)을 자극하여 늘어난 근육을 수축하게 만든다. 이런 반사는 손상 방지를 위한 스트레칭 모니터로 작용한다.[4]

근신경 촉진(proprioceptive neuronmuscular facilitation : PNF)법은 주동근과 길항근의 수축과 이완을 번갈아 이용하여, 근육의 수축을 반사적으로 방해하고 늘어난 근육의 이완을 촉진하는 신경 반응을 야기하는 것이다. 등척성 수축이 최대에 이르렀을 때의 주동근 이완을 자생 억제(autogenic inhibition)라고 한다.[23] 주동근이 최대에 이르지 못한 등척성 수축은 근육의 장력을 높여 골기건 조직(Golgi tendon organ ; GTO)을 자극하여 반사적으로 주동근을 이완시킨다.[22] 예컨대 슬괵근을 수축하면 슬괵근이 반사적으로 이완되어 슬괵근의 길이가 더 늘어난다.

주동근의 수축은 반사적으로 길항근을 이완시킨다. 이것을 상호 억제(reciprocal inhibition), 혹은 역 신전 반사 억제(inversive stretch reflex inhibition)라고 한다.[24] 그 예로, 대퇴사두근을 수축하면 슬괵근이 반사적으로 이완되어 슬괵근이 더욱 늘어난다.

세 가지 기본적인 PNF 스트레치 기법은 정지이완(hold-relax), 수축이완(contract-relax), 느린 역 정지 이완(slow-reversal-hold-relax)이 있다.[4] PNF 스트레칭 기술의 장점은 근육길이를 늘려 새로운 ROM 내에서 운동학습을 증가시키는 것이다.

PNF 스트레칭은 상호적, 자생적(reciprocal and autogenic) 억제를 통해 늘어난 근육을 반사적으로 이완시킨다. 이것은 시합 전에 파트너나 도구로 스트레치 힘을 증가시키는 수동적 스트레칭에 유리하다.[25] 능동적인 스트레칭을 실시한 후에는 동적 스트레칭을 실시한다.[4]

동적 스트레칭은 운동에 구체적인 동작을 시행하는 동안에 유연성을 이용하는 것이다.[26] 동적 스트레칭을 잘 이용하는 방법은 농구 코트의 한 끝에서 시작하여 코트 길이에 따라 다양하게 훈련을 실시하는 것이다. 각 훈련은 최소한 코트 길이를 완주해야 한다. 강도를 늘리면서 운동에 구체적인 동작을 다음과 같이 권장한다.[4,27,28]

- 전후로 뛰기
- 측방으로 발을 미끄러지듯이 뛰기 및 카리오카
- 무릎높이 스키핑
- 바운딩
- 버트 킥 런
- 앵글 컷
- 무릎높여 뛰기

탄성적 스트레칭(ballistic stretching)은 관절 가동범위 말단에 반동을 주는 것이다. 반동 동작은 가동범위를 늘려줄 수는 있지만, 근육과

조직의 손상 가능성 때문에 보통 권장하지 않는다.[24]

근력 강화

농구선수는 훌륭한 근력기초를 양성해야 한다. 이것은 제일 먼저 고관절과 다리, 그 다음으로 몸통 근력 복부근육, 복사근, 그리고 등 신전근을 포함한다. 그리고 마지막으로 상체에 역점을 두어 웨이트 트레이닝 프로그램에 따라 양성한다. 전신이 강하면서도 유연해야 한다.

하체와 몸통을 강화시키는 핵심은 콤파운드 동작(compound movement)으로 실행하는 것이다. 콤파운드 동작에는 다양한 부위의 다양한 관절이 포함된다. 하지에 중점을 둔 콤파운드 운동은 표 13.2에 열거되어 있다.[27,28] 몸통에 중점을 둔 콤파운드 운동은 13.3에 열거되어 있다. 상체에 역점을 둔 컴파운드 운동은 표 13.4에 열거되어 있다.

파워

파워를 기르는 두 가지 방법은 올림픽 역도와 플라이오매트릭스이다. 일반적으로 오프시즌 동안에 이 운동을 최대 운동량과 강도로 실시한다. 웨이트 룸 파워 운동에는 파워 및 행 클린, 스내치 그리고 파워 풀이 포함된다. 올림픽 역도를 올바로 배우는 기술을 알려면 Baechle[4] 책을 참조하라. 코트에서 실행할 수 있는 고강도 점프 플라이오매트릭스 진행 방법을 콘디셔닝 항목에서 다룬다.

플라이오매트릭 운동을 통해 최대한 짧은 시간에 근육은 최대 근력에 도달한다.[4] 플라이메트릭 운동이란 중력을 이용하여 근육에 잠재 에너지를 축적하는 것이다. 순간적으로 반대 방향으로 그 에너지를 이용한다면 그 에너지는 운동 에너지를 만들어낸다.[29] 플라이오매트릭 운동은 속도의 힘을 양성하는 것으로 이 속도의 힘이란 빠른 속도의 활동을 하면서 최대 근력(maximal force)을 발휘할 수 있는 능력을 말한다.[4,30] 플라이메트릭 운동은 과부하에 속도를 부여하는 것이다.

플라이오매트릭 운동의 세 가지 요소는 편심, 전환, 동심 단계이다. 편심 사전 부하가 짧고 빠를수록 더 큰 힘과 속도가 발생된다. 스트레칭 속도가 부하보다 더욱 중요하다.[4] 선수가 훌륭한 근력, 유연성, 평형성, 고유수용성 능력이 없다면 손상의 위험이 있기 때문에 주의를 해야 한다. 플라이오매트릭 운동은 기초에서 고난도로, 낮은 강도에서 고강도로 점진적으로 이행해 나가는 것이 중요하다. 고려 사항은 빈도, 운동량, 강도이다.

빈도는 주당 고강도 운동(workouts)의 횟수를 말한다. 격렬한 플라이오매트릭 운동 횟수는 2~4일의 휴식기를 가지며 주에 1~3번 정도가 적당하다.[4] 운동량과 강도가 높을수록 빈

표 13.3 몸통 콤파운드 훈련

등 신전근	복근	복사근
로만 체어(Loman chair)	크런치	회전 윗몸일으키기
리버스 하이퍼(Leverse hypeers)	다리 올리기	메디신 볼 토스
데드 리프트	양다리 올리기	옆으로 윗몸 일으키기
외다리 데드 리프트	메디신 볼 크런치	

도는 줄인다.

플라이오매트릭스 운동량은 대개 격렬한 총 운동에 대한 발 접촉(foot contacts)의 수로 설명한다. 오프시즌 때의 운동량으로는 초보자는 80~100 발 접촉, 중급 선수는 100~120, 일급 선수는 120~200 발 접촉이 되어야 한다. 시즌 전(preseason)에 훈련받은 선수의 전체 발 접촉 수는 50%까지 증가할 수 있다. 강도가 높아질수록 운동량을 줄여야 한다.[4,5,29,31]

강도는 신체에 적용되는 힘 혹은 긴장의 양이다. 강도는 활동의 종류, 외발 혹은 양발로 지면에 접촉하는지의 여부, 활동의 속도, 외부 무게의 사용 여부 혹은 세트 당 발 접촉수에 의해 증가될 수 있다. 세트 사이에 2~3분간 휴식해야 한다. 선수의 체격도 플라이오매트릭 운동을 선택할 때 고려해야 한다.[4,5,29] (표 13.5와 표 13.6에 있는 상하지의 플라이오매트릭 연습을 참조하라.)

콘디셔닝

어떤 운동의 콘디셔닝 프로그램을 작성할 때는 포지션, 선수의 연령, 콘디션에 활용가능한 시간을 고려한다. 농구는 각 12분간 시합 내내 고강도의 무산소 경기로 이루어져 있다. 오랜 휴식은 20초에서 1분간의 작전시간, 피어리드 사이, 혹은 선수 교체나 퇴장을 당했을 때이다. 따라서 선수는 빠른 회복을 돕는 뛰어난 무산소 체력을 유지해야 한다.

무산소 훈련은 오프시즌과 시즌 전 마지막 단계에서 실시한다. 미식축구장이나 축구장 트랙에서 400m, 200m, 100m의 인터벌 훈련 달리기로 이를 수행할 수 있다. 이런 훈련은 ATP-PC시스템, 해당(glycolytic), 그리고 산화(oxidative) 에너지 시스템을 개발하기 위해 특별히 고안된 것이다. 이 시스템은 1~10초 동안 지속되는 파워 스포츠에서 주로 사용된다.[32,33]

청소년 선수에게 기술 습득 및 총체적인 콘디셔닝이 구체적인 콘디셔닝보다 더 중요하다.[34] 구체적인 콘디셔닝 훈련은 고등학생, 대학생, 프로 농구 선수들에게 적합하다. 따라서 훈련은 순간적으로 어떤 방향으로든 빠르게 첫 발을 내딛고, 점프를 높게 뛰고 빠르게 반응하는 것을 개발하는 것이다. 이런 훈련에는 공을 갖거나 갖지 않고 하는 드리블, 속보 플라이오매트릭스, 민첩성 훈련, 점핑 플라이오매트릭스, 메디신 볼 훈련이 있다. 코트에서 이루어지는 콘디셔닝 훈련에는 또한 드리블이 포함될 수 있다.

코트에서 공을 갖고 혹은 갖지 않고 하는 훈련

이 훈련은 무산소 파워(anaerobic power)를 기르는 것이 목적이다. 그래서 각 훈련이 끝나면 런닝 시간의 2~2½배의 휴식 시간을 주어야 한다. 예를 들어, 선수가 5½를 달리는데 32초 걸렸다면, 다음 5½를 달리기 전에 64~80초의 휴식을 취해야 한다.

5½s 선수는 전력으로 5½의 코트 길이를 달려야 한다(베이스라인에서 베이스라인으로 5번 달리고 하프코트에서 마친다).

라인 훈련(Line Drills-Suicides) : 선수는 하나의 베이스라인에서 시작하여 가장 가까운 프리드로 라인으로 달려가서 다시 베이스라인으로 되돌아온다. 그리고 하프코트로 가서 다시 베이스 라인으로 와서 반대쪽 프리드로 라인으로 간다. 그리고 다시 베이스 라인으로 돌아가서 다시 풀코트로 왔다가 베이스 라인으로 돌아와 마친다.

17s 선수는 사이드라인에서 사이드라인으로 최대한 빨리 17번을 달린다.

표 13.4 상체 콤파운드 훈련

프레스 동작	풀링 동작
벤치 프레스	래트 풀-다운(lat pull-downs)
인클라인 프레스	쉬러그/업라이트 로우(shrugs/upright rows)
밀리터리 프레스	시트/벤트 오버 로우(seated/bent-over rows)
딥스(Dips)	

표 13.5 상지 플라이오매트릭 훈련

1. 준비 운동(warm-up drills) 플라이오볼 몸통 회전 플라이오볼 옆으로 굽히기 플라이오볼 장작 패기 튜빙으로 ER/IR 튜빙으로 PNF D2 양식 **2. 던지기 동작-서 있는 위치** 양손 체스트 패스 양손 축구 드로우잉 튜빙 ER/IR(각 측에 두 번 그리고 90도 외전) 튜빙 PNF D2 양식 한 손 야구 던지기 한 손 IR 옆으로 던지기 한 손 ER 옆으로 던지기 플라이오 푸쉬 업(벽에 대고) **3. 던지기 동작-앉은 위치** 양 손 축구 드로우잉 양 손 좌우로 던지기 양 손 체스트 패스 한 손 야구 던지기 **4. 몸통 훈련** 플라이오볼 윗몸 일으키기	플라이오볼 윗몸 일으키기와 던지기 플라이오볼 등 신전 플라이오볼 오래 앉아 옆으로 던지기 **5. 파트너 훈련** 축구 드로우잉 플라이오 등 뒤로 공 넘기기 등 뒤로 던지기 무릎 자세로 옆으로 던지기 뒤로 던지기 체스트 패스 던지기 **6. 벽 훈련** 양 손 체스트 패스 던지기 양 손 축구 드로우잉 양 손 아래로 좌우 던지기 한 손 야구 던지기 한 손 벽 드리블 **7. 지구력 훈련** 한 손 벽 드리블 백 서클 돌기 다리로 8자 돌기 한 팔도 볼 쳐올리기

출처 프렌티스 W : 스포츠 의학에서 재활 기술, 뉴욕 3판 ; WCB/맥그로우 힐, 1999, 표 10-1, 164쪽.

표 13.6 하지 플라이오매트릭 운동

1. **준비 운동**
  두 다리 스쿼트
  두 다리 레그 프레스
  두 다리 스쿼트 점프
  좌우로 벌려 뛰기(jumping jack)

2. **초보 수준 훈련-양다리**
  두 다리 훈련
  좌우(바닥/선)
  대각선 점프(바닥/네구석)
  대각선 점프(네지점)
  대각선 지그재그
  플라이오 레그 프레스
  플라이오 레그 프레스(네구석)

3. **중급 수준 훈련**
  두 다리 박스 점프
  한 다리 박스 점프
  두 박스 옆으로 점프
  Two-box side jump with foam
  네 박스 대각선 점프(Four-box diagonal
   jumps)
  Two-box with rotation
  One/Two box with catch
  One/Two box with catch(foam)
  한 다리 동작
  한 다리 플라이오 레그 프레스
  한 다리 옆으로 점프(바닥)
  한 다리 좌우 점프(바닥/네구석)

한 다리 대각선 점프(바닥/네구석)

4. **고급 수준 훈련**
  한 다리 박스 점프
  한 박스 옆으로 점프
  두 박스 옆으로 점프
  한 다리 플라이오 레그 프레스(네구석)
  Two-box side jumps with foam
  네 박스 대각선 점프(Four-box diagonal
   jumps)
  One-box side jumps with rotation
  Two-box side jumps with rotation
  One-box side jumps with catch
  Two-box side jump rotation with catch
  Two-box side jump with catch
  Two-box side jump rotation with catch

5. **지구력 및 민첩성 플라이오매트릭스**
  좌우로 반동(Side-to-side bounding[20ft])
  사이드 점프 런지(Side jump lunges[왼뿔])
  빠른 스텝 업 변경(Altering rapid step-up
   [전방])
  측면 스텝 오버(Lateral step-overs)
  하이 스텝핑(High stepping[후방])
  리바운드 점프가 가미된 뎁스 점프(Depth
   jump with rebound jump)
  잡기가 가미된 뎁스 점프(Depth jump with
   catch)
  점프와 잡기(Jump and catch[플라이오볼])

출처 프렌티스 W : 스포츠 의학에서 재활 기술, 뉴욕 3판 ; WCB/맥그로우 힐, 1999, 표 10-2, 165쪽.

측방 저항 훈련

측방 저항 훈련은 측면 동작과 균형을 목표로 한다. 선수는 고무관이나 밴드를 쥐거나 착용한다. 저항에 대하여 선수는 자세를 흩트리지 않고, 오른쪽 측면으로 빠르게 세 걸음 이동하고 다시 원위치로 돌아온다. 이 동작을 쉬지 않고 10~20초 동안 5~10차례 반복한다. 이 동작을 30~90초 휴식 후에 왼쪽으로 반복한다.

슛 동작이 가미된 콘디셔닝 훈련

사이드라인 터치 코너 점프 슛 선수는 프리드로 라인의 오른쪽 코너에서 점프 슛을 하고 나서 반대쪽 사이드라인으로 전력질주하고 다시 프리드로 라인의 왼쪽 코너로 가서 점프 슛을 한다. 그런 다음 선수는 다른 쪽 사이드라인으로 전력질주하고 다시 프리드로 라인의 왼쪽 코너로 가서 점프 슛을 한다. 이 훈련을 30초에서 2분 정도 혹은 정해진 수의 득점을 올릴 때까지 시행한다. 응용(Variation)으로는 사이드라인으로 측면으로 발을 끌며 걷고 다시 전력질주로 되돌아온다.

엔드라인 터치, 3점 슛 라인에서 점프 슛 선수는 3점 슛 라인에서 점프 슛을 쏜 다음 반대쪽 베이스라인까지 전력질주 한 다음 다시 3점 슛 라인에서 점프 슛을 던진다. 이것을 시간을 정하거나 득점수를 정해 실시한다.

코너 터치 페리메터 점프 슛 선수는 페리메터 점프 슛을 한 다음 코트의 네 코너 중 한 곳으로 전력 질주한 다음 돌아와 다시 페리미터 슛을 한다. 선수는 그 다음 또 다른 코너로 전력질주한 후 돌아와 점프 슛을 한다. 이것을 시간을 정하거나 득점수를 정해 실시한다.

속보 플라이오매트릭스

속보를 개발하기 위해 선수는 발을 최대한 빨리 움직이는 연습을 해야 한다. 속보 플라이오매트릭스는 발의 민첩성을 향상시킨다. 그런 연습에는 나무(시멘트는 안 됨)처럼 충격 흡수재 바닥에 12~18인치 떨어지게 4점을 정해 훈련하는 것이 있다. 그 점에 다음처럼 숫자를 매긴다.

3   2
4   1

이렇게 4점을 정해 다양한 양식으로 시행할 수 있다. 그 훈련은 외발 혹은 양발로 실행할 수 있다. 두 발로 실행할 때, 그 연습은 10~20초 동안 지속하고 외발로 연습할 때는 10초 동안 지속한다. 각 연습은 발을 최대한 빨리 움직여 발이 지면에 닿아있는 시간을 최소화한다. 다음 동작 양식을 이용할 수 있다.

두 숫자 양식	세 숫자 양식	네 숫자 양식
1~2	1~2~3	1~2~3~4
1~4	1~3~2	1~4~3~2
1~3	1~4~3	1~3~2~4
4~2	1~3~4	4~2~3~1

할당된 시간 동안 선수가 출발 지점을 밟은 횟수를 세어야 한다. 훈련 사이에 충분한 회복을 위한 적당한 휴식 시간은 선수의 체력 수준에 따라 20에서 90초가 된다. 하지 당 4에서 6회의 점프 연습과 4에서 6까지의 외발뛰기(hopping)를 고강도 훈련(workout) 동안 실행한다.

민첩성 훈련

민첩성 훈련은 전심전력(maximum effort)으로 10~20초 동안 지속한다. 빠른 출발과 빠른 멈춤, 방향 전환, 그리고 전후좌우로의 움직임이 포함되어야 한다.

레인 셔플 : 선수는 프리드로 레인의 한 사

이드에서 시작하여 최대한 빠른 속도로 다른 쪽 사이드로 옆걸음으로 움직이고 다시 돌아온다. 그 왕복운동(back-and-forth movements)을 20초 동안 계속한다. 선수가 레인을 넘는 횟수는 기록한다.

레인돌기 : 이 훈련은 전방, 측면, 후방 동작을 포함한다. 선수는 레인과 사이드 라인이 교차하는 베이스라인에서 시작한다. 선수는 그 라인에서 프리드로 라인까지 전력질주하고 반대쪽 레인 라인까지 프리 드로라인을 넘어 측방으로 움직이고 엔드라인까지 뒷걸음(backpedal)으로 걸어간 다음 측면으로 출발 지점으로 돌아온다. 선수는 즉각 반대 방향으로 그 동작을 반복한다.

점핑 플라이오매트릭스

박스 점프 선수는 한 개에서 8개의 박스를 1에서 2미터 간격으로 놓은 박스 앞 0.6m 앞에 선다. 선수는 박스 위로 점프하여 박스 위에 부드럽게 착지하고 다시 최대한 높이 그리고 앞으로 멀리 뛴다(박스가 2개 이상이라면 그 다음 박스로 계속 이어진다). 점프를 5~10회 반복하라.

출발 높이는 표준이 0.75m이지만 0.4에서 1.1m의 범위가 가능하다.[4,6] 선수가 10회의 점프를 4세트(중급 수준) 실시한 후, 무게를 달고 점프할 준비가 된다. 무게를 달고 하는 점프(weighted box jumps)에서 선수는 무게를 단 조끼(weighted vest)나 발목무게대(ankkle cuff weight)를 착용할 수 있다. 이런 훈련은 파워와 민첩성을 기른다.[4,27,28]

인뎁스 점프 : 선수는 0.4에서 1.1m 되는 박스의 위에서 시작하여 박스에서 뛰어내려 20~30cm의 다리를 벌리고 바닥에 뛰어내리고, 최대한 빨리 다른 상자나 수평 혹은 수직으로 도약한다. 선수는 팔을 도약하는 방향으로 흔든다. 이 훈련은 파워와 민첩성을 기른다.

외 다리 박스 점프 : 선수는 한 다리로 0.4~1.1m의 박스 앞에 선다. 선수는 한 다리로 박스 위로 도약하고 다시 도약하여 원위치로 뛰어내린다. 선수는 다른 다리는 사용하지 않고 10회 실시한다. 그런 다음 다리를 바꿔 똑같이 실시한다. 이 훈련은 균형, 평형, 한 다리 파워를 기른다. 이 연습으로 전환 단계가 증가하면 탄성에너지를 줄어든다. 시즌 훈련이 적당한 운동학습을 시작할 때, 전환을 가장 짧게 하는 것이 중요하다.

박스점프에서 선수는 착지할 때 무릎을 45도 이상 굽혀서는 안 된다. 그럴 경우는 박스의 높이가 너무 높은 것이다. 박스 훈련 프로그램은 착지력을 줄이고 고관절에서 외전와 내전을 줄이고 슬와근 힘을 늘리고 점프 높이를 증가시켜야 효과적이다. 플라이오매트릭 훈련은 또한 원심성 하체력 생산율을 대단히 높인다.[35]

메디신 볼 훈련

메시신 볼 훈련은 몸통 근력(core strength), 파워, 민첩성을 기른다. 아래에 세 가지 메디신 볼 훈련이 있다. 첫 번째 두 훈련은 몸통 근력을 기르고 세 번째 훈련은 선수들이 방어를 위해 하체를 낮게 유지하는 것을 가르친다.

사이드 토스 : 두 선수가 10~12피트 떨어져 마주보고 선다. 한 선수는 양손으로 메디신 볼을 오른쪽 고관절 옆에서 잡고 있다. 그리고 몸통을 오른쪽으로 완전히 회전하여 볼을 토스하고 원 위치로 돌아온다. 그 공은 파트너의 오른쪽으로 전달되고 파트도 또한 오른쪽으로 회전하여 그것을 다시 전달한다. 10회 실시 후 왼쪽으로 바꾼다. 이 훈련이 플라이오매트릭스가 되려면 공의 운동량을 멈추면 안 된다.

위-아래/아래-위 : 두 선수는 약 1피트 간격을 두고 서로 등지고 선다. 메디신 볼을 들고 있는 선수가 공을 머리 위로 파트너에게 건네준다. 공을 받은 파트너는 다시 공을 가랑이 사이로 해서 다시 되돌려준다. 10회 반복한 후에, 반대 방향에서 다시 10회 이상 반복한다. 선수는 적절한 근육 활성화와 함께 이 훈련을 하는 동안 허리를 안정시켜야 한다.

딥 스쿼트 오버헤드 패스 : 두 선수는 약 10~12피트 거리를 두고 마주 보고 선다. 두 사람은 딥 스쿼트 자세를 취한다(발뒤꿈치를 바닥에 대고, 무릎을 발끝이 아니고 발 위에 두고, 어깨를 뒤로 하고, 고관절은 무릎 위치로 낮춘다). 두 선수는 머리 위로 던지는 패스를 20회 주고받는다.

주기화

시즌

고등학교 이상에서, 농구의 연중 훈련 프로그램은 4개의 뚜렷한 시즌이 있다. 시즌 전, 시즌 중, 시즌 후, 그리고 오프시즌이 있다. 그 차이는 각 시즌의 길이이다.

시즌 전

시즌 전은 연습 시작에서부터 첫 게임 때까지의 2~4주간의 시간을 말한다. 첫 주에서 10일까지는 하루에 두 가지 연습을 한다. 부하를 유지하면서 근력 훈련의 운동량을 낮춘다. 지구력과 플라이오매트릭 훈련도 주에 1~2회로 줄인다. 연습 선택은 농구 연습을 포함해 되도록 구체적이어야 한다.[4,28]

시즌 중

농구 시즌은 오프시즌에 양성한 힘, 파워, 순발력, 속도, 민첩성, 그리고 콘디셔닝을 발휘하는 시기이다. 엄격한 시즌 프로그램은 오프시즌에 키운 향상을 유지해야 한다. 긴장된 양질의 농구 연습을 하면 별도의 콘디셔닝, 점핑 플라이오매트릭스, 민첩성 훈련이 필요없다. 후보 선수는 체력 유지를 위해 별도의 콘디셔닝이 필요하다.

시즌 중에 힘과 파워를 유지하려면 시즌 내 웨이트 트레이닝 프로그램이 필요하다. 시즌 중 웨이트 트레이닝은 주에 두 번 실시한다. 시간을 효율적으로 사용하기 위해서는 훈련은 관절 활동성을 포함한 전신 프로그램을 이용한다.

아래의 프로그램은 각 서키트마다 3~4개의 훈련이 들어있는 5개의 미니 서키트로 구성되어 있다. 예를 들어, 첫 번째, 미니서키트는 밀기 동작(벤치 프레스), 끌어당기기 동작(래트 풀), 그리고 다리 운동(squats)은 연속으로 시행하고, 2분의 휴식 후에 강도를 높여 그 서키트를 반복한다. 첫 번째 서키트 동작을 8~10회를 2~3세트 실시한 후, 다음 서키트로 이동한다. 전신 프로그램은 미니서키트로 짧은 시간에 수행할 수 있어야 한다. 서키트 트레이닝은 혈관내 젖산염(blood lactate)의 증가로 지발성 근육통(delayed-onset muscle soreness-DOMS)을 일으킬 수 있다.[36]

미니서키트 1 : 벤치 프레스(bench press), 래트 풀스(lat pulls), 스쿼트(squats)

미니서키트 2 : 밀리터리 프레스(military press), 쉬러그(shrug), 런지(lunges), 스텝 업/다운(step-ups/downs)

미니서키트 3 : 삼두근 프레스다운(triceps pressdowns), 암 컬(arm curls), 레그 익스텐션(leg extensions), 레그 컬(leg curls)

미니서키트 4 : 종아리 올리기(Calf raises), 로테이터 커프(rotator cuff), 팔목 컬(wrist curls)

미니서키트 5 : 복부(Abdominals), 허리 및 몸통(low back/trunk)

게임 후, 시합 시간이 짧았던 선수는 게임 욕구를 자극하기 위해 유산소 및 무산소 활동을 해야 한다. 그래야 후보 선수는 체력 수준을 유지한다.

포스트시즌

포스트시즌은 2~4주의 능동적인 휴식기이다. 선수는 장기적인 시즌으로부터 회복하고 생산적인 오프시즌을 준비한다. 수영과 조깅 낮은 운동량 및 저강도의 서키트 트레이닝, 라켓볼, 배구와 같은 체력 활동이 권장된다. 심지어 가벼운 오락성 농구도 허용된다.[4,27]

오프시즌

오프시즌의 첫 몇 주는 기초적인 웨이트 트레이닝 및 일반적인 콘디셔닝에 초점을 맞춘다. 선수는 새로운 체력기초와 콘디셔닝 기초를 구축하는 과정을 시작한다. 선수의 5~10회 최대 반복은 이 때 다시 산출된다. 오프시즌의 훈련 프로그램에서 마지막 12~16주는 기능적 훈련에 초점을 맞춘다.

오프시즌은 농구선수가 더 훌륭한 선수로 도약하는 시간이다. 기술, 속도, 민첩성, 점프능력, 힘, 파워, 순발력, 유연성, 그리고 콘디셔닝을 향상시킬 수 있다. 이런 모든 요소를 향상시키려면 기술 개발, 웨이트 트레이닝, 민첩성 훈련, 콘디셔닝, 스트레칭, 점핑 플라이오매트릭스, 속보 플라이오매트릭스, 메디신볼 훈련을 골고루 이용하는 균형 잡힌 프로그램이 필요하다. 표 13.7은 오프시즌 프로그램의 모든 구성요소를 포함하는 1주간의 오프시즌 훈련계획을 보여준다.

고강도 훈련은 항상 일정 정도의 기술 개발과 함께 시작한다. 슈팅, 드리블, 볼 다루기, 패스, 기타 농구 기술이 이 시기에 향상된다. 월요일과 목요일 맹훈련은 상체 웨이트 트레이닝, 민첩성 훈련, 운동에 특정한 콘디셔닝, 그리고 유연성을 포함한다. 화요일과 금요일 맹훈련은 하체 웨이트 트레이닝, 점핑 플라이오매트릭스, 속보 플라이오매트릭스, 그리고 유연성을 포함한다. 수요일은 기술 개발 후 그냥 메디신 볼 훈련과 유연성을 키우면서 쉬는 날이다.

웨이트 트레이닝은 확고한 체력기초를 양성하는 핵심이다. 확고한 체력을 가진 선수는 플라이오매트릭스와 민첩성 훈련으로부터 가장 많은 것을 얻는다. 표 13.8은 전신 분할 웨이트 트레이닝 프로그램을 보여준다.

상체는 강하고 균형이 잡혀 있어야 한다. 이

표 13.7 오프 시즌 훈련 계획 : 일주의 예

월요일	화요일	수요일	목요일	금요일
기술 훈련	기술 훈련	기술훈련	기술훈련	기술훈련
웨이트 트레이닝, 상체	웨이트 트레이닝, 하체	메디신 볼	웨이트 트레이닝, 상체	웨이트 트레이닝, 하체
민첩성 훈련	속보 플라이오메트릭스		민첩성 훈련	속보 플라이오스
콘디셔닝	점핑 플라이오스	콘디셔닝		점핑 플라이오스
스트레칭	스트레칭		스트레칭	스트레칭

표 13.8 전신 분할 웨이트 트레이닝 프로그램의 보기

상체 운동 날	
벤치 프레스	2-4세트
래트 풀	2-4세트
밀리터리 프레스	2-4세트
쉬러그	2-4세트
인클라인 프레스	2-4세트
앉아 노젓기	2-4세트
삼두근 프레스다운	2-3세트
암 컬	2-3세트
복부 운동(Ab work)	3-5세트
로테이터 커프 운동	1-2세트
팔목 컬	1-2세트

프로그램에는 4가지 프레싱 동작(pressing movements)과 4가지 풀링 동작(pulling movements)이 있다. 시간 효율을 위해 각 프레싱 동작 후에는 풀링 동작 그리고 다시 휴식 시간을 갖는다. 초보자 프로그램엔 세 가지 프레싱 동작과 세 가지 풀링 동작으로 시작되며 인클라인 프레스와 앉아 노젓기(seated row)는 생략된다. 복부 훈련은 다양한 크런치, 다리 올리기(leg raise), 그리고 꼬기 크런치(twisting crunches)을 3~5 세트 실시한다.

보호 장치/신발 착용

많은 농구 선수들은 연습이나 게임에서 발목 부목(ankle brace)이나 테이핑을 한다. 발목 테이핑이나 부목을 하면 손상 발생율이 줄어드는 것으로 밝혀지고 있다.[37,38] 테이핑을 하면 불안정한 발목의 단비골근 반응 시간이 향상된다는 사실에 따른 것이다. 부목과 테이핑으로 인한 감각수용기의 역할이 발목관절의 일반적인 관절가동범위(ROM)를 억제하는 효과보다 더 큰 것으로 보인다.

손상 발생율을 비교했을 때, 테이프를 하지 않고 발목이 낮은 농구화를 신은 농구 선수에서 발목 염좌가 1000시간 당 33.4회로 가장 높은 빈도로 발생하였다. 발목이 낮은 농구화와 비교하여 발목이 높은 농구화(high-top basket-ball sneakers)를 신었을 때 손상이 1000시간 당 발목 염좌의 횟수가 30.4로 낮았다. 조사에 이용된 농구화는 내반 회전력에 최대 저항력을 발바닥이 지면에 닿아있을 때는 29%, 발목이 척측굴곡이 16도 일 때는 20%까지 증가시켰다. 농구화의 평균 내반 저항력은 28N.m였다. 외반 회전력에 대한 저항력은 발목이 높은 신발도 낮은 신발도 어떤 영향력을 보이지 않았다. 선수가 발목이 높은 신발을 신고 발목에 테이프를 했을 때, 손상은 1000시간 당 6.5번의 발목 염좌로 낮아졌다. 이런 정보를 토대로 농구 선수는 발목이 높은 신발을 신고 발목 테이핑이나 부목을 하는 것이 좋다.[38,41,42]

테이핑이나 부목이 근육수행에 전혀 방해가 되지 않는다고 주장하는 저자도 있지만, 외부의 발목 보호대를 착용하면 농구 관련 수행 테스트에 부정적인 영향을 보여준다는 연구 보고서 많다. 테이프를 하지 않았을 때보다 테이프를 했을 때 수직점프는 더 낮아졌고 스웨테-오 유니버설 레이스업 브레이스(swede-O uni-versal lace-up brace)를 착용했을 때와 비교했을 때 테이프를 했을 때가 점프 숫 정확성이 더 높아졌다.

산소 소비와 에너지 소비는 테이프를 했을 때와 비교했을 때, 에어캐스트 브레이스를 했을 때가 더 높았다.[44] 액티브 앵클 브레이스(activ ankle brace)가 실험에 이용한 보호장비들 중에서 가장 적게 수행에 방해가 되었다. 부목의 질병 예방 효과는 수행 방해와 비교하여 고찰해야 한다.

과훈련과 심리학

농구는 생리학적 요구사항이 높기 때문에 선수의 심장혈관 및 신진대사 능력이 커야 한다. 과훈련 효과는 쉽게 경험할 수 있다.[45] 유산소 과훈련은 부교감 신경계의 반응을 야기할 수 있다. 이런 증상으로는 안정시 심박수의 감소, 빠른 피로, 운동능력 저하, 수면증가, 저혈당증과 우울증에 대한 비정상적인 대응 능력(demented counerregulatory capacity against hypoglycemia, and depression)이 있다.[46]

무산소 과훈련은 교감신경계 반응을 야기할 수 있다. 이런 증상으로는 안정기 후의 근력의 감소, 분당 5~10회로 안정시 심박수의 증가, 제지방체중(lean body mass)의 감소, 운동수행 능력 저하, 식욕부진, 수면부족, 운동 후 회복 지연, 안정 시 확장기압 증가, 과민성 증가, 오래가는 감기, 운동 동안에 감소된 최대 혈장 젖산이 있다. 교감 및 부교감 신경계는 농구 선수의 심리에 지대한 영향을 미친다.

심리학

손상은 여러 가지 근육, 건, 인대, 뼈, 병력이 있는 관절 등과 같은 요인 외에도 더 큰 요인으로 발생한다. 상대적으로 미진하지만, 운동 및 훈련 심리학은 손상의 예방 및 재활을 전체적으로 해결해야 하는 중요성을 확실히 뒷받침하고 있다. 이에는 실질적인 손상 형태와 선수의 감정, 사상, 습관, 사회 관계망(social network), 생활 스트레스 요인, 대처 기술과 같은 요소들이 있다. 따라서 선수의 손상을 치료하는 전문 의료인은 이런 요소들이 손상 발생율을 높이는데 상당한 몫을 한다는 인식을 갖고 지혜롭고 윤리적으로 최선을 다한다면 치료에 보탬이 될 것이다.

손상입기 쉬운 특성

손상의 취약성을 연구하게 된 일부 동기는 생활 스트레스 요인(주요한 생활의 변화나 원하지 않는 사건)이 운동 중의 손상과의 관계를 조사하는 것이었다. 연구의 전반적인 결과는 불명료하다.[48] 선수 손상이 생활 스트레스 요인과 상당한 관계가 있다고 발표한 연구[49,50]가 있는가 하면 어떤 관계도 없다고 발표한 연구[51] 결과도 있었다. 이것은 임상 심리학과 기타 분야에서 실시한 대규모 스트레스 반응 조사의 결과를 떠올리게 한다. 즉 사람이 스트레스를 받는 이유는 단순히 어떤 사건이 발생했기 때문이 아니라는 것이다. 그 사건에 대한 인식과 대처 기술이 스트레스에 더 크게 영향을 끼친다는 것이다.[52]

이런 발견을 기초로, 운동 심리학자들은 스트레스의 역할과 손상에 영향을 끼치는 심리적인 요소를 더 잘 이해하기 위해 다성분 모델을 제안하고 조사하고 있다.[53] 이 모델에 따르면, 운동을 하면서 잠재적으로 스트레스를 받게 될 상황(지구별 농구 결승전에서 상대의 최고 득점수를 방어해야할 경우처럼)에 처하게 될 수 있다. 그러나 선수가 경험하게 될 스트레스 수위는 선수가 그 상황을 얼마나 위협적으로 인식하는가 더 나아가 대처 기술을 얼마나 잘 활용하는가에 따라 달라진다는 것이다. 대처기술은 역할 수행에 대한 확신감(자기 효능감)을 갖고 과도한 신체적 긴장을 적시에 이완하며, 지속적인 완벽함보다는 늘 최선을 다하려는 노력과, 심판의 부당한 판정에 화를 억누르거나 득점을 막지 못했을 때 감정을 빨리 추스르는 것 등이다. 상대 선수에 겁을 먹고 방어의 해야 하지만 상기 사항의 대처기술을 활용하지 못하는 최악의 시나리오가 나올 수 있다. 그러면 이 모델에 따라 '상황'에 대한 근심 걱정, 근육의 긴장, 게임 능력 손상을 경험한다. 근육이 과도하게 긴장하면 교감 신경계가 과각성하고 협응의 유연성이 떨어지며 충동적인 동작이 나오고 손상의 잠재력이 높아진다.[54] 걱정이 늘고 스트레스가 많아지면 손상의 잠재성도 커지고 상황에 대한 주의집중이 떨어지고 주변시야가 좁아진다.[55] 그 예로, 스트레스 상황의 선수는 자기 앞에 펼쳐진 스크린을 보지 못하고 그 스크린에 맞부딪힐 가능성이 높다. 그로 인한 넘어지거나 충돌하면 손상의 위험이 증가된다.

농구선수, 레슬러, 체조 선수를 연구해보면 손상의 취약성을 설명함에 있어 사회적 지지와 같은 별도의 요인이나 다 성분 모델이 힘을 얻는다.[56] 생활 스트레스는 대처기술이 낮고 사회적 지지 경험이 적은 선수 집단에서 손상과 관련 있었다. 손상의 위험을 증가시키는 기타 요소로는 "거칠게 행동하고 항상 혼신의 힘을 다하라", "손상선수는 쓸모없어"와 같은 코치와 일부 선수들의 관점이 있다.[57] 이런 생각 때문에 선수들은 손상을 당해도 경기에 출전하여 더 큰 손상을 자초한다.[58] 증가 추세인 근육 과사용으로 인한 손상은 학습이나 재미보다는 승리를 강압하는 유소년 및 청소년 팀에서 심하다.[59] 덧보태어 승리를 바라는 부모의 압력도 일부 젊은 선수들에게서 거짓 손상을 유도하는 원인이다. 이런 현상을 과열 부모증후군(eager parent syndrome)이라고 한다. 일부 젊은 선수들이 부모의 압력을 벗어나는 유일한 도피처로 손상을 핑계로 삼는다는 것을 알 수 있다.[60]

이런 요소들이 손상 발생율을 높이는 것으로 밝혀진 이상 선수의 보호, 훈련, 코치과 관련있는 전문가가 손상 예방 프로그램에서 이런 문제점들을 해소하는 것이 최선이다. 그런 프로그램에는 그럴 가능성이 있어 보이는 선수를 확인하여 대처기술을 가르쳐주는 것이 포함된다. 그래서 합리적인 자기 기대감, 휴식, 완벽함보다는 성취할 수 있는 목표 세우기, 실수를 빨리 망각하는 것을 포함한다. 예방적 노력으로는 부모나 코치와 우호적인 관계를 북돋워 승리보다는 안전하게 운동을 즐길 수 있는 분위기를 우선시하는 것이다. 손상 예방을 위한 기술 훈련은 실력 향상을 위한 포괄적인 심리기술 훈련프로그램에 포함될 수 있다. 심리기술훈련은 목표설정, 긍정적인 상상, 자신감 유지, 생각/집중 통제, 각성 통제(arousal regulation), 감정관리를 하는데 초점을 맞춘다.[58] 여러 연구에 따르면 심리기술훈련이 효과가 있음을 보여주고 있다. 프리 드로우 슈팅[61]을 위한 심상훈련과 전반적인 통계에서 수치 향상을 위한 추가적인 집중 훈련가 같은 여러 측면에서 성공의 확률이 높아졌다.[62] 결국 심리기술훈련은 손상 예방의 목적에서 더 나아가 운동의 전반적인 기술 향상에 기여한다.

영양

부적절한 영양은 운동에 지장을 초래할 수 있고 또한 손상 회복에 걸리는 시간을 늘릴 수 있다. 두 가지 중요한 요소는 탄수화물과 단백질 섭취량이다. 적정한 근육 글리코겐(당원) 저장량은 운동에 절대적으로 중요하다. 그리고 운동 후 피로회복을 위해서도 재충전해 주어야 한다. 저포화지방과 더불어 높은 탄수화물 음식이 중요하다. 글리코겐 저장량은 운동 후 2시간 내에 보충되어야 한다. 최적의 글리코겐 재합성을 위해 필요한 탄수화물량은 체중 1kg당 0.7에서 3.0g이다.[19]

적당량의 단백질은 근육파손을 예방하는 데 중요하다. 권장 단백질 섭취량은 12%의 전체 에너지 가치를 기준으로 단백질로부터 계산한다. 예를 들어, 70kg의 체중이 나가는 선수는 체중의 kg당 2.1g의 단백질을 섭취해야 한다. 선수는 식사를 거르지 않고 탄수화물이나 단백질 섭취를 적절히 할 수 있는 식사를 해야 한다.[19]

수분섭취

선수는 하루에 최소한 8온스 컵으로 8~10 컵의 깨끗한 물을 마셔야 한다. 기온이 높은 실외에서는 16~24컵으로 늘려 마셔야 한다. 물은 대기 온도보다 낮아야 흡수가 빠르다. 선수는 운동 2시간 전과 운동 직전에 깨끗한 물을 최소한 16온스를 마셔야 한다. 15분간 활발한 활동을 하고 나면 손실된 수분을 보충하기 위해 8온스의 물을 마셔야 한다. 시간이 연장되면 운동 시간당 30~60g정도의 전해질과 탄수화물을 추가로 마셔야 한다. 선수는 운동 전후로 체중을 달아 줄어든 체중 파운드 당 16온스의 물을 마셔야 한다.

손상의 원인

농구에서 가장 흔한 손상은 염좌, 좌상, 타박상이다. 골절 및 탈구는 드물다.[63] 일반적으로 염좌는 인대에 발생하고 좌상은 근육이나 건에 발생한다.

내재적 요소들

근력 불균형, 관절 이완, 고유수용기 결핍, 저하된 근신경 활성화 패턴, 근육 피로, 그리고 뼈 정렬(bony alignment)는 모두 선수의 손상 확률을 높이는 내재적 위험 요소들이다. 이 요소들은 연중 계획에 따라 힘과 콘디셔닝을 위한 개인적이며 포괄적인 프로그램으로 직접 해결할 수 있다. 프리시즌 신체 및 기술평가는 선수의 결핍사항들을 확인하는데 유용하다. 근육 및 관절 검사, 수직점프, 신체구성, 유산소 능력, 폐 기능, 그리고 민첩성 검사는 모두 프리시즌 적격심사에 포함되어야 한다.[4,64]

나이와 상관없이 여성은 손상을 쉽게 당한다. 이는 부실한 프리시즌 콘디셔닝 때문일 것이다.[63,65] 고교 농구에서, 전반적인 손상 위험은 1000시간 당 소년은 3.2, 소녀는 3.6이다. 고등학교, 대학교, 실업 선수 수준에서 여성은 남성보다 무릎 손상 확률이 훨씬 더 높다. 전방 십자 인대의 파열이 가장 흔하다.[66~73] 프로 여자

농구 선수는 남자보다 손상 확률이 1.6배 높다. 이 또한 여성들의 Q-angle이 더 크고 다양한 근육 발화 양식(muscle firing pattern)에 기인할 것이다.

외재적 요인

많은 외재적 요인들이 손상 위험을 높인다. 첫째는 신발 접촉면이다. 선수는 전문 농구화를 착용해야 한다. 그런 농구화와 접지부(tread)는 경기 중에 발생하는 다양한 힘을 견딜 수 있게 특별히 디자인되어 있다. 그리고 신발 표면이 깨끗하고 부스러기가 없어야 하며 젖어 있어도 안 된다.[25,38]

코트의 재료도 손상에 크게 영향을 미친다. 지면과 공간을 두고 있는 목재 바닥은 충격 흡수에 가장 뛰어나며 신체에 가해지는 충격을 줄여준다. 옥외 코트는 일반적으로 콘크리트로 피로 골절과 정강이 통증(shin splints)와 같은 손상을 유발할 수 있다.[25]

선수는 또한 기온을 의식해야 한다. 기온이 높을수록 많은 수분이 필요하다. 적절한 수화 작용이 없으면 피로가 급격히 밀려온다. 피로하면 손상의 위험이 훨씬 높아진다.[25,74,75]

경기 일정도 손상의 발생에 영향을 미친다. 경기 사이의 시간 간격이 길수록 운동 수행 능력도 커진다. 연구에 따르면, 휴식기간이 하루 이상이 되면 홈팀은 1.1점, 어웨이팀은 1.6점이 높아졌다. 휴식기간이 3일이었을 때 운동수행능력이 최고에 이르렀다.[76]

훈련 오류도 근육의 과사용 손상에 기여한다. 치료와 회복을 위해 짧은 시간에 무리한 압박을 가하면 반복적인 미세외상이 일어나 염증이 유발될 수 있다. 경기 일정을 고려한 규칙적인 힘과 콘디셔닝 프로그램으로 과훈련을 피해야 한다.[18,25,77]

손상 발생율은 경기 수준에 따라 변한다. 대학 농구에서 손상은 연습할 때[78] 주로 발생하

고 프로 농구에서는 경기에서 더 많이 발생한다.[79]

마지막으로 대인 접촉은 손상을 야기한다. 농구는 미식축구처럼 충돌 운동은 아니지만, 접촉이 있다. 대부분의 접촉은 적극적인 방어와 리바운드를 위한 위치 선정, 과격한 파울을 범했을 때 발생한다. 공정한 판정은 대인 접촉과 불필요한 손상을 줄인다.[25]

일반적인 손상과 재활

하지

대부분의 근골격 손상은 하지에서 일어난다. 발목이 가장 많은 손상을 당하고, 그 다음이 무릎과 서혜부이다.[63.80.81] 농구 선수를 연구한 결과, 92%의 선수가 최소한 한번은 염좌를 경험했다. 발목 손상은 1000시간 당 5.5건이었다.[82.83]

발과 발목 손상

전거비인대(anterior talofibular ligament ATFL), 종비인대(calcaneofibular ligament CFL)과 종종 후거비인대(posterior talofibular ligament)을 포함한 외측부 발목 염좌는 발의 외측부로 착지하여 발이 안쪽으로 회전할 때 일어난다.[72.84] 이것은 점프하고 발을 저측굴곡 상태의 내전된 자세로 착지하거나 다른 선수의 발을 밟을 때 발생한다. 인대 염좌의 정도에 따라 외측부 불안정이 일어날 수 있다. 발목염좌 병력이 있는 선수는 평균적으로 자세 불안정이 더 크고 불안정한 부위도 더 크다.[82.83]

1도 염좌는 미미한 통증을 느끼고 반상 출혈과 더불어 조직이 약간 파열된다. 2도 염좌는 부분적인 조직 파열과 약간 심한 부기와 심한 통증이 있다. 3도 염좌는 조직이 완전히 파열되고 심하고 붓고 불안정하다. 부기와 통증이 심하면 ROM을 제한한다. 비골의 근육좌상도 흔히 일어나며 외번의 약함과 관련되어 있다. 특수검사로 ATFL을 살펴보는 전방견인검사(anterior draw test)와 CFL을 살펴보는 내측 거골 전위검사(medial talar tilt)가 있다. 원위경비인대(distal tibiofibular ligament)도 또한 회전 기전으로 손상을 당할 수 있다.

급성 단계에서 약간의 외번 상태로 고정시키는 것은 상처 난 조직이 파열된 인대 주변에 고정시키기 위해 권장된다. 이것은 RICE 즉 휴식, 얼음 찜질, 압박, 다리를 심장 위로 올리기로 시행한다. 냉온교대욕, 전기자극, 근육신경전기자극 같은 기타 요법도 부기를 가라앉히는데 이용된다. 고정은 보조기로 하기도 하고 심한 염좌일 경우 석고를 사용한다. 부기와 통증이 완화되면 능동적인 ROM을 상당한 강도의 등척성 훈련을 중간 정도로 시작한다. 이를 수기 저항(manual resistance)이나 고정된 물체에 대한 저항과 함께 시행해도 된다. ATFL에 긴장을 주는데 따른 말단 부위(end range) 저측굴곡과 내반을 할 때는 특히 주의를 해야 한다. 너무 빨리 종아리를 올리는 것도 피해야 한다. 연부조직 가동은 콜라겐 섬유를 정렬시키기 위해 이용한다. 근력 훈련은 점진적으로 원심적 저항으로 진행해 나간다. 발 주위에 쎄라밴드나 모래주머니를 차는 것도 열린 운동사슬에서 근육을 등척성 운동시키는데 도움이 된다.

점진적인 물의 저항 및 등속성 운동 프로그램으로 근력을 키울 수 있다. 이런 운동을 수행할 때는 내반 동작을 제한한다. 안정성 및 힘이 증가되면 제한되었던 가동성 훈련을 중급 수준의 균형/고유수용 훈련과 더불어 실시한다. 적당한 운동으로는 환자가 거골하 중립 위치를 유지하면서 외다리 스쿼트와 외다리 서기가 있다. 정적 균형을 최소한 30초를 실시하고 BAPS 보드를 이용한 동적 균형 운동을 추가할 수 있다. 동작에 통증이 없어야 하고 동작 중에 자신의 다리를 보면 안 된다. 균형 및 고유감각수용은 선수에게 매우 중요하다. 발목 염좌 후 선수는 하퇴삼두근에서 더 작아진 근각반사(myotatic reflexes), 발 압력의 이동 중심점에 해당하는 부위의 증가, 그리고 자세 유지의 어려움을 보여준다.[85]

하지를 위한 고유감각수용 프로그램에는 다음 사항을 포함해야 한다.

- 두발 혹은 외발 서기(눈은 뜨고 시작해서 눈을 감고 시행한다)
- 균형/락커 보드(rocker board 흔들판)(두 발에서 외발로)
- 미니 트램폴린(호핑, 전방/후방/대각선 점핑) 두 발에서 외발로 진전시킨다.

조깅할 정도로 호전되면 특정한 재활 치료에 초점을 맞춘다. 점핑, 커팅, 피보팅를 실시한다. 표 13.9는 하지를 위한 스텝-홉-점프 플라이오매트릭 프로그램을 보여준다.

재활 치료는 비골 손상과 동일하다. 장비골이 포함되어 있다면 첫째 중족골(metatasal)을 안정시키는 운동을 포함한다. 연부 조직 운동은 매우 중요하다. 이를 상처 조직을 재정렬시키기 위해 환부에 교차 마사지(cross-friction)와 함께 시행해도 된다. 외측 지지띠(lateral retinaculum)가 파열될 수 있다. 그 경우 외측 복사뼈(lateral malleolus) 위의 장비골건의 염발음(snapping)이 날 수 있다. 이에 대한 실험은 ROM을 통한 외전저항이 포함된다. 염발음은 운동을 할 때 발목 위치를 수정하여 ROM을 제한하면 최소화시킬 수 있다.

내측 발목 염좌는 덜 발생하지만 부적절한 착지나 발 바깥쪽으로 도약하여 발목이 과도하게 외전되면 발생한다.[72] 삼각인대는 매우 강하고 결과적으로 내측 복사뼈의 견열 골절이 발생할 수 있다. 경우에 따라, 골간막이 파열되기도 한다. 외측 거골전위 및 외전 스트레스 검사로 내측 불안정을 검사할 수 있다. 재활 치료의 원리는 외측 발목 염좌와 동일하다. 그러나 과도한 외전은 초기 단계에서 제한해야 한다. 원심력 강화, 고유감각수용성 훈련, 구체적인 훈련이 중요하다. 원위 경비인대(distal tibiofibular ligament)에서도 염좌가 발생한다. 그 경우 거골의 앞부분이 팽창하여 경골과 비골로 확장되기 때문에 과도한 배측굴곡로 통증을 느낀다. 회전운동에도 통증을 호소한다.

족근관 손상(Tarsal tunnel injury)도 있다. 그 증상은 발목의 전내측부에 통증이 있고 발의 내측 기둥에 따라 마비와 쑤시는 통증이 있다. 치료는 내외측 강화훈련을 통한 뼈 정렬을 높이는 것이다. 잘못된 생체역학을 교정하는 데는 교정술도 도움이 된다.

아킬레스건염

건에 편심하중이 반복적으로 작용하기 때문에 아킬레스건염은 농구 선수에게 일반적이다. 런닝 및 점핑을 했을 때 착지를 위해 힘을 충분히 뺐어도 착지력은 체중의 약 8배이다.[86] 2~4%의 신장 장력(elongation strains)은 건 구조의 초기 변형으로 콜라겐 섬유를 팽팽하게 잡아 당긴다. 8~10%의 신장은 콜라겐 교차 결합의 파열을 일으키고 역학적 문제가 야기된다. 손상이 가장 흔하게 발생하는 부위는 건의 부착에서 2~6cm 떨어진 부위이다. 이 부위는 혈액 순환(circulation)이 원활하지 못하다.[86]

급성 단계의 치료는 RICE와 처치를 포함한다. 염증이 줄어들면 원심 훈련에 치중하고 수기저항, 쎄라밴드 그리고 하중을 점진적으로 늘린다. 선수는 거골하 중립에서 15도 정도의 능동적이 배측굴곡을 해야 이상적이다.[72]그 후 전체 체중을 신발에 싣고 걷는다. 발꿈치 들기(heel lift) 운동을 통해 아킬레스건의 긴장을 줄이고 무리하게 뒤꿈치부터 착지하는 리어풋 동작(rear-foot motion)을 조절한다.[87] 체력이 85% 까지 회복되면 박스 점핑과 훈련을 한다. 코티

손(cortisone) 주사는 특히 조심해야 한다. 코티손이 후속적인 조직 악화를 유발할 수 있기 때문이다. 조심하지 않으면 아킬레스건이 파열될 수 있다. 신발 조사도 중요하다. 신발 뒤(back lip)에 패드를 덧대면 마찰을 일으켜 건이 종골에 부착될 수 있다.

강력한 원심 부하가 발목 배측굴곡에 작용하면 아킬레스건이 파열될 수 있다. 그 기분은 야구 방망이나 종아리 뒷부분을 세게 걸어차인 느낌이다. 아킬레스건의 완전 파열은 Thompson test이라는 특별한 시험을 통해 알 수 있다. 이 시험을 위해 선수를 납작 엎드리게 하고 종아리 근육을 압박한다. 완전한 아킬레스건의 다리는 저측굴곡이 된다. 심한 혹은 완전 파열된 경우는 운동 복귀를 위해 수술을 해야 한다. 건을 재부착할 때, 의사는 족척건(plantaris tendon)을 이용해 혈액의 속도를 높여 치료를 강화한다.(아킬레스건의 회복 후 재활에 대해서는 12장 참조).

경부목

내측 경부목은 반복적인 점핑과 런닝으로 인한 충격 때문에 농구 선수에게 흔히 발생한다. 과도한 내회로 내측 경골의 근건 접합부에서 후경골근 건염이 발생할 수 있다. 후경골근은 동심적으로 발을 외전하고 원심적으로 회내를 조절한다. 후경골건염은 대개 후경골근의 원심적 약함과 내반근, 장지굴근 그리고 장모지굴근의 약함과 관련이 있다.[87,88] 치료에는 선수가 외전을 시작하고 자세를 낮추며 내회하는 원심 훈련이 있다. 후방 내측 구역에 체중을 싣는 BAPS 보드도 후경골근을 훈련시키는데 사용된다. 교정술이나 신발도 과도한 회내를 줄이는 데 중요하다.

무릎손상

무릎손상은 발목 손상 다음으로 일반적이다.[63,89] 무릎 손상은 경기에 출전하지 못하는 가장 큰 원인(66%)[77]이고 신체 접촉, 급격한 방향 전환이나 근육 과사용으로 발생한다. 근육 과사용에 따른 손상은 부적절한 훈련이나 콘디셔닝, 과도한 긴장 혹은 피로가 원인이다. 급성 무릎 손상은 반월판(meniscus), 인대, 슬개골(종지뼈)에서 발생한다.[90]

반월상 연골 손상 : 반월판 손상은 점핑, 피보팅, 커팅을 할 때 발생한다. 선수는 록킹(locking) 느낌, 제한된 무릎신전, 관절 압통(joint-line tenderness), 그리고 McMurray test의 양성 반응을 보인다.

무릎인대 손상 : 인대 손상은 커팅, 피보팅, 감속, 착지불안, 다른 선수와 하지 충돌로 경골과 대퇴가 회전할 때 발생한다. 내측 측부 인대(medial collateral ligament MCL) 손상은 외반력(valgus stress) 때문에 일어나고, 외측부 측부 인대(lateral collateral ligament LCL) 손상은 내반력(varus stress) 때문에 일어난다. 이 대부분은 20도의 무릎 굴절에서 일어난다. ACL 손상은 이런 동작들이 서로 결합하여 일어날 수도 있다. ACL 손상은 대개 과신전의 유무를 떠나 경골의 외전이나 내전으로 발생한다. ACL 손상은 프로 농구 선수에게는 드물지만 종종 손상의 비접촉 기전이 있다.[91] 남자 프로 농구(NBA) 6개 시즌 이상, 재활이 필요한 ACL손상은 13건에 불과했다. 그 발생율은 연간 1.4%이다. 위치에 따른 연간 손상은 가드 0.8%, 포워드 2.0%, 센터 1.7%이다[92] (MCL과 ACL 재활은 11장과 12장을 참조).

슬개골 건염 : 도약슬(Jumper's knee)은 보통 경골 결절(tibial tubercle)에 붙어있는 슬개골의 건염을 말한다. 이는 대퇴건염이라고도 하는데 이것이 슬개골의 윗부분에서 붙어 발생하기 때

표 13.9 스텝-점프-홉 플라이오매트릭 진전

1. 스텝-업(step-ups)
   수준 1 : 2-인치 박스
   수준 2 : 4-인치 박스
   수준 3 : 6-인치 박스
   수준 4 : 8-인치 박스

2. 스텝-다운(step-down)
   수준 1 : 2-인치 박스
   수준 2 : 4-인치 박스
   수준 3 : 6-인치 박스
   수준 4 : 8-인치 박스

3. 점프-업(jump-ups)(두 다리)
   수준 1 : 2-인치 박스
   수준 2 : 4-인치 박스
   수준 3 : 6-인치 박스
   수준 4 : 8-인치 박스

4. 점프-다운(jump-down)(두 다리)
   수준 1 : 2-인치 박스
   수준 2 : 4-인치 박스
   수준 3 : 6-인치 박스
   수준 4 : 8-인치 박스

5. 홉-업(hop-ups)(외다리)
   수준 1 : 2-인치 박스
   수준 2 : 4-인치 박스
   수준 3 : 6-인치 박스
   수준 4 : 8-인치 박스

6. 홉-다운(hop-downs)(외다리)
   수준 1 : 2-인치 박스
   수준 2 : 4-인치 박스
   수준 3 : 6-인치 박스
   수준 4 : 8-인치 박스

7. 반복적인 전방 홉을 병행하는 홉-다운(외다리)
   수준 1 : 2-인치 박스
   수준 2 : 4-인치 박스
   수준 3 : 6-인치 박스
   수준 4 : 8-인치 박스

문이다. 원심부하는 섬유연골(fibrocartilage)의 석화작용(mineralization)을 일으킬 수 있다.[93] 전력질주, 감속, 점핑의 반복적인 긴장으로 미세파열(microtear)이 발생한다. 대퇴사두근의 원심력은 일반적으로 구심력보다 훨씬 강하다.[94, 95] 재활의 목적은 스트레스와 염증 발전을 막는 것이다. 통증과 염증이 가라앉으면 슬개골과 대퇴사두근의 스트레칭과 근력 강화를 추가한다. 코트 표면과 선수의 체력평가도 중요하다. 딱딱한 표면, 충격 흡수력이 적은 신발 그리고 디콘디셔닝(deconditioning 허리뼈와 근육, 그리고 관절이 나름대로 좋은 상태에 있었다가 그 조건을 잃음 옮긴이)도 손상을 유발하는 요소이다. Chopat strap (patellar tendon strap)은 슬개건에 가해지는 힘을 재분산 하는 데 도움이 된다. 중력을 감소시키기 위해 수영장에서 근력 강화 훈련을 시행하는 경우도 있다. 미니 스쿼트와 무릎신전으로 진전하면 운동이 원심 성분에 집중되어 재활 치료 단계에 도움이 된다. 선수가 스텝-다운으로 이동하면서, 구체적인 운동으로 진전한다. 우선 트램폴린에서의 점핑은 힘을 분산시키는데 도움이 된다. 박스 점프와 기타 하지 플라이오매트릭 운동으로 안전하게 운동으로 복귀할 수 있는 힘을 비축한다.

청소년 선수들에게서 Osgood-Schlatter's disease을 흔히 볼 수 있다.[96] 이것은 경골결절 부위에 촉진에 통증을 느끼고 결절 부위에서 뼈 성장이 있다. 재활 초기에 집중해야 할 점은 상대적인 휴식, 슬개골 유연성, 슬개건 고정(strapping), 너무 이른 대퇴사두근 스트레칭를 금하는 것이다. 고관절 힘도 측정해야 한다.

슬개골 대퇴 통증(Patellofemoral pain)도 지속적인 런닝과 점핑으로 인해 일반적이다.(슬개골 대퇴 통증 재활은 9장 참조).

슬개건 좌상

슬개건 좌상(hamstring strains)은 큰 원심력으로 발생한다. 종종 훈련을 잘못하여 일어날 수 있다. 준비운동을 충분히 하지 않았거나 스트레칭(동적 스트레칭 포함)을 적절히 하지 않아 발생할 수 있다. 또한 수직 점프 높이와 런닝 속도를 높이려고 과도하게 대퇴사두근을 훈련하면 대퇴사두근-슬개골 힘에 불균형이 일어난다. 권장할 만한 힘의 비율은 3:2이다.[63] 커다란 구심 대퇴사두근 근력은 슬개골 좌상을 초래할 수 있다. 흔히 그 좌상은 근위 기점에서 발생하지만, 후방 내측 무릎 관절낭에 불쾌감을 일으키며 반막양근에서 발생할 수도 있다.[97,98] 임시 치료로는 RICE로 한 후 힘, 유연성, 고유감각수용을 회복한다. 척추 손상도 점검해 보아야 한다. 원심적인 슬개건 훈련과 좌골 신경 운동이 치료 일정에 들어있어야 한다.

대퇴 타박상

타박상은 일반적으로 상대 선수의 팔꿈치나 무릎과 직접 부딪혀 일어난다.[63] 그런 접촉으로 혈관이 손상되고 출혈이 일어난다. 손상 정도는 손상의 깊이와 크기에 따른다. 커다란 혈종이 있다면 휴식, 얼음찜질, 압박을 권장한다. 깊은 마사지(deep massage)는 화골성근염(myositis ossificans)을 유발할 위험이 있어 금한다. 골절과 관절 탈구는 응급처치를 해야 한다.

대퇴 손상은 대부분 충돌로 인한 타박상이다. 완전한 회복 시간은 초기 ROM이 어느 정도인가에 따라 계산할 수 있다.[99] 급성 염증을 제거하면 타박상 치료는 RICE와 스트레칭 그리고 근력 강화 훈련으로 진행한다.

척추 손상

농구에서 대부분의 척추 손상은 요추에서 발생한다. 허리 손상은 반복적인 외상이나 넘어져서 일어난다. 타박상, 염좌(sprains), 좌상(strains), 추간판 손상이 있다.[63,100] 대부분의 허리 손상은 경미하며 전체 손상 보고서에서 차지하는 비율은 겨우 8.7%이다.[3,31,101] 드물지 않게 선수는 근육 경련을 호소한다. 근육 경련은 타박상, 염좌, 좌상으로부터 신체을 보호하려는 기전이다. 기본적인 치료는 휴식, 물리치료(modalities), 그리고 몸통 근육조직 안정화 운동을 가르치는 근력 강화 프로그램이다.

점핑과 리바운드의 반복적인 신전 동작으로 농구 선수들은 척추후궁의 협부(pars interarticularis)에 결손이 있을 수 있다.[100] 이런 선수들은 편측 통증을 호소하고 척추의 과신전으로 증상이 심해진다. 척추전방전위증(spondylolisthesis)은 요추 불안정으로 인한 척추후궁 협부의 골절이다. 허리 신전과 회전에 의해 증상이 악화된다. 중립 혹은 약간 굴절한 상태로 척추 운동과 몸통 안정화 운동이 도움이 된다. 다열근(multifidi) 근력 강화도 효과가 있는 것으로 드러나고 있다.[3] 선수는 척추 과신전을 최소화하도록 교육받아야 한다. 박스 점핑, 런닝, 리바운드와 같은 활동을 할 때 척추를 안정시킬 수 있는 능력을 확인한 후 운동 복귀를 시켜야 한다.

천골(sacral) 골절은 심한 낙상이 아니라면 농구에서는 드물다. 일부 농구 선수들은 수직 점프 높이를 증가시키기 위한 훈련에 점핑 기계를 도입한다. 이것은 기본적으로 하중이 실린 스쿼트 기계이다. 반복적인 축하중은 천골 골절을 야기할 수 있다. 이런 형태의 운동에는 특별히 주의를 기울여야 한다. 대안은 하중이 실린 점프 신발과 하중이 실린 벨트를 착용하면 축하중 없이도 비슷한 효과를 낼 수 있다.[102]

눈 손상

농구에서 눈 손상은 대개 손가락이나 팔꿈치에 찔려 일어난다. 전체 눈 손상에서 농구로 인한 눈 손상 발생율은 25%이다.[100] 통계는 이렇지만 눈 손상은 1000번의 연습이나 시합 상황에서 겨우 0.1건에 불과하다.[104] 눈 손상은 일반적으로 전문가가 치료해야 한다.[105]

상지

손목과 손 손상

염좌, 타박상, 탈구와 같은 손 손상은 특히 농구에서 자주 발생한다.[80,106] 패스를 잘못 받거나 공의 방향이 급변하여 손가락이 다친다. 손가락이 네트나 상대 선수의 옷에 걸려 손상을 입기도 한다. 슛을 하는 손을 중심으로 양손은 정확한 공의 투사에 이용된다. 운동 복귀가 너무 빠르면 작은 손상이 장기적인 문제로 비화될 수 있다. 이런 손상들은 치료하는데 시간이 많이 걸리는 경우도 있다. 작고 내구적인 제한이 평생의 문제로 확대될 수 있지만 그렇다고 운동하고 싶은 선수의 욕망을 능가하지는 못한다.[106,107]

엄지 손상

중수지절(metacarpophalangeal ; MCP) 관절은 자주 손상을 입는다. 중수골(metacarpal bone)이 탈구되었을 때 그것을 감지하기가 어려운 경우가 있다.[106] 불안정의 가능성 때문에 대개 3~6주 동안 외전 부목(spica splint)으로 고정시키고 부목을 댄 후 보호를 위해 테이핑을 한다. 무지의 측부 인대(collateral ligament) 손상도 있다. 척측 측부 인대 파열(ulnar collateral ligament ; UCL)는 요골측부인대(radial collateral ligament ; RCL)보다 더 흔히 손상을 당하며 스키어의 엄지손가락(skier's thumb)이라고도 불린다. 이 손상은 대개 엄지손가락을 과도하게 외전 시켰을 때 발생한다. 불완전한 파열에는 엄지손가락 외전 석고(thumb spica cast)를 30도의 MCP 관절 각도로 굽혀 3주간 실시한다. 석고를 제거하면 등척성 운동과 ROM을 MCP 관절 부위에서 시작한다. 그래서 말단 엄지손가락 외전이 초기에 발생하는 것을 막는다. 손과 엄지손가락에 부목이나 테이핑을 하여 재손상을 예방한다(스키인의 엄지손가락 재활은 10장 참조).

수근중수 관절 손상

수근 중수(carpometacarpal : CMC) 관절 손상은 대개 손을 쥐었을 때 발생한다.[111] 세 번째와 네 번째 손가락에 발생하는 경우가 많다. 세 번째 CMC 관절 손상은 깊은 손바닥동맥궁(deep palmar arch)을 상하게 할 수 있으며, 다섯 번째 CMC 관절 손상은 척골 신경(ulnar nerve)을 포함할 수 있다. 재활은 부기를 가라앉히기 위해 고정과 처치로 시작한다. 등척성 운동과 팔목 신전 운동은 중요하다. 건과 신경 활주는 재활의 중요한 일부이다. 불안정은 문제가 될 수 있는데, 이에 대해서는 부목(splinting)과 테이핑이 유용하다.[108~110]

근위지절간관절 손상

근위지절간관절 손상은 낭(capsule), 인대 그리고 건의 손상을 포함한다.[111] 골절도 발생할 수 있다. 막과 인대 손상은 3등급으로 분류된다. 1등급 손상은 20도 미만의 ROM을 갖는 내반력이나 외반력으로 안정하다. 2등급은 20도 이상의 ROM을 갖는 내반력이나 외반력으로 불안정하다. 3등급은 불안정하다. 능동적인 ROM에 변형이 있다. 3등급 상해에는 외과수술이 필요하고 2등급 손상에는 2~4주간의 부목과 6~8주간의 "버디 테이핑(buddy taping : 손가락을 부목하기 위한 탄성력이 있는 시중 제품)"이 필요하고 1등급 손상은 버디 테이핑이나 보호 부목이 필요하다.

단추 모양 변형(boutonniere deformity)은 총지신건(central extensor tendon)이 파열되어 중간 마디뼈(middle phalanx)에 굴곡 변형으로 발생한다. 이것은 능동적으로 연장된 PIP 관절의 강압적인 굴곡으로 볼 수 있다.[109~111] 신건이 파열되며 굴건의 길항근이 사라지고 PIP 관절 굴곡 구축(flexion contracture)이 발생할 수 있다. 신장에서 PIP 관절 부목은 필요하지만 환자는 원위지절간관절을 굽혀야 한다.

원위지절간 손상

가장 흔한 원위지절간(distal interphalangeal ; DIP) 관절 손상은 추지(mallet finger)나 야구 손가락(baseball finger)이다. 이것은 원위지절로부터 종말신건(terminal extensor tendon)의 파열을 야기하는 DIP 관절의 강압적인 굴절로 발생한다.[110] 신전된 DIP 관절에 4~6주간 부목을 대고, PIP 관절을 동작시켜야 한다. 신전지체(extension lag)이 35도 이상 되면 외과수술이 바람직하다.[111]

손가락 골절

발생해도 치료하지 않는 채 놔두는 손가락 골절은 부목이나 버디 테이핑으로 수술하지 않고 치료할 수 있다. 3주간 고정한 후에 능동적인 ROM 프로그램을 실시한다. 수동적인 ROM

은 부드러운 근력 강화 훈련과 더불어 6주가 되었을 때 시작한다. 8주째에 통증이나 부기가 없으면 완전한 근력 강화 훈련과 콘디셔닝 프로그램을 실시한다.[111]

손목 손상 : 손목 손상은 대개 낙상의 결과로 일어난다. 골절과 인대 손상이 발생할 수 있다.

손목 골절 : 주상골 골절이 흔히 발생하고 심할 수 있다. 통증은 대개 해부학적 코담배갑(anatomic snuffbox)과 손목의 배측 외측에서 느낀다.[109~111] 뼈의 괴사(necrosis) 가능성 때문에 불유합 주상골 골절(nonunion scaphoid fracture)은 주의해야 한다. 치료는 혈액의 공급에 의존하는데 혈액 공급이 종종 원활하지 않다.

손목 인대 손상 : 주상월상골 관절(scapholunate joint)을 안정시키는 인대는 종종 파열된다. 왓슨 검사(Watson test)이라는 특별한 시험을 통해 관절의 안정성을 결정할 수 있다.[111] 부목을 대어 손목을 보호하고, 관절 주변을 안정시키기 위해 손목 안정 훈련을 수행할 수 있다. 초기에 악력 훈련(gripping exercise)은 피한다. 인대에 불필요한 압박을 가해 주상골과 월상골을 늘어나게 만들기(spreading) 때문이다.

어깨 손상

반복적인 오버헤드 동작으로 농구 선수는 충돌 증후군(impingement syndrome)과 회전건개(rotator cuff)와 이두박근 건의 감퇴가 일어날 수 있다. 반복적인 슛팅과 리바운딩 연습으로 이런 문제가 야기된다. (회전건개 및 충돌 증후군 재활은 2장과 6장을 참조).

견봉쇄골(acromioclavicular ; AC) 손상은 어깨가 직접 코트에 충돌했을 때 발생한다. 주로 점압통이 있고 쇄골과 견봉 사이의 스텝 불균형 가능성과 관련이 있다. 환부에 대한 초기 안정화와 응급처치가 특히 중요하다. Shamas & Shamus에서 AC 관절 테이핑 기술을 참조하라 [112](재활 치료는 14장 참조).

열탈진

적절히 수화되지 않는다면 농구선수는 열탈진으로 고통 받을 수 있다. (열탈진의 부정적인 효과는 12장 참조). 열탈진은 전해질과 나트륨(sodium) 고갈로 야기된다. 적정한 기후 환경에서 정상적인 선수라도, 수분 보충만으로는 열탈진이 일어날 수 있다. 고강도 활동을 하는 선수에게 나트륨과 전해질이 함유된 음료 보충은 중요하다. 수분 보충이 부족해도 열탈진에 걸릴 수 있다. 적절한 재수화 절차를 위해서는 위의 '손상 예방'을 참조하라.

운동 복귀

심리적 측면

운동과 훈련 심리는 손상 선수의 효과적인 전체적인 반응, 재활 과정, 손상 전 플레이 수준과 강도로 가장 부드럽게 복귀하게 하는 고무적인 방법을 이해하는데 상당히 기여한다. 선수는 손상을 당하면 심리적으로 쉽게 허약해진다. 그래서 프로 선수로서의 약간의 정체성 상실, 회복에 대한 두려움과 걱정, 동료들로부터의 소외감과 고독감, 선수 및 기타 기술에 대한 자신감 상실, 경기 복귀가 늦은 것과 관련된 실력 감퇴를 걱정하게 된다.[113]

손상 선수의 이런 잠재적인 반응을 모르고 치료한다면 선수의 재활과 완전한 회복은 늦어지고, 스트레스를 해소하지 못하며 치료가 불완전할 것이고 최악의 경우, 지속적인 손상 재발, 경기 재개 실패, 심각한 정서적 스트레스를 유발한다. 선수가 손상에 적절히 적응하지 못할 때 보이는 징후는 분노, 침울, 혼동, 플레이 복귀시기에 대한 집착, 손상 숨기기, 사소한 신체적 불만에 집착, 팀의 성적 부진에 대한 죄의식, 사회적 격리, 약물 남용, 식이장애(eating disturbance), 회복 불능에 대한 반복적이며 지나친 비관이 있다.

손상에 대한 이런 잠재적인 문제 반응에 비추어 재활 전문가는 선수와의 관계를 돈독히 구축한다. 그리고 그 손상이 선수에게 주는 의미를 민감하고 살피고 손상과 회복 절차를 선수에게 설명해 주며 특정한 심리적인 대처 기술을 교육한다. 회복기가 되면 혹시 모를 방해물을 제거하고 안정기를 준비하며 사회적인 지지를 이끌어내 손상 선수가 그에 반응할 것을 권장한다.[113] 물론 운동 심리학자가 손상 전에 정기적으로 예방 및 교육을 시행할 정도로 선수와 팀에 개입되어 있다면 관계 구축과 대처 기술 훈련이 훨씬 유연하게 진행될 것이다. 사정이 그렇지 않다면 이해력 있는 재활 팀의 정기 멤버로서 신중하게 소개서를 운동 심리학자에게 보내면 선수는 소개서에 대한 오해를 줄여 당황하거나 화를 덜 낼 것이며 협조에 저항할 확률이 적어질 것이다.

앞에서 설명한 것과 유사하게 재활에 가장 도움이 되는 것으로 밝혀진 심리 기술은 목표설정, 긍정적인 자기 대화, 상상과 시각화(visualization), 그리고 이완 훈련을 포함한다.[58,113~115]

사용자 친화적인 기술 훈련, 감독과 피드백을 가진 훈련, 그리고 점증적인 시합으로의 복귀의 중요성과 더불어 적절한 재활 과정 순서와 선수의 완전한 경기 상황으로 복귀하는 것이 중요하다. 이런 재활 단계는 관계 구축 단계, 교육 단계, 기술 발달 단계, 그리고 마지막으로 연습 및 평가 단계이다. 바람직 있다면 최소한의 스트레스와 최대한의 성공적인 회복을 위해 해당 치료사가 코치 및 기타 주요 인물들의 협조 하에 재활 프로그램을 개발하고 조정하는 것이다.

하지 고려 사항

만약 한 선수가 하지 손상으로부터 회복 중이라면 전면적인 연습에 참여하기 전에 파울 슛이나 셋슛을 시작한다. 선수가 발을 절지 않고 달릴 수 있다면 민첩성 훈련에 대한 점진적인 복귀가 가능하다. 이런 훈련에는 앞으로 달리기, 뒤로 달리기, 측면으로 달리기(sideways running), 대각선으로 달리기, 지그재그로 달리기(그림 13.1), W 전력질주(그림 13.2), 박스 달리기 코스(그림 13.3), 카리오카(cariocas, crossover)가 포함된다. 카리오카는 옆으로 달리며, 한 다리를 다른 다리 앞으로 교차하였다가 다시 뒤로 교차하며 달리는 것을 말한다(그림 13.4). 이런 훈련을 농구장 코트의 총길이(약 30야드)로 진행하고 10회 반복한다. 다음으로, 파트너와 공을 주고 패스하며 원뿔꼴 주변을 드리블하는 훈련을 추가한다. 수직 점프는 10~20회는 절반의 노력만 들여 연습하고, 점점 늘려

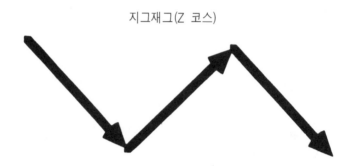

그림 13.1 지그재그(프렌티스 W의 허가로 게재 : 스포츠 의학에서 재활 기술, 뉴욕 3판 ; WCB/맥그로우 힐, 1999, 그림 17-10, 276쪽)

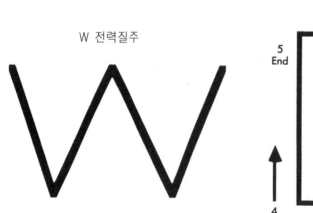

그림 13.2 W 전력질주(프렌티스 W의 허가로 게재 : 스포츠 의학에서 재활 기술, 뉴욕 3판 ; WCB/맥그로우 힐, 1999, 그림 17-12, 277쪽)

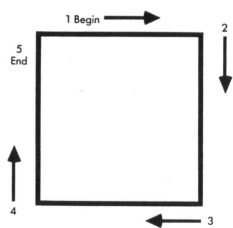

그림 13.3 박스 달리기 코스(프렌티스 W의 허가로 게재 : 스포츠 의학에서 재활 기술, 뉴욕 3판 ; WCB/맥그로우 힐, 1999, 그림 17-13, 277쪽)

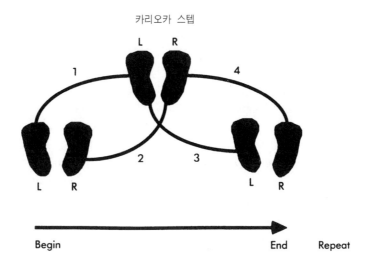

그림 13.4
카리오카 스텝(프렌티스 W의 허가로 게재 : 스포츠 의학에서 재활 기술,
뉴욕 3판 ; WCB/맥그로우 힐, 1999, 그림 17-14, 277쪽)

75%, 그리고 100%의 노력을 들여 연습을 해야 한다. 이런 연습은 농구공을 농구대에 바운드시켜 놓고 점핑하는 연습으로 대체될 수도 있다. 연습 시간 당 목표는 약 100~150회이다. 선수는 또한 레이업, 점프 슛, 셋 슛, 리바운딩을 연습해야 한다. 시합에 복귀하기 전에 선수는 플라이오매트릭 연습을 수행할 수 있어야 한다. 플라이오매트릭 연습은 위의 '손상 예방'에 있다.

적절한 준비운동과 스트레칭 후에, 선수는 1쿼터, 2쿼터, 3쿼터, 그런 다음 마지막으로 전쿼터로 차례대로 참여한다. 고통이나 아픔(soreness)이 없이 세 가지 전체 훈련을 마친 후 시합에 복귀한다.[90]

운동 복귀 기준

선수는 시합에 복귀하기 전에 다음 조건을 충족해야 한다.

• 조직 치료를 위한 시간 약속을 준수한다.

• 관절의 ROM을 완전하게 할 때 통증이 없어야 한다.
• 만성적인 부기가 없어야 한다.
• 반대쪽 사지의 최소한 90%에 해당하는 근력이 있어야 한다.
• 유연성이 양쪽으로 동일해야 한다.
• 관절 안정성이 근육 조절이나 부목 혹은 테이프로 유지되어야 한다.
• 양호한 고유감각수용이 있어야 한다.
• 심장 혈관 능력이 시합에서 요구하는 수준과 같거나 능가해야 한다.
• 기술을 회복해야 한다.
• 생체역학적인 장애가 없어야 한다.
• 심리적인 준비가 되어 있어야 한다.

참고문헌

1. Wilkes G: Basketball: Sports and Fitness Series, 7th ed. New York: McGraw-Hill, 1999.
2. Krause J: Basketball: Winning Edge Series. N

ew York: McGraw-Hill, 1999.

3. Jackson D, Mannarino F: Lumbar spine in at hletes, in Scott W, Nisonson B, Nicholas J (eds): Principles of Sports Medicine. Baltimore: Williams & Wilkins, 1984, pp 212–215.

4. Baechle TR: Essentials of Strength Training and Conditioning. Champaign, IL: Human Kinetics, 2000.

5. Chu D: Plyometrics, the link between strength and speed. NSCA J 5(2):20–21, 1983.

6. Aura O, Vitasalo JT: Biomechanical characteristics of jumping. Int J Sport Biomech 5(1):89–97, 1989.

7. Stefanyshyn DJ, Nigg BM: Contribution of the lower extremity joints to mechanical energy in running vertical jumps and running long jumps. J Sports Sci 16(2):177–186, 1988.

8. van Soest AJ, Roebroeck ME, Bobbert MF, et al: A comparison of one-legged and two-legged counter movement jumps. Med Sci Sports Exerc 17(6):635–639, 1985.

9. Miller S, Bartlett R: The effects of increased shooting distance in the basketball jump shot. J Sports Sci 11(4):285–293, 1993.

10. Miller S, Bartlett R: The relationship between basketball shooting kinematics, distance and playing position. J Sports Sci 14(3):243–453, 1996.

11. Hamilton GR, Reinschmidt C: Optimal trajectory for the basketball free throw. J Sports Sci 15(5):491–504, 1997.

12. Taylor P: Clank! Sports Illustrated 81(19): 79–87, 1995.

13. Kingston G: Foul trouble. The Vancouver Sun, March 14, 1996, pp F1, F8.

14. Shoenfelt EL: Immediate effect of weight training as compared to aerobic exercise on free-throw shooting in collegiate basketball players. Percept Motor Skills 73(2):367–370, 1991.

15. Vickers JN: Control of visual attention durin

g the basketball free throw. Am J Sports Med 24(suppl 6):93–100, 1996.

16. Vickers JN: Location of fixation, landing position of the ball and spatial visual attention during the free throw. Int J Sports Vis 3(1):54–60, 1996.

17. Posner M, Raichle M: Images of Mind. New York: Scientific American Library, 1991.

18. Stone WJ, Steingard PM: Year-round conditioning for basketball. Clin Sports Med 12(2):173–192, 1993.

19. Brukner P, Khan K: Clinical Sports Medicine. Sydney, Australia: McGraw-Hill, 1993.

20. Beaulieu JE: Stretching for All Sports. Pasadena, CA: Athletic Press, 1980.

21. Walker SH: Delay of twitch relaxation induced by stress and stress relaxation. J Appl Physiol 16:801–806, 1961.

22. Prentice WE: A comparison of static stretching and PNF stretching for improving joint flexibility. Athletic Training 18(1):56–59, 1983.

23. Prentice WE: Flexibility, roundtable. NSCA J 6(4):10–22, 71–73, 1984.

24. Corbin CB, Dowell LJ, Lindsey R, Tolson H: Concepts in Physical Education. Dubuque, IA: William C Brown, 1978.

25. Bull RC: Handbook of Sports Injuries. New York: McGraw-Hill, 1999.

26. de Vries HA: Physiology of Exercise for Physical Education and Athletics. Dubuque, IA: William C Brown, 1974.

27. Foran W: High Performance Sports Conditioning. Champaign, IL: Human Kinetics, 2001.

28. Foran W, Pound R: NBA Power Conditioning (National Basketball Conditioning Coaches Association). Champaign, IL: Human Kinetics, 2000.

29. Chu D: Plyometric exercise. NSCA J 5(6): 56–64, 1984.

30. Lundin P: A review of plyometric training.

Track Field Q Rev 89(4):37–40, 1989.

31. Ellison A: Athletic Training and Sports Med icine. Chicago: American Academy of Ortho peadic Surgeons, 1984, pp 409–411.

32. Fox EL: Sports Physiology. Philadelphia: Sa unders, 1979.

33. Steingard SA: Special considerations in the medical management of professional basketba ll players. Clin Sports Med 12(2):239–246, 1 993.

34. Sickles RT, Lombardo J: The adolescent bas ketball player. Clin Sports Med 12(2):207–22 0, 1993.

35. Hewett TE: Plyometric training in female at hletes, decreased impact forces and increased hamstring torques. Am J Sports Med 24(6): 7 65–773, 1996.

36. Getchell B: Physical Fitness, a Way of Life. New York: Wiley, 1979.

37. Sitler M, Ryan J, Wheeler B, et al: The eff icacy of a semirigid ankle stabilizer to reduc e acute ankle injuries in basketball, a random ized clinical study at West Point. Am J Spor ts Med 22(4):454–461, 1994.

38. Ottaviani R, Ashton-Miller J, Kothari S, Wo jtys E: Basketball shoe height and the maxim al muscular resistance to applied ankle invers ion and eversion moments. Am J Sports Med 23(4):418–429, 1995.

39. Karlsson J, Andreasson G: The effect of ext ernal ankle support in the chronic lateral join t instability. Am J Sports Med 20:257–261, 1 992.

40. Shapiro M, Kabo J, Mitchell P, et al: Ankle sprain prophylaxis: An analysis of the stabili zing effects of braces and tape. Am J Sports Med 22:78–82, 1994.

41. Barrett JR, Tanji JL, Drake C, et al: High-versus low-top shoes for the prevention of an kle sprains in basketball players: A prospecti ve randomized study. Am J Sports Med 21(4):

582–585, 1993.

42. Brizuela G, Llana S, Ferrandis R, Garcia-Be lenguer AC: The influence of basketball shoe s with increased ankle support on shock atte nuation and performance in running and jum ping. J Sports Sci 15(5):505–515, 1997.

43. Thacker SB: The prevention of ankle sprains in sports: A systematic review of the literatu re. Am J Sports Med 27(6):753–760, 1999.

44. MacKean LC, Bell G, Burnham RS: Prophy lactic ankle bracing vs taping effects on func tional performance in female basketball playe rs. J Orthop Sports Phys Ther 22(2):77–81, 1 995.

45. McInnes SE, Carlson JS, Jones CJ, McKenn a MJ: The physiological load imposed on ba sketball players during competition. J Sports Sci 13(5):387–397, 1995.

46. Lehmann M, Dickhutn H, Gendrisch G, et a l: Training overtraining: A prospective, exper imental study with experienced middle and l ong-distance runners. Int J Sports Med 12: 4 44–452, 1991.

47. Fry AC: Resistance exercise overtraining an d overreaching, neuroendocrine responses. Sp orts Med 23(2):106–129, 1997.

48. Brewer BW, Petrie TA: Psychopathology in sport and exercise, in Van Raalte JL, Brewer BW (eds): Exploring Sport and Exercise Psy chology. Washington: American Psychologica l Association, 1996, pp 257–274.

49. Coddington RD, Troxell JR: The effect of e motional factors on football injury rates: A p ilot study. J Hum Stress 6:3–5, 1980.

50. Cryan PD, Alles WF: The relationship betw een stress and college football injuries. J Spo rts Med Phys Fitness 23:52–58, 1983.

51. Williams JM, Tonyman P, Wadsworth WA: Relationship of life stress in injury in interco llegiate volleyball. J Hum Stress 12:38–43, 1 986.

52. Lazarus RS, Folkman S: Stress, Appraisal, and Coping. New York: Springer, 1984.

53. Anderson MB, Williams JM: A model of stress and athletic injury: Prediction and prevention. J Sport Exerc Psychol 10:294–306, 1988.

54. Nideffer RM: The injured athlete: Psychological factors in treatment. Orthop Clin North Am 14:373–385, 1983.

55. Williams JM, Tonyman P, Anderson, MB: The effects of stressors and coping resources on anxiety and peripheral narrowing. J Appl Sport Psychol 3:126–141, 1991.

56. Smith RE, Smoll FL, Ptacek JT: Conjunctive moderator variables in vulnerability and resiliency research: Life stress, social support and coping skills and adolescent sport injuries. J Person Soc Psychol 58:360–369, 1990.

57. Rotella RJ, Heyman SR: Stress, injury, and the psychological rehabilitation of athletes, in Williams JM (ed): Applied Sport Psychology: Personal Growth to Peak Performance. Palo Alto, CA: Mayfield, 1986, pp 343–364.

58. Weinberg RS, Gould D: Foundations of Sport and Exercise. Champaign, IL: Human Kinetics, 1995.

59. Kozar B, Lord RM: Overuse injuries in the young athlete: Reasons for concern. Phys Sports Med 11:221–226, 1983.

60. Noakes TD, Schomer H: The eager parent syndrome and schoolboy injuries. S Afr Med J 63:956–968, 1983.

61. Savoy C, Beitel P: Mental imagery for basketball. Int J Sport Psychol 27:454–462, 1996.

62. Savoy C: Two individualized mental training programs for a team sport. Int J Sport Psychol 28:259–270, 1997.

63. Sonzogni JJ Jr, Gross ML: Assessment and treatment of basketball injuries. Clin Sports Med 12(2):221–237, 1993.

64. Scheller A, Rask B: A protocol for the health and fitness assessment of NBA players. Clin Sports Med 12(2):193–206, 1993.

65. Moretz JA III, Grana W: High school basketball injuries. Phys Sports Med 6(10):92–95, 1978.

66. Arendt E, Dick R: Knee injury patterns among men and women in collegiate basketball and soccer NCAA data and review of literature. Am J Sports Med 23(6):694–709, 1995.

67. Zillmer D, Powell J, Albright J: Gender-specific injury patterns in high school varsity basketball. J Womens Health 1(1):69–76, 1992.

68. Weesner C, Albohm M, Ritter M: A comparison of anterior and posterior cruciate ligament laxity between female and male basketball players. Phys Sports Med 14(5):149–154, 1986.

69. Gray J, Taunton J, McKenzie D, et al: A survey of injuries to the ACL of the knee in female basketball players. Int J Sports Med 6(6): 314–316, 1985.

70. Ireland ML, Wall C: Epidemiology and comparison of knee injuries in elite male and female US basketball athletes. Med Sci Sports Exerc 22(S):82, 1990.

71. Micheli LJ, Metzl JD, Di Canzio J, Zurakowski D: Anterior cruciate ligament reconstructive surgery in adolescent soccer and basketball players. Clin J Sport Med 9(3):138–141, 1999.

72. Nicholas J, Hershman E: The Lower Extremity and Spine in Sports Medicine, Vol 1. St Louis: Mosby, 1986.

73. Rozzi SL, Lephart SM, Gear WS, Fu FH: Knee joint laxity and neuromuscular characteristics of male and female soccer and basketball players. Am J Sports Med 27(3):312–319, 1999.

74. Bolonchuk WW, Lukaski HC, Siders WA: The structural, functional, and nutritional adaptation of college basketball players over a se

ason. J Sports Med Phys Fitness 31(2):165–1 72, 1991.

75. Hoffman JR, Stavsky H, Falk B: The effect of water restriction on anaerobic power and v ertical jumping height in basketball players. I nt J Sports Med 16(4):214–218, 1995.

76. Steenland K, Deddens JA: Effect of travel a nd rest on performance of professional baske tball players. Sleep 20(5):366–369, 1997.

77. Molnar TJ, Fox JM: Overuse injuries of the knee in basketball. Clin Sports Med 12(2): 3 49–362, 1993.

78. Gomez E, DeLee J, Farney W: Incidence of injury in Texas girls' high school basketball. Am J Sports Med 24(5):684–692, 1996.

79. Zelisko JA, Noble HB, Porter M: A compar ison of men's and women's professional bas ketball injuries. Am J Sports Med 10(5): 297 –299, 1982.

80. Pfeifer JP, Gast W, Pforringer W: Traumato logy and athletic injuries in basketball. Sport verlezung Sportschaden 6(3):91–100, 1992.

81. Engel J, Baharav U, Modan M: Epidemiolog y of basketball players. Harefuah 119(5–6): 1 21– 124, 1990.

82. Leanderson J, Nemeth G, Eriksson E: Ankle injuries in basketball players. Knee Surg Spo rts Traumatol Arthroscopy 1(3–4):200–202, 1 993.

83. Leanderson J, Wykman A, Eriksson E: Ankl e sprain and postural sway in basketball play ers. Knee Surg Sports Traumatol Arthroscop y 1(3–4):203–205, 1993.

84. Blazina M, Fox JM, Carlson GJ: Basketball injuries, in Craig TT (ed): The Medical Aspe cts of Sports, Vol 15. Chicago: American M edical Association, 1974, pp 50–52.

85. Perrin P, Bene M, Perrin C, Durupt D: Ank le trauma significantly impairs posture contro l: A study in basketball players. Int J Sports Med 18(5):387–392, 1997.

86. Traina SM, Yonezuka NY, Zinis YC: Achill es tendon injury in a professional basketball player. Orthopedics 22(6):625–626, 1999.

87. McDermott EP: Basketball injuries of the fo ot and ankle. Clin Sports Med 12(2):373–39 3, 1993.

88. Hosea TM, Carey CC, Harrer MF: The gend er issue: Epidemiology of ankle injuries in a thletes who participate in basketball. Clin Or thop (372):45–49, 2000.

89. Chandy TA, Grana WA: Secondary school a thletic injury in boys and girls: A three-year comparison. Phys Sports Med 13:106–111, 1 985.

90. Peppard A: Knee rehabilitation, in Canavan P (ed): Rehabilitation in Sports Medicine. St anford, CT: Appleton and Lange, 1998, pp 3 20–321.

91. Henry J, Lareau B, Neigut D: The injury ra te in professional basketball. Am J Sports M ed 10:16–18, 1982.

92. Starkey C: National Basketball Association I njury Statistics. New York: National Basketb all Association, 1992.

93. Roels J, Martens M, Mulier J, et al: Patella r tendinitis (jumper's knee). Am J Sports Me d 6: 363, 1978.

94. Bennet J, Stauber W: Evaluation and treatm ent of anterior knee pain using eccentric exe rcise. Med Sci Sports Exerc 18:526, 1986.

95. Pavone E, Moffat M: Isometric torque of th e quadriceps femoris after concentric, eccentr ic and isometric training. Arch Phys Med Re habil 66:168, 1985.

96. Mital M, Mitza R: Osgood-Schlatter's diseas e: The painful puzzler. Phys Sports Med 5:6 0, 1977.

97. Hunter S, Poole R: The chronically inflamed tendon. Clin Sports 6:371, 1987.

98. Ray J, Clancy, Lemon R: Semimembranosus tendinitis: An overlooked cause of medial kn

ee pain. Am J Sports Med 16:347, 1988.

99. Jackson DW, Feagin JA: Quadriceps contusion in young athletes: Relationship of severity of injury to treatment and prognosis. J Bone Joint Surg 55A:95–101, 1973.

100. Herskowitz A, Selesnick H: Back injuries in basketball players. Clin Sports Med 12(2): 293–306, 1993.

101. National Basketball Trainers Association: NBAT Injury Reporting System, 1990–1991 Season. New York: National Basketball Association, 1991, pp 1–6.

102. Crockett H, Wright J, Madsen M, et al: Sacral stress fracture in an elite college basketball player after the use of a jump machine. Am J Sports Med 27(4):526–528, 1997.

103. Jones NP: Eye injury in sports. Sports Med 7:163–181, 1989.

104. National Collegiate Athletic Association Injury Surveillance System, Health and Safety Education Outreach, Indianapolis, 1989–1990.

105. Zagelbaum BM, Starkey C, Hersh PS, et al: The National Basketball Association eye injury study. Arch Ophthalmol 113(6):749–52, 1995.

106. Strickland J, Rettig A: Hand Injuries in Athletes. Philadelphia: Saunders, 1992.

107. McCue F, Baugher W, Kirlund D, et al: Hand and wrist injuries in the athlete. Am J Sports Med 7:275, 1979.

108. Amadio P: Epidemiology of hand and wrist injuries in sports. Hand Clin 6:379,1990.

109. Culver JE, Anderson TE: Fractures of the hand and wrist of the athlete. Clin Sports Med 9:85, 1990.

110. Doyle JR: Extensor tendons, acute injuries, in Green DP (ed): Operative Hand Surgery, 2d ed, Vol 3. New York: Churchill-Livingstone, 1988, p 2045.

111. Wilson RL, McGinty L: Common hand and wrist injuries in basketball players. Clin Sp

orts Med 12(2):265–291,1993.

112. Shamus J, Shamus E: A taping technique for the treatment of acromioclavicular joint sprains: A case study. JOSPT 25:390–394, 1997.

113. Petitpas A, Danish S: Caring for injured athletes, in Murphy S (ed): Sport Psychology Interventions. Champaign, IL: Human Kinetics, 1995, pp 255–281.

114. Hardy CJ, Crace RK: Dealing with injury. Sport Psychol Train Bull 1:1–8, 1990.

115. Wiese DM, Weiss MR: Psychological rehabilitation and physical injury: Implications for the sportsmedicine team. Sport Psychol 1: 318–330, 1987.

추가 참고문헌

Applegate RA, Applegate RA: Set shot shooting performance and visual acuity in basketball. Optom Vis Sci 69(10):765–768, 1992.

Dendrinos G, Zisis G, Terzopoulos H: Recurrence of subtalar dislocation in a basketball player. Am J Sports Med 22(1):143–145, 1994.

Fernandez FM, Guillen J, Busto JM, Roura J: Fractures of the fifth metatarsal in basketball players. Knee Surg Sports Traumatol Arthroscopy 7(6):373–377, 1999.

Friedman SM: Optic nerve avulsion secondary to a basketball injury. Ophthalmic Surg Lasers 30(8): 676–677, 1999.

Goudas M, Theodorakis Y, Karamousalidis G: Psychological skills in basketball: Preliminary study for development of a Greek form of the Athletic Coping Skills Inventory-28. Percept Motor Skills 86(1):59–65, 1998.

Guyette R: Facial injuries in basketball players. Clin Sports Med 12(2):247–264, 1993.

Hakkinen K: Force production characteristics of leg extensor, trunk flexor and extensor muscles in male and female basketball players. J S ports Med Phys Fitness 31(3):325–331, 1991.

Hickey GJ, Fricker PA, McDonald WA: Injuries of young elite female basketball players over a six-year period. Clin J Sport Med 7(4):252–256, 1997.

Hoffman JR, Bar-Eli M, Tenenbaum G: An examination of mood changes and performance in a professional basketball team. J Sports Med Phys Fitness 39(1):74–79, 1999.

Johnson E, Markolf K: The contribution of the anterior talofibular ligament to ankle laxity. J Bone Joint Surg 65A:81–88, 1983.

Jukic I, Milanovic D, Vuleta D: Analysis of changes in indicators of functional and motor readiness of female basketball players within one-year training cycles. Coll Antropol 23(2):691–706, 1999.

Khan KM, Cook JL, Kiss ZS, et al: Patellar tendon ultrasonography and jumper's knee in female basketball players: a longitudinal study. Clin J Sport Med 7(3):199–206, 1997.

Kioumourtzoglou E, Derri V, Tzetzis G, Theodorakis Y: Cognitive, perceptual, and motor abilities in skilled basketball performance. Percept Motor Skills 86(3 pt 1):771–786, 1998.

Kioumourtzoglou E, Kourtessis T, Michalopoulou M, Derri V: Differences in several perceptual abilities between experts and novices in basketball, volleyball and water polo. Percept Motor Skills 86(3 pt 1):899–912, 1998.

Lamirand M, Rainey D: Mental imagery, relaxation, and accuracy of basketball foul shooting. Percept Motor Skills 78(3 pt 2):1229–1230, 1994.

Landin DK, Hebert EP, Fairweather M: The effects of variable practice on the performance of a basketball skill. Res Q Exerc Sport 64(2):232–237, 1993.

Liu S, Burton AW: Changes in basketball shooting patterns as a function of distance. Percept Motor Skills 89(3 pt 1):831–845, 1999.

CHAPTER 14

축 구

Suzanne Gasse

매년 수천 명의 새로운 참가자가 운동장에 새로 나타난다. 축구는 세계 제일의 인기 종목으로 전 세계에서 약 1억 2천명이 이 운동에 참여하는 것으로 추산된다.[1,2,37] 사실상, 1999년 세계여자 월드컵 결승은 여자 운동 역사상 최다 관중 동원 기록을 갱신하였다. 폭발적인 참가 열풍은 여러 가지 요소에 기인한다. 이 경기는 이해하기가 쉽고 상대적으로 운동비용이 저렴하며 아이들이 접근하기가 용이하다(많은 부모들은 소위 위험 운동인 미식축구나 하키보다 축구를 더 권장한다).[1] 이런 축구 열풍으로 선수들을 관리하는 의료진이 운동에 필요한 요구사항과 자주 발생하는 손상의 치료법을 이해하는 것이 중요해졌다.

실외 축구는 공식 기구인 '세계 축구 협회 (Federation International Football Association FIFA)'의 규정에 따라 가로 50~100야드 세로 100~130야드의 운동장에서 한다. 골대의 길이는 8야드고 높이는 8피트이다. 공식 게임은 전후반 각 45분이다. 각각 15분을 초과할 수 없다. 실외 축구에서 출전 선수는 11명이다. 10명의 필드 선수와 1명의 골키퍼이다.

축구공의 크기는 선수의 연령에 따라 달라진다. 3호 4호 5호 공(size 3, 4 or 5)이 사용된다. 3호 공은 6~9세 용이고 4호는 10~13세 용이다. 그리고 5호 공은 14세 이상과 프로 선수들이 사용하는 정식 크기이다.[3] 그것은 원주가 29인치이고 무게는 14~16온즈이다. 재질은 가

죽이나 그와 비슷한 것이다. 유니폼은 운동 팬츠(shorts), 셔츠(shirts), 축구화 혹은 잔디용 축구화로 구성된다. 골키퍼는 팀의 다른 선수와 상대 팀과 색깔이 다른 옷을 착복한다. 정강이 보호대(shin guard)는 축구 선수가 이용하는 유일한 진짜 보호 장구이다.

실내 축구는 운동장이나 코트의 크기, 시합 시간, 그리고 출전 선수의 숫자에 있어 약간씩 차이가 있다. 실내 축구는 가로 16~27야드, 세로 27~46야드의 인조 잔디에서 한다. 아이스하키 경기장에 설치된 것과 비슷한 펜스가 구장을 둘러싸고 있다. 이 펜스로 인해 공이 구장 내에 있게 되어 게임의 속도가 훨씬 더 빨라진다. 골대는 길이가 10피트이고 높이가 7피트이다. 게임은 전반 후반 각 20분이고 각각 15분을 초과할 수 없다. 선수는 5명이고 한 명은 골키퍼이다.

실외 축구처럼 공은 실내용의 공 무게는 14~16온즈이다. 공은 또한 가죽이나 그와 유사한 재질로 만든다. 그리고 원주는 24~25인치이다. 유니폼은 신발을 제외하고는 실외 축구와 비슷하다. 인조 잔디 때문에 선수는 큰 마찰에 대비하여 잔디용 신발이나 테니스화를 신는다.

위치별 명칭은 포메이션에 따라 변한다. 수비수는 주로 상대편의 공격수가 골대를 공략하여 득점을 하는 것을 막는다. 그 위치로는 풀백(fullback), 스위퍼(sweeper), 그리고 스토퍼(stopper)가 있다. 미드필더는 수비와 전방 사이

의 중간에 위치한다. 이들은 공수를 담당한다. '득점원' 은 포워드(forward)와 스트라이커(strikers)이다. 그들의 주요 역할은 상대의 골문을 공략하여 득점하는 것이다. 가장 많은 득점을 올린 팀이 승리한다. 골키퍼는 실내외 축구에서 손을 사용해도 되는 유일한 선수이다.

운동 기술로는 여러 가지 형태의 킥킹(kicking)과 패싱(passing)이 있다. 그 목적이 거리, 정확성 혹은 속임수(chicanery)냐에 따라 발의 안쪽(inside), 바깥쪽(outside), 인스텝(instep)으로 킥을 한다. 기타 기술로는 헤딩, 공을 자기 것으로 만드는 트래핑(trapping), 공을 다루며 전진하는 드리블이 있다.

생체역학

킥킹

킥킹은 주요 힘이 서 있는 다리가 아니라 다리의 스윙에서 나오기 때문에 걷기나 달리기와 다르다. 또 다른 차이는 다리의 속도이다. 스윙하는 다리의 속도는 달리기나 걷기보다 빠르다. 킥킹의 생체역학을 연구할 때, 개인별로 심지어 각 개인도 경우에 따라 크게 변할 수 있다는 점을 명심해야 한다.[3] 슈팅은 패스해 줄 때와는 공에 대한 접근이 다를 것이다. 킥의 핵심 요소와 관련 근육을 이해해야 한다. 다양한 킥 순간에 작용하는 근육에 대해 기초적인 지식을 갖추면 전문가가 선수를 운동으로 복귀시키는데 도움이 되며 적절한 프리시즌 훈련과 컨디셔닝을 통해 손상도 줄인다.

축구의 가장 기초적인 요소는 킥킹이다.[3,5,38] 킥을 성공으로 이끄는 세 가지 주요 요소가 있다. 첫째는 다리 스윙의 속도를 높이는 것이다. 타이밍과 킥커의 어프로치 각도는 다리 스윙의 속도에 영향을 준다. 둘째는 공과 발 사이의 간격이다. 셋째는 공 접촉 순간에 발과 발목을 고정시키는 것이다. 킥킹의 주요한 6가지 성분이 있다. 어프로치 각도, 디딤발 힘, 스윙하는 다리의 하중, 고관절 굴곡과 무릎 신전, 공과의 발접촉, 그리고 후속 동작이 그것이다. 이런 성분들을 이제부터 자세히 다룰 것이다.

어프로치 각도

어프로치 각도는 공의 진로를 결정한다. 킥킹 목적에 따라 발이 공에 접촉할 때 각도에 변화를 준다. 일직선으로 접근하면 신체의 수직 축을 중심으로 회전을 해야 하지만 제한이 크다. 어프로치 각도가 증가할수록 다리는 공을 직선으로 차기 위해 수직 축 주변에서 회전해야 한다. 또한 어프로치 각도가 증가하면 지면에서 생기는 지면반력이 다리를 스윙해서 발생한 토크에 의해 감소된다. 45도~60도의 각도에서, 몸동작이 만들어낸 저항 토크에 비례하는 다리 스윙으로 역학적 이득을 크게 볼 수 있다. 그 결과 초기 접촉에서 다리와 발의 운동량이 증가한다. 노련한 선수는 이런 어프로치 각도를 미숙련자 선수보다 자주 사용한다.[5]

대각선 어프로치는 다리 스윙과 공의 속도를 증가시킨다. 최고 공 속도와 최고 각속도는 45도의 어프로치 각도에서 최고이다. 그러나 고관절의 최고 속도는 15도의 어프로치 각도에서 가장 크며, 최고 무릎 속도는 0도의 어프로치 각도에서 가장 크다. 공의 속도에 영향을 미치는 다른 두 가지 요소는 공과 접촉이 이루어지기 직전의 효과적인 다리 체중과 발 속도이다. 공과 접촉이 이루어지기 직전의 발 속도는 직선적인 어프로치나 대각선 어프로치에서나 비슷하다. 그래서 효과적인 다리 체중은 직선이나 비스듬한 어프로치에서 최고 높은 공 속도를 얻을 수 있다.[5]

디딤발 위치

디딤발의 위치는 공의 방향을 결정하는데 중요하다. 최적의 디딤발 위치는 공 옆 5~10cm

이다. 공의 중심과 직각을 이루는 직선에 발을 두면 가장 효과적으로 인스텝 킥을 할 수 있다 (그림 14.1A). 숙련된 선수는 이런 위치에 가장 근접하고, 미숙한 선수는 발을 공의 뒤쪽 멀리 둔다.[5] 디딤발이 공과 너무 멀리 떨어져 있으면, 킥커는 균형을 잃고 따라서 킥의 효율이 떨어진다. 속도도 마찬가지로 떨어진다. 게다가 디딤발을 공 뒤로 멀리 둘수록 공이 공중에 뜰 확률이 높아진다.

노련한 선수는 미숙한 선수보다 공을 더 빨리 찬다. 노련한 선수는 지면에서 생기는 반향력을 수직으로, 전후좌우로 더 크게 발생시킨다. 디딤발과 어프로치 경로는 공의 속도에 영향을 미친다. 이 두 단계의 효율이 높을수록 숙련된 선수의 킥킹 속도가 빨라진다.[5]

스윙하는 다리의 하중

백스윙으로 고관절 굴곡근과 무릎 신전근이 다리의 전방 동작을 준비하게 된다. 전방 동작을 하기 직전에 킥킹 다리의 무릎은 굽히고 발은 고관절 높이에 있어야 한다. 디딤발이 공 옆의 지면에 있기 때문에 스윙하는 다리의 고관절은 신전되고 무릎은 굴절되며 발목은 척측 굴곡이 된다. 킥커의 눈은 공에 최소한 잠깐이라도 초점을 맞추어야 한다. 디딤발의 위치와 공 접촉 시의 고관절의 위치가 공의 진로를 결정한다.

스윙하는 다리의 가속

고관절 굴곡근과 무릎 신전근이 동심적으로 수축되며 스윙하는 다리의 전방 동작이 시작된다. 공과 접촉하기 직전에 무릎에서 커다란 신전회전력이 발생하여 빠른 무릎 신전이 일어난다(그림 14.1B 참조). 내려오는 다리와 발은 바깥쪽으로 회전하던 위치에서 안쪽으로 회전하게 된다. 허벅지의 속도가 감속되고 내려오는 다리와 발은 운동량 변화의 결과로 가속된다.

허벅지에서 내려오는 다리와 발로 운동량이 이전되어 킥 동작에 결정적인 역할을 한다. 또한 다리가 위에서 아래로 내려오면서 각속도도 변한다. 다리 스윙 속도는 고관절 회전에 의해 영향을 받는다. 고관절 회전 후 공과 접촉이 있기 전에 고관절 굴절과 무릎 신전이 있다. 허벅지 감속이 가장 적은 킥에서 무릎 신전 속도가 가장 컸다. 이은 어떤 신체의 운동사슬이 다른 부위에 영향을 미치는 것을 보여준다. 노련한 선수는 미숙한 선수보다 이 단계에서 보다 효율적인 수축양식을 보여준다. 그래서 동작 수행이 증진된다.[5]

공과 발의 접촉

킥커의 디딤발과 공과 접촉하는 발의 위치는 킥의 결과에 중요하다. 접촉 순간에 무릎은 굽히고 발은 앞으로 전진하며 상향으로 스윙한다. 킥킹 다리의 고관절은 접촉 순간에 굽힌다. 허벅지의 각속도는 최소이며 킥에 최소한도로만 기여한다. 공에 충격을 가할 때의 발의 속도는 공의 속도에 영향을 미치는 제일 큰 요소는 아니다. 오히려 접촉 시의 발의 위치가 공의 속도에 더 큰 영향을 미친다. 노련한 선수는 공을 되도록 발목 가까이 접촉하고 좀 더 확고한 발로 접촉한다. 발목 관절의 각도 변화는 중족지절관절(metatarsophalangeal joint)의 각도 변화만큼 공의 속도에 영향을 미치지 못한다. 후자의 각도 증가는 공 속도의 감속과 상호 관련되어 있다.[5]

후속동작(Follow-Through)

후속동작은 킥킹 모션에서 중요한 단계이다 (그림 14.1 C참조). 후속동작은 신체와 공의 접촉을 가장 넓게 그리고 가장 오래 할 수 있게 한다. 접촉 시간이 길수록 운동량이 커진다. 둘째로 후속동작은 스윙하는 다리의 손상을 줄인다. 후속동작으로 근육, 연부조직, 관절에 들어

그림 14.1
A. 킥킹, 디딤발 위치. B. 킥킹, 가속. C. 킥킹, 후속 동작

직후에 이미 압력을 받고 있는 무릎 관절, 주변 연부 조직에 커다란 하중이 걸리기 때문에 일어날 수 있다.[3,5]

킥킹 동작의 근육 활동을 분석하면 원심 활동이 우세하다. 이런 양식을 '축구의 모순(soccer paradox)'이라고 한다. 무릎 굴근 활동이 무릎을 신전할 때 지배적이며, 무릎 신전근 활동은 무릎을 굴절할 때 지배적이기 때문이다. 대퇴 사두근은 하중이 실리는 단계에서 가장 활발하다. 이 때 대퇴사두근은 길항근으로 작용한다. 때문에 최대 무릎 신전근 순간은 스윙하는 다리에 하중에 실리는 동안 킥킹 동작의 아주 초기에 발생한다. 공과의 접촉 직전에는 대퇴사두근 활동은 없다. 슬개근이 킥킹 동작의 마지막 단계를 원심적으로 지배한다. 그래서 무릎의 각속도를 줄이고 관절의 감속을 돕는다. 결과적으로 무릎의 과신전이 줄어, 손상의 위험은 줄이고 킥 효율성은 높인다.[5]

킥킹은 축구 선수가 운동장에서 발휘하는 기능의 일부에 지나지 않는다. 헤딩과 드로우잉의 역학도 조사해야 한다. 또한 골키퍼의 역학도 마찬가지다.

헤딩

헤딩은 세 가지 단계로 구성되어 있다. 준비단계, 접촉 단계, 원상 복귀 단계이다. 이 단계들은 경기 상황에 따라 변하지만 기초적인 기술은 변하지 않는다. 공을 헤딩할 때 적절한 생체역학을 이용하면 경기 실행과 손상 예방에 큰 도움이 된다. 헤딩에서 가장 중요한 최초의 요소는 공과 선수의 머리 접촉이다.[3]

준비단계

공을 헤딩하기 위해 지면을 박차고 점프할 때, 고관절은 약간 신전하고 무릎은 약간 굴절한다. 다음으로 머리에 몸이 동시에 움직임에 따라 몸통이 신전한다. 이 최초의 신전운동으

있는 힘을 분산시킬 수 있다. 공 접촉 직후, 빠른 무릎 신전을 조절하기 위해 슬개근이 원심적으로 수축하면서 커다란 무릎 굴절 순간이 일어난다. 만약 이런 굴근 토크가 너무 일찍 발생하면 킥커의 발이 느려져 공의 속도가 떨어진다. 후속 동작의 마무리로 고관절 신전근이 원심적으로 작동하여 고관절 굴절 순간을 늦춘다.[5]

킥킹에서, 스윙하는 다리의 운동 에너지 중 겨우 15%만이 공으로 전달된다. 그 에너지의 나머지는 대퇴사두근의 활동과 같은 다른 기전에서 발생할 것이다. 근육에 저장된 에너지가 분산되려면 적절한 시간이 필요하며 손상은 킥

로 공과 접촉했을 때 에너지가 몸통과 고관절 굴근을 통해 전달된다. 팔은 균형을 잡고 공을 다루는 상대 선수로부터 보호를 하기 위해 앞쪽으로 뻗는다.[3]

어프로치 동안에 몸통과 고관절 굴근을 수축해서 머리와 어깨를 공의 방향으로 가속한다. 시선(eye contact)은 충격 후 머리 속도를 줄이고 또한 몸동작을 조절하는데 도움을 주기 위해 헤딩 동작에서 끝까지 일정하게 유지해야 한다. 목은 중립 위치에서 등척성으로 수축하고 일정하게 유지한다. 머리가 몸을 전방 동작으로 이끌면 안 된다. 팔은 동작이 완결되면서 몸 방향으로 다시 끌어당긴다. 운동량이 신체에서 공으로 이전되는 것은 주로 몸통과 고관절 굴근에 의해 조절된다.[3]

준비 단계는 공을 헤딩할 때 적절한 타이밍과 자세를 위해 중요하다. 몸통 근육조직은 전체 체중의 대부분을 차지하고 있기 때문에 헤딩 동작을 지배한다. 승모근(Trapezius)과 흉쇄유돌근(sternocleidomastoid muscle)은 준비단계에서 활발하고 후자의 근육이 점핑하는 선수에서 먼저 작동한다.[3]

접촉 단계

접촉단계는 공이 선수의 이마(hairline)에 접촉하는 순간부터 떨어지는 순간까지이다. 총 접촉 시간은 10~23ms이다. 공과의 접촉은 뚜렷한 세 가지 단계가 있다. 첫째 단계는 접촉과 공의 변형을 포함한다. 운동량은 선수의 머리에서 공으로 전달되어, 공의 방향 전환이 이루어진다. 공이 머리 방향과 같게 진행하기 시작하고 공은 변형된 채로 있다. 셋째 단계는 공이 정상적인 모습을 되찾고 선수의 머리와 접촉이 끊어진다.[3]

원상 복귀 단계

헤딩의 원상 복귀 단계 동안에 승모근은 흉쇄유돌근보다 더 오래 활동한다. 승모근은 공과 접촉한 후 선수의 머리가 감속하는데 도움을 준다. 공을 하방으로 헤딩할 때, 흉쇄유돌근은 그 어떤 헤딩 상황에서보다 더욱 빠르게 비활동적으로 된다. 그 이유는 머리가 공의 윗부분을 맞추어 공이 지면으로 향하게 하려는 것이다.[3]

드로우잉

필드 선수는 공이 옆줄로 나갔을 때, 경기를 재개하기 위해 공을 양손으로 드로우잉한다. 드로우잉은 코킹(cocking), 공 던지기의 가속, 그리고 후속 동작이 있다. 코킹 단계에서 선수는 발목을 척측굴곡하고 고관절과 척추를 신전하고 어깨와 팔꿈치를 굴곡하고 팔목을 요측 편위시킨다.

선수가 최대 코킹 단계에 이르렀을 때, 공 던지기의 가속이 시작된다. 만약 선수가 스프리트 자세(split stance)를 취한다면, 무게 중심은 전방으로 이동하기 시작한다. 공을 던질 때, 무릎은 신전되고, 고관절은 굴절되며, 어깨와 팔꿈치는 신전되고 팔목은 요측편위된다. 이런 전방 이동 동작은 그 후 후속 동작을 통해 원심적으로 조절된다.

골키핑

골키퍼의 생체역학을 분석한 연구는 거의 없다. 골키퍼의 경기 요구사항은 아주 다르다. 골키퍼의 킥킹 동작에는 손에 들고 있던 공을 손에서 놓으면서 공이 땅에 닿기 전에 차는 펀팅(punting)이 포함된다. 킥의 실제적 수행과 굴절 및 신전 순간들의 크기는 매우 다르지만 킥의 단계들은 유사하다. 게다가 공을 펀팅 할 때 후속 동작을 수직적 및 수평적인 성분으로 분석할 수 있다.

골키퍼는 공을 막기 위해 수직 및 수평으로 점프한다. 다이빙하는 방향으로 공에서 가장 멀리 떨어지게 손발을 뻗치면 사실상 골키퍼가 공에 도달하는데 도움이 된다. 다이빙의 생체역학을 연구한 조사에 따르면, 경험이 많은 골키퍼는 더욱 효과적인 근육들의 상호상승 적으로 작용하는 움직임을 가지고 있다. 그래서 노련한 골키퍼는 미숙한 골키퍼보다 더욱 더 다이빙이 뛰어나다. 근육이 여러 다이빙에서 어떤 역할을 하는지 이해하려면 골키핑 연구가 더욱 필요하다. 위치에 대한 지식이 늘면 손상 선수의 경기 복귀를 향상시키고 손상도 줄을 것이다.

손상 예방

준비운동과 스트레칭

축구에서 모든 손상의 75%는 피할 수 있는 것이다.[6] 축구에서 가장 큰 예방책은 적절한 준비운동과 콘디셔닝이다. 효과적인 준비운동은 조직의 온도를 높여주고 관절가동범위를 증가시킨다.[7] 전형적인 준비운동 프로그램은 런닝, 유연체조, 동적 스트레칭, 공 훈련이다.[9]

스트레칭은 축구선수들이 같은 나이 또래의 비선수보다 유연성이 떨어지는 경향이 있기 때문에 중요하다.[7,9,10] 조사 대상 선수의 67%는 하지에 최소한 한 부위의 경직된 근육이 있었다.[7] 경직된 근육을 가진 선수와 근육 좌상 사이에는 상호연관이 있다.[7,9] 근육 좌상은 일반적으로 축구 선수에게 영향을 미치며 결국 몇 주간 시합에 결장하게 만들기도 한다. 그것들은 쉽게 예방할 수 있다.

정적 및 수축 이완 스트레칭(static and contract relax stretching)은 근육 길이를 늘이는데 효과적이다. 이런 기술의 조합은 중요하다. 배측굴곡, 고관절 내전, 무릎 신전근, 무릎 굴근, 그리고 고관절 굴근군은 손상이 가장 빈번한 부위이기 때문에 스트레칭 프로그램의 주요 대상으로 삼아야 한다. (이런 스트레칭 보기는 9장 참조). 그러나 하지의 각 관절은 개별적으로 그리고 동적 동작을 통해 스트레칭 해야 한다. 축구공을 이용해 이런 근육군을 동적으로 스트레칭 시킬 수 있다. 그림 14.2는 동적 고관절 내전 스트레치를 보여준다. 등, 목, 상지도 활동 전에 풀어주어야 한다. 이 부위들은 하지를 강조하는 축구 선수에게서 소홀히 취급되기도 한다. 정적 스트레칭을 끝낸 후에는 운동 활동을 촉진하기 위해 동적 스트레칭을 해준다.[13]

숏팅은 가장 흔한 준비 운동 중 하나로 대퇴사두근 좌상(strain)과 관련되어 있다.[5] 적절한 숏팅은 준비 운동 과정의 일부가 된다. 숏팅 연습은 다리 근육을 스트레치한 후에만 허용한다. 숏팅은 가깝고 느린 숏에서부터 천천히 거리와 속도를 늘린다. 포지션이 다르면 숏에 대한 요구사항도 다르다는 점을 명심해야 한다. 특히 골키퍼의 경우가 그렇다. 시합에 앞서, 필드 선수보다 골키퍼는 상체와 몸통 스트레칭에 역점을 둔다.

기타 일반적인 관행도 손상에 기여할 수 있다. 첫째, 연습이나 게임에 늦게 도착한 선수는 적절한 준비운동을 하기가 좀체 힘들다. 둘째, 시합 동안, 시합 전에 준비했던 준비운동이 전부인 후보 선수는 갑자기 시합에 투입되는 경우가 왕왕 있다. 이것 일반적인 관행이 근육 손

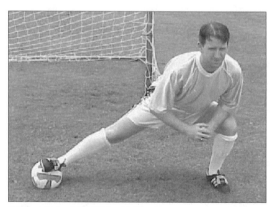

그림 14.2 스트레칭, 내전

상에 기여한다.

콘디셔닝

시즌 기간(in-season)이나 프리시즌에, 콘디셔닝은 전적으로 선수 개인의 몫일 경우가 있다. 종종 대학 수준에 이르러야 운동을 위한 콘디션 방법을 구체적으로 조언하는 것이 가능하다. 이 시점에서도 프로그램이 일반적이어서 구체적인 위치에 따른 필요사항으로 연결되지 않을 때가 있다. 오프 시즌(off-season)에 적절한 콘디셔닝과 더불어 선수는 과사용으로 인한 많은 손상과 콘디셔닝에 따른 손상의 위험을 줄여야 한다.

앞서 언급했던 것처럼, 축구에 있어 각 위치에 따른 런닝과 전력 질주 요구사항은 변한다. 일방적인 장거리 달리기는 축구 선수를 훈련시키는데 반드시 최선의 방법은 아니다. 그것은 스트라이커가 골대를 향해 전력질주거나 골키퍼가 다이빙하여 공을 막기 위해 손발을 폭발적으로 뻗는데 필요한 일련의 빠른 에너지 폭발은 해결하지 못한다. 축구에서 대부분의 달리기는 5~30야드의 길이에 따라 변한다.[12] 대개 선수는 공이 없이 달린다. 운동 강도는 다양한 시간 인터발로 걷기에서 전력질주까지 범위를 정한다. 여러 가지 에너지 시스템에 대한 이런 요구 때문에 유산소 및 무산소 훈련이 중요하게 된다. 조깅과 전력질주로 이루어진 인터발 훈련은 축구 선수를 훈련시키는데 매우 효과적이다.

위치에 따라 다양한 요구사항이 있다. 한 연구 조사에 따르면 한 경기에서 달리는 총거리는 10.8km라고 한다. 이 거리에서, 조깅은 36% 걷기는 24% 실제 공을 갖고 있는 거리는 겨우 2%에 불과했다. 선수는 평균 14야드 동안에 매 90초를 전력 질주한다. 휴식 시간은 전력질주의 약 3초에 대해 2분 정도이다. 위치별로, 다른 콘디셔닝 요구사항이 있다. 미드필더는 게

임 당 6.2마일을 뛴다. 포워드와 수비수는 이보다 약간 적은 5.3마일 뛴다. 놀랍게도, 정적인 선수로 생각되는 골키퍼가 경기 당 2.2마일을 뛴다.[4] 이 거리의 대부분에는 공이 골키퍼에서 멀리 떨어져 있을 동안 키핑을 위해 주변을 움직인 시간이 포함된다.

유산소 운동

유산소 훈련은 선수가 시즌 동안에 90분 경기를 소화해내기 위해 필요하다. 유산소 훈련은 산소가 기질을 물질 대사시키기 이용될 때 발생되는 에너지를 말한다. 이것은 대개 사건이 90초 이상 지속될 때 발생한다. 유산소 운동을 위해서는 활동을 선수의 최대 심장 박동수의 70~85%로 15~20분 동안 지속해야 한다.[13] 유산소 콘디셔닝은 선수가 고강도로 장기간 활동을 수행하는데 도움이 되며, 고강도의 훈련 사이에 빠른 회복이 가능하게 한다. 축구는 유산소 및 무산소 시스템을 사용하기 때문에 이런 형태로 훈련하면 신체적으로나 심리적으로 유익하다. 선수가 오랜 시간 동안 훈련할 수 있는 조건이 갖추어 지면 선수는 피로로 인한 정신적 오류를 낮출 것이다.[12]

유산소 콘디셔닝은 전반적이며 해당종목의 특성에 맞아야 하고, 주당 3~6차례 실시한다.[13] 전반적인 단계에는 느린 속도의 달리기가 포함된다. 그런 다음 구체적인 단계가 이어지고 선수가 시합에서 사용하는 달리기를 모방한 다양한 달리기를 한다. 걷기, 달리기, 전력질주를 번갈아 실시한다. 속도는 전반적인 단계로부터 증가시켜, 최소한 주에 4번 실시하며, 강도에 따라 변화를 준다.[12]

무산소 운동

무산소 훈련은 2분 이내로 지속되는 활동을 말한다. 그것은 인원질과 젖산에너지원을 포함하고 있다. 6초 이하로 지속되는 활동에서는 인

원질시스템이 거의 배타적으로 사용된다. 30~90초 동안 지속되는 활동은 젖산 에너지 시스템에 의존한다. 인터벌 훈련 방법을 사용하면 이런 시스템들이 최고로 개발된다.[13]

인터벌 훈련

인터벌 훈련은 일정한 훈련을 했을 때보다 고강도로 더 오래 뛸 수 있게 한다. 고강도 훈련의 강도를 높이고 훈련 시간을 늘리는 것이다. 효과적인 인터벌 훈련 프로그램을 위해 여러 목표를 충족해야 한다. 첫째, 운동 기술들을 충족해야 한다. 둘째, 훈련 프로그램을 통해 모든 에너지 시스템을 강화시켜야 한다. 마지막으로 구체적인 운동 요구사항을 충족시키기 위해 강도와 운동량을 조정할 수 있어야 한다.[12]

훈련 일정

포괄적인 콘디셔닝 프로그램은 런닝 프로그램과 더불어 웨이트 트레이닝 프로그램을 삽입한다. 최적의 시기에 최고의 콘디션을 위한 훈련 일정을 짜야한다. 훈련 일정은 선수의 일 년 일정을 프리시즌, 시즌 중, 오프시즌으로 나눈다. 그런 다음 이런 주기를 유연성, 힘, 지구력, 구체적인 기술을 훈련하는데 사용한다. 선수는 힘, 근육 비대(hypertrophy), 혹은 파워에 역점을 두면서 각 시즌 당 3~15주를 잡는다. 각 시즌 내에서 운동량, 강도 그리고 기간을 소기의 성과를 위해 조정한다. 선수는 다관절(multijoint) 뿐만 아니라 다른 단계에서 보다 작은 근육군을 훈련시켜야 한다.[13]

전형적인 근력 강화 단계는 적당한 운동량(5~6회 반복으로 3~5세트)을 갖고 강도는 1회 최대 반복(1-repetition maximum)의 80~85%를 시행한다. 근육비대 단계는 최대 운동량(10~15회 반복으로 3~5세트)으로 최저 강도(1회 최대 반복의 50~75%)를 가진다. 파워 단계는 2~4회 반복의 5세트로 최저 운동량으로 구

성된다. 반대로, 그것은 1회 최대 반복의 90~95%의 최고 강도를 가진다. 일반적으로 말해서, 1년은 3~4주 지속되는 근육비대 단계로 시작하여, 4주 지속되는 근력 강화 단계로 넘어간다. 근육비대 단계는 축구 선수에게 중요한 단계는 아니다. 그래서 다른 운동에 비해 이 단계가 가장 짧다. 파워 단계는 마지막 단계로 3주간 지속된다. 각 단계는 특정한 개인의 바람직한 결과를 얻기 위해 조정될 수 있다. 이런 지침들은 훈련의 균형을 맞추고 시합에 대비하며 과훈련을 피하는데 도움이 된다.

오프시즌의 훈련 강도는 시합 때보다 높다. 오프시즌기에는 휴식 시간이 충분하기 때문에 플라이오매트릭스를 시즌 때보다 자주 시행한다. 시즌 중에 플라이오매트릭스를 과하게 하면 경기를 망칠 수 있다. 시즌이 가까워지면, 근력강화 훈련은 줄이고 보다 구체적인 운동에 집중한다. 시합 기간 중에는 콘디셔닝의 운동량은 최저 수준이고, 플라이오매트릭스와 웨이트 트레이닝 훈련은 1주일에 한번씩 번갈아 한다.[13] 각 단계들 사이에는 과도기(transitional period)가 있어 다음 단계를 위한 심신의 준비를 한다. 경기에 출전하지 못하는 선수들에겐 예외가 있어야 한다. 이 선수들은 경기 후 경기에 상당하는 수준으로 훈련을 해야 한다. 콘디셔닝에도 도움이 되며 향후 경기에 임할 준비를 하는데도 도움이 된다.

근력 강화

신장-단축 주기(stretch-shortening cycle)를 포함한 근력 강화 훈련은 실력 향상에 도움이 되는 것으로 밝혀지고 있다. 고관절 신전근과 슬개근과 더불어 고관절 굴근과 대퇴사두근의 구심성 근력 강화는 실력 향상에 중요하다. 그러나 동일한 근육이 자세에 따라 다른 역할을 수행하기 때문에 구심적이건 원심적이건 근육을 한쪽으로만 훈련시키는 것은 바람직하지 않

다. 예를 들어, 대퇴사두근은 달리기에서 원심적으로 작용하지만 킥에서 공과 접촉하는 순간에는 구심적으로 작용한다. 두 가지 형태로 근육을 효과적으로 훈련시킬 수 있는 프로그램 개발이 선수에게 최대의 이익을 줄 것이다. 멀리 그리고 높이 뛰는 점프와 같은 폭발적인 근육동작은 킥 거리와 상호연관이 있는 것으로 밝혀지고 있다. 결과적으로 이런 훈련이 실력 향상을 위해 선수의 훈련 프로그램에 들어가야 한다.[5]

연구에 따르면 축구 선수는 주하지와 보조하지 (dominant and nondominant lower extremities) 사이에 훌륭한 근육 대칭을 보인다. 축구 선수가 슛을 할 때는 정해진 발로 차는 경향이 있지만 대부분의 선수는 드리블과 패싱에서 양발을 거의 공평하게 사용한다. 한편 최고 무릎 신전력은 주하지보다 보조하지에서 더 크다. 이것은 킥을 할 때 체중을 지탱하는데 보조 다리가 수행하는 역할에 기인할 것이다. 최대 무릎 신전력이 떨어지기는 하지만 주 다리가 공 속도에는 더 기여하는 것으로 밝혀졌다.[5]

다관절 동작을 포함한 웨이트 트레이닝 연습은 대개 개인적인 근육군을 훈련시키기에 앞서 수행된다. 축구선수에게 유익한 일부 다관절 훈련은 하체 강화를 위한 레그 프레스(leg press), 스쿼트(squat), 런지(lunge)가 있다. 스쿼트는 무릎에 큰 하중이 걸리는 훈련이기 때문에 큰 노력이 필요하며 선수가 무릎 통증이나 손상 병력이 있다면 강도가 약한 훈련으로 대체해도 된다. 파워 클린(power clean), 스내치(Snatch)와 같은 올림픽 리프트(olympic lift)는 다관절 훈련이지만 구체적인 운동은 아니다. 이런 훈련을 안전하게 수행하려면 더 많은 기술이 필요하며 축구 선수에게 최선은 아니다. 하지의 단관절운동은 앉아서 다리 뻗기(seated leg extension), 슬개근 컬(hamstring curl), 내전 외

전 운동, 비복근(gastrocnemius)와 가자미근(soleus muscle)을 각기 훈련시키기 위해 양다리를 뻗고 무릎를 굽히는 종아리 들어올리기(calf raise)를 포함해야 한다.

복부근육 운동은 근력 강화 훈련에 중요하다. 핵심 근력(core strength)를 유지해야 여타 부위의 훈련을 더욱 효율적으로 할 수 있다. 복사근(obliques)과 복횡근(transversus abdominis)에 중점을 둔 프로그램이 선수에게 최적이다. 이런 근육들은 대각선 크런치(diagonal crunch)로 훈련시킨다. 피지오볼(physioball 물리 치료용 큰 공 옮긴이)을 사용하여 강도를 높일 수 있다. 척추측방(paraspinal)과 다열근(multifidi)을 포함한 척추 훈련을 포함하는 것도 중요하다.

상체 훈련은 체스트 프레스(chest press)뿐 아니라 로잉(rowing), 래터럴 풀스 다운(lateral pulls-downs), 전방 그리고 후방으로 어깨 올리기(front and lateral shoulder raises)와 같은 다관절 훈련을 포함해야 한다. 이두박근 및 삼두박근을 위한 개인적인 팔 훈련은 축구 선수의 종합적인 동작보다 덜 중요하다. 팔을 훈련시키고 싶다고 해도 웨이트 룸에서 시간을 최적화시키기 위해 다른 운동을 우선순위로 두어야 한다.

플라이오매트릭스

플라이오매트릭스는 모든 선수들을 위한 훈련 프로그램의 구성요소이다. 이런 훈련들은 실력을 향상시키고 손상을 줄이는 것으로 밝혀지고 있다.[14] 플라이오매트릭스는 근육이 가능한 최단 시간 내에 최대 힘에 도달하게 만드는 훈련이다.[13]

플라이오매트릭스는 근육을 강화시키기 위해 근육에 과부하를 적용하는 것이다.[13] 플라이오매트릭 훈련의 세 가지 주요 성분은 원심, 전환단계, 구심 단계이다. 원심 수축 단계는 신전반사(stretch reflex)를 이끌어내어 근육 내에서

더 큰 구심 수축을 가능하게 한다. 이것은 속도 힘(speed strength)을 높인다. 전환 단계는 원심 단계에서 구심 단계가 시작하는 시간을 말한다. 전환 단계는 신전 반사를 최적화하여 힘을 증가시키기 위해 짧아야만 한다. 스트레치의 크기(magnitude of the stretch)는 스트레치의 속도(rate of the stretch)에 비해 중요하지 않다.[13] 이것은 고속 동작(high-speed movement)에서 최대 힘을 생산하도록 훈련하는 것으로 축구에서 매우 중요하다.

플라이오매트릭스 프로그램을 이행한 후, 몇 가지 사항을 명심해야 한다. 선수가 표면에 맞는 적절한 신발을 신었는지를 확인하라. 미끄러지지 않는 지지력있는 신발이 필요하다. 풀 발은 운동에 특정한 것이기 때문에 이런 훈련을 실시하기에 가장 적합하다. 또한 지면과의 사이에 공간이 있는 목재 바닥도 괜찮다. 트램폴린과 과도하게 패드를 장착한 표면은 전호나 단계를 증가시켜 플라이오매트릭스 훈련의 이점을 감소시킨다. 결과적으로 그것들은 피해야 한다. 발꿈치에서 발뒤축으로 구르듯(toe-to-heel rocking)이 부드럽게 착지하는 방법도 손상을 감소시키는데 중요하다. 운동에서 많은 손상이 부적절한 착지로 이루어진다.[14]

특히 중요한 것으로, 선수들은 적절한 기술과 체력으로 이런 훈련을 해야 손상을 피할 수 있다. 바람직한 결과를 산출하기 위해 조정할 수 있는 프로그램의 기초적인 특징은 운동량, 빈도, 강도이다. 운동량은 고강도 훈련(workout)당 발접촉(foot contact)의 수로 언급된다. 그 범위는 80~100사이가 되어야 한다. 빈도는 이 훈련이 시행되는 주당 훈련 횟수를 말한다. 대개 선수는 시기(시즌 대 비시즌)에 따라 선수가 참여하는 훈련 주기에 기초하여 1~3차례를 시행한다. 강도는 근육, 연관 조직, 관절에 부과되는 힘의 양을 말한다. 다양한 형태의 점프는 관절에 다양한 크기의 힘을 부과한다. 예를 들어,

스키핑(skipping)은 저강도 활동이지만, 인뎁스 점프(in-depth jumps)는 고강도 활동이다.[13]

하지 플라이오매트릭스 훈련에는 스퀘어 점프(square jump), 박스 점프(box jump), 뎁스 점프(depth jump)가 있다. 스퀘어 점프를 실시하기 위해서는, 하얀 선수용 테이프를 이용해서 바닥에 십자가를 그린다. 선수는 상자 4개중 하나에 선 다음 전방, 후방, 측방, 대각선 혹은 이런 운동을 혼합하여 외발뛰기(hop)를 한다. 선수는 또한 훈련을 증진시키기 위해 시간을 재는 동안 시계 방향 혹은 반시계 방향과 같은 구두 명령을 받을 수 있다. 방향은 코치나 치료사의 지시에 따라 변한다.

박스 점프는 높이가 0.4~1.1m되는 것에서부터 스텝을 이용하여 실시한다. 박스 높이는 0.75~0.80m가 가장 많이 이용된다. 1.2m보다 높으면 근육에 지나친 과부하가 걸려 많은 선수들이 정확한 기술을 구사할 수 없다. 선수는 박스의 약 0.6m 앞에 선다. 발은 어깨 넓이로 벌린다. 무릎과 고관절은 약간 굽힌다. 그런 후 선수는 앞쪽 위로 뛰어 상자에 착지한다. 상자에 착지한 순간 선수는 출발점으로 그 즉시 되돌아 뛴 다음 다시 폭발적으로 뛰어오른다. 상자와의 접촉 시간이 짧을수록 훈련의 효과는 높다. 이 훈련을 실시할 때, 적절한 착지기술은 손상을 방지하기 위해 중요하다. 착지할 때 어깨는 무릎 위에 있어야 한다. 발목, 무릎, 고관절을 굴절하면 이 동작을 쉽게 할 수 있다.[13] 이 훈련은 10~30초의 시간 간격(interval)을 두고 시행한다.

필드 선수에게 하지 플라이오매트릭스는 가장 중요하다. 뎁스 점프는 다리의 파워와 힘을 증진시키기 위해 사용된다. 이 훈련은 상자를 뛰어내린 다음 그 즉시 다시 뛰어올라 시행한다.[13] 활동을 준비하기 위한 일반적인 플라이오매트릭 훈련은 공 좌우로 점프(side-to-side ball jump)하는 것이다. 필드 선수와 골키퍼는 또한

핵심 안정(core stability)을 위해 상지 및 복부 근육 플라이오매트릭스로부터 혜택을 볼 수 있다. 이런 훈련들은 훈련 강도를 높이기 위해 무게가 큰 공으로 수행할 수 있다. (전진적인 상지 및 하지 플라이오매트릭 훈련은 13장 참조).

정리 운동

손상 예방의 또 다른 측면은 정리운동이다. 이 분야는 지금까지 특별한 연구가 없었다. 대부분의 선수들은 연습을 마치고 락커 룸을 향해 운동장을 떠난다. 스트레칭이 개인적이든 팀 차원에서 이루어지든, 실제적으로 정리운동을 하기 위해 시간을 할애하는 선수는 거의 없다. 훈련이나 게임이 끝난 후 10~15분 정도의 정리운동은 근육경직을 피하기 위해 반드시 필요하다. 대퇴 사두근과 슬개근의 격렬한 훈련 후에는 ROM이 2~3일 동안 저하되어 있다.[7] 똑같이 격렬한 운동을 한 후 스트레칭을 해주면, ROM 저하가 없다.[7] 근육 경직은 매주 여러 날의 훈련이나 시합 후 근육의 강직이 누적된 결과일 것이다.[7] 근육을 적절히 늘리는 연습이나 시합 후의 정리운동은 실력 향상에 이롭다. 연습 후 짧은 거리에서 천천히 달리고 그 후 하지와 상지의 주요 근육군의 정적 스트레칭을 10~15분 정도 한다. 선수가 훈련이나 시합으로 지쳐있기 때문에 정리운동은 특히 과격하지 않아야 한다. 훈련에서 이런 측면이 나빠지면 전반적인 실력에 악영향을 미칠 장기적인 효과가 일어날 수 있다.

장시간 경기를 하는 축구 선수에게 수화는 중요하다(수화에 대해서는 12장과 13장을 참조).

근신경 촉진법(proprioceptive neuromuscular facilitation PNF) 스트레칭을 이용한 준비운동 및 정리운동의 손상 예방 프로그램으로 손상 발생을 75%, 의료비용 80% 감소시킬 수 있고 게임 결장 시간도 줄일 수 있다.[8] 준비운동과 정리운동을 코치나 선수에게 가르치면 근육

염좌의 발생을 줄일 수 있고, 선수의 유연성 감소를 막을 수 있다.

보호 장비

앞서 서술했듯 축구 선수의 손상 예방 장비는 거의 없다. 대부분의 경기에서 정강이 보호대가 쓰인다. 정강이 보호대는 양말 속에 끼우는 조그만 플라스틱 정강이 보호대에서부터 복사뼈를 덮는 커다란 정강이 보호대 등 여러 가지 형태가 있다. 정강이 보호대는 타박상을 막을 수는 있지만 골절을 막을 수 있을 정도로 충분히 힘을 분산시킬지 여부는 미지수이다.[15,36] 유니폼은 신체를 보호하는 데는 어떤 역할도 하지 못한다. 골키퍼는 팔꿈치에 패드를 댄 옷을 입는다. 하지만 이 옷이 잔디와의 마찰로 인한 찰과상(abrasion)을 겨우 막을 수 있을 뿐 팔꿈치가 지면에 닿아 일어나는 타박상이나 골절을 막지는 못한다. 허벅지 측면에 패드를 대는 것도 골키퍼의 팬츠에 유용하며 찰과상을 막을 수 있다. 골키퍼 장갑은 손을 보호하는 것으로 생각된다. 사실, 골키퍼는 공을 잡는데 마찰을 증가시키기 위해 장갑을 착용하지 보호를 위해서 착용하는 것은 아니다.

헤딩

일부 선수들은 입을 보호하고 가벼운 충격을 예방하기 위해 마우스 가드를 사용한다. 하지만 그것들은 의무적이지는 않다. 치아 손상은 축구에서 흔하지는 않지만 선수들이 헤딩하기 위해 뛰어오르거나 골키퍼가 필드 선수와 공중볼을 다투다가 발생할 수 있다. 충격도 같은 기전으로 발생할 수 있다. 드물지만 지면이나 골포스트와 부딪히는 사고로 충격을 당할 수 있다.

헤딩의 장기적인 효과에 대해서는 논쟁의 여지가 있다. 네덜란드의 프로 축구 선수와 비접촉 운동선수를 신경 심리학적 검사에 대해 비

교한 연구에 따르면 기억, 계획, 시각인지과정 (visuoperceptual processing)에서 일부 손상이 발생하였다.[16] 그러나 미국 국가·대표팀을 연구한 또 다른 연구에 따르면 헤딩과 신경 증상 사이에는 전혀 상관관계가 없었다.[16] 권투에서 쓰는 부드러운 보호 헬멧이 보호 장구로 고려되고 있지만 현재 사용을 강제하지는 않고 있다.

반복적인 헤딩으로 인한 손상의 가능성을 줄이기 위해 연습에서는 헤딩을 최소로 시행해야 한다. 비치볼처럼 가벼운 공으로 연습하면 손상의 위험을 줄일 수 있을 것이다.[34] 좋은 자세와 목 근육 강화 훈련을 선수와 코치에게 지도하면 이 범주에서 손상의 위험을 크게 줄일 수 있다.

등척성 및 반중력 경추 훈련은 헤딩을 위한 척추 안정을 훈련시킬 수 있는 가장 쉽고 안전한 방법이다. 공을 헤딩하기 전에 이 근육을 수축시킬 수 있는 능력이 되면 공이 선수의 머리에 빠른 속도로 접촉할 때 일어나는 편타성 손상 효과(whiplash effect)로 인한 손상의 위험을 줄인다.

헤딩이 선수에게 장기적으로 영향을 미칠 가능성은 최근에 큰 주목을 받고 있다. 미국 국가 대표 팀 선수를 대상으로 한 연구에 따르면, 이 실험 대상자[1.3]에게서 신경 증상이 증가되고 있었다. 이런 증상들은 운동 시의 접촉과 반복적인 헤딩과 관련된 것으로 생각된다.[1] 네델란드 선수를 대상으로 한 연구는 헤딩은 게임 당 8.5회인 것을 보여주었다. 14온스 무게의 공이 시속 50~80마일의 속도로 날아갈 수 있다.[34]

이런 사실들은 이런 무게와 속도에서 반복적인 힘이 작용되면 장기적인 효과가 있을 것으로 보이지만, 헤딩과 신경의 변화1와의 관련을 증명하는 결정적인 증거는 없다. 아주 종종 축구 선수는 헤딩으로 인한 일종의 편두통 증상과 유사한 두통을 호소한다.[30]

골대

손상 예방에 있어 또 하나의 우려 부분은 골대이다. 지난 13년 동안 골대와의 충격으로 18명이 죽었다. 이는 축구에서 가장 흔한 치명상의 원인이다.[17] 이 손상의 일부는 골대가 사람 위로 넘어지며 일어난다. 여러 경우에 선수는 골대와 부딪힌다. 이 때 골대가 넘어지며 사람 위로 덮치는 것이다. 한 가지 가능한 해결책은 골대를 고정시키는 것이다. 하지만 이것은 사실상 충격으로 인한 손상의 수와 강도를 증가시킬 것이다. 골대를 덧씌우는 다양한 소재의 이용에 관한 조사가 이루어지고 있다. 현재 이 문제는 공이 골대를 맞고 되튈 때 공의 방향에 영향을 미치지 않는 소재를 찾는 것이다. 다행스럽게도 이 문제에 대한 몇몇 해결책이 떠오르고 있어 손상의 위험을 줄이면서 지금과 비슷한 게임을 할 수 있을 것 같다.

예방 조처

예방 테이핑이나 부목이 손상 예방에 사용된다. 발목 염좌가 축구에서 가장 흔한 손상이기 때문에 연습이나 시합에서 예방 테이핑을 하는 데는 많은 주의가 필요하다. 이것은 매우 비싸고 시간이 많이 소비된다.[7] 그리고 예방 테이핑의 효율성 연구는 거의 없다. 그러나 선수가 발목이 불안정하거나 발목 염좌의 병력이 있다면 테이핑이나 부목이 손상을 예방하는 유효한 수단이 될 것이다.

적절한 부목을 발견하는 것을 선수나 코치에게 일임해서는 안 된다. 시중에서로 구입 (store-bought)하는 부목은 부적절할 수 있고 다른 문제를 유발할 수 있다. 이와 마찬가지로 부위와 상관없는 부목을 선택할 수도 있다. 이런 요소들은 예방 프로그램의 비효율성에 기여할 것이다. 부목은 선수 트레이너, 물리 치료사, 그리고 의사를 포함한 의료진의 결정에 따라야 한다.

코칭

적절한 기술을 사용하여 선수를 코치하면 손상의 위험이 줄어든다. 헤딩을 할 때 선수가 우선 능동적으로 근육을 수축시켜 목을 안정시키면 손상을 줄일 수 있다. 골키퍼는 공을 잡고 다이빙할 때 적절히 지면에 닿는 법을 배울 필요가 있다. 공부터 지면에 닿게 한 후 고관절이 이어지면 공이 쿠션의 역할을 한다. 팔꿈치나 무릎 손상을 줄일 수 있을 것이다.

선수가 새로운 기술을 터득할 필요가 있을 때, 코치는 신체의 요구 사항을 이해해야 한다. 이는 특히 아이들을 지도하는 코치에게 들어맞는다. 고난도의 기술을 익히기 위해서는 기초 기술을 완전히 익혀야 한다는 인식을 아이들에게 주지시킬 필요가 있다. 선수의 진전이 너무 빠르면 손상 위험이 높아진다.

손상의 원인

손상 발생율(epidemiology)

아마 축구가 세상에서 가장 많이 하는 운동일 것이다.[1,9] 축구 인원수와 축구 관련 손상 수는 축구 자체의 내재적 위험보다는 그 인기의 반영일 것이다.[9] 축구는 1800년 이래로 유럽에서 가장 인기 있는 운동이다.[1] 유럽에서 운동과 관련한 전체 손상에서 축구로 인한 손상이 50~60%를 차지한다는 것이 놀랄 일도 아니다. 미국에서 축구와 관련된 손상 수는 지난 20년 동안 분명히 증가하고 있다. 이는 축구 동호인이 급격히 늘어났기 때문일 것이다. 축구는 상대적으로 안전한 운동으로 고려된다. 미식축구와 비교했을 때, 축구의 손상이 현저히 낮다. 고등학교 미식축구 선수의 손상 위험이 85%인데 반해 축구는 30%이다.[1]

손상 발생율은 연습이나 게임에서 1000시간 당 발생하는 건수로 설명될 수 있다.[1,9] 연구에서 이용되는 손상의 정의에 따라 손상율이 변

한다. 손상은 의료인에 의해 보고되는 사건으로 정의될 수 있다. 이것은 연구 목적을 위해 손상의 정의에 따라 찰과상(abrasion) 같은 매우 작은 손상이 포함될 수 있다.[1] 노르웨이 토너먼트에서 11~18세에 이르는 2만 5천명의 엘리트 축구 선수를 조사하였다.[1,19] 1000시간 당 남성은 14건, 여성은 32건의 손상이 있었다. 최소한 한 게임이나 연습 결장과 같은 엄격한 손상 정의에 따라 실시한 다른 연구들은 낮은 손상 발생율을 나타내었다. 1000시간 당 남성은 5건, 여성은 12건이었다.[19] 덴마크 연구에 따르면 남성에게 있어 1000시간의 연습 당 3.6건, 1000시간의 게임 당 14.3건의 손상을 보여주었다.[10]

손상 발생율은 연습이나 경기 상황에 따라 변한다. 남성은 연습 때의 손상 발생율이 1000시간 당 7.6건, 경기에서는 16.9건이다.[19] 여성 축구 선수의 손상 발생율은 연습 때는 1000시간 당 7건, 게임에서는 24건이다. 손상 발생율은 연습 때보다 시합 때가 2배 이상 높다.[1,9,18,19] 전체 손상의 86%는 경기에서 발생한다고 한다.[2] 이것은 연습에서보다 경기 때 신체 접촉이 더 많다는 사실에 기인할 것이다.[18] 사실, 대학 축구 선수는 연습 때보다 경기 때 전방 십자 인대(anterior cruciate ligament ACL) 손상 확률이 9배나 더 높았다.[1]

축구에서 대부분의 손상은 사소하다. 이것은 시합의 결장이 거의 없거나 전혀 없다는 것을 설명한다. 전체 손상의 44~62%는 사소한 손상이다.[1,2,9,19] 약간의 손상(moderate injury)은 전체 손상의 27~46%를 차지한다.[2,9,19] 전체 손상의 9~15%만이 심한 손상으로 분류되어 1개월 이상 게임이나 연습에 불참하게 된다. 대부분의 심한 손상은 12~15세 여성 선수에게서 발생한다.[1,18] 이것은 아마도 여성에게 흔한 무릎 손상 때문일 것이다. 이런 손상들은 종종 운동을 오랫동안 불참하게 만든다.[10]

연령 차이

25세 이상 선수의 손상율은 18%로 손상율이 가장 높다.[2,18] 이것은 이 연령대가 고도의 기술로 적극적인 시합을 운영한다는 사실에 부분적으로 기인한다. 신체 동작으로 속도를 벌충하는 30대와 40대 선수도 또한 이 범주에 든다. 신체 접촉이 증가하면 손상의 확률도 높아진다.[18] 그 다음 집단으로는 18~25세의 연령층으로 손상 발생율이 17%을 차지한다.[18] 가장 낮은 손상 발생율은 더 낮은 연령층인 15~18세에서 나타난다.[2] 이 선수들의 손상은 상대적으로 경미하며 특히 학교 체육에서 그 특징을 잘 나타난다.[2]

성별 차이

성별 차이도 손상 발생에 영향을 미친다. 손상 위험은 남성보다는 여성이 더 높다.[1] 남성에 비해 여성의 손상 비율은 거의 두 배에 이른다. 더욱이 중상 비율은 여성은 60%이고 남성은 36%이다.[2] 이런 성별 차이에 기여하는 요소는 다양하다. 첫째, 여성은 안전한 참여를 위한 체력이 부족하다.[19] 여성의 훈련량은 남성의 절반 정도이다. 연구에 따르면 훈련을 증가시키면 근력, 근육 협응, 기술이 향상되어 손상이 줄어들 수 있고 한다.[9] 여성의 손상 발생율이 높은 또 하나의 이유는 손상의 정의이다. 여성 축구 선수들은 손상 때문에 게임에 결장하는 경향이 있다 남성은 손상이 있어도 게임에 출전하여 시합에 빠지려 하지 않는다.[19]

손상에 개입하는 가장 흔한 축구 활동은 태클(tackling)이다.[18] 태클의 정의는 상대 선수의 공을 빼앗기 위한 시도이다. 축구에서 손상의 80%는 선수간의 접촉으로 일어난다.[4,18,19] 상대방 선수가 차거나 혹은 서로 충돌해서 접촉이 일어난다.[18] 최초 손상의 80%가 접촉에 의해 일어나지만 대부분의 재손상은 런닝 동안에 발생한다.[10] 경기의 수준이 높을수록 많은 손상의 초기 기전이 달리기이다.[10] 이런 통계는 남녀 모두에게 해당한다. 수준이 높으면 손상율도 높아진다. 이는 아마도 선수들 사이의 신체 접촉이 많아지면서 기량과 경쟁이 심해지기 때문일 것이다. 파울도 경쟁이 치열해지면 빈번해진다. 파울이나 규칙 위반으로 인한 손상은 전체 손상의 15~30%를 차지한다.[5,11,15]

포지션에 따른 손상에는 큰 차이가 없는 것으로 보인다. 골키퍼의 손상이 가장 많다는 연구보고서가 있었다. 나중의 연구에 따르면, 이 주장을 논박하고 사실상 스트라이커의 손상율이 높은 것으로 밝혔다. 위치에 따른 차이는 빈도보다는 손상의 기전과 손상 부위에 있다. 골키퍼는 다이빙, 태클, 충돌로 손상을 당할 확률이 높고 머리, 손, 손가락, 팔꿈치를 손상당하기 쉽다. 필드 선수는 차이거나 충돌 혹은 달리기로 손상을 입는 경향이 있다. 이 선수들은 하지 손상이 많다. 손상율은 실외 축구보다는 실내 축구에서 2배가 더 높다.[18]

대부분의 손상(69%)은 외상 때문에 발생하지만 손상의 31%는 근육 과사용으로 인해 발생한다.[1,9,10,18] 축구에서 84~88%는 하지에서 발생한다. 앞에서 언급했던 것처럼, 이런 손상의 대부분은 사소하며 출전하지 못할 정도는 아니다. 큰 손상 비율은 8~10%로 대부분 하지에서 일어나며 골절, 아탈구(subluxation), 인대 손상이다. 큰 손상 중에서 무릎의 인대 손상이 가장 일반적이다. ACL 손상은 모든 심각한 손상의 50%을 차지하며 축구에서 가장 흔하게 일어나는 무릎 손상이다. 이것은 남성보다는 여성에게 흔하며 각각 31%대 13%이다.[1]

여성이 남성보다 ACL 손상이 더 많은 이유를 설명하는 이론이 많다. 이론들을 내재적인 요인과 외재적인 요인으로 나눌 수 있다. 내재적인 요인은 사지 정렬, 관절 이완, 인대 크기, 절흔크기(notch dimension), 넓은 골반, 증가된 무릎 외반슬, 그리고 증가된 경골 염전(tibial torsion)과 같은 변수들을 포함한다. 외재적 요인에는 신체 동작, 신발 접촉면, 근력, 근육협조, 기술 및 콘디셔닝 수준, 그리고 유연성을 포함한다.[20,23,25]

연구에 따르면, 콘디셔닝과 기술 수준은 ACL 손상과 관련이 있다. 최근에 여성의 축구 참여가 늘면서 기술 수준이 떨어지는 선수가 운동장에 투입되고 있다. 결국 고도 수준의 경기에 안전하게 참여하기 위한 적절한 훈련과 조건화가 미비하다는 의미이다. 연구에 따르면 훈련이 증가하면 그에 따라 외상의 수가 감소하는 것으로 드러났다. 이것은 근육조정이 향상되고 산소 섭취량이 증가하며, 힘과 기술이 늘기 때문일 것이다.[9] 여성이 남성보다 훈련량이 적기 때문에 여성의 손상 발생율이 높을 것이다.[19]

외재적 요소들

신체 동작, 구장 표면, 신발 형태, 신발 접촉면, 규칙 위반, 근력, 그리고 기술 및 콘디셔닝 수준이 모두 손상 발생율에 기여하는 요소들이다. 발디딤(planting), 커팅(cutting), 점프로부터의 착지 그리고 감속과 같은 특정 신체 동작은 손상 발생에 역할을 한다. 커팅(cutting)이나 터닝을 할 때, 무릎을 더 굽혀 발을 고관절 아래로 바짝 두어 발디딤과 커팅을 조정하면 실제적으로 무릎 손상을 줄일 수 있다. 무릎을 굽힌 자세는 또한 슬와근이 회전과 전방탈위(anterior displacement)을 조정하여 무릎을 안정하게 하여 손상을 줄인다.[20]

축구에서 모든 손상의 25%는 나쁜 구장 조건 때문에 일어난다. 운동장 표면의 불규칙성과 날씨로 인해 구장 조건이 나빠진다. 손상의 위험을 줄이기 위해서는 잔디 손상 부위를 손질하고 구멍을 메우는 것이 우선순위이다. 날씨는 불가항력이기 때문에 구체적인 조건에 합당한 적절한 신발 선택이 손상의 위험을 최소화하는 가장 효과적인 방법일 것이다. 일반적

으로 스크류 축구화(screw-in-cleats 봉을 교체할 수 있는 축구화 옮긴이)가 고정된 축구화(molded cleats 봉이 고정되어 있는 축구화 옮긴이)보다 손상의 위험이 높지만 젖은 구장 표면이나 잔디 구장에서 선호되고 있다.[11] 하지만 선수가 그런 신발을 선택할 때는 그 이점이 손상의 위험을 능가해야 한다.

마찰 계수가 큰 축구화 표면 접촉면은 손상을 증가시키는 것으로 생각된다. 인조 잔디에서 어떤 신발은 마찰 계수가 컸고 특히 무릎 손상과 더불어 손상 증가와 관련 있는 것으로 드러났다.[20] 선수, 코치, 훈련 스탭들은 신발을 신중하게 선택해야 한다. 선수가 신발을 선택할 때는 종종 외관과 꼭 맞는 것을 기준으로 선택하는 경향이 있지만 이제는 손상 예방의 중요한 부분으로써 인식해야할 때이다.

규칙 위반도 또한 손상 발생율에 기여한다. 앞에서 언급했던 것처럼, 전체 손상의 15~25%는 파울로 일어나며, 전체 외상의 30%는 파울로 인해 발생한다.[11] 이와 동시에 파울을 범한 선수는 가장 심한 손상을 당할 확률이 높다. 적절한 심판 판정과 코칭이 선수가 예방할 수 있는 손상을 막는데 필요하다.

콘디셔닝과 근력 강화도 또한 손상에 영향을 미칠 수 있다. 훈련량이 평균에 밑도는 팀은 외상의 발생 건수가 더 많다. 많은 훈련은 기술과 근육협조, 산소 흡입량, 근력에 긍정적으로 영향을 미친다. 이 모든 요소들은 손상 감소에 도움이 된다.[13]

내재적 요소들

관절 이완, 사지 이완, 그리고 절흔 크기(notch dimension)는 모든 손상 발생율에 영향을 미치는 내재적 요소들이다. 이 요소들은 선수의 손상 취약성을 이해하는데 중요하다. 관절 이완과 사지 정렬은 손상 발생에 기여하는 두 가지 요소로 생각되었지만, 지금까지 이 이론들을 지

지하는 자료는 제한되어 있다. 고유감각수용기 자극이나 교정술이 이런 손상을 방지하는데 도움이 되기도 한다. 그러나 그 주장들을 입증하려면 그 주제에 대한 추가적인 조사가 필요하다. 과간절흔(intercondylar notch) 크기가 손상과 완치된 ACL 무릎의 손상 원인과 관련되어 있다.[20] 절흔 넓이(Notch width)는 슬와구(popliteal groove)의 수준에서 원위 대퇴골(distal femur)에 대한 과간절흔 넓이의 비를 말한다. 상대적으로 작은 절흔 넓이는 가진 선수는 정상적인 절흔 넓이를 가진 선수보다 ACL 손상의 위험이 더 높다.[20]

일반적인 손상과 재활

축구에서 손상을 보면 손상 정도를 떠나 발목 염좌가 가장 흔하다.[2,10,19] 그 다음이 무릎 손상이다.[18] 피부 손상, 타박상, 근육 좌상, 그리고 골절이 하지 손상의 많은 부분을 차지한다.[2] 흔치 않은 손상으로는 머리와 얼굴 손상, 어깨 탈구, 팔꿈치 골절 및 탈구, 손가락 손상, 그리고 서혜부와 골반 손상이 있다.[18]

하지 손상
발목 손상
발목 염좌 발목 염좌가 축구의 모든 손상에서 36%를 차지하며, 이 손상의 여러 가지 기전을 이해해야 한다. 그래야 선수가 조속하고 안전하게 시합으로 복귀할 수 있는 재활 기술을 결정할 수 있다. 손상의 기전은 보통 달리기나 태클이다. 최초 발목 염좌의 80%가 태클로 발생한다.[10] 달리기가 손상의 기전이이라면 과거에 발목 손상의 병력이 있었을 확률이 높다.[21] 많은 경우에 발목 염좌는 완치라는 견지에서 보면 골절보다 더 나쁠 수 있다. 골절은 고정시켜놓고 치료하면 호전되지만, 발목 염좌는 서둘러 재활 과정을 시작하고 선수는 적절

한 힘과 고유감각수용을 회복하기 전에 운동으로 복귀한다. 이로 인해 발목의 만성적인 부종과 불안정이 초래될 수 있다.[21] 적절한 치료를 받지 않으면 선수는 시즌 내내 이런 발목 손상으로 지장을 받을 수 있다. 내번 염좌(inversion sprains)가 가장 일반적이다. 내번 염좌에는 보통 한 두 개의 인대가 포함된다. 손상당하기 가장 쉬운 인대는 전거비인대(anterior talofibular ligament ATFL)이다. 두 번째로 손상당하기 쉬운 인대는 종비인대(踵排靭帶 : calcaneofibular ligament CFL)이다. 외번 염좌(eversion sprains)는 발목 거골하퇴(mortise)의 뼈 모양(bony configuration) 때문에 극히 드물다. 그리고 이런 손상이 일어나려면 발이 바깥쪽으로 밀려야 한다. 이런 위치는 발목의 내측부에 있는 강한 삼각 인대에 압박을 주어 종종 경골의 견열 골절(avulsion fracture)을 일으킨다.[21]

의료진은 손상 정도에 따라 발목 염좌에 등급을 정한다. 1등급이 가장 흔하며 대개 ATFL를 포함한다. 반상 출혈(ecchymosis)이 약간 있거나 전혀 없고, 기능 손상도 거의 없다. 미미한 통증과 장애 및 ATFL에 압통이 있다. 전방견인검사(anterior drawer test)은 각 개인에 음성으로 나타난다. 2등급 염좌는 대개 부분적인 ATFL와 CFL 파열을 포함한다. 통증은 보통 정도이고 촉진에 압통을 느낀다. 반상 출혈은 손상 후 2~3일 동안 나타난다. 그리고 전방전위검사는 약간의 과도한 동작을 이끈다. 3등급 염좌는 ATFL, CFL, PTFL을 포함할 수 있다. 부기는 발목의 측면 부위에서 확산된다. 통증은 보통에서 심한 정도까지 있으며 기능은 상당히 제한되며 전후방 전위 검사는 둘 다 양성이다. 종종 내측 인대에서도 촉진에 압통을 느낀다.

1등급 염좌는 5일 정도의 고정이 필요하다. 2등급 염좌는 고정과 5~10일 정도의 목발이 필요하다. 3등급 염좌는 일반적으로 2~4주 동안 석고를 댄다.[21] 석고를 제거하면 이 선수에게 다

른 염좌와 비슷한 회복이 이루어지지만 석고로 인한 동작 및 체력 손실이 크기 때문에 1등급 및 2등급 염좌보다 훨씬 더 느리게 회복된다. 3등급 염좌는 종종 외과수술을 해야 한다.

발목 재활의 목적은 치료하는 인대에 압박을 최소화하고, 통증과 부기를 가라앉히고 모든 면(all planes)에서 동작을 회복하고 체중부하(weight bearing)를 늘리고 보행(gait) 균형 고유수용감각을 정상화시키고 힘을 늘리고 운동으로 복귀하는 것이다. 발목 염좌의 초기 치료는 휴식, 얼음찜질, 압박, 심장보다 위로 다리 올리기(elevation)을 포함한다.[8,21] 휴식은 선수가 전반적인 디컨디셔닝(deconditioning)을 피하는 동안 치료에 필요한 시간을 준다.[8] 얼음찜질은 손상 후 부기와 염증을 다루는데 쓰인다. 압박은 정맥혈류(venous return)를 증진시키고 부종(edema)을 줄인다. 심장보다 위로 다리올리기도 정맥혈류를 증진시키기 위해 사용된다.[8] 많은 재활 전문가들은 인대를 보호하기 위해 초기 단계에는 테이핑이나 부목을 사용할 것을 권장한다.

손상 정도에 따라 통증이 감소되면 ROM과 스트레칭을 시행한다. 초기 재활 과정에 이용되는 훈련은 발의 내재성근육(intrinsic muscle), 발목 등척성 운동, 발끝의 ROM을 겨냥한 발끝으로 대리석(marbles) 올리기와 타월 크런치(towel crunch)가 있다. 통증이 없는 범위 내에서 발목 펌프(ankle pump)와 발목 돌리기(ankle circle)가 발목 ROM을 회복시키는데 유용하다. 통증과 부기가 빠지면 내전, 외전, 척측굴곡, 배측굴곡 강화훈련을 위한 치료 튜빙(therapeutic tubing)을 도입한다. 이런 훈련들은 인대를 보호하기 위해 중간 단계로 시작해야 하며, 통증이 가라앉으면서 그 범위를 증가시킨다. 이 모든 훈련들은 체중 부하가 없이 실시한다. 인대에 교찰 마사지(cross-friction massage)를 하여 콜라겐 섬유 정렬을 촉진한다. 미니스쿼트와 외

다리 균형은 선수가 최소의 통증으로 전체 체중부하를 견뎌낼 수 있을 때 수행한다. 이런 훈련은 관절 주변의 동시수축(cocontraction)을 증진시킨다. 그리고 관절은 계속 중간 단계로 유지한다. 마지막 단계는 완전한 ROM으로 고강도의 훈련을 실시한다. 통증이 없는 종아리 올리기(calf raise)와 흔들판(wobble board)과 같은 고유감각수용기 훈련을 도입해야 한다.

일단 완전한 ROM과 양호한 체력을 회복하면 선수는 운동장으로 복귀하기 전에 자신의 위치에 대한 요구사항을 충족할 수 있는지를 확인한다. 이것에는 선수의 기능 테스트가 포함된다. 선수는 출발하고 멈추고 달리다가 갑자기 전력질주하고 급격히 방향을 전환할 수 있는 능력을 보여주어야 한다. 선수는 이런 활동을 수행하기 위해 테이핑이나 부목을 해도 되고 안 해도 된다. 선수가 훈련이나 시합과 동일한 조건의 구장이나 신발로 이런 활동을 하는지 확인하라. 축구화 대신 런닝화를 신고 이런 활동을 하면 테스트 결과가 바뀔 것이다. 훈련은 선수의 출발, 멈춤, 방향 전환 능력을 테스트하기 위해 8자로 달리기와 왕복달리기를 포함한다(추가적인 훈련 보기는 13장 참조). 사방으로 달리기도 운동장에서의 기능 훈련에 중요하다. 축구 선수는 종종 공중 볼이나 패스를 받기 위해 뒤로 물러나는 경우가 있다. 이것은 그들의 위치에 상관없이 모든 축구 선수에게 중요하다. 공중볼을 다루기 위해서는 점프력을 키우는 외다리 뛰기(single-leg hop)를 실시해야 한다. 이런 테스트에서 결함이 나타나면 지속적인 재활과정에서 해결해야 한다.

선수가 운동장으로 복귀했다고 해서 재활 과정이 반드시 완결되었다는 의미는 아니다. 특히 선수가 발목 염좌의 병력이 있을 경우는 더욱 그렇다. 축구에서 전체 발목 손상의 56%는 발목 염좌의 병력이 있는 선수를 포함하고 있다.[10] 선수를 지나치게 조속히 시합에 투입하면

만성적인 질환이 야기될 수 있다. 선수는 적절히 회복되어 운동장으로 복귀할 준비를 충실히 갖추려면 꾸준히 재평가를 받아야 한다. 기능적인 안정은 발목 손상 후 주요한 문제 중의 하나이다.[10] 그래서 비골 강화와 고유수용감각 훈련에 중점을 두어야 한다. 또한 발목 불안정의 결과로 다른 관절에 일어날 수도 있는 보상작용 때문에 운동사슬 훈련의 기회를 선수에게 주어야 한다.

경부목(Shin Sprints) : 경부목은 종종 하퇴부위 통증에 대해 캐치올(catch-all)이라는 용어로 불리며 정상적으로는 전경골근 혹은 후경골근 건염 혹은 피로골절 증후군(stress fracture syndrome)이라고 한다. 하퇴의 많은 문제는 과사용이 원인이다. 정강이 부목 외에도 구획 증후군(compartment syndrome)과 피로 골절 증후군은 하지의 반복적인 사용 결과로 일어난다. 후경골 건염의 염증은 내측 경골에 발생하는 통증의 주요 원인이다. 내측 경골 통증은 종종 내측 경부목(medial shin sprints)이라고 한다. 전경골건이나 발가락의 신전건의 염증은 전방 구획에서의 통증에 대한 주요 원인이다. 이런 통증을 종종 측면 경부목이라고 한다. 경부목을 일으키는 요소들은 달리는 표면, 편평족(pes planus), 무릎 내반과 경골 내반(genu varum/tibial varum), 과사용, 근육 피로, 하지의 전후방 부위 사이의 부실한 상호 근육 협응이 있다. 대개 측면 경부목의 경우, 충격 흡수의 문제가 있고, 내측 경부목의 경우 원심적으로 조정하는 과도한 회내로 인한 후경골근의 과사용이다.

경부목 증후군에는 하퇴의 전방 내측 혹은 전방 측면 부위에 형언하기 어려운 통증이 수반된다. 경부목은 통증의 호소에 따라 등급을 매긴다. 1등급은 활동 후 통증이 나타난다. 2등급은 활동 전후로 통증이 나타난다. 운동 수행은 대개 영향을 받지 않는다. 3등급은 활동 전후 그리고 활동 중에 통증이 나타난다. 이 단계에서는 운동 수행이 지장을 받는다. 4등급은 통증이 너무 심해 어떤 시합도 불가능하다.[21]

이런 상태에 대한 치료는 원인을 확인하여 그 원인을 제거하는 것이다. 병력을 자세히 알면 의료진이 적절한 치료 과정을 확인하는데 도움이 된다. 예를 들어, 런닝화나 달리는 표면을 바꾸어 주면 큰 도움이 될 수 있다. 발을 생체역학적으로 조사하여 교정술로 쉽게 교정을 할 수도 있다. 자극을 제거하고 휴식을 취한 후에도 통증이 사라지지 않는다면 피로 골절, 근육 파열, 구획 증후군을 제거하기 위해 의사의 진찰이 필요하다.

이런 손상에 대한 재활 치료에는 포괄적인 스트레칭 프로그램으로 통증과 염증을 감소하는 처치가 포함된다. 얼음찜질은 통증을 줄이는 가장 효과적인 처치이다. 얼음찜질은 해당 부위가 마비될 때까지 5~7분 동안 시행한다. 족궁 지지(arch support)를 위해 교정술이나 테이핑을 하는 것도 발에 생체역학적인 문제가 있는 선수라면 도움이 된다. 스트레칭, 수건 당기기(towel gathering), 그리고 대리석 들어올리기를 초기 단계에서 시작한다. 스트레칭에는 전방 및 후방 구획의 근육이 포함되어야 한다. 선수가 시합 전후 그리고 얼음찜질 후에 스트레칭을 하면 좋다.[21] 약한 부위가 발견되면 강화훈련을 시작해야 한다. 훈련은 비하중으로 시작할 수 있지만 닫힌 사슬 운동(closed-chain exercise)으로 발전해 나가야 한다. 달리기의 요구 사항을 자극하기 위해서는 체중과 높은 반복성을 이용해 지구력에 역점을 둔다. 증상이 호전되면 조깅을 시작한다.

구획 증후군 : 구획 증상은 종종 축구 선수들이 연습이나 게임에서 수행하는 달리기의 양 때문에 발생한다. 전방구획(anterior compartment syndrome)이 가장 빈번히 영향을 받으나

심층 후방 구획(deep posterior compartment)이 포함될 수도 있다. 전방 구획은 전경골근, 심비골신경(deep peroneal nerve), 장족지신근(extensor digitorum longus muscle), 전경골근 동맥과 정맥이 포함된다. 심층 후방 지역에는 후경골근, 경골 신경, 발가락 굴근(flexor muscle of the toes), 그리고 비골과 후경골 동맥 및 정맥이 포함된다.[21]

구획 증후군은 조직액압력(tissue fluid pressure)이 정상적인 수위를 넘어 근육, 건, 혈관 그리고 신경에 압력을 가할 때 발생한다. 이렇게 압력이 증가하면 국소빈혈이 발생한다. 이로 인해 심각한 경우에는 사지가 영구적으로 손상될 수 있다. 구획 증상은 급성이나 만성일 수 있다. 급성 구획 증상은 응급 상황이며 즉시 의사의 진료를 받아야 한다. 만성 구획 증상을 가진 선수는 활동을 통해 압력이 증가하면 통증을 호소하며 활동을 멈추어 압력이 사라지면 통증도 줄어든다. 이 경우에 신경 징후는 거의 보이지 않는다. 심각한 경우에 배측굴곡근과 발가락 신전근의 약화뿐만 아니라 발등의 부기와도 관련 있다. 그런 증상 때문에 구획 증상은 피로 골절과 혼동되기도 한다.[21]

이에 대한 치료는 휴식, 얼음찜질, 심장보다 위로 다리 올리기가 있다. 이런 조건이 보존적 치료요법으로 해결되지 않으면 외과 수술이 필요할 수도 있다. 수술 후, 선수는 7~10일 정도 가벼운 운동을 시작할 수 있다.[21] 수술 후 운동으로는 ROM, 체력 강화, 균형, 고유감각수용 훈련이 있다. 통증이 가라앉고 ROM, 체력 강화, 균형이 회복된 후에야 운동 복귀를 해야 한다.

무릎 손상

축구 선수에게 있어 두 번째로 흔한 관절 손상은 무릎이다.[18] 무릎인대손상은 운동에서 가장 오래 결장하게 만드는 원인으로 축구에서 제일의 주요한 손상이다.[10] 전체 무릎 손상의 절반 가까이가 태클로 발생한다.[10,22] 만성 통증과 부기와 더불어 무릎 염좌와 좌상은 가장 많이 통증을 호소하는 질환이다.[10] 기타 무릎 손상으로는 반월상 연골 손상, 골관절염, 슬개골과 대퇴골 통증, 슬개골 아탈구와 탈구가 있다.[24,26,27]

ACL 손상 : 손상의 기전을 이해하면 의료진은 선수의 재활에 대한 통찰력을 얻게 된다.[25] ACL 손상의 주요 기전은 비접촉성 회전력이다.[20,23~25] 축구에서 ACL 손상의 78%는 점프에서 착지하거나 급격한 방향 전환에 의해 디딤발에 가해지는 감속의 결과로 발생한다.[20,23,25] 이런 무릎 손상을 비디오테이프를 점검하면 경골 회전에 따라 무릎에 외전력이 작용하는 것을 볼 수 있다.[23] 경골의 내전 및 외전은 이런 손상 동안에 똑같이 발생한다.[25] 또한 방향 전환 전의 감속도 디딤발을 중심으로 피보팅할 때보다 더 흔한 손상의 원인이라는 사실을 테이프가 보여주고 있다.[23] 이런 감속력에는 대퇴사두근의 원심력이 포함된다. 대퇴사두근은 대퇴골에 대해 경골을 전방으로 전위시킬 만한 힘을 행사할 수 있다. 전위는 남성은 30도에서 여성은 60도 이하의 굴곡에서 가장 크다. 이런 무릎 각도의 증가는 여성들의 ACL 손상의 발생 증가를 설명할 수 있다. 비접촉 손상을 살펴보면 가장 많은 손상이 평균 무릎 굴절 각도 21도의 한쪽 발뒤꿈치가 땅에 닿는 시기(heel strike)에 발생한다. 이 시점에서, 대퇴사두근은 원심적으로 수축하여 근육에서 최대 힘을 발생한다. 추가적으로 빠른 감속과 착지를 포함한 활동들은 대퇴사두근의 원심적인 수축을 일으킨다. 적당한 무릎 굴절과 더불어 대퇴사두근의 최대 원심 수축으로 경골의 상당한 전방 변위를 일으켜 ACL 파열을 일으킬 수 있다.[25]

다른 선수와의 충돌로 ACL이 파열될 수 있다. 대개 상대 선수가 측면 태클을 하면서 다리 측면을 찰 때 외번력이 작용한다. 슬라이드 태클은 선수가 발로 미끄러져 들어오며 공을 빼앗으려는 것이다. 그래서 상대 선수의 공 소유나 통제권을 상실하게 만드는 것이다. 종종 슬라이딩하는 선수가 공뿐만 아니라 상대 선수와 충돌하여 손상이 일어난다.

이런 기전은 무릎 내 다양한 구조를 다치게 할 수 있다. 오도나휴의 3중 증상(O'Donoghue's unhappy triad)은 종종 접촉 손상 동안에 나타나는데 ACL, 내측부 인대(Medial collateral ligament), 그리고 내측 반월판 파열로써 묘사된다.[25] 기타 연구에 따르면 측면 반월판도 또한 ACL과 MCL 손상과 관련될 수 있다는 것을 보여준다. 반월판 손상의 가장 일반적인 기전은 체중 부하가 걸리는 발의 회전이다.

남성과 여성 선수의 차이점을 인식하면 ACL 손상 후에 여성 선수들에게 좀 더 구체적인 재활 치료에 도움이 될 것이다. 여성들의 전반슬(genu recurvatum)과 관절이완(joint laxity)의 발생율이 높아가고 있다. 재활 치료에서 초점은 여러 가지 무릎 각도를 포함한 닫힌 사슬 운동(closd-chain exercise)으로 무릎 위치를 안정하게 하는 것이다. 여성은 남성보다 과간절흔(intercondylar notch) 지수가 더 작은 것으로 밝혀지고 있다. 이것이 ACL 손상의 원인에 포함된다.[20,23] 여성 선수는 과도한 회내를 자제해야 한다.[20] 여성은 또한 남성보다 골반이 넓어 근육의 힘이 떨어진다.[23] 충분한 대퇴사두근 힘은 무릎 안정에 중요하며 남성이나 여성에게서 재활 과정에서 처리하는 것이 중요하다.

ACL 손상에 대한 내외적인 요소들을 이해하면 개별 축구 선수의 필요성에 맞는 재활 프로그램을 고안하는데 필요한 지식을 갖추게 된다. ACL 프로그램의 목표는 선수를 최대한 빠르고 안전하게 시합에 복귀시키는 것이다. 기준에 입각한 접근은 선수가 재활의 새로운 단계로 나아가기 전에 어떤 기준을 충족시켜야 한다. 대부분의 프로그램은 조직 치료와 관련하여 손상 및 시간 기준의 단계에 기초하여 다양한 단계로 나뉘어 진다.[23]

수술 전단계에서는 목표가 염증, 부기, 통증을 줄이고 ROM, 체력, 보행 회복이 포함된다.[23] 운동에는 대퇴운동이 포함된다. 이에는 고관절 내전, 외전 굴절, 신전거상(straight leg raising)가 있다. 그리고 미니스쿼트, 발 뒤꿈치 들기(toe raise), 스텝 업(step-ups), 그리고 튜빙 직립 저항 무릎 신전 운동(standing resistive knee extension exercises)과 같은 닫힌 사슬 운동이 있다. 이런 훈련을 하면서 자세가 좋아야 한다. 경골의 전방 전위를 증가시키는 어떤 운동은 피해야 한다. 선수가 자신의 의지력으로 대퇴 사두근을 수축하는데 어려움이 있다면 기능적 전기 자극을 사용해도 된다. ROM을 위해 엎드려 수동 무릎 신전 늘리기(passive prone knee extension hangs)와 반드시 누운 상태에서 능동적인 협조 무릎 굽히기를 이용할 수 있다. 끝 느낌에는 특히 주의를 기울여야 한다. 종종 파열된 반월판이 역학적으로 ROM를 방해할 수 있다. 이런 경우에 ROM을 억지로 가동해서는 안 된다. 이 단계에서 얼음찜질과 전기 자극과 같은 처치가 부기를 재우기 위해 사용된다. 선수들에게 수술 후 가정 훈련 프로그램(home exercise program)을 제공하는 것도 수술 후 빠른 회복을 위해 필수적이다.

수술 직후, 목표는 수동적으로 쭉 뻗어주는 동작(full passive extension)를 회복하고 부기와 통증을 가라앉히며 점차로 무릎 굴절을 정상화시키고, 양호한 대퇴 사두근 수축을 시작한다. 연습은 필요하다면 전기 자극과 더불어 대퇴운동(quad set), 슬개골 동작, 고관절 외전 내전 굴절, 신전 거상을 포함한다. 의사의 처방에 따라, 특히 환자가 대퇴사두근를 마음대로 조절하지 못하고 운동으로 0도의 신전을 유지하지 못한다면 부목을 0도으로 착용하고 다리 올리기를 시행해도 된다. 훈련의 질은 이 시기에 극도로 중요하다. 의료진은 무릎을 쭉 펴고 이런 동작들을 등척성으로 유지할 수 있는지를 확인한다. 슬개골 스트레칭을 완전히 쭉 펴기 위해 다른 ROM과 더불어 시행한다. 무릎 굴절 목표는 수술 후 첫 5~7일까지 최소한 90도이다. 발뒤꿈치 밀기(heel slide) 혹은 벽 밀기(wall slide)는 일반적으로 이 시기에 ROM을 증가시키기 위해 사용된다. 첫 2주 후의 회복 단계에서는 다각도 등척성 운동(multiangle isometrics), 쿼터 뎁스 미니스쿼트(quarter-depth minisquat), 체중 이동(weight shifting), 외다리 균형과 같은 훈련을 운동에 포함시킨다. 처방은 통증과 부종 조정을 위해 얼음찜질과 전기자극을 포함한다.[23] 지속적인 수동적 동작 기계가 종종 ROM을 얻기 위해 치료 초기 단계에 환자의 가정에서 사용되기도 한다.

초기 단계의 재활은 2~6주간 지속되며 증가된 슬개골 가동과 독립적인 보행에 앞서 언급했던 목표를 포함시킨다. 이 시점에서, 레그 프레스와 같은 등장성 기계가 추가된다. 모래주머니를 차고 하는 그리고 떼고 하는 햄스트링 컬, 자전거 훈련, 스텝 업, 그리고 고유감각수용 훈련이 이 치료 프로그램에 포함된다. 이 단계의 재활에서 환자를 회복시키는 기준은 수동적으로 무릎을 완전히 펴주고, 무릎 굴절을 90도까지 굽히고, 양호한 슬개골 가동과 훌륭한 대퇴 사두근 통제, 최소한의 관절 부종(joint effusion), 그리고 도움 없는 보행이다.[23]

중간 단계는 거의 4~10주 정도 지속된다. 이 시점에서 완전한 능동적 ROM이 주요 목표이다. 이 단계에 진입하는 기준은 0~115도까지의 능동적인 ROM, 관절 수종이 아주 조금 있거나 전혀 없고, 관절간격(joint line)의 통증이 없는 것이다. 1단계 동안의 모든 운동이 지속된다. 스테어스텝퍼(stairstepper)나 흔들판과 같은 추가적인 닫힌 사슬 운동이 더해진다. 의사의 진단에 따라, 제한된 신전 범위 내에서 등장

성 무릎 운동, 등속성 운동, 플라이오매트릭스, 그리고 풀 런닝을 8~10주 정도 지나서 시작한다.[23]

고급 단계는 선수가 구체적인 운동을 시작하는 때이다. 이 단계에 대한 기준은 완전히 능동적인 ROM, 무통증과 무부종, 반대측 대퇴 사두근 힘의 70% 회복, 그리고 반대측 슬개건 힘과 같은 100% 회복을 포함한다.[23] 이 단계에서 축구공을 가지고 하는 외다리 발링(volleying) 훈련이 시작된다. 킥킹, 트래핑, 헤딩을 하는 동안 허리 주변의 저항을 위해 튜빙을 사용할 수 있다. 선수는 한 다리로 균형을 잡고 공을 의료진에게 다시 되돌려 주는 발링을 반복하고 반대쪽 하지로 한 발로 서서 같은 동작을 반복한다. 이 운동은 선수가 운동장으로 복귀하기 전에 손상당한 다리에 대한 선수의 자신감을 회복시켜 주는데 적절한 훈련이다. 런닝 프로그램을 시작하며 12주 째는 커팅과 피보팅을 시작한다. 선수의 회복 시기와 의사에 따라 선수가 경기를 재개하는 데는 6~12개월이 소요된다.

반월판 파열 : 앞서 토론했던 것처럼 반월판 파열은 종종 무릎 인대 손상과 관련 있다. 그러나 그들은 또한 별도로 발생할 수 있다. 반월판 손상의 재활은 ACL 손상보다 더욱 적극적일 수 있다. 포괄적인 체력 강화 훈련이 종종 선수가 손상을 피하는데 도움이 된다. 수술은 주로 관절경을 이용한다. 이 절차는 개방 수술 절차보다 절개부위가 작기 때문에 치료가 빠르다. 재활의 목표는 ACL 소견 설명서(protocol)와 비슷하며 ROM을 증가시키고 통증과 부기를 가라앉히고 보행과 힘을 정상화시키는데 초점을 둔다. 앞서 ACL 환자를 언급할 때 나왔던 연습이 이 환자에게도 비슷하게 적용되지만 회복은 훨씬 빠르게 진행된다. 부분적인 반월판 절제술을 별도로 실행했을 때 적극적인 재

활을 위한 금기는 없다. 다시한번, 선수가 운동장으로 복귀하기 전에 축구에 필요한 기능적인 동작을 수행할 수 있는지를 확인하라. 반월판 절제술 환자의 재활은 수술 후 평균 4~6주 지속된다.

골관절염 : 골관절염은 특히 ACL 파열 후 종종 발견된다. ACL 손상 후 골관절염이 빠르게 발생하는 이유는 초기 손상에 개입한 큰 힘들 때문일 것이다. 손상과 더불어 생긴 큰 상처는 골관절염이 발생하는데 영향을 주는 요소일 것이다. 고유수용감각의 상실과 보행의 변화는 골관절염이 발생하는 추가적인 원인이 되는 요소들이다. 손상 후에 골관절염을 막을 수 없다면 체력, ROM, 그리고 고유감각수용의 회복과 더불어 적절한 기술을 지도하면 추가적인 외상을 최소화할 수 있다. 축구 선수의 재활에 대한 지식의 부족으로 합병증을 유발될 수 있다. 많은 선수들이 손상을 당하면 스스로 치료하려 하지만 결국 병만 악화시킨다.[10] 선수에게 손상과 재활의 중요성을 이해하게 만드는 것은 의료진의 몫이다.

대퇴 손상

타박상 : 발목과 무릎 손상 다음으로 타박상은 축구 선수에게서 가장 많이 발생한다.[2] 이 근육에 가장 흔히 포함되는 부위는 대퇴사두근이다. 대개 뼈에 인접해 있는 심층 광근(deep vastus muscle)이 포함된다. 증상은 움직이거나 근육 수축시 통증을 느끼고, 부기와 근육 강직(stiffness)이 있다. 근력 검사를 하면 약하게 나온다.[29]

타박상 치료는 장기적인 재활 치료보다는 응급치료(acute care)가 필요하다.[29] 타박상을 대개 근육 조직에 둔한 압박이 가해졌을 때 발생한다. 수축되고 피곤하지 않은 근육은 충격으로 인한 타박상이 약하다. 정강이 보호대의 출

현으로 하퇴 타박상이 상당히 줄었지만 그 손상은 여전히 발생하고 있다. 일반적인 치료로는 얼음찜질, 맥동 초음파, 전기 자극, 그리고 상대휴식(relative rest)이 있다.

화골성 근염(Myositis Ossificans) : 화골성 근염은 근육 타박상의 합병증이다. 이소성 뼈가 대퇴사두근 근복부(quadriceps muscle belly)에서 일어난다. 이는 종종 적당한 휴식의 부족으로 인해 발생한다.[21] 선수의 지속적인 통증 호소, 부기, 촉진에 의한 소괴(lump 덩어리)의 존재에 따라 X-선 진단이 이루어진다.[29]

허벅지 좌상(Thigh Strains) : 근육 좌상은 대개 강력한 원심 수축이 일어날 때 두 관절 근육에서 발생한다. 근건 접합부는 가장 빈번한 손상 부위이다. 대퇴사두근, 슬개건, 고관절 내전근이 축구 선수의 좌상에 대한 가장 흔한 부위이다. 큰 좌상 전에 작은 좌상이 발생하는 경우가 종종 있다. 좌상은 경기보다는 연습에서 더 발생한다. 좌상은 피로한 근육에서 자주 일어나는데 피로한 근육은 에너지 흡수가 적고 그래서 스트레치에 대한 저항력이 떨어지기 때문이다. 척추 전만이 심해지는 선수는 또한 근육 좌상으로 고생할 확률이 높다.[29]

이런 이유들 때문에 의료진은 축구 선수들에게 적절한 콘디셔닝을 가르쳐야 한다. 그러면 근육이 더 많은 에너지를 흡수할 수 있고, 피로를 덜 느껴 손상의 위험을 줄일 수 있다.[29] 프리시즌 콘디셔닝의 일환으로 몸통 훈련을 강화하면 척추 안정을 높이고 슬개근 좌상의 위험을 줄인다. 좌상의 병력이 있는 선수는 준비운동과 정리운동의 중요성을 인식해야 한다.

근육 좌상의 증상은 활동을 하면 통증이 있거나 등척성 근육 수축에 통증을 느낀다. 대개 선수는 달리거나 경기를 하는 동안 근육이 당기는 느낌이 있다고 말한다. 기능 상실이 있고

증가된 긴장이 있으나 근육 좌상으로 변색은 거의 없다.[21]

좌상 치료로는 물리요법, 얼음찜질, 휴식이 있다. 중간 정도의 압박으로 부기를 재울 수 있다. 너무 깊은 마사지는 화골성근염을 유발할 위험이 있다. 그래서 이런 절차에는 주의가 필요하다.[29] 1~2일 간의 치료에 호전을 보이지 않으면 추가적인 손상을 제거하기 위해 의사의 진찰을 받아야 한다.

서혜부 손상(Groin Injuries) : 서혜부 손상은 진단이 아주 다양하다. 이 부위에 있는 수많은 구조 때문에 감별진단(differential diagnosis)이 어려운 경우가 있다. 서혜부 손상에는 서혜 허니아(inguinal hernias), 내전근 건염, 치골 골염, 그리고 얇을 뿐만 아니라 길고 짧은 내전근의 좌상이 있다.[30] 허니아는 경기 때보다는 오래 서 있거나 걸으면 불편함을 야기한다. 서혜 허니아와 더불어 기침과 더불어 촉진할 수 있는 소괴(덩어리)가 있다. 허니아가 발생하면 재활 전문가가 할 일은 거의 없다. 종종 선수는 수술 없이 시합에 출전할 수 있다.[31] 좀 더 심각할 경우, 선수는 손상부위를 제거하기 위해 수술을 해야 한다. 축구는 6주 정도 할 수 없다. 선수는 일정한 정도의 체력을 유지하기 위해 이용할 수 있다.

내전근 근육은 빠른 방향 전환이 바깥쪽으로 회전(external rotation)하거나 외전 동작이 있을 때 손상을 당한다.[31] 내전근 좌상은 준비운동을 소홀히 해서 발생할 수 있다.[32] 내전근은 콘디셔닝 프로그램에서 이 근육에 역점을 덜 두기 때문에 흔히 손상을 입는다.[31] 증상은 대개 심할 경우 내전근의 골반 부착에서, 덜 심할 경우 원위 근복부(muscle belly)에서 극통(acute pain)을 느낀다. 통증은 저항적인 내전과 수동적인 외전으로 악화된다.[32] 치료로는 얼음찜질, 휴식, 부드러운 스트레칭, 등척성 운동이 있다.

일단 통증이 줄면, 발목 하중(ankle weight)이나 치료 튜빙(therapeutic tubing)으로 원심 훈련으로 진척시키며 체력 강화 훈련을 하면 근력과 지구력이 강화되어 손상에 더 잘 적응할 수 있다.[31,32]

치골염(osteitis pubis)은 축구선수의 서혜부 통증을 진단하는 가장 일반적인 진찰로 현재는 치골결합(symphysis pubis) 불안정이란 용어로 더욱 적절하게 언급되고 있다. 손상은 생각처럼 자주 발생하지는 않는다. 그것은 사실상 운동 증가에 따른 치골결합에 염증이 일어난 것이다. 증상은 치골결합 중간에 통증이 있다. 치료는 장기적인 휴식이 있다. 주사와 수술은 휴식으로 치료할 수 없는 심한 경우에만 행해진다.[32]

스포츠 탈장(athletic pubalgia)이란 용어가 최근에는 더 자주 쓰인다. 이 용어는 서혜부 부위에 있는 복직근 및 내복사근 건막(rectus abdominis and internal oblique aponeurosis)의 골반 부착 부위 근처의 약함이나 결함을 말한다. 서혜륜(inguinal ring) 근처의 골반저근군(pelvic floor musculature)의 미세파열은 전력 질주와 킥킹의 반복적인 압박의 결과일 것이다. 신경 흥분도 또한 이런 통증 조건에 기여한다. 신체검사를 하면 저항적인 고관절 굴곡, 내전, 내회전, 복근 수축으로 인한 통증을 확인할 수 있다. 치골결절의 촉진은 일반적으로 통증을 만들어내지만 고관절 굴근과 내전근은 압통이 없어야 한다. 허니아의 여부는 배제되어야 한다.[35]

이런 조건에 대한 치료는 휴식과 NSAIDs 가 있다. 물리 치료도 종종 골반 주변의 근육 균형을 회복시키는데 유익하다. 이상근, 슬개건, 중둔근에 대한 압통점 마사지도 유익하다. 며칠 지나 내전근, 외전근, 슬개건, 고관절 굴근, 고관절 회전근, 요추에 대한 가벼운 스트레칭을 시작한다. 통증이 완화되면서 복직근(retus abdominis)과 복사근을 포함한 체력강화 훈련을 시작한다. 그 후 내전근 강화훈련을 한다. 짐 볼로 하는 복부 운동을 등척성 내전를 결합하면 선수에게 훌륭한 운동이 된다. 고정식 자전거와 기타 심장 혈관계 운동 기술을 선수가 고통 없이 달리기를 할 수 있을 때까지 이용한다. 다른 손상에서처럼 선수는 전력질주, 커팅, 태클과 같은 경기 상황을 자극하는 높은 수준의 훈련으로 진행시켜 나가야 한다. 보존적 치료가 실패하면, 수술을 해야 한다. 수술 후 선수가 경기로 복귀하려면 4개월 이상이 걸린다.[35]

기타 손상으로는 대퇴골경(femoral neck) 즉 골반골아래가지(inferior pubic ramus)의 피로골절이 있다. 이런 손상들은 축구에서는 매우 희귀하다. 종종 축구선수는 전자 점액낭염(trochanteric bursitis), 장요근 점액낭염(iliopsoas bursitis), 혹은 내전 건염에 걸릴 수 있다. 이런 증상에 대한 진단은 종종 선수가 보고하는 형언키 어려운 통증으로 힘들 때도 있다. 이런 증상들에 대한 치료는 보통 보존적 치료이다. NSAIDs와 휴식과 더불어 선수는 보통 4~6주 후에 경기에 복귀할 수 있다.[32]

하지 재활

일단 의료진이 운동으로의 완전 복귀를 위해 무언가를 결정했다면 선수는 회복 과정 동안 운동에 특정한 활동을 시작할 수 있다. 많은 하지 손상의 결과로 균형이나 고유수용력이 감소된 상태이다. 이런 결함은 운동장으로 복귀하기 전에 해결되어야 한다. 기타 운동에 구체적인 활동을 선수의 재활 과정에 포함시켜 선수가 경기에 재개할 수 있는지를 확인해야 한다.

하지 손상을 치료할 때, 닫힌 사슬 운동을 근력강화 과정에 포함시킨다. 몇몇 기초적인 닫힌사슬 운동을 수정하여 선수가 자신의 목표를 향하여 전진하고 자신감을 회복하는데 도움이

될 수 있는 축구 기술로 응용할 수 있다. 선수는 기초적인 인사이드 패스나 아웃사이드 패스를 시작할 수 있다.

슬라이드 보드와 같은 닫힌 사슬 운동을 수정하여 골키퍼를 위한 구체적인 훈련으로 만들 수 있다. 골키퍼가 옆으로 출발하면 치료사는 선수가 슬라이드 보드로 향하는 방향을 향하여 공을 던진다. 선수는 골키퍼에 적절한 기술을 사용하여 공을 잡아야 한다. 그런 훈련에는 위치에 알맞은 기술 수행과 더불어 골키퍼에 필요한 좌우이동을 이용한다. 이 훈련은 게임의 필요사항을 자극하기 위해 던지는 사이사이의 휴식 시간에 변화를 주면서 좌우로 공을 던진다.

기초적인 평형과 고유수용성 운동은 외다리 서기를 요구하는 활동을 포함한다. 선수는 다양한 위치에서 공을 안정하게 잡는 동안 균형을 유지한다(그림 14.3).

균형 활동은 또한 평형과 고유수용성 훈련을 위해 미니트램폴린, 폼 롤(foam roll), 흔들판에서 균형을 잡는 것을 포함한다. 선수에게 도전거리를 주기 위해 치료사는 평형 훈련을 하면서 헤딩이나 발리와 같은 기술을 포함시킬 수 있다. 치료사는 선수와 5~10피트 떨어져 공을 선수의 머리에 던져준다. 선수는 공을 치료사에게 헤딩으로 돌려준다. 추가로 다른 쪽 다리는 균형을 잡는 동안 일련의 하프 발리 훈련을 위해 이용될 수 있다. 이런 훈련에서 공은 선수의 발을 향하여 던지고 선수는 그 공을 치료사에게 되차거나 땅으로 튀겨 운동을 반복한다. 선수는 인스텝, 발등, 허벅지를 이용한다. 이 훈련은 또한 평형의 다양성을 위해 흔들판, 폼 롤, 혹은 미니트램폴린에서 실시한다.

활동성을 증진시키기 위해 선수가 전후좌우로 스텝 할 때 스포츠 코드를 허리에 맬 수 있는데 대개 해당 하지에 부하를 준다. 선수의 끌어당기기 각도는 근육의 요구사항에 따라 변경

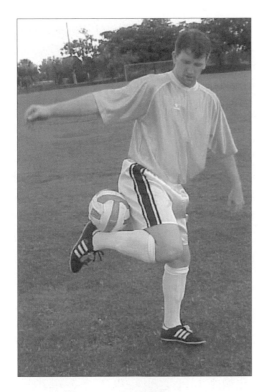

그림 14.3 다양한 위치로 공을 갖고 외다리로 균형 잡기

할 수 있다. 이 훈련을 완숙하게 하게 되면 선수는 적절하게 운동줄을 매고 측면 런지를 수행할 수 있다. 손상당한 다리로 서고 정상적인 다리에 줄을 매고 균형 훈련을 실시할 수 있다. 그런 다음 손상당한 다리로 균형을 잡은 채 빠르게 전후좌우로 킥킹을 한다. 선수의 능숙도에 따라 반복 운동에 변화를 줄 수 있다. 세트 시간 인터발을 위해 이런 훈련을 실시하면 선수에게 더 많은 도전을 제기할 것이다. 이 운동으로 선수는 지구력을 키울 수 있다.

정상적인 하지 뒤에 손상 당한 하지를 두고 서서 무릎 뒤에 스포츠 코드를 놓을 수 있다. 선수는 그런 다음 발을 지면에 닿은 채 해당 무릎을 굽혔다 폈다 한다. 이런 닫힌 사슬 운동인 무릎을 최대로 펴고 유지하기 활동을 하면 보행, 런닝, 킥킹에 필요한 무릎 신전을 훌륭하게 조절할 수 있게 된다.

일단 동적 요소가 선수 재활에 적절하다면, 움직이면서 하는 트래핑, 헤딩, 하프 발리를 수행할 수 있다. 발리는 공중볼을 조절하면서 차야 한다. 트래핑은 공의 속도를 줄이면서 그것을 통제권에 두는 것이다. 선수는 손상 다리를 전방으로 약 1~2피트 뛰면서(hop) 시작한다. 축구공을 이용해, 치료사는 선수가 손상 다리로 균형을 잡고 있는 동안 공을 선수에게 던진다. 그러면 선수는 공을 잡아 그것을 다시 치료사에게 땅에 닿기 전에 되 찬다. 공이 선수의 몸에서 떨어지는 순간, 선수는 정상적인 다리를 공중에 두고 손상 다리로 전방으로 뛴다. 공이 치료사에게 되돌아갈 때마다 선수는 직진으로 뛴다. 이 과정을 되풀이한다. 뒤로 혹은 대각선으로 뛰면 이 기술이 향상된다.

원뿔을 2~3피트 간격으로 늘어세우고 선수에게 다리를 번갈아 가면 그 원뿔을 외다리로 뛰어넘도록 치료사가 지시한다. 그 다음, 선수는 상처 난 다리로 균형을 잡고 일직선으로 놓여진 원뿔을 따라 뛰어넘는다. 이 기술을 향상

시키기 위해 치료사는 선수가 원뿔의 안쪽에서 바깥쪽으로 외다리 뜀을 시킬 수 있다. 어느 정도 능숙하게 이 기술을 구사하게 되면 8~10개 원뿔을 2~3피트 간격으로 배치한다. 선수는 첫 번째 원뿔의 안쪽에 선다. 선수는 상처난 다리로 균형을 잡고 선다. 치료사는 선수의 5~10 피트 앞에 서서 선수가 킥킹 다리 혹은 정상적인 다리를 지면에 대지 않게 하고 공을 던져 헤딩이나 발리로 되돌아오게 한다. 공이 치료사에게 오자마자, 선수는 해당 다리로 반대쪽, 여기 예로서는 원뿔의 바깥쪽으로 외발로 전진한다. 선수는 계속 앞으로 전진하며, 원뿔이 끝날 때까지 계속 반대쪽으로 외다리 뜀을 뛴다.

상지 손상
골절

골절 상지 손상은 필드 선수보다는 골키퍼에게 더욱 흔하다. 팔꿈치, 손가락, 팔목 골절은 축구에서 가장 흔한 상지 손상이다. 이런 손상은 대개 넘어지거나 충돌로 인해 발생한다. 보통 통증이나 변형이 나타난다. 골절이 치료되고 재활 과정이 시작된 후에, 동작, 힘, 기능 회복이 중요하다. 의료진은 재활 과정 동안에 선수의 위치를 고려해야 한다. 필드 선수는 상처 부위를 석고로 보호한 후 운동에 복귀할 수 있다. 하지만 골키퍼는 위치에 대한 요구 사항이 다르기 때문에 이것이 실용적이지 않다. 상지 손상의 재활과 더불어 잡기와 던지기를 포함한 기능적 훈련이 선수가 시합에 복귀하기에 필요할 것이다.

골키퍼가 손상을 입었다면 필드 선수보다 던지기와 잡기에 더욱 치중해야 한다. 골키퍼의 다이빙 기술을 가르치는 데는 특별한 주의를 기울여야 한다. 코치는 선수가 부실한 역학으로 인한 상지에 과도한 압박이 가해지는 것을 피하려면 적절한 착지기술을 검토해야 한다. 무거운 공을 가지고 하는 플라이오매트릭스는 상

지 재활을 할 때, 값진 근력 강화 훈련이 될 수 있다.

종종 축구 선수는 과신전된 팔로 떨어지거나 어깨를 땅에 부딪혀, 쇄골이 골절되는 경우가 있다. 치료에는 골치료가 될 때까지 줄 또는 쇄골끈(clavicle strap)으로 구성된다.[30] 선수는 6~8주 후에 던지기 프로그램을 시작한다. 필드 선수가 손상 후 너무 빨리 운동에 복귀하지 못하게 하는 것이 관건이다. 선수는 1~2주 후면 시합할 수 있다고 느낄 수 있을지 몰라도 뼈가 시합 중에 상대 선수와의 일상적인 충돌에서 충격을 흡수할 정도로 치료가 되지 않았을 수 있다.

견봉 쇄골 탈구

일반적인 어깨 손상은 견봉 쇄골 염좌를 포함한다. 이것은 골키퍼뿐만 아니라 필드 선수에게서도 발생할 수 있다. 골키퍼의 가장 흔한 손상 기전은 대개 어깨가 지면에 부딪히거나 골대와 충돌하는 것이다. 필드 선수도 또한 다른 선수나 지면 혹은 골대와 충돌하여 어깨손상을 경험할 수 있다. 특히 예외적으로는 견봉 쇄골 염좌가 대개 견갑대의 측방 부위에 대한 직접 가격으로 인해 견봉이 아래로 처지게 하거나 혹은 상박골의 장축을 통한 상향하는 힘의 결과로 발생한다.[21]

견봉 쇄골 염좌는 정도에 따라 등급을 매긴다. 1등급 염좌는 견봉 쇄골 관절 위의 압통과 어깨 굴절 및 외전으로 통증을 느낀다. 어떤 변형도 없다. 2등급 염좌는 견봉 쇄골 관절과 쇄골 돌출의 측방 말단에 진찰에 의한 변형이 있다. 선수는 동작에 통증을 느끼고 해당 측면에서 외전을 완전하게 할 수 없으며 내전을 수평적으로 하지 못한다. 3등급 염좌는 견봉 쇄골과 오훼쇄골의 완전한 파괴를 포함한다. 큰 변형이 있다. 심한 통증이 있으며 어깨 안정성을 상실하고 심각한 동작 상실이 있다.[21] 견봉 쇄골 탈구에 대한 치료는 2~10일간의 치료를 위해 스트링(string)을 가지고 고정을 한 후 점진적인 재활 과정을 거친다.[33] 견봉 쇄골 관절에 대한 테이핑은 통증을 줄이고 기능 회복을 가속화하기 위해 이용된다. 견봉 쇄골 염좌에 대한재활은 유합성 관절낭염을 예방하기 위해 ROM과 안정성을 높이는 폐쇄 운동을 포함한다. 관절낭 주변과 회전건개 강화 훈련은 완전히 정상적인 해당 하지의 가동역을 회복시키기 위해 어깨 근육의 정확한 기능을 회복하기 위한 필수적인 훈련이다.

어깨 탈구

어깨 탈구는 흔하지는 않지만 축구에서 발생한다. 선수는 관절낭 이완으로 인해 아탈구나 탈구를 당하기 쉽다. 이것이 예비검사에서 검사되면 동적 안정 장치가 어깨 관절에서 상박골을 지지하는데 도움이 되는 포괄적인 근력강화 훈련을 통해 탈구의 위험을 줄일 수 있다. 어깨가 탈구되었을 경우에, 그 즉시 운동을 멈추어야 한다. 상지를 환원시키기 위해 의료 행위를 받아야 한다. 일반적으로는 스트링으로 고정한다. 그리고 의사의 결정에 따라 염증을 치료하기 위해 즉시 재활을 시작한다. 팔목 팔꿈치 그리고 어깨에 등척성 운동을 시작한다.

재활 운동에는 불안정한 방향으로 상박골두 이동을 피하기 위해 특별한 주의를 기울이며 부드럽게 ROM를 사방으로 실시한다. 단단한 구조를 확인하여 그 구조에 수동 스트레칭을 실시하면 하악와의 정렬이 양호해질 수 있다. 전방 탈구에 대해, 환자는 외전 방향에서 바깥쪽으로의 회전을 삼가야 한다. 통증이 가시고 굴절 및 내전에서의 ROM이 회복되면 근력 강화 훈련을 실시한다. 주변 근육 강화는 견갑대를 지지한다(전방 견관절 탈구재활에 대한 자세한 토론은 10장 참조).

상지 재활

상지 손상에 쎄라밴드를 어깨, 팔꿈치, 팔목에 사용할 수 있다. 던지기 체력을 최소화시키는 구심 단계를 선행하는 편심 단계와 더불어 플라이오매트릭 훈련을 어깨 및 팔꿈치 90도 굴절과 같은 기능적 위치에서 튜빙과 함께 실행한다. 메디신 볼 훈련은 또한 상지 손상의 재활에도 유용하다. 비록 골키퍼가 손을 사용해도 되는 유일한 선수지만 필드 선수의 상지 손상은 잠재적으로 경기 능력을 제한할 수 있다. 메디신 볼 훈련은 반듯이 누운 채 수행한다. 치료사는 선수의 머리맡에 서서 공을 가볍게 놓는다. 선수의 출발 위치는 팔을 천장 방향으로 완전히 쭉 뻗어 주는 것이다. 선수는 공을 잡고 공을 가슴으로 가져간다. 공이 몸에서 멀리 떨어졌을 때 공을 치료사에게 다시 던진다. 요령은 출발 위치로 지속적으로 반복하는 것이다. 선수는 공이 가슴 근처에 있을 동안에 멈추어서는 안 된다.

추가로 미니트램폴린도 플라이오매트릭 훈련으로 사용될 수 있다. 선수는 트램폴린에서 5~10피트 떨어진 곳에 서서 공을 다양한 형태로 던진다. 머리 위로 던지기도 선수가 옆줄에서 드로우잉을 하듯 상지를 이용한다. 선수는 공을 머리 뒤로 가져가서 다시 팔이 머리 위에서 앞으로 나올 때 트램폴린을 향해 공을 던진다. 드로우잉도 앉아서 혹은 무릎 자세로 수행할 수 있다. 대각선 던지기를 도입하면 공을 던질 때 회전 요소가 가미된다. 이런 훈련들은 상지 손상뿐만 아니라 척추 손상의 재활에도 유익하다.

플라이오매트릭 벽 푸쉬 업을 치료사의 도움으로 수행한다. 선수는 어깨 넓이로 벌리고 손을 어깨 높이로 든다. 선수의 발은 벽에서 2~3피트 떨어져 있다. 선수는 푸쉬 업을 실시한다. 팔꿈치를 뻗으면서 손을 벽에서 뗀다. 치료사는 선수의 뒤에 위치한다. 그리고 선수의 몸이 치료사에게 가까이 접근하면 선수가 다시 오던 방향 즉 벽을 향해 다시 민다. 미는 힘에 변화를 주지 말고 힘을 전달하는 타이밍은 변경할 수 있다.

트레드밀과 스테어스텝퍼(stairstepper)를 상지의 닫힌 사슬 운동 안정에 응용하여 이용할 수 있다. 이런 훈련은 해당 사지의 근위 안정을 증진시킨다. 무릎자세로부터 선수는 트레드밀의 벨트 위에 양손을 놓는다. 트레드밀이 느린 속도로 돌기 시작하면 선수는 걷는 자세를 흉내 내어 한 손을 다른 손앞으로 내민다. 이런 닫힌 사슬 운동은 최소의 근육협응을 필요로 한다. 스테어스텝퍼도 또한 비슷한 결과를 위해 이용할 수 있으며 난이도가 더 높다. 같은 위치에서 선수는 양손을 스테어스텝퍼의 스텝 위에 놓고 발을 사용할 때처럼 스텝을 상하로 민다. 이 운동을 큰 힘이 들기 때문에 짧은 시간과 낮은 반복성으로 수행해야 한다.

머리 손상

머리 손상은 확실히 축구에서는 드물지만 다른 선수나 골대와 충돌하여 발생할 수 있다. 정의에 따르면, 머리 부손은 치아, 눈, 폐쇄성 두부손상(closed head injury)을 포함한다. 축구 선수는 게임이나 연습 시에 약 3%의 머리 손상의 가능성이 있다.[1] 심한 머리 손상의 증상은 대개 36시간 내에 나타난다. 그 증상으로는 메스꺼움, 구토, 현기증, 두통, 졸도, 부기, 타박상, 출혈, 그리고 기억 상실이 있다. 골대와의 충돌이 가장 심각하며 최고의 축구의 사망원인이다.[17]

뇌진탕

뇌진탕이 재활로 치유되는 것은 아니지만 정확한 치료가 중요하다. 코치는 선수가 이명, 메스꺼움, 혹은 두통 증세를 보이면 선수의 출전을 막는다. (뇌진탕에 대한 자세한 정보는 12장 참조).

운동 복귀

축구의 열기가 높아지면서 축구와 관련한 손상도 늘고 있다. 축구 선수와 함께 하는 재활 전문가들에게 있어, 선수가 운동에서 필요한 사항을 잘 이해하고 있는 것이 중요하다. 그런 이해에는 킥킹과 헤딩의 생체역학, 경기 규칙, 위치에 따른 필요 사항, 손상의 발생과 기전이 있다. 그런 후 재활 전문가들은 손상과 선수의 축구에 대한 필요 사항을 알아 재활을 위한 변수들을 정의할 수 있다. 축구에 대한 기초적인 이해와 더불어 많은 일상적인 재활기술들을 수정해 운동에 특정한 활동으로 이용할 수 있다.

회복 과정의 창조성은 운동 복귀를 준비하는 선수에게 동기를 부여하는 핵심 요소이다. 그리고 창조성은 재활 전문가의 상상력에 의해 얼마든지 창출이 가능하다.

운동 복귀를 위해 선수들은 90%의 근력을 회복하고 양호한 고유수용성 능력을 가져야 한다. 외다리 뛰기 테스트나 왕복 달리기와 같은 민첩성 훈련이 좋다. 테스트로는 출발하고 멈추고 컷하고 점프하고 달리는 것이 있다. 또한 킥킹, 패싱, 공을 다루면서 원뿔 사이를 달리는 것과 같은 기술 훈련도 운동 복귀 계획에 도움이 된다.

참고문헌

1. Metzl JD, Micheli LJ: Youth soccer: An epidemologic perspective. Clin Sports Med 17: 664–674, 1998.
2. Hoy K, Lindblad BE, Terkelsen CJ, et al: European soccer injuries: A prospective epidemiologic and socioeconomic study. Am J Sports Med 20:318–322, 1992.
3. Garrett WE, Kirkendall DT, Contiguglia SR: The US Soccer Sports Medicine Book. Baltimore: Williams & Wilkins, 1996.
4. Bangsbo J: The physiology of soccer, with special reference to intense intermittent exercise. Acta Physiol Scand Suppl 619:1–155, 1994.
5. Barfield WR: The biomechanics of kicking in soccer. Clin Sports Med 17:712–728, 1998.
6. Safran MR, Garrett WE, Seaber AV, et al: The role of warm-up in muscular injury prevention. Am J Sports Med 16:123–128, 1988.
7. Ekstrand J, Gillquist J, Liljedahl S: Prevention of soccer injuries: Supervision by doctor and physiotherapist. Am J Sports Med 11:116–120, 1983.
8. Hergenroeder AC: Prevention of sports injuries. Pediatrics 101:1057–1063, 1998.
9. Ekstrand J, Gillquist J, Moller M, et al: Incidence of soccer injuries and their relation to training and team success. Am J Sports Med 11:63–67, 1983.
10. Nielsen AB, Yde J: Epidemiology and traumatology of injuries in soccer. Am J Sports Med 17:803–807, 1989.
11. Keller CS, Noyes FR, Buncher CR: The medical aspects of soccer injury epidemiology. Am J Sports Med 15:230–237, 1987.
12. Hedrick A: Soccer specific conditioning. Strength Condit J 21:17–21, 1999.
13. Baechle TR: Essentials of Strength and Conditioning, 2d ed. Champaign, IL: Human Kinetics, 2000.
14. Hewett TE, Stroupe AL, Nance TA, et al: Plyometric training in female athletes: Decreased impact forces and increased hamstring torques. Am J Sports Med 24:765–773, 1996.
15. Boden BP: Leg injuries and shin guards. Clin Sports Med 17(4):769–777, 1998.
16. Matser JT, Kessels AG, Jordan BD, et al: Chronic traumatic brain injury in professional soccer players. Neurology 51:791–796, 1998.
17. Janda DH, Bir C, Wild B, et al: Goal post injuries in soccer: A laboratory and field testi

ng analysis of a preventive intervention. Am J Sports Med 23:340–344, 1995.

18. Lindenfeld TN, Schmitt DJ, Hendy MP, et al: Incidence of injury in indoor soccer. Am J Sports Med 22:364–371, 1994.

19. Engstron B, Johansson C, Tornkvist H: Soccer injuries among elite female players. Am J Sports Med 19:372–375, 1991.

20. Arendt E, Dick R: Knee injury patterns among men and women in collegiate basketball and soccer. Am J Sports Med 23:694–701, 1995.

21. Arnheim DD, Prentice WE: Principles of Athletic Training. St. Louis: Mosby–Year Book, 1993.

22. Bjordal JM, Arnoy F, Hannestad B, et al: Epidemiology of anterior cruciate ligament injuries in soccer. Am J Sports Med 25:341–346, 1997.

23. Wilk KE, Arrigo C, Andrews JR, et al: Rehabilitation after anterior cruciate ligament reconstruction in the female athlete. J Athlet Train 34:177–191, 1999.

24. Roos H: Are there long term sequelae from soccer? Clin Sports Med 17:819–830, 1998.

25. Delfico AJ, Garrett WE: Mechanisms of injury of the anterior cruciate ligament in soccer players. Clin Sports Med 17:780–785, 1998.

26. DeHaven KE, Lintner DM: Athletic injuries: Comparison by age, sport, and gender. Am J Sports Med 14:218–224, 1986.

27. Brynhildsen BJ, Ekstrand J, Jeppddon A, et al: Previous injuries and persisting symptoms in female soccer players. Int J Sports Med 11: 489–492, 1990.

28. Alexander MJ: Peak torque values for antagonist muscle groups and concentric and eccentric contraction types for elite sprinters. Arch Phys Med Rehabil 71:334–339, 1990.

29. Saartok T: Muscle injuries associated with soccer. Clin Sports Med 17:811–817, 1998.

30. Moriarity JM: Injuries in football and soccer, in Sallis RE, Massimo F (eds): Essentials of Sportsmedicine. St. Louis: Mosby–Year Book, 1997, pp 592–601.

31. Garrick JG, Webb DR: Sports Injuries: Diagnosis and Management, 2d ed. Philadelphia: Saunders, 1999.

32. Gilmore J: Groin pain in the soccer athlete, fact, fiction, and treatment. Clin Sports Med 17:788–793, 1998.

33. Shamus J, Shamus E: A taping technique for the treatment of acromioclavicular joint sprains: A case study. J Orthop Sports Phys Ther 25:390–394, 1997.

34. Brewington P: Headers face scrutiny in soccer. USA Today, December 8, 1999.

35. Meyers WC, Foley DP, Garrett WE, et al: Management of severe lower abdominal or inguinal pain in high-performance athletes: PAIN (Performing Athletes with Abdominal or Inguinal Neuromuscular Pain Study Group). Am J Sports Med 28(1):2–8, 2000.

36. Bir CA, Cassatta SJ, Janda DH: An anaylsis and comparison of soccer shin guards. Clin J Sport Med 5:95–99, 1995.

37. Gainor BJ, Piotrowski G, Puhl JJ, et al: The kick, biomechanics and collision injury. Am J Sports Med 14:231–233, 1986.

38. Lohnes JH, Garrett WE, Monto RR: Soccer, in Fu F, Stone DA (eds): Sports Injuries: Mechanisms, Prevention, Treatment. Baltimore: Williams & Wilkins, 1994, pp 603–624.

추가 참고문헌

Anderson SJ: Soccer, a case-based approach to ankle and knee injuries. Pediatr Ann 29(3): 178–188, 2000.

Bishop NC, Blannin AK, Robson PJ, et al: The effects of carbohydrate supplementation on immune responses to a soccer-specific exercis e protocol. J Sports Sci 17(10):787–796, 1999.

Boden BP, Lohnes JH, Nunley JA, Garrett WE Jr: Tibia and fibula fractures in soccer players. Knee Surg Sports Traumatol Arthrosc 7(4): 262–266, 1999.

Davids K, Lees A, Burwitz L: Understanding and measuring coordination and control in kicking skills in soccer: Implications for talent identification and skill acquisition. J Sports Sci 18(9):703–714, 2000.

DiFiori JP: Stress fracture of the proximal fibula in a young soccer player: A case report and a review of the literature. Med Sci Sports Exerc 31(7):925–928, 1999.

Dorge HC, Andersen TB, Sorensen H, et al: EMG activity of the iliopsoas muscle and leg kinetics during the soccer place kick. Scand J Med Sci Sports 9(4):195–200, 1999.

Drust B, Cable NT, Reilly T: Investigation of the effects of the pre-cooling on the physiological responses to soccer-specific intermittent exercise. Eur J Appl Physiol 81(1–2):11–17, 2000.

Francisco AC, Nightingale RW, Guilak F, et al: Comparison of soccer shin guards in preventing tibia fracture. Am J Sports Med 28(2): 227–233, 2000.

Grote C, Donders J: Brain injury in amateur soccer players. JAMA 283(7):882–883, 2000.

Hansen L, Bangsbo J, Twisk J, Klausen K: Development of muscle strength in relation to training level and testosterone in young male soccer players. J Appl Physiol 87(3):1141–1147, 1999.

Helsen WF, Hodges NJ, Van Winckel J, Starkes JL: The roles of talent, physical precocity and practice in the development of soccer expertise. J Sports Sci 18(9):727–736, 2000.

Heidt RS Jr, Sweeterman LM, Carlonas RL, et al: Avoidance of soccer injuries with preseaso

n conditioning. Am J Sports Med 28(5):659–662, 2000.

Houshian S: Traumatic duodenal rupture in a soccer player. Br J Sports Med 34(3):218–219, 2000.

Karageanes SJ, Blackburn K, Vangelos ZA: The association of the menstrual cycle with the laxity of the anterior cruciate ligament in adolescent female athletes. Clin J Sport Med 10(3): 162–168, 2000.

Malina RM, Pena Reyes ME, Eisenmann JC, et al: Height, mass and skeletal maturity of elite Portuguese soccer players aged 11–16 years. J Sports Sci 18(9):685–693, 2000.

McCarroll JR, Meaney C, Sieber JM: Profile of youth soccer injuries. Phys Sports Med 12(2): 113–117, 1984.

McGarry T, Franks IM: On winning the penalty shoot-out in soccer. J Sports Sci 18(6): 401–409, 2000.

McGregor SJ, Nicholas CW, Lakomy HK, Williams C: The influence of intermittent high-intensity shuttle running and fluid ingestion on the performance of a soccer skill. J Sports Sci 17(11):895–903, 1999.

Morris T: Psychological characteristics and talent identification in soccer. J Sports Sci 18(9): 715–726, 2000.

Nicholas CW, Nuttall FE, Williams C: The Loughborough intermittent shuttle test: A field test that simulates the activity pattern of soccer. J Sports Sci 18(2):97–104, 2000.

Putukian M, Echemendia RJ, Mackin S: The acute neuropsychological effects of heading in soccer: A pilot study. Clin J Sport Med 10(2): 104–109, 2000.

Putukian M, Knowles WK, Swere S, et al: Injuries in indoor soccer, the lake placid dawn to dark soccer tournament. Am J Sports Med 14: 317–322, 1996.

Reilly T, Bangsbo J, Franks A: Anthropometric

and physiological predispositions for elite so ccer. J Sports Sci 18(9):669–683, 2000.

Rienzi E, Drust B, Reilly T, et al: Investigation of anthropometric and work-rate profiles of e lite South American international soccer play ers. J Sports Med Phys Fitness 40(2):162–16 9, 2000.

Shephard RJ: Biology and medicine of soccer: a n update. J Sports Sci 17(10):757–786, 1999.

Sozen AB, Akkaya V, Demirel S, et al: Echoca rdiographic findings in professional league so ccer players: Effect of the position of the pla yers on the echocardiographic parameters. J S ports Med Phys Fitness 40(2):150–155, 2000.

Templeton PA, Farrar MJ, Williams HR, et al: C omplications of tibial shaft soccer fractures. I njury 31(6):415–419, 2000.

Van-Yperen NW, Duda JL: Goal orientations, b eliefs about success, and performance improv ement among young elite Dutch soccer playe rs. Scand J Med Sci Sports 9(6):358–364, 19 99.

Williams LR: Coincidence timing of a soccer pa ss: Effects of stimulus velocity and movemen t distance. Percept Motor Skills 91(1):39–52, 2000.

Williams AM: Perceptual skill in soccer: Implic ations for talent identification and developme nt. J Sports Sci 18(9):737–750, 2000.

CHAPTER 15

격투기

George J. Davies, Chris Durall, Dennis Fater

격투기는 1000년 전부터 상대를 죽이거나 불구로 만들기 위한 수단으로 발달했다. 몇 십 년 전에 스포츠 상품으로 팔리기 시작했지만 아직 대중화되지는 못했다.

전 세계적으로 격투기에 대한 참여와 관심이 급증했다. 세계적으로 최소 7500만 명이 기업과 미디어 광고, 건강과 체력에 대한 관심 증가, 국제 외교와 친선 정책으로 격투기에 참여했다. 특히 미국에서는 격투기 돌풍이 일어나 지난 몇 십 년 동안 약 800만 명이 격투기에 입문했고, 해마다 여러 국가에서 격투기를 하는 사람들이 20~25% 증가하는 추세다.

격투기는 20세기에 들어서 스포츠에 포함되고 영화에 자주 나옴으로써 젊은 층에게 큰 인기를 끌어 수련자가 계속 늘고 있다. 그 중 약 20%가 어린이들이다.[44] 노인[57,62,129~132]과 류머티즘성관절염환자[48], 척수 손상 환자[37,38,83]를 비롯해 연령과 체력에 상관없이 모든 이들이 격투기를 통해 체력 단련과 호신, 건강과 레크리에이션, 자신감과 자기 수양, 사회적 환경적 기반, 스포츠 경기, 예술적 표현과 생리적, 철학적, 종교적인 변화의 기회를 가진다.

오늘날 격투기의 종류는 매우 다양하다. 저마다 유파와 개인적인 수양 철학은 다르지만 정신적, 육체적인 인내에 중점을 둔다. 그리고 대부분 육체와 마음, 정신의 균형을 한데 모으고 초점과 집중, 체력, 근력과 속도, 힘, 민첩성, 균형, 반응시간, 협응을 강조한다.[44] 숙련자들은 동작에 따라 30mi/h로 발을 가속시켜서 675lb/in의 힘으로 상대를 찬다.[2,125] 최근 의학 보고서는 격투기의 타격이 스포츠 동작 중에서 가장 인체에 큰 충격을 준다는 증거를 보여준다.[123]

다른 스포츠에 비해 격투기의 물리적인 힘과 사망률에 대한 연구는 매우 부족하다. 가라데에 대한 연구도 손상 및 외상과 콘디셔닝 분야로 제한되어 있다.[18]

정보가 부족하기 때문에 사람들은 격투기를 잘못 인식하며 신비롭게 여긴다. 다른 스포츠처럼 격투기를 하면 몸에 매우 이롭지만 손상의 위험도 매우 크다. 그러나 킥복싱과 격투기 손상은 미리 예방할 수 있다.[81] 현재 격투기에 대해 알려져 있는 지식은 손상을 예방하고 회복하는 데 큰 도움을 준다.

이 장에서는 다음과 같은 내용을 살펴본다.

1. 격투기의 종류
2. 격투기 손상의 역학과 경로, 부위, 종류
3. 격투기 동작에 따른 동역학과 운동학
4. 손상을 예방하는 기술
5. 특정한 기능 회복에 필요한 바람직한 방법

그리고 이 장에서는 가라데 발차기의 운동 분석표를 제시했다.

역사

격투기는 사람들에게 오랫동안 신비에 쌓여

있었다. '격투기' 라는 말은 전쟁과 관련된 기술을 뜻하는데 대략적으로 극동 지역에서 생겨난, 하나 이상의 신체 부위를 사용하는 싸움 기법 체제 또는 공격적이거나 방어적인 싸움 형태를 말한다.[8] 물론 무기를 사용하기도 한다. 20세기 들어서는 군사적인 목적이 아니라 개인의 인격이나 도덕규범을 높이기 위한 '하나의 방법' 으로 발달했다.[126]

격투기의 유파와 체계, 양식은 수천 개가 넘는다. 그 중 대부분이 동양 철학에 기초를 둔 생활 방식과 관련 있다. 대부분 무기 사용법과 맨손 자기 방어법을 가르치고 정신과 철학적인 요소를 결합해서 수련자들을 심리적으로 변화시킨다.

'격투기 방식' 은 심리적인 면을 우선시하고 전투적인 면을 나중으로 한다는 뜻이다. 이러한 격투기 방식과 싸움 기술을 익히는 이들을 모두 격투기 수련자라고 한다. 그리고 달성 정도에 따라 칭호 체계가 있는데 일반적으로 띠의 색깔로 기술 수준을 나타낸다. (색깔이 짙을수록 숙련자). 보통 500명 중 1명이 검은 띠를 획득해 더 높은 수련의 길로 접어든다.[8]

격투기는 스포츠나 경쟁적 요소가 강한 것과 (가라데, 태권도, 유도, 레슬링) 자기 방어적 요소가 강한 것(합기도), 정신 수양적 요소가 강한 것(태극권)으로 나뉜다. 그리고 채택 기법에 따라서도 여러 가지로 나뉜다.

가라데, 합기도, 태권도, 쿵푸/바샤, 킥복싱, 합기도 같은 차기 격투기는 기본적으로 발차기와 펀치 기술에 의존한다. 그리고 유술, 유도, 아키도, 레슬링, 스모 같은 잡기 격투기는 상대를 바닥에 내리쳐서 고정시키는 기술을 사용한다.

무기 격투기는 검이나 자루, 쌍절곤, 활과 화살로 공격하고 방어한다.[9] 이렇게 종류는 다양하지만 그동안 격투기에 대한 연구는 가라데와 태권도, 유도, 태극권에만 집중되어 있었다.

가라데

가라데는 기술이자 스포츠다. 정확한 움직임과 신체 협응을 통해 싸움 상황을 조정한다.[13] 일본어로 '빈 손' 을 뜻하는 가라데는 (kara=빈, te=손) 전통적으로 무기나 보호 기구를 사용하지 않는 격투기다.

약 1600년 경, 오키나와의 통치자들은 섬 안의 모든 무기를 압수하고 전투 행위와 훈련을 엄격하게 금지했다. 하지만 오키나와 사람들은 400년 동안 비밀스럽게 가라데 기법을 발전시켰고 주요 격투기로 꽃피웠다. 한국에는 가라데와 비슷한 태권도가 있다.

유도

유도의 경쟁 요소는 다른 잡기 격투기와 다르다. 유도는 유술의 위험한 치기와 던지기, 관절 꺾기 기술을 제외하고 스포츠로 발달했다. 유도세계본부 강도관(講道館)은 의학 연구 프로그램을 활발하게 운영하고 있는데 1882년 창설된 이래 경기 중에 목조르기(shime-waza)로 사망한 예는 아직 없다.[52] 경동맥을 눌러서 실신시킬 때 신경병적으로 어떤 영향을 끼치는지가 주요 관심사다.[9] 하지만 스포츠를 제외하고 기관과 척추, 자율신경계에 손상을 입어 사망하는 일이 있다.

1회 이상의 유도 실신 시 무산소증으로 뇌가 손상될 가능성이 있는지 연구했지만 뚜렷하게 밝혀진 사실은 없다. 이 내용은 나중에 더 자세히 다루기로 한다. 유도의 낙법과 관절 꺾기로 인한 손상은 다른 잡기 격투기와 비슷하다. 일반적으로 팔을 벌리고 낙하하면 손목과 팔꿈치, 어깨, 쇄골을 다칠 위험이 있다[9] (태권도와 비슷함). 매트에 머리를 부딪치지 않고 안전하게 낙하하는 방법에 대한 올바른 지도가 필요하다.

태극권

태극('최고의 궁극') 권('주먹')은 약 300년 전, 중국 명나라 후기와 청나라 초기 왕조 때 생겨났다.[131] 섀도복싱에서 격투기로 발달한[108] 태극권은 외세의 침략을 물리치고 농민 반란을 진압하는 데 사용했다.

오늘날에는 체력 개선에 더 중점을 두므로 다른 격투기보다 동작이 느리고 덜 격렬하다. 태극권을 오래 하면 혈압 감소[20,132,134]와 최대산소소비량 증가[10,20,56~58,102], 유연성 발달[58], 체지방율 감소[58], 혈관 내 T-림프구 증가[133], 자세 균형 조절력 발달[118,129,132,134]에 효과가 있다. 노인과 류머티스성관절염 환자들이 가장 쉽게 할 수 있는 격투기가 바로 태극권이다.[62] 치료 운동 프로그램에 태극권을 결합하기도 한다.[48] Ryan[96]은 태극권의 배경과 동작에 관한 뛰어난 논문을 발표했다.

격투기의 생체역학

힘/동역학

격투기 동작의 생체역학에 대한 연구는 광범위하지 않다. 따라서 이 장에서는 현재의 연구 결과를 토대로 살펴보고자 한다. 많은 전문가들은 격투기 숙련자들이 손발로 벽돌과 판자를 깨는 모습에 관심을 가지고 해부학과 생체역학, 물리학의 관점에서 연구를 한다.[11] 하지만 격투기의 펀치와 발차기에 관한 생체역학 자료는 부족한 편이고, 상체와 하체 기술을 사용할 때 생기는 힘과 속도에 관한 연구 기록만 있을 뿐이다.[7,35,103,122] 발차기와 치기, 후리기, 던지기를 할 때 생기는 힘은 격투기의 상징이다.[8]

정확하게 겨냥해서 발로 차는 힘을 생각하면 당연히 다리에 손상을 입는다. 발차기의 최대 가속도는 권투 선수가 날리는 펀치[11]와 비슷하므로 갈비뼈가 부러지거나 기관이 파괴되어 죽음에 이를 수도 있다.

격투기 펀치의 힘과 속도는 각각 600 ft. lb, 25m/s에 이른다.[35] Feld 외[35] 전문가들에 따르면 스트레이트 펀치의 속도는 7m/s이고 돌려차기의 속도는 10m/s이다. 이는 약 675 lb/in2 에 해당하는 힘이다.

실험 결과, 옆차기가 가장 큰 힘을 내고 상대방을 죽게 할 수도 있다는 사실이 밝혀졌다.[7,103,122] 동역학 연구에서는 태권도 발차기의 손상 위험이 매우 높은 것으로 나타났다.[34]

schwartz 외[103] 여러 전문가들은 발차기와 펀치의 상대적인 힘을 설명하려고 인체모형을 설치해서 자료를 수집했다. 가라데 숙련자 14명이 인체 모형에 발차기와 펀치를 가했다. 가속도계가 90~120g으로 올라간 것으로 보아 손발 보호대 때문에 인체모형의 가속도가 줄어들지 않음을 알 수 있었다.

10온스짜리 글러브는 펀치의 최대 가속도를 어느 정도 완화시켰으며 발차기와 펀치에서 생기는 가속도는 똑같았다. 머리 부분에서는 극도의 가속도가 생겨 손상의 위험이 매우 크다. 전문가들은 완전접촉형 가라데를 광범위하게 할 경우 킥복서의 뇌질환이 많이 생길 것이라고 결론 내렸다. 가라데의 펀치와 발차기에 대한 이 실험에서는 다음의 결과가 나타났다. 발차기의 최대 가속도는 펀치보다 낮지만 더 길게 이어진다. 등주먹으로 머리 옆을 펀치 할 때 (글러브를 끼거나 끼지 않고)는 이마나 머리 옆을 발로 찰 때보다 평균 최대가속도가 높다. 그리고 머리앞쪽보다 머리 옆쪽을 펀치 할 때 최대 가속도가 훨씬 높다. 하지만 머리옆쪽과 머리앞쪽을 찰 때는 큰 차이가 없다. 머리옆쪽을 찰 때는 머리앞쪽을 펀치 할 때보다 최대 가속도가 훨씬 높다. 요약하자면 맨손이나 가라데용 보호대를 착용하고 머리 옆을 펀치하면 머리 앞과 머리 옆을 찰 때보다 최대가속도가 높으며 머리 앞과 머리 옆을 찰 때는 머리 앞을 펀치

할 때보다 가속도가 높다.

가라데용 손 보호대는 머리의 최대 가속도를 크게 변화시키지 않았으나 10온스짜리 권투 글러브는 펀치의 최대 가속도를 크게 감소시켰다. 반대로 발 보호대는 최대 가속도를 증가시켰다. 맨발일 때는 앞축(역주: 발가락 전부를 뒤로 제쳤을 때 발바닥의 앞부분)으로 차고 보호대를 착용할 때는 발등으로 치므로 옆머리를 차는 형태가 서로 다르다는 사실에 유의한다.[103]

일반적으로 체중을 실어서 날리는 것이 훌륭한 펀치다. 상대가 6온스짜리 글러브를 끼고 있을 때 실험자들의 머리에 장착한 가속도계가 100g로 올라갔다. 한편 16온스짜리 글러브는 최대 가속도를 50g 이하로 감소시켰다. 최근 실험에서는 가속도가 90g로 올라간 적이 여러 번 있으며 120g인 적도 한번 있다. 이는 느린 속도로 달리는 자동차가 계기판을 받았을 때 안전벨트를 하지 않은 사람이 받는 힘과 일치한다.[103]

가라데용 손발 보호대는 최대 가속도를 완화시키지 않았다. 옆머리를 차는 형태는 약간 차이가 있었지만 상대보다 착용한 사람을 보호하는 기능을 했다.[103]

태권도 경기에서는 상대의 몸통이나 머리에 떨리는 충격을 가하면 득점으로 인정한다. 공격 기술의 약 80%가 발차기이고 나머지는 손으로 치는 기술이다. 막대한 힘과 에너지를 실어야 발차기가 효과적이므로 상대가 손상을 입을 위험이 크다. Serina와 Lieu[104]는 발차기 속도를 측정해서 에너지를 계산했다. 기본적인 후리는 타입의 발차기(돌려차기와 뒤돌려 차기)는 속도와 에너지가 각각 15m/s, 200J 이었다. 기본적인 찌르는 타입의 발차기(옆차기와 뒤차기)는 후리는 타입의 발차기보다 속도가 45% 느렸지만 에너지는 25% 높았다. 차는 다리의 운동과 동역학을 실험하기 위한 연결 모형도 고안되었다. 보호 기구를 착용하지 않으면 모든

발차기 시에 흉부가 3~5cm 가량 휘어지며 최대 점성도 값이 0.9에서 1.4m/s로 변해 심각한 손상을 입을 수 있음이 밝혀졌다.

관절 운동, 운동학
태권도 발차기

Serina와 Lieu[104]는 태권도 발차기의 연결 모형을 고안해 발차기가 감아올리기(windup)와 치기(strike), 복귀(recovery)의 3단계로 이루어진다고 밝혔다.

감아올리기 : 몸 전체가 가속하고 에너지와 운동량을 얻으며 목표를 향해 차는 다리를 뻗는다. 후리는 타입의 발차기는 받치는 다리의 축을 따라 회전하고 찌르는 타입의 발차기는 차는 다리의 반대쪽으로 상체가 기운다. 모든 차기에서 받치는 다리는 고정되어 있으며 바닥과 수직이다.

치기 : 후리는 타입의 발차기는 다리가 목표에 충돌하기 바로 전 상체와 허벅지가 완전히 정지하고 그 에너지와 운동량이 아래쪽의 차는 다리에 전달된다. 찌르는 타입의 발차기는 엉덩이에서 목표물까지 똑바로 펴지는 선을 따라 발이 움직인다.

되돌리기 : 목표물을 발로 차고 나서 차는 다리의 속도가 줄어들고 남은 에너지와 운동량이 다시 몸으로 전달된다. 후리는 타입의 발차기는 발이 충돌하기 전과 똑같이 움직이며 찌르는 타입의 발차기는 발이 쭉 뻗으면서 차는 다리를 비롯해 몸 전체가 완전히 멈춘다.

발에 따른 엉덩이와 무릎의 속도를 살펴보면 모든 차기를 할 때 차는 순간에 엉덩이가 움직이지 않음을 알 수 있다. 후리는 타입의 발차기는 충돌하는 순간의 속도가 앞축 속도의 최대 3%에 이르고, 찌르는 타입의 발차기는 뒤꿈치의 최대 8%에 이른다. 후리는 타입의 발차기는 무릎도 상대적으로 고정되어 있으며 그

속도는 발이 충돌하는 순간에 생기는 속도의 7%이다. 그리고 후리는 타입의 발차기는 발이 충돌하기 전에 짧은 활 모양을 그린다. 찌르는 타입의 발차기는 발이 목표까지 직선으로 이동한다.

후리는 타입의 발차기에서 질량은 거의 일정하다. 하지만 찌르는 타입의 발차기는 다리를 완전히 내뻗으면서 유효 질량이 매우 커진다. 따라서 회전운동기구처럼 목표물에 역학적인 에너지를 전달한다. 이는 격투기의 동작을 수학적으로 설명해준다. 찌르는 타입의 발차기에서 차는 다리를 15cm로 완전히 뻗으면 유효 질량이 다리 전체 질량의 55%로 유지된다.

발의 속도는 찌르는 타입의 발차기보다 후리는 타입의 발차기가 훨씬 빠르다. 후리는 타입의 발차기를 할 때 발의 평균 속도(15.9m/s)가 찌르는 타입의 발차기 (8.8m/s)보다 88%나 빠르다.(그림 15.1 참고)

받치는 발을 회전해서 차면 속도가 더 빨라진다. 처음부터 다리를 회전하면서 차는 것은 발차기의 속도를 높이기 위함이다. 찌르는 타입의 발차기는 뒤차기가 옆차기보다 더 빨랐다. 찌르는 타입의 발차기와 후리는 타입의 발차기에서 발의 속도가 처음에 회전하는 것과 큰 관계가 없음은 매우 흥미롭다.[104]

다리의 에너지는 후리는 타입의 발차기보다 찌르는 타입의 발차기가 더 크다. 다리의 유효 질량이 더 크기 때문이다. 정강이와 발이 합해져 질량이 거의 2배로 커지고 정강이와 허벅지에 속도와 운동이 더해진다. 이보다 더 큰 이유는 찌르는 타입의 발차기를 할 때 회전 속도가 허벅지에 전달되기 때문이다. 정강이와 발뿐 아니라 다리 전체를 사용하면 더 큰 에너지가 생긴다.[104]

Serina와 Lieu[104]는 손상의 표준 모형을 토대로 찌르는 타입의 발차기가 후리는 타입의 발차기보다 가슴을 더 압박한다고 결론 내렸다.

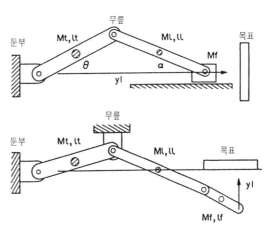

그림 15.1 찌르는 타입의 발차기(위)와 후리는 타입의 발차기 연결모형 비교

따라서 찌르는 타입의 발차기가 더 위험하다. 하지만 점성도를 기준으로 보면 후리는 타입의 발차기가 더 위험하다. 점성도를 기준으로 볼 때 후리는 타입의 발차기가 내부 기관과 연부 조직을 손상시킬 위험이 크다. 그리고 찌르는 타입의 발차기는 가슴을 크게 압박하므로 골격 손상의 위험이 크다. 회전해서 찰 때는 위의 두 가지 기준으로 볼 때 모두 가슴 손상의 위험이 크다.[104]

Serina와 Lieu[104]는 다음과 같이 결론 내렸다.

1. 후리는 타입의 발차기는 속도가 더 빠르고 연부 조직을 손상시킬 위험이 크다.
2. 찌르는 타입의 발차기는 가슴을 크게 압박하므로 골격을 손상시킬 위험이 크다.
3. 회전해서 차면 발의 속도가 더 빨라지므로 손상 위험이 커진다.
4. 태권도에서 몸통보호대를 착용하지 않으면 최대점성도가 높아지므로 연부조직과 내부 기관이 손상된다.
5. 보호기구 없이 태권도 발차기를 하면 가슴의 점성도가 25%를 초과해 심각한 손상을 입을 수 있다. 태권도는 의도적, 우발적으로

완전 접촉을 할 수 있으므로 보호 기구를 착용해서 가슴 손상의 위험을 줄여야 한다.

가라데의 격파술

Cavangh와 Landa[18]는 가라데 격파술의 생체역학에 대해 분석했다. 동역학 분석 결과 어깨와 팔꿈치 관절 사이에 팔꿈치가 펴지기 전에 어깨가 70% 펴지는 연속 패턴이 나타났다. 판자 두 개와 세 개를 격파할 때 팔꿈치 관절의 각속도는 각각 24.5, 29.5rad/s 였다. 근전도 검사에서도 근육이 연속적인 패턴으로 움직였다. 삼두박근은 200ms 동안 움직였으며 충돌하기 전에 움직이는 부분도 있었다. 이는 근육조직이 비정상적으로 감속한다는 것을 뜻한다.

직선으로 격파했을 때 숙련자의 경우 손이 물체에 충돌하는 순간 속도와 힘이 각각 28~31mi/h, 28~132lbF 였다. 이 때 팔은 채찍 모양이다.[18] 이는 여러 관절을 통해 힘이 합쳐지는 동역학적 사슬의 원칙을 잘 보여준다.

가라데의 격파 동작은 150ms 만에 끝난다. 몸통은 몸이 앞으로 기울어지는 두 번째 동작을 하기 전까지 고정되어 있다. 그리고 어깨와 팔꿈치를 포함한 팔은 동시가 아니라 연속적으로 뻗는다. 일반적으로 어깨는 관절이 펴지기 전에 70% 펴진다. 백스윙이 처음 시작되는, 각속도가 0일 때부터 연속 패턴이 나타나고 어깨가 펴질 때 최대 속도는 9rad/s이다. 이 때 팔꿈치 관절은 아직 펴지지 않은 상태다. 70ms 후 충돌하기 바로 전 팔꿈치 관절이 25rad/s로 펴진다. 이와 같이 채찍 모양 같은 움직임을 양적으로 나타낸 것을 "가중(summation)"이라고 한다.[18]

충돌하기 바로 전 최대 직선 가속도는 7g였다. 주로 쓰는 손과 그렇지 않은 손으로 판자를 격파할 때 큰 차이가 있었는데 즐겨 쓰지 않는 손의 시간 간격이 30%나 길었다. 이는 즐겨 쓰지 않는 손은 협응이 부족하기 때문이다.

동역학적 분석 결과는 중요한 순간에 즉각적으로 피드백을 내는 방법을 가르칠 때 매우 유용하다.[18]

EMG 분석은 몸통과 어깨, 팔꿈치 근육의 연속적인 움직임을 확실히 보여준다. 흥미롭게도 이두박근은 충돌하기 50ms 전에 움직인다. 이는 전기 활성과 팽창이 동시에 일어나지 않음을 나타낸다. 평균 힘이 540일 때 충돌하는 순간의 힘은 약 270lbF이다.[18]

펀치

Whiting[124] 외 전문가들은 숙련된 권투 선수 3명이 펀치 백을 치는 모습을 3차원으로 분석했다. 선수의 어깨와 팔꿈치, 손목, 글러브를 결합해서 팔의 직선과 각 운동을 3차원으로 측정했다. 충돌하는 순간 평균 속도는 5.9~8.2m/s였고 6.6~15.5m/s 사이의 최대 속도는 펀치 백에 손(또는 글러브)이 닿기 전 에 8~21m/s로 증가했다. 어깨와 손목의 속도, 팔꿈치의 각, 팔꿈치의 각속도는 훅과 잽에서 가장 차이가 컸다. 글러브를 꼈을 때와 맨손으로 펀치 했을 때 운동에는 큰 변화가 없었다.

Smith와 Hamill[111]은 가라데용 글러브와 복싱 글러브를 꼈을 때 물리적인 충돌에 대해서 분석했다. 숙련된 선수가 중간이나 하위급 선수보다 펀치 백을 치는 운동량이 컸으며 주먹의 속도는 똑같았다. 펀치 백을 치는 운동량은 복싱 글러브가 가장 컸고 가라데용 글러브와 맨손일 때는 차이가 없었다. 선수 그룹의 질량과 주먹의 속도는 차이가 없었으므로 숙련된 선수일수록 맨손이나 가라데용 글러브보다 복싱글러브를 낄 때 운동량이 커진다고 결론 내렸다. 노련할수록 운동량이 높았으나 펀치의 속도는 기술에 따라 차이가 없었다. 이는 노련할수록 몸의 운동량을 잘 협응시킨다는 뜻이다. 따라서 힘의 가중에 대한 개념을 학습해서 몸의 운동량을 주먹에 집중시키면 더 큰 힘을 낼 수

그림 15.2 생체 역학적으로 올바른 돌려차기의 모습이다. 시선은 목표를 향하고 몸통은 '균형 잡힌' 자세로 똑바르다. 이어질 손동작에 대비해 두 손은 위를 향한다. 몸통과 둔부, 무릎과 발목, 발은 열린 사슬 운동(이 경우 왼쪽의 차는 다리)에 맞게 올바로 정렬되어 있다. 발목을 발바닥 쪽으로 구부려서 발등으로 찬다. 닫힌 사슬 운동(이 경우 오른쪽 다리)은 직선이고 다리 전체를 올바로 회전해서 큰 힘을 낸다.

그림 15.3 생체 역학적으로 올바른 옆차기의 모습이다. 시선은 목표를 향하고 몸통은 "균형 잡힌" 자세로 똑바르다. 이어질 손동작에 대비해 두 손은 위로 향한다. 몸통과 둔부, 무릎, 발목과 발은 열린 사슬 운동(이 경우 오른쪽 다리)에 맞게 올바로 정렬되어 있다. 발목을 머리 쪽으로 구부려 뒤꿈치 바닥으로 목표를 찬다. 닫힌 사슬 운동(이 경우 왼쪽 다리)은 직선이고 다리 전체를 올바로 회전해서 큰 힘을 낸다.

있다.

　이 실험[111]에서 펀치의 속도는 예전에 보고된 것보다 높았다. 최근 실험에서는 총평균속도가 11.5m/s로 나타났다. N/s는 예전 자료와 비슷했다. 충돌하기 전 주먹의 속도가 11.5m/s이고 몸의 운동량이 47.37 N/s일 때 질량은 41kg이다. 파이팅 외 전문가들은 기술이 부족해도 질량이 크면 글러브에 관계없이 충돌할 때 뇌진탕을 일으킬 수 있는 펀치력을 낸다고 보았다.

　일반적으로 복싱이나 완전접촉형 가라데에서는 글러브를 껴도 안전하지 않다. 상대의 펀치에 쓰러지지 않도록 글러브가 펀치력을 저하시키지 않기 때문이다. 그러나 가라데용 글러브는 처음 몇 번의 공격에서 뼈와 연골이 부러지는 것을 줄여준다.

근육 기능
운동 분석

　가라데의 돌려차기는 스포츠의 연속 동작(그림 15.2)에서 자세히 설명했다.[41] 그림 15.3은 태권도 옆차기의 힘과 컨디셔닝 법칙에 대한 운동 분석이다.[107]

운동학습의 운동학

　Zehr[136] 외 전문가들은 가라데 숙련자와 초보자를 대상으로 동작에 따른 근전도 검사를 실시한다. 숙련자들은 등척성과 반동 회전력이 매우 높았으며 최대 가속도가 초보자보다 월등하게 높았다. 그러나 운동 전 압박은 동작이 뛰어난지 구별할 수 없었다.

　Zehr와 Sale[135]은 중급 가라데 수련자의 최대 회전과 속도, 가속도, 동작 이전의 비활동 시간에 대해 연구했다. 왼쪽과 오른쪽 팔의 반동에는 큰 차이가 없었다. 반동적으로 움직인다고 해도 동작 이전의 비활동 시간이 계속 이어지지 않았다.

손상 예방

격투기의 승단 심사와 검은 띠 획득, 겨루기에 필요한 컨디셔닝과 훈련 프로그램에 대한 의학, 과학적 정보는 광범위하지 않다. 컨디셔닝과 훈련 프로그램은 대부분 지도자가 자신에게 알맞은 방법을 제자에게 그대로 물려주는 식으로 발전했다. 하지만 컨디셔닝과 훈련은 과학적인 연관성이 거의 없다. 최근 Sanders와 Aantonio[98]는 근력 강화와 컨디셔닝 프로그램에 대한 실험을 했다. 이들은 격투기에 사용되는 심폐지구력과 근골격계에 대해 분석한 결과 바람직한 방법을 제시했다. 그러나 본문에서는 자세하게 다루지 않기로 한다.

스포츠를 지향하는 임상학자들은 격투기의 손상 예방에 힘써야 한다. 접근방법(근 골격, 순환호흡계, 신경생리적인 접근 방법 등)을 체계적으로 분석한 다음 과학적으로 발전시켜서 동작을 강화하고 손상을 예방할 수 있도록 실제적으로 도와야 한다.

먼저 과학적인 방법으로 유연성과 근력, 균형/협응을 발달시켜 동작을 안전하게 구사해야 스포츠 손상을 예방할 수 있다. 그리고 사전 검사와 보호기구, 규칙과 규정의 강화 또한 중요하다.

Schmidt[101]는 "스포츠 외상 증후군"을 설명하면서 심리적인 단련, 정서적인 안정감과 사기가 스포츠 손상을 줄일 수 있다고 말했다. 그러나 가라데 훈련에서 이러한 손상이 발생한다는 것은 바람직하지 않다. 올바르게 신체를 단련하고 기본적인 겨루기 기술을 갖춘 이들만이 겨루기에 참여해야 한다. (표 15.1 참고)

준비운동

격투기 훈련과 경기 시 당연히 생리적인 준비운동을 거쳐야 한다. 근육의 온도를 높여 탄력성을 늘리고 근육이 손상되는 것을 줄이기 위해서이다. 많은 지도자들은 수련자들이 유연성의 한계를 넘어서게 강요하는, 시대에 뒤떨어진 방법을 사용한다. 이 분야에 경험이 풍부한 임상학자들이 격투기 지도자와 수련자들에게 준비운동과 스트레칭의 올바른 원리 및 기술을 가르쳐야 한다. 지도자가 시키는 대로 준비운동을 하고 난 후 제 기량을 발휘했다면 앞으로 계속 그 방법을 따르는 것이 격투기 도장의 일반적인 원칙이기 때문이다.

스트레칭

근건 부위의 유연성은 스트레칭의 주요 목표이자 가장 힘써야할 부분 중 하나이다. 이는 손상을 예방하고 발차기의 높이를 올리는 등 격투기의 동작을 강화하기 위해 매우 중요하다. 격투기 수련자들은 준비운동 후 스트레칭을 실시하여 최대 효과를 얻도록 해야 한다. 힘줄과 허벅지 부위의 사두근, 고관절 굴근, 장딴지-가자미근 결합부, 척추 신근, 척추 회전근과 흉근 부위를 반드시 포함해야 한다.

정적 스트레칭을 한 후 동적/전환/기능 스트레칭을 실시한다. 동적 스트레칭은 근육의 통증이 아니라 당김 정도에 따라 실시해야 한다. 통증은 근육을 수축시켜 손상을 막는 골지건 기관(Golgi tendon organs)에 의해 신장반사(myotatic stretch reflex)를 일으킨다. 이렇게 근육이 수축되면 유연성이 억제되고 근육이 늘어나는 것을 방해한다. 모든 정적 스트레칭을 30초 동안 지속한 다음 최대 효과를 위해 3차례 반복한다.

정적 스트레칭을 한 후 탄성 동작을 포함한 동적/전환/기능 스트레칭을 해야 한다. 격투기 훈련에서 사용하는 발차기와 펀치 동작을 반복

표 15.1 손상의 횟수와 심각성

동작	횟수	백분율	심각성
겨루기	30,417	74	2.1
형태	2,047	5	1.3
무기	814	2	1.6
기본	5,757	14	1.5
기타	2,051	5	2.3
총계	41,086	100	
평균			1.88

출처: Birrer RB: 격투기의 외상역학, Am J Sports Med 24:S72-S79, 1996

하는 것이 원칙이다. 그리고 동적인 유연성 운동은 느린 동작에서 빠른 동작으로, 쉬운 동작에서 어려운 동작으로 실시하는 것이 가장 좋다. 신장반사를 막아 손상을 예방해주므로 동적 스트레칭을 계속 하게 해준다.

파트너 스트레칭은 단독 스트레칭과 함께 또는 따로 실시한다. 강도 높은 운동을 강조하는 지도자들은 수련자에게 고유감각신경근촉진(proprioceptive neuromuscular facilitation, PNF) 원리를 이용한 파트너 스트레칭을 시키기도 한다. 한 쪽 다리를 최대한 굽혀서 슬괵근을 신장시킬 때 PNF 스트레칭을 사용한다. 다리를 굽히고 고정된 물체를 밀면(이 경우 파트너의 어깨) 일시적으로 슬괵근이 같은 크기만큼 수축된다. 따라서 슬괵근 신장반사가 약해지므로 골반부가 능동 또는 수동적으로 더 크게 굽혀진다. PNF를 이용한 파트너 스트레칭과 정적 스트레칭은 신장 능력을 강화시키고 도장 내의 화합과 협동심을 촉진시킨다.

추천할만한 주요 근육군에 따른 스트레칭 운동은 다음과 같다.

- 슬괵근-변형 허들 스트레칭
- 사두근/고관절굴근-전진 돌출식, 발뒤꿈치를

둔부에 대기
- ITB/TFL-한 발을 쭉 펴고 그 위에 다른 발을 올려서 펴기와 엉덩이 쭉 펴기
- 내전근-버터플라이, 옆으로 벌리기
- 요추-무릎에서 가슴부위
- 앞가슴과 어깨-팔 돌리기, 등 뒤로 손 깍지 끼기
- 뒷가슴과 어깨-팔 돌리기, 팔을 앞으로 쭉 펴기

이외에도 유연성 운동은 매우 다양하므로 수련자에 상태에 알맞게 선택한다.

근력강화
개방형, 폐쇄형 동역학적 사슬 운동

격투기에서 발차기와 펀치 등 상대의 공격을 막으려면 큰 힘이 필요하다. 힘을 안전하게 내고 흡수하려면 몸통과 손, 발을 강화시켜야 한다. 다리 근력을 강화할 때 닫힌 사슬 운동(예: 스쿼트)과 열린 사슬 운동(예: 무릎 뻗기) 운동을 모두 해서 닫힌 사슬 운동동작(예: 받치는 다리)과 열린 사슬 운동동작(예: 발차기)에 모두 대비해야 한다. 다리 저항력 훈련 프로그램은 고관절 굴근과 외전근, 내전근, 신근, 사두

근, 힘줄, 대둔근, 장딴지-가자미근 복합 부위를 포함해야 한다.

다음의 근육 강화 운동은 격투기 동작에 직접 응용할 수 있다.

- 발목을 발바닥 쪽으로 구부리는 근육-뛰어차기를 더 높게 할 수 있음
- 사두근-앞차기, 돌려차기, 옆차기에 사용함
- 슬괵근-비틀어 차기와 주로 발차기의 속도를 줄일 때 사용함
- 고관절 신근-옆차기와 회전해서 찰 때 사용함
- 고관절 굴근-주로 앞차기에 사용함
- 고관절 외전근-돌려차기, 옆차기, 바깥반달 차기를 할 때 안정감을 줌
- 고관절 내전근-주로 안쪽반달 차기에 사용함

팔 근력을 강화시킬 때도 열린 사슬 운동(예: 측면삼각근 올리기)과 닫힌 사슬 운동(예: 엎드려팔굽혀펴기) 운동을 모두 해서 펀치 같은 열린 사슬 운동동작과 잡기 같은 닫힌 사슬 운동동작에 대비해야 한다. 다리 저항력 훈련 프로그램은 가슴과 삼두근, 광배근, 삼각근, 이두근, 손목관절 신전근, 손목관절굴근 운동을 포함한다. 몸통강화훈련 프로그램은 힘을 생성하고 팔과 다리로 전달하는 능력과 충격을 흡수하는 능력을 강화시킨다. 격투기에는 근력과 힘, 지구력이 모두 필요하다.

다음의 근육 강화 운동은 격투기 동작에 직접 응용할 수 있다.

- 견갑흉부근-모든 펀치 시 뻗는 어깨와 팔에 안정감을 줌
- 전방삼각근-펀치, 특히 잽과 훅, 손 앞날 펀치, 어퍼컷에 사용하고 막기 기술에도 중요
- 후방삼각근-펀치를 안정시킬 때 사용
- 대흉근-훅과 손 앞날 펀치에 사용
- 상완이두근-어퍼컷에 효과적
- 상완삼두근-잽과 등주먹 펀치에 사용
- 팔뚝과 손목근-펀치와 블로킹 시 주먹을 안정시키기 위해 사용함

플라이오매트릭스

특히 가라데와 태권도 같은 격투기 동작에 필요한 폭발성을 갖추고 있는 플라이오매트릭스 운동은 격투기 훈련의 하나로 자리 잡았다. 플라이오매트릭스(또는 신장-단축) 운동은 (1) 근육의 연결 조직에 잠재적인 에너지를 실어주도록 미리 신장하는 단계, (2) 비정상적인 움직임이 멈춘 후의 전환 단계, (3) 집중(또는 힘의 실행)단계로 이루어진다. 플라이오매트릭스의 핵심 단계인 전환 단계가 짧을수록 더 큰 힘이 중심을 수축시킨다. 플라이오매트릭스 운동은 격투기 기술에 필요한 폭발성을 향상시킨다.

줄넘기와 두발로 제자리 또는 여러 방향으로 점프하기, 한 발로 뛰어오르기, 매트에서 점프하는 충격 훈련 등 종류가 매우 다양하다. 힘의 강도를 다양하게 할 수 있으며 동작의 속도를 줄이고 조정할 때 등 광범위하게 이용할 수 있다.

평형/고유 감각/운동감각 훈련

격투기 숙련자일수록 고도의 협응 동작에 능숙해야 한다. 이를 위해 균형과 고유 감각, 운동감각을 결합한 훈련 프로그램이 필요하다. 눈을 뜨거나 감고 한 발로 서는 자세는 여러 가지 방법과 결합해서 균형 감각을 발달시켜준다. 민첩성 운동은 동적 균형과 협응력을 발달시킨다. 스피드백이나 펀치 백을 이용해 펀치 훈련을 하면 팔의 운동 감각이 발달한다.

심폐지구력 훈련

격투기는 유산소성과 무산소성을 모두 포함

하는 운동이다. Stricevic 외[114] 전문가들은 가라데 동작과 심장혈관의 반응에 대해 실시했다. 실험 대상 50명이 시간 간격을 두고 15개의 동작을 실시할 때 평균 심박수는 1분에 178회였다. 이는 연령에 따른 최대 예상 심박수의 91%에 해당하는 수치이다. 총 운동 시간 21분 50초 동안 평균 심박수는 1분에 163회였으며 이는 연령에 따른 최대 예상 심박수의 84%에 해당한다. 이 실험에서는 간격 훈련을 할 때 심박수가 연령에 따른 최대예상심박수의 80%보다 높이 올라감을 나타낸다. 따라서 훈련을 자주 하면(1주일에 3~4회) 심폐력이 향상된다.

Shaw와 Deutsch[106]는 가라데의 동작에 따른 심박수와 산소섭취도에 대해 연구했다. 그 결과 모든 훈련 동작과 절차가 심폐력에 영향을 주지 않는다는 사실을 발견했다. 숙련자가 더 강도 높은 동작을 구사했지만 경험과 최대운동 심박수는 커다란 관계가 없었다. 속도로 보았을 때 순간적으로 멈추는 동작과 반복되는 동작이 합쳐지면 심박수에 영향을 줄 수 있다. 따라서 심폐력을 강화시키고자 할 때 이러한 동작을 하지 않아도 체력 강화에는 장애가 되지 않는다. 상대적으로 최대산소섭취량이 낮고 건강한 이들에게는 가라데 훈련이 큰 효과가 나타나지 않는다. Schmidt와 Royer[100]는 사례 연구를 통해 심폐력 운동의 전달심박수를 기록했다. 그 결과 가라데 동작의 모든 패턴이 같았다. 각 동작은 평균 25.8초가 걸렸다. 1분 이하의 격렬한 운동은 기본적으로 무산소 반응을 통해 에너지를 얻는다고 알려져 있다. 이 실험 결과 가라데는 기본적으로 무산소 운동임을 알 수 있다.

무산소력은 근력운동을 통해 강화되지만 유산소에너지체계는 지구력운동을 통해 길러진다. 격투기 수련자는 달리기와 크로스컨트리스키, 수영, 자전거 타기 등을 통해 심폐력을 조절할 수 있다. 여러 가지 무산소 운동을 병행하는 혼합

운동(cross training)을 하면 지구력이 향상된다.

사전 검사

청소년들은 스포츠에 참여하기 전 반드시 전문의에게 신체검사를 받아야 한다. 태권도장에 입회하고자 하는 유소년도 마찬가지이다. 이 때 반드시 스포츠를 할 만큼 충분히 성숙했는지 성숙도를 평가해야 한다. Jaffe와 Minekoff[44]는 소아과의와 정형외과의가 검진하여 불상사를 예방해야 한다고 주장했다.

격투기 선수들은 모두 경기 전에 적절한 심사를 받아야 한다.[8] 완전 접촉형 선수는 시합 전과 시합 중에 적절한 진료를 받아야 한다. 모든 접촉형 스포츠에는 훈련과 경기 시 충격의 횟수와 강도에 따라 행위를 중지시킬 수 있는 기준이 필요하다.[12] 선수들의 안전을 위해 다음과 같은 사전 검열이 이루어져야 한다.

의학적 기준

격투기에 관련된 지도자와 심판, 전문의에게 맞는 의학 기준이 필요하다.[8] 각자 다른 형태로 격투기에 참여하고 있는 임상학자로서 우리는 이 분야에 더 많은 규정과 개선이 필요하다고 생각한다. 격투기의 다른 분야처럼 이 분야도 전통을 그대로 따르기 때문에 수련자들을 위해 개선해야 한다. 격투기 지도자들이 코치 자격증 프로그램에서 직접 운동 기술과 교육 심리학, 급성 손상 대응법, 응급처치법, 근력 강화와 컨디셔닝의 기본 원칙 등을 가르쳐야 한다.

의학의 적용범위

접촉을 하던 하지 않던 모든 경기에는 의학의 범위에 대한 방침이 필요하다.[8,70] 경기 중에 손상 사고가 많이 일어나므로 격투기 시합을 감독하는 전문의가 갖춰야 할 최소한의 기준과 자격이 확립 돼야 한다.[81] 심각한 손상이 일어날 수 있는 가라데는 매 시합마다 의료진이 참가

해야 한다. 손상이 적은 아마추어 권투 시합에는 전문의 한 명이 배치된다.[71]

Wilkerson[126]과 McLatchie[73]에는 가라데 경기의 전문의가 갖춰야 할 몇 가지 사항을 지적했다. 선수들은 경기 중에 적절한 치료를 받아야 한다. 이미 말했듯 경기 중에 크고 작은 손상 사고가 많이 일어나기 때문이다. 전문의는 경기 전 공식적인 요청이 있으면 선수의 상태를 검진한다. 그리고 경기장을 둘러보고 바닥의 상태가 적합한지 확인한다. 딱딱한 바닥에 머리를 부딪치면 머리에 손상을 입으므로 매트가 적합하다. 찢어진 상처나 염좌를 비롯해 아무리 작은 손상이라도 치료하고 심각할 경우 선수를 병원으로 옮겨야 한다. 요청에 따라 기술이 모호한 경우 위험성이 있는지 판단하고 선수가 경기를 계속할 수 있는지 심판에게 알려야 한다.

가라데는 복싱처럼 의학 조치가 엄격해야 한다. 선수들은 모두 엄격한 의학 검사를 통과해야 하며 발 보호대를 착용하고 매트 위에서 경기하는 것이 바람직하다. 그리고 뒤돌려 차기는 심각한 손상을 일으키므로 금지해야 한다는 것이 통념이다.

격투기 토너먼트에도 의학을 올바로 적용해야 한다. 전문의들은 시합 중에 일어나는 갑작스러운 손상에 익숙하지 않은 경우가 많으므로 스포츠 물리치료사나 물리치료사, 의사보조사, 준의료종사자, 응급구조사, 정규 간호원 등이 대신하기도 한다. 물론 경험이 풍부할수록 좋다.

기술지도
낙법

매트에 머리를 부딪치지 않고 낙하하는 올바른 교육이 필요하다.[9] 지도자들은 방향에 관계없이 기본적인 낙법을 가르쳐 손상을 예방해야한다. 가라데는 잡기 기술을 거의 사용하지 않는 '격렬한 격투기' 지만 바닥에 넘어지거나 상대가 바닥으로 내리치거나 미는 경우가 있

다. 따라서 낙하할 때 힘이 어떻게 퍼지는지를 알고 팔을 직접 바닥 위로 내리거나 팔의 평평한 부분 전체로 쳐서 힘을 전달하는 것, 충격으로 구르는 것, 가능한 빨리 준비 자세로 되돌아가는 것처럼 반사적인 행동을 하지 않도록 기본적인 낙법을 가르쳐야 한다.

막기 기술

Kuraja 외[53]는 특히 격투기에서는 커다란 힘을 이용해서 서로 격렬한 접촉을 줄이면 손상 사고가 줄어든다고 밝혔다.

팔뚝으로 상대의 타격을 막으면 척골(역주: 팔뚝에서 새끼손가락 쪽의 뼈) 끝부분이 골절될 수 있다. 격투기 지도자들은 대부분 (Buschbacher 외 전문가에 따르면) 막기 기술을 잘못 가르치고 있다. 손바닥이 아래로 향하도록 팔뚝을 들어서 막으면 이 자세의 가장 약한 부위인 척골에 손상을 입을 수 있기 때문이다. Buschbacher 외[12] 전문가들은 팔뚝을 이루는 요골과 척골로 막는 것이 바람직하다고 말한다.

펀치 기술

오늘날 격투기 수련자들은 비틀어서 펀치 하라고 배운다. 따라서 주먹이 바깥쪽으로 돌며 나아가다가 충돌할 때는 손바닥이 아래를 향한다. Buschbacher[12] 외는 이 동작이 올바르지 않다고 지적한다. 팔뚝 중앙에서는 척골이 요골보다 두껍고 강건하다. 반대로 중앙에서 멀어질수록 요골이 더 강건하다. 주먹에 가해진 압력의 80%가 요골로 전달된다. 수평으로 펀치를 날리면 요골과 척골이 교차하므로 골간(骨間) 세포막이 포개지며 약해진다. 시체의 팔뚝을 검사한 결과 완전하게 회전해서 펀치를 날릴 때 중앙 골간의 세포막이 느슨해졌다. 45도로 회전할 때는 이 현상이 나타나지 않았다. 따라서 수련자가 커다란 힘을 이용해 이렇게 펀치를 날리면 손상의 위험이 줄어든다. 이는 생

체역학과 해부학적 관점에서 는 옳지만 오랫동안 펀치 기술을 익힌 수련자들에게 교육하기가 어렵다. 그리고 회전하는 정도와 힘, 손상의 관계를 더 깊게 연구해야 한다.

손 기술

Jaffe와 Minkoff[44]는 손가락 관절을 강화하는 훈련 시 골절이 생길 수 있고 나중에 손가락에 부조화를 가져오므로 자제해야 한다고 말한다. Nieman과 Swan은 단단한 물체를 계속 치면서 손을 단련한 격투기 수련자가 신경마비 증세로 소지구(새끼손가락의 아래에 있는 손바닥의 부푼 부분)가 약해진 사례를 발표했다. McLatchie에 외 전문가[75]들은 판자를 격파할 때 항상 손에 손상을 입지 않는다고 말한다. Larose와 Kim[61]에 따르면 손과 발을 비롯한 치는 부위에 굳은살이 박이는 격투기는 가라데 뿐이다. 손을 단련하는 방법에는 두 가지가 있다. '혹독한' 방법은 피부가 찢어지고 손가락 신근의 힘줄이 늘어날 때까지 계속 치는 것이다. 이렇게 생기는 굳은살은 손에 단단하게 박히므로 다른 피부와 달리 관절로 옮겨갈 수 없다. 더 가벼운 운동 방법은 단단하고 거친 물체를 점진적으로 치는 방법이다. 이 때 굳은살은 신근 힘줄이 아니라 피부에 생긴다. 치기 훈련을 통해 손상된 연부 조직은 다시 손상되기 전에 스스로 회복하도록 놔두는 것이 중요하다. 굳은살이 박이는 과정과 빨리 치료하는 방법을 알아보기 위해 여러 가지 약물 치료법을 실시했다. 타닌과 벤조인이 가장 일반적으로 쓰인다. 오랫동안 이 훈련을 하면 손의 근육이 발달하므로 민첩성이 떨어진다. Larose와 Kim[61]은 주먹으로 황소의 머리를 쳐서 죽게 한 것으로 유명한 한국계 일본인 격투가의 사례를 연구했다. 그는 30년 동안 '혹독한 방법' 으로 손을 단련시켰다.[61]

현재 미국의 격투기에서는 혹독하게 손을 단련시킬 필요가 없다. 딱딱한 나무 바닥 위에서 주먹으로 엎드려팔굽혀펴기를 하는 수련자들이 많다. 근육이 발달하고 굳은살이 잘 박이므로 격파 실력이 향상된다.

주먹을 잘못 치면 골절을 입을 수 있다.[60] 특히 '혹독한 방법' 으로 손을 단련할 때 주먹을 잘못 치면 두 번째와 세 번째 중수지절관절에 퇴행성관절염이 생긴다.

Kelly 외 전문가[47]들은 정확하게 찌르면 중수골이 골절되는 것을 막을 수 있다고 말한다. 비틀지 말고 시지와 중지 끝부분을 똑같이 회전해서 누르면 판자를 격파하거나 상대의 발차기를 막을 때를 제외하고 골절 패턴을 모두 막을 수 있다. 판자 격파는 관중과 선수 자신을 만족시켜 주지만 손모양이 이상하게 변하고 중수지절관절에 골관절염이 생길 수 있다.

발차기 기술

McLatchie[76]에는 제어가 불가능한 공격 기술은 금지시켜야 한다고 주장한다. 특히 뒤돌려차기는 한번 차고 나면 제어할 수 없으므로 금지해야 하고 돌려차기 공격 시 접촉을 엄격히 제어하도록 훈련해야 한다고 말한다.

규칙의 제정과 표준화, 강화

안전을 최대화하기 위해 격투기 경기와 관계된 단체와 유파의 규칙을 표준화하고 강화해야 한다. (예: 형식, 무기, 격파, 대련, 비접촉과 접촉) 특히 연속 경기가 더 그러하다.[8] 오레르 외 전문가들은 아동은 머리 접촉을 금지시키고 어른은 가벼운 머리 접촉만 허가해야 한다고 주장한다. 또한 호흡을 조절할 때 접촉하지 못하도록 법을 바꿔야 한다.[81]

체급

McLatchie[76]에는 가라데의 손상을 줄이기 위해 체급제를 도입해야 한다고 말한다. 다른 스포츠처럼 (팝워너 축구, 레슬링 등) 체급에 따라 경기를 하면 초보자와 청소년에게 매우 유리하다. 가라데는 대부분 띠와 "공통 중량제"에 따라 경기를 한다.

숙달도 사정 및 대련

유소년 태권도 선수들을 성숙도 평가를 바탕으로 경기를 해야 한다. 다른 스포츠에도 연령이 아닌 성숙도에 따라 선수를 배치하는 것이 바람직하다.[89]

자격심사

Wilkerson[127]은 심근염이나 중증 고혈압, 중증 울혈성 심부전, 간 비대증, 비종, 발작장애, 폐부전증, 환추축추성 불안정 증세가 있거나 두 눈 또는 한 쪽 눈에 시력 장애가 있거나 한 쪽 신장이 없는 이들은 겨루기를 하면 안 된다고 밝혔다. 또한 그는 이들이 완전접촉형 겨루기를 하지 않고 자기 방어, 체력과 유연성 향상을 목적으로 격투기에 참여하려면 적절한 평가를 거쳐야 한다고 밝혔다. 그 결과를 바탕으로 비접촉형 훈련을 해야 한다. 충돌이나 접촉을 하는 스포츠의 참여 자격에 대한 방침은 격투기에도 그대로 적용돼야 한다. 현재 충돌이나 접촉형 스포츠의 참여 자격에 대한 자료가 있다.[127]

규정

만약 규정에서 예방적인 차원에 대해 명시한다면 선수와 경기 관계자 모두 긍정적인 반응을 보일 것이다. 경기 전 손상이 선수의 기량에 나쁜 영향을 끼친다는 규정이 있으면 선수와 코치는 쉽게 규정에 따를 것이다. 하지만 Feehan과 Waller는 연구를 통해 손상 관련 변수는 승패와 크게 관련이 없다고 밝혔다. 이는 예상치 못한 결과였다. 또한 경기를 준비하다가 가장 심한 손상을 입은 선수는 경기에 나가지 못하거나 아예 선수 생활이 끝날 수도 있다.

자격증

유도 사범과 심판원은 정부 기관의 허가를 받아야 하고 최신 경기 규칙을 잘 알아야 한다. 위험한 행위를 하는 선수에게는 엄격한 패널티를 주도록 규칙을 바꿔야 한다.[51]

전문 분야에는 여러 행위에 관해 전국적인 자격증과 능력 기준이 정해져 있다. 하지만 격투기에는 수많은 다양성이 존재하기 때문에 교육 방법과 응급처치, 손상 대처법, 컨디셔닝의 기본 원리를 표준화해서 자격증을 발급하는 통합 기관을 두기가 어렵다. 하지만 자격증을 떠나서 수련자들이 지도자의 자질을 직접 평가할 수 있다는 점에서는 유리하다.

규칙

몇 가지 방법으로 격투기의 손상을 줄일 수 있다. 그 중 머리 부분을 공격하지 못하게 하는 것이 가장 현실적인 방법이다.[70,81] Oler 외 전문가[81]들은 얼굴에 뒤돌려 차기를 가하면 사망할 수 있다고 발표했다. 뒤돌려 차기나 뒤차기는 제어하기가 힘들다. 느리게 차면 상대가 발차기 공격을 해오고 (주로 등) 정확한 속도로 차면 충돌하는 속도를 조정할 수 없다. 격투기 토너먼트 대회의 의료진인 Wilkerson[127]은 지도자들이 손상의 위험 때문에 뒤차기와 뒤돌려 차기를 허락하지 않음을 확인했다.

후려차기처럼 앞머리를 찰 때만 동작을 조정할 수 있다. 위험한 공격을 금지시키면 심각한 손상이 줄어든다. 그리고 아동부 태권도 선수들은 서로 머리를 접촉하지 못하도록 해야 한다.[89]

또한 심판의 엄격한 판단을 통해 손상을 줄일 수 있다. 선수가 위험한 기술을 사용할 때 경고가 아니라 실격 처리를 해야 한다. 이를 통해 선수들은 제어가 가능한 바람직한 기술로 득점해야 한다는 사실을 알게 된다. 모든 접촉형 스포츠에는 훈련이나 시합 시 충격의 횟수와 강도에 따라 정지 명령을 내리는 기준이 확립돼야 한다.[90]

선수가 올바로 제어할 때 인센티브를 주는 방법도 개발해야 한다. 득점을 목적으로 하는 겨루기는 속도와 민첩성에 중점을 둔다. 따라서 강력한 발차기 같은 기술을 견고하게 막을 때 뿐 아니라 제대로 제어할 때도 인센티브를 줘야 한다. 심판의 판단에 따라 이 방법을 실행하면 손상을 줄일 수 있다. 선수들은 상대에게 펀치나 발차기를 '날릴 때' 접촉하기 바로 전에 멈추어야 견고하게 '타격'을 줄 수 있으므로 더 뛰어난 기술이 필요해진다.

조르기

유도 선수들은 조르기를 정확하게 하는 방법을 배우고 실제로 의식을 잃기도 한다. 따라서 의식을 잃기 전에 그 결과를 알고 있다. 심판과 코치는 선수들이 질식(의식을 잃음)하는 때를 알 수 있다.[52] 하지만 여러 번 의식을 잃으면 해로우므로 선수가 거의 정신을 잃었는지 잘 알아야 한다.

보호기구

격투기의 보호기구는 상대와의 접촉을 흡수하고 되튀게 하지만 그 역할은 애매하다. 육체를 제어하는 법을 배우는 것이 격투기의 필수이므로 가벼운 접촉만을 허락하기도 한다. 또한 초점을 정확하게 맞추는 것이 가라데 훈련의 핵심이기 때문에 보호 기구를 착용하지 않는 유파도 있다. 보호 기구를 착용하고 펀치와 발차기를 하면 목표에 못 미쳐서 멈추고 격렬함이 훈련이 된다.[115] 그리고 특히 팔의 뻗치는 범위를 변화시키기 때문에 정확한 제어 방법을 배울 수 없다. 또한 보호 기구를 착용하면 잘못된 안정감이 생기므로 동작을 과장하게 된다.

하지만 손상의빈도와 심각성을 감소시킨 사례도 있었다.[13]

격투기의 보호기구는 공격자가 더 큰 힘을 적용하게 해주고 상대보다 공격자를 보호하는 기능을 한다는 연구 결과가 있다.[34] 다시 말해서 헬멧이나 손발 보호대를 착용하면 선수의 자신감이 커지고 가벼운 손상이 자주 일어난다. 이렇게 가벼운 손상이 늘고 심각한 손상이 줄어드는 것은 손 보호대 때문이다. 선수들은 상대가 여러 보호 기구를 착용할수록 더 세고 빠르게 공격할 것이다. 따라서 보호기구에 대한 일정한 기준을 정해 바람직하지 못한 상황을 막아야 한다.[119]

보호대를 많이 사용할수록 팔다리의 염좌, 몸통과 팔다리의 타박상이 늘어난다는 증거가 있다.[46,71,72] 머리 손상을 줄이기 위해서는 상세한 사전 대책을 마련해야 한다. 마우스 가드는 치아를 보호하지만 주위의 연부 조직은 보호하지 못한다. McLatchie 에 외 전문가[75]들은 주먹과 팔뚝, 정강이, 발 보호대와 잇몸보호기 사용을 의무화해야 한다고 밝혔다. 특히 마우스 가드는 착용하는 것이 좋다. 정강이받이는 통증을 막아주지만 발차기를 하다가 상대에게 막혀 하퇴를 맞았을 때는 예외이다.[13]

McLatchie와 Morris[72]에와 모리스는 연구를 통해 패드를 사용하면 손상율이 크게 줄어든다고 밝혔다. 컬랜드는 손과 발 가슴 보호대를 착용하면 손상을 72%줄일 수 있다고 주장했다.

신발

방어(81%)와 공격(84%) 시 발생하는 손상은 대부분 보호 기구를 착용하지 않을 때 생긴다.[8,70] 보호 신발을 신지 않으면 발가락이 가장 쉽게 손상을 입는다. Burks와 Satterfield[11]는 격투기를 할 때 가벼운 신발을 신어서 접촉을 하지 않는 상황에서도 발가락 손상을 줄어야 한다고 말한다.

풋기어

격투기에서 주로 사용하는 보호기구가 대부분 적합하지 않은 것으로 나타났다. Schwartz 외 전문가[103]들은 실험을 통해 손과 발 보호대가 인체 모형에 가해지는 가속도에 영향을 준다는 사실을 발견했다. 10온스짜리 글러브는 최대 가속도를 줄였지만 격투기에서 가장 많이 쓰이는 손 보호대는 그렇지 못했다. 또 가장 많이 쓰이는 발보호대는 인체모형에 더 큰 가속도를 가했다. 이러한 보호기구는 기본적으로 착용하는 사람을 보호하며 더 큰 힘으로 공격할 수 있게 해준다.

Pieter 외 연구가들[87]은 태권도 시합에서 발등 보호대를 착용하면 그 부분의 손상을 줄일 수 있다고 밝혔다. 하지만 발등 보호대는 상대보다 공격자를 보호하는 것으로 나타났다. 즉 발 손상은 줄여주지만 공격자가 더 세게 발차기를 하게 되므로 머리나 얼굴 부위를 치면 뇌를 손상시킬 수 있다.

Agnew는 격투기 수련자들이 통증이 점점 약해지고 근육과 뼈, 신체부위가 비대해지는 가벼운 외상을 반복해서 입으면서 손과 발이 발달한다고 밝혔다. 오늘날 수련자들은 이러한 목적을 위해 손과 발로 딱딱한 물체를 치는 훈련을 한다. 애그뉴는 발로 물체를 세게 치면 염좌나 탈구가 일어나거나 뼈와 관절이 골절될 수 있으므로 약한 관절 부위에 붕대를 감으면 도움이 된다고 말한다.

손 보호대/글러브

손 보호대는 주로 공격자를 보호하고 머리를 칠 때 뇌에 더 큰 힘을 전달한다. 머리보호대는 찰과상과 타박상, 열상을 막아주지만 두뇌 손상은 그렇지 않다.[13] Johannsen 과 Noerregaad[46] 는 주먹 보호대를 착용했을 때와 하지 않았을 때 뇌진탕의 발생 확률에 대해 실험했지만 뚜렷한 차이를 발견하지 못했다. 주먹 보호대는 머리 손상의 심각성은 줄여주지만 손상율을 증가시킨다.

ohannsen 과 Noerregaad[46] 는 전통적인 가라데 경기에서 손가락 관절 보호대와 손상의 관계에 대해 연구했다. 그 결과 주먹 보호대를 착용하자 손 손상을 약간 줄어들었지만 다른 보호책이 필요하다. 머리 손상은 손목 보호대를 착용하는 토너먼트 경기에서 많이 일어났지만 큰 차이는 발견되지 않았다. 주먹 보호대를 착용하면 우발적으로 지나치게 접촉을 해도 보호대가 외상을 막아줄 것이라고 생각하고 더 강하고 제어가 불가능한 타격을 날린다. 따라서 머리 손상이 증가한다.

손가락관절 보호대는 상대방에게 넉아웃이나 그로기를 입히는 횟수에 영향을 주지 않았다. 그러나 손가락관절보호대를 착용했을 때 머리 손상의 패턴이 확실하게 달라졌다. 타박상을 비롯한 경미한 손상이 더 많이 일어났다. 그리고 매 경기마다 팔다리 손상이 현저하게 줄어들었다. 손가락관절보호대를 착용하면 손가락과 손에 손상을 입지 않기 때문이다. 손가락과 손 손상은 상대의 뼈가 두드러진 부분을 치거나 상대가 막을 때 주먹으로 칠 때 등 스스로 입는 경우가 많았다.

Smith와 Hamill[111]은 가라데용 글러브가 다섯 번째 펀치 후에는 제대로 보호 기능을 하지 못한다고 밝혔다. 그리고 다섯 번째 이후의 펀치는 뇌진탕을 일으킬 수도 있다.

샅보호대

모든 남성들은 격투기를 할 때 샅보호대를 착용한다.[13]

헤드기어

Siana 외 전문가들[108]은 세계 태권도 챔피언 대회에서 4% 이상의 선수가 병원으로 옮겨졌다고 발표했다. 심각한 손상은 대부분 머리와 목에 일어났다. 태권도 손상의 심각성으로 볼 때 보호대와 마우스 가드, 안면가리개 등을 반드시 착용해야 한다.

그리고 더욱 견고한 헤드기어를 개발하고 헤드기어와 마우스 가드, 몸통보호대, 샅보대를 착용하고 매트나 캔버스 바닥을 사용할 것을 의무화해야 한다.[81] 팔과 다리, 손, 발 보호대와 잇몸 보호기, 보호 칸막이 등을 사용하면 심각한 손상이 줄어든다. 특히 어린 선수일수록 보호대를 착용해야 한다.[71]

하지만 태권도에서 헤드기어를 착용해도 높은 가속도가 완화되지 않는다.[103] 신경외과 보고서에 따르면 헤드기어를 착용할 때 머리에 전해지는 가속도에 따라 두뇌의 신경섬유와 뉴런에 손상을 입을 확률이 크다. 그러나 헤드기어는 발차기의 힘을 분산시키고 매트에 머리를 부딪칠 때 머리를 보호해주므로 반드시 착용해야 한다.

Schmid 외 전문가들[99]은 헤드기어의 효과에 대해 실험했다. 헤드기어를 착용하자 정면 공격의 가속도가 본래보다 70% 감소했다. 측면 공격의 가속도는 본래보다 60% 감소했다. 턱 공격은 차이가 거의 없었는데 이는 턱 밑으로 헤드기어가 연결되는 부분이 있기 때문이다. 그리고 모든 경우 가속도의 시간은 0.1초 이하였다. 선수의 머리에 타격을 가할 때 방향이 가장 중요하다는 사실이 명백하게 밝혀졌다. 헤드기어는 복싱 글러브의 공격에서 보호해주는 역할을 한다. 하지만 실험 결과에서 헤드기어의 보호 효과는 선수의 공격 능력에 좌우된다는 사실이 나타났다. 즉 헤드기어는 머리에 타격을 가했을 때 가속도와 관성력을 15~25% 떨어뜨린다.

또한 헤드기어를 착용하면 복싱에서 흔한 눈썹 손상(눈의 상처)이 거의 일어나지 않는다. 실험 결과와 경기 내용을 종합해보면 헤드기어가 넉아웃을 제한하지는 않지만 위험하고 자주 발생하는 손상을 줄여준다.

Estwanik과 Boitano[31]는 복싱 전국챔피언대회의 손상에 대해서 조사했다. 머리 타격과 손의 연부조직 손상, 얼굴이 찢기는 상처가 가장 자주 일어났다. 타격 때문에 시합이 중지된 경우가 48회였고 이는 전체의 4.38%를 차지했다. 다른 손상율은 4.45%였다. 아마추어 복싱의 손상은 더 나은 헤드기어와 매트, 글러브를 사용하고 교육 환경을 도안한다면 줄일 수 있다.

Tuominen[119]은 핀란드에서 가라테 대회에 6회 참가한 선수들을 면담한 자료를 분석했다. 손상자는 전체의 16%였고 성인 남성의 경우 결승전에서 손상을 가장 많이 당했다. 모두 전문의가 진단했으며 95%가 머리 손상이었다. 대부분 심하지 않은 손상이었다. 숙련자가 초보자보다 손상을 더 많이 당했다. 득점은 물론 손상과 페널티는 직접 머리를 치는 기술을 통해 이루어졌다. 즉 머리보호대를 착용하도록 규칙을 변경하면 손상이 크게 줄어든다.

훈련 및 경기 환경

코치와 심판은 훈련과 경기 환경을 안전하게 유지해야 한다.[8] 겨루기 장에서는 마우스 가드와 헤드기어, 매트 바닥과 같은 보호 기구를 의무적으로 사용해야 한다. 이는 손상의 횟수(42%에서 16%)와 심각성(66%에서 44%)을 줄여준다.[9] 또한 바닥에 부딪힐 때 손상을 입지 않도록 바닥을 매트로 사용할 것을 권한다.[76]

보고서에서는 손상을 줄이기 위해 매트 바닥을 사용하는 것이 가장 중요하다고 강조한다. 선수가 바닥에 부딪칠 수 있기 때문이다. 매트 바닥은 심각한 손상을 줄여주므로 규칙이나 규정으로 이를 의무화해야 한다.

교육/코치/감독

교육

전문가들은 지도자와 선수가 위험한 상황을

인식하면 손상의 3/4를 예방할 수 있다고 말한다.[1] 바닥에 머리를 부딪치지 않고 안전하게 낙하하는 법을 가르쳐야 한다. 그리고 던지기 기술보다 낙법을 먼저 훈련해야 한다. 또한 무엇보다 안전성을 강조해서 적절한 던지기, 낙법, 잡기 기술을 가르쳐야 한다.[51] 뒤돌려 차기는 자신이 동작을 눈으로 볼 수 없어 제어하기가 어려워 머리(또는 기타 부위) 손상을 입힐 수 있으므로 금지시킨다.[13]

코칭

수련자가 극도로 피로한 상태이거나 서로 기술 차이가 크고, 성숙하지 않은 아동이나 초보자들을 겨루게 하거나 시합의 시간이나 시합 전에 올바르게 지도하지 않고 보호기구 없이 완전 접촉형으로 겨루게 하는 것은 잘못된 지도 방법이다. 수련자 대부분이 머리를 보호하는 기술을 정확하게 배우지 않는다. 특히 발차기를 할 때 손을 아래로 내려서 균형을 잡는 일이 많은데 이는 올바르지 않다. 격투기 지도자가 갖추어야 할 최소한의 기준과 자격을 확립해야 한다.

Hirano와 Seto[40]는 심각한 손상을 줄이기 위해 가라데 훈련을 의무적으로 감독해야 한다고 주장한다. 지도자들은 유소년 태권도 선수들에게 막기 기술을 가르쳐야 한다.[89]

가라데 에서는 위험한 훈련 과정을 바꿔 불필요하고 치명적인 손상을 미리 예방해야 한다. 그리고 지도자들은 도장에서 응급처치법을 실시해 수련자들이 치명상을 입었을 때 효과적으로 대처하는 것이 바람직하다.

감독

Kurland[54]는 지금까지 보고된 손상의 72%가 예방할 수 있었다고 주장한다. 이는 수련자들이 신체적으로 잘 대비하지 못했기 때문이지만 감독에도 문제가 있다.

수련자들을 올바로 교육하는 것은 손상을 줄이는 핵심 요소다. 지도자는 올바른 기술 뿐 아니라 올바른 자세도 가르쳐야 한다. 기술을 올바로 배우지 않으면 선수들은 불필요한 손상을 계속 입는다. 또한 보호 기구를 착용하면 안전하다는 것은 잘못된 생각이므로 접촉을 최소화해야 한다.

기록 유지

표준 방법으로 손상을 기록해야 한다.[8] 이렇게 하면 더욱 정확하게 손상을 관찰할 수 있다. 손상의 구조를 정확하게 분석한 다음 기술을 강화하고 손상을 예방할 수 있는 프로그램을 개발해야 한다.

심리적 측면

오늘날 가장 인기 있는 스포츠가 바로 격투기다. 격투기는 대략적으로 동양 철학을 바탕으로 한 삶의 방식을 추구하는, 동양에서 생긴 싸움의 형태다.

격투기의 종류는 매우 다양하다. 저마다 기술과 원칙은 다르지만 전통적으로 맨손이나 무기를 사용해 자신을 방어하는 법을 가르친다. 그리고 대부분 (전부는 아님) 전통적인 철학과 정신적인 가르침을 결합해 수련자에게 심리적인 영향을 끼친다. Maliszewski[67]는 이를 뒷받침하는 증거를 분석하고 호전적인 행위에 대한 찬반양론을 심리적인 면에서 살펴보았다.

격투기의 심리적인 영향에 대한 연구는 매우 광범위하다. 부정적인 영향을 끼친다는 주장과 긍정적인 영향을 끼친다는 주장이 있다. 이렇게 철학, 심리적인 면에 대한 연구는 격투기가 수련자에게 어떤 영향을 끼치는지 알아볼 때 매우 중요하다. 한 실험에서 전통 격투기를 하면 공격성과 불안감이 줄어들고 자신감과 사회성, 가치관이 발달한다는 결과가 나타났다. 반면 철학, 심리적인 면을 강조하지 않는 '현대

판' 격투기를 하면 공격성과 범죄 경향이 높아졌다. 하지만 통제 집단(역주: 실험에서의 비교군)은 아무런 변화가 없었다.[67] 이 결과를 바탕으로 전통 격투기인 태권도를 하면 청소년 범죄가 줄어든다고 할 수 있다.

다른 실험에서는 아키도를 하는 집단과 전통적인 심리 치료를 받는 집단이 통제 집단보다 점수가 현저하게 높았다. 또한 아키도를 하는 집단이 심리 치료를 받는 집단보다 월등하게 뛰어났다.[67] 그동안 다양한 종류의 손상 사례가 보고되었지만 사람들이 격투기의 손상에 대해 지나치게 염려했음을 알 수 있다. 격투기를 하면 '적절한' 심리 자세가 수련자에게 영향을 끼쳐 긍정적인 심리 변화가 일어난다.

McLatchie[76]에는 호전적인 스포츠를 하면 심리적인 면에서 공격성이 증가하는지 의문을 가졌다. 가라데 같은 스포츠는 수련자가 손상을 당해도 훈련을 계속하도록 유도하기 때문에 치료와 회복 과정이 올바르게 이루어지지 않는다. 지도자들이 수련자에게 고통을 극복하라고 가르치기 때문이다. 이러한 자세는 전쟁터에서는 바람직하지만 스포츠 의학 시대에는 바람직하지 않다.[54] 어릴 때부터 바람직한 자아 개념을 심어줘야 평생 동안 유지된다.

미디어 광고

McLatchie[76]에는 사람들이 미디어의 과대광고를 통해 격투기에 참여하게 된다고 말한다. 미디어와 전문가 들은 싸움 위주의 스포츠와 활동에 관심을 둔다. 그들은 복싱에서 발생하는 손상을 염려하고 격투기에도 관심이 많다. 현재까지 의료진이나 전문가들이 호전적인 활동 참여에 대한 전문적인 견해를 밝힌 적은 없다. 하지만 격투기가 끼치는 영향 뿐 아니라 손상의 범위와 종류를 아는 것도 중요하다. Maliszewski는 이에 관한 여러 실험 결과를 분석했다.

손상의 원인

손상의 종류

격투기 손상에 대한 역학 자료는 다양하지 않다. 격투기 손상은 흔히 얼굴과 머리, 손가락, 다리, 복부 기관에 일어나며 심한 손상은 얼굴과 머리에 일어난다(약 8%).[4,13] 타박상, 염좌, 찰과상, 열상은 대부분 가볍게 치료할 수 있다.[13]

소비자제품안전위원회(CAPS)는 1994~1999년 사이 격투기와 관련된 사람 10만 명 이상이 응급실에서 치료를 받았다고 밝혔다.[13] 이 중 60%가 5~24세였다. 흥미로운 것은 무기와 관련된 손상은 전국적으로 손꼽을 만큼 드물었다. 5~14세 격투기 수련자들은 다른 스포츠보다 현저하게 손상율이 낮았다. 레슬링(55.2), 농구(289.3), 미식축구(437.1)에 비해 10만 명 중 10명이었다. 그러나 모든 연령 집단을 조사한 결과 가라데와 유도가 하키와 축구, 농구, 배구보다 손상률이 높았다.[53]

모든 연령대의 격투기 선수의 손상에 대해 조사한 결과 손상 횟수가 인원수의 네 배에 달했고 남녀의 손상율은 비슷했다.[24,112] 격투기 손상의 약 40%가 겨루기나 실전에서 발생한다.[4] 특히 머리 손상같이 심각한 손상은 겨루기나 시합 중에 일어났다.[34] 손상율은 기술과 훈련에 반비례하므로 숙련자일수록 손상율이 적다.[8,13] 수련자 15,017명의 41,086회 손상 자료를 분석한 결과 어리고 (12~19세), 경험이 적을수록(특히 1년 이하) 손상율과 심각성이 높았다 (표 15.2).

보고되지 않은 격투기 손상은 약 50~84%에 이른다.[5,8,13,34] 손상이 가벼워서 쉽게 치료하거나 수련자가 지도자의 반대 때문에 알리지 못하기 때문이다. 숙련자일수록 최강이 되기 위해 훈련을 받으므로 통증의 문턱이 길어진다. 따라서 경기 중에 손상을 당해도 그냥 놔두는 '경기 심리(tournament psychology)' 5 현상이 나

표 15.2 일반적인 부상 횟수와 심각성

부상	횟수	백분율	심각성
타박상	17676	43	1.30
접질림/염좌	11,083	27	1.60
찰과상/찢어진 상처	5,335	13	2.20
골절	2,467	6	3.70
탈구	2,063	5	3.80
기타	2,462	6	3.90
전체	41,086	100	
평균			1.88

출처: 비에르 RB: 격투기의 외상 역학. Am J Sports Med 24:S72-S79, 1996

타나기도 한다. 한 연구에서는 태권도 선수의 35%가 경기 당일 기량에 지장을 주는 손상을 입고 있다고 나타났다.[34]

여러 연구 결과에 따르면 토너먼트 경기에서 심각한 손상이 많이 발생한다.[5,71] 가라데 경기 295개를 분석한 결과 손상의 10%는 선수가 경기를 중단할 만큼 심각했고 75%가 갈색 띠 이하 등급에서 일어났다. 그리고 경기가 시작된 후 1시간 동안 손상이 가장 많이 일어났는데 이는 준비 운동을 잘못했거나 시합에 대한 불안감이 영향을 끼친다는 것을 나타낸다.

의학 보고서에 따르면 직접적인 공격을 눈치 채지 못하거나 잘못 적용할 때도 심각한 손상이 일어난다. 하지만 이러한 손상은 전체의 0.2%로 매우 드물다.[9] Birrer와 Birrer4는 500회 중 1회(0.2%)가 심각한 손상이라는 비슷한 내용을 발표했다. 접촉이 많이 허용되고 선수의 경험이 적을수록 손상이 심각하다. 심각한 손상도 많이 일어났다. 이 중 63%가 뇌진탕으로 뼈 골절(11%) 보다 5배 이상 많았으며 다음으로 심각한 외상이 가장 많았다. 심각한 손상이 일어나는 확률은 매우 낮았지만 (매년 참가자의 0.033%) 치명적인 경우 (41,086명 중 69명

또는 0.17%)도 있었다. 선수 6명이 머리(치기 1명, 발차기 1명, 낙하 2명)와 목(1명, 경동맥 부위 한 손 강타), 가슴(1명, 단독 펀치)에 외상을 입고 사망했다.[8]

격투기마다 자주 일어나는 손상 패턴이 있다. 태권도는 발차기로 인한 다리 손상과 머리 외상이 많고 검도는 좌측면 손상, 가라데는 외상의 많이 일어난다.[8] Feehan[34]은 가라데 손상에 대해 분석했다. 그 결과 네 경기에 한번 손상이 일어나고 열 경기에 한번 불구가 되는 손상이 일어났다.[71] 여러 논문을 통해 예외적인 급성과 만성 손상율도 발표되었다.[7,26,36,40,47,61,80,81,94,95,113,121] 이 중에는 치명적인 것도 있고 장기간 장애를 일으키는 것도 있다.[16,59,75,76,79] 머리와 목, 가슴에 외상을 입고 사망한 사례도 보고되었다.[91,101]

유도는 약 20%가 매우 심각한 손상으로 남녀 선수 모두 비율이 똑같다.[43] 목조르기로 사망한 예도 보고되었다.[51] 이는 대부분 뇌와 경추 손상 때문이다.[52,82,93] Koiwai[51]는 유도의 사망 사례 19건을 발표했다. 유도는 접촉형 스포츠이고 모든 접촉형 스포츠에서 사망자가 발생할 수 있다. 이는 현재 유도에서 허용하는 조

표 15.3 훈련 부상의 횟수와 심각성

훈련 수준	횟수	백분율	심각성
초보자			
10	2,060	5.0	1.2
9	3,291	8.0	1.4
상급 초보자			
8	5,019	12.2	1.9
7	5,344	13.0	2.4
중급자			
6	5,768	14.0	2.2
5	4,925	12.0	2.3
4	4,517	11.0	2.0
상급 중급자			
3	3,701	9.0	1.9
2	2,872	7.0	1.8
숙련자			
1	1,649	4.0	1.8
2	1,223	2.1	1.6
3	618	1.2	1.5
4	362	0.9	1.4
5	169	0.4	1.2
>5	76	0.2	1.1
전체			
평균			

출처: 비에르 RB: 격투기의 외상 역학. Am J Sports Med 24:S72-S79, 1996

르기 기술에 대한 의문점을 불러일으킨다. 조르기는 상대방이 굴복하지 않으면(탭 아웃: 역주-바닥을 두드려 패배를 인정하는 행위) 의식을 잃을 때까지 계속 할 수 있다. 이 내용은 나중에 더 자세히 다루기로 한다.

내재적 요인

다른 스포츠처럼 격투기 선수들은 근력과 유연성, 고유 감각이 부족하면 쉽게 손상을 입는다. 슬괵근의 유연성이 부족하면 앞차기를 하다가 슬괵근을 접질릴 가능성이 높다. 힘줄이 약해도 마찬가지다. 고유 감각이 부족해도 손상의 위험이 높다. 발목의 고유 감각이 부족하면 균형을 잡기가 힘들고 발목을 자주 삐게 된다.

경험(띠의 색깔)

경험이 많을수록 뼈 관련 손상이 많이 생긴다. Burks와 Satterfield[11]는 격투기의 경험이 많을수록 중상이 증가하지만 경상은 그대로라고 밝혔다. 격투기에서는 등급이 올라갈수록 난이도가 높아지기 때문이다. 가라데와 태권도에서는 숙련자만이 점프와 회전하는 기술을 할 수 있다. 유도에서는 숙련자일수록 고난이도의 기술을 쓰지만 차기 기술은 초보자도 할 수 있다. 격투기는 승단 심사 때 판자와 벽돌을 격파하는 경우가 많다. 숙련자일수록 난이도가 높으므로 심각한 손상을 입을 수 있다.[11]

등급이 낮을수록 심각한 머리 손상이 가장 많다는 연구 결과가 있다.[9] Birrer와 Birrer[4]는 격투기 초보자들은 협응력과 조정력이 부족하기 때문에 심각한 머리 손상을 입는다고 밝혔다.

남성과 유소년 집단, 초보자가 손상을 당할 위험이 가장 크다. McLatchie[71]에는 가라데 손상을 분석한 결과 네 경기에 한번 손상이 일어나고 열 경기에 한번 불구가 되는 손상이 일어난다고 밝혔다. (표 15.3)

외재적 요인

보호 기구를 착용하지 않고 정확하게 사용하지 않거나 기구에 결함이 있을 때 손상의 횟수와 심각성이 커진다.[8] 또한 수련자들을 감독하지 않고 잘못된 훈련 습관이나 부적절한 공격성(예: 지나친 머리 접촉)을 그냥 지나쳐도 손

상의 횟수와 심각성이 커진다. 훈련 환경이 열악해서 기본적인 응급처치를 받지 못해도 마찬가지이다. 특히 전통적인 교육 방식과 철학, 명상법으로 자기방어감각을 가르치는 격투기에서는 손상의 횟수와 심각성이 낮다.[8]

다른 스포츠처럼 격투기도 손상의 위험이 있다. 동작의 특성에 따라 손상의 패턴이 있다.[11] 가라데와 쿵푸, 태권도에서 (1) 비접촉형 단독 운동 (2) 펀치 도구 (3) 비접촉형 겨루기 (4) 완전접촉(보호대를 착용하거나 최소한의 보호대 착용), 가벼운 접촉, 비접촉형 자유 겨루기의 4가지 훈련 단계에서 모두 손상이 발생한다. 운동을 할 때 무릎을 심하게 구부리거나 맨 발로 차면 손상을 입는다.[54]

여러 격투기에서는 접촉을 하지 않거나 최소한의 접촉을 한다. 숙련자는 발차기나 펀치를 할 때 실제로 닿기 바로 전에 멈추도록 조정해야 하기 때문이다.[11]

막기

남녀 모두 상대의 공격을 막지 못해 손상을 입는 일이 많다.[89] 훈련을 통해서 육체를 조정하는 능력이 발달하지만 실수로 상대를 막지 못하면 손상을 입는다.[3] 격투기는 맨발로 하기 때

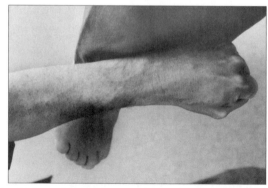

그림 15.4 상대의 공격을 막을 때 일어나는 손상이다. 위의 그림처럼 상대의 공격을 막을 때 아래로 막는 기술을 흔히 사용한다. 그러나 이렇게 팔뚝 뼈에서 아래로 내려오는 손끝으로 막으면 척골에 골절을 입기 쉽다.

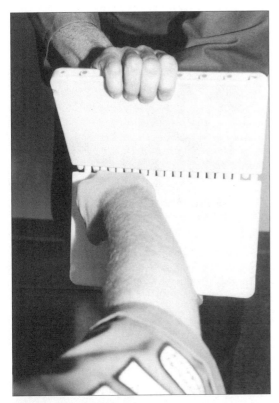

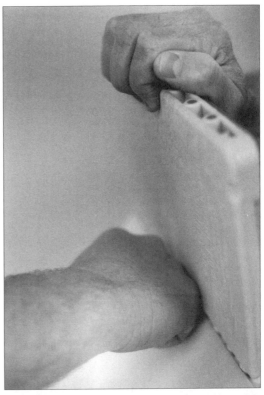

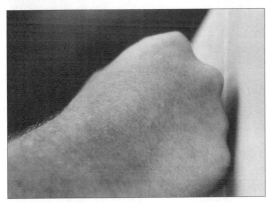

그림 15.5 칠 때 일어나는 손상이다. 위의 그림은 '복서의 골절' 이라고 하며 매우 흔한 손상이다. 손의 안정된 부분인 두 번째와 세 번째 장골로 쳐야 하는데 불안정한 부분인 네 번째와 다섯 번째 장골로 치고 있다.

뜻밖의 직접적인 타격을 받거나 초보자가 상대의 공격을 잘 막지 못하면 손 손상이 자주 일어난다.

발 후리기

McLatchie[71]에는 발이 후리고 지나갈 때 발목 염좌와 손가락 염좌, 탈구가 생긴다고 밝혔다.

치기

상대방이 앞차기를 날릴 때 강력한 반달차기로 대응하면 종아리뼈가 골절되거나 타박상을 입기도 하고 비골신경이 파괴되거나 측부 인

문에 다른 스포츠에 비해 다리 손상이 많다. 손가락이 골절되거나 세게 부딪히는 것도 좋은 예이다.[11]

연구에 따르면 전체 보고된 손상 중에 손가락 손상이 37%를 차지한다. 중족골 골절은 발차기를 잘못 막거나 그 부분에 직접적인 외상을 입어서 생긴다.(그림 15.4) 상대의 뒤꿈치로

대와 반월판이 늘어날 수 있다. 손상이 일어나는 구조는 매우 중요한 요소이다.[3] Birrer 외 전문가들[3]은 다리 바깥쪽에 강력한 반달차기를 가하면 그 부분에 손상을 입을 수 있으며 다리가 밖으로 향하게 되므로 무릎의 내측측부인대가 손상된다.

펀치

격투기 숙련자들은 펀치를 할 때 힘이 두 번째와 세 번째 중수골을 따라 세로로 나아가야 한다는 것을 안다. 이 부분은 손에서 가장 안정된 뼈다. 초보자들은 너무 몰두하다가 다섯 번째 중수골을 자주 다치는데 서양의 복싱에서 흔히 나타나는 이것은 '복서의 골절(boxer's fracture)' 이라고 한다. (그림 15.5 참고)

Stricevic 외 연구가들[115]은 발차기보다 펀치의 손상율이 더 높다고 발표했다. 이는 동작을 반복하고 직접 충돌을 하며 곡선이나 비트는 모양으로 공격하기 때문이다(그림 15.6).

직접 타격을 받을 때

직접 타격을 받으면 신체의 몇몇 부위에 골절을 입을 수 있다. 종아리뼈 중앙에 강력한 반달차기를 맞으면 중앙측부인대가 파열될 수 있다. Birrer 외 연구가들[3]은 종아리 뼈 중앙을 맞으면 내측측부인대가 늘어난다고 지적했지만 힘이 다리의 안쪽에 가해지므로 외측측부인대가 파열된다. 슬개골 외상은 직접 맞거나 잘못 낙하할 때 생긴다. 이는 대부분 관절연골에 일어나는데 완전히 골절되는 경우는 드물다.[3] 쇄골은 2~5lb의 무게에 골절되므로 직접 타격을 맞거나 잘못 낙하할 때 간접적인 타격에도 골절된다.[3]

CPSC에 따르면 1985~1994년 가라테 경기 중 선수 한 명이 직접 타격으로 사망했다. Schmidt[101]는 격투기의 발차기로 앞가슴에 외상을 입고 사망하는 세 가지 사례를 발표했다. 그

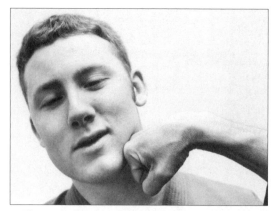

그림 15.6 펀치 할 때 생기는 손상이다. 요골이 불안정한 자세에서 손목을 구부리고 펀치를 하면 손목을 삐거나 골절상을 입는다. 요골과 척골이 수근골을 받치도록 손목을 똑바로 펴서 힘을 전달한다. 펀치를 맞으면 손상을 입을 수 있다.

는 앞가슴에 외상을 입으면 호흡과 질식, 심박 정지, 외상으로 인한 비장 탈장의 3가지 원인으로 사망할 수 있다고 밝혔다. 이는 모두 실제로 닿기 전에 멈추기 못하기 때문이다.

쿠미테(Kumite)에서 선수 3명이 치명상을 입은 사례가 있다. 가라테의 대련 종목인 쿠미테에는 선수들이 맨손으로 싸운다. 기합 넣기(kiai), 기술(waza), 일정한 거리(maai), 타이밍(ma)의 4가지 원칙 아래 서로를 '죽이거나', '불구로 만들기 위해' 싸운다. 이들은 모두 최대의 힘과 속도로 기술을 전달하려 하고 피부에 닿기 바로 전에 강타를 멈추려고 한다. 하지만 기술을 올바로 사용하지 않거나 거리와 타이밍을 잘못 판단하면 손상이 일어난다. 앞가슴 외상은 관련 손상이나 후유증이 겹쳐지면 죽음에 이른다. 이 세 가지 사례만으로 손상의 패턴을 결정할 수는 없지만 손상의 심각성과 심리 상태는 어느 정도 관련이 있다.

Pieter와 Pieter[88]는 완전접촉형 태권도 경기에서 뇌진탕이 어떻게 일어나는지 연구했다. 남녀 모두 대부분 타격을 받고 손상을 입었다. 숙련자일수록 손상의 횟수가 적었지만 훨씬 더 심

A.

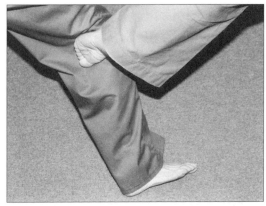

B.

C.

D.

그림 15.7 A와 B는 타격을 받았을 때 생기는 손상이다. 무릎 측면에 '돌려차기'를 하면 상대는 무릎의 중앙이나(내측부인대 및 중앙축부인대, 내측부 반월판) 측면(타박상)에 손상을 입는다. C는 타격을 받을 때 생기는 손상이다. 가슴 부위에 옆차기를 맞으면 사망률과 손상율이 가장 높다고 보고되었다. D는 타격을 받을 때 생기는 손상이다. 머리/목 부위에 뒤돌려 차기를 맞으면 여러 손상을 입을 수 있고 사망할 수도 있다.

각했다. 선수들은 공격을 막지 못했을 때 가장 많이 손상을 입었다. 선수들은 돌려 차기에 타격을 받거나 이를 막지 못한다. 회전 기술은 머리에 큰 가속도를 내므로 뇌진탕을 일으킬 확률이 크다. 태권도의 찌르기 역시 뇌진탕을 일으킬 수 있다.[86]

겨루기/시합

시합은 주위의 환경을 제외하고 손상과 가장 관계가 깊은 행위다(74%). 손상의 횟수와 심각성은 자유 시합에서 가장 높다. 자유 시합은 머리와 얼굴, 목 손상이 가장 많고 통제된 시합은 몸통과 팔다리 손상이 많다. 손상은 공격자(23%), 방어자(69%), 둘 다(8%)의 행위로 일어난다. 격파(예: 판자나 벽돌)를 하거나 무기(예: 쌍절곤, 쌍단곤, 표창 등등)를 사용할 때 손상율은 낮지만 무기 손상이 가벼운 반면 격파 손상은 심각하다(예: 가시나 갈라진 틈, 충격으로 인한 상처)[11]

토너먼트의 겨루기에서는 머리와 목 손상의

횟수와 심각성이 매우 높다. 공격성이 커지고 경기 환경에 잘 적응하지 못하기 때문에 평소보다 3~20배가량 손상율이 높다. 여러 연구에서 격투기 시합의 머리 손상이 축구[8,19,28,53,115,120]를 비롯한 다른 스포츠의 손상률과 비슷하거나 더 많다고 나타났다. 태권도의 겨루기에서는 지골 손상이 흔히 일어난다.[3]

토너먼트

토너먼트에서는 손상 발생률이 더 높다. 네 경기에 한번 손상이 일어나고 열 경기에 한번 불구가 되는 손상이 일어난다.[5,71] (표 15.4 참고)

Stricevic 외 연구가들[114]은 전국 및 세계 가라테 대회의 손상을 분석했다. 그 결과 대부분 경기 시작 2분에 손상이 일어났음을 발견했다. 선수가 정오에 손상을 입는 것은 피로와 연관지을 수 있다. 특히 결승전에서 손상 위험이 높은 것으로 나타났는데 이는 경기 시작 1시간에 손상이 가장 많다고 한 McLatchie[71]에의 견해와 다르다.

선수들은 예선 경기보다 더 피로를 느껴 기술을 조정하는 감각과 능력이 떨어졌을 수도 있다. 그리고 평균적으로 상대보다 등급이 낮은 선수가 손상을 입었다. 이는 노련한 선수일수록 손상을 적게 입음을 뜻한다. 발차기보다 펀치로 인한 손상이 4배 더 높았다.

이전의 두 연구[8,115]를 통해 노련한 선수일수록 손상 확률이 적음을 알 수 있다. 등급이 낮은 선수가 높은 선수보다 손상을 더 많이 당한다는 연구 결과도 있다. 그러나 등급이 항상 경험을 나타내지 않는다. 검은 띠인 사람이 녹색 띠인 사람보다 실전 경험이 부족할 수도 있다.

돌려 차기

McLatchie[76]에는 뒤돌려 차기는 제어를 할 수 없으므로 금지해야한다고 주장한다. 특히 머리에 뒤돌려 차기를 하면 특히 위험하다. 뒤돌려 차기 기술은 노예들이 칼로 무장한 마부들을 밀치기 위해 생겨났다.[81]

후려차기

후려차기는 심각한 손상을 일으킨다고 보고되었다.[76,115] 다른 기술처럼 올바로 조정해서 차는 법을 가르쳐야 한다. 특히 커다란 힘을 싣는 숙련된 기술을 사용할 때 손상을 일으킬 수 있으므로 잘 조정해야 한다.

조르기

인간과 동물을 대상으로 조르기를 실험한 결과는 다음과 같다.[52]

1. 산소가 부족하고 동맥과 정맥이 압박당해 급성뇌빈혈이 일어나서 뇌에서 신진대사물질이 만들어져 의식을 잃는다. 경동맥동의 감각기관이 반사 행동을 일으켜 쇼크에 빠진다.
2. 경동맥과 경정맥이 압력을 받아 얼굴이 붉어진다.
3. 교감신경체계가 자극을 받아 빈맥(역주: 1분간 맥박수가 90회 이상)과 고혈압, 산동(동공이 퍼져서 커다랗게 되는 것)이 나타난다.
4. 경동맥동의 이상과민반응과 압력이 가해지는 부위에 따라 서맥(역주: 1분간 맥박수가 70회 이하)과 고혈압 또는 빈맥과 고혈압이 나타난다.
5. 심장 용적이 줄어들지만 깨고 나서 10초 후 원래 상태로 돌아간다.
6. 근육과 피부에 있는 말초혈관이 수축된다.
7. 혈관계가 압력을 받는다.
8. 뇌전도 검사를 하면 무의식중에 가벼운 간질처럼 발작을 일으키지만 해로운 영향을 끼치지 않는다(복싱의 넉아웃보다 덜 위험).

Reay와 Fisle[92]은 격투기에서 일어난 사례는

표 15.4 환경에 따른 손상 자료

환경	손상 횟수 (%)	유병율			발생률			
		남자	여자	전체	남자	여자	전체	심각성
시합	12,176(29.6)	3.83	2.18	3.4	2.42	1.36	2.22	2.4
시합 외	28,910(70.4)							
형식적	19,678(47.9)	2.83	2.19	2.52	1.79	1.26	1.54	1.6
비형식적	9,232(22.5)	3.37	2.26	3.08	1.84	1.22	1.68	2.1
전체	41,086(100)							
평균		3.43	1.8	2.99	1.98	1.07	1.71	2.1

*유병율, 한 선수 당 입는 손상 ; 발생률, 한 선수 당 일년에 입는 손상
출처: Birrer RB: 격투기의 외상역학. AM l Sports Med 24:S72-S79, 1996

아니지만 사법경찰관이 "목조르기 '를 통해 상대를 사망시킨 사례 2건을 발표했다. 이들은 목조르기는 치사율이 매우 높다고 밝혔다.

그리고 사법 경찰관들은 목조르기 기술이 허용되는 상황에서 정확하게 사용할 수 있도록 의무적으로 훈련을 받아야 한다. 격투기와 유도 숙련자들은 재빠르게 상대의 목 혈관을 누를 수 있다. 하지만 조르기는 기술 뿐 아니라 허를 찌르는 기습이 중요하다. 상대의 팔과 목을 압착해서 상대를 굴복시키는 기술이 안전하다는 것은 잘못된 생각이다. 위험한 만큼 치명적이라는 사실을 알아야 한다.

격파

여러 격투기 대회에는 스스로 파괴하는 경기인 격파(타마시와리)가 있다.[75,80] 격투기 지도자들은 수련자들이 물체를 정확하고 안전하게 격파하도록 가르쳐야 한다.

던지기

Jackson 외 연구가들[43]은 해병대원이 백병전 (유도 훈련)에서 무딘 머리 손상을 입었다고 발표했다. 모두 갑판(바닥)위에 내쳐지거나 어깨를 맞았을 때 발생했다. 후두(역주: 윗통수)가 바닥에 부딪칠 때 부차적인 가속도가 붙었다. 몸과 어깨가 매트에 부딪칠 때 기본적인 가속도가 생기고 후두부가 바닥에 부딪히면서 부차적인 가속도가 생기므로 머리에 무딘 손상과 함께 부차적으로 뇌부종과 뇌출혈을 입을 수 있다.

전문가들은 이러한 손상을 막기 위한 방법을 제시했다. 목을 강화하는 훈련 프로그램을 실시하고 유도 전문가가 정기적으로 프로그램 내용을 검사해야 한다. 또한 '초보자의 참여와 체력 훈련의 강도'를 높이면 수련자들이 체력 훈련에 참여하도록 촉진할 수 있다.

무기 사용

격투기의 무기 사용과 관련된 손상에 대한 연구는 광범위하지 않다. 비에르는 역학 실험을 통해 무기 손상은 매우 드물고 가볍다고 밝혔다.

일반적인 손상 (표 15.5)

잡기 격투기에서는 (1) 낙법(ukemi waza)이 서투를 때 (2) 관절꺾기를 심하게 하거나 상대가 굴복하지 못할 때 (3) 조르기나 목조르기(shime waza)를 잘못 하거나 한 곳을 너무 오래 누를 때 손상이 발생한다. 가벼운 손상이 더 많지만 (매트의 마찰로 인한 찰과상) 유도 선수들은 머리와 목(기도), 관절(손목, 팔꿈치, 어깨, 무릎)에 심각한 손상을 입기도 한다.[9] 유도/유술의 조르기 기술에 대해 관심이 쏠려있다.

유도

유도에서는 경동맥을 압박하여 두뇌의 혈류를 차단하는 조르기 기술을 허용한다. 당사자가 굴복하지 못할 경우 무산소증과 무의식 상태에 이를 수 있다. 스포츠에서 무산소증으로 인한 뇌손상은 흔하지 않지만 유도의 특성상 이러한 상황이 닥치면 즉시 신호를 보내야 한다. 또 유도의 규칙상 조르기 기술을 사용한 선수가 유리하다.

의식을 잃으면 선수는 곧 통증을 느끼지 못하게 되고 불쾌함을 느낀다. 상대가 (1) 굴복하거나 (2) 굴복한 후 또는 이미 의식을 잃으면 승리한다. 심판이 득점을 인정할 때까지 누르고 있어야 한다. 보통 유도 선수들은 조르기 기술과 회복 과정(kuachu)을 배우면서 실제로 의식을 잃기도 한다. 유도에서만 볼 수 있는 모습이다. 오랫동안 이러한 훈련을 무산소증으로 인해 뇌손상을 입을 확률이 크다.[93]

Rodriguez 외 전문가들[93]은 유도 선수 10명이 잠잘 때와 목조르기 기술로 의식을 잃었을 때의 상태를 연구했다. 무의식 상태에서 뇌전도가 기록된 반면 국부적인 뇌혈류는 깨어나자마자 기록되었다. 모든 실험에서 상대가 의식을 잃을 때까지 목의 측면에 조르기 기술을 적용했다(katajuji-jime). 근육이 수축된 후에 자세가 긴장되지 않으면 정신을 잃지 않았다. 실험자들은 의식이 '흐려지는' 상태가 이어진 다음 의식을 잃었고 근육은 전체적으로 수축했다. 긴장성 수축으로 인해 근육이 약해졌고 호흡이 불규칙해졌다.

이들은 10~15초 후 꿈을 꾸는 듯한 만족감을 느끼면서 깨어났다. 유도는 과격한 공격 기술을 사용하지만 다른 체계와 뇌의 기능이 저하되는 현상은 나타나지 않는다.

복싱 같은 스포츠에서 구조와 기능의 변화가 나타나는 점을 볼 때 매우 흥미롭다. 실험 결과를 종합하면 유도를 하거나 목조르기 기술 때문에 뇌신경계의 기능이 영구적으로 변하지 않는다. 조르기로 실신한 후 실험자들의 국부적인 뇌혈류의 모습은 매우 다양했다. 따라서 뇌허혈증에서 회복되는 시간이 다름을 알 수 있다.

Koiwai[52]는 조르기(shime-waza)로 사망할 수 있다고 주장했다. 또한 목조르기를 정확하게 적용하면 사망 위험이 없다고 밝혔다. 따라서 과격한 이들을 제압할 때 조르기를 사용해야 한다. 조르기를 정확하게 적용하면 10~20초 동안 의식을 잃는다. 1882년 시작된 이래 유도 경기에서 목조르기로 사망한 사례는 아직 보고되지 않았다. 사법경찰관들은 '제어 기술' 중에서 조르기와 비슷한 누르기 기술을 배운다. 이들은 누르기를 통해 자신의 안전은 최대로 하고 용의자의 손상을 최소화시킨다. Koiwai[51]는 누르기로 사망한 14명의 부검 결과를 분석했다. 세계에서 유도를 하다가 사망한 사람은 매우 드물다.

유도 선수들은 조르기를 적용할 때 '최소의 힘으로 최대 효과를 내라'고 배운다. 목의 다른 부분에 힘을 적용하지 않고 '경동맥'에 직접 최대 압력을 가하면 불필요한 손상이 생긴다. 경동맥을 정확히 누르면 상대는 약 10초(8~14초) 후 의식을 잃는다. 유도연구학회 강도관 전문가들에 따르면 무의식 상태는 대뇌피질이 저산소 형태가 되서 일어나고 약 10~20초 후 깨어난다. 목에 250mmHg의 압력을 가하거나 5kg의 밧줄을 팽창시키는 힘이 있어야 경동맥이 차단된다. 기도를 붕괴하려면 이보다 6배 큰 압력이 필요하다.[52]

유도 선수들은 자신의 손이나 팔뚝으로 상대의 목을 누른다. 이 때 경동맥의 혈류가 차단된다. 하지만 척추동맥은 그렇지 않다. 뇌의 혈류가 완전히 막히거나 기관이 완전히 막혀서 질식하면 사망과 같은 돌이킬 수 없는 결과가 나타난다고 알려져 있다. 유도의 누르기(shime)로 의식을 잃는 것은(ochi) 잠시 동안 상대를 꼼짝 못하게 하는 일시적인 행동이므로 해롭지 않다.[52]

치기 격투기에서 공격 대상은 일반적으로 가슴과 머리를 제한받는다.[9] 다음의 상황에서 손상이 발생한다.

1. 혼자서 하는 비접촉형 훈련
2. 물체를 칠 때(펀치백, 나무, 시멘트 등)
3. 겨루기(kumite): 비접촉, 가벼운 접촉, 완전 접촉형

가라데

최근 연구에서 숙련자와 남자. 나이가 많은 수련자들이 심각한 손상을 더 많이 입는다고 나타났다. 가라데 손상은 1000시간에 2.7회 비율로 발생한다.[13] 심각한 손상 47회가 500에 1회 비율로 기록되었다. 가라데 손상은 주로 머리/목, 복부 기관, 팔다리에 일어난다.[76] 가라데는 상대방을 죽이거나 불구로 만들기 위한 수단으로 발달했으므로 심각한 손상이 일어날 수 있다.

태권도

1988년 미국 태권도 올림픽 단체전 예선에

서 남자 선수가 여자 선수보다 손상율이 40% 높았다.[138] 발의 타박상을 입은 것이 가장 큰 특징이었고 가장 흔한 부위는 머리였다. 그리고 남녀 선수 뇌진탕을 입은 선수가 있었다. 남자 선수들은 주로 공격을 막지 못하고 직접 타격을 당했을 때 손상을 입었고(41%) 여자 선수들은 주로 발차기로 손상을 입었다(40%). 남녀 모두 손상 때문에 10초의 경과 시간을 놓친 경우는 16% 였다. 완전 접촉형 태권도는 발차기를 할 때 생기는 커다란 속도와 운동량을 정확하게 막을 수 없기 때문에 안전성에 대한 우려의 목소리가 많다. 보호기구는 처음에는 효과적이지만 격렬한 충격이 반복되면 내성이 생겨 효과가 떨어진다.

태권도 선수 10명 중 7명이 훈련 시 손상을 입는다. 20회에 1회가 머리 손상이다. 신중한 훈련과 조정력으로 인해 선수들은 대부분 타박상 같은 가벼운 손상을 입고 500번에 한번 비율로 심각한 손상이 발생한다. 가라데는 가까운 거리에서 싸우는 스포츠고 복싱은 가장 경쟁력이 강한 스포츠다. 가라데는 경기 시간이 짧고 회귀성 머리 손상과 같이 외상이 반복해서 일어나지 않는다. 따라서 숙련자들은 '펀치 드렁크(Punch drunk)' 상태가 되거나 안면의 손상을 입지 않는다.[71]

잡기 격투기의 손상은 주로 공격을 받는 부위(예: 머리, 몸통)와 공격하는 부위(예: 머리, 발)에 생긴다.[7] 숙련자일수록 손상이 적지만 심각성은 커진다.

Pieter와 Zemper[89]는 아동부 태권도 선수들을 대상으로 손상율을 조사했다. 그 결과 남녀 사이에 큰 차이가 없었다.

하지

CPSC(소비자제품안전위원회)는 1984년 격투기에서 발 2913회, 발목 681회, 발가락 1381회의 손상이 일어났다고 발표했다.[11]

발

태권도 손상의 약 18%를 차지하는 발은 주로 겨루기 중에 생긴다. 발가락을 세게 치는 경우가 많아 타박상과 탈구, 골절이 일어난다. 또한 겨루기 중에 중족골이 골절되는 심각한 발 손상이 생기기도 한다. 중족골 통증과 골절은 발차기나 점프를 할 때 발에 압력이 실려서 일어나기도 한다.

발은 태권도의 가장 기본적인 공격 무기다. 점프나 회전해서 발로 상대의 상체나 머리를 공격한다. 가라데처럼 그 부위가 자주 손상을 입는다. 발은 주먹처럼 쥘 수 없기 때문에 지골과 중족골에 손상을 입고 발목에 손상을 입기도 한다.[9]

발목

태권도의 발목손상은 상대적으로 적은 편이다. 주로 측면 복사뼈에 타박상을 입는다.[3]

아킬레스건

격투기 초보자들은(특히 여성) 발목을 머리 쪽으로 구부리다가 아킬레스건염에 시달린다.[3]

무릎

태권에서 무릎은 우발적, 고의적으로 외상을 입기 쉽다. 무릎의 측면을 맞아서 비골 근위부가 골절되고 비복 신경에 타박상을 입거나 내측부인대가 늘어나고 반월판이 파열되는 것이 가장 대표적이다.[3]

허벅지

허벅지 차기를 허용하는 접촉형 격투기에서는 커다란 힘으로 허벅지를 차 타박상이 생긴다. 이는 통증이 클 뿐 아니라 혈종(역주: 혈액이 한데 모여 혹처럼 되는 것)이 크게 생긴다.[3]

발차기를 할 때 다리를 심하게 뻗으면 허벅지(사두근과 힘줄)의 근육을 삐기도 한다.

상지

Tenvergert 외 연구가들은 7년 동안 역학 연구를 한 결과 대부분의 손상이 상체에 일어난다는 사실을 발견했다.

손

가라데에서는 치기를 할 때 손을 가장 많이 쓴다. 주로 즐겨 쓰는 손의 수근골과 장골에 손상이 일어난다. 나무나 돌, 얼음, 시멘트를 격파할 때 주로 손상을 입는다. 숙련자들은 둘째와 셋째 장골에 주로 손상을 입고 초보자들은 주로 '복서의 골절'이라고 불리는 다섯 번째 중수골에 손상을 입는다.[9] 건이 끊어져 지골이 탈구되거나 골절을 입는 일도 많다.[3]

Kelly 외 연구가들[47]은 가라데 유파 18개를 대상으로 두 번째 중수골이 골절율을 조사했다. 잘못 쳤을 때 즐겨 쓰는 손에 손상을 입는 경우가 가장 많았다. 중수골이 골절된 11회 중 축성 압박을 보인 경우는 9회였다. 손의 골절은 특정한 움직임과 관계가 깊다. 펀치 골절('복서의 골절')은 주로 후려치기에서 생기고 넷째와 다섯째 손가락이 골절된다. 가라데는 생체 역학적 압력으로 인해 두 번째 중수골이 골절되는 일이 많다. 가라데 훈련에서는 주먹과 팔을 사용하라고 강조한다. 정확하게 찔러서 칠 때 두 번째와 다섯 번째 중수골의 끝부분에 압력이 생긴다. 정확하게 찌르지 않거나 후려치기, 상대와 접촉을 할 때 (예: 상대의 공격을 발로 막음) 비틀리고 각진 힘이 장골에 전달된다. 여기에 축의 무게가 더해지면 골간에 사선 골절을 입을 수 있다. 또한 사람에 따라 골단판 골절을 입기도 한다. 가라데는 두 번째 중수골이 골절되는 일이 대단히 많다.

Larose와 Kim[60]은 연속적인 중수골 골절 사례 50건을 분석했다. 네 번째와 다섯 번째 중수골은 구조가 약하기 때문에 맨주먹으로는 버티지 못하며 그 부분에 후려치기 공격을 많이 받으면 골절된다. 이것을 '관절 골절, 펀치 골절, 복서의 골절'이라고 한다. 네 번째 중수골은 가장 얇고 다섯 번째 중수골의 피질골은 두께가 계란 껍질만하다.

맨주먹일 때 모지구는 두 번째와 세 번째 중수골만 지탱한다. 가라데 수련자들은 지절간관절을 최대로 굽힌 다음 중수지절관절을 굽혀 모지구가 두 번째와 세 번째 중수골을 받치도록 주먹을 쥐라고 배운다. 이 때 첫 번째 중수골이 골절되거나 베네뜨의 골절 및 탈구 현상 (Benett's fracture-dislocation)을 막기 위해 엄지를 감싸 넣는다. 가라데 수련자들은 또 주먹을 최대한 팽팽하게 쥐고 두 번째와 세 번째 관절로 치라고 배운다. 충돌 시 손목을 안으로 비틀면 효과가 2배로 높으며 상대의 피부가 찢어질 수도 있다.

가라데를 하다보면 연부 조직에 손상을 입을 수 있다. 둘째손가락과 중수골 끝부분의 피부와 뼈가 비대해지기도 한다. Vayssaiy 외 전문가들은 손에 동맥류가 발생하는 사례에 대해 연구했다. 그 결과 양 손에 반복해서 외상을 입는 우발적인 요소는 하나였다. 즉 격렬한 가라데 운동을 하면 척골에 동맥류가 발생한다고 볼 수 있다. 하지만 이 주장을 뒷받침하려면 격투기를 하는 사람의 손 동맥을 체계적으로 관찰해야 한다.

Danek은 가라데 숙련자들의 손 부위를 검사하고 X선 촬영을 했다. 놀랍게도 실험자들의 연부 조직이 석회화했다는 증거가 없었다. 그는 '집중(concentration), 조정(control), 접촉 (contact)'의 세 가지 요소 때문에 숙련자들이 손발 손상을 거의 입지 않고 판자와 벽돌을 격파할 수 있다고 결론 내렸다.

Crosby[26]는 최소한 5년 동안 가라데를 해 온 22명을 대상으로 X선을 촬영했다. 그 결과 주먹 쥐고 엎드려 팔굽혀펴기, 단단한 물체를 반복해서 치기, 겨루기, 격파의 5가지 동작을 할 때 손이 손상될 위험이 가장 컸다. 그리고 가라데를 오랫동안 하면 손과 손목에 골관절염, 건염이 일찍 발생한다고 볼 수 없었다.

Streeton 과 Melb[113]는 가라데를 하다가 손에 심각한 외상을 입었을 때 외상성 혈색소요증 (traumatic hemoglobinuria)이 나타난 사례를 발표했다. 혈색소요증은 행군이나 달리기, 걷기를 한 후 나타나므로 행군 혈색소뇨증(march hemoglobinuria)이라고 한다. 신체의 표면이 적게 노출될수록 외상을 입는 힘이 커 혈색소뇨증이 일어날 가능성이 높다. 이 경우 근육의 운동은 우발적인 요소에서 제외할 수 있다. 운동을 하면 근육 세포가 파괴된다는 증거가 없었고 근색혈색소뇨증(myoglobinuria)에 대해서도 자세히 설명할 수 없었다. 자세 또한 행군 혈색소뇨증과 관계가 없다. 이렇게 볼 때 행군 혈색소뇨증은 잘못된 말이고 외상성 혈색소뇨증이 올바르다.

손목/전완

태권도에서 손목 손상은 흔치 않지만(4%) 막기나 발차기를 잘못 해서 타박상을 입는 게 대부분이다.[3] 무기를 사용할 때 '척골간부' 골절을 입을 수 있다. 격렬한 반달차기를 안팎으로 막다보면 척골이 골절되기도 한다. 상대의 타격을 팔뚝으로 막으면 척골 손상이 생긴다.[13]

어깨

어깨 외상에는 탈구와 골절, 상완신경총 손상이 있다. 그 중 쇄골 골절상이 가장 흔하다. 흔치 않지만 격렬한 타격을 맞거나 바닥에 잘못 떨어졌을 때 어깨가 분리(쇄골관절 염좌)되기도 한다. Cottalorda 외 전문가들[24]은 유도에서 어깨 위로 직접 떨어지면 오구돌기 골절을 입을 수 있다고 밝혔다.

비(非)근 골격 손상

다음과 같은 격투기 비근골격 손상이 발표되었다.[3]

- 눈 손상-각막 찰과상, 결막 아래 출혈, 전방 출혈, 안구 타박상, 망막이 찢어지거나 분리
- 복부 외상-대표적인 치는 부위이므로 외상이 잦음. 호흡이 자주 멈추지만 심각한 외상을 일으키지 않음. 보통의 힘으로 정확히 겨냥하여 위쪽을 쳤을 때 간과 비장에 타박상이나 열상을 입을 수 있음. 복부 중앙을 세게 치면 간의 좌엽이 찢어지거나 횡격막이 파열되고 검상돌기가 골절된 후 심낭에 타박상을 입음)
- 임신 사실을 모르는 여성이 치골 상부 부위를 맞으면 자연 유산이 되고 방광이 파열된다.
- 손이나 발로 늑골척추 부위를 정확히 겨냥해서 치면 간에 타박상과 열상을 입힐 수 있다.

Nielsen과 Jensen[79] 은 가라데에서 췌장이 횡단된 사례에 대해 연구했다. 복부 위쪽을 맞았을 때 이러한 손상이 생겼다. 이는 스포츠에서는 매우 드문 손상으로 지금까지 보고된 사례는 많지 않다. Mars와 Pimendes[70]는 가라데 수련자들이 눈에 펀치를 맞거나 의식을 잃고 바닥에 부딪치는 사례를 연구했다. 안구의 맥락막이 파열되어 시력을 잃은 사례도 있었다. 외상의 종류는 매우 광범위했고 드물게는 머리와 가슴, 복부에 치명적인 손상이 발견되었다.[5,16,54] (표 15.6)

머리 손상

Feehan 과 Waller[34]는 태권도 손상과 관계된 신체 부위에 대해 연구했다. 머리 손상은 20회의 1번 비율로 일어났고 정식 보고된 손상의 95%를 차지했다. 하지만 보호기구와 손상은 큰 관계가 없었다. 시합 경력이 5년 이상인 성인 남자 선수는 2년 미만인 선수보다 손상율이 4.9배 높았다.[119]

신경외과 보고서[69,103]에서는 헤드기어를 착용했을 때와 하지 않았을 때 앞머리와 옆머리 펀치의 최대 가속도를 비교했다. 각각 맨손과 손 보호대, 10온스짜리 복싱 글러브를 착용하고 펀치를 했다. 헤드기어를 착용하고 하지 않았을 때 맨손과 발보호대를 착용하고 발차기를 했다. 실험 결과 가라데용 보호 기구를 착용하고 옆머리를 펀치 했을 때 앞머리와 옆머리를 쳤을 때보다 최대 가속도가 높았다. 그리고 앞머리와 옆머리를 펀치 했을 때보다 발차기를 했을 때 가속도가 훨씬 높았다. 보호기구는 헤드기어를 착용하거나 하지 않았을 때 최대 가속도를 줄이거나 완화시켜주지 않았다. 그리고 실험자들은 손과 발의 보호 기구를 상대보다는 자신을 보호하기 위한 수단으로 생각했다.[126]

뇌진탕이나 그와 비슷한 충격이 반복되면 두뇌가 손상되는 특유한 패턴이 생기고 정보를 효과적으로 처리하는 능력이 떨어진다는 사실이 증명되었다. 머리에 계속 발차기나 펀치를 당하면 그 효과가 누적된다. 타격은 저마다 강도가 다르지만 치명적인 결과를 초래하기도 한다. 무딘 머리 타격을 받으면 머리의 가속도에 비례해 신경 섬유와 뉴런이 파열되고 이 가속도의 힘은 두뇌로 전달된다.

턱(레버와 같은 기능을 함)을 맞을 때 최대 힘이 생기는 반면 얼굴보다 옆머리를 맞을 때 더 큰 가속도가 생긴다(헤드기어와 손발 보호대는 뇌의 가속도 힘을 줄여준다. 따라서 보호대를 착용할수록 사망률이 줄어들지만 두뇌의 물질이 파열되어 뇌가 손상되는 것을 막지 못한다[103]).

'펀치 드렁크 증후군 (punch drunk syndrome)' 또는 권투선수성 치매는 외상으로

표 15.6 심각한 손상

손상	횟수
기흉	8
타박상	
폐	2
뇌	7
심장	2
척수	3
신장	4
열상	
비장	5
간	3
신장	3
췌장	2
파열	
횡격막	1
방광	3
혈종	
뇌	4
척수	1
심낭	1
후복막	1
골절	
윤상갑상-후두	3
장골	79
골단부	14
두개골	42
척추	9
뇌진탕	433
고환염전	9
눈	
혈종	17
망막분리	7
안구타박상	19
수정체탈구	4
유산	6
전체	692(1.7%)

출처: Birrer RB: 격투기의 외상 역학. AM J Sports Med 24: S72-S79, 1996

인한 뇌질환의 하나이며 머리를 계속 맞을 때 생긴다. 권투 팬들은 이를 '쿠쿠(cuckoo)', '바보(goofy)', '한방먹고 멍해졌다(slug-nutty)', '종이인형(cutting paper dolls)' 이라고 부른다.

Butler 외 전문가들[14]은 아마추어 복싱의 인식 효과에 대해 연구했다. 한 경기 후나 연속 경기 후 신경심리학적인 기능 장애가 생긴다는 증거는 발견되지 않았다. 이전의 경기 횟수와 이전 경기에서의 회복, 시합 중 머리를 맞은 횟수, 최초 평가와 나중 평가 사이의 경기 횟수를 비롯한 변수들은 인식 기능의 변화와 아무런 관계가 없었다.

Critchly[25]는 특히 신경병적인 관점에서 복싱의 의학적인 면을 연구했다. 그는 복싱에는 신경병학자들이 염려할만한 문제점이 많으며 특히 (1) 시합 중이나 후에 일어나는 그로기 현상 (2) 외상성 진행 뇌질환(또는 펀치 드렁크)에 초점을 두어야 한다고 결론 내렸다. 하지만 병리학적인 자료가 매우 부족해 신경병학자들이 펀치 드렁크 상태의 두뇌 구조와 특징에 대해 연구해야 한다. 또한 선수 시절 초기와 후기, 경기 전과 후, 특히 넉아웃 당했을 때와 같이 모든 단계에 임상 기술과 EEG(뇌전도 검사)를 적용해 연구해야 한다.

Casson 외 전문가들[17]은 퇴역, 현역 복서 18명에게 신경병 검사와 EEG, 뇌 단층촬영, 신경심리학적 실험을 실시했다. 현역 복서 87%가 명백한 두뇌 손상을 입은 것으로 나타났다. 18명 모두 신경심리학 실험에서 최소한 한 가지씩 비정상적인 모습을 보였다. 두뇌 손상은 현역 선수에게 가장 많이 나타났다.

많은 전문가들이 복싱과 전통 격투기를 나누어 생각한다. 하지만 복싱의 머리 손상에 대한 자료가 훨씬 다양하므로 여기에서는 복싱 선수가 머리에 반복적인 접촉을 받을 경우 결과와 후유증에 대해 언급했다. 전문가들은 격투기 수련자들이 완전 접촉형 겨루기를 많이 하

면 이와 같은 결과가 나타난다고 말한다.

경기로의 복귀

스포츠 특유의 기능적 재활기법

스포츠로 복귀할 때는 적절한 임상 절차가 필요하다(단계별)[8]. Jaffe와 Minkoff[44]는 스트레칭과 근력 강화 운동이 바람직하다고 말한다. 이때 무릎과 발목의 관절이 늘어나거나 불안정한 환자들은 부목을 착용해야 한다. Jaffe와 Minkoff[44]는 손상이 손상을 낳는다고 말한다. 한번 손상을 입은 부분은 약해지기 때문에 비슷한 손상을 또 입게 된다. 단독 훈련을 강조하는 가라데에서는 근 골격 손상이 자주 일어나고 제대로 치료하지 않으면 재발한다.[54]

일반적인 회복 원리

환자에 맞는 회복 프로그램을 개발하고 스포츠의 생체 역학과 손상의 원리, 필연적인 결과를 가져오는 병의 원리를 이해해야 한다. 전통적인 방법론(물리 치료 등)에 맞춘 회복 프로그램은 환자의 상태에 맞게 적용해야 한다. 앞서 말한 기준을 바탕으로 격투기의 회복 및 기량 강화 프로그램을 만들어야 한다. 오늘날의 회복 프로그램은 전통적인 것과는 많이 다르다. 격투기의 종류에 따라 환자가 필요로 하는 내용이 다르기 때문이다.

운동과 유연성의 범위

모든 손상에서 회복할 때 근건 접합부 운동과 유연성이 매우 중요하다.

닫힌운동사슬과 열린운동사슬

다리 운동에는 발차기를 하는 자세나 받치는 다리의 자세를 반복하는 닫힌 운동 사슬이 있다. 또한 발차기는 주로 열린 운동 사슬로 이루어지므로 열린 운동 사슬도 필요하다. 따라

서 통합적인 방법으로 접근해야 한다. 근력과 지구력 강화 운동은 회복 프로그램의 하나로 매우 중요하다.

상체 회복 프로그램에서는 격투기의 종류에 따라 열린 운동 사슬(가라테의 펀치)과 닫힌 운동 사슬(즉 유도 같은 잡기 스포츠)이 필요하다. 따라서 상체를 회복할 때는 열린/닫힌 운동 사슬을 모두 이용한 통합 프로그램으로 특정한 운동과 운동량에도 주의를 기울여야 한다. 다시 한번 근력과 힘, 지구력이 가장 중요하다.

중심(몸통) 안정시키기

대부분의 격투기 동작에는 다리와 팔의 운동 사슬이 연결되어 있다. 따라서 중심을 안정시키는 회복 프로그램에 몸통도 포함돼야 한다. 윗몸일으키기, 회전, 몸통 뻗기와 같은 기본적인 체조를 하면 큰 도움이 된다. 격투기는 원래 대부분 몸통의 근육 조직을 강화하고 안정시키는 운동이다.

심폐지구력 훈련

심폐와 근골격계를 위해 여러 가지 에너지 체계를 훈련해야 한다. 연구에 따르면 개인이 기술을 연습할 때는 무산소 체계를 강조하지만 경기를 할 때(겨루기)는 유산소 훈련 반응이 생긴다. 통합적인 방법을 통해 포괄적인 훈련 프로그램의 하나로 에너지 체계도 훈련해야 한다.

평형성/고유수용성/운동감각 훈련

평형과 고유수용성, 운동감각 훈련도 통합 훈련 프로그램의 하나다. 펀치나 발차기를 날릴 때 "초점"이 필요하기 때문이다. 격투기 수련자는 발차기나 펀치를 가속시켜 1/1000초 안에 제자리에서 물체에 거의 닿기 전까지 '조절'해야 한다. 이는 회복 프로그램에 반드시 포함해야 할 중요한 요소 중 하나다.

특수성 훈련

플라이오매트릭스 운동

플라이오매트릭은 격투기 훈련에 포함되는 운동 중 하나로 신장과 단축을 주기적으로 반복한다. 플라이오매트릭스 운동은 ⑴ 제 3단계로 나아가기 위한 잠재적인 에너지를 연결 조직에 실어주도록 비정상적으로 미리 신장하는 단계 ⑵ 비정상적인 움직임이 멈추고 집중적인 움직임이 시작되기 전까지의 상환 단계(플라이오매트릭스의 핵심 단계로 짧을수록 움직임이 효과적임) ⑶ 집중 또는 힘 실행 단계의 세 가지로 나뉜다. 가라테, 태권도 같은 격투기의 점프 동작에 필요한 폭발성을 내는 것이 목적이다. 격투기의 특정한 동작을 정확하게 구사할 수 있는 폭발력을 기를 수 있다.

훈련 프로그램에 메디신 볼 운동을 포함하면 기술 강화에 도움이 된다. 가슴에서부터 메디신 볼을 던지는 훈련을 하면 펀치의 힘이 강화된다. 제자리에서 반응 속도를 훈련하는 줄넘기는 격투기의 속도와 발놀림을 향상시킨다.

신경근 제어/민첩성 훈련

협응 훈련과 민첩성 훈련도 매우 중요하다. 환자는 신경근 제어와 민첩성 훈련을 통해 공간 속에서 자신의 몸을 인식하는 능력을 익힌다. 이는 격투기의 핵심 요소이자 점프와 비틀기 기술의 필수다. 따라서 격투기 수련자는 회복과 기량 강화를 프로그램 실시할 때 반응적인 훈련 상황 속에서 특수성 훈련을 실시해야 한다. 반응적이고 실제적인 훈련 환경으로 되돌아가기 위해서다.

스포츠 훈련법은 특수성 훈련의 구성 요소이자 기초다. 이 구성 요소는 전체적인 운동 기능으로 이루어진다. 특수성 훈련 프로그램은 기본적인 기능과 강화된 기술을 통합할 뿐 아니라 전진과 과중의 원칙도 사용한다. 돌려차기 기술을 강화하기 위한 훈련은 다음과 같다. 면저 수련자는 왼쪽 다리를 들고 나머지 다리로 올바르게 회전하면서 밀어 넣는 자세를 취한다. 그 다음 밀어 넣는 자세에서 차는 동작을 취한다. 발차기를 한 후 최대한 빨리 밀어 넣는 자세로 돌아오는 것에 집중한다. 밀어 넣는 자세로 되돌아와서 최대한 빨리 준비 자세로 돌아간다. 마지막으로 전체 동작을 연속해서 실시한다. 느린 동작에서 점차 속도를 높여나간다. 그리고 최하에서 최대로 점점 강도와 힘을 늘리는 전진 운동을 실시한다.

격투기로 복귀 평가

완전한 활동을 할 준비가 되었는지 평가하기는 매우 어려운 문제다. 이를 위해 Davies는 기능적 검사표준(functional testing algorithm, FTA)을 만들었다. 이 실험은 앞 단계로 갈수록 난이도가 높다. 선수들은 임상학자들이 설정한 최소한의 기준을 만족해야 다음 실험 단계로 넘어갈 수 있다.

활동을 할 준비가 되었는지 연속적으로 재평가 할 때 FTA 결과를 참고해도 된다. 전문가들은 이 결과를 바탕으로 회복 프로그램을 만들거나 수정할 수 있다.

데이비스의 기능적 검사표준(FTA)

- 기본 측정(시각적인 아날로그 통증 범위, 체형측정, 각도측정 등)
- KT 1000 실험으로 ACL(전방십자인대)과 PCL(후방십자인대) 손상 측정
- 운동감각/고유수용성/평형성 검사
- 닫힌운동사슬 바로 누운 자세에서 등속성 검사
- 열린운동사슬 등속성 검사
- 스쿼트 등속성 검사
- 기능적 점프 검사
- 기능적 홉 검사
- 하지의 기능적 검사

- 종목별 특수 검사
- 재활프로그램 탈퇴 및 복귀

더 나은 연구

(1) 손상의 병인(病因) (2) 보호기구의 설계와 안정성, 공인 기관을 거친 실험 (3) 장기적으로 볼 때 작은 외상이 중추신경계에 미치는 영향에 대해 더 연구가 필요하다. 또한 광범위한 연구를 통해 손상의 병인을 평가하고 바람직한 훈련 기술을 촉진하며 안전한 보호기구를 설계하고 더 바람직한 경기 규칙을 확립해야 한다.

전국 및 세계 가라테 토너먼트의 손상을 관찰한 결과 이러한 연구가 절실하게 필요함을 알 수 있다. 특히 태권도 경기는 기술의 차이에 따라 발차기의 힘과 충격, 손상률의 관계를 정의할 수 있는 자료가 필요하다.

요 약

이 장에서는 격투기를 소개하고 기술의 종류와 손상 역학, 손상의 구조와 종류 및 위치, 격투기 동작의 동역학과 운동학에 대해 살펴보았다. 또한 손상을 예방하는 방법과 바람직한 회복 및 기량 강화 방법을 논하였다.

참고문헌

1. Agnew PS: Taping of foot and ankle for Korean karate. J Am Podiatr Med Assoc 83(9): 534–536, 1993.
2. Birrer RB, Birrer CD: Medical Injuries in the Martial Arts. Springfield, IL: Charles C Thomas, 1981.
3. Birrer RB, Birrer CD, Son DS, Stone D: Injuries in tae kwon do. Phys Sports Med 9(2): 97–103, 1981.
4. Birrer RB, Birrer CD: Martial arts injuries. P

hys Sports Med 10(6):103–108, 1982.

5. Birrer RB, Birrer CD: Unreported injuries in the martial arts. Br J Sports Med 17(2): 131–134, 1983.

6. Birrer RB, Halbrock SP: Martial arts injuries: The results of a five-year national survey. Am J Sports Med 16:408–410, 1988.

7. Birrer RB, Robinson T: Pelvic fracture following karate kick. NY State Med J 91:503, 1991.

8. Birrer RB: Trauma epidemiology in the martial arts: The results of an eighteen-year international survey. Am J Sports Med 24(6): S72–79, 1996.

9. Bonneville S: Martial arts injuries: A review. Sports Med: http://publish.uwo.ca/~ahpandya/spmarti.html; accessed June 25, 1999.

10. Brown DD, Mucci WG, Hetzler RK, Knowlton RG: Cardiovascular and ventilatory responses during formalized t'ai chi chuan exercise. Res Qt 60(3):246–250, 1989.

11. Burks JB, Satterfield K: Foot and ankle injuries among martial artists: Results of a survey. J Am Podiatr Med Assoc 88(6):268–278, 1998.

12. Buschbacher RM, Coplin B, Buschbacher L: Proper punching technique in the martial arts (abstract). Arch Phys Med Rehabil 73:1019, 1992.

13. Buschbacher RM, Shay T: Martial arts. Phys Med Rehab Clin North Am 10(1):35–47, 1999.

14. Butler RJ, Forsythe WI, Beverly DW, Adams LA: A prospective controlled investigation of the cognitive effects of amateur boxing. J Neurol Neurosurg Psychol 56:1055–1061, 1993.

15. Cantu C, Voy R: Second impact syndrome: A risk in any contact sport. Phys Sports Med 23:27–34, 1995.

16. Cantwell JD, King JT: Karate chops and liver lacerations. JAMA 224(10):1424, 1973.

17. Casson IR, Siegel O, Sham R, et al: Brain damage in modern boxers. JAMA 251(20): 2663–2667, 1983.

18. Cavanagh PR, Landa J: A biomechanical analysis of the karate chop. Res Q 47(4): 610–618, 1976.

19. Chambers RB: Orthopedic injuries in athletes (ages 6 to 17): Comparison of injuries occurring in six sports. Am J Sports Med 7:195–197, 1979.

20. Channer KS, Barrow D, Barrow R, et al: Changes in hemodynamic parameters following tai chi chuan and aerobic exercise in patients recovering from acute myocardial infarction. Postgrad Med J 72:349–351, 1996.

21. Chui DT: Karate kid finger. Plast Reconstr Surg 91(2):362–364, 1993.

22. Columbus PJ, Rice DL: Psychological research on the martial arts: An addendum to Fuller's review. Br J Med Psychol 61:317–328, 1988.

23. Conkel BS, Braucht J, Wilson W, et al: Isokinetic torque, kick velocity and force in tae kwon do. Med Sci Sports Exerc 20(2S):S5, 1988.

24. Cottalorda J, Allard D, Dutour N, Chavrier Y: Fracture of the coracoid process in an adolescent. Injury 27(6):436–437, 1996.

25. Critchley M: Medical aspects of boxing, particularly from a neurological standpoint. Br Med J 1:357–362, 1957.

26. Crosby AC: The hands of karate experts: Clinical and radiological findings. Br J Sports Med 19:41–42, 1985.

27. Danek E: Martial arts: The sound of one hand clapping. Phys Sports Med 7:3, 1979.

28. de Loes M, Goldi I: Incidence rate of injuries during sport activity and physical exercise in a rural Swedish municipality: Incidence rates in 17 sports. Int J Sports Med 9(6):416–4

67, 1988.

29. DeMeersman RE, Wilkerson JE: Judo nephr opathy, trauma versus nontrauma. J Trauma 2 2(2):150–152, 1982.

30. Dvorine W: Kendo: A safer martial art. Phy s Sports Med 7(12):87–89, 1979.

31. Estwanik JJ, Boitano M, Ari N: Amateur bo xing injuries at the 1981 and 1982 USA/AB F National Championships. Phys Sports Med 12(10):123–128, 1984.

32. Fabian RL: Sports injury to the larynx and t rachea. Physician Sports Med 17(2):111–118, 1989.

33. Fahrer M: Anatomy of the karate chop. Bul l Hosp Joint Dis Orthop Inst 44(2):189–198, 1984.

34. Feehan M, Waller AE: Precompetition injur y and subsequent tournament performance in full-contact tae kwon do. Br J Sports Med 2 9(4):258–262, 1995.

35. Feld MS, McNair RE, Wilk SR: The physic s of karate. Sci Am 240:150–158, 1979.

36. Gardner RC: Hypertrophic infiltrative tendin itis (HIT syndrome) of the long extensor: Th e abused karate hand. JAMA 211:1009–1010, 1970.

37. Goodman G, Satterfield MJ, Yasumura K: C ombining traditional physical therapy and kar ate in the treatment of a patient with quadrip legia. Int J Rehabil Res 3(2):236–239, 1980.

38. Gordon SK, Scalise A, Felton RM, et al: U eichi-Ryu karate in spinal cord injury rehabil itation: The Sepulveda experience. Am Corre ct Ther J 34:166–168, 1980.

39. Greene L, Kravitz L, Wongsgathikun J, Ke mmerly T: Metabolic effect of punching tem po. Med Sci Sports Exerc 31(suppl 5):157, 1 999.

40. Hirano K, Seto M: Dangers of karate. JAM A 226:1118–1119, 1973.

41. Hobusch FL, McClellan T: The karate round house kick. NSCA J 12(6):6–89, 1990.

42. Imamura H, Yoshimura Y, Nishimura S, et al: Oxygen uptake, heart rate, and blood lact ate responses during and following karate tra ining. Med Sci Sports Exerc 31:342–347, 19 99.

43. Jackson F, Earle KM, Beamer Y, Clark R: Blunt head injuries incurred by Marine recru its in hand-to-hand combat (judo training). M ilit Med 132:803–808, 1967.

44. Jaffe L, Minkoff J: Martial arts: A perspecti ve on their evolution, injuries and training fo rmats. Orthop Rev 17(2):208–221, 1988.

45. Johannsen HV, Noerregaard FOH: Karate in juries in relation to the qualifications of part icipants and competition success. Ugeskr Lae ger 148:1786–1790, 1986.

46. Johannsen HV, Noerregaard FOH: Preventio n of injuries in karate. Br J Sports Med 22 (3): 113–115, 1988.

47. Kelley DW, Pitt MJ, Mayer DM: Index met acarpal fractures in karate. Phys Sports Med 8(3):103–106, 1980.

48. Kersteins AE, Dietz F, Hwang S-M: Evaluat ing the safety and potential use of a weight-bearing exercise, tai chi chuan, for rheumatoi d arthritis patients. Am J Phys Med Rehabil 70(3):136–140, 1991.

49. Klein KK: The martial arts and the Caucasia n knee: "A tiger by the tail." J Sports Med 3 (1): 44–47, 1975.

50. Klein KK: Why Caucasian martial artists ha ve greater knee problems. J Am Correct The r Assoc 7(1):51–56, 1976.

51. Koiwai EK: Fatalities associated with judo. Phys Sports Med 9(4):61–66, 1981.

52. Koiwai EK: Deaths allegedly caused by the use of "choke holds" (shime-waza). J Forens Sci 32:419–432, 1987.

53. Kujala UM, Taimela S, Antti-Poika I, et al: Acute injuries in soccer, ice hockey, volleyba

ll, basketball, judo, and karate: Analysis of n
ational registry data. Br Med J 311: 1465–14
68, 1995.

54. Kurland H: Injuries in karate. Phys Sports M
ed 8(10):80–85, 1980.

55. Kurosawa H, Nakasita K, Nakasita H, et al:
Complete avulsion of the hamstring tendons f
rom the ischial tuberosity: A report of two c
ases sustained in judo. Br J Sports Med 30:
72–74, 1996.

56. Lai J-S, Lan C, Wong M-K, Teng S-H: Tw
o-year trends in cardiorespiratory function am
ong older tai chi chuan practitioners and sed
entary subjects. J Am Geriatr Soc 43:1222-1
227, 1995.

57. Lan C, Lai J-S, Chen S-Y, et al: 12-month t
ai chi training in the elderly: Its effect on he
alth fitness. Med Sci Sports Exerc 30(3):345
–351, 1998.

58. Lan C, Lai J-S, Wong MK, Yu ML: Cardio
respiratory function, flexibility, and body co
mposition among geriatric tai chi chuan prac
titioners. Arch Phys Med Rehab 77:612–616,
1996.

59. Lannuzel A, Moulin T, Amsallem D, et al:
Vertebral-artery dissection following a judo s
ession: A case report. Neuropediatrics 25: 10
6–108, 1994.

60. Larose JH, Kim DS: Knuckle fracture-a mec
hanism injury. JAMA 206(4):893–894, 1968.

61. Larose JH, Kim DS: Karate hand-conditioni
ng. Med Sci Sports 1(2):95–98, 1969.

62. Levandoski LJ, Leyshon GA: Tai chi exerci
se and the elderly. Clin Kinesiol 44(2):39–4
4, 1990.

63. Liebert PL, Buckley T: Providing medical c
overage at karate tournaments. J Musculoskel
Med 1992.

64. Lindsay KW, McLatchie GR, Jennett B: Ser
ious head injury in sport. Br Med J 281(624
3): 789–791, 1980.

65. Liu SH, Henry M, Bowen R: Complications
of type 1 coronoid fractures in competitive a
thletes: Report of two cases and review of th
e literature. J Shoulder Elbow Surg 5(3): 223
–227, 1996.

66. Maffuli N, So WS, Ahuja A, et al: Iliopsoa
s hematoma in an adolescent tae kwon do pl
ayer. Knee Surg Sports Traumatol Arthrosc 3:
230–233, 1996.

67. Maliszewski M: Injuries and effects of mart
ial arts. J Asian Martial Arts 1(2):16–23, 199
2.

68. Maliszewski M: Meditative-religious traditio
ns of fighting arts and martial ways. J Asian
Martial Arts 1(2):1–15, 1992.

69. Martland HS: Punch-drunk. JAMA 91(15): 1
103–1107, 1928.

70. Mars JS, Pimendes D: Blinding choroidal ru
pture in a karateka. Br J Sports Med 29(4):
273–274, 1995.

71. McLatchie GR: Analysis of karate injuries i
n 295 contests. Injury 8:132–134, 1976.

72. McLatchie GR, Morris EW: Prevention of k
arate injuries: A progress report. Br J Sports
Med 11:78–82, 1977.

73. McLatchie GR: Recommendations for medic
al officers attending karate competitions. Br J
Sports Med 13:36–37, 1979.

74. McLatchie GR: Surgical and orthopaedic pro
blems in sport karate: A case for medical co
ntrol. Medisport 1(1):41–44, 1979.

75. McLatchie GR, Davies JE, Caulley JH: Inju
ries in karate: A case for medical control. J
Trauma 20(11):956–958, 1980.

76. McLatchie GR: Karate and karate injuries. B
r J Sports Med 15(1):84–86, 1981.

77. Nakata M, Shirahata N: Statistical observati
on on injuries resulting from judo. Jpn J Ort
hop Assoc 18:1146–1154, 1943.

78. Naylor AR, Walsh ME: Aikido foot: A trac
tion injury to the common peroneal nerve. B

r J Sports Med 21(4):182, 1987.

79. Nielsen TH, Jensen LS: Pancreatic transectio n during karate training. Br J Sports Med 20 (2): 82–83, 1986.

80. Nieman EA, Swan PG: Karate injuries. Br M ed J 1(742):233, 1971.

81. Oler M, Tomson W, Pepe H, et al: Morbidi ty and mortality in the martial arts: A warnin g. J Trauma 21(2):251–253, 1991.

82. Owens RG, Ghadiali EJ: Judo as a possible cause of anoxic brain damage: A case report. J Sports Med Phys Fitness 31:627–628, 199 1.

83. Pandavela J, Gordon S, Gordon G, et al: M artial arts for the quadriplegic. Am J Phys M ed 65(1):17–29, 1986.

84. Paup DC, Finley PL: A comparison of male and female injury incidence in martial arts tr aining. Med Sci Sports Exerc 26(5):S14, 199 4.

85. Perez HR, O'Driscoll E, Steele J, et al: Phy siological responses to two forms of boxing aerobics exercise. Med Sci Sports Exerc 31(s uppl 5):157, 1999.

86. Pieter W, Lufting R: Injuries at the 1991 ta e kwon do World Championships. J Sports T raumatol Rel Res 16:49, 1994.

87. Pieter W, Van Ryssegem G, Lufting R, Heij mans J: Injury situation and injury mechanis m at the 1993 European tae kwon do Cup. J Hum Mov Stud 28:1, 1995.

88. Pieter W, Pieter F: Speed and force of selec ted tae kwon do techniques. Biol Sport 12(4): 257–266, 1995.

89. Pieter W, Zemper ED: Injury rates in childr en participating in tae kwon do competition. J Trauma 43(1):89–96, 1997.

90. Pieter W, Zemper ED: Incidence of reported cerebral concussion in adult tae kwon do ath letes. J R Soc Health 118(5):272–279, 1998.

91. Plancher KD, Minnich JM: Sport-specific in

juries. Clin Sports Med 15(2):207–218, 1996.

92. Reay DT, Eisle JW: Death from law enforce ment neck holds. Am J Forens Med Pathol 3 (3):253–258, 1982.

93. Rodriguez G, Francione S, Barth JT, et al: J udo and choking, EEG and regional cerebral blood flow findings. J Sports Med Phys Fitn ess 31:605–610, 1991.

94. Russel SM, Lewis A: Karate myoglobinuria. N Engl J Med 293(18):941, 1975.

95. Russo MT, Maffulli N: Dorsal dislocation o f the distal end of the ulna in a judo player. Acta Orthop Belg 57(4):442–446, 1991.

96. Ryan AJ: T'ai chi chuan for mind and body. Phys Sports Med 2:58–61, 1974.

97. Saal JS: Flexibility training. Phys Med Reha bil State of the Art Revs 1:537–554, 1987.

98. Sanders MS, Antonio J: Strength and condit ioning for submission fighting. Strength Con d J 21(5):42–45, 1999.

99. Schmid L, Hajik E, Votipka F, et al: Experi ence with headgear in boxing. J Sports Med Phys Fitness 8:171–176, 1968.

100. Schmidt RJ, Royer FM: Telemetered heart rates recorded during karate katas: A case st udy. Res Q Exerc Sport 44(4):501–505, 197 3.

101. Schmidt RJ: Fatal anterior chest trauma in karate trainers. Med Sci Sports 7(1):59–61, 1 975.

102. Schneider D, Leung R: Metabolic and card iorespiratory responses to the performance of wing chun and t'ai chi chuan exercise. Int J Sports Med 12:319–323, 1991.

103. Schwartz ML, Hudson AR, Fernie GR, et a l: Biomechanical study of full contact karate contrasted with boxing. J Neurosurg 64: 248 –252, 1986.

104. Serina ER, Lieu DK: Thoracic injury poten tial of basic competition tae kwon do kicks. J Biomech 24(10):951–960, 1991.

105. Shapiro DH: Another cause of tennis elbow. New Engl J Med 323(20):1428, 1990.

106. Shaw DW, Deutsch DT: Heart rate and oxygen uptake response to performance of karate kata. J Sports Med Phys Fitness 22:461–468, 1982.

107. Shirley ME: The tae kwon do side kick: A kinesiological analysis with strength and conditioning principles. NSCA J 14(5):7–78, 1992.

108. Siana JE, Borum P, Kryger H: Injuries in tae kwon do. Br J Sports Med 20(4):165–166, 1986.

109. Smith PK: Transmission of force through the karate, boxing, and the thumbless boxing glove as a function of velocity, in Terauds J, Gwolitzke BE, and Holt LE (eds): Biomechanics in Sports, Vols III and IV. Del Mar, CA: Academic Press, 1987.

110. Smith PK, Hamill J: Karate and boxing glove impact characteristics as functions of velocity and repeated impact, in Terauds J, Barham JN (eds): Biomechanics in Sports, Vol II. Del Mar, CA: Academic Press, 1985.

111. Smith PK, Hamill J: The effect of punching glove type and skill level on momentum transfer. J Hum Mov Stud 12:153–161, 1986.

112. Srensen H: Dynamics of the martial arts high front kick. J Sports Sci 14(6):483–495, 1996.

113. Streeton JA, Melb MB: Traumatic hemoglobinuria caused by karate exercise. Lancet 2: 191–192, 1967.

114. Stricevic MV, Okazaki T, Tanner A, et al: Cardiovascular responses to the karate kata. Phys Sports Med 8(3):57–67, 1980.

115. Stricevic MV, Patel MR, Okazaki T, Swim BK: Karate: Historical perspective and injuries sustained in national and international tournament competitions. Am J Sports Med 11(5): 320–342, 1983.

116. Sun XS, Wang YG, Xia YJ: Determination of E-rosette-forming lymphocyte in aged subjects with tai ji quan exercise. Int J Sports Med 10:217–219, 1989.

117. Tenvergert EM, Ten Duis HJ, Klasen HJ: Trends in sports injuries, 1982–1988: An in-depth study on four types of sport. J Sports Med Phys Fitness 32(2):214–220, 1992.

118. Tse S-K, Bailey DM: T'ai chi and postural control in the well elderly. Am J Occup Ther 46: 295–300, 1992.

119. Tuominen R: Injuries in national karate competitions in Finland. Scand J Med Sci Sports 5:44–48, 1995.

120. Van Mechelen W, Hlobil H, Kemper HCG: Incidence, severity, etiology, and prevention of sport injuries. Sports Med 14(2):82–99, 1992.

121. Vayssairat M, Priollet P, Capron L, et al: Does karate injure blood vessels of the hand? Lancet 2(8401):529, 1984.

122. Vos JA, Binkhorst RA: Velocity and force of some karate arm-movements. Nature 211: 89–90, 1966.

123. Walker J: Karate strikes. Am J Phys 43: 845–849, 1975.

124. Whiting WC, Grogor RJ, Finerman GA: Kinematic analysis of human upper extremity movements in boxing. Am J Sports Med 16(2): 130–136, 1988.

125. Williams G: Karate creates patients one kick at a time. Podiatry Today.com: http://www.podiatrytoday.com/march1.html/1999; accessed June 25, 1999.

126. Wilkerson LA: Martial arts, in Mellion MB (ed): Sports Medicine Secrets. Philadelphia: Hanley & Belfus, 1994, pp 422–430.

127. Wilkerson LA: Martial arts injuries. J Am Osteopath Assoc 97(4):221–226, 1997.

128. Wirtz PD, Vito GR, Long DH: Calcaneal apophysitis (Sever's disease) associated with t

ae kwon do injuries. J Am Podiatr Med Asso c 78(9):474–475, 1988.

129. Wolf SL, Barnhart HX, Kutner NG, et al: Reducing frailty and falls in older persons: An investigation of tai chi and computerized balance training. J Am Geriatr Soc 44(5):489–499, 1996.

130. Wolf SL, Barnhart HX, Ellison GL, et al: The effect of tai chi quan and computerized balance training on postural stability in older subjects. Phys Ther 77:371–381, 1997.

131. Wolf SL, Coogler C, Tingsen X: Exploring the basis for tai chi chuan as a therapeutic exercise approach. Arch Phys Med Rehabil 8: 886–892, 1997.

132. Wolfson L, Whipple R, Derby C, et al: Balance and strength training in older adults: Intervention gains and tai chi maintenance. J Am Geriatr Soc 44(5):498–509, 1996.

133. Xusheng S, Yugi X, Yunijan X: Determination of E-rosette-forming lymphocytes in aged subjects with tai chi quan exercise. J Sports Med 10(3):217–219, 1989.

134. Young DR, Appel LJ, Jee S, et al: The effects of aerobic exercise and t'ai chi on blood pressure in older people: Results of a randomized trial. J Am Geriatr Soc 47(3):277–286, 1999.

135. Zehr EP, Sale DG: Ballistic elbow extension movements in moderately trained karate practitioners: peak torque, velocity, acceleration, and the agonist pre-movement silence. Med Sci Sports Exerc 25(4):S131, 1993.

136. Zehr EP, Sale DG, Dowling JJ: Agonist premovement depressions not a naturally acquired learned motor response in karate-trained subjects. Med Sci Sports Exerc 26(5): S101, 1994.

137. Zehr EP, Sale DG, Dowling JJ: Ballistic movement performance in karate athletes. Med Sci Sports Exerc 29(10):1366–1373, 1997.

138. Zemper ED, Pieter W: Injury rates during the 1988 US Olympic team trials for tae kwon do. Br J Sports Med 23(3):161–164, 1989.

139. Zigun JR, Schneider SM: "Effort" thrombosis (Paget-Schroetter's syndrome) secondary to martial arts training. Am J Sports Med 16(2): 189–190, 1988.

추가 참고문헌

Aging in Medical Science Research Group: Behavior of Tai Chi and Non-Tai Chi Participants (People's Sports and Exercise Publication). Canton: People's Republic of China, 1983.

Ahn BH: Kinematic and kinetic analysis of tae kwon do kicking motions. Unpublished master's thesis, Purdue University, 1985.

Almer S, Westerberg CE: Discussion of the panorama of injuries associated with karate blows: Potential risks need new attention. Lakartidningen 82:2886–2888, 1985.

Almer S, Westerberg CE: Cerebral infarction following a karate fight. Presse Med 14:29, 1985.

American Council on Exercise: ACE helps exercisers kick their way to fitness with cardio kickboxing. Available at http://www.acefitness.org/newsreleases/1999; accessed May 20, 1999.

American Council on Exercise: ACE helps exercisers kick their way to fitness with cardio kickboxing. Available at http://www.acefitness.org/newsreleases/1999; accessed June 25, 1999.

American Council on Exercise: Cardio kickboxing packs a punch; ACE study confirms benefits of popular workout. ACE Fitness Matters, July–August:4–5, 1999.

Aotsuka A, Kojima S, Furumoto H, et al: Punch drunk syndrome due to repeated karate kicks and punches. Rinsho Shinkeigaku 30: 1243–1

246, 1990.

Bentley A: Self-defense from a wheelchair. Mid night 23(40):7–10, 1977.

Birrer RB: Karate kids. Sports Care Fit 2(1):14–19, 1989.

Bjerrum L: Scapula lata induced by karate. Uge skr Laeger 146:2022, 1984.

Blonstein JL: Medical aspects of amateur boxin g. Proc R Soc Med 59:649, 1966.

Brettel VFH: Injuries by karate blows. Gerichtli chen Med 39:87–90, 1981.

Casson IR, Sham R, Campbell EA, et al: Neuro logical and CT evaluation of knocked-out bo xers. J Neurol Neurosurg Psychiatry 45:170–174, 1982.

Corsellis JA, Brunton CJ, Freeman-Browne D: T he aftermath of boxing. Psychol Med 3:270–303, 1973.

Council on Scientific Affairs: Brain injury in bo xing. JAMA 249:254–257, 1983.

Courville CB: The mechanism of boxing fataliti es. Report of an usual case with severe brain lesions incident to impact of boxer's head ag ainst the ropes. Bull Los Angeles Neurol Soc 29:59–69, 1964.

Creighton BW: Forum: Carotid restraint: Useful tool or deadly weapon? Trial. The National L egal Newsmagazine 19(5):102–106, 1983.

Dawson A: Personal best: A kick for mental he alth. Womens Sports Fitness 8:41–42, 1986.

Demos MA, Gitin EL, Kagen LJ: Exercise myo globinemia and acute exertional rhabdomyoly sis. Arch Intern Med 134:669–673, 1974.

Duke K: FitVids: FIT rates the latest exercise ta pes: Advanced tae bo with Bill Blank. Fit Ja nuary– February:86, 1999.

Fisher S: Golden gloves: Rules for injury preve ntion. Phys Sports Med 7:135–136, 1979.

Francescato MP, Talon T, diPramero PE: Energ y cost and energy sources in karate. Eur J A ppl Physiol 71:355–361, 1995.

Frey A, Muller W: Heberden-Arthrsen bei Judo-Sportlern. Schweiz Med Wochenschr 114: 40–47, 1984.

Funakoshi G: Karate Do Kyohan: The Master T ext. Kodansha International, 1973.

Gong L, Jianan Q, Jisheng Z, Yang Q, Tao Q, e t al: Changes in heart rate and electrocardiog ram during tai ji quan exercise. Chinese Med J 94: 589–592, 1981.

Halbrook SP: Martial arts weapons injuries: The y aren't what Congress cracks them up to b e. Black Belt 6:3–11, 1986.

Hirata K: Injuries of karate in all Japan. Jpn J E duc Med 3:1213–124, 1967.

Hunter: Karate: Kardio kickboxing. Available at http://www.hunterkarate.com/1999; accessed A pril 8, 1999.

Hwang IS: Analysis of the kicking leg in tae k won do, in Terauds J, Gowitzke B, Holt L (e ds): Biomechanics in Sports, Vols III and IV. Del Mar, CA: Academic Press, 1987, pp 39–47.

Hwang IS: Biomechanical analysis of dwihuryo-chagi in tae kwon do, in A Collection of Re search Papers in the 1st World tae kwon do Seminar. Seoul: Kukkiwon, 1985, pp 67–79.

Ikai M, Ishiko T, Ueda G: Physiological studies in choking in judo. Bull Assoc Sci Stud Jud o 1: 1–12, 1958.

Ikai M, Ishiko T, Ueda G: Physiological studies in choking in judo: II. X-ray observations on the heart. Bull Assoc Sci Stud Judo 1:13–22, 1958.

Ishida Y, Kato Y: Observation of karatedo, in L arson L, Hermann D (eds): Encyclopedia of S port Sciences and Medicine. New York: Ame rican College of Sports Medicine, 1971.

Jin PT: Changes in heart rate, noradrenaline, cor tisol and mood during tai chi. J Psychosomat Res 33:192–206, 1989.

Jin PT: Efficacy of tai chi, brisk walking, medit

ation, and reading in reducing mental and em otional stress. J Psychosom Res 36:361–370, 1992.

Joch W, Krause I, Fritsche P: Punching power a nd motor speed in boxing. Leistungssport 12: 40–46, 1982.

Joon SN: An analysis of the dynamics of the ba sic tae kwon do kicks. US tae kwon do J 4: 10–15, 1987.

Johnson J, Skorecki J, Wells RP: Peak accelerat ion of the head in boxing. Med Biol Engrg 1 3: 396–404, 1975.

Jorga I, Sarovic D, Jorga V, et al: Specific bon e deformity of the fist of karate athletes caus ed by nonfunctional regular third-time practic e. Presented at the Third Balkan Congress of Sports Medicine, Nis, Yugoslavia, October 1 976.

Kaste M, Vikki J, Sainio K, et al: Is chronic br ain damage in boxing a hazard of the past? Lancet 2:1186–1188, 1982.

Koh TC: Tai chi chuan. Am J Chin Med 9:15–2 2, 1981.

Koh TC: Tai chi and ankylosing spondylitis: A personal experience. Am J Chin Med 10:59–61, 1982.

Koiwai EK: Major accidents and injuries in jud o. Ariz Med 22:957–962, 1965.

Kurland HL: Minimizing the accident complex. B lack Belt Magazine, February–March, 1979.

Kurland HL: A short study of tournament injuri es. Karate Illus 3:32–36, 1981.

Lai JS, Wong MK, Lan W, et al: Cardiorespirat ory responses of tai chi chuan practitioners a nd sedentary subjects during cycle ergometry. J Formos Med Assoc 92:894–899, 1993.

Lampert PW, Hardman JM: Morphological chan ges in brains of boxers. JAMA 251: 2676–26 79, 1984.

Lissner HR, Gurdjian ES: A study of the mecha nical behavior of the skull and its contents w hen subjected to injury blows. Proc Soc Exp Stress Analysis 3:40, 1946.

Lucas J: Tae kwon do, pelote basque/jai-alai, an d roller hockey-three unusual Olympic demo nstration sports. J Phys Educ Recreation Dan ce April:80–82, 1992.

McGown IA: Boxing safety and injuries. Phys S ports Med 7:75–82, 1979.

Mawdsley C, Ferguson F: Neurological disease i n boxers. Lancet 2:799–801, 1963.

Moore M: The challenge of boxing-bringing saf ety into the ring. Phys Sports Med 8:101–10 5, 1980.

Moore M: Apall over boxing. Phys Sports Med 11(1):21, 1983.

Nakayama N: Dynamic Karate. Palo Alto, CA: K odansha International, 1966.

Nakayama N: Official Manual of the Japan Kara te Association. Palo Alto, CA: Kodansha Inte rnational, 1974.

Ng RKT: Cardiopulmonary exercise: A recently discovered secret of tai chi. Hawaii Med J 5 1: 216–217, 1992.

Nishiyama H, Brown RC: Karate: The Art of E mpty-Hand Fighting. Rutland, VT: Charles E. Tuttle, 1965.

Nistico VP: A Kinematic Investigation of Two P erformance Conditions of the Karate Counter punch Technique. Eugene, OR: Microform P ublications, 1982.

Noerragaard FO, Johannsen HV: Pattern of injur ies in the Danish karate championships. Uges kr Laeger 148:1785–1786, 1986.

Norton ML, Safrin M, Cutler P: Medical aspects of judo. NY State J Med 67:1750–1752, 196 7.

Nyst M, Laundly P: Injuries incurred in the pra ctice of karate. Sport Health 5:7–10, 1987.

O'Driscoll E, Steele J, Perez HR, et al: The me tabolic cost of two trials of boxing exercise utilizing a heavy bag. Med Sci Sports Exerc

31(suppl 5):158, 1999.

Ogawa S, et al: Physiological studies on choking in judo-studies on choking with reference to the hypophysio-adreno-cortical system. Bull Assoc Sci Stud Judo 2:107–114, 1963.

Parker Academy of Martial Arts: Cardio karate for fun and fitness. Available at http://www.kicksrus.com/1999; accessed April 8, 1999.

Pieter W: Martial arts, in Caine D, Caine C, Lindner K (eds): Epidemiology of Sport Injuries. Champaign, IL: Human Kinetics, 1996.

Qu M: Tai ji quan: A medical assessment. Chin Sports 1:26–27, 1980.

Ratamess N: Weight training for ju jitsu. Strength Cond J 20(5):8–15, 1998.

Reay DT, Mathers RL: Physiological effects from use of neck holds. FBI Law Enforc Bull 52(7): 12–15, 1983.

Reeder S: And in this corner: Boxercise. Womens Sports Fitness, August:52, 1986.

Roback MD: The injury debate. Black Belt Magazine, January 1979, pp 38–40.

Roberts AH: Brain Damage in Boxers. London: Pitman, 1969.

Ross RJ, Cole M, Thompson JS, et al: Boxers: Computed tomography, EEG, and neurological evaluation. JAMA 249:211–213, 1983.

Ryan AJ: Eliminate boxing gloves. Phys Sports Med 11:49, 1983.

Schanche DA: Common sense rules you'd better follow if you're into karate. Today's Health, July 1974, pp 28–33.

Serres P, Calas J, Guilbert F: Karate et fracture du malaire. Rev Stomatol Chir Maxillofac 74: 177–178, 1973.

Shaik F: Physician challenges safety of youth boxing. Phys Sports Med 9:27, 1981.

Smith PK: Punching impact effect of the karate, boxing, and the thumbless boxing glove, in Terauds J, Gwolitzke BE, Holt LE (eds): Biomechanics in Sports, Vols III and IV. Del M

ar, CA: Academic Press, 1987.

Spillane J: Five boxers. Br Med J 2:1205–1210, 1962.

Stull RA, Barham JN: An analysis of movement patterns utilized by different styles in the karate reverse punch in front stance, in Kreighbaum E, McNeil A (eds): Biomechanics of Sports, Vol VI: Proceedings of the 6th International Symposium on Biomechanics. International Society of Biomechanics in Sports and Department of Health and Human Development, Montana State University, Bozeman, 1990, pp 225–243.

Sung NJ, Lee SG, Park HJ, Joo SK: An analysis of the dynamics of the basic tae kwon do kicks. US tae kwon do J 6:10–15, 1987.

Suzuki K: Medical studies on choking in judo with special reference to electroencephalographic investigation. Bull Assoc Sci Stud Judo 1: 23–48, 1958.

Tezuka M: Physiological studies on the ochi (unconsciousness) resulting from shime-waza (strangle hold) in judo. Bull Assoc Sci Stud Judo 5:71–73, 1978.

Thomaassen A, Juul-Jensen P, Olivarious B, et al: Neurological, electroencephalographic and neuropsychological examination of 53 former amateur boxers. Acta Neurol Scand 60: 352–362, 1979.

Unterharnscheidt FJ: About boxing: A review of historical and medical aspects. Texas Rep Biol Med 28:421–495, 1970.

Van Gheluwe A, Van Schandevjil H: A kinematic study of the trunk rotation during gyaku-zuki using tilted-plane cinematography, in Matsui H, Kobayashi K (eds): Biomechanics, Vol VIII-B. Champaign, IL: Human Kinetics, 1999, pp 876–881.

Webb R: Unique new program teaches self defense for wheelers. Paraplegia News, January 1976.

Wohlin S: A biomechanical description of the ta e kwon do turning hook kick. Unpublished master's thesis, Montana State University, 1989.

Wongsgathikun J, Kravitz L, Greene L: Metabolic response of trained and untrained boxers. Med Sci Sports Exerc 31(Suppl 5):158, 1999.

Wos W, Puzio J, Opala G: Traumatic internal carotid artery thrombosis following karate blow. Pol Przegl Chir 49(12):1271–1273, 1977.

Xu SW, Fan ZH: Physiological studies of tai ji quan in China. Med Sports Sci 28:70–80, 1988.

Yang JW: Shaolin Chin Na-The Seizing Art of Kung Fu. Hollywood, CA: Unique Publications, 1980, pp 115–117.

Zemper ED: Incidence of reported cerebral concussion in adult tae kwon do athletes. J R Soc Health 118(5):272–279, 1998.

Zhuo D, Shepard FJ, Plyley MJ, Davis GM: Cardiorespiratory and metabolic responses during tai chi chuan exercises. Can J Appl Sport Sci 9:7–10, 1984.

CHAPTER 16

사이클링

Susan Lefever-Button

여러 종류가 있는 사이클링은 매우 대중적인 운동이다. 현재 미국에서는 100만 명 이상이 사이클링을 즐기고 그 중 성인이 1/3을 차지한다. 지금까지 3만 5천명이 미국사이클링연맹(USCF)에 가입했고 오프로드자전거협회(NORBA)에 가입하는 사람도 점점 늘고 있다.[1] 사이클링의 목적에 따라 다양한 종류의 자전거를 다양한 장소에서 탈 수 있다. 목표 지점으로 이동하려면 많은 에너지가 필요하다.[2] 땅에서 자전거를 타면 큰 에너지를 낼 수 있는데 많은 의사들이 하체 손상이나 수술 환자들에게 회복을 위해 고정된 자전거 타기 운동을 권한다.[3-5]

사이클리스트와 자전거, 이 둘의 상호 작용에 대해 알면 사이클링을 완전하게 이해하고 레크리에이션이나 경기를 목적으로 사이클링을 하는 이들을 최적의 방법으로 치료할 수 있다. 임상의학자들은 이 장에서 자전거의 기본적인 기능과 올바른 조절법, 사이클링에 사용되는 기본적인 근육 기능, 손상의 종류와 예방법 및 원인과 치료법, 사이클링 복귀 평가법을 알 수 있다.

사이클링은 스포츠 뿐 아니라 회복 운동으로 이용된다. 스포츠로서 사이클링은 저전거의 종류 뿐 아니라 타는 방법도 다르다. 자전거에는 스포츠/여행용, 경주용, 산악용, 하이브리드의 네 종류가 있다. 각 자전거의 차이점과 용도는 아래에서 살펴보겠다. 자전거는 프레임의 배열 즉 시트 튜브와 바닥의 각도에 따라 타는 방법이 다르다(그림 16.1 참고). 시트 튜브의 각도는 보통 70~74도이고 각도가 클수록 핸들 회전이 쉽다. 어떤 목적으로 탈지 정하면 알맞은 자전거를 선택하는데 도움이 된다.[6]

스포츠/여행용 자전거

스포츠/여행용 자전거는 시트 튜브의 각도가 보통이다. 적당하게 편하고 회전할 수 있는 자전거를 원하는 이들에게 적합하다. 체력을 기르거나 20마일 이상 주행할 때, 통근, 그룹 자전거 타기 등의 목적으로 이용한다.[6]

경기용 자전거

경기용 자전거는 가볍고 자유자재로 회전할 수 있다. 핸들을 빠르게 움직일 수 있으므로 그룹 자전거 타기와 경기, 체력 훈련, 철인 3종 경기에 적합하다. 스포츠/여행용 자전거와 프레임이 다르며(경사면 각도가 더 큼) 타이어가 더 좁다.[6]

산악용 자전거

산악용 자전거는 타기 쉽다는 특징이 있다. 타는 자세가 수직이고 경사면 각도가 낮으며 타이어가 넓다. 브레이크와 변속 레버가 가까

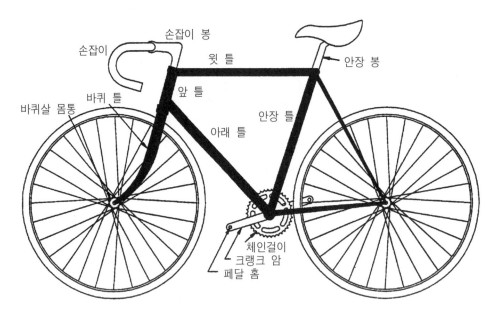

손잡이 봉
손잡이
윗 틀
안장 봉
바퀴 틀
앞 틀
바퀴살 몸통
안장 틀
아래 틀
체인걸이
크랭크 암
페달 홈

그림 16.1 자전거의 세부 명칭

워 조정하기 쉽다. 10마일 이하의 짧은 거리 밖에 달리지 못하지만 오프로드에서 진가를 발휘한다.[6]

하이브리드 자전거

산악용 자전거의 조정력과 편안함, 스포츠용 자전거의 가벼움과 속도가 혼합된 자전거다. 타이어가 약간 넓고 핸들은 일자형이거나 밑으로 내려간 형태이다.[6] 온로드, 오프로드에서 모두 탈 수 있다. 도시 거주자들의 통근용으로 가장 적합하다.

레크리에이션 또는 경기 목적으로 자전거를 탈 때 힘과 흐름과 균형을 이해하고 올바른 자세로 타면 기량이 향상되고 손상이 줄어든다.

사이클링의 생체역학

힘

바람의 저항이나 구름 저항(역주: 구르는 접촉을 하는 두 물체 사이에 발생하는 마찰), 중력, 사람과 자전거에 전해지는 중량을 비롯한 외부의 물리적인 힘보다 큰 힘을 페달에 전달해야 자전거가 앞으로 나아간다.[2] 자전거에 더 큰 힘을 가하거나 저항을 줄이면 기량이 훨씬 향상된다.

사이클리스트가 내는 힘은 자전거에 첫째로 전달되는 힘 중 하나다. 페달을 밟으면 크랭크에서 체인 링, 기어, 뒤 타이어로 힘이 전달되어 자전거가 움직인다.[2] 사이클리스트가 페달에 적용하는 힘은 수직과 평행의 두 요소로 이루어진다[7](그림 16.2). 수직 요소는 자전거의 크랭크 암(역주: 자동차의 엔진과 같은 부분)에 수직이며 유효력 이다. 자전거를 나아가게 하는 힘을 유효한 힘(effective force)이라고 한다. 이는 그림 16.2에 잘 나타난다. 페달에 힘이 적용되면 수직 요소가 변화하는데 크랭크가 90도에 가까워지면서 증가한다. 이는 자전거가 앞으로 나아가는 추진 단계에서 무릎이 90도에 가까워질 때다. 이 때 사두근이 최대로 움직인다

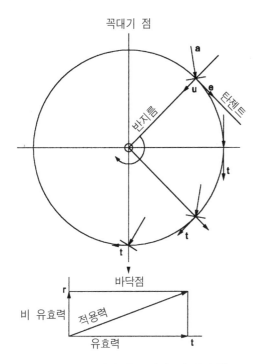

그림 16.2 페탈의 유효력과 비 유효력

는 추진력이 커진다. 행정 사이클에서 발목을 빨리 발바닥 쪽으로 굽히면 접하는 힘이 더 크게 적용된다. 따라서 사용하지 않는 힘이 제한되므로 기량이 향상된다[7](그림 16.2 참고).

더 큰 힘을 투입하거나 저항력을 줄이면 행정 사이클이 향상된다. 자전거에 작용하는 물리적인 힘을 극복하면 저항이 들어든다. 바람의 저항은 극복해야 할 외부의 힘 중 하나다. 시속 40km(25mi/h) 이상으로 달릴 때 바람의 저항은 방해하는 힘의 90% 이상을 차지한다. 물체의 공기 저항은 표면의 모양과 거칠기에 좌우된다. 원통 모양은 공기가 휘몰아치므로 공기 저항이 높다. 공기가 물체의 뒷전에서 분산되어 압력이 낮은 큰 공간이 생긴다. 반면 유선형 물체는 공기가 물체의 뒷전으로 부드럽게 흘러 저항이 낮다. 온로드 경기에서 인체가 받는 바람 저항이 공기 저항의 2/3이 나머지는 자전거의 바람 저항이다. 타는 사람과 자전거의 형태를 바꾸면 공기 저항이 줄어든다. 바람의 저항을 바꾸는 방법에는 다른 선수 뒤에서 달리기, 타는 사람의 앞 공간을 최대한 줄이기, 거친 표면을 부드럽게 만들기, 자전거를 유선형으로 바꾸기 등 네 가지 방법이 있다.[2]

다른 선수의 뒤에서 달리는 방법은 오래 전부터 사용했는데 바람의 저항을 막고 에너지 소비량도 줄일 수 있다. 이 때 바로 뒤에서 달려야 하는데 12인치 정도로 가까이 접근할 수 있고 두 선수의 바퀴 간격은 약 5피트이다. 하지만 바람의 저항이 줄어들면 선수가 시원한 바람을 쐬지 못한다. 수분을 더 많이 섭취해서 열효과를 막아야 한다.[2]

둘째, 타는 사람의 앞 공간을 최소화하는 방법이 있다. 핸들에 팔걸이를 달거나 몸을 최대한 굽히면 된다. 유선형 물체가 많을수록 바람의 저항이 줄어든다. 자세를 굽히면 공기의 저항이 약 20% 감소한다.[2]

세 번째 방법은 거친 표면을 최소화하는 것

(그림 16.3). 추진 단계에서 앵클링(ankling)이라는 기술을 사용하면 페달에 힘이 수직으로 적용된다. 앵클링은 발목 관절을 발바닥 쪽으로 굽히고 작은 원을 그리면서 페달에 수직으로 힘을 전달하는 것을 말한다. 이는 원의 아랫부분에 가장 잘 나타난다. 원을 그리며 순환할 때 원의 아랫부분을 바닥점(bottom dead center)이라고 한다. 발목을 발바닥 쪽으로 굽히면 페달에 수직적인 힘이 크게 전해진다.[7]

크랭크 암과 수직이 아닌 모든 힘을 사용하지 않는 힘(unsued force)라고 한다. 적용된 힘 중에서 평행 요소를 띠는 힘, 발이 페달에 적용하는 회전력 또는 전단력이 여기에 포함된다. 발이 페달 위로 움직이거나 미끄러질 때 전단력이 생긴다. 토우 클립(toe clips)과 미끄럼방지용 신발은 미끄럼을 막아주므로 효과적이다. 결국 전단력이 감소하면 자전거를 나아가게 하

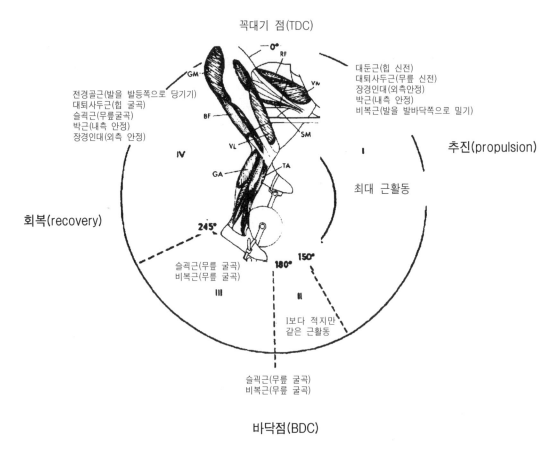

꼭대기 점(TDC)

0°
RF
GM
VM

대둔근(힙 신전)
대퇴사두근(무릎 신전)
장경인대(외측안정)
박근(내측 안정)
비복근(발을 발바닥쪽으로 밀기)

전경골근(발을 발등쪽으로 당기기)
대퇴사두근(힙 굴곡)
슬괵근(무릎굴곡)
박근(내측 안정)
장경인대(외측 안정)

BF

SM

추진(propulsion)

VL

IV

TA

I

GA

최대 근활동

회복(recovery)

245°

슬괵근(무릎 굴곡)
비복근(무릎 굴곡)

III

180° 150°

II

I보다 적지만
같은 근활동

슬괵근(무릎 굴곡)
비복근(무릎 굴곡)

바닥점(BDC)

그림 16.3 페달시의 근육작용

이다. 공기는 거친 면으로 평행하게 흐르므로 전단력 때문에 마찰 저항이 생긴다. 둥근 헬멧을 착용하고 공기 역학적으로 만들어진 몸에 딱 붙는 옷을 입으면 줄일 수 있다.[2]

구름 저항도 힘의 생성을 방해하는 외부 요소 중 하나다. 이는 타이어에서 생기는 마찰 저항을 말한다. 타이어가 길을 따라 움직일 때 접지면과 타이어 측면부가 변형되면서 에너지가 소모된다. 타이어의 지름과 공기 압력 모두 마찰 저항에 영향을 끼친다. 타이어가 얇고 압력이 클수록 저항이 줄어든다. 이 때 표면적 또한 줄어든다. 다시 말해 표면이 거칠수록 마찰 저항이 크다.[2,8]

외부에서 미치는 또 다른 힘으로 중력이 있다. 중력은 경사면에서 가장 큰 영향을 끼친다. 인체의 질량에는 오르막길을 오를 때 운동을 방해하는 요소가 있다. 중량이 크면 관성도 커지므로 페달에 더 힘을 가해야 자전거가 앞으로 나아간다. 즉 관성이 증가하는 것을 극복하면 가속도율이 느려진다.[8]

요약하자면 사이클리스트는 페달에 큰 힘을 적용해서 바람의 저항과 구름저항, 중력과 같은 물리적인 방해 요인을 극복해야 한다. 페달에 유효 힘이 많이 전달될수록 더 큰 힘이 생성되며 자전거와 사이클리스트가 유선형이고 타이어 폭이 좁을수록 저항력이 줄어든다. 저항력을 줄이면 더 큰 힘이 생긴다. 또한 페달링 수와 대칭을 이용해서 더 큰 힘을 생성할 수 있다.

회전수와 균형

분당 회전 주기로 페달링 수를 계산할 수 있다. 페달링 수×무게＝ 힘 생산량이다. 힘 생산량과 페달링 수에 따라 힘이 적용된다. 대칭은 신체의 반대쪽을 말하고 힘과 일 균형의 두 종류가 있다. 힘의 균형은 각 다리에 적용되는 근육의 힘이고 일 균형은 자전거를 앞으로 나아가게 하는 힘이다. 원칙적으로 두 다리 사이에는 힘과 일 균형이 모두 존재한다. 균형을 이루려면 매끄럽게 회전하는 법을 익혀야 한다. 이론상 무게를 두 다리에 똑같이 실으면 기량이 향상된다.[7]

최적 페달링 수에 대한 여러 연구 결과가 있다. 페달링 수가 60~80rpm(revolution per minute)일 때 신진대사율이 최고지만 120~130rpm일 때 힘이 최고이다. 도로 경주 시 사이클링 선수들의 페달링 수는 90~110rpm이다. 육상 선수는 이보다 더 빠를 것이다. 힘의 생산량이 페달링 수를 좌우한다.[7] 이 둘은 서로 긍정적인 영향을 끼치는데 훈련을 잘 받은 프로 선수가 일반 사이클리스트보다 페달링 수가 높은 것도 이 때문이다. 그러나 최적의 페달링 수를 초과할수록 회복 단계에서 불리하다.[7] 최적 페달링 수를 위해서는 올바른 자세로 자전거를 타야 한다.

자전거를 타는 올바른 자세

올바른 자세로 자전거를 타면 최상의 기량을 발휘하고 손상을 예방할 수 있다. 타는 사람에 맞게 안장의 높이와 기울기, 상체 자세, 핸들의 위치, 크랭크 암의 길이, 발의 위치를 조절한다. 다음은 기본적인 자전거 조절법이다. 기본적으로 조절한 후 사용자에 따라 추가할 수

그림 16.4 A. 올바른 안장 높이

도 있다. 0.25인치의 아무리 작은 길이라도 조절해야 한다. 그리고 장거리를 달린 다음에 다시 조절한다. 일반적으로 윗 틀과 타는 사람의 치골 결합부의 거리로 프레임의 길이를 측정한다. 사이클화를 신고 스포츠/여행용 자전거나 경기용 자전거의 프레임에 걸터앉았을 때 치골 결합부와 윗 틀의 거리는 1~2인치가 돼야 한다.[6]

일반적으로 산악용 자전거는 스포츠/여행용 자전거보다 프레임이 약간 짧은데 올라탔을 때 치골결합부과 윗 틀의 거리는 3~6인치가 적당하다. 프레임이 짧기 때문에 장소에 따라 질량의 중심을 앞뒤로 자유롭게 움직일 수 있다. 자전거의 기능에 따라 프레임의 길이를 선택한다. 온로드용 자전거는 오프로드용보다 치골 결합부와 윗 틀의 거리가 짧아야 한다. 그리고 자전거를 조절할 때 안장의 높이가 가장 중요하다.[6]

B. 잘못된 안장 높이

안장의 높이

여러 전문가들은 힘의 생산량과 열량 소비에 관한 실험을 바탕으로 최적의 안장 높이에 대한 공식을 발표했다. 신진대사실험에서는 치골 결합부 높이의 106~109%가 최적이라는 결과가 나왔다. 치골 결합부 높이는 맨발로 섰을 때 바닥에서 치골 결합부의 거리를 말한다.[6]

바닥과 안쪽 솔기의 길이를 이용한 공식도 있다. 사이클 화를 신었을 때 바닥에서 치골 결합부 거리에 1.09를 곱한다. 그레그 레이몬드는 이를 안쪽 솔기 길이에 0.883을 곱하는 공식으로 바꿨다.[6] 이렇게 하면 답이 0.5~2.4cm 작아지지만 프레임 아래받이의 높이를 참작한다. 레이몬드는 클립리스 페달(역주: 페달의 앞 뒷면에 전용 신발을 결합하는 방식)은 답에서 3mm를 빼야 한다고 주장했다.[6]

바닥점에서 무릎이 25~30도 굴곡 됐을 때가 안장의 높이로 최적이라는 의견도 있다. 무릎을 구부리면 무릎 관절이 압력을 덜 받아 앞무릎 통증이 줄어든다.[9]

좀 더 실용적인 방식으로 우선 바람 장치로 자전거를 받치고 편한 사이클 화를 신고 자전거에 탄다. 그 다음 뒤꿈치를 페달 아래에 놓고 페달을 뒤로 밟으면 크랭크 암과 안장봉이 평행이 되고 무릎이 살짝 굽혀진다. 이 자세는 주로 바닥점 바로 다음이다(그림 16.4). 이는 무릎이 가장 긴 자세이므로 자전거를 탈 때 무릎 관절이 지나치게 확대되는 것을 막는다 (앞축으로 자전거를 탄다는 사실을 명심).[6,10]

사이클리스트는 엉덩이를 좌우로 흔들지 말고 페달을 뒤로 밟아야 하고 다리가 가장 긴 자세일 때 무릎을 약간 굽혀야(10도) 한다.

산악용 자전거는 안장의 높이가 도로용보다 약간 낮다. 이는 다른 자전거보다 프레임 아래받이가 높기 때문이고 인체의 질량 중심을 낮추어 안정성을 추구하고 쉽게 조작하기 위해서다.[6]

안장 전후

안장의 전후 위치는 여러 방법으로 조절할 수 있다. 크랭크 암과 바닥이 평행이 되게 하고 4시와 9시 방향에 둔다. 무릎의 회전축이 페달축보다 위에 있어야 한다. 측면의 대퇴과(무릎관절축)가 직선인지 살펴본다.[10] 이 자세에서 추진 단계로 나아가면 무릎의 위치가 안정된다. 페달의 유효한 힘이 다리에 적용될 때 무릎은 바닥과 수직이다. 또 슬개골을 이용해 안장의 전후 자세를 조절하기도 하는데 크랭크 암을 슬개골과 직선, 바닥과 평행이 되게 한다. 이 자세는 추진단계에서 슬개대퇴관절이 지나치게 구부러지는 것을 막아준다.[6]

산악용 자전거는 약간 다르다. 앉은 자세로 산을 오를 때 뒤쪽 타이어에 더욱 큰 마찰이 필요하므로 안장을 약간 뒤쪽으로 설치한다. 자로 재보면 슬개골 앞쪽 가장자리가 크랭크 암보다 약 1cm 끝에 있다. 프로 선수들은 앉아서 주행할 수 있고 높은 기어비를 이용할 수 있어 이 자세를 선호한다.[6]

안장의 기울기

안장은 평평하거나 앞 쪽이 약간 높아야 한다. 안장의 길이에 따른 수평면으로 기울기를 평가한다. 치골의 위치에 따라 안장의 기울기를 조정하기도 한다. 요추는 평평하게 하고 뒤쪽 치골을 기울이고 싶다면 안장의 앞쪽을 높게 하면 된다. 반대로 허리가 앞으로 휘거나 골반을 앞쪽에 두고자 한다면 안장의 앞을 약간 기울인다. 여성들은 회음부 압박을 줄이기 위해 안장을 약간 아래로 기울이는 자세를 선호한다.[6]

상체 자세

안장을 맞추고 나서 자전거의 길이를 조절한다. 상체가 기울어지는 자세에서는 핸들의 휘어진 곳에 손을 두고 스템 중앙의 핸들에서 코까지 직선 모양이 나타난다.[6] 이 때 상체는 45도보다 약간 낮으며 어깨는 심하게 구부리지 않는다. 어깨를 지나치게 펴면 허리와 힘줄에 무리가 간다. 또한 자세가 너무 비좁으면 호흡을 방해한다.[10]

자전거를 조절할 때 상체의 자세는 가장 다양하게 맞출 수 있는 부분이다. 허리와 힘줄의 유연성이 따라 몸통을 어느 정도 뻗을 것인지 결정한다.

산악용 자전거를 탈 때 상체의 자세는 더 수직 모양을 띤다. 지형이 변할 때마다 쉽게 적응하기 위해서다.[6]

공기역학적 핸들을 사용할 때는 상체의 자세도 바꿔야 한다. 공기역학적 핸들은 사용자의 공기 저항력을 줄여준다. 자전거 앞부분의 공간을 최소화하면 공기가 직접 사용자의 주변으로 흐른다. 핸들의 팔걸이를 팔에 가까이 두는 것부터 시작해 완전히 대도록 연습한다.[6] 그리고 등을 계속 평평하게 하고 있어야 한다. 골반을 안장 쪽으로 회전하면 된다. 셋째, 턱을 약간 내려 팔뚝과 가슴의 공간을 채운다. 마지막으로 사용자는 무릎의 움직임을 바꾸면 안 된다. 팔꿈치와 부딪치지 않도록 무릎을 바깥쪽으로 움직이는 경향이 있다. 그러면 페달을 밟을 때 무릎이 원 상태로 돌아오기까지 핸들을 위로 올려야하고 상체는 공기역학적인 자세를 유지하고 있다.[6]

핸들의 위치

키 작은 사람의 경우 핸들의 높이는 안장보다 최소한 1~2인치 낮아야 하고 키 큰 사람은 4인치 이상 낮아야 한다. 핸들이 너무 낮으면 손이 저리거나 얼얼해진다.[6]

핸들의 폭은 타는 사람의 어깨 너비와 비슷해야 한다. 견갑 너비 거리가 적당하다. 핸들의 폭이 너무 좁으면 호흡이 방해를 받는다.[6]

도로용 자전거 핸들은 끝이 뒷바퀴 중간보다 약간 뒤로 기울거나 편평해야 한다. 공기역학적 핸들의 경우 선수들은 대부분 15~30도 기울기를 유지하여 안정감과 능률성을 강화한다.[6]

산악용 자전거는 핸들의 높이가 안장보다 1~2인치 낮아야 한다. 넓은 핸들은 느린 속도를 조절할 때 사용하고 좁은 핸들은 산을 빨리 지날 때 사용한다.[6]

크랭크 암의 길이

크랭크의 암의 길이는 다리의 길이와 맞춰야 한다. 표준 크랭크 길이는 170mm이고 주로 키가 5피트 5인치나 6피트 되는 사람이 사용한다. 페달이 회전하는 원은 크랭크 암의 길이에 따라 좌우되는데 원의 아래에서 위까지 직선 길이를 말한다.[6]

크랭크 암의 길이는 정강이가 움직이는 범위와 발의 속도에 영향을 준다. 1분 회전 주기는 크랭크 암이 길수록 정강이가 움직이는 범위와 발의 속도가 커진다. 원이 시작되는 지점에서 둔부와 무릎이 편안하게 굴곡 되려면, 5피트 5인치 이하 선수들은 크랭크 암이 더 짧아야 한다.[6]

발의 위치

페달 축에 발을 넓게 올린다. 미끄럼방지 신발을 신을 때는 발의 중립각을 사용한다. 무리하게 힘을 주어 발가락이 안 또는 밖을 향하게 하면 안 된다. 발은 고정 레버라고 생각하고 굽히거나 펴는 데만 쓴다. 비스듬히 움직이면 무릎이 회전하므로 에너지가 낭비되고 무릎에 큰 압력을 준다.[6]

자전거를 올바르게 조절하는 이유는 편안함은 물론 손상을 예방하기 위함이다. 지금까지 안장의 높이와 앞뒤 위치, 기울기, 상체의 위치, 핸들의 위치, 크랭크 암의 길이, 발의 위치 등 자전거를 올바르게 타는 자세에 대해 살펴보았다. 이제 사이클과 추진 및 회복 단계, 여기에서 사용되는 기본적인 근육과 관절 기능에 대해 살펴보자.

사이클의 생체역학

자전거를 탈 때 기본 단위는 행정 사이클이다. 사이클은 원의 꼭대기나 꼭대기 점(top dead center, TDC)에서 같은 다리의 꼭대기 점까지 페달이 순환하는 주기를 말한다. 여기에는 추진 단계와 회복 단계가 있다. 추진 단계는 TDC 직후부터 BDC(바닥점) 직전까지다. 자전거가 앞으로 나아가면서 근육이 최대로 움직인다. BDC 직후부터 TDC직전까지의 회복 단계는 근육이 다음 움직임을 준비하는 단계다(그림 16.3 참고).

추진 단계

수많은 연구 결과를 종합해보면 안장에 앉아 페달을 밟을 때 운동의 범위와 근육의 운동에 대해 알 수 있다.[11~14] 일반적으로 다리 관절을 굽힌 자세에서 사이클을 시작해 행정 사이클의 중간 지점인 덜 굴곡된 자세 끝까지 다리를 뻗는다. 다음 절에서는 행정 사이클에서 둔부와 무릎, 발목 관절이 어떤 역할을 하는지 살펴본다.

추진 단계에서 몸통은 20~35도 굽혀진다. 척추기립근과 복근이 이 자세를 유지한다. 고관절은 TDC에서 71도로 굽혀졌다가 BDC직전 28도가 된다. 고관절이 전체 43도 확장하는 것이다. 대둔근과 힘줄의 움직임은 약 27%를 차지한다.[11~14](표 16.3 참고).

무릎 관절은 무릎을 굽힐 때 전체에서 74도를 차지한다. TDC에서 무릎은 11도 굽혀고 BDC전에 37도로 올라간다. 무릎이 87도로 굴곡될 때 최대 내회전은 약 13도다. 안장의 높이가 무릎이 굽혀지는 정도를 좌우하는데 안장이 높을수록 무릎이 덜 굽혀진다. 사두근과 대퇴근막장근(측면의 안정장치), 박근(안쪽의 안정장치)은 전체 운동 중 약 39%를 차지한다.[11~14](그림 16.3).

발목관절의 움직임은 자전거를 타는 형태에 따라 다르지만 보통 발목을 머리 쪽으로 구부리는 근육의 15도, 발목을 발바닥 쪽으로 구부리는 근육의 20도를 차지했다. 50~70도 일 때 발목이 머리 쪽으로 최대한 구부러진다. 전경골근과 장단지근, 가자미근, 후비복근이 움직이고 이는 전체 운동의 약 20%를 차지한다. 이 중 후경골근과 장지굴근, 장모지굴근의 운동이 38%를 차지했다[11~14](그림 16.3). 거골하관절은 다리를 따라 움직인다고 가정할 수 있다. 무릎을 뻗어 회전하고 발목관절이 발바닥 쪽으로 구부러지면서 거골하관절이 외전한다. 이러한 발 자세는 페달에 힘을 적용하는 고정 레버 역할을 한다.[14]

회복 단계

회복 단계는 다리의 관절이 뻗은 상태에서 시작해 TDC에 이를 때까지 굽혀진다. 추진 단계와 회복 단계의 근육의 기능이 가장 큰 차이점을 보인다. 회복 단계에서 근육은 페달을 놓는 농작에 초점을 맞춘다. 이 때 고관절과 무릎, 발목 관절의 기능을 분석한 결과는 다음과 같다.

고관절은 BDC 전 28도 굽은 상태에서 회복 단계가 시작되어 TDC에서 71도로 굽는다. 총 범위가 43도다. 사두근의 운동은 전체 운동의 4%를 차지한다.[11~14](그림 16.3)

무릎 관절은 총 74도 굽는다. 37도 굽은 상태에서 회복 단계가 시작되어 TDC에서 11도 굽는다. 힘줄과 장단지근은 무릎 관절이 뻗는 것을 감속시키고 굽는 것을 가속시킨다. 이는 전체 운동의 10%를 차지한다.[11~14](그림 16.3)

발목관절은 발바닥 쪽으로 약 20도 구부린 상태에서 회복 단계가 시작되어 크랭크의 각도가 50~70도 일 때 머리 쪽으로 최대 15도 구부린다. 자전거를 타는 형태에 따라 발목 관절의 움직임이 큰 차이가 있다. 발목을 많이 사용할수록 발목을 머리 쪽으로 구부리는 힘이 크다. 장단지근과 가자미근, 후배복근군, 전경골근의 근육이 운동한다.[11~14](그림 16.3)

거골하관절은 무릎 관절 운동과 경골의 회전을 따라 움직인다고 가정할 수 있다. 무릎 관절이 굽혀지고 안쪽으로 회전하면 발목 관절은 머리 쪽으로 굽혀지고 거골하관절이 아래쪽을 향한다.[14]

행정 사이클의 생체역학은 올바른 자세와 환경적인 힘, 근육과 관절의 기능과 깊은 관계가 있으므로 손상을 효과적으로 예방하는 프로그램을 만들 때 중요하다. 근육이 생체 역학적으로 잘못 배치되었다는 것을 알고 잘못된 훈련 방법을 바로잡을 뿐 아니라 근육이 불균형해질 수 있는 부위 또한 밝혀야 한다.

손상 예방

알맞은 워밍업과 근력강화운동, 스트레칭, 균형과 민첩성 운동을 통해 추진력과 조정력을 기르고 손상을 예방해야 한다. 그리고 자전거를 개인에 맞게 조절하고 알맞은 훈련과 자전거 안전 교육을 통해 충격 손상을 예방하는 방법을 강구해야 한다.

워밍업

사이클링은 분명한 유산소 운동이다. 따라서 5~10분간 유산소 워밍업을 실시한다. 하지만 자전거를 타기 전에 강도 높은 운동을 하면 안 된다. 근육을 신장하기 전에 미리 워밍업을 하면 근육의 온도가 올라가 유연성이 커진다. 가볍게 활보하고 고정된 자전거 타기가 사이클링의 유산소 워밍업으로 매우 적합하다. 페달링 수는 일정하게 유지하되 운동 시간을 늘려나간다.

스트레칭

스트레칭은 손상 예방에 큰 역할을 한다. 자전거를 타기 전이나 도중, 후에 할 수 있고 척추 전체와 어깨, 다리 근육을 모두 사용한다. 스트레칭에는 두 가지 방식이 있다.[16] 그 중에 고정된 자세에서 근육이 팽팽하게 늘어났다가 다시 줄어들 때까지 15~30초 동안 유지하는 수동적 스트레칭이 있다. 2~5회 반복한다.[17] 동작을 느리게 하면 신장 반사가 일어나 유연성이 향상된다.[18,19]

다른 방식은 능동적 스트레칭이다. 근육과 관절의 동적 유연성을 목표로 한다. 여기에는 쌍근육 스트레칭이 있는데 근육의 작용-저항 관계를 이용한 방법이다. 그 밖에 앉아서 힘줄을 쭉 펴거나 무릎을 펴기, 사두근을 움직여 힘줄근을 완화하는 동작이 있다. 능동적 스트레칭은 근육이 수축한 후 순간적으로 실시하고 5~10회 반복한다.[17]

상체 유연성 운동에는 손목 신근과 대소흉근, 후견갑대, 견갑거근 운동이 포함된다. 다리 스트레칭은 슬괵근과 사두근, 고관절굴근, 장경인대, 고관절회전근, 비복근, 가자미근 운동을 포함해야 한다. 그리고 요추와 흉추를 위한 고양이/낙타 스트레칭과 경추골을 위한 전(前)승모근 스트레칭으로 운동을 완성한다.[16,20,21]

충격 손상과 과사용 손상을 막기 위해 충분한 근력을 길러야 한다. 근력강화운동은 정확한 워밍업과 스트레칭을 한 뒤 시작한다. 근력강화 운동에는 몸통과 경추근, 상체, 하체 근육운동이 있다.

근력강화운동

요추

자전거를 탈 때는 균형이 필요하고 오랫동안 자세를 굽히고 있으므로 허리와 복부근육을 통해 척추를 안정시켜야 한다. 상체 근육은 밀고 당기는 운동 모두 해야 한다. 언덕을 오르거나 빠르게 달릴 때 상체로 핸들을 당긴다. 그리고 미는 동작은 핸들을 받치고 충격을 흡수할 때, 자전거를 조정하고 균형을 잡을 때 도움을 준다. 하체 근육의 힘은 자전거의 균형을 잡고 앞으로 나아가기 위해 필요하다.[16,20,21]

척추안정운동은 반듯이 누운 자세에서 시작해 골반 받치기, 브리지, 균형 잡고 무릎 꿇기 운동으로 나아간다. 피지오볼(physioball)운동을 하면 균형 반응이 향상된다. 엎드려서 두 다리를 들고 등을 쭉 펴는 운동을 하면 허리 근력이 향상된다. 요추 부위를 지나치게 뻗지 않도록 주의한다. 씨티드 로윙(seated rowing)은 하체와 허리의 근육을 강화시킬 때 유용하다. 승모근 운동과 한 팔로 씨디드 로윙을 하면 상체 강화 운동이 완성된다.[16,21]

복근

복부강화 운동을 할 때 4개 복부근 간의 균형에 중점을 둔다. 복횡근과 외복사근은 상대적으로 약하다. 그리고 복직근의 위쪽과 내복사근의 앞쪽은 섬유가 짧다. 따라서 누르는 타입의 운동을 하면 불균형이 악화된다. 알맞은 힘으로 중앙 척추와 함께 한쪽 다리를 드는 운동이 적합하다. 바로 누워서 하다가 완전히 익히면 앉은 자세로 실시한다.[22]

경추근

목 손상을 막기 위해 등속성 경추 강화 운동과 측면 구부리기, 뻗기 운동을 실시한다. 기초적인 근력이 완성되면 헬멧을 착용해 무게를 더하기도 한다.

상체

사이클링에서는 자전거를 조정하고 충격을 흡수하며 균형을 유지하기 위해 상체를 강화시켜야 한다. 체스트 프레스, 풋샵 플러스, 딥스, 트라이셉스 익스텐션, 리스트 컬, 트라이셉스 푸시다운과 같은 상지의 미는 기능을 개선시키는 훈련을 실시한다. 오르막길을 오르거나 빠르게 달릴 때도 상체 힘이 필요하다. 랫풀다운, 바이셉스 컬, 업라이트 로우, 로우 로우잉과 같은 당기는 기능을 개선시키는 훈련도 필요하다.[20,21] 이두근과 흉근, 후방 견갑대, 하승모근, 광배근을 강화하는 운동을 실시한다.[16]

하체

하체 근육 운동은 사두근과 고관절굴근, 슬괵근, 둔근, 장딴지근에 중점을 둔다. 이 근육들은 자전거를 앞으로 나아가게 할 때 가장 중요한 역할을 한다. 기본적인 하체 강화 운동에는 스쿼트와 런지, 데드 리프트와 장딴지 올리기 등이 있다. 힘줄은 사두근의 4/5 정도 강화시켜서 다리가 먼저 피로해지지 않게 한다.[20]

플라이오매트릭 운동

플라이오매트릭 운동은 하체 근육과 근력과 힘을 강화시킨다. 특히 핸들을 조정하는 기술이 향상된다.[19,21] 반드시 컨디셔닝과 스트레칭을 한 다음 실시한다. 점프를 하기 전에 충격을 흡수하면서 착지하는 법부터 익힌다. 플라이오매트릭 운동 초보자들은 높이뛰기와 바운스, 한발 뛰기, 혼합 점프의 4가지 점프를 운동을 하는 게 바람직하다. 뛰어오르기는 6인치에서 8~12인치로 서서히 높인다. 정확하게 도약하는 방법을 배울 수 있고 이 자세를 할 때 하체의 근육이 집중적으로 수축한다. 높이가 아니라 속도를 점점 낮춘다. 뛰어오르기가 완성되면 바운스 운동을 한다. 바운스 운동은 줄넘기 등을 통해 신속하게 뛰어오르는 법을 배울 수 있다. 한발 뛰기는 처음에 두 다리로 시작한다. 한발 뛰기를 통해 중량의 중심에서 수평으로 이동하는 법을 배운다. 속도를 더하는 것이 목적인 혼합 점프에는 스키핑(역주: 양발을 한번씩 번갈아가며 이동)이 있다.[19,21]

사이클링 기능 운동

사이클링 운동은 균형과 민첩성 운동을 통해 손상을 예방하는 운동이다. 여기에는 준비 자세와 직선 자세 유지, 도로 주행을 대비한 회전 운동이 있다. 산악용 자전거를 타는 사람들은 앞바퀴와 뒷바퀴 들기, 버니 홉(역주: 자전거 앞바퀴를 살짝 들어 장애물 건너편에 착지시키고 뒷바퀴도 같은 방법으로 넘김)과 같은 동작을 통해 민첩성을 기를 수 있다.[20] 평형과 민첩성 기술이 발달하면 충돌 손상을 입거나 자전거에서 떨어지는 것을 막을 수 있다.

그리고 자전거 안전교육과 정확한 자전거 조절 및 관리, '도로 법규' 훈련, 자전거 안전장치 사용을 통해 충돌과 관계된 손상을 줄일 수 있다.[23,24] 자전거 안전교육은 손의 신호와 전조등 사용처럼 안전하게 주행하는 법에 중점을 둔다. '도로 법규' 훈련은 헬멧 착용을 비롯해 교통 법규를 준수하는 것이다. 헬멧을 쓰면 머리 손상이 85% 줄어든다. 또한 헤드기어나 안면보호대를 착용하면 머리와 안면 손상이 줄어든다.[23,26]

자전거를 자신에게 맞게 조절하고 올바른 훈련을 실시하는 것이 사이클링 손상을 예방하는 핵심 요소다. 다른 유산소 운동처럼 훈련 방법이 잘못되면 손상으로 이어지므로 점진적 단계를 거치는 것이 중요하다.

손상의 원인

손상의 원인을 알면 예방과 회복에 큰 도움이 된다. 본문에서는 손상의 원인을 사람과 자전거 간의 상호 작용에서 생기는 본질적인 요소와 여러 가지 유산소 스포츠에서 일어나는 외부적인 요소로 분류했다. 자전거를 사이클리스트에 맞게 조절하지 않았거나 생체역학이 잘 맞지 않는 것은 본질적인 요소로 본다.

내재적 요인
생체 역학적 요인

하체가 지나치게 움직일 때 그 속에는 일정한 관계가 존재한다. 이러한 움직임은 연부 조직에 지나친 압력을 가하거나 신체를 무리하게 움직일 때 생긴다. 하체에 손상이나 수술 환자들은 회복을 위해 고정돈 자전거 타기 운동을 한다.[3-5] 이는 전십자인대 손상과 회복에 효과적이다. 하체에 외과 수술을 받은 환자들은 자전거를 타기 전에 생체역학적인 평가를 받아야 한다. 조직이 잘 치유되도록 발을 항상 바닥과 평행이 되게 한다.

내반족 뒤쪽 발의 전족부 위치가 거꾸로 된 것을 말한다. 발이 고정 레버와 같은 기능을 하려면 중립으로 움직여야 한다. 내반족을 보정하려고 하면 거골하관절이 대퇴의 내부 회전과 지나치게 내전되고 무릎이 바깥으로 젖혀지도록 큰 압력이 가해지며 허벅지 정면이 바깥으로 젖혀진다. 따라서 중앙 구조는 신장되고 측

면 구조는 압축된다.[27]

외반족 뒤쪽발의 전족부가 바깥으로 젖혀진 것을 말한다. 외반족을 보정하려면 거골하관절이 대퇴의 외부 회전과 함께 지나치게 바깥쪽으로 돌고 무릎이 내반되도록 큰 압력이 가해지며 허벅지 정면이 외전된다. 따라서 무릎의 측면에 있는 구조가 신장되고 중앙 구조는 압축되며 슬개골을 중앙으로 밀어 넣게 된다. 측면 힘줄 염좌와 측면 주름, 신근 구조 증후군이 가장 흔한 손상이다.[27]

내반슬 '내반슬'은 무릎이 서로 내반하는 정면 기형이다. 무릎을 굽히면 경골이 내부에서 회전하는 속도가 늘어나 중앙 구조가 신장되고 측면 구조는 압축된다.[27]

비정상적 보행은 발가락을 지나치게 안이나 밖으로 향하게 할 때 생긴다. 발목과 무릎, 허벅지가 평행이 되도록 자전거의 미끄럼막이를 조절한다. 복사뼈가 심하게 비틀렸다면 발가락이 안으로 향하게 하면 안 된다. 자연스럽게 밖으로 향한 발가락을 일부로 안으로 향하게 하면 경골이 지나치게 측면으로 회전하므로 전방십자인대에 심한 압박이 가해진다.

다리 길이의 차이는 대퇴골이나 경골이 늘어나면 다리 길이의 차이가 생긴다. 긴 다리는 지나친 운동을 통해 길이를 짧게 하려 하므로 발과 무릎, 둔부를 지나치게 움직인다. 또 긴 다리의 발은 지나치게 내전하려고 하는데 대퇴의 내회전이 늘어나 무릎에 심한 압력이 가해진다. 그 압력 때문에 내반족이 될 수 있다. 짧은 다리는 바깥으로 돌려 하므로 외반족과 비슷한 손상을 일어난다. 무릎 정면에서는 긴 다리가 내반각이나 내반슬 자세를 줄이려고 한다. 내반각 자세는 무릎의 측면 구조를 늘리고 중앙 구조는 압축한다. 그리고 내반슬 자세는 중앙 구조를 늘리고 측면 구조를 압박한다. 무릎 시상면에서는 긴 다리가 짧은 다리보다 더 크게 구부리고 있다. 골반에서는 짧은 다리가 같은 쪽

의 길이를 늘리려고 한다. 이렇게 되면 몸통이 반대편으로 더 회전하므로 허리에 비정상적인 힘이 가해진다. 다리길이차는 어느 부위가 짧은지에 따라 치료법이 다르다. 허벅지가 짧으면 크랭크가 짧은 것을 쓰고 정강이 부위가 짧으면 신발을 들어올린다.[29]

외재적 요인

훈련 방법이나 주행 기술이 잘못되었을 때 외부적인 요소 때문에 손상이 일어난다. 다른 유산소 운동처럼 사이클링에서도 점진적으로 훈련하지 않는 일이 많다. 충분하게 연습한 다음 횟수와 지속, 강도를 높여야 한다. 현재 훈련 방법이 옳은지 심박수로 평가하기도 한다.

잘못된 훈련방법

다른 유산소 운동처럼 사이클링에서도 잘못된 훈련 방법 때문에 손상이 생긴다. 사이클링 초보자들은 거리와 강도에 제한을 두어야 한다. 연부 조직이 늘어나는 운동량에 적응할 시간이 필요하기 때문이다. 1주일마다 훈련량을 10%씩 늘리는 것이 바람직하다.[16] 그리고 초기에는 올바른 주행 기법에 중심을 두고 저항을 줄이는 법과 페달링 수를 일정하게 유지하는 법을 익힌다. 전문가들은 선수들이 각 시즌마다 핸들을 약간 높게 해서 1000마일을 빠르게 스피닝하고 핸들을 점점 낮추는 훈련을 하는 게 바람직하다고 말한다. 초기에 무리하게 산을 오르거나 낮은 기어를 오래 사용하는 것은 피한다.[16] 제9장에서 살펴보았듯이 우리의 육체는 작은 변화에 반응하지만 큰 변화에는 반동하기 때문이다.

심박수로 유산소 운동의 강도와 훈련에 대한 육체의 비적응 반응을 평가한다. 심박수를 통해서 운동 중에 신체가 생리적으로 부담을 느끼는지 알 수 있다. 피드백이 이어지면 원하는 범위 내에서 신속하게 강도를 조절할 수 있다.

서로 다른 심박수 구간은 최대심박율로 계산해 비교한다. 처음 훈련을 시작할 때는 최대심박수를 50~60% 로 설정하고 체력이 향상되면 60~70%로 올린다. 기본적인 체력이 갖춰지면 모든 운동에 최대심박구간 70~80%를 적용하고 잠시 무산소력이 필요한 훈련에서 80~90%, 90~100%로 설정한다. 최대심박수 백분율이 높을수록 근골격계와 심장혈관에 손상을 입기 쉽다. 심박수를 통해 과도한 훈련인지 평가할 수 있다. 아침에 안정심박수를 확인하고 나서 훈련에 대한 육체의 반응을 평가한다. 아침의 안정심박수가 1분에 5~10회 올라가면 훈련이 과도하다는 증거이다.[30]

선수 체격에 맞지 않은 자전거

일반적으로는 선수에게 맞지 않는 자전거는 과사용 손상을 유발하는 원인이 된다. 특히, 하지 손상 가운데 많으며, 안장높이, 안장 전후기울기, 크랭크 암의 길이가 맞지 않으면 무릎손상이 생기기 쉽다.

주행 기술

팔꿈치를 오랫동안 뻗은 자세로 주행하면 상체와 목, 등이 혹사당할 수 있다. 주행 시 세 번 이상 손의 위치를 바꾸고 목의 위치를 바꾸거나 스트레칭을 하면 상체와 등, 목 손상을 줄일 수 있다.[16,31]

일반적인 손상과 재활

행정 사이클의 생체 역학을 이해하면 사이클링의 손상의 원일을 알 수 있다. 손상은 크게 (1) 외부의 물체와의 충돌 손상과 (2) 과다 사용 손상이 있다.[32] 여러 전문가들은 주로 부딪쳤을 때 충돌 손상이 일어난다고 밝혔다.[32~34] 도로 사이클링에서는 조정력을 잃고 떨어지는 것이 충돌 손상의 50%를 차지했다. 자동차 사

고는 17%에 그쳤다. 그리고 온로드 경기에서 내리막길에서 떨어지는 급성 손상이 81.2%였다.[33] 충돌 손상 중에서 찰과상과 타박상, 열상, 골절이 가장 많았다.[32,33]

과사용 손상은 작은 손상이 반복되거나 훈련 방법이 잘못되었을 때, 자전거를 올바로 조절하지 않거나 생체 역학적 배열이 잘못되었을 때 일어난다.[9,16,28,32] 사이클링에서 자주 일어나는 손상의 종류와 치료법, 상체와 하체, 몸통의 충돌 손상과 과사용 손상에 대해 살펴보겠다.

상체

레크리에이션을 목적으로 하는 35세 이상 사이클리스트이 상체 골절 손상을 가장 많이 입는다(41.9%) 주로 주상골과 원위 요골, 요골두, 요골경부가 골절된다.[35] 어깨 손상으로는 쇄골 골절과 견봉쇄골(AC)분리가 가장 흔하다.[33] 선수들 사이에서 쇄골 골절율은 매우 높다.[26,32]

척골신경증

척골 신경이 미치는 부위의 근육이 약해지거나 감각이 없어지는 것을 척골신경병이라고 한다. 주로 그 부위가 장기간 압축되어 생긴다. 척골 터널에서 신경은 깊은 가지와 피상적인 가지로 나뉜다. 피상적인 가지는 모지구와 손바닥, 새끼손가락에 감각을 공급하고 깊은 가지는 골간근, 소지외전근, 소지굴근, 단무지굴근에 운동 기능을 공급한다. 감각이나 운동 기능을 상실하거나 두 가지 모두 상실할 때 3가지 증후군이 나타난다. 일반적으로 증후군의 종류는 압축을 받는 부위와 일치한다. 감각에 변화가 생기면 피상적인 신경 감각 가지가 영향을 받고 깊은 가지만 압축 받으면 운동 기능이 상실된다. 또한 신경 가지가 나누어지지 않은 곳이 압축을 받으면 감각과 운동 기능 모두 상실된다. 손목에 오랫동안 반복적인 압력을 받으면 척골신경병이 발생한다. 자전거를 올바로 조절

하지 않거나 주행 기술이 부족한 사람에게 주로 일어난다. 또 자전거의 접근 길이가 너무 길면(안장 끝에서 핸들까지 거리) 손목에 압력을 받게 된다. 스템의 길이를 조절하거나 핸들을 높이면 압력이 줄어든다. 올바로 조절하면 사용자의 무게 1/3이 손목에 실린다. 그리고 3번 이상 손의 위치를 바꾸면 척골신경이 압력을 덜 받는다. 패드를 넣은 핸들과 장갑을 사용해도 압력이 줄어든다.[36]

정중신경의 신경증

정중신경의 신경증은 압박 때문에 정중신경이 마비되는 증상으로 사이클링에서 자주 발생하지 않는다. 이는 수근관에 오랫동안 압력을 받아 생긴다. 수근관의 윗부분은 척골터널보다 비중이 크고 단단하므로 압력에 저항하는 힘이 크다. 생체 역학적 요소와 치료법은 척골신경병과 같다.

드쿠방의 건활액막염
(DeQuervain's Tenosynovitis)

단무지신근과 장무지외전건에 생기는 건초염은 엄지손가락을 펴거나 외전할 때 통증을 일으킨다. 엄지손가락을 구부리거나 척골이 손목에서 벗어날 때도 통증이 생긴다. 이 증상은 계속 핸들을 잡고 기어를 바꿔야 하는 오프로드 사이클리스트에게 흔히 나타난다. 주로 외상과 과사용, 압력 반복, 극심한 진동이나 힘줄을 재빨리 굽힐 때 생긴다. 변속레버의 위치나 형태를 바꾸면 힘줄의 압력이 줄어든다. 자전거 앞부분 서스펜션을 좋은 것으로 바꾸면 진동이 줄어든다.[36]

상체의 과사용 손상은 휴식을 취하거나 상체에 전해지는 힘의 위치를 바꾸는 방법으로 치료한다. 바디 블레이드로 팔뚝을 굽혔다 폈다 하는 운동을 하면 진동을 일으키는 압력을 관리하는 근육 기능이 향상된다.

하지

충돌로 인한 골절상은 상대적으로 드문 편이다. 자전거 바퀴와 프레임 사이에 발이 끼는 손상은 가끔 일어난다. 하체 손상 대부분이 과다사용 때문이다.

많은 사람들이 무릎을 지나치게 사용해 통증을 느낀다.[9] 지금까지 보고된 사이클링 손상의 25%가 무릎 손상이다.[14] 이러한 비외상성 손상은 자전거를 올바로 조절했는지, 생체학적 배열과 훈련 방법이 올바른지 평가해서 예방한다.[9,16] 이 점을 염두에 두고 과사용성 손상에 대해 살펴보기로 한다.

연골연화증(Chondromalacia Patella)

연골연화증은 슬개골 후부의 연골이 약해지거나 만성적인 활막 염증 증세가 나타난다. 오르막길을 오르거나 페달을 느리게 밟거나 높은 기어를 밀 때 통증이 생긴다.[9,31] 이는 페달을 밟을 때 슬개대퇴골에 지나친 무게가 실려서 일어난다. 안장이 너무 낮거나 앞에 있기 때문이다.[9,31]

생체 역학적 배열을 살펴보면 슬개대퇴관절에 동적 또는 정적인 이상 배열 현상이 나타난다. 슬개골은 이동코스가 이탈되어 있다. 치료는 안장을 높이를 바로 잡고 사두근과 고관절의 외회전근을 강화하는 운동을 하며, 동시에 페달의 중앙부분과 중심을 일치시켜 슬개골이 제길로 잘 움직이도록 시각적 단서를 제공받음으로써 가능하다. 햄스트링과 대퇴근막긴장근-장경인대 스트레칭 운동, McConell 테이핑 요법도 슬개골의 외측편위를 예방하는데 도움이 된다. 편평한 바닥에서 저항력이 적은 가벼운 페달링도 좋다.[9,31]

슬개건염

슬개건염은 힘줄을 하부슬개골극에 넣을 때 슬개골이 통증을 느끼는 증상이다. 주로 오르막길을 오를 때 통증이 나타난다. 안장이 너무 낮거나 앞에 있을 때 각의 마찰이 커져서 생긴다.[9,31] 생체 역학적으로 볼 때 내측 복사뼈가 뒤틀리거나 거골하관절이 내전된 상태이다. 자세 교정에 힘써야 하며 통증이 있을 때 자전거를 타면 안 된다. 사이클링 보조기(러닝 보조기보다 길고 더 단단함)와 유동성 미끄럼 방지기구를 사용해도 좋다. 유동성 미끄럼방지 기구는 움직임이 5도 이하여야 한다.[1,9] 통증이 가라앉을 때까지 슬개건에 압력이 가지 않게 주의한다.

사두근건염

사두근건염은 상부슬개의 측면이나 중앙에 통증이 나타난다. 장시간 주행을 하거나 오르막길을 오를 때, 맞바람을 맞으며 주행할 때 생긴다. 사두근건에 지나친 무게가 실리기 때문이다. 또한 안장이 너무 낮거나 앞에 있고 미끄럼막이가 너무 앞에서 또는 지나치게 회전한다. 기술이 부족한 초보자들에서 주로 나타난다.[1,9,31]

생체 역학적으로는 하체가 지나치게 외반하거나 내반하는 모습을 보인다. 하체가 지나치게 내반하면 무릎의 측면이 팽창한다. 페달과 크랭크 암 사이의 스페이서를 두면 자세를 교정할 수 있다. 하체가 외반하는 힘이 크면 무릎의 중앙부가 팽창한다. 페달과 페달 중앙에 놓인 신발의 경사면을 이용해 하체가 외반하는 각도를 줄일 수 있다. 사이클링 보조기도 효과적이다. 유동성 페달은 5도 이하로 움직이는 것을 사용한다. 올바른 훈련 방법을 익히는 것도 중요하다. 사두근건염을 치료할 때는 웨이트 트레이닝과 전속력 주행은 통증이 없을 때만 하는 것이 바람직하다.[9,31]

내측추벽/내측 슬개대퇴골인대

사이클링 선수들은 내측 무릎에 통증을 느끼는 경우가 많다. 이는 내측추벽이나 내측슬개대퇴골인대에 염증이 생기기 때문이다. 내측슬개대퇴골인대는 수동적으로 슬개골의 움직임을 제한하는 기능을 한다. 이 손상을 입은 선수들은 페달을 밟을 때마다 내측 무릎에 펑하고 터지는 듯한 통증을 느낀다. 슬개골이 안에서 옆으로 움직일 때 내측슬개대퇴골인대에서 지나친 마찰이 일어나 생긴다. 자전거의 미끄럼막이가 너무 바깥으로 회전하면 내측 경골도 회전한다. 또는 안장이 너무 높거나 뒤쪽에 있다.[9]

생체 역학적으로는 내측 경골이 회전하고 무릎이 외반하거나 내전하는 모습이 나타난다. 경골의 회전 위치에 맞게 미끄럼막이의 위치를 바꾼다. 그리고 신발과 페달 안쪽의 경사면을 이용해 외반각도를 줄일 수 있다. 5도 이하로 움직이는 유동성 페달을 사용해도 도움이 된다. 가벼운 스피닝을 하고 오르막길을 오르지 않는 것이 바람직하다. 때에 따서 두꺼워진 추벽을 제거하는 수술을 받아야 한다.[9]

장경인대증후군

장경인대 증후군은 무릎의 측면에 통증이 나타난다. 대퇴과에 마찰력을 계속 받으면 염증이 생긴다. 사이클에서 장경인대는 아래로 내려갈 때 앞이 팽창하며 위로 올라갈 때 뒤가 팽창한다. 미끄럼막이가 너무 바깥으로 회전해서 내측경골이 내전하거나 안장의 높이가 올바르지 않을 때 생긴다. 그리고 안장이 너무 높거나 뒤쪽에 있다.[1,9]

생체 역학적으로는 무릎이 내반하거나 앞발로 지탱하는 모습이 나타난다. 안장의 높이와 미끄럼막이의 위치를 바로잡아야 한다. 페달과 크랭크 암 사이에 스페이서를 두면 압력이 줄어든다. 발 보조기로 무릎이 지나치게 내반하는 현상을 교정한다. 동성 페달을 이용하면 내측경골의 회전량이 줄어든다. 또한 올바른 훈

련 방법을 배우는 것도 좋은 치료 방법이다.[9]

대퇴두갈래근건염

대퇴두갈래근건염은 후외측 무릎에 통증이 나타난다. 안장이 너무 높거나 앞쪽에 있으면 이두근건에 압력이 가해지고 발가락이 지나치게 안쪽으로 향한다.[9]

생체 역학적으로는 무릎이 내반하는 모습 또는 다리 길이가 서로 다른 현상이 나타난다. 안장과 미끄럼막이의 위치를 교정해야 한다. 안장의 높이를 낮춰야 발가락이 안쪽으로 향하는 현상이 없어진다. 페달과 크랭크 암 사이에 스페이서를 두면 내반하는 힘이 줄어든다. 신발과 미끄럼막이 사이에 리프트가 있으면 경골의 길이가 서로 달라질 수 있다.[1] 짧은 다리는 전체 다리 길이 차이의 1/3 만큼 뒤로 옮기고 긴 다리는 그만큼 앞으로 옮긴다.[9] 통증없이 자전거 타기, 웨이트 트레이닝의 제한이 권장된다.

아킬레스건염

사이클링에서는 관절을 압축하는 힘이 줄어들기 때문에 발과 발목 손상이 드물다. 아킬레스건염은 아킬레스건이 있는 뒤꿈치에 통증이 나타난다. 앵클링을 심하게 하거나 적합하지 않은 신발을 신을 때, 발의 위치가 잘못되거나 지나치게 내전할 때 일어난다.[9]

생체 역학적으로는 편평족이나 다리길이차이가 나타난다. 발을 페달 축 위에 올리지 말아야 한다. 사이클 화도 점검해야 하는데 밑창이 단단한 신발이 좋다. 사이클링 보조기는 편평족에 도움이 된다. 짧은 다리가 치료되지 않았다면 페달을 밟을 때 발목을 발바닥 쪽으로 당긴다. 그 밖에 알맞은 방법으로 다리길이차이를 치료해야 한다. 증상이 완화되기 전에는 평평한 곳에서 자전거를 타는 게 좋다. 그리고 테이핑 요법을 통해 발목이 발바닥 쪽으로 움직이게 하면 상태가 호전된다.[9]

자전거를 자신에게 맞게 조절하고 생체역학적인 상태를 평가한 다음 특정한 치료 운동이 포함된 회복 프로그램을 실시한다. 슬개골과 사두근건염 환자는 등속성 사두근 운동과 등장성 강화 운동을 함께 실시한다. 사이클링은 구심성 수축을 이용해 하체 근육을 쓰고 관절의 운동이 제한되는 스포츠이다. 따라서 동심 사두근, 슬괵근 강화를 비롯해 열린 사슬 및 닫힌 사슬 운동이 필요하다. 연골연화증 환자는 무릎이 수축되는 것을 제한하는 닫힌 사슬 운동과 무릎이 팽창하는 것을 제한하는 열린 사슬 운동을 함께 해야 한다. 따라서 사두근, 슬괵근의 스트레칭 운동과 고관절신근과 외회전근의 강화 운동을 함께 실시한다. 고관절 강화 운동을 함께 하면 대퇴골이 안쪽에서 회전하도록 도와준다. 장경인대 건염은 중둔근, 고관절회전근 강화 운동과 대퇴근막장근 스트레칭으로 치료한다. 자전거를 탈 때 힘줄과 아킬레스 근조직이 신장되는 자세는 대퇴두갈래근과 아킬레스건염 치료에 도움이 되고 유연성을 향상시켜준다.[9,16]

머리와 안면 손상

머리와 안면 손상은 흔하게 일어난다.[33] 오프로드 사이클링에서 안면 골절율이 20.5% 높다. 사이클링의 사망률은 약 0.1%이며 주로 머리 손상이고 5~15세에서 주로 나타난다.[35]

척추

몸통의 충돌 손상은 드물지만 주로 아동에게 발생한다. 척추 과사용 손상은 흔하며 척추의 모든 부위에서 발생한다. 상체로 몸을 받치거나 목을 지나치게 뻗을 때 과사용 손상이 발생한다. 자전거를 타는 자세와 핸들의 위치로 인해 흉곽이나 요추보다 경추 손상이 더 많다. 그리고 과사용으로 인한 근막의 통증유발점과 복합적 경상, 잘못된 주행 자세가 목 부분의 문

제점이다.[16]

통증유발점

통증유발점(trigger point)은 뇌신경계로 통증 신호를 보내는 근육이나 근막의 민감한 부분을 가리키며 경련성–경련 순환을 한다. 가장 일반적인 통증유발점은 견갑거근, 머리널판근, 승모근, 흉쇄유돌근, 능형근이다.[16] 사이클리스트에게 흔히 생기는 통증유발점은 견갑거근과 승모근이다. 이는 자전거를 탈 때 길 오른쪽에서 달리고 왼쪽으로 회전해 교통 신고를 확인하기 때문이라고 할 수 있다. 좌측 견갑거근 손상은 장기간 심한 압박을 받으면 쌍방 견갑거근 손상이 발생한다.[16]

미세 경상

목 손상의 하나인 복합적 경상은 '숙인' 자세(핸들의 곡선 부분을 잡음)로 오랫동안 주행하면 생긴다. 과도하게 뻗은 자세거나 타이어가 지나치게 팽창한 상태일 때는 경상이 누적되어 목으로 전달된다. 자전거를 탈 때 덜컥거리는 움직임은 경추 조직에 흡수된다. 따라서 심한 통증이 생기고 뻗은 자세가 되므로 목을 지탱할 수 없게 된다.[16]

자전거 타는 자세를 교정하고 특정한 근육 강화운동과 스트레칭으로 목의 통증을 치료할 수 있다. 자전거를 타면 견갑거근과 상부승모근이 늘어나 통증유발점 문제가 완화된다. 요추 과사용 손상을 치료할 때도요 추의 긴장을 풀어주는 요추안정운동과 가벼운 등장성 근육 강화운동, 자세 강화운동을 실시한다.[16]

목에 복합적인 증상이 나타나는 환자일 경우 자전거 상태를 조절해서 목이 지나치게 긴장되는 것을 막는다. 핸들을 올리거나 핸들 잡는 자세를 교정하고 짧은 스템으로 바꾸거나 안장을 앞으로 당기는 방법을 통해 목의 위치를 바꿀 수 있다.[16,31] 안장의 전후 위치를 바꿀 때

무릎에 통증이 가지 않도록 유의한다. 패드 핸들과 패드 장갑을 사용하고 충격을 줄이기 위해 타이어 바람을 조절한다거나 가벼운 헬멧을 착용하고 똑바른 자세를 위해 직선 핸들로 바꾸는 등 보호 기구를 바꾸기도 한다.[16] 목 통증을 치료할 때 환자의 주행 기술을 향상시키는 것도 중요하다. 팔꿈치를 고정할 때 충격을 더 많이 받고 타는 사람의 어깨와 목에 더 큰 압력이 전달된다. 두 팔과 상부 요추, 팔꿈치가 완화된 자세가 바람직하다. 그리고 자전거를 타는 도중에 손의 위치를 자주 바꾸고 스트레칭을 해주면 어깨와 목의 통증이 완화된다.[16,31]

프랑스와 벨기에에서는 의학보고서를 통해 흉추 손상에 대한 사례가 보고되었다. 쉬어만 병(Scheuermann's disease)의 징후는 20세 이하가 40%를 차지했다.[16] 쉬어만 병은 척추 상부가 좁아지거나 쐐기 형이 되는 현상이다. 청소년 선수들이 경추종판에 심한 압력을 받으면 경추 상부가 쐐기 형으로 변하는 극심한 척추후만증이 나타난다. 높은 기어를 밟을 때 상체를 너무 세게 당기면 쉬우어만 병이 생긴다.[16]

선수들은 경기 시즌이 끝났을 때 교차 훈련과 자세 훈련을 통해 척추후만증세를 치료해야 한다. 어린 선수들은 피지오볼 운동이나 전후 승모근 강화운동을 해야 한다. 가슴과 앞쪽 가슴 근육 스트레칭도 병행한다. 자전거를 탈 때는 스트레칭으로 흉추 근육의 긴장을 풀어준다.[16]

전에 말했듯 요추가 경추보다 손상율이 높은데 주로 자전거를 잘 조절하지 않아서 생긴다. 골반과 요추는 자전거에 힘을 전달하는 플랫폼 역할을 한다. 이 플랫폼의 안정성이 사이클리스트의 효율성을 좌우한다. 따라서 요추의 전후와 좌우 자세를 점검해야 한다. 골반의 전후 자세는 사두근과 슬건 조직의 균형으로 조정된다. 장요근과 사두근군이 탄탄하면 골반을 전방 회전시키려 한다. 반대로 슬건이 탄탄하

그림 16.5 자전거 위에서 비복근 스트레칭

그림 16.6 유연성과 근력 강화를 위한 무릎 꿇고 공굴리기

몸통을 옆으로 구부리기, 무릎 꿇고 몸을 앞으로 숙이면서 비치 볼 진동하기의 세 가지 사이클링 기능 복부 운동은 치료를 촉진시킨다.[20]

면 전골반이 움직일 때 제약을 받으므로 요추가 더 굴곡 된다.[16]

골반을 중립 자세로 유지해야 최대 힘을 내고 손상을 예방할 수 있다. 전만곡선이 커지면 자전거를 올바로 조절할 수 없다. 자전거가 너무 길거나 (스템이나 탑 튜브) 핸들이 너무 낮거나 안장이 너무 아래로 기울어질 수 있다. 이렇게 적만곡선이 지나치게 크면 후척추에 심한 통증이 생긴다. 반대로 탑 튜브가 너무 짧으면 요추가 심하게 굴곡 되어 추간판 통증이 생긴다.[16]

안장의 높이가 골반의 좌우 균형을 좌우한다. 안장이 너무 높으면 좌우로 흔들면서 페달을 밟게 된다. 다리 길이가 서로 차이 나도 같은 동작을 하게 된다. 이렇게 몸을 옆으로 굽히고 회전하는 자세는 척추 후관절에 압박을 가한다.

요통을 치료하려면 습건(힘줄)과 요추 스트레칭 그리고 손상 예방법에서 말한 여러 척추안정운동을 실시한다. 흉추근 조직 뿐 아니라 습건과 배복근을 위한 '자전거 스트레칭'도(그림 16.5) 회복 프로그램에 포함한다. 그리고 무릎 꿇고 공굴리기(그림 16.6), 한 다리로 서서

스포츠로의 복귀

다시 사이클링을 시작해도 좋은지는 전문가들도 평가하기 힘든 문제다. 레크리에이션이나 경기를 목적으로 하는 사이클리스트들은 80~90rpm의 쉬운 페달링부터 시작한다. 이를에 5~10분 정도로 한다.[29] 자전거 타는 시간을 늘리려면 가장 먼저 지구력 훈련이나 무산소 운동을 해야 한다. 횟수와 시간, 강도를 다양하게 실시한다. 그 다음 빠른 인터벌 훈련이 실시되고, 느린 인터벌, 혹은 무산소 훈련으로 연결할 수 있다.

Garriek[29]은 지구력과 속도, 무산소 운동을 점진적으로 훈련하는 단계를 설명했다. 1단계는 지구력 훈련으로 매일 5~10분 정도의 가벼운 스피닝으로 시작해 1주일에 네 번 30분으로 늘린다. 사이클링 선수의 경우는 90분으로 하는 것이 권장된다. 1단계가 끝나갈 무렵 2단계 스프린트 훈련을 시작한다. 5~15초 인터벌로 빠르게 스피닝 하고 휴식은 30초에서 2분까지로 조절한다. 1주일 동안 5~6회의 운동을 완료하면 그 중 2~3개는 2단계에 속한다. 20분 동안 운동을 할 수 있거나 30초에 5초 이상 스프린트를 할 수 있으면 3단계로 넘어간다.[29]

3단계는 30~60초 인터벌 훈련을 하고, 더 짧은 시간동안 휴식을 취한다. 인터벌을 통해 일정한 리듬을 유지하면서 강도를 늘린다. 5분 동안 30초마다 저항을 증가시켜가는 방법도 좋다. 경기 훈련을 시작하기 전 1주일 동안 1단계 연습 2회, 2단계 연습 2회, 3단계 연습을 2회 실시한다.[29]

사이클링 경기 훈련은 주행 길이와 준비 기간을 모두 고려해야 한다. 다음으로 이어지는 프로그램이 목표 경기의 적당한 준비시간으로 배정되어야 한다. 예를 들어 온로드나 오프로드에서 5시간 동안 100마일을 주행하는 경기라면 9주 동안 준비해야 한다. 준비 기간은 3단계로 나뉘며 1주 단위의 훈련 계획은 다음과 같다.[20]

1단계는 기본적인 거리를 주행하고 2단계는 사이클리스트의 근력과 유산소력을 강화시킨다. 마지막 3단계에서는 경기 훈련을 실시한다. 경기 날짜와 주행 거리에 맞춰 1주일별로 주행 목표를 짠다. Moren의 '사이클링 복귀 계획표'를 통해 이 과정을 잘 이해할 수 있다.[20] 150마일 경기일 경우 안전하게 준비하려면 12주가 필요하다. 1단계는 5주간 지구력 훈련을 실시한다. 최대 목표거리(peak mileage goal, PMG)는 경기의 총거리(150마일)와 일치한다. 1주일목표 거리(weekly mileage goal, WMO)는 PMG에 대한 백분율로 정한다. 1단계 WMG는 PMG의 60% 이하여야 하고 1주일마다 8%씩 늘려나간다. 보통 WMG=PMG×PMG 백분율-(주당 증가 백분율×PMG×주 횟수) 이라는 공식이 성립한다. 1단계에서 제 1주 목표 거리는 WMG= 150×0.6-(0.08×150×5)이므로 30마일이다.[20]

2단계에서는 4주간 사이클리스트의 유산소력을 강화한다. WMG는 PMG의 70%이하여야 하고 1주일마다 5%씩 늘려 PMG에 도달한다. 2단계 제 4주의 WMG= 150×0.7-(0.05×150×1)이다. 따라서 제 2단계의 WMG는 97.5 마일이다.[20]

3단계는 경기를 위한 특별 준비 단계로 3주일 동안 실시한다. 3단계의 WMG는 총 경기 길이의 100%다. 1주일마다 10% 씩 늘린다. 제 2주의 거리는 WMG= 150-(0.10×150×2)으로 계산한다.

WMG가 안정되면 주간 훈련 프로그램을 실시한다. WMG 백분율에 따라 4일 동안 훈련을 실시한다. 1단계에서는 WMG의 45% 1회, 20% 2회, 100% 1회 실시한다. 2단계에서는 WMG 백분율이 커지므로 훈련량도 늘어난다. 2단계는 WMG의 30% 2회, 100% 1회, 25% 1회 실시한다. 1주마다 주행 거리를 늘려야 한다. Moren은 2단계에서 개릭의 방법과 유사한 간격 훈련을 함께 실시할 것을 권한다. 제 3단계는 2단계의 WMG 백분율과 똑같다. 제 3단계 WMG는 경기 길이의 100% 라는 점에 유의한다.[20]

지금까지 임상의학자들이 환자가 고통 없이 체계적인 방법으로 스포츠에 복귀하도록 도울 수 있는 2가지 훈련법을 소개했다. 사이클 화를 비롯해 올바른 보조기구를 사용해야 한다.

요 약

자전거 타기는 대부분의 사람들과 운동선수, 회복 환자들에게 레크리에이션과 스포츠, 회복 운동으로 인기가 높다. 지난 십 년 동안 사이클링은 인기가 더욱 높아졌고 여러모로 성장했다. 사람들은 이제 자전거를 즐기기 위한 도구라고 생각하지 않는다. 사이클링의 생체 역학과 사이클리스트에 맞게 자전거를 조절하는 법, 근력 강화 및 컨디셔닝 법칙과 손상의 종류에 대해 알면 손상을 예방하고 회복하는 데 큰 도움이 된다.

참고문헌

1. Kronish R: Bicycling injuries, in Sallis RE, Massimino F (eds): ACSM's Essentials of Sports Medicine, St. Louis: Mosby–Year Book, 1996, p 571.

2. Kyle CR: Energy and aerodynamics in bicycling. Clin Sports Med Bicycling Injuries 13(1): 39–73, 1994.

3. Fleming BC, Beynnon BD, Renstrom PA, et al: The strain behavior of the anterior cruciate ligament during bicycling: an in vivo study. Am J Sports Med 26(1):109–118, 1998.

4. Henning CE, Lynch MA, Glick KR: An in vivo strain gage study of elongation of the anterior cruciate ligament. Am J Sports Med 13(1): 22–26, 1985.

5. McLeod WD, Blackburn TA: Biomechanics of knee rehabilitation with cycling. Am J Sports Med 8(3):175–180, 1980.

6. Burke ER: Proper fit of the bicycle. Clin Sports Med 13(1):1–14, 1994.

7. Cavanagh PR, Sanderson DJ: The biomechanics of cycling: Studies of the pedaling mechanics of elite pursuit riders, in Burke ER (ed): Science of Cycling. Champaign, IL: Human Kinetics, 1986, p 91.

8. Ryschon TW: Physiologic aspects of bicycling. Clin Sports Med 13(1):15–38, 1994.

9. Holmes JC, Pruitt AL, Whalen NJ: Lower extremity overuse in bicycling. Clin Sports Med 13(1):187–205, 1994.

10. Kolin MJ, de la Rosa DM: The Custom Bicycle. Rodale Press, 1979.

11. Ericson MO, Nisell R, Nemeth G: Joint motions of the lower limb during ergometer cycling. J Orthop Sports Phys Ther 9:273, 1988.

12. Jorge M, Hull ML: Analysis of EMG measurements during bicycle pedalling. J Biomech 19(9):683–694, 1986.

13. Ericson MO: Muscular function during ergometer cycling. Scand J Rehabil Med 20(1): 35–41, 1988.

14. O'Brien T: Lower extremity cycling biomechanics: A review and theoretical discussion. J Am Podiatr Med Assoc 81(11):585–592, 1991.

15. Musnick D: Exercise physiology, in Musnick D, Pierce M, Elliott SK (eds): Conditioning for Outdoor Fitness, 1st ed. Seattle: Mountaineers, 1999, p 16.

16. Mellion MB: Neck and back pain in bicycling. Clin Sports Med 13(1):137–164, 1994.

17. Zanoni M, Musnick D: Warm-up and stretching, in Musnick D, Pierce M, Elliott SK (eds): Conditioning for Outdoor Fitness, 1st ed. Seattle: Mountaineers, 1999, p 52.

18. Feingold ML: Flexibility standards of the US cycling team, in Burke ER (ed): Science of Cycling. Champaign, IL: Human Kinetics, 1986, p 3.

19. Burke ER: Cycling Health and Physiology: Using Sports Science to Improve Your Riding and Racing. College Park, MD: Vitesse Press, 1998.

20. Moren E: Conditioning for road and mountain bicycling, in Musnick D, Pierce M, Elliott SK (eds): Conditioning for Outdoor Fitness, 1st ed. Seattle: Mountaineers, 1999, p 271.

21. Burke ER: Off-Season Training for Cyclists. Boulder, CO: Velo Press, 1997.

22. Hall C, Pierce M: The abdominal region, in Musnick D, Pierce M, Elliott SK (eds): Conditioning for Outdoor Fitness, 1st ed. Seattle: Mountaineers, 1999, p 146.

23. Weiss BD: Bicycle-related head injuries. Clin Sports Med 13(1):99–112, 1994.

24. Ellis TH, Streight D, Mellion MB: Bicycle safety equipment. Clin Sports Med 13(1): 75–98, 1994.

25. Thompson RS, Rivara FP, Thompson DC: A case control study of the effectiveness of bic

ycle safety helmets. New Engl J Med 321(1 7): 1194–1196, 1989.

26. Gassner RJ, Hackl W, Tuli T, et al: Differential profile of facial injuries among mountain bikers compared with bicyclists. J Trauma 47(1): 50–54, 1999.

27. Francis PR: Injury prevention for cyclists: A biomechanical approach, in Burke ER (ed): Science of Cycling. Champaign, IL: Human Kinetics, 1986, p 185.

28. Markolf KL, Burchfield DM, Shapiro MM, et al: Combined knee loading states that generate high anterior cruciate ligament forces. J Orthop Res 13(6):930–955, 1995.

29. Garrick JG, Webb DR: Overuse injuries relative rest/alternative training, in Garrick JG, Webb DR (eds): Sports Injuries: Diagnosis and Management, 2d ed. Philadelphia: Saunders, 1999, p 40.

30. Sager-Dolan D, Musnick D: Aerobic conditioning and interval training, in Musnick D, Pierce M, Elliott SK (eds): Conditioning for Outdoor Fitness,1st ed. Seattle: Mountaineers, 1999, p 22.

31. Conti-Wyneken AR: Bicycling injuries. Phys Med Rehabil Clin N Am 10(1):67–76, 1999.

32. Powell B: Medical aspects of racing, in Burke ER (ed): Science of Cycling. Champaign, IL: Human Kinetics, 1986, p 185.

33. Kronisch RL, Chow TK, Simon LM, et al: Acute injuries in off-road bicycle racing. Am J Sports Med 24(1):88–93 , 1996.

34. Dannenberg AL, Needle S, Mullady D, et al: Predictors of injury among 1638 riders in recreational long-distance bicycle tour: Cycle across Maryland. Am J Sports Med 24(6): 747–753, 1996.

35. Lofthouse GA: Traumatic injuries to the extremities and thorax. Clin Sports Med 13(1): 113–135, 1994.

36. Richmond DR: Handlebar problems in bicyc ling. Clin Sports Med 13(1):165–173, 1994.

추천 도서

Ericson MO, Bratt A, Nisell R, et al: Load moments about the hip and knee joints during ergometer cycling. Scand J Rehabil Med 18(4): 165–172, 1986.

Ericson MO, Bratt A, Nisell R, et al: Power output and work in different muscle groups during ergometer cycling. Eur J Appl Physiol 55(3): 229–235, 1986.

Ericson MO, Ekholm J, Svensson O, Nisell R: The forces of ankle joint structures during ergometer cycling. Foot Ankle 6(3):135–142, 1985.

Ericson MO, Nisell R:-Efficiency of pedal forces during ergometer cycling. Int J Sports Med 9(2):188–122, 1988.

Ericson MO, Nisell R: Patellofemoral joint forces during ergometer cycling. Phys Ther 67(9): 1365–1369, 1987.

Ericson MO, Nisell R: Tibiofemoral joint forces during ergometer cycling. Am J Sports Med 14(4):285–290, 1986.

Ericson MO, Nisell-R, Arborelius UP, Ekholm J: Muscular activity during ergometer cycling. Scand J Rehabil Med 17(2):53–61, 1985.

Hull ML, Jorge M: A method for biomechanical analysis of bicycle pedalling. J Biomech 18 (9): 631–644, 1985.

Mellion MB: Common cycling injuries, management and prevention. Sports Med 11(1): 52–70, 1991.

Rivara FP, Thompson DC, Thompson RS: Epidemiology of bicycle injuries and risk factors for serious injury. Inj Prev 3(2):110–114, 1997.

Weiss BD: Clinical syndromes associated with bicycle seats. Clin Sports Med 13(1):175–186, 1994.

찾아보기

역자약력

김건도

건국대학교 사범대학 체육교육학과 졸업
국립필리핀대학교(U.P Diliman) 대학원 졸업(이학석사 MS)
건국대학교 대학원 졸업(체육학석사 . 이학박사)
국군체육부대 "상무" 선수재활트레이너 (A.T사)
국립필리핀과학고등학교(PSHS) P.E교사 (외무부 국제협력단 파견)
국립필리핀대. 성균관대. 연세대. 고려대 강사
여주대학교 물리치료과 겸임교수
미국ACSM 및 NATA 정회원
현 세명대학교 생활체육학과 교수
   한국아시아학회 및 한국정책과학학회 이사

김청훈

연세대학교 체육교육학과 졸업
연세대학교 교육대학원 졸업(교육학 석사)
연세대학교 대학원 졸업(이학박사)
경원대, 강릉대, 세명대, 성신여자대 강사
SBS농구단 스포츠재활 기술고문
사단법인 한국대학댄스포츠협회 이사
현 상명대학교 사회체육학부 겸임교수
   연세대학교 체육교육학과 강사
   연세대학교 사회교육원 헬스휘트니스 주임강사
   사단법인 한국건강운동연구지도협회 회장

정동춘

서울대학교 사범대학 체육교육학과 졸업
서울대학교 대학원 졸업(교육학석사. 운동생리학 전공)
한사랑병원 운동처방 과장
한국건강영양연구소 책임연구원
현 국민체육진흥공단 국민체력센타 운동처방실장
   대한운동사회 이사

판권
소유

운동 종목별
스포츠 상해 예방과 재활

초판 인쇄 2014년 11월 1일
초판 발행 2014년 11월 5일

저자　　Eric Shamus · Jennifer Shamus
역자　　김건도 · 김정훈 · 정동춘
발행자　김기봉
발행처　메디라이프

주소　　　서울시 영등포구 문래동5가
출판등록　제 2014-000027 호
전화　　　031-926-7628
팩스　　　031-926-7629
전자우편　kkb8089@naver.com
홈페이지　www.medilifebook.com

ISBN　　979-11-85734-74-3

정가　　28,000원